Albert Emil Brachvogel

Geschichte des Königlichen Theaters zu Berlin.

Band 2

Albert Emil Brachvogel

Geschichte des Königlichen Theaters zu Berlin.
Band 2

ISBN/EAN: 9783743327825

Hergestellt in Europa, USA, Kanada, Australien, Japan

Cover: Foto ©ninafisch / pixelio.de

Manufactured and distributed by brebook publishing software
(www.brebook.com)

Albert Emil Brachvogel

Geschichte des Königlichen Theaters zu Berlin.

Geschichte

des

Königlichen Theaters zu Berlin

Nach Archivalien des Königl. Geh. Staats-Archivs
und des Königl. Theaters

von

A. E. Brachvogel.

Zweiter Band:

Die Königliche Oper unter Freiherrn von der Reck

und

Das National-Theater bis zu Iffland.

Berlin, 1878.
Verlag von Otto Janke.

Königl. Op… … der Reck

Vorrede.

Der Verfasser hat die größeste Veranlassung, für die Aufnahme und Beurtheilung, welche bisher dem unlängst erschienenen 1. Bande des Werkes widerfahren ist, zunächst der Kritik höchst dankbar zu sein und verschließt sich den einzelnen, treffenden Berichtigungen und Ergänzungen nicht. Sollte sich eine zweite Auflage als nöthig herausstellen, dann wird denselben die sorgfältigste Beachtung geschenkt werden. — —

Da es sich für den Verfasser allein um den Verlauf des ganzen Werkes und dessen Eigenthümlichkeit handelt, ist er aber genöthigt, an dieser Stelle einem Einwande zu begegnen, der ihm, — obwohl nur von einer Seite, — gemacht worden ist und welcher sich auf die Behandlung und Eintheilung des Stoffes im 1. Bande bezieht. —

Der Zweck vorliegenden Werkes ist nicht der, eine Geschichte „der deutschen Oper" und eine Geschichte „des deutschen Dramas" zu schreiben, welche allerdings die Trennung beider Kunstgattungen — „im weitesten Sinne" — erfordern würde. Der Verfasser schreibt nur eine „Geschichte der Königl. Theater in Berlin," giebt also eine Schilderung der Entwickelung und Begebenheiten der Königl. Theater-Institute Berlins, mithin lokaler Erscheinungen! — Daß die deutsche Darstellungs- und Dichtkunst nicht in Berlin geboren wurde, daß es in dem Zeitraume von 1616 bis 1786 in Berlin selbst (Lessing's gastlich vorübergehende Erscheinung ausgenommen,) keinen epochemachenden Theaterdichter und ebensowenig einen solchen, in Berlin geborenen, Schauspieler gegeben hat, ist Jedermann bekannt. Das ganze Theaterwesen Deutschlands entwickelte sich bis zu Theophil Doebbelin fern von Berlin und erst mit dem Jahre 1775 kann von einer innerhalb der preußi-Hauptstadt anhebenden organischen Entwickelung des Theaters und seiner Leistungen überhaupt die Rede sein. Natürlich mußte bis zu diesem Zeitpunkte also der Verfasser, „um eine Erscheinung, die in Berlin spielt, zu erklären, nach allen Windrichtungen Ausflüge machen," weil überall das Theater bereits eine Entwickelung genommen hatte, die in Berlin, obwohl sie ihm zu Gute kam, nicht vorhanden war. Bis zu Doebbelin und seiner stabilen Gesellschaft sind die verschiedenen theatralischen Kunstgattungen in der Stadt an der Spree sehr gemischt, ihre Begriffe sind höchst verschwommen gewesen. Ballet und Equilibristik, Oper und Singspiel, rezitirendes und musikalisches Schauspiel waren nur in den seltensten Fällen klar von einander zu scheiden, die Schauspieler sangen zugleich und tanzten. Was sich allein als scharfer Gegensatz herausstellte und von einander abhob, war: die mühevoll aufstrebende, sich vom Bandenjammer und Zigeunerdasein losringende deutsche Dicht- und Darstellungskunst (Oper wie Schauspiel) einer glänzend vom Hofe bezahlten italienischen und französischen Dicht- und Darstellungskunst gegenüber! Die Aufgabe des 1. Bandes bestand also vornehmlich darin, dies Ringen bis zum Todestage Friedrich's II zu schildern. Die chronologische Darstellungsform, in welcher diese Gegensätze und ihre Entwickelung nebeneinander vorgeführt wurden, ist nicht nur die sachlich richtige, sondern auch die Einzige, welche überhaupt gewählt werden konnte. Alle Erscheinungen des berliner Theaters hatten bis 1786 einen provisorischen, unklaren Charakter und sind von den Wirkungen zweier großer kontinentaler Kriege abhängig gewesen. —

Die — von vereinzelter Stimme — erhobene Ansicht: „eine Scheidung des Stoffes in Oper und Drama" eintreten zu lassen, wird schon durch den vorliegenden 2. Band hinfällig. — Jedem Unbefangenen muß der Inhalt desselben das Geständniß abnöthigen, daß die Entwickelung beider theatralischer Kunstgattungen in Berlin von den lokalen Instituten, — von der großen Oper auf dem Bibliothekplatze einerseits, und von dem Nationaltheater auf dem Gensdarmenmarkte andererseits, — abhängig geworden ist. Wenn der Leser den heftigen Ringkampf der deutschen Oper auf dem Letzteren mit der italienischen auf Ersterem verfolgt, wenn er betrachtet, wie an der Großen Oper selbst ein Mozart und Gluck von der blinden Eitelkeit der Italiener in hartnäckiger Verblendung zurückgewiesen worden ist und diese beiden Meister am Nationaltheater allein ihre Heimath fanden, wie das deutsche Drama nur auf letzterer Bühne allein sich entwickelte und dann in den höchsten Kreisen erst heimisch machte, dann kann Niemand eine

„Scheidung des Stoffes in Oper und Drama" gutheißen, sondern
nur eine Trennung und gleichzeitige Gegenüberstellung der
Erscheinungen, welche auf dem Nationaltheater und im Opern=
hause stattfanden! Im Nationaltheater entwickelte sich deutsches Schau=
spiel und deutsche Oper der italienischen des Opernhauses gegenüber
und ging die Letztere bei diesem Wettstreite zu Grunde, so ist dies gerade
dem Umstande mit zuzuschreiben, daß im Nationaltheater die ge=
sammte deutsche Kunstrichtung, deutsche Oper und deutsches Drama
vereint, mit höchstem Glanze in's Treffen geführt worden ist!! Dies
eben hatte zur Folge, daß 1811 beide Kunstgattungen und beide
Kunstinstitute unter die Gesammtleitung Iffland's gekommen sind!
Außerdem wird dem Leser der schwerwiegende Umstand nicht entgehen,
daß die gegenseitige Abhängigkeit, in welche Opernhaus und National=
theater durch König Friedrich Wilhelm's II. Eingreifen zu einander
gebracht wurden, eine thatsächliche Trennung des vorliegenden Stoffes
in Oper und Drama praktisch ganz unmöglich machte, daß viel=
mehr die Eintheilung, wie Behandlung der archivalisch beglaubigten,
theatralischen Erscheinungen lediglich an den Ort gebunden ist, an
welchem sich diese Erscheinungen vollzogen haben! — — — — —

    Dennoch hat der 2. Band in gewisser Beziehung eine andere Be=
handlung wie sein Vorgänger erfahren. Im ersten Theile des Werkes
tauchen aus dem geschichtlichen Chaos nur einzelne Kunsterscheinungen
auf, die Schauspielergesellschaften kommen und verschwinden, die friede=
rizianische italienische Oper ist ein strahlendes Meteor, — das endlich
erlischt. Durch Doebbelin prägt sich erst das berliner deutsche
Theater als lokale Kunstanstalt in individueller Entwickelung
aus. — Mit dem zweiten Bande verschwinden die früheren Lücken. Die
Bühne Theophil Doebbelin's, nunmehr Königl. Nationaltheater,
nimmt neben der großen Oper ihren stätigen, unabhängigen, siegreichen
Aufschwung. Wir brauchen gar keine „Ausflüge" mehr zu machen
und befinden uns im ununterbrochenen Flusse der Begebenheiten,
in der beständigen — leider meist feindlichen, — Wechselwirkung
beider Kunstinstitute und ihrer Mitglieder. Die chronologische Form
und die Trennung der deutschen von der fremdländischen Bühne, — des
Nationaltheaters von der Großen Oper, — ist um so fester auf=
recht erhalten worden, als die beständigen gegenseitigen Uebergriffe des
einen Königl. Theaters in die Macht=Sphäre des anderen schon thatsächlich

genug Verwirrung an beiden Kunstanstalten zu Wege brachte, welche eine Verschmelzung der theatralischen Kunstgattungen für den Leser nur noch vermehrt haben würde. — Im 2. Bande sind auch die Mit= gliederlisten und der Personalstand des Nationaltheaters an das Ende jedes Kalenderjahres verlegt worden, um die Schilderung der Thatsachen nicht mehr durch Namens = Verzeichnisse zu unterbrechen. Bei dem 3. Bande (Iffland's Direktion) werden auch die Novitäten=Listen am Schlusse jedes Jahres dem Personalstande beigefügt werden. —

Möge die Kritik, welche in ihrer freundlichen Ermunterung des Werkes und darin völlig einig war, daß dasselbe ebenso wichtig als mühevoll sei, — wie das Publikum demselben seine fernere rege Theilnahme schenken.

Berlin im September 1877.

A. E. Brachvogel.

Berichtigungen.

Seite 344 Zeile 18 von Oben: heißt „erfolgte Kündigung" statt „erfolgten".

„ 348 „ 6 „ „ : heißt „Unzelmann" für „Ambrosch".

„ 356 „ 1 „ Unten: heißt „ergossen" statt „ergoßen".

„ 359 „ 16 „ Oben: soll „26. September" statt „27." heißen.

„ 369 „ 1 „ „ : heißt „Souffleur" statt „Soufleur".

„ do. „ 2 „ „ : heißt „Souffleur".

„ do. „ 13 „ „ : heißt „Souffleur".

„ 382 „ 5 „ „ : heißt „Ellmenreich" statt „Elmenreich".

„ 384 „ 8 „ Unten: heißt „Theaterbibliothek".

„ 385 „ 5 „ Oben: heißt „und" statt „oder Orchesterkräfte".

„ 388 „ 1 „ „ : heißt „Sgr. Cosmi" nicht Cosimi."

„ 390 „ 18 „ „ : heißt „Ellmenreich".

„ 394 „ 11 „ „ : heißt „dem Brandes".

„ 398 „ 10 „ Unten: heißt „hielten" statt „hielt".

„ 401 „ 14 „ „ : heißt „gelangte" für „langte".

„ 402 „ 5 u. 12 „ „ : heißt „Ellmenreich."

„ 411 „ 14 „ „ : heißt „angekündigte".

„ 414 Anmerkung: heißt französische Kirche".

Inhalt des zweiten Bandes.

***

legium. Dem. Kneisel. Benefize. — Rüthling's Bericht. — Bertram u.
Jacobi. — Verfügung des Königs der Dekorationen wegen; Verona u. Ritz. —
— Dem. Kneisel's u. Löwe's Schuldforderung. Beyer's Verdienste. Carl
Doebbelin u. d. Baranius. — Kontrakt mit dem Sängerpaar Walter u. dem
Tänzer Silani. Gratifikation für Alexi. — Kollision der Oper u. d. National-
Theaters; des Königs Befehl wegen der Tänzer, die Direktion stellt 6 Paare. Kapell-
meister Hiller. Einmischungen d. Königs. — Geringe Resultate, neue Uebel; Thea-
terexcesse. Engel's Promemoria, Beschluß d. Direktion, Ramler u. Beyer. Ur-
sachen d. Excesses, Doebbelin. — Meinungszwiespalt d. Direktion. Beyer's
Uebergewicht. — Etatsüberschuß. — Kaselitz u. Frau. — Friederike Koch's
Douceur, Garberoben-Mißstände. — Tod der Wittwe Schuch. — Heirathsaffaire
Distler's. — Tenorist Lippert; damalige Engagementsmethoden. — Literat Seyfried. — Bild des damaligen Auditoriums. Gab es denn eine klassische Zeit?! —
Antousch u. Frau. — Anleihen bei d. Oper. — Mad. Baranius. — Lanz
betreffs Mattausch u. Unzelmann. — Verbot der Liebhabertheater. — Frisch-
muth's Promemoria wegen der Musikalien, Engel. — Novitäten vom 1. August
bis Ende 1787, „Macbeth," Reichardt's Chöre, Fleck, Caroline Doebbelin.
Mitgliederliste pro 1787. — 1788. Königl. Oper, Umbau des Opernhauses,
Proben, Kosten, Freiherrn v. d. Reck's Interimistikum — Karneval, Zeitungs-
nachrichten. Erste Redoute, Berichte hierüber. — Oper „Andromeda" v. Reichardt.
Oper Orpheus v. Bertoni; Reichardt. Zeitungsbericht. — Benda's Orpheus,
Parteiungen. Freiherr v. d. Reck definitiv Chef d. Oper. — Reichardt auf Ur-
laub. — Eck, Filistri. — „Medea in Colchide". Reichardt a. d. König u.
Antwort. — Nationaltheater. Engagement der beiden Unzelmann's. Unzel-
mann a. Lanz. Wie die Autoren bestohlen wurden, Don Carlos. Unzelmann
a. Lanz, Lanz a. Unzelmann. — Die Mainzer Intrigue, Graf Spaur's Brief.
Unzelmann a. Lanz. — Freiherr v. Stein a. d. Direktion! Eintreffen des
Ehepaars Unzelmann. — Briefe Dalberg's. — — Verbot des Schauspieler-
Kredits. — Vorschüsse. — Theaterstücke und Autoren. Anton Wall's Briefwechsel
mit d. Direktion. — Lippert's Forderungen. — Mad. Böhm u. Zimmerle. —
Aufnahme der Oper, Bedarf geschulter Sänger; Konkurrenz m. d. großen Oper; v. d.
Reck u. d. Direktion. Balletangelegenheit, Dem. Gérand, Beyer's sonderb.
Promemoria. — Rosenau entlassen. — Carl Doebbelin fordert Garberobe. —
Forderung Mauschack's. — Verwarnung Doebbelin's; Regisseurpflichten. Doeb-
belin's Fahrlässigkeit. — Das Ehepaar Bötticher. Lippert. — Doebbelin's
Geldforderung und protokollarischer Verzicht. Beyer's Gesinnung. Uebergabe der
Garberobestücke an Carl Doebbelin. D. Garberobefrage. — Böheim u. Tochter. —
Beginn der Vorstellungen; Vergleich mit heute. — „Die Engländer in Amerika,"
v. Albrecht. Wegen d. Theaterpolizei, Garberobe u. Schauspieler. Musikalientage.
— Wegen d. Ballets. Königl. Befehl betreffs d. Othello; Pauli. — v. d. Reck
engagirt Silani. — Carl Doebbelin's Entlassung. — v. d. Reck wegen
Aufhebung d. Ballets. — Direktion beschließt d. Ballet zu behalten, Resolution pro
u. contra, Dedikationsballet, Proben. Königl. Zuschrift nebst Zuschuß f. Ballet,

Kapellmeister Frischmuth stirbt. — Novitäten. — Verbot der fremden Schauspieler-
truppen i. Preußen. — „Die Hochzeit des Figaro", Oper v. Mozart, Besetzung,
Aufnahme derselben, Kritik. „Bruder Moritz", Lustsp. i. 4 A. v. Spieß. —
Engel's Rückkehr. Mad. Hellmuth und Tochter. — Ableben des Prinzen
Heinrich. — Prof. Engel und das Ehepaar Bötticher; Reskript d. Königs. Ent-
lassung des Bötticherschen Ehepaars, Bemerkung. „Das Herrenrecht", Schausp.,
fällt durch. — Vorbereitung d. Don Juan, Lippert's Widerstand; Engel's u.
Ramler's Schriftwechsel. — v. d. Reck a. d. Direktion wegen der Tanz-Eleven.
Mad. Henry's Kinderoper. — „Miß Sara Salisbury" v. Brandes ausgepocht.
— Gesuch der Wittwe Koch abgewiesen. — „Don Juan" oder „Der steinerne
Gast", Singsp. i. 4 A. v. Mozart z. 1. Mal, Besetzung, großer Erfolg. — Kritik
derselben nebst Randglossen. — Personalverzeichniß von 1790. — 1791. Königl.
Oper. Anzeige der Spenerschen Zeitung; Alessandri's Bevorzugung. — Tod d.
Tänzerin Duport; v. d. Reck a. d. König. — Derselbe erwirbt die Opern: „Axur"
u. „la Molinara". Alessandri's Opern „Ulysses" u. „Dario" mißfallen.
Das tragische Geschick der Sgra. Lebrun und ihres Gatten. — Folgen von
Alessandri's Fiasko. — Debuts im Ballet, — Reichardt u. Alessandri. —
Sgra. Cantoni u. d. Kastrat Muschietti. Verbesserung d. Ballets durch Crux,
Telle u. Noré. — Reichardt's dreijähriger Urlaub. „l'Olympiade", Oper von
Reichardt fällt durch, Ursachen; v. d. Reck. — Kostenrechnung. — Reichardt's
Erbitterung. — Reprisen u. Opera buffa. — Schloßtheater i. Charlottenburg, der
schlechte Vorhang, Beleuchtungsverbesserung. — Politisch bedrohliche Verhältnisse,
Wöllner u. Bischoffwerder. — Nationaltheater. Z. 1. Mal „Clara von
Hoheneichen", Trauersp. v. Spieß, Kritik desselben. — „Die Entführung",
Lustsp. i. 3 A. v. Jünger mit Mad. Engst, fernere Novitäten. — Veränderungen
im Personalstande. — von der Reck u. die Generaldirektion wegen der Tänzer. —
Dem. Altfilist. — Christian Benda. — Ambrosch's Debut in „Belmonte
u. Constanze". „Der Herbsttag", Schausp. v. Jffland. — Gastspiel des
Klingmann, wegen desselben Engel's Brief an Ramler, dessen Antwort;
Rüge des Königs. Ueber dessen Eingriffe. — Briefwechsel zwischen Engel u.
Ramler wegen des Sängers Gern. — Schröder in Berlin. Antrag d. Direktion
b. Könige wegen Mad. Brückner, Antwort. — Sonderbarer Meinungsaustausch der
Direktoren betreffs Mad. Engst. — Jubiläum d. Mad. Brückner, pensionirt. —
Theateretat. — Novitäten. — Die Zeitschrift „Tlantlaquatlapatli" und das
„Dramat. Pantheon" v. Seyfried. — Des Königs Zuschrift wegen d. deutschen
Oper a. Engel, v. d. Reck. — Z. 1. Mal „Axur", Singsp. i. 4 A. v. Saliéri.
Novitäten. — Vorstellung f. d. Armen. — Beschluß der Beibehaltung d. Ballets.
— Novitäten. — Der Sänger Franz an den König. Debut des Franz in „Axur"
auf d. Nationaltheater, Entscheidung d. Königs, Franz b. Nationaltheater engagirt.
Gestaltung d. deutschen Oper beim Nationaltheater. — Novitäten. — Ueber den Raub
von Theaterstücken, Verordnung Engel's. — Antrag d. Direktion a. d. König wegen
eines neuen Vorhanges. — Mozart stirbt d. 5. December 1791; Nachklang. —
Personalverzeichniß von 1791. — 1792. Königl. Oper. „Vasco di Gama".—

großen Oper u. b. Opera buffa. — Die Tänzer Silani u. Gobert sterben, die Tanz-
eleven. — Größere volit. Ruhe. Geburt des ersten Sohnes b. Kronprinzen. **Nationaltheater.** Nachricht des Sängers Ellmenreich. — Iphigenia einstudirt, Direktion bie-
serhalb an den König. Von der Reck's Widerstand. — Benefizvorstellung für das Orchester.
Kontraktserneuerung mit Mad. Böhm und Herrn Zimmerle. — Benefiz des Ehepaars
Unzelmann. — Baurath Itzig an die Direktion. — Ellmenreich engagirt. — Heinrich Eduard Bethmann's Engagement und Erhaltung b. Nationaltheater. — For-
derungen des Ehepaars Unzelmann; zu Grunde liegende Absicht. — Erste Aufführung
der Oper: „**Iphigenia iu Tauris**" von Gluck, Besetzung, Erfolg; über Gluck's Genius.
— — Balletvorstellungen. — „Stille Wasser sind tief", Lustsp. v. Schröder. —
Schauspieler Brandes und die Direktion, Nachwehen Engelscher Verwaltung. — Das
Singspiel „Raoul von Crequi". — Ausgang des tollen Musikanten Loede. — —
Novitäten. — Lanz und Sohn. — Konflikt b. Direktion mit Rath Baumgarten. —
Schriftwechsel mit b. Könige wegen Gluck's „Alceste"; Erhöhung b. Etats. — No-
titäten; „Dienstpflicht", Schausp. v. Iffland, dessen Besetzung u. Erfolg. — An-
gelegenheit mit Verona, Engelsche Mißwirthschaft. — Ellmenreich. — Engel
(Schwabke) der Bigamie beschuldigt. — Urlaub Friedrike Unzelmann's. —
Mad. Schick in Königl. Karosse. — Defizit der Balletaufführungen, Bilanz. —
Novitäten. — Schwerer Konflikt mit Unzelmann, von Warsing's Uebereilung.
Briefe wegen der Theaterunruhen betreffs Unzelmann's u. Ellmenreich's.
Brief b. Direktion dieserhalb an b. König. Einmischung des Kronprinzen. Kleinlaute
Antwort der Direktion. Verhandlung derselben mit Unzelmann. Direktion muß
Unzelmann nachgeben, Demüthigung vor dem Publikum! — Der König verwirft
den neuen Etat! — Der Gymnastiker Lion. Kündigung der Mad. Lippert; Labes
junior engagirt. — Novitäten; „Der große Kurfürst vor Rathenow", Schauspiel
v. Rambach. — Der Sänger Franz. — Erlaß der Direktion wegen der Benefize. —
Schwabke. Fortsetzung des Streits der Direktion mit Rechnungsrath Baumgarten, bemerkenswerthe Antwort d. Direktion. — Theaterunruhen. — Novitäten; Ischokke's
„Abellino". — Königl. Befehl des Benefizes s. Mad. Baranius. — Erinnerungen
des Tänzers u. Schauspielers Rehfeldt aus der damaligen Zeit; Wöllner, Bischoffwerder und die mystischen Schaustellungen. — Personalverzeichniß von 1795. — — —
1796. Königl. Oper. Des Königs Widerwille gegen die ital. große Oper;
Concialini's Sturz, Sprengung der ital. Koterie. — „La Clemenza di Tito" z.
Benefiz für Mozart's Wittwe im Opernhause aufgeführt, Programm. — Konkurrenz
von der Reck's mit b. Nationaltheater, führt Gluck's „Alceste" auf und fällt ab.
— Komische Opern in Charlottenburg, Vorstellungen b. Nationaltheaters zu Potsdam
Ballets. Das Tänzerpaar Bigano. — Opera buffa, von der Reck's Erwerbungen
von Spielopern; letzter Nimbus der großen Oper fällt! — — — **Nationaltheater.**
— Spieloper durch die Opera buffa beeinträchtigt, Ramler's Richtung. — Novitäten.
— Rangstreit der Musikdirektoren Wessely u. Weber, Schriftwechsel hierüber, Königl.
Befehl und Zuschrift b. Ritz a. b. Direktion. Dermaliges Verhältniß u. Lage der Direktion
Musikdir. Weber dem Theater erhalten; Königl. Maßnahmen. — Schwabke's Kontrakts-
erneuerung. — — Ueber Iffland's Stellung in der dramat. Literatur; erste Vorstellung

Schluß des zweiten Bandes.

1786 bis 1787.

——— —

Motto:

„S'ist immer dieselbe Geschichte
Von Leid und Lust dieser Welt, —
Sie wird uns vom Schau-Gedichte
Im Spiegel vorgestellt!" —

1.

Die Königl. Oper und das letzte Direktionsjahr Theophil Doebbelin's.

(Vom 5. Dezember 1786 bis 1. August 1787.)

Geöffnet waren die Pforten, um der deutschen Bühnenkunst und Poesie eine Heimath zu erschließen. Friedrich Wilhelm's II. Huld, der gute Wille Doebbelin's, der Eifer aller seiner Mitglieder erweckte die Hoffnung, daß die Kunst den veredelteren Ansprüchen der Zeit gerecht und eine bleibende Stätte in Berlin finden werde. Alles schien auf das Günstigste sich zu vereinen, um das deutsche Theater in Berlin zu einer seltenen Höhe der Entwickelung zu bringen. Der Weg dahin wurde aber nur zu bald dem bei seiner Uebersiedelung aus dem alten Hause in das kgl. Nationaltheater von frohen Erwartungen erfüllten Doebbelin durch Hindernisse aller Art gestört, mit Dornen bewachsen, von Kummer und Thränen reichlich bedeckt. — Bevor es dem Tüchtigsten gelang, diesen Weg unbeirrt zu wandeln und auf der Zinne sein lichtes Panier zu entfalten, strauchelte und fiel noch Mancher, ohne wieder auf= zustehen! Wetterwolken ballten sich am Himmel und immer stärkere zogen herauf, einen Sturm verkündend, der Kronen zerbrach und Reiche zer= trümmerte. — Den mit den Verhältnissen Vertrauteren machte sich schon in den letzten 3 bis 4 Jahren das Verhängniß kenntlich, welches Diejenigen ereilen sollte, die unsere Theilnahme bereits gewonnen haben, oder dem= nächst gewinnen werden. — Bevor wir indeß den Personen und Verhält= nissen der berliner Bühne in ihrer neuen Entwickelung näher treten

1*

und den Faden der Erzählung wieder aufnehmen, müssen wir einen Blick auf die allgemeine politische Lage und die wunderbaren Zeichen der Zeit werfen, welche mit der Fluth ihrer Begebenheiten vor uns dahin rauschen und mehr oder weniger die Menschen nach und nach in ihre verschiedene Strömungen hineinreißen. —

Welche denkwürdigen Epochen auch unsre Erde bisher erlebt hat, welchen großen Umwälzungen und Wandlungen sie auch künftig entgegen gehen möge, eine so in ihrer ganzen materiellen und geistigen Daseinsweise eigenartige Zeit, wie die am Ende des vorigen Jahrhunderts, hat sie noch nie erlebt und dürfte sie kaum wieder erleben! In den letzten Jahren des vorigen Säkulums treffen wir hart neben der Weisheit den Unsinn, neben idealer Schönheit fratzenhafte Verkrüppelung der Formen, Ideen und Gefühle, kurz die ungereimtesten Gegensätze! Würde uns die Aufgabe gestellt werden, eine symbolische Figur für diese Zeit zu ersinnen, so müßten wir, um nicht wieder auf den verbrauchten Vergleich mit der Sphynx zu kommen, uns dieselbe in dem entzückenden Leibe der Venus von Medici verkörpert denken, doch mit schlangenumringeltem Gorgohaupt, mit bekrallter Rechten, die Alles niederreißt, während die Linke einen babylonischen Thurm der Zukunft baut und die blutbesudelten Lippen bald von angstvollen Gebeten, bald von hohnvollen Lästerungen überfließen! Es giebt kaum ein aus schön und häßlich zusammengesetztes Zerrbild, das jener Abschnitt des vorigen Jahrhunderts nicht in Tracht, Sitten, Denk= und Handlungsart dargestellt hätte. Wir wollen gar nicht nach Frankreich, dieser Brutstätte von dergleichen Ungeheuerlichkeiten, hinüberschauen, Deutschland selbst bot der Zerrbilder, bot des Gemisches von Bewundernswerthem und Abscheulichem genug. — Während der Regierung Friedrich's II. war zuerst der Voltaireanismus aufgekommen, jene von Witz und Sarkasmus schillernde Weisheit, welche weder Tiefe noch Methode besaß. Aus ihr entstand die wenig beneidenswerthe Kunst: Nichts mehr zu glauben, Nichts mehr zu achten, als das, was man gerade mit den Händen greifen konnte, — die gemeine Materie. Dagegen regte deutsche Idealität zuerst ihre begeisterten Schwingen, es brach sich eine allgewaltige höhere Empfindung und tiefere Sehnsucht Bahn, welche sogar bis zu einer fast kindischen Empfindelei ausartete. Neben Atheismus und Nihilismus bestand eine Frömmelei und Seelenknechtung, ein Aberglaube und Mystizismus ohne Gleichen und die edelsten geistigen Güter der Menschheit, welche sie sich mühevoll auf ihrer langen Entwicklungsbahn erworben hatte und in den Herzen der Besten als Kleinod hegte, wurden dem Schurken und Betrüger, der Selbstsucht und Habgier zu Werkzeugen, um Dümmlinge mit einem Netze mystischer Gaukelkünste zu umspinnen! Während Rousseau Freiheit, Gleichheit und Brüderlichkeit predigte und die Menschen beglücken wollte, indem er sie auf ihren Urzustand zurückwies, wurde ein anderer Theil der Gesellschaft durch magnetische Exaltationen und Visionen, durch das Hellsehen, durch den Mesmerismus angesteckt, oder staunte Cagliostros, Schröpfers und Swedenborgs grobe Betrügereien an. Dort Illuminaten, Jesuiten, Rosenkreuzer, hier Freigeister, — Pietisten auf der einen, Materialisten auf der andren Seite, die **Menschheits-Utopie** und der **demokratische Staatsbegriff**, Alles vereinte sich, um die babylonische Verwirrung einer Zeit zu vollenden, welche in offnem Gährungs- und Zersetzungs-Prozesse begriffen war. —

Fragt man, was solche Zustände das Theater angehen und ob in Berlin bereits dergleichen eingetreten seien, so müssen wir sagen, daß in der preußischen Residenz, in Preußen überhaupt, dies nicht in solchem Grade der Fall war, wie z. B. in Wien, Dresden und den kleineren Staaten des alten deutschen Reiches, besonders aber in den Rheinlanden, daß somit auch das Theater in der preußischen Residenz nicht gar merklich unter diesen Verhältnissen litt. Unter dem Vater des großen Friedrich war Preußen in seiner geistigen Entwickelung wie in allen Künsten außerordentlich zurückgeblieben und hatte bis zu dem Todestage Friedrich Wilhelm's I. in patriarchalisch kindlicher Einfalt fortgelebt. Wien, Hamburg, Leipzig, Dresden und Frankfurt a. Main konnten mit stolzem Hohne auf das engbegrenzte kleinmeisterliche Dasein Berlins herabsehen. Unser kühlerer nordischer Sinn, unsre Sittenstrenge und der uns angeborne, nüchterne Fleiß machten uns in jenen alten Tagen noch den Luxus wie die Intelligenz anderer Länder entbehrlich. Wir vermochten uns noch an Carl Eckenberg's „innocenten Sachen" zu ergötzen und bei Hilverding's „Förster im Schmalzkübel" vor Lachen auszuschütten, während die italienische Oper zu Dresden selbst die große pariser Oper in den Schatten stellte. Allerdings drang nach Friedrich's II. Regierungsantritt das französische Wesen auch bei uns ein und Berlin erhielt einen fremdländischen Anstrich, aber doch nur in den obersten Schichten; der Mittelstand, wie die Handwerkerbevölkerung bekam erst später etwas von dem fremden Firniß ab. Das Uebergewicht französischen

Einflusses und Geistes hinderten am kräftigsten die schlesischen Kriege 1740 bis 45, namentlich der siebenjährige Krieg 1756 bis 63 wie der bayr. Erbfolgekrieg 1778. Das patriotische Selbstbewußtsein, Preußens Ruhm und wachsende Größe stellte die Bevölkerung, noch ehe sie von den neuen französischen Ideen angefressen werden konnte, auf seine eigenen ehrlichen brandenburgisch-preußischen Füße. Nur die elf Jahre der friedericianischen Glanzzeit zwischen 1745 und 56 verschafften fremd-ländischem Wesen größeren Eingang, aber nach dem Hubertsburger Frieden war für den Volkscharakter durch dasselbe keine ernstliche Ge-fahr mehr zu besorgen. Als nach 1780 der demokratische Gedanke und Rousseaus Theorien über den Rhein drangen, hatten dieselben nicht Zeit genug, sich in Berlin, zumal in den Provinzen ernstlich einzunisten, denn die französische Revolution, welche bereits 1787 am 22. Juli mit der „No-tablen-Versammlung" begann, um mit der Republik zu enden, wischte aus den Herzen und Hirnen des preußischen Volks bald die letzten Spuren solcher Irrthümer hinweg! Sehr viel später erst, zwischen den Jahren 1840 bis 48 eigentlich, fanden diese gallischen Ideen, obwohl in wesent-lich anderer, verdeutschter Form bei unsrem Volke Eingang. —

So wenig also das fremdländische Wesen den eigentlichen Charakter der Berliner anno 1786 verdorben, so gewiß dagegen das deutsche Schau-spiel und eine ideale Literatur im Volke bereits siegreich Boden gewonnen hatte, spiegelte sich dennoch die allgemeine Zeitrichtung in den Verhält-nissen der preußischen Residenz wieder. Ein unruhevoller, bald von Sehnsuchtsdrang, bald von Aenderungssucht durchdrungener Geist erfüllte das jüngere Geschlecht und machte sich in Ausbrüchen Luft, wie wir sie Ende des Jahres 87, 88 und später verschiedene Male grade beim Theaterpublikum Berlins erleben werden. Einerseits zeigte sich eine immer größere Sittenlosigkeit, andrerseits begann der Geist der Verfinsterung allmählig seine nächtigen Schwingen zu regen. Johann Rudolf von Bischofswerder, Generaladjutant und Günstling Friedrich Wilhelm's II., hatte den Mysticismus bei Hofe eingeführt! Sein würdiger Genosse, nur noch viel unheilvoller für den Staat, war Johann Christoph Wöllner, der Justiz- und Kultus-Minister! Wie trübe es in dem Kopfe dieses guten Mannes aussah, bewies er schon 1776, als er sich auf dem sogenannten „Wiesbadener Convente" in den wieder auf-tauchenden Templer-Orden aufnehmen ließ, welcher aus einer Gesellschaft blödsinniger Thoren bestand, von jesuitisch-pietistischen Führern geleitet, der, ohne von den alten Templeisen und dem hohen Geiste Parcivals eine Ahnung zu haben, die abgestorbenen Formen dieses Mönchs-Ritter- thums zum Mantel nahm, um das Werk der Seelenverdummung in Deutschland methodisch zu betreiben! Wöllner ist der Vater jenes be- rüchtigten Religionsedikts, welches von 1791 bis 97 gleich einem Banne auf dem sittlichen und geistigen Leben der Nation lag! Rechnet man zu diesen Beiden noch die Gräfin von Lichtenau als „im Bunde die Dritte", so wird man zugeben, daß der Himmel Preußens genügend bewölkt war! Die besondere Lage der Kgl. Oper wie des National- theaters wird sich von diesem Hintergrunde selbst klar abheben, sobald sich die verschiedenen Persönlichkeiten erkennbar machen, welche bisher noch keinen Boden fanden, um ihre Hebel anzusetzen, oder vorläufig nur — unter der Decke spielten!

1786. — Natürlich war nach dem Tode Friedrich's II. Alles auf die kommenden Dinge gespannt. Man richtete seine Blicke auf den lebensfrohen, den Künsten hochgeneigten Monarchen, welcher, selbst ein guter Violoncellist, mit der anhebenden deutschen Literatur völlig vertraut war. Kapellmeister Reichardt, der, nach fruchtlosen Versuchen, seine Kompositionen in Paris zur Aufführung zu bringen, sich eben als Friedrich II. starb, in Hamburg aufhielt, war mit Courierpferden nach Berlin zurückgekehrt, um sich seinem neuen Monarchen vorzustellen. Er wurde sehr gnädig empfangen und erhielt Befehl, eine Trauerkantate zur Begräbnißfeierlichkeit Friedrich's II. zu komponiren, zu welcher Marquis von Lucchesini einen lateinischen Text geschrieben hatte. Die Tondichtung wurde binnen sieben Tagen beendigt und sofort begannen die Proben, zu welchen der König seine bisherige (kronprinzliche) Privat- Kapelle mit der italienischen Oper derartig vereinigt hatte, daß, mit den zugezogenen Musikern mehrerer Liebhaberkonzerte, über 100 Instrumentisten und etwa 50 Sänger zur Aufführung dieses Tonwerks am 5. September zusammentraten. Reichardt, welcher beim Könige wegen der schwierigen Rangverhältnisse betreffs des Orchesters anfragte, erhielt durch ein Kabinets- schreiben folgenden Bescheid.

„Als mein Kapellmeister haben Sie die Direktion über alle meine Musici, Benda bleibt bei der ersten Violine, Duport beim ersten Violoncell, alle Uebrigen rangiren Sie nach ihrem Talent.

Berlin, den 5. September 1786.

Friedrich Wilhelm."

Die befohlene Trauermusik machte bei dem Leichenbegängniß des großen Königs am 9. September zu Potsdam auf die Versammlung tiefen Eindruck. Reichardt erhielt für die Arbeit 100 Friedrichsd'or und den Auftrag, eine neue Oper bis zum Februar des nächsten Jahres zu komponiren, was derselbe indeß, da er Verbindlichkeiten mit Paris eingegangen war, ablehnte. Der König kam nicht weiter auf seinen Auftrag zurück und gab Reichardt Urlaub nach Paris. In dieser Thatsache sehen wir einen großen Fehler des ruhelosen Musikers und den ersten Grund aller späteren Konflikte, wie deren unglücklichen Ausgang. Bestellte der König bei Reichardt eine Oper, gab er ihm die längst erhoffte, von Friedrich II. ihm wiederholt entzogene Gelegenheit, seine Begierde nach Künstlerruhm zu befriedigen, — so mußte Paris warten; jedenfalls ging der Monarch vor, in dessen Diensten der Künstler stand! Durch diesen Urlaub brachte sich Reichardt dem Könige aus den Augen und schwächte dessen Interesse für sich. — Die Vereinigung beider Kapellen, verbunden mit der Erhebung des deutschen Theaters zum Nationaltheater unter königlicher Unterstützung, ließ Viele befürchten, der neue Herrscher werde die italienische Oper ganz abschaffen. Sie befand sich überdem völlig in der Auflösung und weder ein Direktor noch sonst Jemand war vorhanden, den Vortheil der Sänger wahrzunehmen. Eine Primadonna hatte man gar nicht, da Dlle. Eichner 1786 verstorben war und wie es mit dem Ballet stand, wissen wir nur zu gut. Der Violoncellist Duport, der in den Kammerkonzerten und Unterrichtsstunden das Ohr des Königs besaß, brachte es nun dahin, daß er, zumal Reichardt lange abwesend blieb, zum „Sur Intendant de la musique du roi" ernannt wurde! Obwohl Reichardt seine Stellung nicht einbüßte, erhielt er doch nunmehr in Duport, der bisher unter ihm gestanden hatte, einen Vorgesetzten und es entsprang hieraus ein Verhältniß, welches bei Reichardt's reizbarem, leicht empfindlichen Charakter bald zu Reibungen führen mußte. Die Rangordnung der neu zusammengesetzten Kgl. Kapelle war somit folgende:

Intendant d. Musik: Duport d. ältere. Kapellmeister: Joh. Friedr. Reichardt. Konzertmeister: Joseph Benda, Hr. Bachon. Klavizinisten: Fasch, Schramm. Harfenist: Brennessel. Diesen Solisten folgte die übrige Kapelle, die ersten Violinen zunächst, in herkömmlicher Ordnung. — —

Von Theophil Doebbelin ist, bevor wir ihn auf seine neue

Künstlerbahn begleiten, noch zu berichten, daß er den Rest der Kaufsumme für Decorationen und Theatergeräthschaften, welche im Ganzen
nach dem Berechnungs-Receß vom 20. Januar 1776 die Summe von
5865 Thaler 21 Groschen und 2 Pfennigen betrug, laut Notariats-
Instrument vom 15. Juni 1786 an die verwittwete Direktorin Koch abgeführt hatte und derselben nunmehr nur noch für die ausgesetzte jährliche Leibrente von 200 Thlrn. verhaftet war. Diese wurde der Koch
in besagtem Instrumente zugesichert, so wie dem Gastwirth Johann
Friedrich Corsica die Summe von 1275 Thaler 1 Gr. 6 Pf.,
welche derselbe Doebbelin zur Berichtigung besagter Restforderung der
Frau Koch geliehen hatte. Die Leibrente derselben so wie diese von Corsica hergegebene Summe wurden den 9. August desselben Jahres auf die
„vorm Spandauer Thore bei Monbijou belegenen Doebbelin'schen
Grundstücke" im Kammergerichtl. Hypothekenbuche eingetragen. Unterzeichnet ist das bezügliche der Wittwe Koch und Corsica ausgestellte
Instrument von dem Ingrossator Licht beim Kammergericht. —
    Doebbelin hatte, wie wir wissen, nach beendeter Landestrauer sein
Theater in der Behrenstraße wieder eröffnet und spielte in ihm so
lange, bis die vom Könige im alten französischen Theater angeordneten
Umbauten und Verbesserungen bewirkt worden waren. Bevor er sein
altes Haus verließ, um seine Heimath auf dem Gensdarmenmarkt zu
finden, ereignete sich indeß noch ein Vorfall, wie er auf öffentlicher
Bühne bisher nicht erlebt worden war. Am 17. Oktober wurde zum 1.
Male: „Röschen und Colas," Operette in 1 Akt a. d. Französischen,
Musik von Monsigny gegeben, in welcher Madame Baranius zum
ersten Male eine Gesangsrolle ausführte. Dieser Operette voraus ging
Der Strich durch die Rechnung", Lustspiel in 4 Akten von Jünger.
In ihm trat der Schauspieler Gottfr. Lebr. Goedel*) auf, welcher
gänzlich mißfiel und ausgepocht wurde. Beim Abgehen von der Bühne
hatte er die Frechheit, dem Publikum einen nicht näher zu bezeichnenden
Theil seines Körpers zu zeigen und dabei eine durchaus nicht zweideutige
Geberde zu machen. Das Publikum wurde so aufgebracht, daß es über
das Orchester hinweg auf das Theater stürmte, um den Frechen zu züch-
tigen. Doebbelin stürzte aus der Koulisse, riß den Buben von der Bühne,
steckte ihm rasch einen Thaler zu und ließ ihn über den Hof entweichen.

---

*) Der Name Goedel ist nicht mit dem ähnlichen der Demoiselle Marianne
Goebel, späteren Mad. Distler zu verwechseln.   D. B.

Er mußte mit Hinterlassung seiner Familie das Weite suchen, um den Folgen seiner Unverschämtheit zu entgehen. —

Der neue Monarch erinnerte sich alsbald seines, dem Doebbelin gegebenen, Versprechens materieller Hülfe, indem er folgenden Befehl an den Kriegsrath und Hof-Staats-Rentmeister Buchholtz richtete:

„Rath, besonders lieber Getreuer ꝛc.

Demnächst habe ich von denen 10 mille Thlr., welche zeithero für die französische Komödianten bei der Hof-Staats-Kasse angewiesen gewesen, Fünf Tausend Thaler für die hiesige Gesellschaft der deutschen Schauspieler bestimmt. Ihr habt dahero solche Fünf Tausend Thaler an den Direktor Doebbelin in denen gewöhnlichen Ratis auszuzahlen. Die andren 5 Mille bleiben zum Besten der Policey vorbehalten, und Ihr werdet, deren Auszahlung wegen, zu seiner Zeit befehligt werden. Ich bin Euer gnädiger König

Berlin, den 2. Oktober 1786.   Friedrich Wilhelm."

Mit leichterem Herzen konnte Doebbelin nunmehr das Nationaltheater am 5. Dezember eröffnen. — Jener Abend war für Personal wie Publikum eine Festvorstellung, denn der König mit dem Hofe, die Generalität, kurz das ganze „vornehme Berlin" wohnten ihr bei. — Doebbelin sprach, da der Ramler'sche Prolog in Versen wegen Kürze der Zeit nicht fertig geworden war, folgende selbst verfaßte Rede:

„Sey mir dreymal gegrüßt glückseeliger Tag, da ich die Wonne fühlte, die Bahn zu brechen, diesen Tempel, den der allerhuldreichste König Deutschlands Thalien gewidmet, zuerst zu betreten! Wie lodert mein Herz, trunken vom heiligen Gefühle patriotischer Freude! Deutschlands Musen, Euer Glück nähert sich dem Ziele! Borussiens Schutzgott, der Vater und Stolz echter Brennen, den schon ganz Germanien als den vielgeliebtesten König verehrt, hört, liest, empfindet die Lieder deutscher Barden, hat sie in ihre Rechte wieder eingesetzt. — Sie beseelten schon in den dunkelsten Zeiten ihre Nation. Herrmanns Barden und Druiden beseelten durch ihre Schlachtgesänge seine Krieger mit Tapferkeit, flößten ihnen biederen Sinn, deutschen, unüberwindlichen Muth ein. — Alte deutsche Redlichkeit, Du Kleinod unsres Nationalcharakters, Du Stolz deutscher Völker, kehre mit Deiner göttlichen Schwester, der Wahrheit, in unsre Seelen zurück, laß Neidsucht, Bosheit, Kabale und Verleumbung, diese Schandflecke der Menschheit, aus Deinen Grenzen entweichen! — Wetteifert, Ihr Deutsche, in denen noch deutsches Blut lodert, wetteifert deutsche Künstler und Musen, wahre Leidenschaften in der Seele zu fühlen, zu schildern! Wahre ungekünstelte Natur, biederes

Betragen glänze aus allen euren Handlungen! — — Ihr aber, Er=
habene! verehrungswürdige Gönner schenkt der Kunst und Natur ein
gnädiges, aufmerksames Gehör; erwägt, daß Rom nicht an einem Tage
gebaut ist! Erwägt, wie lange Deutschlands Musen, Deutschlands
Thalia, ohne Unterstützung gelebt und unter der Macht eines unerbitt=
lichen Schicksals und eines noch grausameren Vorurtheils schmachteten!
— — Die gütige Vorsicht, die alle große, edle, erhabne Handlungen
belohnt, segne und erhalte unsren allergnädigsten König, diesen aller=
huldreichsten Vater Seines Volks! Segne und erhalte sein Königliches
Haus! — — Segne und erhalte — Euch!! —'
    Dieser Ansprache schloß sich das pantomimisch=allegorische Ballet
„Das Opfer der Musen" von Lanz an, „Verstand und Leichtsinn",
Lustspiel in 5 Akten von Jünger folgte und mit dem Ballet: „Das Fest
der Schauspielkunst" in 2 Akten, ebenfalls von Lanz, schloß der
Eröffnungsabend. — Gewiß glaubte der alte Doebbelin, als er den Prolog
sprach, aus tiefster Ueberzeugung, daß nunmehr die Sonne seines Glückes
aufgegangen, das Ziel seines Lebens erreicht sei, daß er in Frieden und
Anerkennung fortan die Früchte seines jahrelangen Ringens genießen könne.
Was aber sind Menschenhoffnungen?! — — Am 12. Dezember wurde
auf Befehl des Königs „Ignes de Castro", Trauerspiel in 5 Akten vom
Freiherrn von Soden, z. 2. Male dargestellt; die prachtvolle Schlußde=
coration hatte Verona gemalt, Balletmeister Desplaces von der ital.
Oper hatte das dem Stücke folgende Ballet eingerichtet und mit den
Königl. und den Tänzern Doebbelin's in demselben mitgewirkt. —
    Am 20. December übergab auf Befehl des Königs der Capitain
d'Artillerie Boumann (Sohn des Baurath, der das franz. Theater ge=
baut hatte) das gesammte, theils völlig erneuerte Inventar des nunmehr
ausgebauten Theaters auf dem Gensdarmenmarkte an Doebbelin.
Ferner wurde demselben noch für die Benutzung der Königlichen
Logen eine Vergütigung von jährlich 6000 Thalern in Raten versprochen.
— Der Bestand aller Mitglieder am Jahresschluß und deren Gagen=
Etat, wie der allgemeine Theater=Etat ist am 31. Dezember 1786 fol=
gender gewesen:

	Gage. -
Herr Dir. K. Doebbelin	1300 Thlr.
„ Fleck	1040 „
„ Reinwald	572 „

	Gage
Herr Lanz und Frau . . .	832 Thlr.
„ Herdt	520 „
„ Müller und Frau . . .	832 „
„ Bötticher und Frau .	624 „
„ Carl Doebbelin .	624 „
„ Diestel und Frau	624 „
„ Distler	364 „
„ Löwe und Familie	832 „
„ Labes und Frau	520 „
„ Alexi und Frau	676 „
„ Greibe und Frau	624 „
„ Zimmerle	468 „
„ Rüthling (d. Vater.) . .	260 „
„ Engst und Frau	520 „
„ Bessel und Frau	312 „
„ Christian Benda	260 „
„ Jobel	208 „
„ Krüger	182 „
„ Carl Benda	182 „
„ Ehrling	208 „
Monf. Spangler . . .	208 „
Mad. Brückner . . .	364 „
Mlle. Doebbelin	780 „
Mad. Gensike	676 „
„ Böhm . .	468 „
„ Baranius	520 „
„ Rosenberg	312 „
Dem. Goebel	312 „
Mad. Cammerland	208 „
Dem. Kneisel	416 „
„ Rademacher . . .	364 „
„ Sophie Altfilist . . .	104 „
„ Koch	312 „
„ Müller	416 „
49 darstellende Personen mit:	18,044 Thlr.

9 Nebenbediente . . . . 1132 Thlr.
19 Perf. im Orchester . . . . 4047 „
13 Theaterleute . . . . . . 1482 „
8 Logensteher, Statisten u. 988 „
16 Soldaten . . . .
                                   25,693 Thlr.
114 Personen mithin. — —
  Der Ausgabe=Etat erforderte ferner:
Erleuchtung . . . . 4940 Thlr.
Zetteldruck . . . . 1092 „
Requisiten . . . . 260 „
Den Armen 1 Thlr. p. dic. . . 364 „
                                   32,349 Thlr.
                             32,349 Thlr. „ Sgr.
Die Wache . . . . 364 „ „
Musikzettel . . . . 121 „ 8 „
Garderobe, Bibliothek u. Musikalien . . . . . 2080 „ „ „
Korrespondence u. s. w. . . . . 1300 „ „ „
Zu zahlende Zinsen . . . . 1820 „ „ „
Total d. Etats . . . . 38,034 Thlr. 8 Sgr.

Dieser Etat ist insofern noch wichtig, als er bei der Veränderung der Verwaltung des Theaters zur Grundlage für den neuen Etat diente! — Aufgeführt wurden 1786:

11 Trauerspiele
45 Lust= u. Schauspiele
1 Duodrama
14 Singspiele
1 Pantomime
8 Ballets
  } unter ihnen neu: {
4 Trauerspiele
17 Lustspiele
3 Singspiele
24 Novitäten

80 Stücke.

Bevor wir in das neue Jahr treten, das für Doebbelin verhängniß-voll genug werden sollte, wollen wir den Leser schon jetzt auf einen dunklen Punkt aufmerksam machen, welcher sich erst nach und nach durch den zahlreichen Schriftwechsel, schließlich aber mittelst der Prozeßsache Doebbelin's Anno 89 aufhellen wird. — Theophil Doebbelin, —wir wissen es aus des Königs eigenem Munde, war — ein Spieler; er hatte schon das Hazard geliebt, als er beim Hofe zu Weimar mit seiner Gesellschaft engagirt war und plötzlich seine Entlassung erhielt. Trotzdem wurde Doebbelin vom Könige auf ungewöhnliche Weise bevorzugt. Er hatte ein geräumigeres, weit besser gelegenes Theater erhalten, als sein altes war, die Decorationen, deren er bedurfte, malte Verona und der König bezahlte sie mit etwa 3000 Thalern jährlich. Das ihm übergebene Inventar des Theaters hatte man theils ganz neu angefertigt, theils verbessert. Ferner waren Doebbelin am 2. Oktober 5000 Thaler vom Könige angewiesen und 6000 Thaler jährliche Hoflogen=Gelder zugesichert, im Januar 1787 empfing er aber noch 1000 Thaler extra als Beitrag zur Beleuchtung bewilligt, so daß ihm ein Jahreszuschuß von 12,000 Thaler baar und 3000 Thaler circa an Decorationen geleistet wurde, er also 15,000 Thaler in Summa erhielt. Hatte man ihm die Summe von 12,000 Thalern auch nur ratenweise angewiesen, so fielen doch auf jedes Quartal 3000 Thaler netto. Einem notorischen Spieler eine solche Summe in die Hand zu geben, ohne ihm einen vereideten königlichen Kontroleur an die Seite zu setzen, war ein sehr bedenklicher Akt des Vertrauens und bei aller Kunstliebe und deutscher Geschmacksrichtung Friedrich Wilhelm II. ist doch auffällig, daß er mit seinem Zuschuß bei Doebbelin nicht vorsichtiger war, ihn nicht unter gewissen Bedingungen, sondern ohne alle Aufsicht gewährte?! Wir können uns nicht des Verdachtes entschlagen, daß sich — hinter dieser Gnade eine einflußreiche Persönlichkeit verborgen habe, welche den König zu diesen Beweisen von Wohlwollen veranlaßte, ihn in denselben wenigstens außerordentlich bestärkte und daß es dieser Persönlichkeit gar nicht um Doebbelin zu thun gewesen sei, sondern nur darum, ein unter königlichem Schutze stehendes deutsches, gut subventionirtes Theater zu schaffen, an dessen Spitze sie einst selber treten könne, sobald sich Doebbelin unmöglich gemacht haben würde!! — Da diese Vermuthung sich bald genug bestätigen wird und unser Mann nach und nach in seinen Schriftstücken sich selbst enthüllt, mußten wir seiner schon hier erwähnen. — Bei Friedrich Wilhelm's II. wohlwollendem, dem Lebensgenusse geneigten Charakter hatte sich in seiner Nähe ein Günstlings- und Protektionswesen ausgebildet, wie man es unter Friedrich II. nicht gekannt hatte. Den einzigen Fall mit der Barbarina abgerechnet, hat der große König niemals Günstlinge, also Lieblinge gehabt, welche sich von seiner Gnade und Laune ernährt hätten. Friedrich II. besaß in Fouqué, Marquis Algarotti, d'Argens, Keith, Sum, Jordan und Knobelsdorf Freunde. Sie hatten ihre feste amtliche Stellung und der Umgang des Königs mit ihnen war ein freier, durchaus un=eigennütziger! — Bei seinem Nachfolger war dies anders. Die Lichtenau, Ritz, Duport, Filistri waren Günstlinge, welche lediglich aus des Königs Tasche lebten und, zufolge ihres Einflusses auf ihn, Protektion gegen Andere und wohl nicht immer ohne allen eigenen Vortheil übten. Die Günstlingsnatur dieser Letzteren im Vergleiche mit Friedrich's Um=gebung, charakterisirt sich schon durch ihre bedeutend tiefere, abhängigere Stellung, wie durch eine, — wenige Fälle ausgenommen, meist geringere Bildung! — Zu den Leuten, die des Königs Gunst entschieden genossen und denen er sein Ohr lieh, gehörte auch Johann Jakob Engel, Professor am Joachimsthaler Gymnasium und Docent der Akademie zu Berlin, welcher zugleich Lehrer des ältesten Sohnes des Königs, des Kronprinzen, (nachmals Friedrich Wilhelm III.) war. Er galt als ein Mann von großem Verdienst und ist es auch gewesen, denn die Hohenzollern pflegen zu Lehrern ihrer künftigen Thronfolger nur Ver=trauensmänner zu wählen, bei denen sie die höchste Reinheit des Cha=rakters voraussetzen. Engel war nicht nur ein bedeutender Gelehrter, sondern auch vortrefflicher Literator, der den „Philosoph für die Welt,"[1] „Anfangsgründe einer Theorie der Dichtungsarten,"[2] den „Fürsten=spiegel"[3] und Ideen zu einer Mimik"[4], ein sehr gutes Buch, geschrieben hat. Wenn er auch nur Verfasser des reizenden Romans „Lorenz Stark"[5] gewesen wäre, so hätte er das Recht auf einen ehrenvollen Platz in der deutschen Literaturgeschichte. Ueberdies war er Verfasser mehrerer von Doebbelin bereits aufgeführter, gern gesehener Stücke und, — was in unsrem Falle bedeutsam ist, er besaß ausreichende Bühnenkenntniß! — Wenn wir aber Doebbelin nicht Unrecht thun, nicht Thatsachen verschleiern wollen, welche zu laut sprechen, dann können wir es Engel nicht ersparen, ihn einen Mann von unbezwing=lichem Ehrgeize zu nennen, der, obwohl von seiner Autorität als Schriftsteller, wie seiner Befähigung für die Bühne unbedingt überzeugt, nur nicht die geraden und offenen Wege wählte, um diesem Ehrgeize Genüge zu thun! Wir können die Ueberzeugung nicht unterdrücken, daß

[1] Berlin 1788, 2 Bde. [2] Berlin 1783. [3] 1804. [4] 1785 u. 86. [5] 1795 herausgegeben.

er Doebbelin beim Könige so lange das Wort geredet habe, bis der=
selbe zum Direktor des Nationaltheaters ernannt, freigebig dotirt worden
war und mit seiner Gesellschaft die Vorstellungen im neuen Hause am
Gensdarmenmarkt begonnen hatte, — daß es aber auch Engel gewesen
ist, welcher Doebbelin stürzte, um an seiner Stelle als Ober=Direktor
die Leitung des deutschen Theaters zu übernehmen! — — Wenn der
Leser erwägt, daß Doebbelin erst am 5. Dezember 86 das National=
theater eröffnete, im Januar jenes Jahres eine neue Dotation aus der
Hofstaatskasse erhielt, also doch gewiß noch nicht beim Könige in Un=
gnade gekommen war, dann muß es höchlich auffallen, wie, ohne daß
Derselbe eine Ahnung hatte, bereits hinter seinem Rücken seit Anfang
Mai 1787, also wenige Monate darauf, zwischen Professor Engel
und Friedrich Wilhelm II. ein Schriftwechsel stattfinden konnte, der
zuerst Doebbelin's finanziellen Zusammenbruch, am 1. August aber dessen
Enthebung und Engel's Ernennung als Direktor zur Folge hatte!!
Vergessen wir nicht, Doebbelin besaß verbriefte Rechte, welche nicht von
einem königlichen Zuschusse, der doch ein freiwilliges Gnadengeschenk war,
abhängig sein und vernichtet werden konnten!! — Wir sind weit entfernt,
Doebbelin in Schutz zu nehmen! Die bei den Schauspielern ein=
gerissene liederliche Wirthschaft, sein bei der eigenen Gesellschaft gesunkenes
Ansehn und die gänzliche Verschuldung der Direktion wie der Mit=
glieder, welche die stete Folge solcher Lage der Dinge ist, dies Alles muß
Doebbelin zur Last gelegt werden!! War er aber unfähig zur Weiter=
führung der Direktion geworden, dann mochte doch auf geeignete Weise
das Institut von seiner Mißwirthschaft befreit werden. Wenn Professor
Engel der Fähigste war, um das deutsche Theater wieder zu heben, so
hätte er immerhin Direktor an Doebbelin's Stelle werden können, ohne
grade den Weg zur Befriedigung seines Ehrgeizes einzuschlagen, welchen er
wählte und mit dem wir uns nicht befreunden können! Wir bemerken
übrigens schon jetzt, daß wenn Engel nicht vorwurfsfrei gehandelt hat,
ihn dafür die Nemesis ereilte. Es giebt auch eine poetische Gerechtigkeit
— hinter den Koulissen!! — —

1787. Abgesehn, daß das Trauerjahr für den seligen König den
Karneval abzuhalten nicht verstattete und bei der Verwahrlosung der
italienischen Oper an leidliche Vorstellungen nicht zu denken war, so
gebot auch der innere Umbau und die Ausbesserung des Opernhauses
der Oper Stillstand. — Eine genauere Beschreibung dieses Umbaues

giebt L. Schneiders „Geschichte der Königlichen Oper zu Berlin" in Beilage XXXVI. Nr. 18. — Die Entwürfe zur Ausschmückung machte Verona, den Bau leitete Langerhans und der neu verschönte, wie verbesserte Kunsttempel wurde im November desselben Jahres in derselben Gestalt und inneren Einrichtung fertig, in welcher er bis zu dem großen Brande am 18. August 1843 verblieben ist. An die Stelle eines Hofpoeten kam Signor Filistri de Caramondani, welcher im Frühjahr vor dem Hofe zu Potsdam als Improvisator Aufsehn erregt hatte und sofort angestellt wurde. Besonders durch seine spätere vertraute Bekanntschaft mit der Gräfin Lichtenau übte er einen bedeutenden Einfluß auf das Theaterwesen und wurde neben dem nachmals ernannten Baron von der Reck der eigentliche technische Direktor desselben. In diesem Jahre wurde ferner Reichardt beauftragt, neue Sänger zu engagiren, zumal sollte er die Mara bewegen, wieder nach Berlin zu kommen. In Paris und London gefeiert zu sein und eines Weltrufs zu genießen, war ihr indeß lieber, als im kleinen Berlin an der Spree Lorbeeren zu pflücken —

Das Nationaltheater ging den umfassendsten Veränderungen entgegen, ja einer Umwälzung. Vorerst war dem Völkchen Doebbelin's noch Nichts davon bemerkbar. Es lebte fröhlich weiter und der alte Prinzipal mit ihm. Die Sonne königlicher Gunst beschien sie ja, der Besuch des Theaters hob sich. Man that, was man konnte und was man nicht hatte — borgte man, der wohlthätigen Zeit es überlassend, Alles, was schief stand, wieder gerade zu machen. — Am 6. Januar verfügte der König an die Hofstaatskasse Folgendes:

„Seine Kgl. Majestät von Preußen, Unser allergnädigster Herr, befehlen hiermit Dero Hof-Staats-Kasse an, von denen gewöhnlichenWintergeldern . . . . . *) Thaler auszuzahlen, auch haben allerhöchst dieselben dem Schauspieldirektor Doebbelin jährlich 1000 Thaler zu sein schon vorher bestimmtes Quantum zugelegt, welches ihm vom Monath December 1786 ausgezahlet werden kann und bin Euer gnädiger König. Berlin den 6. Januar 1787.

Fr. W." —

Dieser Zuschuß war also eine neue Gnadenbezeugung, welche dadurch noch verstärkt wird, daß diese tausend Thaler auf den Dezember

---

*) Das hier abgedruckte Dokument ist nur eine Kopie der kgl. Ordre, welche die Hofstaatskasse an Doebbelin zur Kenntnißnahme verabfolgt hat. Wahrscheinlich ist mit Willen die Summe ausgelassen, weil Doebbelin schwerlich zu wissen brauchte, wieviel Wintergelder der König verlangt.   D. V.

zurückdatirt werden, so daß Doebbelin nachträglich noch eine Mehr=
einnahme von 250 Thaler erwuchs, wodurch er vom 2. Oktober 1786
bis Mitte Januar 1787 also die ansehnliche Summe von circa 500 Thalern
monatlich ausgezahlt erhielt. — Daß sich bei der Gesellschaft auch
manche unzulängliche Kräfte und unnütze Mitglieder befanden, welche
für ihre Gage zu wenig verwendbar waren, mag sein. Dieser Uebel=
stand wurde durch den zahlreichen Wechsel und die vielen Engagements
hervorgerufen, welche, wie unsere Personallisten von 1776 ab gezeigt
haben, die zehn vorhergegangenen Jahre aufweisen. Doebbelin verstand
es nicht, in dem Maße Leute loszuwerden, in welchem er neue Kräfte
annahm!! — Allgemein bekannt ist, daß Doebbelin's gutes, sehr weiches
Herz nicht vermochte, einen unbemittelten Schauspieler, selbst von geringem
Talente, abzuweisen; er engagirte ihn aus Mitleid!! — —

Vom 26. Dezember 1786 bis (exclusive) den 1. August 1787 gab
Doebbelin folgende neue Stücke:

Am 26. Dezember 1786. „Die neue Emma". L. 5 A. von Unzer und
„Anette und Lubin", Ballet a. d. Frz. des Desplaces.

„ 11. Januar 1787. „Die Brüder in allen Ecken". L. 5 A.

„ 16. „ „ „Das Orakel". B. von Desplaces.

„ 18. „ „ „Coriolan". Trspl. 5 A. n. Sh. v. Dyk, zum
Geburtstage des Prinzen Heinrich. (1803 d. 3. August v. Collin,
mit Brockmann als Gast; 1811 d. 6. Oktober v. Falk; 1851 d.
27. Januar v. Tieck.)

„ 30. Januar 1787. „Der Landesvater". L. 5 A. v. Brandes.

„ 6. Februar 1787. „Victorine, oder Wohlthun trägt Zinsen". L.
4 A. v. Schroeder.

„ 13. Februar 1787. „Die Schule der Eifersüchtigen, oder Das Narren=
haus". Singspiel 2 A. a. d. It. Musik v. Salieri.

„ 20. Februar 1787. „Die komische Familie". L. 5 A. „Die unglück=
liche Heirath". Trspl. 3 A. a. d. Engl. des Southerne v. Schroeder.

„ 26. Februar 1787. „Die gute Ehe". L. 1 A. n. d. Frz. v. A. Wall.

„ 5. März. „ „Die doppelte Kindesliebe". Sch. 5 A.

„ 13. „ „ „Der doppelte Liebhaber". L. 3 A. v. Jünger,
(gefiel nicht.) —

„ 19. März 1787. „Der Theaterunternehmer". L. 1 A.

„ 20. „ „ „Für seine Gebieterin sterben". Trsp. 5 A.
(„Esser" a. d. Italienischen? Siehe Lessings Dramaturgie.)

Am 26. April 1787. „Der Liebhaber ohne Namen". L. 5 A. a. b.
Frz. v. Gotter.

„ 30. April 1787. „Der verschriebene Bräutigam aus Paris". L.
1. A. v. Dyk.

„ 7. Mai 1787, zum Geburtstage des Prinzen Friedrich: „Maria
Stuart". Trauersp. in 5 A. v. Spieß. (20 Mal gegeben. Die
Hinrichtung geschah auf der Bühne!)

„ 17. Mai 1787. „Die Heirath durch ein Wochenblatt". Lustsp.
in 1 A. v. Schroeder.

„ 24. Mai 1787. „Die Erbschaft". L. in 3 A. v. Buri.

„ 25. Juni 1787. „Der Apotheker und der Doctor". Oper in
2 A. a. b. Frz. v. Stephanie b. Jüngeren, Musik v. Dittersdorf.
(Es gefiel so sehr, daß es in 12 Tagen 6 Mal, im Ganzen nahe
an 100 Mal gegeben wurde.)

„ 10. Juli 1787. „Die Liebe macht Narren", oder „Die lächerliche
Verkleidung". L. 1 A. n. b. Spanischen.

„ 16. Juli 1787. „Rosalie von Felsheim", oder „Lilliput". L. 5 A.
v. Frhrn. v. Soden. —

Aus dieser Novitätenliste erhellt, daß mehrere dieser neuen Stücke
sehr viel Beifall fanden, daß das Repertoir mannigfaltig, das ernste Genre
hierbei auf anständige Weise vertreten war. Berücksichtigen wir nun,
daß während dieser Zeit der Banquerut und am 1. August der Sturz
Doebbelin's erfolgte, dann muß man den Muth, den Fleiß und die
Arbeitsluft des alten Mannes aufrichtig bewundern, welcher so wacker
gegen das schwerste Unglück seines Lebens anzukämpfen verstand. —
Während derselbe unter den uns bekannten wirthschaftlichen Verhältnissen
wohlgemuth und in der Hoffnung, binnen wenigen Jahren die rückstän=
digen Forderungen seiner Mitglieder und Gläubiger zu befriedigen,
seinem künstlerischen Berufe oblag, ereignete sich, ohne daß er es ahnte,
folgendes Schauspiel, welches um so eigenthümlicher ist, als es sich fast
durchaus auf dem schriftlichen Wege vollzieht und bei seinem Schlusse
erst die dramatische Form annimmt! — — Die Schriftstücke, welche
uns über diesen ersten Theil der Ereignisse vorliegen, stellen zwei be=
merkenswerthe Abschnitte der Angelegenheit dar. Zuerst richtete Professor
Engel folgendes Schreiben nebst beigefügtem Promemoria an den König,
welches dieser alsbald beantwortete. —

Allerdurchlauchtigster ꝛc.

„Dem Allerhöchsten Befehle gemäß, überreiche E. K. M. in tiefster Ehrfurcht, meine Vorschläge zur Verbesserung des National-Th., so gut ich sie nach meiner besten Einsicht habe entwerfen können. In Erwartung der ferneren Allerhuld-reichsten Befehle und unter Versicherung meines vollkommensten Eifers, die für deutsche Kunst und Literatur so höchst erfreulichen Absichten Ew. K. M. nach Möglichkeit befördern zu helfen, verharre ich in tiefster Ehrfurcht"
Berlin den 8. Mai 1787. Ew. K. M.

Prof. Engel.

Vorschläge:

I.

„Wenn der jetzige Direktor Doebbelin in seiner Wirksamkeit bleibt, und ihm ein Oberdirektor gesetzt werden soll, so würde dem Herrn zur Pflicht gemacht:

1) Für gute Wahl und Mannigfaltigkeit von Stücken zu sorgen.

2) Auf Entfernung der untauglichen Mitglieder des Th., — diejenigen aus-genommen, die es von Alter oder Krankheit sind, — und auf Ersetzung derselben, durch bessere zu bringen.

3) Bey jedem neu einzulernenden Stücke sich die Rollenvertheilung vorlegen zu lassen, u. wo er solche unvortheilhaft findet, sie zu verbessern.

4) Bey Lese- und Hauptproben, die er frey besuchen, auch die ersten in seiner Wohnung ansetzen darf, sein Urtheil zu sagen u. den Künstlern seinen Rath zu geben.

5) Alle die Anstalten zu treffen, die zur Erhaltung guter Ordnung auf dem Theater beytragen können.

6) Den Direktor Doebbelin von offenbar unnützen Geldverschwendungen, die dem Interesse des Theaters nachtheilig seyn würden, mit Nachdruck abzuwehren.

7) Die Correspondence mit den zu engagirenden Mitgliedern zu führen, nach-dem er über die Summe, welche denselben kann geboten werden, mit dem Direktor eins geworden.

8) Sich jedes Mitgliedes gegen Cabalen u. Unterdrückung anzunehmen, u. soviel möglich, Ruhe, Einigkeit und Anständigkeit zu befördern. —

Dem Direktor Doebbelin würde durch Allerhöchsten Befehl eingeschärft, in Ansehung aller obigen Punkte dem Ober-Direktor Folge zu leisten, und da sich nicht in jedem Falle Allerhöchsten Orts klagen läßt, so würden nur die ange-sehenen Mitglieder des Königl. General-Direktoriums bevollmächtigt und ange-wiesen, sich auf Ersuchen der Ober-Direktion in's Mittel zu legen, und nach ein-gesehener Billigkeit der Forderung derselben, mit allem Nachdruck zu unterstützen. Hierzu bringe ich den Geh. Finanzrath v. Beyer, als denjenigen, der das Doebbelinsche Privilegium abgefaßt hat, u. mit dem Charakter des Doebbelin, sowie mit der ganzen Einrichtung der Sache am besten bekannt ist, allerunter-thänigst in Vorschlag.

II.

Bei dem besten Willen und der lebhaftesten Thätigkeit des Oberdirektors ist es gleichwol mehr als wahrscheinlich, daß er sehr oft jenen Zweck verfehlen u. am Ende der Widersetzlichkeit des Doebbelin erliegen würde. Der einzige Vorwand, den der letztere in jedem Falle brauchen kann, daß er auf das Interesse der Kasse sehen müsse, und diese oder jene Ausgabe nicht im Stande sei zu bestreiten, würde den Oberdirekteur bald stumm und schüchtern machen und jede noch so nöthige Verbesserung wo nicht hintertreiben, doch wenigstens erschweren u. aufhalten. Das Wünschenswertheste für das Beste des Theaters wäre demnach: daß der jetzige Direkteur auf Pension gesetzt würde. Die großmüthige Unterstützung, deren jetzt das Theater genießt und die sicher zu hoffende bessere Einnahme, lassen keinen Zweifel übrig, daß nicht die Casse eine Pension von 1000 Thlr. bis 1200 Thlr. sollte bestreiten können. Es würde also:

1) Dem Direkteur Doebbelin diese Pension als ein Zeichen Königl. Gnade für seine ehemaligen Verdienste um das deutsche Theater angewiesen;

2) würde wegen der Garderobe u. Theaterbibliothek, die zwar beyde, besonders die letztere, in schlechtem Zustande sind, ein billiger Vergleich mit ihm versucht u. einige dafür taugliche Männer beordert, diesen Vergleich gemeinschaftlich mit dem Oberdirekteur zu Stande zu bringen. Die Vorstellung, daß Doebbelin nicht Hofschauspieler sey und daß sich also des Königs Majestät freye Hände gelassen, eine deutsche Truppe für den Hof zu errichten, wodurch er alsdann auf den bloßen Genuß seines Privilegiums, das wenig oder gar keinen Werth mehr haben dürfte, würde zurückgeführt werden; diese Vorstellung würde ihn wahrscheinlich von seinen sehr überspannten Bedingungen, zu mäßigeren und zu billigeren herabstimmen. Auch könnte er, falls er das wünschte, noch einen weiteren Antheil an der Direktion auf folgende Art behalten;

3) Es könnte nämlich der Direkteur Doebbelin, unter Beibehaltung seines Titels, das Amt eines Regisseurs versehen; das Werk könnte unter dem alten Namen fortdauern u. er sich, wie bisher, unter alle Anschlage-Zettel unterschreiben. Er genöße dabey freie Pension und wäre nicht zum Mitspielen, nur zur Beobachtung der gewöhnlichen Pflichten eines Regisseurs verbunden, über die eine eigene Instruction für ihn zu entwerfen wäre. Es würden ihm hier alle die Functionen bleiben, die ihm sonst geblieben wären, nur daß er den zu großen Einfluß auf die Hauptgeschäfte der Direktion verlöre, welche die Gewalt über die Kasse ihm unwiderruflich geben müßte. Das Ansetzen eines Regisseurs wäre insofern sehr vortheilhaft, daß der Oberdirekteur, der allergnädigsten königlichen Willensmeynung gemäß, mit den vielen kleinen Verdrüßlichkeiten verschont bliebe, sich mehr dem eigentlichen Wesentlichen der Direktion widmen, den Vorstellungen mehr als ruhiger Zuschauer beywohnen, die Wirkung der Stücke nebst den begangenen Fehlern bemerken und daraus Anlaß zu künftigen Verbesserungen ziehen könnte.

4) Mit diesen beyden Vortheilen, der Pension und der gewissermaßen fortdauernden Direktion, ließe sich noch ein Dritter verbinden, der zugleich dienen würde, vielen der in Berlin nicht brauchbaren Schauspieler auf der Stelle

wieder Brod zu verschaffen. Es ist noch ein Privilegium für die mittleren Städte des Königreichs offen, welches dem Doebbelin für seinen Sohn, an dessen Versorgung ihm gelegen ist, könnte angeboten werden.

5) Da man wegen der Summe, welche für die Doebbelinische Garderobe und Theaterbibliothek zu verwenden sein würde, der königliche Großmuth nicht von neuen anzutragen wagen kann, obgleich in der That die Schenkung derselben eine erwünschte Wohlthat für das Nat. Th. wäre; so bliebe nur übrig, daß diese Summe als Capital verzinst und nach und nach, wie es der Zustand der Kasse erlaubt, abgetragen würde. — —

III.

Was mich selbst betrifft, so finde ich mich durch das Allerhöchste Königl. Zutrauen, welches mit so vieler unverdienter Huld und Gnade gegen mich geäußert worden, zu der tiefsten und innigsten Dankbarkeit verpflichtet. Dieses Zutrauen, ist ein zu unschätzbarer Gewinn für mich, als daß ich nicht mit dem lebhaftesten Eifer trachten sollte, mich desselben nicht ganz unwerth zeigen. Auch wird die Liebe, die ich von jeher gegen die Kunst gehegt habe, mir meine neue Beschäftigung nicht wenig angenehm machen und mir Muth geben, alle die Schwierigkeiten, die ich dabey, besonders im Anfange, gewahr werde, zu bekämpfen und wie ich hoffe, zu überwinden. Nur finde ich, nach der sorgfältigsten Ueberlegung, nöthig, um allergnädigstes Gehör für einige mich besonders betreffende Bitten und Vorschläge in tiefster Unterthänigkeit anzuhalten.

1) Was die Wahl der Stücke und die vermehrte Thätigkeit betrifft, so soll sich, wie ich hoffe, schon in Kurzem einige Verbesserung zeigen. Nur muß ich um allergnädigste Nachsicht bitten, wenn das Theater nicht sobald, als ich selbst es wünsche, mit besseren Mitgliedern besetzt sein wird. Die Engagements, welche die Schauspieler auf fremden Theatern haben, werden ihnen keine so frühe Herkunft erlauben, daß vor den späten Wintermonaten eine Hauptverbesserung zu Stande zu bringen wäre. Doch werde ich sogleich nach erfolgter allergnädigster Entschließung und getroffener Abkunft mit Dir, Doebbelin mich in Correspondence setzen, und möchte ich freilich noch lieber eine Reise nach einigen der besten Theater machen, um selbst zu sehen und desto sicherer wählen zu können, weil der bloße Ruf bey keiner Art von Künstlern trügerischer, als eben bei Schauspielern ist.

2) Da die Gebäude des Nat. Th. und des Gymnasiums so beträchtlich weit aus einander liegen, und doch beyde, wenn ich die alte mit der neuen Stelle verbinden sollte, fast täglich von mir besucht werden müßten; da auch ohnedem die Direktion eines Theaters, wenn sie recht geführt werden soll, sehr viele und mannigfaltige Beschäftigungen in sich schließt, die unumgänglich den ganzen Mann fordern, so muß ich allerunterthänigst um Dispensation von meinen bisherigen Geschäften ansuchen, weil ich sonst den allerhöchsten Erwartungen genügen zu können, mir nicht zutraue. Der Verlust, den das Gymnasium an mir erleiden kann, ist sehr gering und kann kaum in Betrachtung kommen, da meine Objecte des Unterrichts eher für die Akademie

als für die Schule gehören. Die Stelle hingegen, die ich in der Akademie der Wissenschaft bekleide, ist mit meinen neuen Beschäftigungen ganz vollkommen verträglich.

3) Wenn die Vorschläge unter Nr. II. den allerhöchsten Beifall erhalten sollten, so müßte ich durch gute Einrichtung der Oekonomie, zugleich mit dem National Theater mich selbst zu unterhalten wissen. Sollten aber die Vorschläge unter Nr. I. den Vorzug finden, so müßte ich alleruntertänigst bitten, mich so zu setzen, daß ich dem neuen Amte mit Ehren vorstehen, die Mitglieder des Theaters zur Erhaltung guten Vertrauens und der so nöthigen Eintracht, von Zeit zu Zeit bey mir sehen, ein größeres zu den Musik und Leseproben nöthiges Logis beziehen, die vielen bei der Correspondence und sonst vorfallende Ausgaben bestreiten, gegen die Menge armer Schauspieler, die sich bey den Theatern einfinden, mich wohlthätig bezeugen, und fremde Schauspieler nach Gewohnheit bewirthen könne. Nach dem genauesten Ueberschlage, den ich zu machen weiß, würde ich um ein fixum zur Wohnung und um ein doppelgrößeres Gehalt, als mein gegenwärtiges von 700 Thlr. ist, alleruntertänigst anhalten müssen.

Berlin den 8. Mai 1787."   J. J. Engel.

Der König erläßt in Folge dieses Promemoria an Professor Engel folgendes Schreiben:

"Hochgelahrter, besonders lieber getreuer! Ich habe die, unterm 8. dieses von Euch eingeschickten Vorschläge zu Verbesserung des dortigen N. Th. erhalten, und bezeuge Euch für Eure Bemühung Mein Wohlgefallen. Da aber die Sache für das Berliner Publikum nicht unwichtig ist, so werde Ich es gern sehen, wenn Ihr Euch mit dem Geheimen Finanz-Rath von Beyer u. Prof. Ramler, die Ihr durch Vorzeigung dieses dazu auffordern könnt, zusammen thut, die Sache in gemeinschaftliche Ueberlegung nehmet, darüber conferiret u. den zur Erreichung des Zweckes am besten gefundenen Vorschlag festsetzet. Darüber will Ich alsdann einen gemeinschaftlichen Bericht von Euch Dreyen gewärtigen als Euer gnädiger König

Potsdam den 11. May 1787.

                         Friedrich Wilhelm." — —

Zunächst geht aus dem Schreiben, welches Engel an den König richtete, hervor, daß Se. Majestät mit demselben schon vorher bereits des Mehreren über die „Verbesserung" des Nationaltheaters gesprochen hatte, daß Beide über diesen Punkt einig waren und daß Engel mündlich Auftrag erhalten hatte, seine Vorschläge betreffs dieser Verbesserung zu machen. Derselbe that dies in dem beigefügten Memorial durch Thesen, welche er unter den Abschnitten I. II. und III. aufstellt. Nach Engels eigenen Andeutungen in der Einleitung von Abschnitt III. ist es bewiesen, daß bei den vorhergehenden Gesprächen zwischen ihm und dem Könige Letzterer dem Professor Hoffnung oder Aussicht gemacht hat, ihn mit der künftigen Leitung des Nationaltheaters zu betrauen. — — Besagtes Memorial, welches die reformatorischen Theateride en Engels enthalten soll, erörtert im Abschnitt 1. zuerst, was zu geschehen hätte, wenn Doebbelin Direktor bleibt, aber einen Königlichen Oberdirektor, also einen kontrolirenden Chef mit amtlichem Aufsichtsrecht erhält. Diesem Kgl. Oberdirektor würde die gesammte künstlerische Leitung wie Disciplin des Theaters obliegen, bei Streitigkeiten mit Doebbelin sollen angesehene Mitglieder des Kgl. General=Direktoriums (also des Ober=Regierungsdepartements im Kgl. Schlosse) zur Untersuchung bevollmächtigt werden. Als solch' Einen dieser königlichen Kommissare schlägt Engel den Geh. Finanzrath von Beyer vor, welcher mit dem Charakter „des Doebbelin bekannt ist" und auch dessen Konzession (1775) abgefaßt hatte. —

Selbst einem Laien muß in die Augen springen, daß, wenn Engel dem Doebbelin die Bestimmung und Besetzung der Stücke, das Engagement und die Entlassung der Künstler, die Leitung der Proben, die Disciplin und die Controle der Kasse aus den Händen gewunden hat, für den — Direktor Doebbelin eben nichts übrig bleibt, als der Direktortitel und das würdige Amt eines — Inspizienten! Alsdann hätte sich Doebbelin von 1767 bis 1787, also zwanzig Jahre, abgearbeitet, hätte den ansehnlichsten Theil seines Vermögens in zwei Theatergebäude gesteckt, hätte mit ungebrochenem Muthe und nie zu ermüdender Lust den Ringkampf des Deutschthums gegen fremdländische Kunst durchgefochten, um jetzt, — wo er dem deutschen Drama zum Siege verholfen, er den Geschmack des Publikums demselben zugewendet hatte, — als tiefer Sechziger die Früchte seines ganzen Lebens einem Manne zu überlassen, der ihn zu ersetzen keinen anderen Rechtstitel aufzuweisen vermochte, als daß er ein gelehrter Schöngeist, Professor an der Akademie und Lehrer des Kronprinzen war?! Wem kommt diesem Ehrgeize Engels gegenüber nicht die anspruchslose Entsagung Lessings bei der Hamburger Entreprise wieder in den Sinn, der sich von einer Madame Hensel den Mund verbieten lassen mußte?! — Professor Engel war auch klug genug, selbst zu fühlen, daß er mit diesem seinem Programme eine Ungeheuerlichkeit von Doebbelin verlange, dem Könige gegenüber aber einen Schritt wage, der sehr geeignet sei, ihn bloszustellen! Er hatte die Voraussetzung im Abschnitte I. also nur gestellt, um ad II. zu beweisen: — nicht, daß sich Doebbelin diese Behandlung nicht gefallen laſſen könne, noch werde, ſondern: daß es dem Oberdirektor (alſo ihm ſelbſt) unmöglich ſein würde, ſein vorher aufgeſtelltes Programm mit Doebbelin durchzuführen, weil derſelbe ſtets das Intereſſe ſeiner Kaſſe vorſchützen könne. — In der That, wenn Doebbelin auch gar kein beſſeres, als ein — Krämerintereſſe gehabt hätte, ſo war der Vortheil ſeiner Kaſſe, des Mittels zur Erhaltung ſeines Theaters, doch wohl das Wenigſte, was derſelbe vertheidigen konnte! Seine Kaſſe war eben ſeine Kaſſe, ſein Generalprivilegium war eben ſein Privilegium, was er ſich durch hohe Abgaben, wie ſie vor ihm Niemand gezahlt hatte, und durch Uebernahme der Koch'ſchen Hypothekenſchulden erworben hatte. Bei einem Etat, der ſich jährlich um die Summe von 30= bis 35,000 Thalern bewegte, nachmals unter Engel=Ramlers Direktion aber bis auf jährlich ſiebenundſechzig= tauſend Thaler!! anſchwoll*), war ein Kgl. Zuſchuß zwar eine kräftige Hülfe, aber betrug doch höchſtens nur die Hälfte der bereits unum= gänglichen Ausgaben. — Profeſſor Engel hält es ad II. für das „Wünſchenswertheſte,“ Doebbelin zu penſioniren. Er iſt bereit, ihn mit 1200 Thalern zu beſolden, ſowie wegen Garderobe und Theater= bibliothek ein Kaufgeſchäft mit ihm zu machen und dieſe doppelte Ver= pflichtung auf die Theaterkaſſe zu übernehmen, damit nur ja der König hierauf eingehe! Wir werden ſpäter ſehen, daß dieſes kühne Unter= nehmen Engels denn doch ſeine bedenklichen Seiten hatte! — Wahr= ſcheinlich mochte der Profeſſor ſelbſt den beſcheidenen Zweifel hegen, daß der König den alten Direktor, für deſſen redliches Streben er bisher ſoviel Vorliebe gezeigt hatte, nicht ſo ohne Weiteres an die Seite ſetzen werde! Da Engel wußte, daß auch „mehrere Wege“ zum Ziele führen, wählte er einen dritten, den verführeriſchſten Weg, nämlich Doebbelin mit 1200 Thalern, unter dem Titel „Direktor“, zum einfachen Regiſſeur zu machen, deſſen Chef er als Oberdirektor werde, welcher dann alle ad I. aufgeſtellten Obliegenheiten hätte. Um dem Könige dieſe Sache noch annehmlicher zu machen, ſollte Carl Doebbelin, Theophils Sohn, eine Konzeſſion für die Provinz erhalten und dadurch der alte Ko= mödiantenprinzipal und ſeine Familie begütigt werden, falls nur

---

*) Dieſe Angabe iſt dem Memorial Iffland's vom Jahre 1797 entnommen, welches die höchſt intereſſante Frage erörtert: „was aus dem Nationaltheater werden ſoll.“ Dies Memorial bringen wir unter benanntem Jahre zum Abdruck. D. V.

dabei Professor Engel Ober=Direktor würde! — Auf diesen dritten Vorschlag ging Se. Majestät auch wirklich später ein und Herr Engel hatte erreicht, — was er wollte? — Nein, ganz hatte er es denn doch nicht, so leicht hintergehen läßt sich ein Hohenzoller eben nicht! — Naiv ist es übrigens, welcher Einkünfte Professor Engel zur Ausübung seiner Würde als Ober=Direktor benöthigt ist. Er wünscht ein doppelt größeres Gehalt als sein jetziges, also 1400 Thaler und noch ein Fixum für eine größere Wohnung, um Musik= und Leseproben zu halten, seine Mitglieder und fremde Schauspieler bewirthen und gegen arme Schauspieler wohlthätig sein zu können. Der Professor will also, was man so sagt, einen „Salon halten". Rechnen wir die damaligen Miethen noch so billig, es wird immerhin in der Nähe des Gensdarmenmarktes eine Wohnung mit Musiksaal, wie sie Engel vorzuschweben schien, unter 600 Thalern kaum zu beschaffen gewesen sein, so daß sich sein Gehalt auf etwa 2000 Thaler belaufen haben würde, zu welchem noch das Gehalt ge= rechnet werden muß, welches Engel auch als Docent der philosophi= schen Klasse an der Akademie der Wissenschaften erhielt. Er hätte sich im Ganzen dann also gegen 3000 Thaler gestanden. — Ob ein Direktor in seiner Wohnung Lese= und gar Musik=Proben halten und dazu saalartige Räume haben muß, lassen wir dahin gestellt, jedenfalls bedurfte zehn Jahre später Iffland eines solchen Direktionsapparates nicht, um denn doch etwas ganz Anderes zu leisten, als Engel zu Wege zu bringen vermochte. — Der Inhalt des ganzen Memorials dreht sich nur um zwei Fragen, nämlich unter welchem Modus Doebbelin loszuwerden, Engel an's Ruder zu bringen ist und um des Professors finanziell angenehme Stellung! — Des Königs Antwort brachte demselben schon eine erste, ziemlich starke Enttäuschung. Engel hatte geglaubt, über das Nationaltheater allein zu herrschen; die Mittel, welche er ad Passus 2. in Abschnitt II. vorschlägt, um Doebbelin zu zahmer Unterwürfigkeit zu zwingen, zeigen wenigstens, daß er sich auf's Drohen und Drücken sehr wohl verstand! Höchstens beanspruchte er, bei sehr schwierigen Kämpfen mit dem alten Direktor, die Unterstützung eines Mitgliedes des Generaldirektoriums, also der bisher dem Doebbelin vorgesetzten Behörde. — Wenn der König nun auch lebhaft wünschte, das Nationaltheater auf besseren Fuß zu bringen und sein „Wohlgefallen" über Engels Memorial aussprach, hatte er indeß doch nicht die Absicht, den ehrgeizigen Professor allein zum Herrn des Theaters zu machen. Durch den Befehl sich mit Finanzrath von Beyer und Professor Ramler „zusammen zu thun," giebt er ihm also zu verstehen, daß er betreffs des Nationaltheaters sein Vertrauen nicht einem Einzelnen, sondern nur einer Gruppe fachkundiger Männer schenken wolle. Von der Gehaltsfrage ist in des Königs Antwort gar nicht die Rede und da Engel als Ober= direktor nachmals nur 634 Thaler Gage erhielt, so fiel auch diese Hoff= nung und die poetische Illusion eines „Salon Engel" in's Wasser. — Kleinlauter geworden, berief er nun Beyer und Ramler, um über seine Vorschläge zu berathen; diese Herren hatten sonach gleiche Stimme mit ihm und die — königliche Theaterkommission, oder das General= direktorium, ein Regiment von Triumvirn, trat in's Leben! — Uebrigens sprach der König mit Engel über die obwaltenden Zustände des National= theaters nicht allein. Aus Beyer's Mittheilungen an Iffland 1798 geht hervor, daß der König im Mai 1787 auch mit ihm über Ver= besserung des Theaters verhandelte, und ihn mehrmals mündlich wie schriftlich aufgefordert hat, in die Kommission einzutreten. Dies mag Engel in Erfahrung gebracht und deshalb Herrn von Beyer als Schiedsrichter zwischen sich und Doebbelin in Vorschlag gebracht haben. — Bevor wir der neuen Theaterleitung näher treten, wollen wir unsere Ueberzeugung dahin aussprechen, daß eine Kommission, ob sie nun aus zweien, dreien, oder mehreren Mitgliedern besteht, welche gleiche Befugniß zu beschließen oder abzulehnen haben, schädlich ist! Ein Theater kann nur bei straffer Disciplin erhalten und straffe Dis= ciplin kann nur von einer Hand gegen die anspruchsvolle Künstlerwelt geübt werden. Es gehört schon ein sehr großes Direktionstalent, sehr viel Welterfahrung und Theaterkenntniß, vor Allem eisernes Streben, feurige Liebe zur Sache, strenge Rechtlichkeit und unnachsichtiges Durch= greifen, dabei aber eine unerschütterliche Menschenliebe dazu, ein Theater aufrecht zu erhalten! Von Männern wie Iffland und Schröder nur kann man lernen, — unter den späteren Intendanten aber bei einem Brühl und Hülsen merken, wie Direktion geführt, wie eine Künstler= schaar behandelt werden muß. — — Ein Beispiel in dieser Beziehung sei hier erwähnt. Bei der Schröder'schen Gesellschaft befand sich in des be= rühmten Direktors späterer Lebenszeit ein Schauspieler, welcher ihn oft und schwer ärgerte, ihm Intriguen und Klatschereien aller Art verur= sachte. Eines Tages fragte den alten Direktor ein vertrauter Freund: „Aber lieber Schröder, sagen sie mir doch um Gotteswillen, warum

Sie dem S., der Sie stets ärgert, in dem neuen Stück wieder die vor-
trefflichste Rolle gegeben haben?" — „Aber Freund," entgegnete Schröder,
„finden Sie denn, daß er die Rolle nicht gut gespielt hat? S. ist gewiß ein schlechter Kerl, ein Lump mit 'nem erbärmlichen Herzen, darum
eben ißt er nicht bei mir, ich gehe nicht mit ihm um, ich lasse ihn
links liegen, aber die Rolle, für die er besser als jeder Andere taugt,
die erhält er gewiß!" — Der Freund schwieg betroffen, erzählte indeß
Schröders Antwort wieder; sie kam seinem ganzen Personal und auch
dem betreffenden S. zu Ohren. Derselbe hatte nur ein unglückliches
Temparament und war im Theaterleben verloddert, aber immer noch
lebten Ehre und Gewissen in seiner Brust. S. besserte sich von diesem
Augenblicke an, er zeigte fortan Hochachtung und Gehorsam gegen den
Prinzipal. Als diesem, sonst bei'm Publikum beliebten, Schauspieler nach
längerer Zeit eine Rolle völlig mißglückte, erbat er sich Schröders Verzeihung. Dieser schnitt ihm das Wort mit der Bemerkung ab:
„Pah, Unglück kann Jeder haben, ist mir auch schon passirt. Was ich
sagen wollte, essen Sie doch heute bei mir, lieber S. —" Thränen ent-
stürzten des Mannes Augen, erschüttert küßte er vor allen seinen Kollegen
dem alten Schröder die Hand; fortan — aß er öfter bei demselben!

Die Persönlichkeiten, aus welchen der König die Theater-Kommission
zusammengesetzt hatte, waren, da man von einem Bühnenfachmann,
also einem Schauspieler, absah, die denkbar besten, welche zur Zeit in
Berlin gefunden werden konnten. Finanzrath von Beyer galt als
Autorität in seinem Fache, war eifriger Theaterfreund und ein Ehren-
mann, ihm konnte die ökonomische Regelung des Unternehmens, — vorläufig der allerschwierigste Theil der gemeinsamen Aufgabe, mit voller
Ruhe anvertraut werden; seine Kenntniß von Doebbelin's Verhältnissen kam ihm dabei zu Statten. Engel war der Bühnenkundigste von
Allen und ein gewisses Verdienst um das Theater ist ihm während
der sieben Jahre seiner Verwaltung nicht abzusprechen. Ramler aber vertrat im Direktorium das höhere ästhetische und vermittelnde Kunstprinzip.
Wenn er als Schulmann und Odendichter auch von der Bühnenpraxis
nicht viel und von der finanziellen Verwaltung eines solchen Institutes
noch weniger verstand, ein Mann von Geist, Wissen und Geschmack
war er sicher. Von dem Nimbus umstrahlt, welchen seine vertraute
Freundschaft, wie das genossenschaftliche literarische Streben mit Lessing
ihm verliehen hatte, war er eine hervorragende Persönlichkeit des „schön-

geistigen" Berlin und gab der neuen Verwaltung ein höheres Relief. Uebrigens wurde ihm durch den Verlauf der Dinge bis zum Jahre 94 wesentlich nur die Rolle einer — werthvollen Staffagefigur zu Theil und es ist kaum ein Fall zu nennen, wo er den Herren Kollegen seine Zustimmung ernstlich verweigert, oder bei ihnen seine entgegengesetzte Ansicht durchgesetzt hätte. Die Zurückhaltung, Ruhe und das Wohlwollen indeß, welches er trotz seiner, eigentlich dritten, Stellung im Amte bewies, ließ ihn schließlich auch allein das Feld behalten; allerdings erst zu einer Zeit, wo es nicht mehr sehr viel zu halten gab und es einer ganz anderen Faust bedurfte, um dem Sonnengespanne Apollos den rechten Zügeldruck und Stachel zu geben! —

Die zusammengetretene Kommission entwarf zuförderst auf Grund der Engel'schen Vorlagen der Abschnitte I. II. u. III. ihre allgemeinen Vorschläge zur besseren Verwaltung des Nationaltheaters und Organisation der neuen Leitung desselben, an welche sich der Entwurf einer Instruktion für den Oberdirektor, einer Instruktion für Doebbelin als Regisseur und die Aufstellung eines Etats schloß. Bereits am 19. Mai erfolgte die vorläufige Annahme sämmtlicher Vorschläge durch den König und am 20. Mai die Einsetzung des Generaldirektoriums. Vier Tage später brach das Gewitter über den alten Direktor herein! — Diese vorerwähnten Schriftstücke vom 17. bis 20. Mai bezeichnen mithin die zweite Entwickelungsstufe, welche die Angelegenheit betrat und die eigentliche Geburt der königlichen Theater-Kommission. Die Kabinetsordre, welche ihr Dasein verleiht, vernichtet durch diesen Akt die alte Prinzipalschaft für Berlin auf ewig und setzt für sie einen akademischen Bureaukratismus an die Spitze der Künstlerschaft!! Es war dies für das Schauspielerthum eine tief in sein Fleisch schneidende Veränderung! — An diesem Scheidewege wird es deshalb Zeit sein, uns den wesentlichen Unterschied des Verhältnisses zu vergegenwärtigen, in welchem der Schauspieler der alten Zeit zu seinem Prinzipal gestanden hat und wie er von 1787 ab zu den neuen Chefs stand, welchen die Leitung des Nationaltheaters seitens des Monarchen anvertraut wurde. — Ein Erfahrungssatz, der nicht erst bewiesen zu werden braucht, ist, daß Jedermann die Autorität eines ihm vorgesetzten Berufsgenossen eher anerkennt, als die eines Mannes, welcher einer andren Lebenssphäre angehört. Der Schauspieler folgt dem Rathe und Befehle eines Direktors, welcher selbst Schauspieler ist oder war, lieber, als dem eines Anderen, sei er, was er wolle. Dazu kam, daß ein Prinzipal sich seinen Mitgliedern gegenüber in einer besonderen persönlichen Lage befand. Gewohnheiten wie Mängel, Fehler wie Leidenschaften, kurz alle Berufseigenheiten seines Standes kannte Niemand genauer, als der Prinzipal der alten Zeit. Er war selbst noch Schauspieler, oder es lange Jahre gewesen, hatte sich in der Jugend bei herumziehenden Gesellschaften durchhungern müssen, bis er bei einem ordentlichen Prinzipal in größeren Städten Verwendung fand und endlich genug Ruf und Credit in der Theaterwelt erworben hatte, um selbst eine Truppe unter seiner Fahne zu vereinen. Er war auch einmal lüderlich, verschuldet, mit allen Leidenschaften und Schwächen seines Standes behaftet gewesen, ja war's wohl noch, er brauchte also nur in den eignen Busen zu greifen, um bei seinen Mitgliedern entschuldbar zu finden, was ein Andrer nicht zu verzeihen vermochte. Sein Verhältniß zu ihnen war ein patriarchalisches, überaus joviales und wenn seine Leute ihre Rollen gut spielten, so mochten sie übrigens treiben, was sie wollten, Schulden haben, Liebschaften, Zank und Intriguen unter einander anfangen, es kümmerte sein großes Herz nicht. An der Tugend seiner Aktrize lag ihm sehr wenig, sie war ihm sogar nicht angenehm; sobald ihre Toilette aber luxuriös, trotz ihrer geringen Gage, aussah, zeigte er sich ganz zufrieden, ob nun drei oder vier Liebhaber dieselbe bezahlten. Der echte, rechte Prinzipal damaliger Zeit ist der erste Gefühlsheuchler und Lügner unter seinen Leuten gewesen, sobald es galt, bei Diesem oder Jenem zum erwünschten Zwecke zu kommen. Er vermochte ihm gegenüber in einen flammenden Zorn auszubrechen, oder eine Sentimentalität anzunehmen, die er gar nicht empfand und trug eine pathetische Würde zur Schau, welche er mitunter völlig wieder verlor, ohne sich das übel zu nehmen. — Dieser idyllische Zustand des Künstlerlebens mußte sich mit einem Male ändern, da an Doebbelin's Stelle eine Kommission, eine mehrköpfige Verwaltung, anderen Kreisen entsprungen und andern Sitten huldigend, trat. War Einigkeit bei ihr selbst schon nicht immer vorhanden, so wurde ihr die gleichmäßige einheitliche Leitung und Behandlung der Künstler noch schwerer, während diese sich einer Gruppe von Beamten gegenüber sahen, deren Jeder in seinem besonderen Ressort die Verantwortung hatte und seine Würde eifersüchtig wahrte. Ein steifes Benehmen, ein hölzerner, unendlich peinlicher Beamtengeist, gegenseitiges Ueberwachen und abgeschlossene Vornehmheit griffen alsbald Platz. Die Verwaltungsmaschinerie mit ihrer schwerfälligen Umständlichkeit begann sich breit zu machen, der Beamte sich über den Künstler zu erheben und dieser fühlte sich von einer fremden Macht gedrückt, welcher er gleichwohl gehorchen mußte, da sie sein Schicksal in der Hand hielt. — Die Sittlichkeit wie die Kunst gewannen hierbei Nichts! — Man wurde Liebediener, Heuchler, Intriguant, führte die noch der Bühnenränke unkundigen, neuen Direktoren irre und legte ihnen Schwierigkeiten in den Weg, welche ein Prinzipal nicht kannte. Auf Grund dieses neuen Verhältnisses entwickeln sich die fernern Begebenheiten und wir müssen sie vom Gesichtspunkte dieser so veränderten Lage betrachten. —

Die Vorschläge, welche die zusammengetretene Kommission, auf Befehl des Königs vom 11. Mai, ausarbeitete, ist in vier Schriftstücken niedergelegt; ihres starken Umfangs wegen theilen wir sie nur im Auszuge mit. — — In dem Begleitschreiben vom 17. Mai sagt die Kommission: „Wenn unsere allerunterthänigsten Vorschläge Ew. K. Maj. allerhöchste Genehmigung erhalten sollten, so bitten wir hochgeneigtest, solche allerhöchst selbst zu vollziehen und uns mit ferneren Verhaltungsbefehlen zu versehen, ob wir dem Doebbelin danach die nöthige Vorhaltung thun, ihn zur Befolgung Ew. K. M. Allerh. Vorschrift anweisen und demnächst auch die erforderliche besondere Instruktion für den von Allerhöchst denenselben zu bestellenden Ober=Direktor des Theaters und für d. p. Doebbelin selbst zu allerhöchster Genehmigung und Vollziehung einsenden sollen.“ — Das Ziel dieser Bitte ist, daß der König mittelst Kabinetsordre die Kommission dem Doebbelin gegenüber erst sanktioniren möge, weil sonst Dieser derselben erwidert haben würde: „ich kenne ja gar keine Kgl. Kommission, welche mir zu befehlen hat!“ — Die Vollziehung beider Instruktionen dagegen wird dann als nothwendige Folge der gewünschten Kabinetsordre erwartet. — Natürlich war Engel und Genossen daran gelegen, den Schlag gegen Doebbelin, welcher ihm das Regiment aus den Händen wand, vom Könige baldigst thun zu lassen, dann konnte der neue Verwaltungsmechanismus in Thätigkeit gesetzt werden. Aus dem Reorganisationsentwurf stellen sich die Thatsachen fest: daß die Kommission, um über alle Umstände und Verhältnisse dieses Theaters genaue „Information einzuziehen,“ die erforderliche Einsicht „durch Abhörung der dabey concurrirenden Personen zusammenzubringen suchen müssen.“ — Zu diesem

Geschäft hat jedenfalls Professor Ramler weder Klugheit noch Sach=
kenntniß genug besessen, Rath von Beyer, namentlich aber Professor
Engel dagegen besaßen sie und werden das Geschäft der „Abhörung"
vorgenommen haben. Durch diese Abhörung wurden besagte Herren in
den Stand gesetzt, einen Etat der Einnahme vom Billetverkauf, auf
die mäßigste Summe angenommen, festzustellen. Auch hatten sie von
Doebbelin herausbekommen, daß der König demselben, wie wir schon
wissen, 5000 Thlr. Subvention, 1000 Thlr. Beleuchtungsgelder und für
die Kgl. Loge 6000 Thlr. als jährliche Entschädigung bewilligt habe.
Dieser Summe suchte sich zunächst die Kommission als Zuschuß auch
ihrerseits zu versichern, indem sie noch anführte, daß wohl „die regierende
Königin auch eine besondere Loge bestimmen werden und an verschie=
dene zum Allerh. Kgl. Hofstaat gehörige Personen Freiplätze und Frey=
Billets bisher gegeben werden mußten, deren Ertragswerth Doebbelin
ihnen als gegen 11,000 Thaler angegeben habe." — Bei dieser Untersuchung
gingen Beyer wie Engel, je nach ihrem Charakter, wie ihren Grund=
sätzen, von verschiedenen Gesichtspunkten aus. Beyer handelte allein nach
der ihm vom Könige aufgenöthigten Amtspflicht, er sah nur zu gut, daß
Doebbelin sich und das Theater nicht zu retten vermöge und dies nur
einer amtlichen gewissenhaften Verwaltung gelingen könne. Das und
nichts Andres war seine Absicht; Doebbelin's Rechte zu kränken, ihn zu
beseitigen, gewiß nicht! Engel aber ist, wie wir schon erwähnten, von
der Absicht, Letzteres zu thun und sich an die Spitze der Theaterleitung
zu bringen, nicht frei zu sprechen, denn er führte sie thatsächlich durch.
— Zu wundern braucht uns nicht, daß Doebbelin so aufrichtig war und
seine Verhältnisse auseinandersetzte. Rath Beyer hatte sich bei Ab=
fassung seines Privilegiums (anno 1775) als sein Gönner bewiesen und
ihm immer Wohlwollen gezeigt, Engel war stets sein Freund gewesen,
beide Männer aber hatten beim Könige bedeutenden Einfluß. Hierzu
kam, daß die Verhältnisse Doebbelin's bereits so schwierig geworden
waren, daß er sich durch theilweise Aufdeckung derselben einer etwaigen
Befürwortung und Unterstützung dieser seiner Gönner beim Könige zu
versichern suchen wollte. Es erfuhren Beyer und Engel denn auch,
daß Doebbelin seinem Personal an rückständigen Gagen noch 3279 Thlr.
16 Gr. schuldig geblieben sei. In dem Punkte nur irrten sie, daß
Doebbelin's Aufrichtigkeit gegen sie eine vollständige sei. Der alte
Fuchs verschwieg seine eigentliche Schuldenlast ebenso, wie die bis=

herige Höhe seiner Einnahmen, denn über diese beiden zarten Punkte einen Nebel zu verbreiten, schien ihm für's Erste nützlich. In seinem Falle wäre ein Geständniß und Bankeruterklärung dasselbe gewesen!! — Die weiteren Organisationsvorschläge der Kommission gingen ferner dahin: daß außer den Plätzen der die Allerh. Herrschaften begleitenden Personen, Niemandem weiter Frei=Billets und Frei=Plätze angewiesen werden sollten, ferner daß zu dem im Etat für Prof. Engel angewiesenen Gehalte von 634 Thlr. als Oberdirektor noch eine Summe von 800 Thlr. aus den Fonds der Akademie für die Wissenschaften hinzutreten möge, so daß sich also Pro=fessor Engel auf einem kleinen Umwege dennoch seiner geplanten 1400 Thlr. zu versichern suchte. Außerdem wurde die Bestellung eines besonderen Rendanten wie eines Controleurs der Kasse als nothwendig in Vorschlag gebracht und zum Ersteren der Kriegsrath und geheime Secretair Bertram, der zugleich die Expedition übernehmen sollte und Kammer = Sekretär Jacobi als Kassenkontroleur empfohlen. Ferner sollte den unbrauch=baren Schauspielern und Schauspielerinnen, wie Orchestermitgliedern ge=kündigt und statt ihrer bessere Kunstkräfte engagirt werden. Des ge=sammten hierzu nöthigen Geldaufwandes wegen bat schließlich die Kom=mission: „allerunth. sowohl die Huldreichst versicherte Vergütung für Allerhöchst Dero Loge vom September vorigen Jahres (also 86), als was Allerhöchst Dieselben für die Loge der reg. Königin Maj. zu bewilligen geruhen möchten, anweisen und an die neu zu errichtende Theater=Kasse auszahlen zu lassen: „weil es sonst (zu den erforderlichen Ausgaben) gänzlich an fonds fehlet." Indem gesagt wurde, daß die entworfenen Instruktionen für Engel und Doebbelin beifolgen, schloß das Promemoria. — Die Instructionen lassen wir hier wörtlich folgen, weil sie später völlig zur Ausführung gelangt sind und das erste Bild der Stellung geben, welche fortan Engel und Doebbelin zu einander einnehmen. Die neue Verwaltungs=Hierarchie, welche sich demnach als leitende Behörde des Nationaltheaters aufbaute, war folgende:

Königl. General=Kommission, ober= Direktion.

Geh. Finanzrath und Professor
Johann August v. Beyer Carl Wilhelm Ramler.

Bevollmächtigter Ober=Direktor.
Professor Johann Jakob Engel.

Rendant und Expedient Kassenkontroleur u.
Kriegsrath u. Geh. Geh. Sekretair
Sekretair Bertram. Regisseur Jakobi.

Direktor Carl Thophilus Doebbelin. — — —

Die erste Inſtruktion lautete:

Instruction

für den Profeſſor Engel als Ober-Direktor des National-Theaters.

„Sr. Königl. Maj. v. Pr. Unſer Allerg. Herr, wiederholen und beſtätigen zu= vörderſt diejenigen Grundſätze und Vorſchriften, welche Allerhöchſt dieſelben wegen beſſerer Einrichtung und Verwaltung des Nat. Ths. der zu deſſen Direktion angeordneten immediat Commission unterm 20. Mai d. J. zu ertheilen geruhet haben. — In Vorausſetzung derſelben laſſen Sr. K. M. dem, zum Ober-Direktor des gedachten Theaters beſtellten Prof. Engel mit folgender näherer Inſtruktion und Anweiſung verſehen:

Es wird dem Ober-Direktor zur Pflicht gemacht:

1. Ueber die Beobachtung aller von der Commission feſtgeſetzten allgemeinen Einrichtungen zu wachen, und beſonders den Direktor Doebbelin zur Erfüllung ſeiner Obliegenheiten anzuhalten.

2. Alle die beſonderen und der allgemeinen Vorſchrift und Abſicht gemäßen Ein= richtungen zu treffen, die er zur Vervollkommnung des Theaters, und zur Ruhe und Ordnung der Geſellſchaft zuträglich findet. Große und weſentliche Veränderungen aber nicht ohne Vorwiſſen und Beifall der ganzen Commission zu machen.

3. Jede einreißende Unordnung, der er durch ſein eigenes Anſehen nicht zu ſteuern weiß, ungeſäumt der ganzen Commission anzuzeigen.

4. Sich alle zu ſpielenden alten und neuen Stüde vorlegen zu laſſen, auch Alles Neuherauskommende zu prüfen, ob es für das hieſige Theater brauchbar ſei und für Güte ſowohl als für Mannigfaltigkeit von Stücken Sorge zu tragen.

5. Die Rollenvertheilung entweder ſelbſt, ohne Partheilichkeit und nach ſeiner beſten Einſicht, zu machen, oder wenn ſie ſchon gemacht wäre, ſie zu ver= beſſern, mit möglichſter Vermeidung der Unzufriedenheit der Geſellſchaft, wo= bei jedoch unbillige Anmaßung und Kabale durchaus nicht zu geſtatten iſt.

6. Durchaus keine Stücke zu geben, die offenbar wider den guten Geſchmack oder wider Religion und Sitten verſtoßen; auch in ſonſt guten Stücken, wo nur einzelne Scenen oder Sylben den Geſchmack und die Sittlichkeit beleibigen, die nöthigen Veränderungen zu machen.

7. Den Schauſpielern, die es bedürfen möchten, Unterricht und Anweiſung in der Kunſt der Deklamation und des Spieles zu ertheilen.

8. Bei der Hauptprobe gegenwärtig zu ſein, um das ensemble und die Wirkung des ganzen zu beurtheilen, auch ſonſtige Proben, wenn er dabei guten Rath zu ertheilen weiß, fleißig zu beſuchen.

9. Nach Beſchaffenheit des Etat für die Oper gute und völlig brauchbare Sänger und Sängerinnen, und für das Schauſpiel die beſten Acteurs und Actricen zu erhalten und zu engagiren ſuchen, über die Königl. fonds- und Caſſen= gelder nie ohne Genehmigung der Kommiſſion zu disponiren.

10. Den p. Doebbelin dahin anzuhalten, daß er die unbrauchbaren und über= flüſſigen Mitglieder des Theaters, alte und kranke ausgenommen, abſchaffe,

und ihre Rollen durch gute erſetze, aber noch dieſerhalb mit der Kommiſſion das Erforderliche feſtzuſtellen und zu diſponiren.

11. Bei Abdankung alter und Anſchaffung neuer Mitglieder, ohne Partheilichkeit nach ſeiner Ueberzeugung zu handeln, und ſich in keinem Falle durch Empfehlungen und Protektionen, welche ſie auch immer ſein mögen, leiten zu laſſen, ſondern nur das Beſte des Theaters und die innere Vervollkommnung zum Augenmerk zu haben.

12. So viel wie möglich mit dem p. Doebbelin alles in zweckmäßiger Eintracht zu beſorgen und das Anſehen deſſelben bei der Geſellſchaft aufrecht zu er- halten.

13. Auch bei Streitigkeiten, welche die Mitglieder des Theaters untereinander ſelbſt oder mit dem Direkteur haben möchten, ein unpartheiiſcher, und ſo viel es ſich thun laſſen will, freundſchaftlicher Vermittler zu ſein, bei ermangelnden Erfolge aber, die Sache zur Entſcheidung an die Kommiſſion gelangen zu laſſen.

14. Wenn erſt das neue Theater vollſtändig eingerichtet ſein wird, mit den wich- tigſten Mitgliedern zuſammenzutreten, und mit ihnen gemeinſchaftlich diejenigen Regeln, die ein Jeder im Theater und bei Proben zu beobachten hat, nebſt den Strafen im Uebertretungsfalle, zu verabreden und mit Beifall der Kom- miſſion feſtzuſetzen; auch über die Beobachtung dieſer Regeln gemeinſchaftlich mit dem p. Doebbelin zu wachen.

15. Dahin zu ſehen, daß diejenigen Offizianten, welchen die Aufſicht auf Garde- robe, Erleuchtung, Bibliothek, Billets und Muſikalien aufgetragen iſt, den ihnen ertheilten Vorſchriften genau und treulich nachleben, alle zu bemerkende Unordnungen und Unrichtigkeit ſofort abzuſtellen und erforderlichen Falls der Kommiſſion davon Anzeige zu thun.

13. Da die Theater-adminiſtration-Rechnung alljährlich zuerſt von der Commiſſion revidirt und abgenommen und ſodann an die Oberrechenkammer zur reviſion ein- geſandt werden muß, ſo ſind alle im Etat nicht beſtimmten Ausgaben von der geſammten Commiſſion zu aſſigniren und ſolchergeſtalt in Ausgabe paſſiv zu laſſen. Ebenſo iſt in Anſehung der in beſonderen Fällen den Acteurs und Actricen zu bewilligenden Vorſchüſſe, die nie über einen Monat Gehalt be- tragen müſſen, zu halten, auch für deren prompteſte Erſtattung durch Ab- ziehung von den Etats- und contraktmäßigen Gehältern zu ſorgen. Alle dieſe Beſtimmungen überſchreitende Anweiſungen und Vorſchüſſe geſchehen auf Ge- fahr derjenigen, die ſolche angewieſen haben. In beyden Fällen alſo müſſen von dem Ober-Direktor die erforderlichen Anzeigen der Commiſſion geſchehen. Wollte der Ober-Direktor bei Verwaltung ſeiner Geſchäfte ſonſt noch andere Einrichtungen oder Verbeſſerungen zur Beförderung des Endzwecks und Sr. Maj. Allerhöchſten Intention dienlich und würkſam finden, hat derſelbe ſolche ſofort der Kommiſſion anzuzeigen, um darüber Sr. K. M. Allerhöchſte Ge- nehmigung zu bewirken. Schließlich werden Sr. K. Maj. beſtimmen, was Dero Prof. Engel als Ober-Direktor des Theaters, welchem weitläuftigen Ge-

3*

schäfte er von nun an sich gänzlich widmen muß, an jährlichen Gehalt gereicht und angewiesen werden soll. Urkundlich p. p.
Berlin, den 1. Juni 1787.

v. Beyer."

Diese Instruktion, welche nachträglich vom 1. Juni 87 datirt und in dem vorliegenden Aktenstück nur von Beyer unterzeichnet wurde, ist nicht allein bereits im Mai, wie vorerwähnt, als Entwurf in des Königs Händen gewesen, das Konzept derselben, welches sich bei den Akten vor- findet, beweist auch, daß dieselbe nicht Rath Bertram, sondern Engel zum eigentlichen Verfasser hat, daß dieser also seine eigene Instruktion entwarf, welche Beyer nur approbirte; Engel's nicht zu verwechselnde Handschrift bestätigt es! — Wenn man hierbei annehmen kann, er werde seine Instruktion nach Kräften dahin abgefaßt haben, daß ihm die größte Machtfülle verbleibe und er die Hauptperson im Rathe der theatralischen Konsuln werde, so ist trotzdem ersichtlich, daß von den 16 Paragraphen, welche seine Amtsbefugnisse regeln, deren acht, also die Hälfte derselben, die Fälle bestimmt, in welchen die ganze Kom- mission handelnd einzutreten hat. Es war nur zu gewiß, daß den verworrenen Zuständen des Nationaltheaters und dem voraussichtlichen Widerstande Doebbelin's gegenüber seine Verantwortlichkeit sehr groß sein werde, er deshalb sicherer gehe, durch Zustimmung und Mittheilhaberschaft seiner Kollegen sich auf alle Fälle den Rücken gedeckt zu wissen. Brachte er es im Laufe der Begebenheiten dahin, daß ihnen die Lust zum Dirigiren endlich ausging, dann hatte er ja sein Ziel erreicht und erndtete zugleich die Früchte der Mühe seiner früheren Genossen. Im übrigen enthält die Instruktion für Engel alle jene Punkte, die derselbe bereits in seinem Promemoria vom 8. Mai dem Könige vorgeschlagen hatte. — —

„Instruction
für den Schauspiel=Direktor Doebbelin
als
künftigen Regisseur d. K. Nat. Thts.

„Sr. Königl. M. v. Pr. Unser allergn. Herr verweisen den Schauspiel=Direktor Doebbelin zuförderst nochmals auf die genaueste Befolgung der ihm von der an- geordneten immediat Commission bekannt gemachten allergn. Vorschrift vom 20. Mai d. J. wegen besserer Einrichtung des Nat. Th., als wovon lediglich seine fernere Beibehaltung und die Fortdauer der von Sr. Königl. Maj. neuerlich dem Nat. Th. bewilligten Unterstützung und Vortheile abhängt. — In Gemäßheit der- selben muß der Doebbelin, der angeordneten Commission und resp. dem zum special Ober=Direktor des Ths. bestellten Professor Engel, in allen dahin gehörigen

Angelegenheiten unverbrüchlichen Gehorsam und Folge leisten und alle deren An=
ordnungen in Ausübung bringen, auch der besseren Einrichtung des Cassenwesens
und der Theater=Verwaltung selbst auf alle Weise förderlich sein. Insbesondere
aber wird dem Doebbelin hiermit aufgegeben:

1. Nicht allein bei allen Vorstellungen auf dem Theater, sondern auch bei allen
   Proben, so lange sie dauern, gegenwärtig zu sein.

2. Auf Ordnung und Ruhe und auf strenge Befolgung der Gesetze zu halten
   und solche Unordnungen, die von Folgen sein könnten, ungesäumt dem Ober=
   Direktor anzuzeigen.

3. Den Theater=Inspektor in seinen ihm aufgetragenen Verrichtungen nicht zu
   stören; vielmehr sein Ansehn bei den Unterbedienten und Theaterleuten auf=
   recht zu erhalten.

4. Jede Lese= und Hauptprobe dem Ober=Direktor Tages zuvor anzuzeigen,
   wenn dieser nicht selbst die Erstere in seinem Hause anzusetzen für gut
   findet.

5. Ohne Bewilligung des Ober=Direktor keine Schauspieler zu engagiren noch
   abzudanken, auch ohne ihn kein Stück zu spielen und keine Rollenvertheilung
   zu machen.

6. Die vom Ober=Direkteur verlangten Stücke unweigerlich zu vertheilen und
   einstudiren zu lassen.

7. Die unbrauchbaren oder überflüssigen Schauspieler, nach Anweisung des Ober=
   Direkteurs, abzuschaffen und ihre Rollen mit Billigung und nach Anweisung
   desselben durch bessere zu besetzen.

8. Alle zur Verbesserung des Theaters und zur Aufrechthaltung der Ruhe, Ord=
   nung und Anständigkeit auf dem Theater erlassene Verfügungen und Ver=
   besserungen des Ober=Direkteurs ohne Wiederspruch in Ausführung zu
   bringen.

9. Auf höfliche, wohlanständige Begegnung unter den Mitgliedern des Theaters
   zu halten und hierin selbst der Gesellschaft ein Beispiel zu geben; auch dar=
   über zu wachen, daß keine offenbar unsittliche, öffentlich anstößige Aufführung
   unter der Gesellschaft einreiße.

10. Alle im Personale entstehenden Unruhen, Kabalen und Lärm, so viel in seinen
    Kräften stehet, zu stillen, zu unterdrücken und zu hemmen, oder diejenigen
    Schauspieler, die seinen Ermahnungen nicht Gehör geben wollen, dem Ober=
    Direkteur sogleich anzuzeigen.

11. Sämmtliche Schauspieler, vorzüglich aber seine Tochter und seinen Sohn ernst=
    lich zu ermahnen und zu warnen, daß sie sich nicht beikommen lassen, den
    Befehlen und Anordnungen des Ober-Direkteurs im mindesten sich zu wider=
    setzen, oder wol gar auf eine oder die andere Art dagegen Aufwiegelungen
    zu versuchen, ebenso wenig dem Inspektor des Theaters in seinen aufgetragenen
    Verrichtungen und Geschäften auf irgend eine Weise etwas in den Weg zu
    legen. Seinem Sohne muß der p. Doebbelin noch besonders alles niedrige
    Schimpfen und Schlagen der Theaterleute, die auch in Zukunft zu keinem von

seinen Privatgeschäften gebraucht und dem Dienst des Theater entzogen werden dürfen, nachdrücklich untersagen und ein gesittetes Betragen in allen Stücken gar sehr empfehlen. Sollten aber Tochter oder Sohn sich dennoch unterfangen, wider die Warnungen des Vaters zu handeln und Letzterer zum Schaden des Werkes, schwach genug sein, seinen Kindern hierin nachzusehen und nicht Einhalt thun zu wollen, so wird sich's der p. Doebbelin selbst beizumessen haben, daß bei der ersten Klage Tochter und Sohn abgedankt werden.

12. Ferner kann p. Doebbelin sich nicht entbrechen, in seinem Wohnhause in der Behrenstraße Stuben, Verschläge oder Behältnisse zu Aufbewahrung einiger Theatersachen oder zu Arbeiten für's Theater einzuräumen und herzugeben, da die Theaterkasse die Bezahlung der für dieses Haus noch drei Jahre hindurch jährlich zu entrichtenden 1000 Thlr. übernimmt und dieses Arangement überhaupt zum Besten des Werks und des Doebbelin getroffen wird.

13. Hat sich der Doebbelin, wenn er über irgend etwas zu klagen, oder etwas zu suchen hat, mit Vorbeigehung der verordneten Commission in keinem Falle unmittelbar an die Allerhöchste Person Sr. M. zu wenden.

14. Schließlich wird dem Doebbelin versichert, daß alle Sachen, die nach und nach aus der Theaterkasse angeschafft werden, sein Eigenthum verbleiben sollen." —

Diese Instruktion vollendet Doebbelin's Abhängigkeit von Engel, läßt aber auch noch interessante Einblicke in das Verhalten desselben thun. Außer Angabe alles dessen, wessen sich der alte Herr zu befleißigen hat, wird in den Paragraphen 9 bis 11 der Hauptton besonders auf bessere Handhabung der Disciplin im Personal gelegt. Aus der Namhaftmachung besonderer Fälle geht hervor, daß die Aufführung des Personals anstößig, die gegenseitige Behandlung, wie der Umgangston derselben nicht sehr anständig gewesen sein muß, an Lärm und Kabale aber kein Mangel war. Doebbelins Tochter, namentlich sein Sohn Karl, scheinen an Eigenmächtigkeit und Gewaltthat, zumal den Theaterarbeitern gegenüber, das Möglichste geleistet zu haben, wie denn auch das spätere Benehmen Doebblin's, junior, in ihm einen rohen Burschen ohne alle Erziehung erkennen läßt. Da der alte Doebbelin nicht nur seinen Mitgliedern die Gagen schuldig blieb, sondern ihnen auch noch Geld abborgte, ist hierin schon Grund genug zu finden, daß die Achtung derselben vor ihm, der Gehorsam und das beim Theater durchaus nöthige gegenseitige Einvernehmen gänzlich geschwunden sein müssen. — Noch war das Theater und dazu gehörige Wohnhaus in der Behrenstraße 55 in Doebbelin's Besitz; da die Kommission aber die von demselben noch abzutragende Schulden fortan übernahm, mußte Doebbelin auch dessen Räumlichkeit zur Verwendung für Theaterzwecke hergeben. Wenn ihm der Paragraph 13 den direkten Beschwerdeweg an den König versperrt, enthält der Schlußpassus dagegen die für Doebbelin wichtige Versicherung: „daß alle Sachen, die nach und nach aus der Theater-Kasse angeschafft werden, sein Eigenthum verbleiben sollen!" Diese, wie die Zusicherung der Pension und seiner sonstigen bisher gehabten Eigenthumsrechte, namentlich daß die Einnahmeüberschüsse, wie sogleich erhellen wird, — „das surplus," — ihm verbleiben resp. ausgezahlt werden würde, beweisen, daß man, trotz energischen Vorgehens gegen den alten Mann, ihm doch alle irgend möglichen materiellen Vortheile einzuräumen Willens war. Des Königs bisherige Vorliebe für denselben verlangte, daß man ihn bei der bevorstehenden unvermeidlichen Katastrophe nicht zu schwer kränke, nicht schädige. — Auf die, am 17. Mai dem Könige zur Genehmigung eingereichten Schriftstücke erfolgte bereits am 19. Mai die Kabinetsordre, welche dieselben genehmigte; den Tag darauf lief die Vollmacht des Königs ein, auf Grund deren die Kommission aus ihrer bisherigen Verborgenheit zu treten und in die Geschicke des Nationaltheaters einzugreifen vermochte:

„Seine Königl. Majestät haben mißfälligst Höchstselbst bemerkt, daß sich das National-Theater in Berlin noch um nichts verbessert hat; sie wollen indessen mit dem Schauspiel-Director Doebbelin den letzten Versuch machen, und ihm für jetzt noch die Verwaltung der Direction, doch unter folgenden Bestimmungen laßen.

Da die Summe, welche Sr. Königl. Maj. zur Verbesserung des Theaters hergeben, nebst der großmüthigen besonderen Vergeltung, welche Allerhöchstdieselben, dem p. Doebbelin für Höchstdero Entrée zugestanden, offenbar den Endzweck, Berlin ein gutes Schauspiel zu verschaffen, verfehlt haben: so können Seine Königliche Majestät weder jene noch diese Gelder, der freyen Disposition des p. Doebbelin ferner Preis geben. — Sr. Königl. Maj. haben dahero den Entschluß gefaßet, Dero Professor Engel zum Ober-Directeur und Allerhöchstdero Bevollmächtigten, wie hiemit geschiehet, in der Art zu bestellen, daß derselbe die fehlenden Fächer sobald als möglich wieder mit guten Schauspielern, so weit jene Gelder reichen, zu besetzen hat. Für diese Wohlthat, da Sr. Königl. Majestät dem p. Doebbelin so viele der besten Mitglieder des Theaters in der That selbst besolden, ihm Dero Schauspiel-Haus einräumen, freye Dekorationen geben, und so ferner, unterwerfen Sr. Königl. Maj. denselben Höchstdero Bevollmächtigten, als Ober-Directeur, in allen nachstehenden Punkten.

Erstlich muß der p. Doebbelin, was die übrigen Mitglieder des Theaters betrifft, die schlechten und unbrauchbaren, mit Ausnahme der Alten und Kranken, auf Forderung und Anweisung des Bevollmächtigten, nach abgelaufenen Contracten abschaffen, und ihre Stellen, nach Anleitung und Entscheidung des Bevollmächtigten, durch beßere, aber nicht überflüßige Leute ersetzen. Er hat auch Letztern die gantze Liste seiner Schauspieler, die Bedingungen auf welche er sie engagirt hat, und die Dauer ihrer Contracte sogleich unverweigerlich vorzulegen.

Zweitens muß jedes aufzuführende Stück von dem Bevollmächtigten erst ge= billigt und die Rollen=Vertheilung jedes neuen Stücks ehe selbige noch geschieht, zu seiner Verbesserung oder Bestättigung ihm erst vorgelegt werden. Auch muß der p. Doebbelin die Stücke, welche der Bevollmächtigte gespielt verlangt, unweiger= lich einstubiren laßen, und die von ihm gemachte Rollenvertheilung annehmen.

Drittens wollen zwar Sr. Köngl. Maj. Ihrem Bevollmächtigten noch keine aus= schließende Direction des Theaters geben, autorisiren ihn aber, alle die Einrich= tungen, die er zur Ordnung, Ruhe und Anständigkeit auf dem Theater noth= wendig findet, dem Director Doebbelin zu eröffnen, und hat sich dieser nach dem Willen des Bevollmächtigten zu richten.

Viertens ist der Bevollmächtigte berechtigt allen Lese= und Hauptproben nach Wohlgefallen beizuwohnen, und sind ihm solche den Tag vorher, von dem p. Doebbelin jedesmahl anzusagen; Auch wird dem Bevollmächtigten die Befug= nis und Pflicht auferleget, den Schauspielern die erforderliche Anleitung zu ge= schickter Darstellung ihrer Rollen zu geben.

Fünftens bleibt zwar aller Vortheil der Einnahme der Kasse dem p. Doebbe= lin, doch werden die täglich bey der Caße eingehenden Gelder einem sichern De= positarius, der von den Königl. Commißarien, dem Geh. Finantz=Rath v. Beyer und den Profeßoren Ramler und Engel zu bestellen ist, überliefert, wöchent= lich davon alle Ausgaben, nach einem davon zu verfaßenden genauen Etat, be= stritten, ein Verhältnißmäßiges Quantum zu unvorherzusehenden Ausgaben im Bestande behalten und der Ueberrest alsdann wöchentlich dem p. Dobbelin gegen Quittung abgeliefert.

Se. Königl. Maj. wiederholen dem p. Doebbelin die ihm gegebenen Er= mahnungen und Warnungen. Allerhöchstdieselben haben übrigens zu Dero Be= vollmächtigten das gute Vertrauen, daß solcher mit dem p. Doebbelin nach der vorgeschriebenen Ordnung Alles in Zweckmäßiger Eintracht besorgen und zur Ausübung zu bringen suchen werden.

Sollten aber dabey wieder Verhoffen Streitigkeiten und Irrungen vorfallen, so sollen solche von Allerhöchstdero Geh. Finantz=Rath von Beyer dem ältern, mit Zuziehung des Profeßor Ramlers, als dazu angeordneten Königl. Com= mißarien, untersucht, abgemacht und entschieden, oder nach Beschaffenheit der Um= stände deshalb von der gesammten Commißion zu Seiner Königl. Maj. Höchst= eigenen Entscheidung berichtet werden und wird der p. Doebbelin, wenn er Sr. Königl. Majestät Allerhöchste Vorschrift und Willensmeynung schuldigst zu befolgen ver= weigert, sich selbst zuzuschreiben haben, wenn Sr. Königl. Maj. ihm nicht allein alle bisherigen Wohlthaten entziehen, sondern auch die Untersuchung über ihn verhängen, wie er, die Zeit seiner Direction hindurch, den Bedingungen seines Privilegii nachgekommen sey, um hiernach Ihre ferneren Maaßregeln zu nehmen.

Berlin, den 20. May 1787.   Friedrich Wilhelm."

„Instruction und Vollmacht, für die hierin benandte von Sr. Königl. Maj. Hoch= selbst angeordnete Commißion, zu beßerer Einrichtung des hiesigen Nat. Theaters."

Nachdem Alles für den Akt der Umwälzung vorbereitet war, konnte dieselbe in Scene gehn. — Ein Schreiben der Kommission leitet die Begebenheit in folgender Art ein:

„An den Schauspiel=Director Doebbelin.

Sr. Königl. Maj. allerhöchste Person haben aus höchsteigner Bewegung resolviret, das hiesige Nat. Theater, mit Abstellung aller Höchstdenenselben mißfälligen Mängel, auf einen bessern Fuß zu setzen und uns dazu besonderen Auftrag und Instruction zu ertheilen geruhet. Dem hiesigen privilegirten Schauspiel=Director Doebbelin wird solches hierdurch bekannt gemacht und demselben aufgegeben, sich, zur Ausführung der Königl. Absicht und Vorschrift morgen den 24. dieses, Vormittags um 9 Uhr, vor der angeordneten Komission in meiner des p. v. Beyer Wohnung, persönlich einzufinden, und zu gewärtigen, was ihm in dieser Angelegenheit eröffnet werden wird.

Berlin den 23. May 1787.

Vigore Commissionis Regiae.

v. Beyer. Ramler. Engel.“ — —

Nicht zu bezweifeln ist, daß wenn Doebbelin selbst eine gewisse Vorahnung gehabt hätte, ihn diese Vorladung doch sehr erschreckte. Der König hatte aus „eigner Bewegung (?!)“ Maßregeln beschlossen, zur Durchführung derselben aber dem Doebbelin eine Behörde vorgesetzt, der er gehorsamen mußte und ihre Mitglieder bestanden aus seinen bisherigen Gönnern und Freunden, welche derselbe vielleicht argloser, als er jetzt wünschen mochte, in sein Vertrauen gezogen hatte. — —

Die Schriftstücke, welche nun der Vorladung folgen, betreffen sowohl den Vorgang selbst, als dessen nächste Wirkungen und reichen bis zum 30. Mai.

Dem Protokoll vom 24. desselben Monats gemäß, welches die Unterschrift v. Beyer, Ramler, Engel, Carl Theophil Doebbelin und Bertram, als Rendanten, trägt, erschien der schon halb eingeschüchterte Doebbelin zu festgesetzter Zeit in Beyers Wohnung. Ihm wurde von der, durch den König erfolgten, Ernennung der Kgl. Theater=Kommission Kunde gegeben und dann die königliche Vollmacht „Punkt für Punkt“ und wahrscheinlich mit solchem Accent und so ernsten Drohungen vorgetragen, daß die Begebenheit ihre tragische Wirkung nicht verfehlte! Welcher Art die Vorhaltungen gewesen sein dürften, die dem alten Manne namentlich von Engel gemacht wurden, beweist ein am 14. Mai, — nachdem die Kgl. Ordre, Beyer und Ramler zu berufen, am 11. d. Mts. bereits ergangen war, — von Engel verfaßtes Prememoria, das Doebbelin gegenüber viel schärfer

und bedrohlicher gefaßt ist, als die von Engel dem Könige unterbreiteten Vorlagen ad. Abschnitt 1. bis III. Die Absichten desselben gingen
darauf aus: „daß Doebbelin sein Schauspielprivilegium
sogleich in die Hände Sr. Kgl. Maj. Kommission zurückgäbe, wofür er
1000 bis 1200 Thlr. Pension erhalten solle, die vorhandene Garderobe
und Geräthschaften (also auch Möbel, Waffen, Geschirre und Requisiten)
gegen eine — billige Vereinigung von Sr. Maj. Kommission übernommen werden möge,‟ darnach auch dessen Sohn das Privilegium für
die Provinz erhalten könne, dann „verbleibe dem p. Doebbelin sein
hiesiges Komödienhaus, doch wie sich von selbst versteht, ohne Befug-
nis in demselben Schauspiele aufzuführen.‟ — Also man hatte im
Sinne gehabt, Doebbelin's Generalprivilegium nebst allem Inventar sich
anzueignen, wogegen ihm sein Theatergebäude überlassen bliebe, aber — ohne
es benutzen zu dürfen!! — Theophil, ohnehin von schwersten Sorgen umlagert, brach bei diesen Eröffnungen so völlig zusammen, daß er
nicht nur erklärte, sich nach des Königs Willen der Kommission zu unterwerfen und allen Befehlen zu gehorchen, sondern daß er auch in der Gemüthsbewegung das für ihn zunächst Allerwichtigste vergaß, nämlich sich
eine Abschrift der Königl. Vollmacht von der Kommission geben zu lassen,
aus welcher er hätte ersehen können, welche Rechte ihm denn nun noch
verblieben und was er von ihnen mit einem Federzuge geopfert habe!
Den pfiffigen Doebbelin, welcher mit Hamon und Schuch einst so
leicht fertig zu werden, der so klug zu handeln wußte, bis er in Koch's
leeren Sattel kam, erkennen wir hier nicht wieder. — Doebbelin's Geistes-
kräfte hatten indeß durch sein Alter noch nicht abgenommen. Sein un-
kluges Benehmen vor der Kommission ist also nur durch zwei Umstände zu
erklären, erstlich daß er gerade in diesem Augenblick vor dem Banquerut
stand, ferner, daß er die Gnade des Königs, welche er jetzt mehr denn
je brauchte, gänzlich zu verlieren fürchtete, wenn er sich nicht blindlings unterwerfe! — Die ihm abschriftlich nicht ausgefolgte Kgl. Vollmacht sollte später übrigens wichtig werden und der Königl. Kommission
noch manche schwere Stunde bereiten. — Nach Hause zurückgekehrt,
gingen Doebbelin langsam die Augen auf. Bei ruhigerem Blute
machte er sich die Folgen des Geschehenen und seine Lage klar. Nachdem er seine Unterschrift einmal gegeben, wäre, bei seinen zerrütteten
Verhältnissen, ein direkter Widerstand gegen die Kommission thörigt
gewesen, er hätte nur dadurch seine Entlassung herbeigeführt. Sich zu

halten um jeden Preis, selbst unter den schlechtesten Bedingungen, mußte sein Streben sein, damit seine Hand im Spiele bleibe und er Das wenigstens rette, Was noch gerettet werden konnte. Der nächste Schritt, welchen er that, war der, Alles, was ihn quälte und bedrückte, auf die Schultern der Königlichen Kommission zu wälzen!! Er schrieb derselben:

„Unterth. Promemoria.

Ich habe gestern in der ersten Betäubung, einer allergnädigst ernannten Commission die unterthänigste Frage vorzulegen vergessen: Wie werden die Schulden, die auf mein Werk haften, getielgt? — Es ist bekannt, daß ich mit einer vollständigen Gesellschaft, mit der ich drei Jahre am Braunschweiger Hofe, nachher in Leipzig und Dresden mit Beifall gespielt habe, hierher gekommen, daß ich mich genöthigt sahe, das izige allergnädigste Privilegium dadurch zu erhalten, daß ich das Comödienhaus in der Bärenstraße, damit die Schulden, die meine Vorgänger gemacht, getielgt würden, für 14,000, Thlr. nehmlich 7000 in Louisdor und 7000 Thlr. in Courant an mich zukauffen. Ferner mußte ich der Witwe Koch in das ganze Werk ablaufen, und Ihr außerdem eine Leibrente jährlich so lange sie lebt zu 200 Thlr. bewilligen. Diese Pflichten habe ich theils erfüllt, und bin als ein ehrlicher Mann gebunden, ihnen gänzlich genüge zu leisten. — Ich habe 23 Jahr großtentheils mich hier kümmerlich mit meiner Gesellschaft, ohne die geringste Unterstützung durch gewunden, meinen ehrlichen Nahmen in Hofnung einer glücklichern Aussicht verpfändet, diese Aussicht ist eingetreten, und jetzt, o Gott! weiß ich nicht wie es gehen wird! Mein dereinstiger Nachfolger im Privilegio muß nach denen gerichtlichen Documenten, die ich in Händen habe, in meine Bedingungen treten. Wie diese Sache glücklich abzumachen, leg ich einer Königl. Commission unterthänigst zu erwegen, vor Augen. Ich bin überzeugt mein allergnädigster König denken zu groß und gerecht, als daß ich, nachdem ich in's 38ste Jahr der Bühne mit allem Eifer und Enthusiasmus für die Kunst gedient, und das Gute was sie hat, aus dem Staube der Verachtung mit Löwenmäßigem Muthe hervorgerissen, hier unglücklich werden und in meinem Ein und Sechszichstem Jahr noch zu Grunde gehen sollte.

Eine Königl. Commission wird die Gnade und Güte haben, dieses zu beherzigen, wofür ich verharre mit aller Ehrfurcht pp.

unterthänigster

Berlin den 25. May.   Doebbelin"

Diesem Briefe fügt er als Beilage hinzu:

„Schulden"

„Welche ich in den drei letzten Lebensjahren des hochseeligen Königs, worin ich 18,959 Thlr. zugesetzt, zur Aufrechthaltung des Werkes habe machen müssen: Herr Corsika muß in Golde von mir haben, welche zur Tilgung der gänzlichen Forderung der Mad. Koch, für H. Oberbergrath Rosenstiel und der

Rest für die Gesellschaft angewandt worden sind: . . . . 4000 Thlr.

Hr. Wagner, laut Wechsel für Arbeit und rückständige Gage 1000 „

Lichtzieher Kuntze . . . . 932 „

Meine Tochter hat von ihrer Benefit=Comedien an mir zu fordern 800 „

Oberbergrath Rosenstiel . . . . 2077 „

Mlle. Kneisel baar geliehen . . . . 490 „

„ laut Wechsel . . . . 250 „

Hr. Levi Marcus laut Wechsel . . . . 500 „

Hr. Kammerrath Braun laut Wechsel zur letzten Landestrauer . 500 „

10,549 Thlr.

Die Gesellschaft an rückständige Gage zu fordern: 3,206 Thlr.

13,755 Thlr.

Doebbelin."

Das war ein ganz gehöriger Damm, welcher der Kgl. Kommis=sion gleich bei ihrem ersten Debut über den Weg gezogen wurde und die ganze Art, mit welcher Doebbelin es that, gab der Begeben=heit eine ironische Seite! Sein Brief aber, abgesehen von dem Komö=diantenpathos, mit welchem er die Kunst „aus dem Staube der Ver=achtung mit Löwenmäßigem Muthe hervorgerissen hat," — enthält doch so viel Treffendes, daß die Kommission sich demselben nicht entziehen konnte. Es stand unwiederleglich fest, daß Doebbelin von 1775 an von der Wittwe Koch folgende Schuldenlast:

Die Kaufsumme für Dekorationen, Theater=geräthe etc. . . . . 5865 Thlr. 21 Gr. 2 Pf.

Für d. Kochsche Privilegium eine Leibrente von jährlich 200 Thrn. also bisher . 2200 „ — , — „

Koch's Hypothekenschulden a. d. Theater in der Behrenstr. 55 . . . . 14000 „ — „ — „

somit eine Gesammtlast von . . . 22,065 Thlr. 21 Gr. 2 Pf.

übernommen und ohne alle Subvention bisher ganz oder größeren Theils getilgt, die Landestrauer ihm aber ein, in seiner Lage doppelt fühlbares Kassendefizit zugefügt hatte! —

Auf die unbezahlten Gagenreste der Schauspieler hatte sich die königliche General=Kommission im Betrage von mehr als 3000 Thlr. schon vorbereitet, daß aber noch zehntausend Thaler daran hängen würden, — ahnte sie nicht! Die gute Kommission sollte sich noch auf weit mehr Ueberraschungen gefaßt machen müssen, denn mit dieser Schuldenliste war Doebbelin's Banquerut erklärt! So wie die Masse erst in's Rollen kam, wurde sie zur Lavine!! — Das eben wollte Doebbelin!! — Er hatte sich jeder Waffe durch seine gestrige Unterschrift entäußert, die letzte waren seine Schulden! — Er rechnete richtig genug, daß dieselben, da sie mittel= oder unmittelbar am Theater hafteten, gedeckt werden müßten, wollte die Kommission freie Hand bekommen. Andererseits wußte er nur zu gut, daß die Kommission ihn nicht allein zur Entwirrung dieses finanziellen Rattenkönigs, sondern auch als Direktor und Schauspieler von Fach schon deshalb nicht entbehren konnte, weil sie ohne ihn mit dem Personal in dessen jetziger Verfassung gar nicht zurechtzukommen vermocht hätte. Um gleich den Beweis zu liefern, daß die Kommission sehr schwer zu arbeiten haben werde und sehr brillante Einnahmen erzielen müsse, solle sie halbwegs der Erwartung des Königs gerecht werden, erfreute sie Doebbelin's Dienstbeflissenheit Tags darauf durch Ueberreichung seines Etats*) und des folgenden Schriftstücks:

„Nachweisung von dem ungefähren Betrage der Frey=Logen und Frey=Billets beym hiesigen Nat. Theater, wenn solche von Particuliers bezahlt würden.

Der Schauspiel=Direktor Doebbelin rechnet:

Im ersten Range:

Des Königs Maj. Loge täglich 5 Thlr. macht jährlich: . . . . . 1820 Thlr.

Der Königin Maj. „   10   „   „   „ 3640   „

Im zweiten Range:

Fünf Frey=Logen für Kammer=Frauen und Diener d. regierenden und verwittweten Königin Maj., wöchentl. 14 Thlr: macht jährlich 3640   „

Im dritten Range:

Zwei Frey=Logen für Königl. Livree=Bediente beyde wöchentlich 28 Thlr: jährlich 1456   „

Hierunter sind noch nicht die Frey=Billetts begriffen, welche noch verschiedene Personen von d. Höfen d. Königs u. d. Königin, erhalten, als Konditor, Küchenmeister, Köche ꝛc. Auch gehen sämmtliche Königliche und Prinzliche Pagen, wie auch die Kabetten und die Livreebediente der Königl. und Prinzl. Höfe frei in's Schauspiel. Der Verlust der Kasse, nach den gewöhnlichen Preisen der Billets, kann wenigstens jährlich ungefähr gerechnet werden auf 1000   „

Summa 11,556 Thlr.

Verzeichniß der zeitherigen Frey=Logen:

Erster Rang:

1. Sr. Königl. Maj. Loge nimmt den Raum von zwey anderen ein.

2. Ihre Maj. d. Königin Loge „   „   „   „   „   „

*) Derselbe ist bereits S. 11 bis 13. gebracht worden.   D. V.

Zweiter Rang:

Rechts.

3. Loge Nr. 7 für Königl. Kammerdiener.

4. Loge Nr. 8 „ Herrn Verona (Theater=Maler und Decorateur).

Links.

5. Loge Nr. 7 Kammerfrau bei der regierenden Königin.

6. Loge Nr. 8 „ „ „ verwittweten „

7. Loge Nr. 9 „ d. Königl. Opern=Tänzer, gehn aber auch in's Parquet.

Dritter Rang.

8. Loge für Königl. Domestiquen auf d. rechten Seite d. Gallerie.

9. „ „ „ „ „ „ linken „ „ „

Parquet:

10. Ein Abschlag unter d. Königin Loge, für Königl. und Prinzl. Pagen und Domestiquen. Erstere gehen auch in's Parquet!

Berlin den 26. May 1787.   Doebbelin."

Doebbelin weist der Kommiffion damit also augenfällig nach, daß sie an Freiplätzen, welche sie dem Publikum niemals verkaufen kann, 11,556 Thlr. jährlich einbüßt, durch den Zuschuß des Königs von 12,000 Thalern also eigentlich doch nur eine Subvention von 444 Thalern erhält, der gegenüber sich seine Schuldenlast von vorläufig 13,000 Thalern erhebt, welche getilgt werden mußte! — In der That war der Freibillets=Etat sehr groß und für den ihm gewordenen Ausfall hatte Doebbelin bisher nur die von Oktober bis Mai fälligen Zuschußraten der Hofstaatskasse empfangen. Das beigegebene Verzeichniß der bisherigen Freilogen ist auch an sich nicht ohne Interesse, da wir aus ihm ersehen, wie stark und der Kasse höchst unvortheilhaft die Theaterfreiheit vom Hofe schon immer benutzt worden war. —

Bei dem Schrecken, welchen Doebbelin der Kommiffion mit dieser Eröffnung verursacht hatte und Angesichts der leicht begreiflichen Besorgnisse, daß es künftig solcher unangenehmer Geständnisse noch mehrere geben könne, sah sich dieselbe veranlaßt, die Angaben Doebbelins näher zu prüfen und namentlich, ob auch die behaupteten Ausgaben desselben wirklich so hoch seien und welchen Umfang in Wahrheit denn die gesammte ihr aufgebürdete Schuldenlast habe. Dieser ganze, nun anhebende Schriftwechsel stellt den Kampf der verschiedenen Gewalten untereinander dar, von denen jede bestrebt ist, sich irgend eines Vortheils zu versichern. Aus diesem Chaos von Dokumenten heben wir nur diejenigen hervor, welche für das Theater, für die maßgebenden Personen, wie den allgemeinen Gang der Dinge besonders entscheidend sind. —

Um gerecht zu sein, —alle Theile waren gleich übel daran! Die Kommission sah sich, bevor sie begann Einnahmen zu machen und sich der Verbesserung der Bühne ernsthaft zu widmen, vor eine Geldkrisis bedenklichster Art gestellt. Doebbelin, dessen Rechte man geschmälert hatte, scheint die Summe seiner Schulden, ebenso auch verschiedene Posten des schon erwähnten Etats — künstlich noch vergrößert, jedenfalls aber so hoch, als es nur anging, angesetzt zu haben. Daß er seiner eigenen Tochter eine Benefizeinnahme von 800 Thalern schuldig geblieben sein sollte, ist doch sehr auffällig und läßt es wenigstens nicht völlig unmöglich erscheinen, daß diese 800 Thlr. Benefizgelder nur eine zwischen Vater und Tochter — eingebildete Forderung gewesen sein möchte, in deren Ertrag sie sich dann wohl verwandtschaftlichst getheilt hätten. Daß der König trotz seines besten Willens für die deutsche Komödie und Oper in Berlin, trotz aller Nachsicht und allem Wohlwollen für Doebbelin, schlechte Lust bezeugte, für dessen Banquerut mit der Hofstaatskasse einzutreten, daß er diesen verworrenen Verhältnissen gegenüber vorsichtiger wurde und deren Klärung erst abwartete, kann ihm schwerlich verdacht werden. Ein Gutes hatte die Lage der Verhältnisse für alle Theile in sofern, als nach der Entdeckung der Doebbelinschen Schuldenmasse jeder zweifelhafte Zustand und die Unbestimmtheit aufhörte, in welcher die Kgl. Vollmacht die Frage gelassen hatte: Wer denn eigentlich Direktor und Inhaber des Instituts sei. Der trügerische Schein, als ob Doebbelin noch wirklich dirigire, wurde nunmehr gänzlich fallen gelassen, die Generalkommission übernahm die völlige Leitung und Verantwortlichkeit beim Theater. Theophil Doebbelin sank somit faktisch zum bloßen Regisseur herab und trat in den Hintergrund, obwohl er dort, zur großen Unbequemlichkeit seiner Vorgesetzten, sich lebhaft genug bemerkbar machte. Diese hierdurch bewirkte Klärung der Dinge nahm am 1. August ihren Anfang und von diesem Datum an begann die eigentliche Amtsthätigkeit des Trifolium v. Beyer, Engel und Ramler.

Bis zu diesem Zeitpunkte hatte man trotz des Zeitraum's von zwei Monaten übergenug zu thun, den gordischen Knoten der Verhältnisse zu lösen. Auf Veranlassung der Kommission war am 26. Mai von Doebbelin sein Etat eingereicht worden, welcher jenem Etat, den er am Jahresschlusse 1786 zusammengestellt und welcher bekanntlich eine Summe von 38,034 Thaler erfordert hatte, gleichlautend war. Die Kommission machte zu demselben nun ihre Monita in Form von:

„Fragen, die Doebbelin'ſche Angabe der wöchentlichen Koſten betreffend."

1. Die Summe, die jährlich für die Unterhaltung der Garderobe herauskommt, iſt ſichtbar zu groß, Wäre es nicht gut, den Garderobemeiſter Wagner wegen Angabe der jährlich auf die Garderobe verwandten und nach künftig zu verwendenden 1500 Thlr. vorzufordern und auf's Gewiſſen zu befragen?

2. Ueber den Zuſtand der Garderobe ſind ſeit der ganzen Zeit von den Mitgliedern des Theaters, beſonders weiblichen Geſchlechts, bittere und oft gewiß nicht ungerechte Klagen geführt worden. Man ſagte, daß die Tochter des Directeurs alles, was etwa von weiblichen Kleidungsſtücken noch angeſchafft würde, für ſich allein und ſogar unter ihrem Beſchluß behielte. Es wäre alſo eine andere Frage, deren Beantwortung man auch von dem p. Wagner ausmitteln könnte, wieviel man jährlich zur Vermehrung und Erhaltung der Garderobe ausſetzen müſſe.

3. Doebbelin ſetzt ſich ſelbſt mit 25 Thlr. wöchentlich an; welches jährlich 1300 Thlr macht. Da der ganze Ueberſchuß der Caſſe ſein iſt und dieſer Ueberſchuß bey einem mäßig angeſetzten Etat gewiß nicht geringe ſein würde, wird man nicht Recht haben ihm dieſe ganze Gage zu ſtreichen?!

Berlin den 30 May 1787.

v. Beyer. Ramler. Engel."

Ob die Summe von jährlich 1500 Thlr. zur Unterhaltung der Garderobe die damaligen Bedürfniſſe überſtieg oder nicht, jedenfalls gab ſpäter, wie der Etat beſagt, die Königl. Direktion mehr als dieſe Summe für Garderobeſtücke aus. Aber die Frage iſt hier wohl eigentlich: ob Doebbelin die angeſetzte Summe auch für Verbeſſerung der Garderobe wirklich verwendet habe, worüber allerdings der Garderobenmeiſter die beſte Auskunft zu geben vermochte. Beſonders ſtellt ſich hier der Demoiſelle Carol. Max. Doebbelin's Eigenmächtigkeit, zum Nachtheil der übrigen Schauſpielerinnen ſich die beſten weiblichen Koſtüme angeeignet zu haben, heraus. Die Frage, ob nicht Doebbelin's ganze Gage zu ſtreichen ſei, die er mit 1300 Thalern angeſetzt hat, iſt auffällig, denn ihn auf einen dem Zufalle anheimgeſtellten Ueberſchuß am Jahresſchluſſe zu verweiſen, wäre doch gar zu widerſinnig! Es kann wohl nur gemeint ſein, daß ſeine Penſion zugleich auch ſein Gehalt bilden ſolle. — Zwei Tage ſpäter ſendete Doebbelin der Kommiſſion ein detaillirtes:

„Verzeichniß"

des Rückſtandes, den hiergenannte Mitglieder der Geſellſchaft nach der letzten Berechnung vom 30. May 1787 am Werke zu fordern haben:

Herr Labes	340	Thlr.
„ Lanz	280	„
Mad. Brückner	250	„

Herr Löwe . . . . . 248 Thlr.

Mlle. Kneisel . . . . 224 „

Herr Reinwald . . . . 180 „

„ Beffel . . . . . 170 „

„ Frischmuth . . . 150 „

Mlle. Rademacher . . . 94 „

Mad. Cammerland . . 94 „

Herr Bötticher . . . . 66 „
_____

2096 Thlr.

Aus dem Orchester:

Herr Janson . . . . . 420 Thlr.

„ Heinrich Benda . . 181 „

„ Schrammböhmer . . 118 „

„ Meyer . . . . . 96 „

„ Scheffler . . . . 93 „

„ Kornthal . . . . 85 „

„ Schulze . . . . . 78 „

„ Leede . . . . . 22 „

„ Kunitz 18 Frieb'bor . 90 „ 16 Gr.
_____

3297 Thlr. 16 Gr.

Berlin d. 2. Juni 1787.   Doebbelin.

Richtigkeit attestirt.

Bertram." —

Der Rückstand dieser Gagenzahlungen Doebbelin's an seine Mit=
glieder ist unverzeihlich und weder die Trauerzeit für Friedrich II,
während welcher das Theater geschlossen gewesen, noch sonstige Umstände
konnten zwingend genug sein, zu einer Maßregel zu schreiten, welche
unbedingt Doebbelins Achtung bei seinen Leuten wie beim Publikum
gänzlich untergraben mußte. Er hatte seinen schlechten Ruf aber noch
dadurch vergrößert, daß er einzelnen seiner besser gestellten Mitglieder
Dahrlehn abzulocken wußte, Summen, die Doebbelin niemals aus
eigenen Mitteln zu decken vermochte. — Am 6. Juni wurden sämmtliche
männliche Mitglieder des Nationaltheaters zusammengerufen und ihnen
die von den Direktoren vorher berichtigten Theatergesetze zur Unterschrift
vorgelegt. Dieselben in ihren dürren weitläufigen Paragraphen mitzu=
theilen, unterlassen wir, zumal in den Instruktionen für Engel und
Doebbelin bereits die Grenzen gegeben sind, innerhalb deren sie sich
bewegen. Dieser Akt vom 6. Juni 87 war deshalb für die Theater=
geschichte wichtig, weil er fortan die Disciplin regelte und den Schau=

spielern einen gesetzlichen Boden verlieh, auf welchen sie fußen konnten; die Willkür der alten Prinzipalschaft in Bestrafungen wie Be= lohnungen, aber auch die parteiische Nachsicht gegen die Schauspieler hörte mithin auf! — Am 1. März 87, — bevor also das Gewitter heraufzog, — war Doebbelin's letztes Etatsjahr beendet worden, welches eine Einnahme von 25,799, mithin gegen das Vorjahr eine Erhöhung von 4000 Thalern ergab, was ein redender Beweis ist, daß sich der Zuspruch des Publikums hob! — Doebbelin, von der Kommission aufgefordert, über seine bisherigen Einnahmen Bericht zu erstatten, that es wie folgt:

„Ich hatte ein Bedenken getragen einem Jeden meine Einnahme zu zeigen. Das ganze Werk ist mein, folglich auch die Casse mein Eigenthum! — Warum soll eine allergnädigst ernannte K. Commission nicht mit Vergnügen Licht in die Sache geben? also:

Einnahme:	Vom 1. April 1775 bis ultimo März 1776	26,263 Thlr.
„	„ 1776 „ „ 1777	26,328 „
„	„ 1777 „ „ 1778	28,787 „
„	„ 1778 „ „ 1779	30,034 „
	In den ersten 4 Jahrgängen:	111,412 Thlr.
„	„ 1779 „ „ 1780	30,666 „
„	„ 1780 „ „ 1781	30,339 „
„	„ 1781 „ „ 1782	29,704 „
„	„ 1782 „ „ 1783	26,016 „
	In den zweiten 4 Jahrgängen:	116,725 Thlr.
„	„ 1783 „ „ 1784	24,325 „
„	„ 1784 „ „ 1785	21,090 „
„	„ 1785 „ „ 1786	21,685 „
„	„ 1786 „ „ 1787	25,799 „
	In den letzten 4 Jahren:	92,899 Thlr.

worinnen ohnstreitig aus jeder Gattung die besten Stücke gegeben worden sind habe ich . . . . 23,826 Thlr. Minus in Betracht der 4 vorhergehenden Jahre, ohngeachtet es nicht an meinem und meiner Gesellschaft Fleiße gelegen.

Berlin, den 7. Juni 1787   Doebbelin." —

Diese Totalübersicht ergiebt für die 12 Verwaltungsjahre Doebbelin's die respektable Summe von 321,036 Thalern, also durchschnittlich auf das Jahr 26,753 Thaler. Da dieser Einnahme aber ein jährlicher Aus= gabe=Etat von 38,334 Thalern gegenüber stand, so betrug das jährliche Defizit 11,581 Thaler, mithin für alle 12 Jahre ein Gesammtdefizit von 138,972 Thalern.

Diese Eröffnung giebt Herrn Engel Veranlassung zu nachstehendem Billet an von Beyer:

„Es sei mir erlaubt ein Paar kurze Anmerkungen zu machen. 1. Ich habe große Zweifel, daß der Dir. Doebbelin die letzten Jahre hindurch so genau hat wissen können, was er eingenommen. Wie viele haben es gesehn und wie oft habe ich's selbst gesehen, daß er während der Vorstellung sich die Casse in's Schnupftuch ausleeren lassen und so in den Wagen gestiegen um zu Lademuß zum Spiel zu fahren! Der ganzen Gesellschaft ist das bekannt und wenn er noch je seine Ausgabe niedergeschrieben, so ist es gewiß nur nach Vermuthung geschehen. 2. Es ist sicher falsch, daß es in den letzten Jahren nicht an seinem und seiner Gesellschaft Fleiße gelegen habe.

(ohne Datum) In Eil
Engel." —

Bei dem Einnahmebericht Doebbelin's, wie bei den Randglossen Engel's tritt manches Eigene, besonders aber die Art, wie der Kampf gegenseitig geführt wurde, zu Tage. Obwohl Doebbelin auf Ver- langen der Kommission sein Geschäftsgeheimniß, — denn das sind jedem Geschäftsmanne seine Einnahmen, preisgab, betonte er doch energisch, daß das ganze Werk sein, folglich auch die Kasse sein Eigenthum sei; er verwahrte sich also dagegen, daß man letztere seiner Verfügung vor- enthalte, obwohl ihm die Kgl. Ordre vom 20. Mai dieselbe ausdrücklich entzog und er sich doch derselben durch Unterschrift gefügt hatte. Der Einnahmebericht weist nach, daß die zweiten vier Jahrgänge mit fast 117,000 Thalern die besten sind, also daß die Jahre 1779 bis 1782 den Höhepunkt von Doebbelin's Glück, die letzten 4 Jahre dagegen das starke Herabsinken desselben bezeichnen. Uebrigens bewies Doebbelin hier nur durch Zahlen einen Zustand, den Jedermann und auch der König schon kannte, als er ihm im Herbste 86 die bewußte Audienz er- theilt hatte. Diesem Generalberichte gegenüber ist Engel's Benehmen sehr befremdlicher Natur und zeigt seinen Charakter in ebenso seltsamem Lichte, wie sein Brief für die Stellung der Direktoren zu einander be- zeichnend ist. — — Engel war von dem eingebildeten Throne seiner theatralischen Alleinherrschaft geschoben, Rath v. Beyer wie Professor Ramler ihm vorgesetzt worden. Der Umstand, daß der König, wie uns eine Reihe von Kabinetsschreiben sagen wird, dieselben niemals an Engel, sondern „an den geheimen Finanz=Rath von Beyer" — und in selteneren Fällen nur „an die Professoren Ramler und Engel" richtet, belehrt uns, daß er Beyer als den Ersten der Kgl. Kom=

miffion und Engel als den Letzten derselben betrachtete. Wir können gewiß sein, daß dies vom Könige festgestellte Rangverhältniß den Schau= spielern, und Doebbelin an deren Spitze, nicht entging. Sie wendeten sich sonach mit ihren Vorstellungen und Wünschen vorzugsweise an Beyer, was Engel immerhin verletzen mochte. Er sah sich gezwungen, sein untergeordnetes Verhältniß anzuerkennen und einen behutsamen Ton anzuschlagen. Der Schalk saß ihm jedoch im Nacken; er zeigte es durch vorstehenden Brief gegen Doebbelin wie Beyer. — Daß Doebbelin ein Spieler sei, war für Niemand etwas Neues, aber das Eingeständ= niß, daß Engel, — Professor der Kgl. Akademie u. s. w. — Abends, wenn Doebbelin mit dem Gelde in die Tabagie zu Lademuß fuhr, öfters aufgepaßt habe, desto überraschender! Mag die Be= hauptung, daß Doebbelin die tägliche Einnahme nicht ermittelt, resp. nachgezählt habe, auch richtig sein, so ersah derselbe doch aus der Billet= Kontrole, wie viel Plätze verkauft waren und den für dieselben einge= nommenen Betrag! —

Fleiß war Doebbelin und seinen Mitgliedern jedenfalls nicht abzusprechen! Die zahlreichen Novitäten vom 26. Dezember 1786 bis 14. Juli 1787, unter ihnen Darstellungen des „Coriolan" nach Shakespeare, der „Maria Stuart" von Spieß, wie Dittersdorf's „Doktor und Apotheker" legen Zeugniß von seinem Eifer ab, der gerade um so anerkennenswerther ist, als er ihn unter der drückend= sten Finanznoth bewährte! Erwägt man, daß Doebbelin erst seit dem 5. Dezember überhaupt die Unterstützung des Königs genoß und ihm noch nicht ein halbes Jahr gegönnt worden war, durchgreifende Verbesserungen des Personals, Repertoirs und der Disziplin zu bewirken, Dinge, welche eine organische Behandlung, also Zeit erforderten, so ist der Tadel Engel's entweder ungerecht, oder von der unverkennbaren Absicht diktirt, — Doebbelin zu schaden. Allerdings wissen wir nicht, welche Wirkung Engel's versteckte Verleumdung bei Beyer hervorge= rufen hat, obwohl Doebbelin aus einer Position nach der andern ver= drängt wurde; aber wir wissen, daß Herr von Beyer ein ehrenwerther, von Pflichttreue und Anstand erfüllter Mann war, der seine Stellung ohne jeglichen Gehalt verwaltete, welche Herr Professor Engel auf alle Weise durch seinen — Freund Ritz zu untergraben wußte.*)——

*) Engel wohnte im Hause des Geh. Kämmerer Ritz auf der Mohrenstraße!! Siehe die alten berliner Adreßbücher, namentlich pro 1788—89, Kgl. Bibl. T. d. 800. D. V.

Doebbelin sendete zwei Tage nach Einreichung seines Einnahme-
berichts folgende Uebersicht ein:

„Ich habe nach genauester Berechnung an Capital und Interessen jährlich
aus dem Werke überhaupt zu bezahlen . . . . . . 1842 Thlr. 16 Gr.
Nämlich Herr Graf muß quartaliter 250 Thlr. haben, macht 1000 „ — „
Mad. Koch an Leibrenten quartaliter 50 Thlr. . . . . 200 „ — „
Herr Oberbergrath Rosenstiel 2077 Thlr., Interessen circa 104 „ — „
Herr Corsica muß 4000 Thlr. à 6 % . . . . . . 253 „ 8 „
Meine Tochter 800 Thlr. à 5 % . . . . 40 „ — „
Herr Kammerrath Braun 500 Thlr. à 5 % . . . . 26 „ 16 „
Levi Marcus 500 Thlr. à 6 % . . . . 30 „ — „
Mssle. Kneisel 490 Thlr. à 5 % . . . . 26 „ — „
Mlle. Rademacher 250 Thlr. à 5 % . . . . 13 „ 8 „
Herr Ludwig Hesse hat, wie ich herkam, 2800 Thlr., die
nicht angeführt sind, zur ersten Hypotec auf meine Häuser
bei Mon Bijoux hergegeben, wodurch ich damals mich ganz
auf's reine setzte. hiervon muß ich aus dem Werke zu
5 % Zinsen zahlen . . . . 149 „ 8 „
1842 Thlr. 16 Gr.

„Da ich nunmehr auf's Neue schon zugesetzt habe und wöchentlich zusetzen muß,
weil im Sommer nie so viel einkömmt, als die Aufrechthaltung des Werks erfordert, so bitte ich eine Kgl. allergnädigst ernannte Commission unterthänigst,
diese Sache sobald als möglich zu Stande zu bringen, der ich verharre Ewr. Kgl.
Allergn. ernannte Commission unterthänigster Diener
Berlin, d. 9. Juni 1787 Doebbelin." — —

Der alte Komödiantenvater rückt der Kommission also nicht blos
vor Augen, was er an Zinsen seines schuldigen Capitals zu zahlen hat,
er schiebt auch „Herrn Hesse" bei dieser Gelegenheit als noch nicht bis-
her entdeckten Gläubiger ein! Der Schlund des Defizit, welchen die
Kommission schließen soll, wird immer größer, die Lage immer schwie-
riger!! —
Am 13. Juni hatte Doebbelin folgende Quittung zu leisten:
„Der Schauspiel-Director Herr Doebbelin erhielt auf die von Sr. Königl.
Maj. ihm allergnädigst bewilligte resp. 5000 Thlr. und 1000 Thlr. aus der
Kgl. Hof-Staats-Kasse:
Pro November 1786 . . 416 Thlr. 16 Gr.
„ December „ . . 500 „ — „
„ Januar 1787 . . 500 „ — „
„ Februar „ . . 500 „ — „
„ Märtz „ . . 500 „ — „
„ April „ . . 500 „ — „
„ May „ . . 500 „ — „
Ferner im neuen Cassen-Jahre
Pro Juni 1787 . . 500 „ — „
in Summa 3916 Thlr. 16 Gr.

Doebbelin."

Durch diese Quittung ist der Beweis geführt, daß Doebbelin, trotzdem im Mai schon die Veränderung der Verwaltung beschlossen worden, noch pro Mai und Juni den Zuschuß von der Hauptkasse direkt erhielt. Auch die Rate pro Juli ist später noch an ihn bezahlt worden! —

In der Kommissionssitzung von demselben Tage brachte unter Andrem Prof. Engel den Vorschlag zur Berathung, den Druck der Theaterzettel und Arienbücher, welche Jahre hindurch der Hofbuchdrucker Decker übernommen hatte, dem Buchhändler Rellstab, welcher weniger verlange, zu übertragen. Natürlich war die Kommission zu Letzterem geneigt, denn die Lage des Theaters gebot möglichste Sparsamkeit. Es fanden sich ferner auch andere Konkurrenten, welche die Lieferung noch billiger als Rellstab herstellen wollten. Dagegen verwahrte sich Hofbuchhändler und Drucker Decker, sich auf seine bevorzugte Stellung und die langjährige Lieferung der Arbeit berufend und machte am 10. Juli der Kommission auch außerdem die sehr unangenehme Eröffnung, daß ihm Herr Theophil Doebbelin „annoch 2460 Thaler schuldig sei." Nachdem sich Decker am 17. Juli aber bereit erklärte, den Druck für Zettel und Textbücher auf ein Jahr zu demselben niedrigen Preise wie seine Mitbewerber zu übernehmen, wurde mit ihm der Vertrag abgeschlossen. — —

Es richtete die Generalkommission jetzt folgendes Schreiben:

„An den Schauspiel-Direktor Doebbelin.

Dem Sch. Dir. Doebbelin wird hiermit aufgegeben, auf's gewissenhafteste anzuzeigen, wie groß die Anzahl der sogenannten Dutzend-Billets sein möge, welche anjetzt noch wirklich im Publiko sich befinden; wobei dem p. Doebbelin zugleich ernstlich befohlen wird, von dato an keine solche Billets weder zu verkaufen, noch zu verschenken, oder anstatt baaren Geldes jemandem anzugeben, wiedrigenfalls der p. Doebbelin sich selbst es beyzumessen haben wird, wenn die Folgen davon lediglich ihn treffen werden; wie man sich denn vorbehält, dergleichen Billets öffentlich für ungültig zu erklären und die Inhaber derselben wegen des Ersatzes des dafür bezahlten Geldes an den p. Doebbelin zu verweisen. Auch ist der Cassirerin Frischmuth befohlen, alle von nun an bei der Casse einkommende Dutzendbillets jeden Abend gewissenhaft an den Kriegsrath Bertram abzuliefern.

Berlin, den 28. Junii 1787.

v. Beyer. Ramler. Engel."

Wir können dieses Schriftstück wohl als Drohnote bezeichnen und die laut seines Inhalts bei der Kassirerin Frischmuth veranlaßten, wie auch sonst vorbehaltenen Maßregeln beweisen, daß Doebbelin mit den noch im Publikum umlaufenden, wie bereits außer Cours gesetzten Dutzend-billets ein — kleines Nebengeschäft zu seinem Nutzen betrieben hatte. Er war sein eigner Billethändler gewesen! — Wie er erklärt hatte, sah er die Kasse eben als sein Eigenthum an, hatte er doch erst kürzlich von der Hofstaatskasse seine Junirate erhalten und ihm war, seiner Auffassung nach, dadurch das Recht der Verwaltung der Theatergelder zuerkannt worden. Doebbelin vergaß hierbei nur, daß er es selbst gewesen ist, der die Dutzendbillets öffentlich, als dem Interesse seiner Kasse schädlich aufgehoben hatte, daß er also durch diesen verstohlenen Billethandel seinen eignen Grundsätzen Hohn sprach und die Theaterkasse mit Be-wußtsein schädigte, über welcher zu wachen, die Kommission vom Könige besonders verpflichtet worden war. —

Am 22. Juni erfolgte die Aufstellung des neuen Jahres-Etat (vom 1. August angehend), wie die Ertheilung einer Instruktion an den Theater-Inspektor Lanz. — Der Etat, welcher dem Könige eingereicht wurde, ist zwiefach interessant. Erstlich setzt die Direktion die Aus-gaben in Höhe von 40,702 Thlr. 8 Gr. an, also um mehrere tausend Thaler höher, wie die des Doebbelin; ferner verspricht sie sich eine Einnahme von 42,992 Thlr., so daß sich ein Ueberschuß von 2289 Thlr. 16 Gr. herausgestellt haben würde. Auf welche Einnahmen denn hin?! — Wir lassen dieselben durch den Etat folgen:

	Einnahme.	wöchentlich			jährlich		
		Thlr.	gr.	pf.	Thlr.	gr.	pf.
1	Sr. Majestät lassen jährlich aus der vormaligen Franz.-Theat.-Casse bezahlen . . . 5000 Thlr. Für Allerhöchst Dero Loge . . . . 6000 Thlr. Zur Verstärkung der Beleuchtung . 1000 Thlr.						
	Suma 12000 Thlr.	230	15	5	12000	—	—
2	Der Sonntag wird angenommen im Durchschnitt zu	150	—	—	7800	—	—
3	Man nimmt an, daß S. Maj. in Zukunft die Woche einmal das deutsche Schauspiel besuchen und die Einnahme an diesem sogenannten Königs-tage im Durchschnitt betragen werde . . .	200	—	—	10400	—	—
4	Wenn nun bey 6 mal spielen, die übrigen 4 Tage jeder nur zu 60 Thlr. gerechnet wird, so macht es	240	—	—	12480	—	—
5	An Kuchenbäckerei-Miethe	6	—	—	312	—	—
	Summa der Einnahme	826	15	5	42992	—	—

Von einer Mittheilung der Instruktion des Theater=Inspektors sehen wir ab, da dieselbe rein technische und Disciplinarbestimmungen enthält, welche die Theaterleute und Maschinisten angehn. — —

Am 26. Juni gelangte als Antwort auf diesen Etat an von Beyer folgendes Königl. Schreiben:

„pp. Rath, lieber Getreuer! Aus Eurem und der Commission gemeinschaft= lichen Bericht von der besseren Einrichtung des deutschen Theaters zu Berlin, habe ich ersehen, daß der pp. Doebbelin sehr falsch calculiret hat, wenn er Euch hat nachweisen wollen, daß Ich zu diesem Behuf jährlich 12000 Thlr. zu geben Mich anheischig gemacht. Diß muß ein großes Miß Verständniß sein, denn Ich habe Mich nie zu etwas mehreren als zu jährlichen 6000 Thaler überhaupt en= gagiret, und solche auf die Hofstaats Casse angewiesen. Ihr müsset also den hier= bei zurückgehenden Etat hiernach abändern, weil Ich nichts weiter zu legen kann, als höchstens 634 Thlr. für den Prof. Engel, indem Euer Vorschlag, ihm 800 Thlr aus der Accademie=Casse zu geben, nicht wohl angeht. Die Frei=Logen und Frei=Plätze, die Ihr auf 11000 Thlr. rechnet, sollen künftig gänzlich cessiren, und keine weitere Frei=Logen als für die Königinn und für Mich statt haben. Die übrigen Vorschläge das Personale betreffend, approbire Ich, so wie die hiebei zu= rückgehenden von Mir vollzogenen Instructiones, welche von Eurem und der Commission Fleiß, Kenntniß und Application zeugen, und damit Ich vollkommen zufrieden bin. Mit denen von dem p. Doebbelin gemachten Schulden aber bin Ich nicht zufrieden, und werde solche auch nicht bezahlen, sondern es muß ihm alljährlich ein proportionirliches Quantum von seiner Pension abgezogen werden, bis solche getilget sind. Uebrigens will Ich wohl meine Opern=Tänzer zu denen Ballets des deutschen Theaters zuweilen zu Hülfe geben, verlange aber dafür, daß die Tänzer der Comedie im Carneval als Figuranten in der Oper Dienste thun sollen. Endlich approbire Ich auch, daß ein Ober=Rechnungs=Rath die Theater=Rechnungen mit der Commission gemeinschaftlich revidiren möge, und bin Euer gnädiger König.

Charlottenburg d. 26. Juny 1787.   F. Wilhelm."

Die Kommission sammt ihrem Etat fiel aus den Wolken, Herr Prof. Engel aber aus dem siebenten Himmel! Des Königs Re= solution läßt wirklich Nichts an Bestimmtheit zu wünschen übrig und verräth den klaren und sachkundigen Blick Friedrich Wilhelm's II. — Statt 12,000 erhielt die Kommission nur 6000 Thaler Zuschuß, Engel statt 1400 Thlr. (und Miethsentschädigung) nur 634 Thaler Gehalt als Direktor. Der König war betreffs des Letzteren eben der Ansicht, daß eine Kgl. Akademie der Wissenschaften für Berlin nicht grade zu dem Zwecke gestiftet worden sei, um aus ihren Fonds — Theaterdirektoren zu ernähren! Uebrigens behielt Engel ja noch seine Professur mit deren Gehalt bei und wird als Lehrer des Kronprinzen sich wohl auch anderer

Einkünfte noch zu erfreuen gehabt haben. Natürlich war der Etat der Kommiſſion jetzt hinfällig und aus dem Ueberſchuß von 2289 Thlrn. ein Minus von 4710 Thlr. geworden. In dem zurückgekommenen Etat wirthſchaftete nun unbarmherzig der Rothſtift des Herrn von Beyer, um durch Abſtriche die ausgeworfenen Poſten in Höhe von 6000 Thlrn. zu verringern. — Merkwürdig iſt, daß der König behauptet, Doebbelin hätte „falſch calculirt" und er habe ſich zu nichts weiter als 6000 Thlr. verſtanden! Abgeſehen davon, daß Doebbelin dieſe 6000 Thlr. als eine gnädige Subvention zur Verbeſſerung des Theaters angeſehn, daß der König überdem die nöthigen Decorationen von Verona hatte verfertigen laſſen wollen, deſſen Majeſtät jetzt gar nicht gedenken, ſo war doch wohl die Annahme kein ſo falſcher Kalkul, daß die große Hofloge vom Könige nicht umſonſt benutzt werden würde und dieſelbe mit 6000 Thalern jährlich, nicht zu hoch berechnet ſei. Trotz dieſer Erwägung würden wir glauben, Doebbelin habe ſich entweder in ſeiner Hoffnung geirrt, oder die Kommiſſion getäuſcht, wenn Iffland, deſſen Scharfblick nie zu täuſchen war und welcher den Dingen auf den Grund ſah, in ſeinem Memorial vom 22. November 1797 es nicht ausſpräche: „Sie (nämlich Sn. Majeſtät) ließen einen jährlichen Beitrag von 12000 Thalern (dem Doebbelin) ver= ſprechen," ferner „die Decorations-Ausgabe zu übernehmen. Mithin war der jährliche Königl. Beitrag auf 15,000 Thaler zu rechnen." — Endlich ſagt er rückhaltslos: „Allein ſchon 1787 nahmen Ihro Majeſtät von dieſem Beitrage 6000 Thaler jährlich zurück!!" — Dieſe König Friedrich Wilhelm II. gegenüber aufgeſtellte Behauptung Iffland's konnte ſich, von ſonſtigen Beweiſen abgeſehen, ſchon auf die der Kom= miſſion ertheilte Generalvollmacht des Königs vom 20. Mai 1787 ſtützen, in der es wörtlich heißt:

„Da die Summe, welche Sr. Maj. zur Verbeſſerung des Theaters hergeben, nebſt der großmüthigen beſonderen Ver= geltung, welcher Allerhöchſtdieſelben dem p. Doebbelin für Höchſtdero Entrée zugeſtanden" u. ſ. w. — —

Die Summe zur Verbeſſerung des Theaters betrug mit dem Beleuchtungszuſchuß, wie wir wiſſen, . . . 6000 Thlr.
die beſondere Vergeltung d. kgl. Entrée aber gleichfalls 6000 „
die verſprochenen Dekorationen waren auf . . . . 3000 „
nicht zu hoch veranſchlagt, was alſo in Summa ergiebt 15000 Thlr.
Jahreszuſchuß aus der kgl. Kaſſe —

Es ist also hier nicht Doebbelin, welcher „falsch calculirt," sondern Se. Majestät, welcher von den versprochenen 12,000 die Hälfte strich!! — Diese sonderbare Thatsache, welche zu der übrigen Freigebigkeit und zu Friedrich Wilhelm's II. Liebhaberei für das deutsche Theater nicht recht passen will, ist nur auf folgende Weise zu erklären. Daß Doebbelin in Noth und Schulden war und jahrelang bedeutende persönliche Opfer gebracht hatte, wußte, wie bereits dargethan ist, der König. Um das Theater über alle Geldkalamität zu erheben und in Flor zu bringen, bewilligte er anfänglich also 12,000 Thlr. und Decorationen. Als er aber die unberechenbare Schuldenlast Doebbelin's gewahrte und daß auch Herr Professor Engel die Gelegenheit ergriff, es sich als Bühnenkönig bequem zu machen, nahm er Anstand, sein Geld von vornherein an ein Institut zu setzen, das — dem Fasse der Danaiden sehr ähnlich schien! Er strich kurz und gut 6000 Thlr., und gab der verehrlichen Kommission zu verstehn, daß sie nicht nur mittels seiner Hülfe, sondern durch ihre eigne Kraft und sparsame Verwaltung das Theater aus seiner mißlichen Lage zu befreien hätte! Das Merkwürdigste bei Alledem ist, daß bei dem Etat Direktor Theophil Doebbelin noch gut genug wegkam. Er behielt seine Pension von 1200 Thlr., von welcher zwar ein Theil zur Abzahlung seiner Schulden verwendet werden sollte, dafür empfing er aber den Ueberschuß der Jahreseinnahme und ihm verblieben noch Garderobe und Theaterutensilien, so wie seine Eigenthumsrechte auf die Grundstücke bei Monbijou und Behrenstr. 55, nebst dem Generalprivilegium. —

Folgender schmeichlerisch demuthsvolle Brief an von Beyer ist für die Lage der Verhältnisse charakteristisch:

„Ew. Hochwohlgeb. habe die Ehre hierdurch unterthänigst zu berichten, daß ich erstlich vom 13. Dec. 1786 den zwölften Theil der allergnädigst accordirten Ein Tausend Thaler zur Verstärkung der Erleuchtung erhalten und anstatt 416 Thlr. 16 Gr. Monathlich 500 Thlr. empfangen, welches jeder Zeit Monathlich den 19. Continuiret. Zweitens, den ersten Termin, der allergnädigst bewilligten 5000 Thlr. habe ich den 13. Novb. mit 416 Thlr. 16 Gr. bekommen. Ich verlaße mich blindlings auf die Gnade und die Gerechtigkeitsliebe Ew. Hochwohlg. als den Chef der allergnädigst ernannten Kgl. Commission, und setze mein unterthäniges Vertrauen auf Dieselben, mein Bestes so viel als möglich zu besorgen, der ich mit aller Hochachtung verharre Ew. Hochwohlgebohren meines sehr gnädigen Herrn Geh. Finanz Raths   unterth. Diener

Berlin den 19. Juny 1787.   Doebbelin."

In einem Promemoria von demselben Datum bittet Geh. Rath
v. Beyer den König, daß dem p. Engel ausgesetzte Gehalt von 634 Thlr.
vom 1. Juli an auf die Hofstaatskasse anzuweisen, berichtet über vor=
zunehmende Verbesserungen und sucht zur Erreichung derselben bei dem
Könige um eine Anweisung von 2000 Thlrn. nach. Beyer sagt schließlich:

> „Die Forderung, welche verschiedene Schauspieler wegen ihres Wochenlohns
> an den p. Doebbelin haben, werden wir von dem jährlichen Ueberschusse der
> Einnahmen successive abziehen und wir müssen bei dieser Gelegenheit nur die=
> ses berühren, daß der p. Doebbelin anjetzt noch Eigenthümer der Theater=
> Garderobe ist und daß ihm das Recht, für Berlin deutsche Schauspiele für Geld
> aufzuführen, beygelegt ist.
>
> Berlin den 19. Juni 1787.
>
> v. Beyer."

Auf dieses Schreiben erfolgte seitens des Königs der revidirte Etat
zurück, in welchem natürlich die 6000 Thlr. fehlten, die Doebbelin
als eine für die Königl. Logen gewährte Vergütigung betrachtet hatte,
und beifolgender Erlaß an Beyer:

> „Vester Rath, lieber Getreuer! Ich sende Euch den abgeänderten Etat
> der deutschen Comedie anliegend vollzogen zurück und habe die accordirten
> 6000 Thlr. bereits auf meine Hofstaats=Casse angewiesen, welche Ihr stündlich
> erheben und Euch damit in positur setzen könnt, so daß Ich nicht nöthig haben
> werde, Euch die geforderten 2000 Thaler zur Ersten Einrichtung zu geben. Auch
> hat besagte Casso schon Ordre erhalten dem Prof. Engel vom 1. July c. an
> 634 Thaler in Monathlichen Ratis auszuzahlen, und wegen seiner Entlassung bei
> dem Joachimthalischen Gimnasio ist unter heutigem Dato das Nöthige an das
> Schul=Directorium verfügt. Was die aufgehobenen Frei=Logen betrifft, so könnt
> Ihr diese Verfügung durch die Zeitungen bekannt machen laßen, und wegen
> einer unentgeldlich zu gebenden Wache an benen Tagen wenn Ich oder die Kö=
> nigin gegenwärtig sind, accordire Ich Euer Gesuch und dürfet Ihr Euch dieser=
> halb bei dem General von Möllendorff mit Vorzeigung dieser Ordre melden.
> Ich bin Euer u. s. w.
>
> Charlottenburg d. 5. July 1787.
>
> F. Wilhelm."

Dieser Erlaß beweist, so wie die bisher mit der Kommission oder
deren Mitglieder geführte Korrespondenz, den regen Antheil des Königs
am Gedeihen des Theaters und wie er selbst ordnend und bestimmend
auf dessen Verhältnisse wirkte. Je mehr sich dieselben besserten und das
Theater in seinen Leistungen sich hob, um so größer werden wir die Theil=
nahme des Königs, seine Bereitwilligkeit zur Hülfe sehn. Sein persönliches
Eingreifen in die Kunstbestrebungen wird so hervorragend und von solchem

Einflusse, daß man zu sagen berechtigt ist, die Oberleitung des Theaters sei schließlich von ihm selber ausgegangen. — Schon jetzt ist neben dem Kampfe des Direktoriums mit dem Ungeheuer der Doebbelin'schen Schulden eine Wirkung der neuen Organismen des Instituts erkennbar. — Am 12. Juli bittet Theop. Doebbelin „als ein in der Kunst grau gewordener Vater" für seinen Sohn Carl Doebbelin um ein Privilegium, „damit diejenigen Schauspieler, welche demnächst entlassen werden sollen, gleich wieder ein Engagement finden" und bemerkt auch, daß die neue Gesellschaft gewissermaßen eine Pflanzschule für das Nationaltheater werden könne. — Dieser Bitte, zu welcher man sich bereits im Mai versehen hatte, wurde unter gewissen von der Kommission gestellten Bedingungen vom Könige im Laufe des Jahres Folge gegeben. Mit Erlangung dieser Konzession löst sich, obwohl noch unter verschiedenen hochromantischen Schwierigkeiten, Carl Doebbelin's persönliches Verhältniß zum Nationaltheater. —

Am 18. Juli sendet der Geh. Finanzrath von Beyer der HofStaatskasse einen Auszug der vorbenannten Kabinetsordre vom 5. Juli, genehmigt die Auszahlung von 500 Thlr. Subventionsrate pro Juli an Doebbelin, bittet aber vom 1. August ab die Ratenzahlungen an den Rendanten der Nationaltheater-Kasse Kriegsrath Bertram zu verabfolgen. In den Zeitungen aber erschien folgendes:

„Publicandum!

Sr. K. M. Allerh. Person haben gemessenst befohlen, daß bei der nach Allerh. Dero Vorschrift bewürkten verbeßerten Einrichtung und Verwaltung des hief. Nat. Theaters, außer den für Allerh. Dero Person, und der regierenden Königin M. übernommenen beiden Logen im Königl. Komödien-Hause, und der für die, die Allerh. Personen jedesmal begleitenden Bedienten, bestimmten besonderen Logen am Parquet, schlechterdings unter keinerlei Vorwande irgend jemanden der Hofbedienten oder andere Bedienten, u. Personen, ohne ausdrückliche Königl. Ordre und Anweisung der K. Theater Direction, fernerhin Freilogen und Frei Billets ertheilt werden sollen. Da nun die erwählte neue Theater-Einrichtung vom 1. Aug. d. J. an ihren Anfang nimmt: So wird diese Allerh. K. Vorschrift der deshalb unterm 5. dieses ergangenen höchsten Cabinets-Ordre zufolge, hierdurch bekannt gemacht und ist verfügt worden, daß von besagtem Termin an, alle bemeldte Freilogen und Freibillets cessiren und darauf der freie Eingang nicht ferner gestattet werden wird.

Berlin den 21. Julii 1787.

K. G. D. b. Nat. Ths.

v. Beyer. Ramler."

Daß die Unterschrift des ehrgeizigen Engel gerade in diesem offi=
ziellen Dokument fehlt, ist auffallend. Es bestätigt unsere Ansicht, daß Beyer
und Ramler die leitende Oberbehörde allein bildeten, Engel der
unter ihnen stehende Exekutiv=Beamte, also was wir heute einen
„artistischen Direktor" nennen, gewesen ist. Andrerseits scheint Engel
selbst sich auch, sei es aus Vorsicht oder schlauer Berechnung, mehr in
den Hintergrund zurückgezogen und die erste schwerste Regelung der
Dinge den Schultern des von Beyer überlassen zu haben. — Brachte
das Publikandum wegen der Freibillets es auch dahin, daß der bisherige
Unfug mit denselben aufhörte, so wurden doch bald genug wieder be=
treffs freier Entrees Ausnahmen, besonders bei Gelehrten, Schriftstellern
und Künstlern gemacht, wie es —, wenn es mit Prinzip durchgeführt
wird, bis zu einem gewissen Grade gebilligt werden muß. Damals be=
stand der Gebrauch, im Ganzen jährlich zehn Freibillets für 1 oder 2
Personen zu bewilligen. Außerdem gab es Persönlichkeiten, denen, ohne
sich selbst zu schaden, die Kommission ein immerwährendes freies Entrée
gar nicht vorenthalten konnte, wie z. B. die berühmte „Gitterloge",
stets für „Frau Geheime Kämmerin Riß" (die Lichtenau) — und deren
etwaige Besuche oder Begleitung freigehalten blieb.

Am 25. Juli erhielt Musikdirektor Frischmuth eine Instruktion,
welche die Orchesterverhätlnisse regelte. Denselben Datum lief an Beyer
folgendes Schreiben ein:

„Da ich den Allerhöchsten Befehl meines Allergnädigsten Königs, blindlings
in allertiefster Ehrfurcht und Unterthänigkeit befolget, und mein ganzes Werk
denen Händen Einer Königl. Allergnädigst ernannten Commission gegen ein Re=
cipisse übergeben werde, worin mir mein Eigenthum nach wie vor anerkannt
wird; so schmeichle ich mir mit der sicheren unterthänigen Hoffnung: daß Eine
Königl. Commission die Gnade und Güte haben wird, dahin zu sorgen, daß:

Erstlich, die Mitglieder meiner Gesellschaft, welche verabschiedet werden,
ihren Rückstand baar erhalten, damit diese guten Leute nicht Ursache zu
schreien haben.

Zweitens, daß meine übrigen Creditores mich nicht drücken und beun=
ruhigen können; sondern successive von meinem Ueberschusse bezahlt
werden.

Ich werde diese Gnade und Güte mit unterthänigstem Dank erkennen und
verharre Einer Allerg. ernannten Kgl. Kommission

unterthänigster Diener
Doebbelin."

Berlin d. 25. July 1787.

Wir sehen wie „unterthänig" an allen Ecken Doebbelin jetzt ge=

worden ist, aber wir können als sicheres Zeichen betrachten, daß der alte Herr gerade dann, wenn er gar so unterthänig ist, eine ganz besondere Absicht verfolgt! Das ist hier kurz vor dem Termine der Fall, an welchem die Theaterleitung aus seinen Händen in die des Direktoriums übergeht. Doebbelin erklärt, daß er „sein ganzes Werk" den Händen der Kommission übergeben werde, aber nur gegen Anerkennung seiner Eigenthumsrechte nach wie vor, und Bezahlung seiner Schulden von seinem Ueberschusse. Obwohl er Alles aus den Händen geben muß, so sieht er sich doch als alleinigen Besitzer des Werkes, die Königl. Kommission nur als — Verwalter an und dies bedeutet er ihr. Er weicht nur mit zähem Widerstreben, weicht Schritt um Schritt zurück und sein Verhältniß zu der Kommission wird nach dem 1. August, wo er zum Regisseur herabsinkt, noch schwieriger. Von da ab, meinte er, habe er Nichts mehr zu verlieren, vielmehr bei schlauer Benutzung der Umstände Alles zu gewinnen! — Die Antwort der Hofkasse auf Beyer's Schreiben lautete:

Einer Kgl. hochlöbl. General=Direktion d. Stat. Theaters haben wir die Ehre auf das Schreiben vom 18. dieses hiemit zu erwiedern, wie die zur neuen Einrichtung erforderlichen 2000 Thlr täglich erhoben werden können. Da aber die von des Kgs. Maj. auf die Hof=Staatskasse jährlich und zwar pro Trinitatis 1787—88 assignirte 6000 Thlr. vom August cr. an, monatlich ratis gezahlet werden sollen, davon aber bereits pro Juny und July 1000 Thlr. gegen Quittung des Direktor Doebbelin gezahlet worden, so würden davon, nach Abzug obiger 2000 Thlr. Einrichtungskosten, nur noch 3000 in Cassa verbleiben, welche August 1787 bis Ende May 1788 monathl. mit 300 Thlr. gezahlet werden können. — Von einem, dem Professor Engel zu zahlenden Gehalte von 634 Thlr. ist unterzeichneter Casse zur Zeit noch nichts bekannt.

Berlin d. 25. July 1787.   Königl. Hof=Staats=Casse.
                                Buchholz. Stocver.

Hieraus ist ersichtlich, daß die Hofkasse die im Juni=Juli an Doebbelin gezahlten Raten von den 6000 Thlr. Subvention für das erste Verwaltungsjahr in Abzug bringt, so daß die Kommission nur 300 Thlr. pro Monat Zuschuß, dafür aber 2000 Thlr, Einrichtungsgelder erhält. — Ob der König vergessen hat, Engels Gehalt anzuweisen?! — Jedenfalls wurden dessen Ansprüche etwas auf die Folter gespannt und es liegt in diesem Uebersehen seiner Person höchsten Orts eine große Theilnahmlosigkeit, welche fast wie — Mißachtung aussieht!! Die Generaldirektion ertheilte noch an demselben Tage Kriegsrath Bertram den Auftrag bei der Hofkasse die 2000 Thlr., so wie künftig die weiteren Raten

von 300 Thlr. pro Monat vom 1. August an zu erheben und erließ
an denselben den Befehl zur Auszahlung der im Etat für das Theaterpersonal ausgeworfenen, wöchentlichen Gagen nach dem von Doebbelin
eingereichten Gagen-Etat. Zu demselben bemerkt Engel zur Nachricht
an den Kassen-Rendanten: daß Dem. Kneisel, Herr und Mad.
Diestel, Mad. Kammerland, sowie Löwe und Familie gekündigt haben
und nach einem Vierteljahre ausscheiden, daß er den Schauspieler Czechtitzky unter der Bedingung engagirt habe, 12 Wochen als Volontair
und dann gegen 12 Thlr. Wochengage zu spielen. Dann verwahrt er
sich dagegen: „daß das Kind Spangler" von Doebbelin, der ohne
Zweifel für dasselbe die Gage zieht, mit wöchentlich 4 Thlr. angesetzt
ist, dagegen „bessere Personen wie Carl Benda und Krüger jeder
nur wöchentlich 3 Thlr. 12 Sgr. haben." Endlich zeigt er an, daß
Labes schon auf Pension angesetzt sei. v. Beyer bemerkt hierzu: „Gegen
Entlassung dieser Mitglieder finde ich nichts zu erinnern. Ich höre aber,
daß auch Mad. Böhm abgehen will, welches ein unersetzlicher Verlust
wäre!" — Prof. Engel erwiderte in einer Randbemerkung:

„Die Böhm habe ich mit keinem Blicke, keinem Wort beleidigt.
Wenn sie aufgesagt hat, bin ich ganz außer Schuld. Uebrigens ist sie
nach meinem Urtheil nicht unersetzlich und wir haben schon jetzt eine
weit — weit bessere." — Dieser Schriftwechsel der Direktorialchefs stellt
unserem Blicke den ersten sichtbaren Zwiespalt beider Männer dar, welcher
mit der Zeit wuchs. Was auch mit Mad. Böhm vorgegangen sein
mag, Engel muß immerhin Ursache gehabt haben, sich zu entschuldigen. Uebrigens verließen Diestel nnd Frau das Theater jetzt noch
nicht, während Mad. Böhm abging, aber bereits wieder im nächsten
Jahre neu engagirt wurde. Einleuchtend ist, daß Beyer betreffs Engagements und Entlassungen ein entscheidendes Wort mitredete. Das
„Kind Spangler," dessen Gage muthmaßlich Doebbelin bezog, ist auch
eine sonderbare Erscheinung! Sollte Theophilus vielleicht—Großvater-
pflichten gegen dasselbe zu erfüllen, ihm deshalb also eine höhere Gage
als Carl Benda und Krüger zugewiesen haben? Erinnert man sich
des bekannten Skandales der Caroline Doebbelin, welcher sie einige
Monate vom Theater entfernte, so dürfte das „Kind Spangler" wohl bereits
schon groß genug geworden sein, um auf der Bühne mitzuwirken?! — Zu
derselben Zeit reichte auch Theater-Inspektor Lanz den Garderobe-Etat
und den der zum Theater gehörigen Unterbedienten ein, beide haben

aber, weil rein technischer Natur, für unseren Zweck keine Wichtigkeit. An diesem ereignißreichen Tage fand auch noch folgende Erklärung gegen Doebbelin betreffs der Garderobe statt:

Auf die von dem Dir. Doebbelin unterm 25. dieses eingereichten Vorstellung wird demselben hiedurch zur Resolution ertheilt, daß, wie ihm solches coram directione mit mehrerem dargelegt ist, Sr. Kgl. Maj. allerhöchste Person angezeigt worden, daß die jetzige Theatergarderobe annoch eigenthümlich zustehe, ingleichen, daß die beim Theater engagirte Personen, annoch die designirte Forderungen haben. Des Königs Maj. haben darauf erklärt, daß Allerhöchst dieselben mit diesen Forderungen nichts zu schaffen haben, noch die neue administration damit belästigt wissen wollten. Dagegen aber haben Sr. Kgl. Maj. gegen den Antrag der General-Direktion: „Daß diese Theater-Forderungen aus dem nach Erfüllung des approbirten Etats und Berichtigung aller dahin gehörigen Positionen, bleibenden jährlichen Ueberschusse bezahlt und dieser des Endes dem p. Doebbelin, so lange das Geschäft in der jetzigen Verfassung bleibt, gegen Quittung behändigt werde, — nichts zu erinnern gehabt, wie denn auch die Garderobe während der jetzigen Verfassung aus dem dazu etatsmäßig ausgesetzten fond unterhalten und möglichst verbessert werden wird. Hiernach wird die Generaldirektion verfahren, und findet dieselbe kein Bedenken, dem p. Doebbelin deshalb zu seiner Beruhigung und Sicherheit gegenwärtige Erklärung zu ertheilen.

Berlin d. 27. Juli 1787.

Kgl. General Direktion des National-Theaters.

v. Beyer. Ramler. Engel. —

Dieses Schreiben ist, einer Randbemerkung des Konzeptes zufolge, Doebbelin erst am andren Tage eingehändigt worden. Es geschah dies absichtlich und wahrscheinlich nur, um ihn die vier Tage bis zum 1. August hinzuhalten, damit er keinerlei Anstalten treffe, dem Direktionsantritte der Kommission Schwierigkeiten in den Weg zu legen! — Ein höchst merkwürdiges Schreiben Engels gelangte am folgenden Tage an Geh. Rath v. Beyer, dessen wesentlicher Inhalt lautet:

„Ewr. Hochwohlgeboren erhalten beyliegend das Gagenverzeichniß, das Sie befohlen haben, zum Gebrauch des Rendanten, Herrn Kriegsrath Bertram, der es sich vollends berechnen und in Ordnung bringen wird. Sie werden daraus ersehen, daß, wenigstens in der ersten Zeit, ein Beträchtliches an den Gagen erspart wird, welches wir zu den im Etat so geringe angesetzten Extraordinariis so höchst nöthig haben. Ich hoffe, wenn wir die Gesellschaft vollständig eingerichtet haben werden, daß noch immer eine 800 Thlr. jährlich von diesem Artikel erspart werden sollen. Wir kommen sonst schlechterdings nicht aus, denn je länger ich mich mit der Direktion im Detail abgebe, desto mehr sehe ich, wie viel tausend Kleinigkeiten nöthig sind, an die Doebbelin bei seinem Kostenverzeichniß gar nicht gedacht hat." —

Als Beweis hiervon wird erbracht, daß dem Theater noch „Trom=
peter" und „Pauker" fehlen, welche zu engagiren gebeten wird. Daran
schließt sich ein fast zwei Seiten langer Bericht über „die Hörner," welche
ausgeblasen sind und „die Pauken" Doebbelin's, welche ein Loch
haben. Dieser Gedankengang schließt:

„Für's Erste haben Ew. Hochwohlgeboren nur die Gnade, mich des Paukers
und der Trompeter wegen zu bescheiden. Wenn ich heute nur die mündliche
Erlaubniß erhalte, so wird die schriftliche dann schon nachfolgen. — Nach
.so manchem Unangenehmen muß ich nun meinem lieben, theuren, würdigen
Gönner noch etwas Angenehmes sagen. — Unsre kleine Göbel*) spielt auf den
Proben, zum Erstaunen der Akteurs und der Aktrizen, wie ein Engel. Das
Mädchen hat erstaunliche Naturgaben und singt! — singt!! Die Generaldirektion,
selbst den Präsidenten nicht ausgenommen, mag sich in Acht nehmen, sich in das
Geschöpfchen nicht zu verlieben. Doch wird wahrscheinlich die Furcht die ersten
Male von diesem guten Spiele ein wenig wegnehmen. Mit der Müllern geht
es — leider! so so. —"

Nachdem noch gemeldet worden ist, daß die Verhandlungen mit
Langerhans abgebrochen sind und man einen Tenoristen in Petto hat,
schließt der Brief:

„Morgen denke ich Ewr. Hochwohlgeboren mit dem Publicandum für die
Schauspieler aufzuwarten. Ich schwitze große Tropfen darüber und ich werde es
gewiß sehr schlecht machen, bin Arbeiten dieser Art nicht gewohnt. — Mit aller=
vollkommenster Verehrung bin ich

D. 28. Juli 87.   Ewr. Hochwohlgeboren

unterthäniger Diener

Engel." —

Stände nicht der leibhaftige Professor und Dichter Engel
unter diesem Schriftstück, wir würden glauben, ein Lakai habe es abge=
faßt. Da Rath Beyer indeß im Frühjahr 1788, also nach noch nicht einem
Jahre, seiner Stellung enthoben wurde und Engel das Feld be=
hielt, so wäre ein solches Benehmen, bei Allem, was wir bisher über
Letzteren erfahren haben, wenigstens psychologisch erklärlich. — Dem Briefe
Engel's war das alte, uns bekannte Doebbelin'sche Gagenverzeichniß
und folgender Zettel beigelegt:

„Gehorsamstes Promemoria.

Die mir beifallenden Personen, welchen die General=Direktion wegen ihrer
Verdienste um das Theater überhaupt und um das hiesige insbesondere, ein Frey=
billet nicht verweigern kann, sind folgende:

---

*) Dem. Marianne Göbel, welche später den Schauspieler und Tänzer Distler ge=
heirathet hat.   D. V.

1) Herr Hagemeister, Verfasser der bald von uns aufzuführenden Jesuiten, jetzt auf meine Bitte i. d. Umarbeitung des „Kaufmann von London" begriffen.

2) Herr Sander, Verf. d. Oper: „Eines wird doch helfen," sehr glücklich im Unterlegen deutscher Texte unter fremde Musik und zu unentgeltlichen Arbeiten dieser Art in Zukunft erbötig.

3) Herr Reichardt,*) Componist d. Chöre zu Sr. H. d. Kronprinzen Geburtstag, jetzt in der Composition der schweren Chöre zum „Macbeth" begriffen.

4) Herr Brömel, Verf. mehrerer gangbaren Stücke, jetzt begriffen in der Umarbeitung des „Caspar v. Thöring."

5) Herr Meil, unentbehrlich für die Garderobe, wenn Costume = Kleidungen sollen angegeben werden.

6) Die alte Dichterin Karschin.

7) Der Singmeister fast aller Aktricen, die in d. Oper gebraucht werden, Herr Kannegießer.

Engel." —

In noch eigenthümlicherem Lichte aber erscheint vorbenannter Brief, wenn wir sehen, daß an demselben 28. Juli, — an welchem Engel klagt: „im Schweiße seines Angesichts an der Proklamation für die Schauspieler zu arbeiten, um sie am anderen Tage von Beyer vorzulegen," — diese Proklamation bereits ohne Engel's Zuthun und Wissen vollzogen wird!! Hier ist sie: —

„Se. Königl. Majestät. v. Pr. haben für gut befunden, zur Verbesserung des hiesigen National-Theaters, dessen Verwaltung selbst zu übernehmen und daher eine unmittelbare von des K. M. abhängende General-Direktion, bestehend aus den Endesunterschriebenen anzuordnen, deren Aufsicht und Entscheidung alle allgemeine Theater-Verwaltungs-Angelegenheiten übergeben sind. — Dieser General-Direktion untergeordnet ist der Herr Prof. Engel, als Ober-Direktor des Theaters bestellet, mit der besonderen Obliegenheit und Befugniß alle zur Verbesserung der Schauspiele und der Vorstellungen erforderliche Einrichtung zu besorgen; des Endes die aufzuführenden Stücke zu wählen und zu berichtigen, die Rollen zu vertheilen, bey den Proben gegenwärtig zu seyn und zur richtigen Vorstellung Anleitung zu geben; mit Genehmigung des Gen. Dir., die, für das hiesige Theater nicht brauchbaren Akteurs und Aktricen die Aufkündigung ihrer Engagements zu thun und neue anzunehmen, auch auf gleiche Weise für die Verbesserung des Orchesters, und der Theater-Polizei mit Beyhülfe der dazu besonders angemerkten Punkte zu sorgen. Der Direktor Doebbelin ist demselben in der Eigenschaft eines Regisseurs darunter zum Beystande gegeben, dergestalt, daß er in allen diesen Geschäften der Entscheidung des Prof. Engel unterge-

---

*) Der bekannte Kgl. Kapellmeister und Komponist!

orbnet sein soll. Zur Besorgung des Theater-Mechanismus, der Beleuchtung, der zu den Vorstellungen nöthigen Geräthschaften und Kleidungen, zur Aufsicht über die Theaterleuthe, und alle sonst dahin und zur Theater-Polizei gehörige Sachen, ist der Balletmeister Lanz als Theater-Inspektor bestellet. In der Direktion des Orchesters ist der Musik-Direktor Frischmuth bestätiget. Außerdem ist ein besonderer Haupt-Renbant und Controlleur angestellet, welcher die, sowohl von Sr. Maj. zur Unterstützung des Theaters angewiesene Gelder, als die Einnahme vom Publicii aus der Theater-Casse der in diesem Amte bestätigten Frau Frisch- muth zu erhalten, nach einem von Sr. Maj. Allerhöchstselb. vollzogenen Etat, wöchentlich die Zahlung der, denen beim. Theater engagirten Personen ver- sprochenen Gehälter, und sonstige Ausgaben gegen Quittung zu leisten, darüber eine besondere Rechnung zu führen, und solche jährlich vor der Gen. Direktion, mit Zuziehung der Oberrechnungskammer, abzulegen haben.

Allen die zur Verwaltung der verschiedenen Theaterangelegenheiten angeordneten Personen, sind wegen ihres Verhaltens besondere, theils von Sr. Maj. Höchst- selbst, theils von der Gen. Direktion vollzogene instructionen ertheilet, welche er- forderlichen falles, bez. Ausübung Ihrer Amtspflichten zur näheren Information bienen. Denen sämmtlichen beym hiesigen Königl. Nat. Th. engagirten Acteurs und Actricen, auch zum Orchester und Ballet gehörigen Personen, wird solches zu ihrer Nachricht und Achtung hierdurch bekannt gemacht, und da Sr. K. Maj. Höchstselbst die Verbesserung des hiesigen Theaters Allerhöchstbero besonderen Auf- merksamkeit würdigen: so werden denselben vermeldet, daß sie die Königl. Absicht und Vorschrift zu erfüllen sich bestreben, ihre Talente und Fleiß dahin verwenden, und alles was zur Aufnahme und zur Ehre des Theaters und ihrer eigenen Kunst nöthig, beytragen werden. Dagegen haben dieselben sich insgesammt, der Königl. Gnade und Schutzes zu erfreuen, auch zu erwarten, daß die Gen. Direktion ihnen in ihren Berufsgeschäften alle Gerechtigkeit wiederfahren lassen und dafür besorgt seyn wird, daß ihnen ihre versprochenen Gehälter, während der, mit dem 1. August b. J. anfangenden neuen administration richtig bezahlt werden.

Berlin, den 28. Juli 1787.

Königl. Gen. Dir. b. National-Theaters.
v. Beyer. Ramler." — — —

Was den Freibilletvorschlag Engel's betrifft, so gewinnt es den Anschein, als ob er den betreffenden Personen schon den freien Eintritt in Aussicht gestellt und durch sie eine Partei sich gebildet habe, welche ihn vielleicht gelegentlich unterstützen könnte. Dies geht nicht undeutlich aus dem Schreiben des uns als Opernkomponisten schon mehrfach genannten von Kospoth, folgenden Inhalts, hervor:

„Da ich diesen Morgen bey der Probe nicht das Vergnügen haben konnte Ew. Wohlgeb. persönlich meine Ergebenheit zu versichern, so nehme ich mir die Freyheit es schriftlich zu thun, und um Dieselben um eine Gefälligkeit zu ersuchen. Hr. Doebbelin, dem ich bereits 3 Opern für sein Theater geschrieben, und

5*

womit er gewiß viel verdient hat, war nie so gütig mir nur den geringsten Dank zu sagen, vielmehr immer geneigt meine Arbeit zu unterdrücken, welches mich freylich ziemlich ärgern mußte, und mir daher vornahm nie wieder sein Theater zu betreten, welches ich auch bis hieher gehalten, indem ich, so lange das neue Theater exiftirt, noch nie hineingekommen bin, allein jetzt erwacht meine Luft und inniger Trieb ganz wieder von neuem, da erftlich meine Arbeit wieder erscheint, und Em. Wohlgb. mir durch die gütigften Ausdrücke Ihre geneigte Unterftützung versprochen, daß ich wohl wünschte morgen bey der Vorstellung des „Irrwisch" zugegen seyn zu können. Gewiß nicht aus Intereffe, sondern, darf ich's sagen, aus Componisten=Stolz, meine eigene Arbeit nicht zu bezahlen, ersuche ich Em. Wohlgeb. mir vor immer ein Freybillet zu verschaffen. Ich schmeichele mir, daß Sie meine Bitte nicht auf eine schlimme Seite auslegen, sondern da es einmal der Lauf der Welt ist, daß alle Dichter und Comqonisten, die etwas für's Theater liefern, freyen Zutritt haben, und ich gar zu gern ein Plätzchen unter deutschen Componisten haben möchte, wünschte ich auch dieses Vorrecht zu genießen.
Berlin, den 29. July 1787.   Em. Wohlg.
                                        gehorsamster Diener
                                        Freiherr von Kospoth." —

Die Zahl der Freibillets, welche ertheilt werden sollten, setzte die Kommission für folgende Personen fest. —

1. Dem K. Kammerherrn, Freiherrn von Kospoth.
2. „   „ Kapellmeister Herrn Reichhardt.
3. „   „ Geh.=Sekretair Herrn Brömel.
4. „   „   „   „   „ Stolle.
5. „   „ Direktor Herrn Meil.*)
6. Madame Karschin.
7. Dem K. Musikus Herrn Kannegießer.
8. „   Herrn Sander.
6. „   „ Kandidat Hagemeister.
10. „   „ Professor Selle, als Theater=Arzt, nebst Frau.

An demselben Tage überreichte Kriegsrath Bertram, der neue Chef der ökonomischen und Kassen = Angelegenheiten, der General= Direktion das:

„Promemoria.

Es hat sich der zum Chriftenthum übergegangene Jude Ferdinand Wilhelm Fließ gemeldet, und gebeten, Einer Königl. Hochlöblichen General Direction vortragen zu wollen, wie er gesonnen sey, für sich und seine Frau auf zwei

---

*) W. Meil, Direktor der Akademie der Künfte, hatte seit 1786 sämmtliche Koftüme für die große Oper gezeichnet und wurde Anno 89 als Koftümzeichner durch von der Reck angeftellt.   D. V.

Pläße in Parket zu aboniren, und 2 Friedrichsdor monatlich zu geben. Meiner unvorgreiflichen Meinung nach dürfte dem Gesuch des p. Fließ zu deferiren seyn, jedoch überlasse ich solches dem höheren Ermessen Eurer Königl. Hochlöbl. General= Direktion, welche ich auch hierdurch ganz gehorsamst ersuchen muß, das bereits mündlich vorgetragene Abonnement der Schubißen auf die Pfeilerloge im zweiten Range rechter Hand für 3 Friedrichsdor monatlich genehmigen zu wollen.

Bertram
b. 29. Juli 1787."

Dies leßte Schriftstück büßt leider seinen unschuldigen und rein ge= schäftsmäßigen Charakter durch die Erwägung ein, daß bewußte Madame Schubiß, welche auf die „Pfeilerloge" zu abonniren wünschte, und dieselbe auch erhielt, eine damals in ganz Berlin berüchtigte — Besißerin eines öffentlichen Hauses gewesen ist! Daß Ramler, Beyer und Engel von der Qualität der Dame so ganz und gar keine Ahnung gehabt haben sollten, ist kaum zu glauben; doch gewiß ist, daß der Herr Kriegsrath und Geheim=Sekretair Bertram sich jedenfalls von dem Verdachte schlecht befreien dürfte, er habe Madame Schubiß nicht noch besser gekannt und, wenn er ihr seine Protektion ließ, die Dame durch ihn in der Pfeilerloge also Gelegenheit erhielt, ihre — Abendbörse in's Theater zu verlegen! Wir sehen bereits, wie plastisch die verschie= denen Individualitäten Beyer's, Ramler's, Bertram's, Engel's und Doebbelin's, mit denen wir fortan als Parteien zu thun haben, hervortreten! —

Der durch keinen Mißerfolg und keine Abweisung zu erschütternde Ober=Direktor richtete an die General=Kommission ein:

„Gehorsamstes Pro Memoria.

Nach der neuen Einrichtung wird nur 6 Tage gespielt; aber noch ist der freye Tag nicht bestimmt, und gleich wohl ist es die Höchste Zeit, daran zu denken. Ich schlage den Donnerstag dazu vor, aus zwey Ursachen: Erstlich: weil das jeßt beste und besuchteste Concert, das Rellstabsche, das Künftig in der Stadt Paris gehalten wird, auf diesen Tag wird verlegt werden. Zweitens: weil es der Tag vor dem Gagentag ist; also der Tag, wo die Nicht=Wirthe unter den Schauspielern, deren die Meisten sind, nur mit dem Rest ihres Geldes, nicht, wie am Freitag, mit ihrem ganzen Gelde sich verlustigen können. Sie bekommen darüber weniger Schulden, und die Casse weniger Plackerey mit Vorschüssen.

Berlin, den 30. Juli 1787.
Engel."

Die vorgeschlagene Maßregel ist übrigens umsichtig und einsichts= voll, wie denn nicht geleugnet werden kann, daß die Schritte, welche

Engel zur Verbesserung des Theaters that, nachdem er das Regiment allein hatte, von regem und vortrefflichem Wollen Zeugniß ablegen. Wir finden noch Veranlassung dies an geeigneter Stelle hervorzuheben. Durch vorliegendes Schriftstück erfahren wir auch zum ersten Male Etwas über die Rellstab'schen Konzerte, welche später so bedeutsames Ansehn gewannen und einen unentbehrlichen Theil der öffentlichen Vergnügungen des alten Berlin gebildet haben. —

Am letzten Vierteljahrstage, mit welchem der bisherige Zustand der Dinge am National=Theater endete, schlug Kriegsrath Bertram in einer Zuschrift der General=Kommission vor, dem Schriftsteller Mylius doch ebenfalls freies Entrée zu gewähren. Doebbelin dagegen, welcher am Vorabende seiner Abdankung, oder vielmehr seines Sturzes stand, machte in folgendem letzten Schreiben an die General=Direktion noch einen ver= zweifelten Versuch, den Lauf der Dinge aufzuhalten, oder ihm gegen= über einen besseren Rechtsboden zu gewinnen:

„Vor etwa 8 Tagen äußerte des Herrn Professor Engel Wohlgb. mir so im Vorbeigehen, wie eine Hochlöbl. zur Ober=Direktion des hiesigen National=Theaters höchst verordnete Commission mein Theater wohl vom 1. künftigen Monats an übernehmen würde. Von der Zeit an erwartete ich täglich und stündlich, daß eine Hochlöbl. Commission mir, wie ich auch ohnlängst bereits schriftlich gehor= samst gebethen habe, über die Art und Weise, wie gedachte Uebernahme ge= schehen und das Eigenthum meines Werkes und Zubehörs mir gesichert werden solle, eine förmliche Akte zu meiner vorläufigen Erklärung zu fertigen, und hier= nächst ein Gesetzmäßiges Document darüber in Forma probante hochgeneigtest zu Händen zu bringen belieben würde. Da dieß bisher nun nicht geschehen ist, und mit Heute der Monat bereits abläuft, so muß ich natürlich voraussetzen, daß vorbemeldeter zur Uebernahme meines Werks angesetzt gewesene Termin weiter hinausgesetzt worden. Eventualiter erkläre ich demnach hiermit: daß ich mich, bevor jene Gesezmäßige Versicherung meines Eigenthums und der mir aus aller höchster Huld und Gnade, verliehenen Wohlthaten und Gerechtigkeiten Sr. Maj. b. K., nicht geschehen ist, auf eine Uebergabe meines Werks nicht einlassen kann. Hiernach bitte ich nun ganz gehorsamst mich durch vorherige Mittheilung bemeldeter Akte, und schriftlicher Bekanntmachung des zur mehr er= wehnten Uebernahme angesetzten Termins hochgefälligst zu berichten.

Berlin, den 31. July 1787.
Doebbelin." —

Es bedarf wohl keines Wortes, daß dieser Brief, wie jeder weitere Widerstand des alten Mannes vergeblich war und ihm nur übrig blieb, sich in das Unvermeidliche zu schicken.

— Wie groß auch seine Fehler gewesen sind, wir können dem einundsechzigjährigen Direktor unsere höchste, vollste Anerkennung nicht versagen, sobald wir uns erinnern, was er geleistet, unter den widrigsten Verhältnissen geleistet hat, und wenn wir uns zurückrufen, daß er und Niemand sonst dem deutschen Schauspiel zum Siege verholfen, daß er einem Lessing, Schiller, Goethe und Shakespeare die Thore und Herzen Berlins erschlossen hat! Mit aufrichtigem Bedauern sahen viele alte Theaterfreunde in ihm den letzten Komödianten= Prinzipal von altem Schlage scheiden und gerade in dem Augen= blicke seines Ansehns, seiner Rechte und der wohlerworbenen Früchte eines langen Ringens beraubt, wo er das Ziel erreicht hatte, das der Gedanke seines ganzen Lebens gewesen war!!! —

An diesem 31. Juli und mit Theophil Doebbelin endet das gesammte alte Theater=Wesen, die Zopfzeit des Komödianten= thums in Berlin! — Die Welt, die Stimmung, der Geist der Zeit, die Sitten wie Lebensformen waren ebenso, wie die Bildung der Künstler und des Publikums andere geworden und erhielten mehr und mehr ein modernes, uns Lebenden näher gerücktes Wesen. Furchtbare Zeiten und gewaltige Wandlungen in den Geschicken der Menschen und Völker standen bevor, Zusammenbruch und Aufbau wechselten und alle Verhältnisse kehrten sich um, aber Eins blieb und bleibt stets fest und ewig bestehen im Leben, wie in der Kunst, das pulsirende Menschenherz mit seinen Leiden und Freuden, seinen Lastern und Tugenden, seinen Fehlern, wie seinem unendlichen Reichthume — und der ewige Gottesgeist, der Alles durchdringt, Alles regiert und aus der Finsterniß das neue Geschlecht auf die Bahn des Lichtes zurückführt!!! —

Am 1. August 1787,
dem Amtsantritt der vom Könige ernannten Direktion, übernahm dieselbe folgende Mitglieder:

Doebbelin, Regisseur. Hr. Theophil, —
Frischmuth, Musik=Direktor. Hr. Johann, Christian,
Altfilist 1. Dem. Caroline, Sophie,
Altfilist 11. Dem. — (neu.)
Alexi 11. Hr. Anton,
Alexi 11. Mad.
Böhm, geschiedene Cartellièri. Mad. Elisabeth,
Brückner, geb. Kleefelder. Mad. Catharina, Magdalena,

Beſſel. Hr. Johann, Friedrich,
Beſſel, geb. Natus. Mad. Albertine, Marie,
Benda. Hr. Carl, Ernſt,
Benda. Hr. Chriſtian, Hermann,
Baranius, geb. Huſem. Mad. Henriette,
Bötticher. Hr. Auguſt, Wilhelm,
Bötticher, geb. Wollmar. Mad. Charlotte, Chriſtiane,
Curié, Hr.
Dieſtel. Hr. Johann, Wilhelm,
Dieſtel, geb. Röggeln. Mad. Johanne, Friederife, Helene, Marie, Jakobine,
Doebbelin. Dem. Caroline, Maximiliane,
Doebbelin. Hr. Carl,
Diſtler. Hr. Theodor, Anton, Joſeph,
Diſtler, geb. Goebel. Mad. Chriſtiane, Mariane, Regine,
Ehrlig. Hr.
Engſt. Hr. Johann, Jacob, Michael,
Engſt, geb. Rieſen. Mad. Caroline, Louiſe,
Fleck, Hr. Johann, Friedrich, Ferdinand,
Goebel, geb. Jlgner. Mad. Erneſtine, Caroline, Wilhelmine,
Genſike, geb. Krüger. Mad. Marie, Friederife, Charlotte,
Greibe. Hr. Ferdinand, Ernſt, Wilhelm,
Greibe, geb. Engſt. Mad. Maria, Thereſia,
Herdt. Hr. Georg,
Jobel. Hr.
Kneiſel. Dem. Roſine, Eleonore, Helene, Eliſabeth, (ſpätere Righini.)
Kammerland. Mad. Franziska, Beatrix,
Krüger. Hr. Carl,
Koch. Dem. Friederife, (ſpätere Krickeberg.)
Labes. Hr. Abraham,
Labes. geb. Fick, Mad. Anne, Marie,
Labes. Hr. Wilhelm, Franz, Chriſtian,
Löwe. Hr. Joſeph, Carl,
Löwe. Mad.
Löwe. Dem. Dorothee, Friederife, Louiſe, Amalie,
Löwe. Monſ.
Lanz. Hr. Joſeph,
Lanz, geb. Ohminger. Mad. Agathe,

Tanz. Monj. Carl, Adolph,
Tanz. Monj. Wilhelm,
Müller. Hr. Friedrich,
Müller. Mad.
Rosenberg, Mad. (gewesene Kaffka.)
Reinwald. Hr. Johann, David,
Rademacher. Dem. Charlotte, Dorothee, (spätere Herbt).
Rüthling. Hr. Hermann, Friedrich,
Spangler. Monj.
Sello, Hr.
Zimmerle. Hr. Carl,

_____

56 Mitglieder.

Von der neuen Verwaltung wurden

16 engagirt:	20 entlassen:
Amberg. Hr. Johann, Heinrich, Jacob,	Mad. Böhm.
Antouch. Hr. Johann, Ludwig,	Hr. Curié.
Antouch. Mad.	Hr. Diestel.
Czechtitzky. Hr. Carl.	Mad. Diestel.
Gerand. Dem. Henriette.	Hr. Ehrlig.
Hartmann. Dem.	Dem. Hartmann.
Kaselitz. Hr. Gottfried, Christian, Günther,	Hr. Jobel.
Kaselitz. Mad. geb. Schließer,	Dem. Kneisel.
Koch. Hr.	Mad. Kammerland.
Leist. Hr. Carl,	Hr. Labes. } pensionirt
Müller. Dem.	Mad. Labes. }
Rosenau. Hr.	Hr. Löwe.
Silani. Hr. Guiseppe,	Mad. Löwe.
Wiesener. Hr.	Dem. Löwe.
Weißschuh. Hr. Joh. Carl, Gottlieb, Friedrich,	Monj. Löwe.
Werner. Dem. Caroline, Sophie,	Hr. Fr. Müller.
(spätere Lippert.)	Mad. Müller.
	Mad. Rosenberg.
	Hr. Sello.
	Hr. Zimmerle.

Anzahl der übernommenen Mitglieder: 56
Entlassen wurden: 20
Es verblieben: 36
Als neu engagirt traten hinzu: 16
Der Personal-Bestand am Schlusse des Jahres 1787 zeigt mithin: 52
kontraktlich angestellte Schauspieler.

1787 bis 1788.

2

Die Kgl. Oper unter Freiherrn v. d. Reck und das National-theater unter der Generaldirection v. Beyer, Ramler und Engel, — bis zu Beyer's Ausscheiden.

(Vom 1. August 1787 bis 4. Mai 1788.)

Die Neugestaltung war am 1. August vollendet! — Aeußerlich kündigte sie sich nur durch eine Veränderung der Theaterzettel an. Wenn deren Ueberschrift vor vier Wochen noch gelautet hatte:

Heute Sonntags d. 1. July 1787
wird von den

Königl.
allergnädigst
National

Preußischen
generalprivilegirten
Schauspielern

aufgeführt: u. s. w. — —

so sagte von nun an die Affiche:

Heute Mittwochs ben 1. August 1787
wird auf dem

hiesigen
National=

Königlichen
Theater

aufgeführt: — —

Unterzeichnet war der Zettel nach wie vor „Th. Doebbelin." — — Das Publikum, die Schauspieler mit ihrem Titular=Direktor und zu-mal die General=Kommission lebten der festen Gewißheit, das Doeb-belinsche Theater sei nun seit dem 1. August ein Königliches Hof-theater, so gut wie die Hof=Oper, geworden. Sie täuschten sich darin, denn Iffland hat zehn Jahre später klar genug nachgewiesen, daß der König

in diesem Theater, obwohl er demselben im Laufe der Zeit Alles zu=
muthete, was von einem wirklichen Hoftheater an Vielseitigkeit und
Werth der Leistungen verlangt werden konnte, doch nur ein von ihm
unterstütztes Unternehmen gesehen hat, für welches weitere Verpflichtungen
zu übernehmen ihm nicht anstand. — Die Oberleitung des Nationaltheaters
besaß nicht direkt das Ohr des Königs, wie dies dem später ernannten
directeur des spectacles Freiherrn von der Reck gestattet war. Alles ging
mittelst des Schriftweges, sehr oft allein durch Ritz. Einen fest ausgesetzten
Etat, wie die heutigen Hoftheater ihn besitzen, hatte das Nationaltheater
nicht. Der königliche Zuschuß war eine zeitweilige Gnade und wieder=
ruflich, der Theater=Etat ein flüssiger und es hing allein von dem
Wohlwollen des Monarchen ab, ob er ihn verringern oder erweitern
wollte. Bei dieser Lage der Dinge kam es, daß jeder Wunsch des
Königs, sobald er den Kostenpunkt betraf, eine Gegenforderung an den
Kgl. Beutel hervorrief, der Ueberschuß der Einnahme aber dem Theater
verblieb. — Haben wir somit das Verhältniß des Nationaltheaters zum
Hofe bezeichnet, so müssen wir nun auch die Stellung, welche die beiden
Hauptfaktoren, Theaterleitung und Kunstpersonal, nach dem 1. August
zu einander einnehmen, in's Auge fassen. —

Erste Person und Präses der Kommission war, wie wir bereits
mehrfach gezeigt, v. Beyer. An ihn allein schreibt der König direkt
und dasselbe thut später regelmäßig der Opernchef Freiherr von der Reck
und auch dann sogar, wenn er die an ihn von der gesammten Kommission
gerichteten Briefe beantwortet. Friedrich Wilhelm II., so melden uns alle
den Akten beigehefteten Couverts, adressirte seine Briefe: „A Mon
Conseiller privé de fiances, de Guerre et de Domaines, et Président
du Collège Supérieur de Revision en Justice de Beyer à Berlin.“
— Beyer behielt nicht nur seine sehr bedeutende Stellung im Staate
bei, er versah auch sein Amt beim National=Theater unentgeltlich und
trat es nur in Folge der ausdrücklichen und wiederholt mündlichen,
wie schriftlichen Aufforderungen des Königs an. — Schon vor dem
1. August fand er folgende Thatsachen vor:

Die selbstsüchtigen Absichten des Professor Engel! —

Die Schuldenmasse Doebbelin's, welche selbst seine kühnsten Er=
wartungen überstieg und die unter den Händen der Kommission immer
mehr zu wachsen schien, je eifriger die Herren bemüht waren, dieselben
zu tilgen.

Dadurch aber ward Beyer's Muth nicht gebrochen. — Vom 1. August ab gestalteten sich indeß die Dinge schlimmer! — Zu den genannten mißlichen Verhältnissen, die Beyer mit in den Kauf genommen, kamen nun hinzu:

Der wachsende Groll zwischen Doebbelin und Engel und des Ersteren immer sichtbarerer Widerstand gegen die Kommission!

Die gesteigerten Anforderungen des Königs und seine vermehrte persönliche Einmischung in die Direktionsangelegenheiten!

Das nicht sehr kollegialische Benehmen des Opernchefs von der Reck und die Abhängigkeit, in welche Oper und Schauspiel zu einander durch des Königs Maßregeln geriethen.

Daß nicht nur gewisse (selbst durch die späteren Akten) unaufgeklärte, und nicht zu verhindernde Privatneigungen eine ruhige, sachgemäße Entwicklung des Kunstinstitutes hemmten, sondern daß Beyer's redliche Bestrebungen auch geheimen Einflüssen und Intriguen begegneten!

Daß Engel diese Einflüsse für sich ausnutzte und an diesen In= triguen theilnahm, um die Alleinherrschaft über das Nationaltheater zu erlangen.

Wie endlich, trotz aller angewendeten und erfolgreichen Mühen Beyer's das Theater und das deutsche Drama sich nicht hob, sondern ziemlich die gleichen Resultate bot, wie unter Doebbelins Direktion! —

Durch das Novitätenrepertoir werden wir beweisen, daß vom 1. August 1787 bis 3. Mai 1788 nichts Nennenswerthes aufgeführt worden ist. Obwohl „Don Carlos" bereits erschienen, von Schröder schon anno 87 in Hamburg gegeben war, und außerordentlich dort angesprochen hatte, war es der Kommission noch nicht eingefallen, das Stück auf die berliner Bühne zu bringen. Aber von dem Augenblicke ab, an welchem Engel von Rath Beyer befreit und allein Lenker des Theaters geworden, drängen sich die Novitäten und binnen 4 Monaten vom 21. Juli bis 22. November, folgen hinter einander Goethe's „Geschwister," „Der Kaufmannn von Venedig", „Der Barbier von Sevilla", „Belmonte und Constanze" und „Don Carlos"!!! —

Um dem Leser einen Begriff von Doebbelin's Schulden zu machen, welche die Generaldirektion schon im ersten Verwaltungsjahre zu überwinden hatte, führen wir hier einige aus der Masse herausgegriffene Posten an. Es forderten:

Am 13. August 1787 der Polizei-Kommissair
Mauschack, als Hypothekenschuld auf
dem Grundstück Behrenstr. 55 eingetragen, 6000 Thlr.
Am Anfang September c. a. Münzwardein C.
L. Graff, Hypothekenschuld auf Grundstück
Behrenstr. 55   3838 Thlr. 5 Gr. 4 Pf.
den 10. Sept. Schauspieler Löwe, rückst. Gage 248 „   „   „
den 28. „ Schauspielerin Kammerland, dito 94 „   „   „
den 7. Novbr. Lewin Markus, Wechselschuld   500 „   „   „
den 10. „ Garderobier Wagner, Wechsel   1000 „   „   „
den 19. „ Wittwe Koch, unbezahlte Leibrente 200 „   „   „
den 13. März 1788. Dlle. Rademacher, Gagenrückst. 94 „ „   „
den 19 April der Theatermaler Janson für Gage
    und Arbeitslohn   420 „   „   „
den 18. Dezbr. der Musikdirektor Frischmuth,
    Gagenrückstand.   150 „   „   „

              In Summa also: 12,544 Thlr. 5 Gr. 4 Pf.

Das war nur für den Anfang zu decken; je mehr Schulden aber
bezahlt wurden, desto mehr neue kamen zum Vorschein! —

Zu den Amtsschwierigkeiten Beyer's gesellten sich vom Herbste
1787 an noch Demonstrationen im Publikum gegen die neue Ver=
waltung, bei welchen sich die später in den Theaterannalen noch öfter ge=
nannten Gendarmerie-Offiziere die ersten Sporen verdienten. — Wir dächten,
diese Widerwärtigkeiten hätten schon jedem Ehrenmanne genügt, sein
mühevolles Amt freiwillig niederzulegen. Dies that Beyer keines=
wegs! — Er wußte genau, was ihm widerstrebte und sein Amt er=
schwerte, er kannte sehr genau die gesponnenen Fäden, die Leidenschaften
und Ränke, aber er trug ruhig die Ueberzeugung in sich, daß ihm sein
selbstsuchtsloses Streben gelingen müsse, indem er einen Organis=
mus schuf, fest und gediegen, welcher nicht nur die Kunst, sondern
auch das Institut selbst sicherstellten! — —

Wir haben vorhin des wachsenden Grolles Doebbelin's und
Engel's gegen einander erwähnt und des Letzteren Widerstand gegen
die Verwaltung. Dieser Widerstand war kein offener! Die Einbuße seiner
Würde, des letzten Schimmers von Ansehn hatte zur Folge, daß Doebbelin
nicht nur Alles gehen ließ, wie es ging, sondern seine bisherigen Unterge=

benen auch heimlich dahin brachte, daß sie selber glaubten, Alles gehe noch schlechter, als es vorher unter ihm gegangen war. Auf diese Weise machte er mit den Schauspielern gemeinsame Sache gegen die Verwaltung. — Gewiß standen die edeleren Glieder der Künstlerschaft, z. B. Leute wie Fleck, seinen Machinationen völlig fern, die kleinen Schauspieler zweiten und dritten Ranges dagegen, jene bei allen Theatern die Mehrheit bildenden Dutzendmenschen, waren das ergiebige Versuchsfeld für Doebbelin's Ränke; sie wurden seine Partisane und die Meinungsmacher für ihn in den Tabagien und Kaffeehäusern. Dort zogen sie die neue Verwaltung durch die Zähne und posaunten das himmelschreiende Unrecht, welches dem „würdigen Greise Doebbelin" geschehen sei in allen Tonarten schauspielerischer Redeweise aus! — Weil nun wirklich in der Art, wie die Kommission gegen Doebbelin vorgegangen, ein Unrecht, eine Härte lag, so war es kein Wunder, daß nicht nur die vielen alten Freunde Doebbelin's, sondern auch das Publikum nach und nach für ihn als den — Gekränkten, den Märtyrer, Partei ergriff! Es legte seine Mißstimmung über die neue Verwaltung, wie sein Mitleid für Doebbelin endlich offen an den Tag und die bösen Zungen vom Theater fanden um so williger Gehör! Hier haben zum Theil wir die Fäden zu suchen, welche jene Unruhen, die vorhin erwähnt wurden, erzeugten. —

So steht denn das Bild der Lage des Theaters und die Gruppirung der Gegnerschaften, wie sie sowohl zwischen den Mitgliedern der Kommission, als zwischen dieser und dem Bühnenpersonal vom 1. August ab bestanden, dem Leser vor Augen, um ihm zur Fährte durch das Labyrinth der anhebenden Ereignisse zu dienen. — — — — —

Am Tage des eigentlichen Direktions-Antritt der Komission (1. August) richtete Fleck an dieselbe das Gesuch, ihm den von Doebbelin im Winter 1786—87 bewilligten Vorschuß von 400 Thlrn. auch in der Restsumme von noch 136 Thlrn. und einen neuen Vorschuß von 400 Thlrn. zu bewilligen. Die Stellung und allgemeine Beliebtheit Fleck's, die tadellose Ehrbarkeit seines Charakters, welchen nachmals Iffland's Urtheil über allen Zweifel erhob, zeigen, daß seine Bitte berechtigt gewesen ist. Fleck war zwar damals noch unverheirathet, hatte aber eine hochbetagte Mutter zu ernähren und für das Fortkommen eines Bruders zu sorgen. Krankheiten, wie andere Zufälle, — unter denen wohl die durch die Landestrauer und die ökonomische Unordnung der ganzen Theaterverhältnisse veranlaßten Verlegenheiten gemeint sind, — hatten den Wackeren

„in drückendſte Nahrungsſorgen" geſtürzt. Die Kommiſſion erfüllte die Bitte ihres bedeutendſten Künſtlers ſchon darum, damit er, von Sorgen entlaſtet, ſeinem Berufe völlig wiedergegeben werde. Da Fleck erſt 1793, alſo 6 Jahre ſpäter heirathete, nachdem er bereits ein Jahr vorher Mademoiſelle Louiſe Mühl, ſeine nachmalige Frau, kennen gelernt hatte, ſo iſt daraus ſchon erſichtlich, daß ſeine Verhältniſſe ſich erſt in jener Zeit ſo geordnet haben, um einen eignen Heerd begründen zu können. In dieſes bedeutenden und reinen Mannes Leben, in ſeine Luſt, wie in ſein Leid, ſeinen Ruhm und ſein an's Tragiſche ſtreifende Ende werden wir noch manchen Blick thun!! — Um die Verhältniſſe, welche zur Zeit beim Nationaltheater herrſchten und die Mittelloſigkeit der Schauſpieler darzulegen, genügt die Angabe, daß außer Fleck in dieſem Jahre noch Vorſchüſſe erhielten: Mad. Baranius und Carl Doeb= belin, Herdt ſogar zwei Mal, der Sänger Chriſtian Benda, die Sängerin Dem. Marianne Goebel, welche ſich mit dem Schauſpieler Diſtler verheirathen wollte, Kaſelitz zu ſeiner Reiſe von Magdeburg nach Berlin und der Schauſpieler Böttcher. Ferner erhielten folgende Mitglieder Gehaltszulagen: Labes, Diſtler, Langerhans, C. H. Benda, Kaſſirerin Friſchmuth, Ehepaar Böttcher, Herdt, Czechtitzki, Greibe, Reinwald, Veſſel und Frau. Es wurden alſo in den erſten 5 Verwaltungsmonaten von der General=Direktion 20 Vorſchuß= und Zulage=Zahlungen gemacht; für die damalige Zeit und die ſchwierigen Finanzverhältniſſe, welche die neue Direktion vorfand, gewiß eine große Anſtrengung ihrer Kräfte. Ueber= dem war der alte Labes und Frau mit 300 Thalern penſionirt worden, welche der Theaterkaſſe auch zur Laſt fielen. — Am 1. Auguſt überreichte Muſikdirektor Friſchmuth der Kommiſſion ein Memorial, aus dem die Unordnung erſichtlich wird, in welcher Doebbelin das Orcheſter=Inventar hinterlaſſen hatte. Geht aus ihm hervor, daß Doebbelin in letzter Zeit ſelbſt die nothwendigſten Ausgaben unterlaſſen hatte, ſo beweiſt dagegen des Rendanten, Rath Bertram, Bericht vom Abende des 1. Auguſt, wie ſehr Doebbelin ſeine vermeinten Direktorenrechte in Anſpruch nahm. — Bertram berichtet nämlich: daß er Nachmittags ſämmtliche Billeteinnehmer im Theater verſammelt, ſie in ihren Pflichten, nament= lich zur Ordnung und Rechtſchaffenheit ermahnt und Jedem, der Unter= ſchleife treibe, mit ſofortiger „Caſſation" gedroht habe. Die Einnahme am Mittwoch den 1. Auguſt betrug 48 Thlr. 2 Gr., ein Beweis, daß das neue Direktorium seine erste Vorstellung in einem gähnend leeren Hause begann. Bei letzterer Ermittelung Bertram's stellte sich nun heraus: „Die Frischmuthin weiß die gewesene Einnahme vom vorigen Sonntag, Montag und Dienstag (also von den 3 letzten Direktionstagen Doebbelin's) nicht anzugeben, weil sie nie bey der Zusammen= rechnung der Einnahme=Gelder gegenwärtig gewesen ist. Dem p. Doebbelin ist indessen gesagt worden, daß er die gehabten Einnahmen gewissenhaft anzeigen solle."

Mit dieser Aussage der Frischmuth ist zwar bewiesen, daß sie nicht beim Kassemachen gegenwärtig gewesen sei, aber damit ist auch zu= gleich bewiesen, daß Doebbelin stets selbst die Einnahme=Gelder zu= sammengerechnet hat! Wenn Engel seiner Zeit Doebbelin bei Beyer verdächtigte, derselbe habe dies nicht gethan, so war seine Anklage unbegründet. Daß Doebbelin Niemand die Höhe seiner Einnahme und was er verbrauchte wissen ließ, mag den neugierigen Engel verdrossen haben, ist aber ein Beweis, daß Doebbelin kein einfältiger Mensch gewesen.

Der Sinn obigen Berichtes ist, daß Doebbelin, als mit 1. August die neuen Verwaltung die Geschäfte übernahm, die Einnahme der letzten Woche zwar an sich genommen, aber keine Gagen bezahlt hatte! In dieser Angelegenheit schrieb der schlaue Erdirektor denselben 1. August an die General=Direktion:

„Der Herr Professor Engel haben mir vorigen Donnerstag gesagt: daß ich den verwichenen Freitag die letzte Gage geben würde und daß ich die Einnahme bis den 31. July incl. behielte. Es ist bekannt, daß ich die vier schlimmsten Monathe im ganzen Jahre kümmerlich mich durch winden und zurücklegen und neue Schulden machen müssen. Da eine Königl. Theater=Commission den 1. August 1787 sich an= hebt und der 31. July 1788 den ersten Jahrgang beschließt, so geht Derselben kein Tag verlohren. Sollte mir die Einnahme von dieser ganzen Woche, incl. den künf= tigen Sonntag bleiben, welches bei uns Christen der siebente Tag in der Woche ist; so will ich auch noch diese Woche die Gage bezahlen, denn da künftigen Freitag der höchste Geburtstag des Kronprinzen einfällt und feierlich begangen wird, so müste sehr großes Unglück im Spiele sein, wenn Freitag, Sonnabend und Sonn= tag nicht die Gage einkommen sollte. Ich bin schon unglücklich genug, und schmeichle mir, daß eine Königl. Comission meine Leiden nicht noch vermehren wird. Ich habe hier 2 Sommer gegen einen Winter und höchst dieselbe hat 2 Winter gegen einen Sommer.

Doebbelin.

Entrepreneur*) und Director-

---

*) Hier und von nun an öfterer nennt sich Doebbelin „Entrepreneur", was sonst nie geschah, — nur um sein Recht als Unternehmer, Inhaber, Besitzer des Theaters nicht fahren zu lassen. D. W.

In Bezug auf das Schreiben des p. Bertram theilt Doeb=
belin mit:

"Pflichtmäßig zeige ich hierdurch an daß ich den

Sonntag als den 29.	July	auf die Räuber:	156 Thlr.	4 Gr.
ben 30.	„	„ ben Irrwisch:	143 „	8 „
ben 31.	„	„ besgl.	92 „	12 „

392 Thlr.

("eingenommen habe" fehlt!

Berlin b. 5. Aug. 1787.   Doebbelin

Dir."

Die Gen. Dir. b. N. Th. an Doebbelin:

"Dem Königl. Theater Regiffeur Doebbelin wird auf feine unterm 1. Au=
guft hujus eingereichte Vorstellung wegen Berichtigung des Termini a quo
der Einnahme für bie Königl. Administration, hiermit zur Resolution ertheilt,
wie es der gefunden Vernunft und der allgemeinen Europäischen Kalender=
Einrichtung gemäß ist, baß zu einer Woche folgende sieben Tage gerechnet
werben:

Sonntag
Montag
Dienstag
Mittwoch
Donnerstag
Freytag
Sonnabend. —

Wenn nun die Königl. Administration am Mittwoch ben 1. August b. J.
erft ihren Anfang genommen, dieselbe aber ben barauf folgenden Sonnabend
ben 4. Aug. bie Zahlung der Gagen an die sämmtlichen Theaterpersonen für
bie ganze Woche geleistet hat, und die Ausgabe boch nur durch bie Einnahme
bestritten werben kann; so verfteht es sich von selbst, baß bie Königl. Direktion
bie Einnahme berjenigen Tage haben muß, für welche sie die Ausgabe getragen
hat. Es gebühret also der Königl. Gen. Dir., ba der p. Doebbelin bie letzte
Zahlung der Gagen für die Woche bis zum 28. Juli b. J. geleistet hat, wenig=
ftens bie volle Einnahme vom 29 Julii b. J. an, als dem Anfangstage der
erft en Woche ihrer Administration, weil sie selbst für Sieben Tage diefer vom 29.
Julii incl. bis zum 4. Aug. incl. gehenden Woche zahlen müßte, und nur für
4 Tage berselben Woche die Einnahme erhalten würde. Der p. Doebbelin
hat in feinem Promemoria vom 5. hujus die drei indebit gemachten Ein=
nahmen

überhaupt auf	„	392 Thlr.		
als am 29. Julii	„	156	„ 4	Gr.
„ 30. „	„	143	„ 8	„
„ 31. „	„	92	„ 12	„
		392 Thlr.		

angegeben; diese wäre derselbe nun verbunden, jetzt gleich baar herauszugeben, da er aber damit verschiedene Schulden getilgt zu haben vorgiebt, und er also die Herausgabe nicht leisten kann oder will, so ist resolvirt worden, daß wenn beim Schluß des am 1. Aug. angetretenen Administrations-Jahrs, ultimo Julii a. J. nach Erfüllung aller Etat-positionen ein Ueberschuß existiren wird, davon obige — 392 Thlr werden abgezogen und in Cassa zur Ersetzung derselben competirenden, von dem p. Doebbelin indebit erhobenen Einnahmen einbehalten werden. welches dem p. Doebbelin zu seiner Nachricht hiermit bekannt gemacht wird.

Berlin d. 7. Aug. 1787.

Königl. Gen. Dir. d. N. Th." —

Die Haupt-Theaterkasse empfing am selben Tage eine Anweisung, in diesem Sinne zu verfahren. Doebbelin hatte mit diesem letzten Direktoren-Kunststück also nichts weiter als eine Summe zu augenblicklicher Deckung seiner Ausgaben gewonnen, aber mit derselben Summe dafür auch sein Schuldkonto belastet. Damit endete auch seine Gewalt über die Kasse völlig, er hatte nur noch Regie zu führen! — Wie bei den Geldbewilligungen an die Schauspieler sich die General-Direktion winden mußte, um die Mitglieder zur Kontrakterneuerung zu bewegen, beweist ein wahres „Angst-Promemoria," in welchem sie die Zulagen für den Tenoristen Benda und Schauspieler Distler, „die für jetzt bei Oper und Schauspiel ganz unentbehrlich sind," mit der Erklärung rechtfertigt: „wir hätten das Haus schließen müssen, wenn Beide nicht hätten (die neuen Contrakte) unterschreiben wollen!" — Unterm 5. August wurde mit dem Kuchenbäcker Reibedanz ein Vertrag betreffs der Konditorei und des Verkaufsrechts seiner Waaren im Theater während der Vorstellung mit wöchentlich 6 Thaler abgeschlossen.*) Er ist darum bemerkenswerth, weil die Familie Reibedanz noch heute die Konditorei des königlichen Theaters in Pacht hat! — Eine pikante Geldangelegenheit ist folgende:

---

*) Eine unausstehliche, störende Sitte, welche heute noch im Burgtheater besteht, war, daß damals die Konditoren während des Spiels ihre Erfrischungen anboten.

D. V.

Hochwohlgebohrner Herr!

Hochzuverehrender Herr Geheime Finanz Rath!

Ew. Hochwohlgeb. werden gnädigſt verzeihen, daß ich mich erkühne, Hochdenen-
ſelben mit einer unterthänige Bitte zu beſchweren. Madam Baranius und ich
haben zur Einrichtung unſerer Haushaltung, Kleidung, nebſt Inbegrif meiner
Ehmaligen Schulden, eine Schuld von 800 Thlr. gehabt, welche wir izt ſchon
bis auf 500 Thlr. bezahlt haben. Um ganz Schuldenfrey zu werden, hat ſich
ein Jude erboten uns die 500 Thlr. zu 6 p. Cent vorzuſchießen, wan Ew. Hochwohlgeb. hir für gut ſagen wollten. Wir erbieten uns wöchentlich 12¹/₂ Thlr.
von unſerer Gage abziehen zu laſſen, und würden auf dieſe Art bald ſo glücklich ſeyn, dieſer Bürde entledigt zu werden, verſprechen zugleich, nicht eher Berlin
zu verlaſſen, bis die Schuld gänzlich getilgt iſt. In veſter Ueberzeugung, daß
Ew. Hochwohlgeboren unſere Unterthänige Bitte nicht abſchlagen werden, haben wir
die Ehre mit der großten Hochachtung zu beharren.

Berlin.   Ew. Hochwohlgebohrn

den 8. August 1787   Unterthänigſter Diener u. Dienerin.

C. Doebbelin.   H. Baranius.

Wir erblicken hier eines jener zwanglos naiven Liebesverhältniſſe,
wie ſie damals am Theater nichts Neues waren. Madame Baranius,
erſte Liebhaberin und jugendliche Heldin in Oper und Schauſpiel, von
ihrem Gatten geſchieden, lebte mit Carl Doebbelin offen in wilder
Ehe. Sie war eine eben ſo talentvolle, wie ſchöne Perſon von ero-
tiſchen Leidenſchaften und es iſt nur zu bewundern, daß ihre Neigung
gerade auf den jungen Doebbelin verfiel, welcher ein roher Patron und
ein ſehr mittelmäßiger Komödiant war. Vielleicht hat ſie, außer der
ihr wenigſten höchſt angenehmen Perſönlichkeit Carl's, auch noch die
Hoffnung gehegt, daß derſelbe die für ihn vom Vater erbetene Kgl. Konzeſſion für die Provinz erhalten und ſie dann Direktorin einer
Geſellſchaft werden würde. Allerdings erhielt kaum eine Woche
ſpäter Carl Doebbelin dieſe Konzeſſion wirklich, aber — Direktorin
wurde Mad. Baranius nicht! Bemerkenswerth iſt die Verſicherung des
liebenden Paares, Berlin nicht eher verlaſſen zu wollen, bis der erbetene
Vorſchuß getilgt ſei. Entweder muß ihnen alſo der Gedanke vorge-
ſchwebt haben, aus Berlin zu gehen, oder ſie haben vermuthet, daß
die Direktion ihnen ſolche Abſicht zutraue. Einen ſo hohen Vorſchuß
zu gewähren war höchſt bedenklich und man hätte ihre Bitte um ſo
weniger erfüllt, als die Verwaltung eigentlich froh ſein konnte, den
Ruheſtörer und unbotmäßigen Sohn Doebbelin's loszuwerden, wenn
ſie mit ihm nicht auch Mad. Baranius zu verlieren fürchtete, an

welcher der Direktion mit Recht Alles gelegen sein mußte. Der Vor=
schuß wurde somit gezahlt. — Am 11. August gab die Kommission das
vom Könige geforderte Gutachten über die an Carl Doebbelin zu er=
theilende Konzeffion ab, auf Grund deffen solche bald darauf erfolgte.
Denselben Datum erging auch an die Verwaltung folgendes Schreiben,
welches seines ironischen Inhalts wegen zu erwähnen ist:

„Der Schauspieler Bellomo überläuft mich täglich um Bewilligung der Kon=
zeffion im Magdeburgischen und Halberstädtschen, seine Theatralischen Talente zu
zeigen und giebt nicht unbeutlich zu erkennen, daß wenn er nicht bald abgefertigt
wird, so dürfte ihn der Hunger wohl in ein Gespenst verwandeln, welches in meiner
Vorkammer eben so viel Unordnung anrichten würde, als der mit seinen Tragischen
Künsten im Herrn entschlafene Döbelin im Hamlet. Mich von diesem Schicksal zu
befreyen, ersuche ich Ew. Hochwohlgeboren, die Antwort auf die Bellomosche Anfrage
zu beschleunigen.
Berlin den 11. August 1787"
An
Den Geh. Finanz=Rath   Schulenburg*)"
v. Beyer

Bellomo wurde darauf von der General=Direktion schon des=
halb abschläglich beschieden, weil ja bereits seit Mai die Konzeffions=
ertheilung Carl Doebbelin's für die Provinz demselben in Aussicht ge=
stellt war. Schulenburg's Urtheil über Theophil läßt nicht blos einen
Schluß auf deffen Darstellungsweise zu, sondern daß man auch derselben in
höheren Kreisen sehr lange überdrüffig gewesen sein muß. Daß der Minister
die General=Direktion bittet, den Bellomo zu bescheiden, geschieht aus
dem Grunde, weil dieselbe zugleich die Prüfungsinstanz der Kon=
zeffionsgesuche für die Provinzen bildete. — Den 14. August wurde das
Privilegium für Carl Doebbelin auf Kgl. Spezialbefehl von den
Ministern v. Gaudi, v. Werder, v. Mauschwitz und v. Schulen=
burg ausgefertigt. Aus diesem etwas weitschweifigen Dokument erhellt,
daß dem jungen Doebbelin das Recht beigelegt wird, außer in Berlin
und ganz Schlesien, wie in den Universitätsstädten, überall zu spielen
und daß die Wäsersche Gesellschaft das Feld, wo er hinkommt, zu räumen
hat. Die ihm auferlegten Bedingungen sind: „jederzeitige Zurücknahme
der Konzeffion nach vierteljähriger Kündigung; ohne Einwilligung der
Direktion keine Schauspieler von dem Nationaltheater wegzuengagiren,

---

*) Der bekannte Minister, welcher 1806 Gouverneur von Berlin gewesen ist und
Friedrich Wilhelm III. noch nach Königsberg begleitet hat. —

dagegen dem Nationaltheater „unweigerlich" diejenigen Mitglieder seiner Gesellschaft nach gehöriger Kündigung zu überlassen, welche die General= Direktion für sich tauglich hält; daß er die nunmehr vom National= theater zu entlassenden Mitglieder für seine Bühne übernimmt und ihm nur die aus seines Vaters Garderobe entbehrlichen Stücke ver= abfolgt werden dürfen, — daß er auch nicht eher von Berlin geht, bis er entbehrt werden kann und endlich, daß er in jeder Stadt, welche er bereist, die angeordneten Abgaben zu leisten habe." — — In diesem Privilegium ist die Hand sichtbar genug, welche auf das neue Unternehmen ihren Druck übt! Die schlechten Schauspieler, welche das Nationaltheater entläßt, engagiren, seine guten Mitglieder aber demselben abtreten zu müssen, hieß Carl Doebbelin's Gesellschaft zu einer Mittelmäßigkeit ver= dammen, bei welcher sie schwerlich gedeihen konnte. Des Alten Wunsch war indeß erfüllt, dem Sohne der Mund gestopft und man wurde ihn binnen kurzer Zeit los. — Unter demselben Datum machte Bertram der Kgl. Kommission die Mittheilung, daß zur Zeit der Landestrauer Dem. Kneisel für Doebbelin ihre Brillanten um etwa 100 Friedrichs'dor versetzt habe, welche sie den Doebbelin, dieser aber die Ober=Direktion einzulösen bittet. Hierauf war bei der immer mehr wachsenden Schulden= last Doebbelin's und der eigenen Verantwortung vor dem Könige nicht einzugehen und Angesichts der ringsanstürmenden Forderungen hatte Engel in seiner Zuschrift an die Kollegen vom gleichen Datum ganz Recht, zu sagen, daß er gar nicht sehe, „wo das Geld herkommen soll." Doeb= belin wurde unterm 1. September abschläglich beschieden und zwar mit dem Bemerken, daß wenn er der Kneisel außer dieser Summe für die Brillanten noch Gage schuldig sei, er dies unter Mitunterschrift der Dame anzuzeigen und sich den Abzug der letzteren von seinem monat= lichen Gehalt gefallen zu lassen habe. Von diesen Schriftstücken ist nur folgendes Billet der Dem. Kneisel an Theophil Doebbelin inter= essant, denn es giebt uns einen Einblick in das patronale Verhältniß, in welchem ehedem die Schauspieler zu ihren Prinzipalen gestanden haben.

„Bester Vater!

„Da diesen 21. der Adresszettel von meinen Brillanten völlig ist, welches Sie vielleicht vergessen könnten, so habe ich Ihnen hiermit daran erinnern wollen, damit Sie bey zeiten Ihre Maasregeln darnach nehmen können. Ich bitte also recht sehr mit der Commission deswegen zu reden, damit die Sachen nicht verfallen, u. ich sie zur rechten zeit wieder bekomme. Wenn die Herrn den schein etwa wollen erneuern

laffen, fo fagen Sie ihnen nur, daß ich das ſchlechterdings nicht wollte, u. auf alle
Fälle meine Sachen noch 4 Wochen vor meiner Abreiſe wiederhaben müße. In
Erwartung dieſes verbleibe
(ohne Datum.)

Ihre ergebenſte

Henriette Kneiſeln."

Zu bewundern iſt beſonders, daß Dem. Kneiſel bei nur 384 Thalern
Jahresgage und trotz aller Lebens= und Garderobebedürfniſſe noch —
einen Brillantſchmuck zu verſetzen hatte!! — War ſie wohl auch keine
Veſtalin, ſo hielt dies den ſpäteren Kapellmeiſter der italieniſchen Oper,
Signor Vincenzo Righini, acht Jahr ſpäter doch nicht ab, ſie zu
heirathen! — Am 26. Auguſt wurde der Kontrakt mit Fleck erneuert
und ihm für jedes Jahr ein Benefiz auszuwirken verſprochen, wie ihm
von Doebbelin bereits dies Jahr ein ſolches zugeſtanden geweſen war.
Deshalb finden wir ihn in der 1788 von Jacobi aufgeſtellten Benefiz=
Liſte pro Anno 1787=88 bis 93=94 alljährlich aufgeführt; nächſt ihm
weiſt dieſe Liſte für den 1788 neu engagirten Unzelmann in dieſen 7
Jahren 4, für Mad. Baranius 5 und für den damals ebenfalls engagirten
Sänger Lippert 4 Benefize auf. — Aus dem Sitzungsprotokoll vom
26. Auguſt iſt erſichtlich, daß die Direktion dem Sänger Benda eine
Zulage „sub conditione silentii" bewilligte, alſo eine heimliche Gehalts=
verbeſſerung. Wahrſcheinlich wählte man dieſe Auskunft, um nicht Forde-
derungen der übrigen Mitglieder zu erwecken, welche unter jetzigen Umſtänden
hätten unerfüllbar bleiben müſſen. Uebrigens wurde, als am 17. Oktober
Rüthling an die Direktion den Antrag wegen Beſtellung eines Geſangs=
lehrers für die nicht muſikaliſchen Bühnenmitglieder ſtellte, Benda
hierzu beſtimmt, ſo daß die Zulage auch hierdurch ſich begründete. —
Unterm 28. Auguſt proteſtirte die Wittwe Wäſer gegen die Konzeſſion des
Carl Doebbelin, wurde aber vom Miniſterium unterm 11. Sept. ab=
ſchläglich beſchieden. — Der Etat, welcher nach den Abänderungen pro 1787
bis 88 unterm 30. Juni 1787 vom Könige vollzogen worden war, weiſt
eine Einnahme von 37,992 Thaler auf, welcher die gleiche Summe als
Ausgabe gegenüberſteht. Der Auguſt als erſter Verwaltungsmonat der
neuen Direktion ergiebt, bei einem erſten Zuſchuſſe aus der Hofſtaatskaſſe von
2000 Thlr. Einrichtungsgeldern und 300 Thaler Monatszuſchuß (in
Summa 2300 Thlr), einen Reſtbeſtand der Kaſſe von 1879 Thlr. 18 Gr.
— — Folgendes Schreiben der Generaldirektion an die Hofſtaatskaſſe ver
kündet ſchon die erſte Aenderung, welche die neue Verwaltung erlitt.

„Da ber Kriegsrath Bertram bie Haupt-Rendantenstelle bey dem Kgl. National-Theater niedergelegt hat und solche dem Churmärkischen Kamer-Secretair Jacobi übertragen worden ist, so haben wir die Königl. Hof-Staats-Casse benachrichtigen wollen, nun das jährliche Etatsmäßige Beitrags-Quantum des Königs Majestät zur Haupt-Theater-Casse, nunmehr vom 1. b. M. ab an den p. Jacobi auszuzahlen. Berlin b. 16. September 1787.

v. Beyer. Ramler. Engel" —

Rath Bertram hatte also sein bisheriges Amt schon am 1. September niedergelegt. Auf welche Veranlassung hin ist zwar nicht angedeutet, aber anzunehmen, daß er sich den drückenden finanziellen Verhältnissen und dem Ansturm der Gläubiger gegenüber seines Amtes nicht gewachsen fühlte. Da Kammersekretär Jacobi in seine Stelle rückte, und nicht nur die Finanzkrisis des Theaters überstand, sondern bis zu Iffland's Zeit die Kassenverwaltung und zwar später ausschließlich unter sich hatte, so ist anzunehmen, daß derselbe ein tüchtigerer Wirthschafter und umsichtigerer Kassenbeamter als sein Vorgänger gewesen sein muß. Uebrigens blieb Bertram noch längere Zeit als Sekretär und Justitiar in Funktion, wie aus verschiedenen späteren Dokumenten erhellen wird. Am 1. September war von Engel der Tenorist Rosenau engagirt worden, auch richtete an demselben Tage die Direktion an den König eine Zuschrift, in welcher sie: „da jetzt der Professor Engel im Begriff steht, dem erhaltenen Allerhöchsten Befehle gemäß, Stücke von Shakespear und im Shakespearschen Geschmacke aufführen zu lassen" bittet, dem Verona eine allgemeine Ordre zu ertheilen, sämmtliche jetzt und in Zukunft nöthigen Dekorationen zu malen. Unterm 3. September antwortet der König indeß: „Die von Euch nachgesuchte allgemeine Ordre an den Verona kann ich Euch nicht ertheilen", er weist die Verwaltung vielmehr an, ihm die Stücke, welche Dekorationen erforderten, zuerst namhaft zu machen und deren Kostenanschlag einzureichen. Da die Kommission am 14. Oktober dem Könige berichtet hat, daß Verona statt dreier Dekorationen für „Macbeth" nur eine liefern könne, weil derselbe für die Oper zu viel zu thun habe, scheint sie die Absicht gehegt zu haben, sich von Verona's Pinsel zu befreien. Weßhalb diese Absicht aufgegeben wurde, sagt ein Billet, welches Bertram den 20. Oktober an die Kommission richtet: „Dem Herrn Professor Engel habe ich gestern bereits zu wissen gethan, daß der Maler Rosenberg für die zu Macbeth erforderlichen neuen Dekorationen „500 Thaler" verlange, wenn ihm Leinewand, Pappen,

Latten und Nägel dazu geliefert werden. Die Schwierigkeit aber dabei ist, daß Rosenberg nicht weiß, wo er malen soll, da vielleicht in ganz Berlin außer im Opernhause kein Saal ist, wo so große Dekorationen angefertigt werden können. Auch steigt bei mir die Bedenklichkeit auf, ob es gut seyn werde, daß man sich dadurch Verona, der mit dem Geh. Kämmerer Ritz sehr zu connectiren scheint, zum Feinde mache!" — — Verona erhielt wie begreiflich die Arbeit! — Gewiß war dieser seit Friedrich II. schon thätige und einflußreiche Dekorationsmaler der „Gropius seiner Zeit", es lag also, trotzdem er nur eine Dekoration zu „Macbeth" liefern konnte, schon aus diesem und dem angeführten tech= nischen Grunde nahe, ihm die Arbeit zu übertragen, zumal der König sie bezahlte. Daß aber Bertram als Grund, ihn zu bevorzugen, seine Bekanntschaft mit Ritz wie einen Trumpf ausspielt, beweist genügend, welche Zerrüttung der Verhältnisse um sich gegriffen hatte! Diese That= sache, wie die Unruhescenen im Zuschauerraum des Nationaltheaters be= wahrheiten wieder die alte Regel: daß Mangel an gutem Beispiel regel= mäßig eine Verwilderung der unteren Gesellschaftsschichten nach sich zieht! — Am 26. November legte die Kommission nun den Kosten= Anschlag Verona's für „Macbeth" vor, und nachdem sie bemerkt: „Mehr als zwei der größeren Shakespear'schen Stücke den Winter hindurch aufzuführen, möchte wegen der großen Kosten der Zustand der Casse nicht erlauben", fragte sie an, ob zu dem zweiten aufzuführenden Stücke der König den „Lear" oder „Othello" befehlen wolle. Die ganze Ver= handlung kommt zum Schluß durch einen:

„Actum, Berlin den 28 November 1787.

„Erschien der Geheime Kämmerer Ritz und eröffnete auf Befehl Sr. Maj. des Königs:

1. Wie S. K. M. auf den Bericht der Direction in Gnaden resolviret hätten, die Kosten zu den Decorationen für das Schauspiel Macbed mit 800 Thlr. aus der Chatulle anzuweisen, welche gegen Quittung von dem Geh. Cämmerer so= gleich erhoben werden könnten.

2. Hätten S. K. M. von den vorgeschlagenen beyden neuen Stücken den Othello gewählt. — S. K. Maj. wünschten, daß Macbeth baldigst aufgeführt werden mögte.

von Beyer." —

Mit der unlängst ertheilten Abweisung der Forderung, ihre Brillanten einzulösen, beruhigte sich Dem. Kneisel nicht, sie erneuerte in dringen= derer Form schon am 7. September ihr Gesuch. Hierauf fordert die

Direktion Doebbelin am 8. September auf, sich die rückständige Gage
der Kneisel mit 224 Thlr. von seinem Gehalt in wöchentlichen Raten
abziehen zu lassen, und erklärt der Sängerin, sich auf eine Einlösung der
Brillanten nicht einlassen zu können. — Während die Direktion wohl
oder übel immer mehr Gläubiger von Doebbelin übernehmen muß,
wird das eingerissene Elend unter dem Personal immer ersichtlicher;
diese Zustände nehmen eine fast trostlose Gestalt an. — Den 21. Sep=
tember bittet Doebbelin in sehr bewegtem Tone, doch die Forderungen
der Kneisel an ihn zu bezahlen; er fleht die Direktion an: „nachdem er
32 Jahre unter Unglück aller Art für die Kunst wie ein Märtyrer gerungen
und ehrlich bisher alle Gläubiger zu befriedigen gesucht habe, ihn doch
nun auch als ehrlichen Mann sterben zu lassen.“ In der That war dieser
Wunsch Doebbelin's sehr billig, denn nachdem die Direktion seine
Rechte übernommen hatte, mußte sie doch auch seinen eingegangenen
Pflichten genügen. Die Antwort der Direktion vom 26. e. m. lautete,
daß sie „seinen Gesinnungen“ alle Gerechtigkeit wiederfahren lasse und
aus dem zu erhoffenden Ueberschuß der Kasse die Kneisel bezahlen
wolle. — Nachdem unterm 10. Oktober hierauf eine, auch von Jacobi
unterzeichnete, Vorstellung der Künstlerin erfolgt war, welche bittet, ihre
Forderung zu bezahlen, weil sie im Begriff sei, abzureisen, werden ihr
am 12. desselben Monats 100 Thlr. als Vorschuß aus dem künftigen
Etatsüberschusse bewilligt. Die Sprödigkeit der Direktion im Bezahlen
der Doebbelin'schen Schulden, war leider durch die Nothwendigkeit,
geboten und es ist das alleinige Verdienst des ebenso gewissenhaften,
umsichtigen, wie humanen Finanzraths von Beyer, diese große Schulden=
masse nicht nur geordnet und das ganze Verwaltungswesen gesetzlich
geregelt zu haben, sondern auch die Kasse in so guten Verhältnissen
zu hinterlassen, daß seine Nachfolger eine viel freiere Wirksamkeit ent=
falten konnten. Er und kein Anderer ist der Begründer der Ord=
nung und Straffheit im Dienst und des Verwaltungssystems der
Königlichen Theater, deren sie sich heute noch erfreuen, und welche
selbst in den späteren Kriegsstürmen ihre Probe bestanden haben!! —
Ende September ging die Tänzerin Müller ab. — Am 2. Oktober fanden
Herr Carl Doebbelin und Madame Baranius plötzlich für gut,
ihre Kontrakte zu kündigen. Er fühlte sich zurückgesetzt und Sie verlangte
Zulage, „weil sie die eigne Garderobe zu viel kostet!“ Die Direktion
bewilligt ihren Abgang ohne Weiteres, sobald Carl Doebbelin seine

Schulden bezahlt haben werde. Am 25. Oktober erklären unter solchen Umständen beide Liebenden, wieder zu bleiben! — Am 3. c. m. war mit dem Sängerpaare Walter Kontrakt abgeschlossen worden, welchen dasselbe aber brach; am 6. c. m. wurde der Tänzer Silani engagirt. Am 8. c. m. erhielt der Sohn des Schauspielers Alexi eine außerordentliche Remuneration von 4 Friedrichsd'or für seine dem Publikum beifälligen Leistungen am Geburtstage des Königs im Ballet „Die Glückseeligkeit des Volks," an welchem Tage Alexi's Vater auch den kranken Balletmeister Lanz vertreten hatte. — Bereits war schon ein Zusammenstoß der Interessen des Nationaltheaters mit denen der Oper dadurch erfolgt, daß Ersteres beim „Macbeth" betreffs der bewilligten Dekorationen den Anforderungen der Oper an Verona nachstehen mußte; ein anderes Ansinnen ist folgendes. Der König wünschte nach hergestelltem Umbau des Opernhauses die kommende Carnevalsaison so glänzend als möglich zu machen und schrieb aus diesem Grunde an die General-Direktion unterm 24. Oktober:

„Veste Hochgelahrte, besonders liebe Getreue!

Zu der Zeit als Ich dem Directeur Doebbelin jährlich eine Beyhülfe von Sechs Tausend Thaler versicherte zu Unterhaltung der National Trouppe, Behielt Ich mir vor, daß wann sich Fälle ereigneten, wo Ich dessen Tänzer und Tänzerinnen gebrauchte, er Mir solche zum Opern Theatre leihen würde, jetzt da sich die Zeit heran nahet, so frage Euch hiermit an, wie viel Paare Ich zum bevorstehenden Carneval vom National Theatre geliehen bekommen kann und worüber Ich Eueren Bericht erwarte. Ich bin u. s. w.

N.S. zu gleicher zeit Erwarte Ich, waß für Neue Acteurs und Actricen bereits Engagiret sind." —

Die General-Direktion gerieth in die äußerste Verlegenheit! Wenn sie auch mit genauer Noth endlich 6 Tänzerpaare, nämlich:

1. den neu engagirten Silani und Mad. Lanz,
2. Herrn Engst und Mad. Engst,
3. Herrn Leist und Dem. Göbel,
4. den jungen Spangler und — eine Dem. Gerand,
5. Herrn Bessel und Mad. Bessel,
6. Herrn Cordemann und Mad. Alexi,

zusammenbrachte, so waren doch die durch den gesperrten Druck bezeichneten Mitglieder zugleich dem Nationaltheater im Schau- und Singspiel unentbehrlich. Die Zumuthung erscheint demnach sehr hart, dieselben zum eigenen Schaden abtreten und ihnen auch noch das Gehalt zahlen zu follen! Auf die Vorstellung der Direktion entgegnete der König unterm 27. Oktober: „daß während der Zeit des Karnevals, wo Opern gegeben würden, das Nationaltheater zweimal in der Woche geschlossen werden könne, da es alsdann wohl wenig Zulauf haben werde; er wolle in diesem Falle pro Abend aus seiner Chatoulle 150 Thlr. Entschädigung zahlen." Mit den Tänzern, wie mit den getroffenen Engagements war der König übrigens zufrieden, nur betreffs des Kapellmeister Hiller, welchen die Generaldirektion engagiren wollte, äußerte er: „daß Hiller zwar ein sehr geschickter Mann wäre, aber für die Stelle als Kapell= meister des Nationaltheaters wohl schon zu alt sei." — Nur zu deutlich ist hier ersichtlich, wie in allen den Fällen, in welchen die Vortheile der Oper mit denen des Nationaltheaters in Zwiespalt geriethen, Letzteres der Oper weichen mußte und diese ihren Vorrang be= hauptete, daß ferner der König sich persönlich immer mehr ein= zumischen begann, so daß schließlich beim Nationaltheater fast gar nichts Erhebliches entschieden werden konnte, ohne bei Sr. Majestät erst anzufragen. Friedrich Wilhelm II. machte sich also zur obersten Theater= Instanz in eben derselben Art, wie es seiner Zeit Friedrich II. bei seiner italie= nische Oper gethan hatte! Es ist leicht einzusehen, daß diese Einmischung wenn auch oft ermunternd, meist doch noch mehr hemmend für die Leitung der Geschäfte des Nationaltheaters gewesen ist und der Ge= neraldirektion die Freiheit der Entschließung beeinträchtigte, welche Doebbelin besessen hatte! Auch von der Reck kommt am 20. Dez. mit der Anforderung: für die neue Karnevalsoper, welche am 2. Januar 88 angesetzt ist, „auf dem Nationaltheater Proben abhalten zu können, da noch am Opernhause der Umbau fortdauere." Dieser An= forderung mußte ebenfalls genügt werden und die Bewegungsfähig= keit der Generaldirektion auf ihrem eigenen Theater bedeutend beein= trächtigen! Zum Glück meldete schon am 23. Dezember Freiherr von der Reck, daß die fernere Repetition der Oper: „auf dem weißen Saal im Schlosse stattfinden" werde, die eigene Bühne für die Generaldirektion also wieder frei sei. Alle diese Beziehungen zwischen der National= bühne und der Hofoper, in so höflicher Form sie sich auch äußerten, erzeugten bald genug Reibungen, gegenseitige Unbequemlichkeiten, ja führten eine Vermischung und Verschmelzung des Dienstes herbei, welche die schließliche Vereinigung der Königlichen Oper und des Schau= spiels unter einer Gesammtleitung zur Folge haben mußte!! — —

Wir sahen, wie schwer bisher die General-Direktion mit den Doebbelinschen Schulden zu kämpfen hatte. Diesem Zustande, wie den vorher angeführten Uebelständen muß es, — von den etwaigen besonderen Absichten Engel's ganz abgesehen, — zugeschrieben werden, wenn man von dem erwarteten Aufschwunge des Theaters unter der neuen Verwaltung wenig genug verspürte. Neue Uebel gesellten sich aber zu den früheren, die — Theaterunruhen. — Um diese zu= sammen gehörenden Ereignisse nicht von anderen Erscheinungen des Tages durchkreuzen zu lassen, theilen wir die Begebenheiten im Zu= sammenhange mit, welche sich seitens des Publikums im National= theater, wie innerhalb der Direktion zunächst bis zum Jahresschlusse er= eigneten. — Das erste Anzeichen dieser Ruhestörungen wird von dem zunächst Betroffenen selbst gemeldet durch ein:

„Gehorsamstes Pro Memoria!

Vermöge meiner Instruktion bin ich verpflichtet, Unordnungen, denen ich allein nicht zu steuern weiß, ungesäumt der ganzen Direktion anzuzeigen. Eine der größten ist wohl die, daß mit dem Freitage, wo der Theater=Inspector Lanz nicht mehr auf dem Theater gewesen ist, die Offiziers von dem Regiment Gens d'armes nicht allein zwischen den Akten, sondern auch während der Vorstellung die Coulissen ganz besetzt gehabt, daß dadurch gestern (also den 21. October), außer andrer Störung, auch die Maschine, womit das Brausen des Windes gemacht wird, gehemmt worden; daß sogar ein junger Offizier sich unter= standen hat, den Billet=Einnehmer Orkow, der ihm in seiner gewöhnlichen Höf= lichkeit vorgestellt, daß der Besuch auf dem Theater verboten sey, dermaßen gegen die Wand geworfen, daß dieser über einen heftigen Schmerz in der Schulter ge= klagt hat. Bei so weit getriebenen Excessen, die durch Nachsicht immer ärger werden, scheint es mir von der äußersten Nothwendigkeit, endlich die Hülfe eines Hochl. Gouvernements ernstlich nachzusuchen.

Berlin, den 22. October 1787.

J. J. Engel" —

Der erste Entwurf einer Beschwerde (ohne Datum), welchen Engel zu einem Briefe an den Gouverneur von Berlin, General der Infanterie v. Möllendorff, wahrscheinlich sogleich gemacht hatte, und in welchem er betonte, daß das Nationaltheater jetzt „königlich" geworden sei und von „Beschimpfung des Kgl. Instituts" redet, scheint derselbe als nicht zweckentsprechend bei Seite gelegt zu haben. Ueber den zweiten Ent= wurf vom 3. Oktober, in welchem der Passus vorkommt: „daß ein Theil des jugendlichen publici, wahrscheinlich durch Einwirkung viel= seitiger Cabalen, sich herausnimmt, durch Pochen, Pfeifen, Eindringen

auf's Theater und andere Unordnung, sowohl die Schauspieler zu miß=
handeln u. s. w." und welchen bereits Beyer, Ramler und Engel
unterzeichnet hatten, wird durch folgendes Abkommen beschlossen, ihn
nicht gleich an Möllendorff abgehen zu lassen: — „Es ist rathsam
gehalten, dieses, in Hoffnung, daß die Unruhe sich endlich legen werde,
noch auf einige Zeit ad acta zu reponiren. Berlin, den 28. Nov.1787.
Beyer, Ramler, Engel." Diesem Beschlusse folgt nun ein höchst
sonderbares:

„Pro Mem.

„An

„des Herrn Geh. Finanzrath von Beyer Hochwohlgeboren
  („Aber nicht als ein Altenstück!)

„Wenn dem Herrn Doebbelin, im Fall Er nebst den Seinigen an dem be=
ständigen und offenbar bestellten Aufruhr schuldig, von hoher Hand ernstlich ge=
droht würde, daß ihm sein Privilegium in Berlin zu spielen entzogen und ihm
aus Gnade noch die Provinzen überlassen bleiben sollten, man hingegen an seiner
Statt eine andere Gesellschaft brauchen würde, so glaube ich, würde er eben so
eifrig seyn, seine Anhänger zu beruhigen, als er jetzt sein mag, sie selbst auf=
zuhetzen oder aufhetzen zu lassen.

Ewr. Hochwohlgeb. werden selbst überlegen, in wie weit dieser mein Gedanke
zu gebrauchen ist. Ich bin

Berlin, den 4. December.   Dero
                              gehorsamster Freund und Diener
                                      Ramler" — — —

Es bedarf keiner Erwägung, daß sowohl die Anwesenheit Fremder
hinter den Koulissen, wie tumultuarische Störungen im Zuschauerraum
aller Sitte und Gewohnheit, wie der theatralischen Kunst Hohn sprechen.
Jede Direktion hat die Pflicht, ihr Hausrecht gegen Unberufene hinter
den Koulissen zu gebrauchen, will sie nicht zügellose Zustände herbei=
führen und sie hat die Erwartung von ihrem Publikum zu hegen, daß
es, ohne auf den Ausdruck seines Beifalles oder Tadels zu ver=
zichten, keinen Auftritten in seinem Schooße Beistand leistet, welche
die Vorstellung und damit den Genuß der Kunst unmöglich machen.
Dies aber war im Laufe des Oktobers 1787 und bereits vorher schon
mehrfach geschehen! Zwar hat scheinbar äußerlich die Abwesenheit des
Theater=Inspector Lanz zu dem Unfuge, daß Offiziere aus dem Audito=
rium auf der Bühne erschienen sind und ihr Wesen hinter den Koulissen
getrieben haben, beigetragen, aber wenn sie nicht hinter der Scene er=
wartet, ihrem Erscheinen nicht Vorschub geleistet worden wäre, konnte

von einem solchen gar keine Rede sein! Die erste Schuld trifft
Theophil Doebbelin, den Regisseur, als diejenige Autorität,
welche die Vorstellung allabendlich leitete, und auf Ordnung zu sehen
hatte! Der arme Logenschließer Ortzow, welcher, außer den Ecklogen
zunächst der Bühne, auch den Privat=Eingang aus dem Logenkorridor
auf die Bühne unter Obhut hatte, vermochte seines Amtes nicht zu
warten, sobald der Herr Regisseur selbst den Eintritt Fremder erlaubte
oder duldete! Derartiger Unfug wurde nur zu sehr durch die bereits
beim Bau des Theaters gerügte Lage der Garderoben auf dem Korridor
des Zuschauerraums befördert. — Besagte Offiziere und ein Theil der
Civilisten hatten auch im Theater selbst durch Pfeifen, Pochen und tumul=
tuarische Scenen die Vorstellungen mehrfach unterbrochen. Nirgend ist
bei dieser Gelegenheit aber davon die Rede, daß nur ein einzelner
Schauspieler, schlechten Spieles wegen, oder ein einzelnes Stück, seiner
Erbärmlichkeit halber, sich diese Behandlung zugezogen hätte. Es mochte
eben spielen, Wer wollte, der Lärm erhob sich sofort. Entweder lag
diesem Gebahren überhaupt Pöbelhaftigkeit und die Lust am Unfuge zu
Grunde, oder ein boshafter Plan, welcher methodisch zu einem bestimmten
Zwecke durchgeführt werden sollte. Erwägt man die jetzige machtlose und
untergeordnete Stellung Doebbelin's, seine erregte Gemüths ver=
fassung und seine uns wohlbekannte Gewandheit in Intriguen, halten wir
uns ferner vor Augen, daß Doebbelin, so lange er selber Direktor war,
nie fremden Besuch auf der Bühne geduldet hatte, und nie unter
ihm derartige Demonstrationen vorgekommen sind, während diese Er=
scheinungen jetzt hintereinander in rohester Weise auftraten,
so wird — auch ohne Ramler's Andeutung, — dem Unparteii=
schen der Verdacht sich aufdrängen, diese Excesse seien von Doebbelin
und seinem Anhange ausgegangen und gegen die neue Verwaltung
gerichtet gewesen!! Bei dieser Gelegenheit zeigte sich das Sonderbarste, was
in so schlimmem Falle nur stattfinden kann, nämlich der — innere
Meinungs=Zwiespalt der Kommission selbst!! — — Bekanntlich
empfindet Derjenige jede Beleidigung am Tiefsten, welcher sie vorzugsweise
auf sich bezogen glaubt. Herr Professor Engel war auch gleich bereit
an General v. Möllendorff und den König zu schreiben, also die höchsten
Autoritäten zum schärfsten Einschreiten zu veranlassen! Aus dieser
Absicht entsprangen seine beiden Entwürfe nebst Promemoria vom
22. Oktober. — Gewiß konnten seine Kollegen Ramler, wie Beyer sich

gleich verletzt fühlen, aber gerade von Beyer ist, allem Anscheine nach, der Kaltblütigste und Klarblickendste gewesen, der von den Zuschriften an den König und Möllendorff abrieth und welchem Ramler, der jedenfalls mit dem Ritter: „sans peur et sans reproche" keine Aehnlichkeit besaß, beigestimmt haben mag, so daß Engel sich dem Beschlusse stillschweigend fügte und am 28. November, mithin also 4 Wochen später, seine Entwürfe ad acta gelegt wurden! Da 1788 aber doch der Weg der Klage beschritten wurde, kann man sich vorstellen, welche Diskussionen innerhalb des Direktoren-Kleeblattes stattgefunden haben mögen, bis man sich zu einem so äußersten, lange hinausgeschobenen Schritte verständigte. Da nach dem 28. Nov. die Tumultanten ihr Beginnen nicht einstellten, kam Ramler in seines Herzens Nöthen zu der Idee, — auf geheimem Wege dem Uebel einen Damm entgegen zu setzen! — Wie er eigentlich mehr zu Beyer hielt und sich vor Engel fürchtete, beweist, daß er seinen Vorschlag an Ersteren richtete und recht eindringlich seinem Briefe die Versicherung vorausschickte, er wolle denselben als kein Aktenstück, das heißt: nicht zu den Direktions-Akten gegeben, sondern nur als Privatmittheilung betrachtet wissen!! Wäre Beyer auf Ramler's Vorschlag eingegangen, zweifellos hätte Engel denselben mit größtem Vergnügen gebilligt, denn alsdann wäre man den alten Doebbelin mittelst Machtspruches des Königs los geworden, oder hätte ihn zu gehen gezwungen. Gewiß erkannte Beyer, nicht weniger scharf wie seine Kollegen, Doebbelin's Mitschuld an diesen Unordnungen, aber er durchschaute ebenso sehr Engel's Absichten und wußte, daß man, — obwohl durch die Umstände gezwungen, — Doebbelin's altverbriefte Rechte verletzt, die Hoffnungen seiner alten Tage vernichtet hatte!

Die extrahirten September- und Oktober-Einnahmen wie Ausgaben hatten mit Hinzufügung des Resultates vom August einen Ueberschuß von 2027 Thlr. 9 Gr. 4 Pf. ergeben. Das war gewiß nicht viel, aber bei den obwaltenden Verhältnissen immerhin schon tröstlich genug; die Novembereinnahmen erhöhten diesen Ueberschuß auf 2868 Thlr. 12 Gr. 10 Pf., von denen 1500 Thlr. als Reservefond bei der „Seehandlung" hinterlegt worden sind. — Am 7. November waren der Schauspieler Kaselitz und Frau engagirt worden, welche dem Nationaltheater lange verblieben. Am 14. November erklärt die Schauspielerin Friederike Koch: „daß sie als rechtschaffenes Mädchen" mit ihrem bisherigen Gehalte nicht mehr auszukommen vermöge, bittet um Zulage, und daß ihr die Direktion ein Paar Anzüge zurecht machen laſſen möge, „da es ihr zu unangenehm ſei, daß ſie immer Kleider anzuziehen gezwungen ſei, die ſie mit Nadeln erſt anſtecken müſſe und die alsdann doch nicht paßten." Unterm 9. Dezember ſtillte man ihren Unmuth mit einem „Douceur von 15 Thalern." — Aus der hieraus erhellenden Verfaſſung der Garderobe kann man einen ohngefähren Schluß ziehen, welche Un= ordnungen eingeriſſen waren! Natürlich, da der Theaterſchneider Dobbelin's Gläubiger war, hatte Letzterer die Gewalt verloren, den Mann zur Gewiſſenhaftigkeit und zum Fleiß im Dienſte anzuhalten! — Am 14. November war die Direktorin Schuch, Wittwe des in Breslau verſtorbenen Franz Schuch, Sohn, zu Königsberg verſchieden. Indem Rath Bertram dies meldet, bringt er den Rigaer Schauſpiel= direktor Koch für das erledigte Privilegium Oſtpreußens in Vorſchlag. — Am 23. November ereignete ſich zur Abwechſelung folgende heitere Begebenheit. Am Nationaltheater gab es, wie wir wiſſen, ein allerliebſtes Püppchen, Dem. Marianne Goebel. Sie war Sängerin, Tänzerin und jugendliche Liebhaberin, ein Hänschen in allen Gaſſen; wir erinnern uns ja wohl noch der entzückten Gefühlsausbrüche des Profeſſor Engel über ſie an ſeine Kollegen? Herr Diſtler, Tänzer und erſter Liebhaber, ſchien dieſes Entzücken in noch weit erhöhterem Grade zu empfinden als ſein Direktor und übte ſein Liebhaberfach ihr gegenüber ſo eifrig aus, daß die junge Dame ihm ein Eheverſprechen gab, ohne zu bedenken, daß dies doch ſo ohne Weiteres nicht angehe. Die General= Direktion, eine Heirath vorausſehend, welche jedenfalls die Rechtsver= hältniſſe Beider zu ihr änderte, legte dem Brautpaar vier Punkte vor, auf welche es einzugehen hätte, bevor von ſeiner Verbindung die Rede ſein könne. Dieſe Bedingungen zu wiſſen iſt weniger wichtig, als daß unter beſagtem 23. November Herr Diſtler und Dem. Mariane Goebel vier Gegenbedingungen ſtellten. 1. verlangt Diſtler von Oſtern 1788 wöchentlich für ſich 3 Thlr. Zulage; ferner: daß am Tage ſeiner Kopulation mit Dem. Goebel deren Kontrakt mit der Direktion erliſcht: „denn die Verbindungen der Mademoiſelle Goebel können nicht die der Madame Diſtler ſein"! — Mit anderen Worten, ſobald ſie ſeine Gattin iſt, ſoll ſie einen neuen, weit vortheilhafteren Vertrag ab= ſchließen! 2. will er alle Erſten-Liebhaber im Schau= und Trauer= ſpiel darſtellen; 3. will er nur noch in den Balletten mitwirken, in

7*

welchen er bereits getanzt hat, in neuen zu tanzen lehnt er aber ab und anderwärts, als auf der Nationalbühne zu wirken, ebenfalls. Endlich ist er damit einverstanden, daß seine Künftige nicht mehr in Konzerten, namentlich in Rellstab'schen, singe. Er theilt diese Bedingungen der Generaldirektion vorläufig nur als „Präliminar" mit, auf welches er aber Morgen Antwort verlangt. Diese Antwort wurde den Liebenden nicht ertheilt, dagegen an den Königl. Wirklichen Geheimen Staats- und Justiz-Minister die Sachlage und die Unrechtlichkeit sowohl dieses, ohne Vorwissen vollzogenen, Eheversprechens, als der „erdreisteten" und „übertriebenen practensions" berichtet und Beider Kontrakte beigefügt. Hierauf erwidert der Minister:

„An die General-Direktion des National-Theaters.

„Gleich nach vorgestrigem Empfange des Schreibens Einer Königl. General-Direktion des National-Theaters vom 23. huj. habe ich dem Pater Kirchhoff als ersten Prediger an der hiesigen Katolischen Kirche die Trauung des Schauspielers Distler mit der Goebeln angetragenermaßen inhibirt und nach eingegangenem Documento insinuationis vor Wohlgedachte General-Direktion davon zu benachrichtigen ohnermangeln wollen.

Berlin, den 28. November 1787   Zeblitz."

Als das Brautpaar vor dem Pater behufs Aufgebots erschien, verweigerte er ihm demnach die Trauung! Da Distler Katholik war, bei protestantischen Pfarrern auch wohl auf das gleiche Hinderniß gestoßen wäre, stimmte er seinen hohen Ton merkwürdig herab, erklärte sich vor Jakoby protocollarisch zu allen Bedingungen bereit und bat nur dehmüthig um etwas Zulage. Obwohl er nebst Braut nunmehr neu engagirt und die Hindernisse seiner Verheirathung beseitigt wurden, beanstandete doch aus eigenen Gewissensskrupeln Pater Kirchhoff jetzt die Trauung und vollzog sie erst, nachdem die General-Direktion dem Distler ihre schriftliche Einwilligung gegeben hatte.

Ende November schlug der in Wien lebende, als Bühnendichter bereits mehrfach beliebte, Schauspieler Stephanie der Jüngere der Direktion das Engagement des Sängers Lippert vor. „Herr Lippert," schrieb er, „ein Tenorist, ist für komische Rollen sehr gut zu brauchen, fest musikalisch und keine üble Stimme," — „er will jedoch nicht anders als für 22 Thlr die Woche nach Berlin gehn." — Diese Forderung war für damalige Verhältnisse sehr hoch, denn die Jahresgage würde 1144 Thlr. betragen haben. Da Lippert nächstes Jahr engagirt wurde, in Berlin aber noch unter Iffland dem Personal des Theaters angehörte und diesem sowie der Kommission viel Verdruß verursachte, so machen wir auf den Herrn schon jetzt aufmerksam! Hieran knüpfen wir die Erwähnung eines in damaliger Zeit für die Direktionen sehr großen Uebelstandes, von welchem die heutigen Theatervorstände Nichts mehr wissen. Abgesehen, daß jetzt die Theateragenten ihre Hände überall in den Geschäften haben, sind die Fähigkeiten eines auswärtigen Bühnenkünstlers durch den über= aus bequemen Verkehr leicht festzustellen. Damals hatte man allein den langweiligen Schriftweg zu Ermittelungen und Verhandlungen von Engagements offen und einen Künstler, wie hier Lippert, von Wien nach Berlin per Postkutsche zum Gastspiel kommen zu lassen, um ihn — möglicher Weise durchfallen zu sehn, war unmöglich! Daß man damals also öfters Mißgriffe that, war wohl zu entschuldigen. Anderer= seits hatten die großen Kosten, wie die Beschwerden der Reise, verbunden mit der Paß= und Zoll=Plage an den Grenzen der verschiedenen deutschen Vaterländer das eine Gute, welches wieder viele Uebel aufhob, daß die Schauspieler etwas vorsichtiger waren, als heute und sich sehr be= sannen, bevor sie ihr altes Engagement aufgaben; daß also die Direktionen ihre Mitglieder, wenn sie sich sonst beim Publikum beliebt gemacht hatten, weit länger als heute zu Tage behielten! Bei der Billigkeit des Verkehrs in unserer Zeit wird es möglich, jeden Tag an einem andren Orte zu gastiren und leichter zu kündigen. Unser heutiges Schauspielerthum ist durch diesen Fortschritt in der Kultur eigentlich wiederum zum vagirenden Leben der Gaukler=Epoche zurückgekehrt, wo:

„Thespis Karr'n
„Kommt angefarr'n
„Und läßt erstarr'n
„Des stolzen Schicksals Zier!"

Freilich gehörte zu der völligen Rückkehr dieser idyllischen Zeiten auch des Publikums Bekehrung zu einem — kindlicheren Sinne!! —
In der zweiten Hälfte des Novembers 1787 tauchte in Berlin auch eine Persönlichkeit auf, welche damals als Muster einer Spezies des Literatenthums gelten konnte, heute aber weder sehr neu, noch ganz ungewöhnlich ist und sich gleich „den Lilien auf dem Felde" zu kleiden und wie „die Vögel unter dem Himmel" zu nähren weiß. Bereits machten wir schon mit dem bekannten Hamburger Licentiaten und anderen Persönlichkeiten dieser Art Bekanntschaft, auch hatte sich Berlin der kritischen Wirksamkeit des Kriegsrath Cranz zu erfreuen;

unter hier zu erwähnender Held aber, wie Alba in „seines Nichts durchbohrendem Gefühle," betreibt das literarische Raubritter= und Busch= klepperthum mit fast jokoser Frechheit und findet dabei — — — ge= müthlich sein Fortkommen!! — Und wie führt der Edle sich ein? —

„Seyfried, aus Frankfurt am Main, Allergnädigster König! — wagt es, Ew. Majestät sich schriftlich zu nähern mit heißesten Wunsche bald ganz ein Unter= than des allerweisesten Königs zu werben.

Rechtsgelehrsamkeit war mein Fach: Liebe aber für die dramatischen Wissen= schaften der Hauptquell, daß ich in der Folge für Sie arbeitete und von würdi= gen Gelehrten aufgemuntert die Dramaturgie zu meinem Hauptsache machte.

Da mich meine sechszehnjährige Erfahrung in den Stand setzt, der Bühne wenigstens in einigen Stücken zu nützen; so erkühn' ich mich, Ew. Majestät um die Stelle des Theaterdichters und Dramaturgen bei der hiesigen National= Schaubühne gegen den mäßigsten Gehalt alleruntertänigst anzuhalten.

Des würdigen Profeßor Ramler's Wunsch ist es selbst, daß ich mich, für die hiesige Nationalbühne zu arbeiten, unterziehen möchte. Friedrich Wilhelm's allgemeine Menschenliebe bürget dem angehenden Dichter, welcher zwar noch nichts ist, sich aber stark genug fühlt unter allerhöchstem Schutze etwas zu werden, für die Erhörung seiner Bitte und erwartet den allergnädigsten Befehl, ob er einige seiner Stücke vorstellen laßen darf.

Würdigen mich Ew. Majestät nur des allergnädigsten Blicks, so versprech' ich nicht allein, mich in Berlin häuslich niederzulaßen, unaufhörlich für die Teutsche Bühne zu arbeiten, und zu versuchen die allerhöchste Aufmerksamkeit zu erwerben; sondern alsdann auch die Anstalt zu treffen, daß von meinen Aeltern vererbte Vermögen so bald als möglich hieher zu ziehen: Ist dieß schon nicht sehr beträchlich, so beläuft sichs doch zwischen **sechs** und **acht tausend Thaler.**

Unter dem Schutze des allerwohlthätigsten Königs zu leben und zu arbeiten, ist der einzige Wunsch, mit dem bis an das Ende seiner Tage in allertiefster Ehr= furcht erstirbt.

Ew. Majestät
alleruntertänigster
Heinrich Wilhelm Seyfried."—

„Bei dem Schumacher=Meister
Berger in der Pankows=
Gaße wohnhaft." —

(ohne Datum)

Das Schriftstück wird natürlich vom Könige an die Theaterkom= mißion verwiesen und erregt die Galle des guten Profeßors und Oben= dichters, welche sich dahin Luft macht:

„Dieser Seyfried, der ein sehr schlechter Poet ist, wie ich aus den mir ge= druckt überreichten Proben ersehe und den ich zu dem Herrn Profeßor und Ober= Direktor Engel gesandt habe, ohne ihm eine Empfehlung mitzugeben, weil ich zu= verläßig prophezeyen konnte, er würde ihm nicht weniger nicht mehr gefallen, als

mir, ist uns vollkommen entbehrlich. Er kann unsern Schauspielern keine verständ=
liche, keine freie Deklamation angeben, weil er sie selbst nicht besitzt, wie ich
aus einer Rede, die er mir aus Lessings Minna v. B. vorbeklamirte und auf die
er sich doch etwas zu Gute thut, zur Genüge ersehen habe. Sein mitgebrachtes
Schauspiel (ex ungue leonem cognosci) habe ich nicht angenommen, sondern
ihn höflichst gebeten, es dem Herrn Professor Engel zu überreichen. — Daß er
sich erdreistet hat, sich an Seine Majestät zu wenden, und meinen Nahmen dabey
zu mißbrauchen, befremdet mich und betrübt mich! — Darf man denn künftig
keinen Fremden mit einiger Höflichkeit empfangen? — Auf denjenigen, der ihn
zu mir gewiesen hat, habe ich rechtschaffen gescholten. — So viel von Diesem. —
(ohne Datum.) Ramler."

Herr Seyfried wartet inzwischen nicht erst lange, welche Antwort
ihm auf seinen Brief an den König zu Theil wird, sondern rückt schon
am 3. Dezember dem Geheimen Rath v. Beyer mit einer ähnlichen,
von Eitelkeit stark geschwellten Epistel auf den Leib, in welcher er sich
unter Kriechereien und Schmeichelverfuchen zum Theater=Dichter und
Dramaturgen anbietet. Unter dem 7. Dezember. antwortet ihm die
Kommission denn auch:

„Dem Herrn Candidaten Seyfried aus Frankfurt a. Main wird auf seine
bei des Königs Maj. immediate eingereichte und anhero remittirte Vorstellung
ohne Datum hiermit zur Resolution ertheilt, daß man bei der hinlänglich be=
setzten hiesigen Direktion und Theater=Administration weder eines Theater=Dichters
noch eines Gehülfen bei der Expedition benöthigt ist und also derselbe in dieser
Eigenschaft nicht engagirt werden kann.
Berlin, b. 7. Dezember 1787.
K. G. D. b. Rat. Th.
v. Beyer, Ramler, Engel."—

„Doch unverzagt und ohne Grauen" hatte Kandidat Seyfried be=
schlossen, daß das Theater ihn durchaus nicht entbehren solle! Da er
nun nicht vom Theater mittelst Anstellung zu leben vermochte, so begann er
durch das Theater zu leben, indem er die Direktion wie die Darsteller,
seinen Kollegen den Kritiker und Kriegsrath Cranz und das Publikum
in seiner Schrift: „Ein dramatisches Wort zu seiner Zeit."
vor's Messer nahm. Diese Schrift, welche in Berlin bei Friedrich
Wilhelm Birnstil 1788 erschien, beweist, daß es schon damals Verleger
gab, welche den Skandal für die beste Waare hielten, um Geld zu ver=
dienen! — Die Schrift selbst, in welcher manches für jene Zeit Zu=
treffende sich findet, ist im Uebrigen außerordentlich flach und
nüchtern. Sie zeugt aber für das Bewußtsein der Unfehlbarkeit des

Verfassers durch den Ton grenzenlosester Arroganz und frecher Behaupt=
ungen. Er lehrte eben Jeden, daß er die Stirn habe, Alles und Alle
tadeln zu können und überließ es natürlich Denen, die das nicht
vertrügen, seinen beredten Mund — mit klingenden Gegengründen zu
schließen! Interesse gewährt seine Schreiberei nur in so fern, als sie
zur Vervollständigung des ganzen Zeitgemäldes vom Jahre 1787 bei=
trägt. Will der Leser sich von demselben eine Vorstellung machen, so
denke er sich an einem Theaterabende: Madame Niß in der Gitter=
loge links unten, Madame Schubiß mit ihren — Nichten in der
rechten Pfeilerloge im 2. Range, die Gensd'armesoffiziere zwischen
den Koulissen und im Korridor zu den Garderoben! Ein Theil des
Publikums klatscht, der andere pfeift und trommelt, Doebbelin lacht
hämisch auf der einen, die Commission steht unschlüßig und uneinig,
was zu thun sei, auf der andern Seite, „Seyfried aus Frankfurt a.
Main" aber thront stolz in der Mitte des Parterres, — um Morgen Alles
durchzuhecheln! — Male man sich dann das beneidenswerthe Loos eines
Fleck oder einer Baranius, vor diesem Publikum zu spielen, dessen Zeit=
genossen Goethe und Schiller gewesen sind, so hat man jene Epoche,
welche man heute zu Tage nennt: — — klassische Zeit!!! —
    Gab es denn keine solche?! Ist sie ein Wahn?! — Wohl war sie da,
— aber man würdigte sie nicht und als sie vorüber war, begann man
sie erst so zu genießen, wie man etwa theure Verklärte im Sehnsuchts=
weh genießt, weil man sie im Leben nicht genug geliebt hat!!!
Das ist das Pathos der klassischen Zeit, deren höchste Blüthe und rein=
ster Duft kaum sechs kurze Jahre, von 1799 bis 1804, dauerte!! Achtungs=
losigkeit, Unbildung und Zerfahrenheit ging ihr voraus, eine Zeit
des Leidens und der Entsagung folgte ihr! — Freilich ist das: „das Loos
des Schönen auf der Erde," — aber die Seyfriede kommen dabei
immer ganz gut weg! — —
    Am 7. December wurde der Schauspieler Antouch nebst Frau auf
12 Wochen engagirt; er spielte Helden und Liebhaber, sie figurirte im
Ballet. Beide waren indeß nur Mitglieder während der Jahre 1787
und 88, da die späteren Listen sie nicht mehr aufführen. An demselben
Tage schrieb die Direktion an den Hauptmann Wendt, Inspektor der
Kgl. Oper, um gegen Bezahlung ein paar Becken und eine große Trom=
mel zu leihen, welche zu „Macbeth" gebraucht wurden. Engel zeigte zu=
gleich an: „Die Schauspielerin Baranius hat mir angekündigt, daß

sie sich von Carl Doebbelin gänzlich absondern und bey dem hie=
sigen Theater bleiben würde. Ich habe sie nicht befragt, ob sie einen
Contrakt wünsche, halte es aber für dienlich, einen mit ihr zu machen."
— Das zarte Minnespiel zwischen ihr und Doebblin junior war dem=
nach zu Ende! — Um sie bei ihren tugendhaften Grundsätzen nun zu er=
halten, machte man mit ihr unter dem Versprechen von „100 Thlrn.
Douceur" einen Kontrakt von Ostern 1788 ab und zahlte, um ihr
den Trennungsschmerz von Carl Doebbelin zu erleichtern, dieses
Douceur sogleich aus!! Außerdem führte Inspector Lanz bereits
für die Direktion Unterhandlungen mit Mattausch und Unzelmann
nebst Frau in Mainz, dreien Künstlern, welche die höchsten Zierden und
der unvergängliche Ruhm des Nationaltheaters gewesen sind! — Unzel=
mann kennen wir seiner Begabung, wie seinem Charakter nach bereits;
die Art des erneuerten Engagements ist jedoch so romantisch=theatralisch,
daß der über dasselbe geführte Schriftwechsel, welcher am 16. December
beginnt, sowie Unzelmann's endliche Ankunft in Berlin bei Be=
sprechung des Jahres 1788 erwähnt zu werden verdienen. — Folgende An=
gelegenheit fand auch die von der Kgl. Kommission gewünschte Erledigung.
„An ein hochlöbl. Polizei=Directorium.

Es giebt hier eine Gesellschaft Liebhaber, die im Ladewig'schen Garten
vor dem Königsthore alle Montage Schauspiele aufführet, wozu Leute von allen
Ständen in nicht geringer Anzahl hingehen sollen. Diese Gesellschaft nimmt auch
Geld, nicht zwar eigentlich für das Schauspiel, aber für den Stuhl, und zwar
von der Person 2 Groschen. Da nun dergleichen öffentliche Liebhaber=Theater
denen deßhalb ergangenen allerh. Verordnungen entgegen sind, so haben wir die
Existenz des obgedachten Liebhabertheaters Einem K. hochl. Polizei=Directorium
hierdurch bekannt machen und übrigens demselben, die erforderliche Verfügung
deshalb überlassen wollen. Berlin den 7. December 1787.
Königl. General=Dir. d. Nat. Theaters.
v. Beyer. Ramler. Engel." —
Die Antwort lautet:
„Einer K. hochlöbl. General=Direction des National=Theaters in dem ge=
ehrtesten vom 7. huj. geäußerten Meynung, daß Liebhabern in privat Häusern
und Gärten die Aufführung der Lustspiele, zu welcher jeder Zuschauer gelassen
wird, nicht zu gestatten, sind wir vollkommen einverstanden. Gegen die Zu=
lassung solcher Schauspiele von angeblich geschlossenen Gesellschaften haben wir
unterm 16. Marty 1785 alles mögliche vorgestellet und verfehlen nicht, diesen
Bericht, so wie die darauf unterm 30. ejusdem erhaltene Resolution abschriftl.
zu communiciren. Hierdurch sind dem Polizey-Directorio die Hände zu sehr
gebunden, es ist aber kein Zweifel, daß, wann Eine Hochlöbl. General=Direction,

hiergegen bey dem hochpreißl. General-Directorio das nötige vorzustellen für gut finden möchte, diese hauptsächlich auf stärkeren Débit des Bier=Wirths abzweckende Schauspiele, wo nicht gäntzlich verbothen, doch sehr beschränkt werden dürften.

Berlin den 20. December 1787.

Königl. Preuß. Policey-Directorium.
von Eisenhart."

Ferner:

„Einer K. Prß. hochlöbl. Gen. Direction des Nat. Theaters, haben wir die Ehre gantz ergebenst anzuzeigen, daß Sr. K. M. auf unsern Bericht über das von dem invaliden Gensd'Armes Coßboth und Bierschenker Nickel angebrachte Gesuch, in ihren Wirthschaften Schauspiele aufführen zu lassen, mittelst allerh. Cabinets Ordre vom 27. m. p. die Aufführung von Schauspielen in den Tantz= und Bierhäusern gäntzlich verbothen, und daß in Gemäßheit einer ähnlichen, an das hochpreißliche General-Directorium erlaßenen allerh. Ordre, auch dem Tischler und Bierwirth Labewig die vom General-Directorio erhaltene Erlaubniß wieder abgenommen werden soll.

Berlin den 10. Januar 1788.

Königl. Preuß. Polizei Directorium.
v. Eisenhardt."*)

Ein Prememoria Frischmuth's vom 21. Dezember. giebt mittelst Kataloges dem Oberdirektor einen Einblick in die vorhandenen Musikalien des Nationaltheaters. Die interessante Liste umfaßt nahe an 100 vollständige Opern, unter denen sich allein 11 Werke von Hiller, 10 von Gretry, 14 von André, 2 von Paisiello, 2 von Piccini, 2 von Gluck, 2 von Salieri, 2 von Kaffka und als noch gar nicht aufgeführt: „Richard Löwenherz" von Gretry, „Bellmonte und Constanze" von Mozart und „Claudine von Villa Bella," Singspiel in 3 A. v. Goethe, befanden. Das war allerdings eine Fundgrube, aus der ein geschickter Direktor manchen Schatz heben konnte und man hätte denken sollen, daß Engel haftig danach griff. Dies that er auch, aber nur, um die Liste — vorläufig bei Seite zu legen, und zwar so lange, als Beyer noch beim Theater und sein begünstigter Nebenbuhler war; dabei ging das alte Jahr unter Trommeln und Pfeifen und dem bereits chronisch gewordenen Skandal zu Ende. So arbeitete Einer dem Andren entgegen und das Nationaltheater erlahmte immer mehr! — In der ganzen Zeit vom 1. August bis 28. December 1787 wurden nur folgende 7 Novitäten gegeben:

*) Der unter beiden Schriftstücken benannte Polizeidirektor v. Eisenhardt ist derselbe berliner Polizeichef, welchen wir durch die Barbarina kennen. D. W.

3. Aug.: „Thomas Moore," Trspl. in 5. A. v. Dyk.

23. Aug.: „D. belesenen Jungfrauen," L. 1 A. v. Dyk.

3. September: „D. Hufschmied," Singspiel 2 A. a. d. Frz. des
Meland, v. Reichardt und v. Philidor.

25. September: „Gianetta Montalbi," Trsp. 5 A. v. Schink.

1. October: „D. alte böse General," L. 3 A. v. Kretschmann.

16. October: „Der Weise in der That," Sch. 5 A. n. Sedaine, von
Gotter.

28. Decb.: „Macbeth," n. d. Ueberf. v. Bürger. —
Der neueinstudirte Macbeth machte außerordentliches Aufsehen und
kann als der erste wirkliche Bühnenerfolg der neuen Verwaltung be=
zeichnet werden. Fleck spielte den Macbeth so bewundernswürdig, daß
noch an demselben Abende der König das von ihm bereits festgesetzte
zweite Shakespeare=Drama: „Othello" für Fleck's Benefiz bestimmte! De=
korationen, Costüme und Reichardt's großartig komponirte Chöre trugen
zu der allgemeinen Befriedigung bei, machten Zischer und Pocher ver=
stummen, ließen einmal wieder eine reine Freude und Befriedigung im
unparteiischen Publikum zu ihrem Rechte gelangen. Leider spielte
Caroline Doebbelin die Lady Macbeth nicht besonders! Die Sucht,
alle ersten ernsten Rollen darzustellen hatte sie zur Routinière des
Pathos gemacht und sie schrie, statt zu sprechen. Wenn sie 1777 auch noch
eine gute Ophelia gewesen ist, brauchte sie zehn Jahre später darum doch
keine Lady Macbeth zu sein. Dämonische Rollen kleideten Caroline
überhaupt nicht und es ist ein Glück gewesen, daß ihre zunehmende
Körperfülle sie endlich zwang, dem Trauerspiele zu entsagen und in's
Fach der alten Jungfern und komischen Alten überzugehn. Nun erst
wurde sie eine vollendete Künstlerin!! —
Bevor wir zu dem ereignißreichen Jahr 1788 gelangen, mag es
sich empfehlen, die Kräfte zu überschauen, welche in diesem Jahre das
Nationaltheater theils in seinen alten, theils den neu hinzugetretenen
Mitgliedern besessen hat, um die Tragweite der Erfolge zu bemessen,
welche wir künftig zu berichten haben werden.
Anno 1788 waren dessen Mitglieder:
Doebbelin. Regisseur. Herr Theophilus,
Frischmuth, Musikdir. Herr Joh. Christian,
Wessely, Mus.=Dir. Herr Bernhard, (neu.)
Altfilist 1. Dem. Caroline, Sophie,

Altfilist 11. Dem. (abgeg.)

Amberg. Herr Johann, Heinr., Jacob

Antouch, und Frau. Herr. Johann, Ludwig (abgegangen.)

Alexi und Frau. Herr Anton (abgegangen.)

Brückner, geb. Kleefelder. Mad. Catharina, Magdalena

Bessel und Frau Albertine Marie, geb. Natus. Herr Joh. Friedr.

Benda. Herr Carl, Ernst

Benda. Herr Christian, Hermann

Baranius, geb. Husem. Mad. Henriette

Bötticher, und Frau Charl. Chr., geb. Wollmar. Herr Aug. Wilh.

Böhm, ehemalige Cartellieri. Mad. Elisabeth (neu engagirt).

Baumann. Dem. (neu.)

Czechtitzky. Herr Carl

Cordemann. Herr Heinr. Friedr. (neu.)

Cordemann. Dem. (neu.)

Doebbelin. Dem. Caroline, Maximiliane

Doebbelin. Herr Carl (abgegangen.)

Distler, und Frau, Christ. Mariane, Regine, geborene Goebel. Herr
    Th. Anton, Joseph, (durchgegangen.)

Engst, und Frau Caroline Louise geb. Riesen. Herr Joh. Jacob, Michael

Engel, und Frau Charl. Amalie (Schwadke). Herr Carl. Aug. (neu.)

Fleck. Herr Joh. Friedr. Ferdinand

Frankenberg. Herr Franz (neu.)

Goedel, geb. Ilgner. Mad. Ernest. Caroline Wilh., (abgeg.)

Greibe und Frau Maria Theresia, geb. Engst. Herr Ferd. Ernst Wilh.

Gerand. Dem. Henriette

Gnsicke, geb. Krüger. Mad. Marie, Charl. Friedr. (abgeg.)

Herbt. Herr Georg,

Krüger. Herr Karl, (abg.)

Koch. Balletm. Herr (abgeg.)

Koch, Dem. Friedr. (spätere Krickeberg.) (abgeg.)

Kaselitz, und Frau, geb. Schliesser. Herr Gottfr. Chr. Günther

Lanz und Frau, Agathe, geb. Ohminger. Herr Joseph

Lanz, Mess. Carl und Wilhelm (Kinderrollen.)

Labes, Monf. Franz, Christ. Wilhelm (dito.)

Lippert. Herr Friedr. Carl   (neu.)

Leist. Herr Carl

Leist. Dem. Wilhelmine (neu.)

Müller. Mad. (neu und abgeg.)

Müller. Dem. (abgeg.)

Reinwald. Herr Joh. David

Rosenau. Herr (abgeg.)

Rademacher. Dem. Charl. Doroth. (spätere Herdt.)

Rüthling. Herr Hermann, Friedr.

Silani. Herr Guiseppe, (abgeg.)

Simoni, und Frau Mariane geb. Hufnagel und Tochter. Herr Friedr. (neu.)

Spangler. Monf. (abgeg.)

Tralter und Frau. Herr (neu, und abgeg.)

Unzelmann. Herr Carl, Wilhelm (neu.)

Unzelmann, geb. Flittner. Mad. Fried., (neu.)

Vio. Herr (neu.)

Werner. Dem. Caroline (spätere Lippert.)

Wiedemann. Herr Michael (neu.)

Weißschuh. Herr Joh. Carl Gottl. Fried.

Wiesener. Herr (abgeg.)

Willmann. Dem. (neu.)

Walter und Frau. Herr (neu.)

Zilmer. Herr (neu.)

Zimmerle. Herr Carl, (neu engagirt.)

Personal-Bestand vom Jahre 1787:	52	Personen
Im Laufe des Jahres 1788 { engagirt wurden	25	„
	77	„
schieden aus	23	„
verblieben	54	„

Wir haben nunmehr als Kern dieses Kreises 10 gediegene Künstler der neueren Schauspielerschule, deren Mittelpunkt Fleck, das Ehepaar Unzelmann, Mad. Baranius und Caroline Doebbelin bilden. Es bedurfte dieser engere Kreis nur noch der reizenden Louise Mühl, eines Franz Mattausch und Heinrich Bethmann, um ein Zusammenspiel für das deutsche Schauspiel zu schaffen, das an Vollkommenheit nicht übertroffen werden konnte. — Sobald Unzelmann und Frau in diese Genossenschaft eintreten, werden wir die Persönlichkeit Beider, wie die Ferdinand Fleck's zu beschreiben versuchen und die Eigenartigkeit ihrer Individualitäten, durch welche sie sich gegenseitig und im Vergleich zu allen Uebrigen aus=

zeichneten, betrachten. Mit jedem Künstler und jeder Künstlerin von Be=
deutung, welche dieses vorzügliche Ensemble erweitern, die Bühne Berlins
lange Jahre schmücken, denken wir dies eben so zu thun, damit sich
dem Leser deren Persönlichkeiten und Talente möglichst anschaulich machen.
1788. Der Umbau des Königl. Opernhauses war am Schlusse vorigen
Jahres beendigt worden, den Proben der Karnevalsoper wohnte der
König oft selbst bei, ja spielte sogar, wenn keine Zuschauer zugegen
waren, im Orchester das Violoncell neben seinem Lehrer Duport. — Als
die Landestrauer vorüber war, schien sich die italienische Oper unter des
Königs eifervoller Gönnerschaft wiederum im Glanze der alten friedericia=
nischen Zeit zu erheben. Die erste Oper allein kostete den König die
Summe von 14,492 Thalern; — Freiherr von der Reck, als in=
terimistischer Opernchef, trug durch seinen rastlosen Fleiß und Geschmack
besonders zu deren Gelingen bei. — Bereits am 3. Januar brachte die
Spenersche Zeitung eine Notiz, „daß der bis jetzt auf den Redouten durch
die rothen Dominos (Adel) von andren Masken kennzeichnete Unterschied
aufgehoben sei;" Unteroffiziere wurden zu Billetabnehmern bestimmt. —
Am 5. Januar gab dasselbe Blatt eine Beschreibung der Verschönerun=
gen und neuen Baulichkeiten des Opernhauses, wie des von Verona ge=
malten prächtigen Vorhanges." Ferner erschien in diesem Blatte unter
demselben Datum eine Verordnung des Königlichen Polizei=Direktoriums,
welche bekannt machte: „wie durch die von Sr. Maj. verordnete Ver=
theilung der Plätze im Opernhause für alle Stände, soweit der Raum
gestattet, gesorgt worden sei und ernstliche Maßregeln getroffen wären,
daß keine Plätze verkauft werden." Die Verordnung verbietet bei stren=
ger Strafe jedes Uebersteigen aus einer in die andere Loge, oder von
den Logen in das Parterre. — Ein anderer Artikel des Blattes bespricht
den Inhalt der neuen Oper Andromeda und fährt, auf die Ausstattung
übergehend, folgendermaßen fort:

„Rechnet man hierzu die neue Erweiterung und Verzierung des
Opernhauses, die Mannigfaltigkeit in den Contrasten der Decorationen,
die jetzt den schreckenvollen Aufenthalt der drei Parzen, gleich nachher
die lieblichen Gärten, jetzt einen dichten Wald, dann das Schloß des
Cepheus, jetzt den Tempel des Hymen, dann den Palast des Neptun vor=
stellen — Die Theaterwunder! — Merkur, der in den Wolken kommt,
Perseus, der sich auf einem fliegenden Pferde durch die Luft schwingt,
das gräßliche Ungeheuer, welches auf dem Meere nachschwimmt. Die

Verwandlung desselben in einen Felsenklumpen; eine Anzahl Personen, die ebenfalls durch die Wirkung des Medusenhauptes augenblicklich in weiße Bildsäulen verwandelt werden; die See, die sich in ungestümen Wogen thürmt, die Meeresgötter auf ihren Muschelwagen trägt — endlich die mit der Geschichte des Stückes selbst verwebten Ballets. Die vergrößerte Menge der Tänzer, die Mannigfaltigkeit der vielen neuen Kleidungen. So gehört das Schauspiel im Ganzen zu den hier noch nie Gesehenen und wird auch durch seine Seltenheit und Schönheit angemessenen Beifall in Anspruch nehmen können. Bei der heutigen General-Probe, wie bei allen übrigen Vorstellungen wird das Opernbuch für 8 Gr. zu haben sein."

Am 8. Januar fand mit außerordentlicher Pracht die erste Redoute im Opernhause statt, ihr folgte am 15. Januar die zweite. Daß in die Karnevalsgesellschaft sich immerhin einzelne unsaubere Elemente eingeschlichen haben müssen, beweist die am 21. Januar erschienene amtliche Androhung: „Oeffentliche Weibsbilder werden mit 1 Jahr Zuchthaus in Spandau bestraft, wenn sie sich auf der Redoute sehen lassen!" Tages darauf fand die dritte Redoute statt, nachdem schon am 15. bei der zweiten der Befehl ertheilt worden und in der Vossischen Zeitung vom 22. Januar verkündigt ist: „daß wegen Lebensgefahr bei Opern und Redouten sofort alle Thüren geöffnet werden sollen." Da der Karneval so glänzend ausfiel, wurde er eine Woche verlängert und am 7. Februar erst fand die letzte Redoute statt. Nach dem Bericht des „Journals des Luxus und der Moden" von Bertuch*) erschien bei derselben der König in schwarzem, rothgarnirten Domino. Die Leistungsfähigkeit des heiteren Berlin aber geht aus der Angabe hervor: daß 2000 Masken anwesend waren, welche 1800 Butterbrode, 300 Ochsenzungen, 200 Kalbs- und Wildbraten, 200 Torten, 200 Baumkuchen, 6 Scheffel Bonbons, 6 Scheffel gebrannte Mandeln und Maccaronen u. s. w., 100 Hasen, 300 Bouteillen Champagner und einen Centner Chocolade auf Kosten Sr. Majestät vertilgt haben!! — Am 11. Januar, nach fast zweijähriger Unterbrechung, ging die erste große Oper „Andromeda" von Filistri do Caramondani, komponirt von Reichardt, über die Bühne des Opernhauses, nachdem am Tage vorher um 4 Uhr Nachmittag Generalprobe, unter Zutritt des Publikums, stattgefunden hatte. Freiherr von der Reck klopfte mit seinem Stecke auf, um den Eintritt des Königs mit dem Hofe zu verkünden, welchen sofort die Ouverture begrüßte,

---

*) Weimar 1788, Februarheft S. 99 bis 100.

ca der frühere Empfang mittelst Tusch und Paukenschlag abge=
schafft worden war. Friedrich Wilhelm II. nahm, von den Prinzen des
Kgl. Hauses und der Generalität umgeben, den Sessel seines großen
Oheims hinter dem Orchester ein; die Königin mit dem weiblichen
Hofstaat saß in der Hof=Loge. Reichardt's vortreffliche Musik, die gute
Rollenbesetzung, der Glanz der Kostüme und Dekorationen, die An=
spannung aller künstlerischen Kräfte, die zum ersten Male völlig in die
Handlung verwebten, aus ihr sachgemäß hervorgehenden Ballets, die
doppelte Personenzahl im Chor und in den Comparsen machten den Erfolg
vollständig! Als Prima Donna erschien Madame Tobi aus Petersburg,
die weit mehr, als bei ihrer ersten Anwesenheit, gefiel, neben ihr in der
zweiten Partie sang Dem. Niclas als Mlle. N. N.; — Graffi, Concialini.
Tosoni, Lamperi und Franz (Bassist und Schüler Concialini's) sangen
die Männerrollen. Die Ballets waren von dem neuen Balletmeister
Lauchery, Solotänzer: die Herren Adriani, Schubert und Fiorillo,
Solistinnen: Mad. Desplaces, Dem. Meroni und Dem. Lauchery, das
Corps de ballet aber bestand aus 12 Paaren, von denen 6 zur Na=
tionalbühne gehörten und auch Schauspieler waren, nämlich die
Herren: Duponcell, Torcy, Gobert, St. Amand, Schulze, Rehfeld, N. N.
Engst, Luft, Spangler, Bessel und Cordemann. Die Damen:
Cron*), Duport, Weber, Joyeuse, Peronna, Decastelli, Lanz, Engst,
Göbel, Gerand, Bessel und Alexi. — Die Oper wurde am 18., 21.,
25. und 28. Januar wiederholt, der König gab für Andromeda dem
Kapellmeister Reichardt 800 Thlr. Zulage und der Ruhm desselben war
für Berlin festgestellt! Da die bei Naumann bestellte Oper „Medea"
nicht fertig geworden war, führte man als zweite Karnevalsoper am 31.
zum 1. Male „Orpheus" von Calsiabigi, Musik von Bertoni auf. —
Es ist sonderbar, daß der König das Meisterwerk Gluck's nicht wählte,
sondern eine Arbeit des wenig bekannten venetianischen Kapellmeisters.
Noch eigenthümlicher war, daß Reichardt sie durch eingeschaltete Compo=
sitionen bis auf die herkömmliche Dauer verlängern mußte und von
diesen Einschaltungen bemerkt worden ist, „wie sie auch neben der vortrefflichen Gluck'schen Composition dieser Oper nichts verlieren wür=
den!" — Sei dem, wie ihm wolle, die Oper gefiel nicht, sie stach

---

*) Cron ist keine Andre, als Dem. Kronen, welche, wie es scheint, sich jetzt
französirt hat. Die gesperrt gedruckten Namen bezeichnen die für's Ballet vom Na=
tionaltheater entlehnten Mitglieder. D. V.

durch Langweiligkeit von der Andromeda bedeutend ab, auch ist viel we=
niger auf ihre Ausstattung verwendet worden. Der Carneval war aber
im Ganzen wohl gelungen, und der König von dem Erfolge desselben so
befriedigt, daß die Spener'sche Zeitung vom 12. Februar zu folgendem
Berichte Veranlassung hatte:

„Sr. Majestät haben dem Kapitain des Braunschen Regiments, Hrn. v. Rütz,
welcher bei der letzten Redoute am Mardi gras die Wache im Opernhause hatte,
darüber, daß des außerordentlichen Zusammenflusses von Masquen und des Zu=
bringens von Menschen außerhalb des Opernhauses ohnerachtet, dennoch eine so
gute Ordnung geherrscht hat, und dieses Fest ohne die geringste Störung und
Schaden abgelaufen ist, Höchstdero besondere Zufriedenheit schriftlich zu erkennen
gegeben und demselben zum Beweise des vorzüglichen Wohlgefallens, ein Geschenk
von 80 Stück Frds. beyzufügen, auch den übrigen bey dieser Gelegenheit wacht=
habenden Offiziers, jedem ein ansehnliches Geschenk an barem Gelde reichen
zu lassen geruht, nemlich dem Lieutenant Herrn v. Platen und den Cornet
Hrn. Grafen Haack, beyde von der Garde du Corps jedem 20, den Lieutenant
von Roed vom Braunschen Reg. 40, den Lieutenants v. Wartenberg und
v. Rohr, so wie dem Fähnbrich v. Selchow gedachten Regiments, jedem 20 Stück
Frds. — zusammen 1100 Thlr. in Frds." — —

Die Orpheus=Fabel scheint es den damaligen Komponisten besonders
angethan zu haben, denn außer Gluck und Bertoni hatte auch der
Kammermusikus Friedrich Benda einen „Orpheus" komponirt,
den er eine „deutsche" Oper nannte und während des Karneval in
dem damals beliebten Liebhaber=Konzert in „Stadt Paris" als Opposition
gegen Bertoni zur Aufführung bringen wollte. Der König verbot
dies aber und die Aufführung erfolgte erst nach dem Karneval. Das
Tonwerk erntete großen Beifall, besonders bei den Gegnern italienischer
Musik und Allen, welche demonstrationslustig waren. Ueberhaupt
war die Parteinahme des Publikums in Dingen der Kunst, namentlich
des Theaters, an der Tagesordnung und Intriguen, wie Eifersüchteleien
zwischen Reichardt, Filistri, sowie zwischen den kritischen Germanissimi
und Italianissimi Berlins beginnen um so unerquicklicher zu werden,
als Reichardt's heftiger und kunstfanatischer Charakter den Streitig=
keiten immer neue Nahrung gab. — Unterm 8. März wurde Freiherr
von der Reck definitv zum Maitre des Spectacles mit 3000 Thlr.
Gehalt ernannt, zu welchem der König als Anerkennung der bisherigen
Leistungen noch ein Geschenk von 1000 Dukaten hinzugefügt hatte. Bis
zum Jahre 1809, also fast 21 Jahre, bekleidete von der Reck dies Amt
und unter ihm zog die Glanzepoche der klassischen Oper herauf. Den

Ruhm, sie eingeführt zu haben, mußte er freilich mit dem National=
theater und den Direktionen Ramler=Engel, wie Iffland theilen,
was zu immerwährender Spannung und mannigfachen Intriquen erheblich
beitrug! Nach dem Karneval ging Reichardt abermals auf Urlaub und mit
Engagementsaufträgen nach Italien. Im Mai wurde Eck, der berühmte
Maschinist aus Braunschweig, angestellt und Filistri beauftragt, ein neues
Opernlibretto für den nächsten Karneval zu dichten, für welches der König
das Thema der vielgepriesenen Pariser Oper: „Castor und Pollux" wünschte.
Filistri wußte dies dem Könige damit auszureden: „daß eine französische
Oper nicht italienische Musik und umgekehrt vertrage." Er schlug als
selbstständige Themata die Stoffe: Massinissa, Brennus, Gustav Vasa,
la defaite de Darius, Polixéna und le retour d'Ulysse vor. —
Zum Geburtstage der Königin am 16. Oktober wurde als Festoper,
wie es früher Brauch gewesen, „Medea in Colchide" von Filistri,
Musik von dem Dresdner Kapellmeister Naumann z. 1. Male auf=
geführt. Neben der Todi trat Sga. Antonia Rubinacci von der
komischen Oper zum ersten Male und im Ballet die Signori's
Battisto, Victor und der Grotesk=Tänzer Giuseppe Silani
vom Nationaltheater auf. Auch die nunmehr gestiftete Tanzschule mußte
8 Eleven=Paare stellen, unter ihnen den Sohn des Balletmeisters
Lauchery, welcher 1846 sein fünfzigjähriges Dienstjubiläum gefeiert
hat. Besagte Tanzschule (Eleven) bestand aus 8 Mädchen und
8 jungen Männern, nämlich: den Dlls. Anfeld, Engel, Fonrobert,
Goset, Grossen, Inde, Schulz und le Pic, und den Herren Besco,
Bessel, Butendorf, Kloß, Duponcell, Etcher, Lauchery jun.
und Zademack. Die Eltern dieses Tanzchors übernahmen die Ver=
pflichtung, ihre Kinder die französische Sprache lehren und ihnen Musik=
unterricht ertheilen zu lassen. Dagegen erhielten diese ihre Ausbildung in
der Tanzkunst auf Kosten des Theaters; den Mädchen wurden monatlich
ein Paar Schuhe und weiße Strümpfe, wie zwei weiße kurze Kleider
geliefert, den Knaben monatlich ein Paar Schuhe, weiße Strümpfe und
jährlich ein Paar weiße Hosen. — In Potsdam spielte öfters, namentlich
bei hohen Besuchen, die Opera buffa vor dem Könige, welcher aber durch
die deutsche komische Oper des Nationaltheaters fortan immer mehr Ein=
trag geschah. — Mit folgendem Schriftwechsel schließen die diesjährigen
Begebenheiten der kgl. Oper:

„Sire!

„Ew. K. M. haben mich bis jetzt in der glücklichen Hoffnung gelassen, daß meine unterthänigste Bitte um Reisegeld und schriftliche Instruktion zu einer italienischen Reise gnädig erhört werden würde, und in dieser Hoffnung habe ich meine Reise bisjetzt verschoben. Nun macht mir der Baron von Recke den Willen Er. Maj. in Ansehung der Oper Fedra bekannt, und ich halte es für meine Pflicht, unterthänigst anzufragen, ob Er. Maj. befehlen, daß ich die Aenderung der Oper Fedra allein übernehmen und meine Reise so lange verschieben soll, bis diese Oper auf dem Theater ist. Auch habe ich Ew. Maj. noch unterth. vorzustellen, daß der Kapellmeister Naumann bereit ist, mit mir gemeinschaftlich bis zum Carneval eine neue Oper in 2 Akten zu componiren, von welcher Art Opern Concialini einige neue Textbücher aus Italien mitgebracht hat.

Ew. K. M.

B. d. 6. November 1788,   Reichardt"

Randbemerkung des Königs mit Bleistift:

„Ich approbire, das Reichardt und Naumann zusammen die Mir vorgeschlagene neue Oper componiren." — — —

Die Ereignisse am Nationaltheater waren in diesem Jahre besonders bewegter Natur und führten im Mai zu einer Veränderung. Wichtig für die Zukunft wurden die Engagements von Franz Mattausch, welcher indeß erst Anno 1789 in den Verband des Nationaltheaters trat und von Carl Wilhelm Unzelmann, so wiedessen Gattin, die nach großen Schwierigkeiten und Irrungen endlich im April dieses Jahres in die Thore Berlins einzuziehen vermochten. — Theaterinspektor Lanz hatte bereits im November 87 eine dienstliche Reise, — wahrscheinlich eine Rekognoszirungfahrt auf engagirbare Schauspieler, — nach Frankfurt a. Main machen müssen. Noch vor dieser Reise wandte sich Unzelmann mit einem Engagementsantrage für sich und seine Frau an die Direktion, welche sich aber auf Näheres nicht einließ, weil sie nicht wußte, ob sich Unzelmann in seinen Leistungen verbessert oder verschlechtert habe und ihr über dessen Frau jedes Urtheil fehlte. Zufolge des überaus günstigen Berichtes von Lanz trat die Direktion der Angelegenheit näher und die Verständigungen mit dem Künstlerpaare fanden durch Ersteren statt. — Der erste Brief Unzelmann's an Lanz vom 16. December 87 ist im Anschluß an die mündlichen Verhandlungen Beider in Frankfurt geschrieben. In demselben wird gesagt: daß Madame Unzelmann in „Nina" zu debütiren wünscht und daß ihr Mann seinen Freund Lanz bittet, dies Stück aufzuheben. „Don Carlos" und „Betrug durch Aberglauben" will ich abschreiben lassen, nur das Geld vor den Copisten

8*

wirst Du so gefällig sein und mir's besorgen." — Seine und seiner Frau Gageforderung giebt er auf 24 Thlr. wöchentlich an, was 1258 Thlr. Jahresgage betragen würde und er bemerkt: „Vor gute neue Opern und Stücke, die Sie dort noch nicht haben, und der Kasse einträglich sind, will ich sorgen, daß ich sie ohne Kränkung meiner Ehre mitbringen kann." — — —

„Nina" ist freilich eine Operette des **todten** Andre und — „nur der **Lebende** hat Recht", aber „Don Carlos" war eine Novität des **noch lebenden** Schiller und „Betrug durch Aberglauben" eine Operette des **auch noch lebenden** Dittersdorf! Beide letztere, für Berlin **neue**, Werke läßt Unzelmann also abschreiben und die General-Direktion hatte nur nöthig, die Kopie zu vergüten. Da ein Briefwechsel zwischen Ramler, Engel und Schiller wie Dittersdorf wegen Ueberlassung und Honorarzahlung in den Akten nicht vorhanden ist, so hat die Generaldirektion diese Werke, nämlich „Don Carlos" am 22. November 1787 und „Betrug durch Aberglauben" am 17. Januar 1789 **unrechtmäßig** aufgeführt! Einigermaßen wird diese Unkenntniß von „Mein und Dein" durch das gewohnheitsmäßige allgemeine Raubsystem gemildert, welches von den damaligen Theaterdirektionen gegen dramatische Dichter verübt wurde. Dieses Freibeuterwesen, welches auch die Mitglieder und Direktionen **untereinander** übten, ging sogar so weit, daß man sich die einzelnen Rollen eines Dramas von den Schauspielern borgte, sie abschrieb und aus ihnen das ganze Stück **zusammensetzte!** Um seitens der Direktionen diesem Unwesen zu steuern, mußte es später den Schauspielern streng verboten werden, **ihre Rollen aus den Händen zu geben!** — Wie die auf Unzelmann's Brief erfolgte Resolution v. 5. Januar beweist, griff die Generaldirektion **rüstig** zu. Der Kontrakt mit Unzelmann auf 3 Jahre und 22 Thlr. Wochengage wurde am 7. Januar vollzogen und am 11. e. m. an das Künstlerpaar abgesendet. In demselben ist zu beachten, daß Beide für Oper, Lust- und Trauerspiel, jedoch für kein **bestimmtes** Rollenfach engagirt sind, vielmehr **Alles zu spielen** haben, was ihnen zugetheilt wird, auch **Neben- und Aushülfsrollen!** Damals beanspruchten also selbst Künstler ersten Ranges keine bestimmten Rollenfächer!! Am 24. Januar sendete Unzelmann den unterschriebenen Vertrag an Lanz, sagte: „seine Frau sehe täglich ihrer Niederkunft entgegen" und beklagte sich, „auf seinen letzten Brief keine Antwort (wegen der Stücke) erhalten zu haben." Am 20. März theilte Unzelmann aus Mainz mit, daß er morgen abreise und „Don Carlos" wie „Betrug durch Aberglauben" mit ihm ankommen würden. Zugleich bemerkte er, daß sein Geld sehr geschmolzen wäre, „denn man hat Alles aufgeboten, um meine Abreise auf alle mögliche Weise zu hindern und zu erschweren." Den Schauspieler Koch, der an seiner Stelle in Mainz erwartet wird, nannte er einen Windbeutel, „er könnte meine Abreise nicht hindern, wenn es der Hof nicht thäte! —" Also es waren Versuche von Oben her gemacht worden, Unzelmann zurückzuhalten! — Die Intrigue begann! Schon am 22. März erhielt Unzelmann in Frankfurt von dem unterzeichneten kurmainz. Kammerherrn folgendes Billet:

Mainz den 22. März 1788.

„Mein lieber Herr Unzelmann! — Ich habe den Auftrag Ihnen bekannt zu machen, Ihre Reise nicht weiter fortzusetzen! Man findet es durchaus noth= wendig, daß Sie bei unsrer Bühne bleiben, da Christ und Manthe Uns auf einmal plantiren und Koch allein kommt. Mit Tabor (dem Mainzer Direktor, Hofrath Tabor) wird man Sie ganz ausgleichen, daß sie mit Vergnügen bleiben können und der Hof wird sich bei der Preußischen Gesandschaft verwenden, damit man Ihnen den mit Berlin geschlossenen Vertrag wieder erläßt. Diese kleine Gefälligkeit schlägt man unsrem Hofe nicht ab. Lassen Sie also durch eine Estaffette gleich wieder Ihre Koffer einholen, die höchstens in Erfurt seyn können, auch wird man Ihnen zu Zurückzahlung des erhaltenen Vorschusses be= hülflich sein. So auffallend Ihnen dieser Brief auch scheinen mag, so völlig bitte ich Sie, dem Inhalte nachzukommen, um sich nicht aufsichtigen Schritten auszusetzen, denn wir können und werden Sie nicht gehen lassen, da in 3 Tagen die Bühne eröffnet werden soll und Koch selbst noch nicht angekommen ist. Im Uebrigen können Sie sich alle Bereitwilligkeit, Ihnen einen längeren Aufenthalt angenehm zu machen, versprechen. Wenn wir Ihre Talente nicht schätzten, so würden wir Sie in Frieden hinziehen lassen, so aber müssen wir Sie durch alle Mittel nöthigen, zu bleiben. Deßfalls ist auch schon an Hofrath von Tabor die Weisung ergangen, welcher jederzeit unserm Hof alle Beweise von Ergeben= heit gegeben hat. Sie können also über Alles vollkommen ruhig sein und sich ohne Anstand mit ihm einlassen. Ich bin u. s. w.

Graf von Spaur." —

Der kurmainzer Hof wollte mithin durch den vorbenannten Kammer= herrn den Schauspieler Unzelmann kontraktbrüchig machen und Spaur wendete hierzu alle Mittel, selbst Drohungen und Einschüchterungen an!! — „Pestilenz und Teufel! Da sitz ich und kann und darf nicht fort!" lautet ein frankfurter Brief Unzelmann's vom 24. März an Lanz. „Ich kann hier nichts thun, denn ich bin jetzt der Schwächere und erwarte,

was S. Maj. und die „General=Direktion beschließt" u. s. w. — Diesem
Briefe ist eine Zuschrift von gleichem Datum an Engel und zugleich
der Drohbrief des Grafen Spaur beigefügt, der für sich zu
deutlich spricht, um in Berlin nicht verstanden worden zu sein. Am
24. März, zwei Tage nach seinem ersten Briefe, schrieb der ränkevolle
Kammerherr abermals an Unzelmann und zwar:

„Mein lieber Herr Unzelmann! Man fand nothwendig, daß auch Sie ein
Promemoria an die hiesige Preuß. Gesandtschaft einreichten, enthaltend die Gründe,
warum man Sie nicht fortläßt. Ohne eine Antwort von Ihnen abzuwarten, ist
es auch bereits übergeben worden und der Hof wird das Uebrige ausgleichen.
Tabor ist daher Gestern wieder sehr vergnügt abgereist, aus der Verlegenheit
zu seyn und ich bin überzeugt, daß er Ihnen Alles angenehme erzeigen wird,
damit Sie gern bleiben. Das Pro Memoria ist auf ihren Namen gestellt
und enthält nichts als die ganze wahre Lage der Sache. Ich erwarte heute Briefe
von Ihnen, um erforderlichen Falls mich legitimiren zu können u. s. w.

Ihr Freund und Diener
v. Spaur." —

Diesen Brief mit einem nur durch sein Monogram kenntlichen
Billet schickt Unzelmann mit den lakonischen Worten an Lanz:
„Frankfurt a. M. d. 28. März. Lieber Lanz! Lies und handle!" — —
Graf Spaur erniedrigte sich dazu, ein Promemoria aufzu=
setzen, mit Unzelmann's Namen zu fälschen, es ohne dessen Wissen an
den Preuß. Gesandten zu senden und fordert nun mit einer beispiellosen
Frechheit, welche lebhaft an — Marinelli erinnert, — Unzelmann auf,
diese Betrügerei durch seine Anerkennung gut zu heißen! Besagtes Prome=
moria, mit dem Namen Unzelmann darunter, liegt abschriftlich bei den
Akten und ist an Niemand Geringeren gerichtet, als an den Kgl. Preuß.
Gesandten am mainzer Hofe, Freiherrn von Stein, nachmals
Preußens berühmten Minister. Bei dieser Intrigue blieb es aber
nicht. Ein Agent, Christ. Aug. Mirus, von der Firma Gebr. Beth=
mann in Frankfurt, durch welche Unzelmann's Gepäck nach Berlin
spedirt wurde, wies den Güterbestättiger Wagner auf der Jüdenstraße
in Berlin, welchem die Fracht gesendet wurde, unterm 25. März an, den
Frachtschein der angekommenen Güter zuzerreißen und diese selbst so lange
zurückzuhalten, bis er von Mirus weitere Ordre empfangen würde. Man
kann sich denken, welches Staunen Unzelmann's Brief mit den Billets
Spaur's in Berlin hervorrief! Freiherr von Stein, den Graf Spaur
echt jesuitisch hinters Licht führen wollte, war indeß ganz der Mann,

die geplanten Winkelzüge zu durchschauen. Er that das **Naturgemäßeste**, was freilich nicht beim Mainzer Hofe Brauch war, er schickte den ge= **fälschten Unzelmannbrief** unterm 8. April der Direktion des Nationaltheaters mit folgendem Billet zu.

„Ewr. Hochwohlgeboren

erhalten hier in kopirter Anlage ein Schreiben des Schau= spieler Unzelmann, welches einige Aufmerksamkeit bei mir um so mehr erregte, da derselbe bei meiner Anwesenheit in Frankfurt erklärte: daß nicht Er, sondern die Mainzer Direktion ohne sein Wissen und Mitwirken solches an mich erlassen hätte.

Da Ewr. Hochwohlgeboren weit mehr als mir der Zusammenhang des Ganzen bekannt sein wird, so werde ich mein ferneres Benehmen lediglich nach der Leitung einrichten, welche dieselben mir an die Hand zu geben belieben werden.

Stein

den 8. April 1788."

Ihren Abschluß fand diese romantische Angelegenheit endlich darin, daß am 19. April Lanz jubelnd die Mittheilung an Rath Beyer machte: „Unzelmann's sind in Berlin!" Am 24. April empfing die Direktion unter Mitwirkung des General=Accise=Direktors Fröhlich vom Güterbestättiger Wagner Unzelmann's Frachtgüter gegen Sicherheitsschein. Ein nicht sehr erfreuliches Nachspiel fand in der Sache durch die In= tervention des Kurf. Mainz. Geheimrath und Theaterintendanten Frei= herrn von und zu Dalberg am 21. April statt, der, als Chef des Hoftheaters (von der Spaur'schen Intrigue Nichts ahnend), wahrscheinlich auf höheren Wunsch hin, Unzelmann und Gattin reklamirte, resp. Ehren= erklärung und Unzelmann's Bestrafung mit Arrest verlangte. Unzelmann gab die Sachlage zu Protokoll und Dalberg wurde abgewiesen. Ein zweites, leider unzeitiges und höchst gereiztes Schreiben des berühmten Bühnenleiters an die Ober=Direktion vom 20. Mai wurde entsprechend von dieser am 12. Juni erwidert. Dieses Schreiben der Direktion des Nationaltheaters ist das erste offizielle Aktenstück, welches ohne Beyers Unterschrift, nur „Ramler, Engel" gezeichnet ist! — — —

Wir kehren zu den Erlebnissen innerhalb des Nationaltheaters zurück, dessen ausgezeichnete Mitglieder das Ehepaar Unzelmann nunmehr wurden. Am 2. Januar 1788 war seitens des Kammergerichts öffent= lich das alte Verbot, Schauspielern Kredit zu geben, in Erinnerung gebracht worden und da auch in diesem Jahre eben so zahlreiche Vor= schüsse, wie im verflossenen ertheilt wurden, so ist dies ein Beweis, wie zer=

rüttet die Verhältnisse der Mitglieder noch immer gewesen sind; erst vom Jahre 1789 bis zum Schluß der Theaterverwaltung durch die Kommission (1796) wird das Vorschußbedürfniß ein wesentlich geringeres, als in den Jahren 1787 und 1788. Eine Rechnung des Buch=händlers Himburg über „angeschaffte Theater=Stücke," belehrt uns, daß für das National= wie für andere damalige Theater ein gedrucktes, im Buchhandel befindliches Drama vogelfreies Gut war, welches ohne Weiteres „angeeignet" wurde; noch bis zu den Jahren 1835 und 36 läßt sich dies Raubwesen verfolgen. Schriftsteller allein, welche die Fabri=kation von Stücken geschäftsmäßig betrieben, fanden einigermaßen ihre Mühe belohnt. Solch einen Mann lernen wir in dem Sekretair Herrn C. L. Heyne kennen, welcher unter dem Namen Anton Wall, als Verfasser etlicher ganz leidlicher und verschiedener sehr mittelmäßiger Bühnen=spiele bekannt war. Unterm 18. Januar reichte er ein Stück ein: „Gürge, Röse, Schnapps und der alte Märten," das er natürlich anpreist. Als Honorar verlangt er nicht weniger als an jedem 2. Aufführungs=abende „den dritten Theil der Einnahme ohne allen Abzug." Wir möchten wohl wissen, welche Antwort heutigen Dichtern von Ruf eine Intendanz auf solche ungeheuerliche Forderung ertheilen würde?! — Beyer erklärte auch am 27. Januar „er finde das Stück nicht von so vorzüglicher Güte, um auf solche Forderung einzugehen" und schlug 2 bis 3 Louisdor als Honorar vor. Engel übernahm es, mit Wall Rück=sprache zu nehmen. Dieser, den eine Abweisung nicht so zu erschüttern vermochte, wie feiner organisirte Seelen, zeigte Engel den 9. März an, daß er seinen neuesten Stücken „Die Jubelhochzeit" wie „Der Stamm=baum" die letzte Feile gegeben und solche auf Anderer Rath dem Könige mit der Bitte überschickt habe, daß dieselben zuerst für die Armen auf=geführt werden möchten. Das war dem Directorium nicht sehr erfreu=lich und Engel schreibt seinen Kollegen am 10. März: „Soviel erhellt sogleich, daß nicht Jeder sich muß an's Kabinet wenden und Ordres bewürfen dürfen, wenn das Theater bestehen soll. Doch haben auch bis jetzt Sr. Maj. den einzigen Fall mit Ihrem Lieblingsschauspieler Fleck ausgenommen, noch nichts befohlen und wir haben allen Grund zu hoffen, daß das auch künftig so werde gehalten werden." — Natürlich, wenn der König erst anfing, die darzustellenden Stücke anzunehmen und zu bestimmen, also den wesentlichsten Theil der Leitung des Theaters selbst zu führen, dann war der Generaldirektion jede Selbstständigkeit, jeder

Einfluß auf den Geschmack des Publikums, jedes geistige Streben ge=
nommen. Der König schickte indeß am 11. März Anton Wall's Stücke
der Kommission zur Begutachtung. Herr v. Beyer schrieb dieserhalb
seinen Kollegen: „Herr Anton Wall glaubte durch seine, mit einigen
überlitterarischen Spendungen ausgeputzte Bittschrift einen Machtspruch
zu er — schleichen!" — Beide Stücke wurden dem ohngeachtet an=
genommen und mit 8 Friedrichsdor honorirt, obwohl „Die Jubelhoch=
zeit" nicht zur Darstellung gelangte. Um gerecht zu sein, erwähnen
wir indeß, daß das Lustspiel in 1 Akt „Der Stammbaum" (eine Fort=
setzung des von A. Wall aus dem Franz. übertragenen Lustspiels „Die
beiden Billets") am 3. März 88 zum ersten Male und im Ganzen
etwa 50 Mal aufgeführt worden ist. Die Fälle jedoch, daß Schriftsteller
direkt mit ihren Werken an den König gingen, wiederholten sich. Am
19. Januar hatte der König das Lustspiel der verehlichten Unger geb.
Rothenburg „der adelsüchtige Bürger" eingeschickt, den 8. Februar legte
es die Direktion ad acta, indem sie berichtete, daß das Stück bereits zu
Koch's Zeiten nach einer älteren Uebersetzung gegeben worden sei.*) Die
Arbeitstheilung in den verschiedenen Verwaltungszweigen war jetzt be=
reits so geordnet, daß Rath Bertram, da Jacobi die Finanzgeschäfte be=
sorgte, als expedirender Sekretair Dienste leistete, Rüthling hatte die Theater=
bibliothek, Inspektor Lanz, bei seinen alten, vielverzweigten Bühnenbezieh=
ungen, wurde gewissermaßen der Agent für die Engagements und man muß
ihm lassen, daß er hierin meist mit Glück wirkte. Am 10. Januar hatte
sich der Tenorist Lippert aus Wien (von Stephanie d. J. im Novem=
ber 87 in Vorschlag gebracht) zum Debüt auf Engagement gemeldet. Er
verlangte 22 bis 24 Thlr. Wochengage, erbot sich auf seine Kosten nach Berlin
zu kommen und wollte nur für den Fall, „daß er gefällt und engagirt
wird," die Reisekosten ersetzt haben. Um zu zeigen, daß er sich auch für
„Chevaliers und Franzosen" eigene, endete er seinen Antrag in phrasen=
haftem Französisch. —

Die General=Direktion verfügte um diese Zeit:

„An die Haupt=Theater=Kasse

„Nachdem es zur Aufnahme der Oper beim hiesigen Nationaltheater für
nöthig befunden worden, die schon vormals hiergewesene Sängerin Böhm, mit
ihrem Begleiter, dem Sänger Zimmerle, von Neuem zu engagiren: So wird

---

*) Das Lustspiel wurde schon am 6. August 1773 unter dem Titel „Der ädel=
männische Bürger" von Molière zum ersten Mal gegeben. D. V.

solches der Haupt Th. K. hierdurch bekannt gemacht und derselben zugleich auf=
gegeben, den gedachten beiden nunmehrigen Mitgliedern des National=Theaters
zusammen „Zwey und zwanzig Thaler"
nämlich der Sängerin Böhm „Vierzehn Thaler"
und dem Sänger Zimmerle „Acht Thaler"
wöchentlich gegen eines jeden besondere Quittung auszuzahlen, und beider Ge=
halt in der Rechnung gehörigen Orts aufzuführen.
Berlin den 24. Januar 1788.

K. G. D. b. N. Ths.
v. Beyer. Ramler. Engel." —

Vorstehende Ordre ist in sofern originell, als sie die Zwanglosigkeit
beweist, mit der Mad. Böhm ihren „Begleiter" wiederum ins Engage=
ment bringt und ohne ihn keinen neuen Vertrag eingeht. Ferner wurde fest=
gestellt, daß die Direktion zur „förmlichen Aufnahme der Oper" in's Re=
pertoir zu schreiten genöthigt ist! — Bisher waren Oper und Ballet nur
Aushülfsmittel des Nationaltheaters gewesen, meist gab man Singspiele
und jeder Schauspieler sang so gut oder schlecht, als er konnte. Das
komische Sujet, das lebhafte Spiel, die leichten gefälligen Melodien
Hiller's, Dittersdorf's und André's hatten sonstige musikalische
Mängel entschuldigt. Jetzt wurden Ballet und deutsche Oper nach des
Königs Willen als gleichberechtigt und feststehend ins Repertoir ein=
geführt, der Kunstgesang von geschulten Sängern kam an die Reihe,
so daß fortan das Nationaltheater die deutsche Opernmusik, das Opernhaus
die italienische zu pflegen hatte! Es war vorauszusehen, daß einer=
seits die zu solchem Beginnen erforderlichen Engagements den ohnedies
sehr belasteten Etat vergrößern mußten, andererseits daß eine Neben=
buhlerschaft zwischen der deutschen und italienischen großen Oper be=
ginnen werde, die nicht allein das Verhältniß der General=Direktion zu
Freiherrn von der Reck noch peinlicher machen, sondern mit dem Unter=
gange entweder der deutschen oder der italienischen Operngattung enden
werde. Die Angelegenheit des Ballets ist jedenfalls hierbei die —
dunkelste Partie, welche mit einem Geheimniß endet, für das sich nirgend
eine Aufklärung findet!! — Am 25. Oktober 1787 bereits hatte, wie
bekannt, der König schriftlich die General=Direktion aufgefordert, ihm
Tänzer zur Aushülfe für das Ballet der Kgl. Oper zu stellen, indem
er sich darauf berief, daß dies eine Bedingung gewesen sei, als er
Doebbelin 6000 Thlr. Zuschuß bewilligt hatte. Ihm waren darauf die
bereits genannten 6 Tänzerpaare angeboten worden und es stellte sich

unterm 18. Januar 1788 heraus, daß Dem. Girand nebst Silani auch noch besonders von der Gen.=Direktion zur Aushülfe für das Ballet der Oper engagirt worden war. Auf die Vorstellung der Direktion wegen des ihr dadurch erwachsenden Schadens bewilligte der König für jeden Abend, wo das Nationaltheater der Oper wegen, in welcher besagte geliehene Tänzer mitwirken, geschlossen ist, (wie bereits bemerkt wurde) 150 Thlr. Entschädigung! — Unter dem 18. Januar 1788 erhielt die Direktion nun aber nicht für alle 6 Paare, sondern nur für die 3 Tänzer: Herren Silani, Leist, Cordeman und die eine Tänzerin Girand pro Monat 92 Thlr. Gehaltsgelder, also 552 Thlr. auf 6 Monat ausgezahlt; — es ist dies ein weiterer Zuschuß, der sich allerdings noch begründen läßt. Darauf fordert Geh. Kämmerer Ritz die Direktion auf, ihm die Tage zu benennen, in denen während des Karneval die Vorstellungen im Nationaltheater ausgesetzt worden sind. Inspektor Lanz giebt dieselben auf 6 Tage des Januar und Februar an. Unterm 28. Februar erfolgt darauf eine Vergütung des dadurch herbeigeführten Einnahmeausfalls mit 900 Thlr. baar durch Ritz. Auch dies hat noch nichts Auffälliges, da man denken kann, das seien die bereits pro Abend für Schließung des Nationaltheaters und Ueberlassung ihrer Tänzer bewilligten 150 Thlr. gewesen, welche auf 6 Abende allerdings 900 Thlr. austragen würden. — Dies waren sie indeß nicht! Durch ein kurzes, beigefügtes Promemoria Beyer's erhält gerade diese Summe eine eigenthümliche und — wie gesagt, — unaufgeklärte Bedeutung! —

„P. M.

„Da diese Sache äußerst geheim gehalten werden muß, so daß außer den Professoren Ramler und Engel Niemand als der Rendant davon Wissenschaft erhält, so werden der Herr Sekretair und Rendant Jakobi die Gefälligkeit haben, inliegendes Schreiben selbst zu mundiren und besagten Herrn Professoren mit diesem P. M. zur Unterschrift vorzulegen oder zuzuschicken. — Das Geld bitte ich baldigst aus meinem Hause abzuholen und die Quittung demnach zu verfassen. Es ist alles versiegelt, wie ich's empfangen. Demnächst wird An= weisung von dessen besondrer Asservation und Bewahrung ergehn.

Berlin den 28. Februar 1788.

von Beyer."

Inwiefern ein königlicher Zuschuß „eine geheime Sache" bleiben soll, ist nicht recht begreiflich! Es kommt zwar beim Theater vor, daß unter dem Versprechen des Stillschweigens Gehaltserhöhungen oder Belohnungen ertheilt werden, aber in solchen Fällen wird nur Verschwiegenheit ver= langt, damit nicht gleiche Anforderungen der übrigen Mitglieder die

Direktion bestürmen und die Kasse in Verlegenheit gerathe. Man kann nur zweierlei für diese „geheim zu haltende" Sache annehmen. Entweder sollte speziell die Zahlung dieser Gelder vor Freiherrn von der Reck verschwiegen bleiben, wobei nur zu verwundern wäre, daß ein Monarch nöthig haben sollte, sich vor seinem Opern=Chef betreffs seiner Ausgaben Zwang anzuthun, — oder diese Angelegenheit hat einen — tieferen Grund! Letztere Vermuthung wird durch folgende That=sachen rege. — Das Geld befand sich im Hause des Herrn von Beyer, welcher es gar nicht rasch genug und unter dem Siegel des Geheim=nisses, an Jacoby befördern konnte. Es ist sicher vorauszusetzen, daß Ritz in Person das Geld dem Rath v. Beyer gebracht, über dessen Verwendung mündliche Anweisung ertheilt hat und daß die Verwendung der 900 Thlr. eben das Geheime bei der Sache gewesen ist!! Darauf weist die Bemerkung Beyer's hin: „daß Jacoby zur besonderen Bewahrung und Asservation (für Wen?!) dieses Geldes Anweisung erhalten werde!" Noch sonderbarer aber ist die That=sache, daß, nachdem auch Iffland im Jahre 1798 diesen dunklen Punkt aufgefunden hatte, ihm der alte Rath Beyer, welcher sich längst nicht mehr um das Theater bekümmerte, keine weitere Aufklärung geben wollte, als die, daß: „er diese Angelegenheit nicht zu beurtheilen habe!" — Sie sollte also für immer verschwiegen bleiben und ist es heute noch!! — —

Ein Zeugniß von dem damaligen Uebelstande, auswärtige Schau=spieler ohne vorhergegangene Prüfung engagiren zu müssen, gab der Sänger Rosenau, welcher seinen steifen Arm bisher verheimlicht hatte und dem am 8. Januar wegen ungesunder Gliedmaßen gekündigt werden mußte. — Carl Doebbelin, welcher auf Grund seiner Con=zession zu Ostern sein Unternehmen in der Provinz beginnen wollte, verlangte anständige Kleider, alte Opern und Textbücher, welche seinem Vater gehörten. — Noch einmal geht am 24. Januar der Polizeikommissär Mauschack die Direktion um Bezahlung seiner Forderung von 6000 Thlr. an und wünscht am Ende des Etatsjahres den übrigen Creditoren Doebbelin's vorzugehn. Er wird unterm 1. Februar wiederum mit dem Bemerken abgewiesen, daß auf einen etwaigen Ueberschuß am Ende des Jahres schon sehr viele Gläubiger vertröstet wären, „jedoch nur solche, welche eigentliche Theaterforderungen, als: rückständige Gage," hätten. Da, wie gesagt, Mauschack dennoch endlich von der Ver-

waltung befriedigt wurde, so muß später irgend eine mündliche Ver=
einbarung getroffen worden sein. — Für das Benehmen des alten Exdirektors ist folgende amtliche Ver=
warnung Seitens der General=Direktion bezeichnend:
„An den Regisseur des Königl. National. Theaters. Doebbelin.

„Ungeachtet der schon schriftlich von der General=Direktion und mehrmalen
mündlich von dem Ober=Direktor des Theaters an den Regisseur Doebbelin
ergangenen Anweisungen und Warnungen, unterfängt sich selbiger dennoch, ent=
weder gar nicht bei den Vorstellungen im Schauspiel=Hause zu erscheinen, oder
auch vor Ende der Vorstellung das Haus zu verlassen, ohne einmal die Annonce
des folgenden Stücks, seiner Schuldigkeit gemäß, besorgt zu haben. Da hieraus
natürlicher Weise Unzufriedenheit und Unruhe im Publikum entstehen muß, wie
denn auch am vergangenen Freitag eine laute Pocherey durch die unterbliebene
Ankündigung veranlaßt worden: So wird dem p. Doebbelin hiermit noch
einmal und ernstlich aufgegeben, bei Vermeidung unausbleiblicher Ahndung
künftig nicht allein überhaupt auf seine Pflichten aufmerksam zu seyn, sondern
auch besonders die Ankündigung jeden Abend und zwar so zu besorgen, daß
solche unmittelbar nach dem ersten Stücke, wenn dasselbe auch nur von einem
Akte ist, unfehlbar geschehe. Berlin, den 23. Januar 1783.
Königl. General=Direktion des National=Theaters.
v. Beyer. Ramler. Engel."

Dies Verhalten Doebbelin's, welches mit den gegen die Ver=
waltung gesponnenen Intriguen und dem Lärmmachen bei den Vor=
stellungen eng zusammenhängt, beweist genügend seine Absicht, durch Ver=
nachlässigung seiner Pflichten die obwaltenden Unruhen zu begünstigen. —
Damals bestand, wie schon vorübergehend angedeutet wurde, die
Sitte, welche noch in den ersten Jahrzehnten unsres Jahrhunderts ge=
übt wurde, daß am Schlusse der Vorstellung der Regisseur dem Publi=
kum anzeigte, welche Vorstellung am nächsten Tage stattfinden würde.
Von nun an verlegt also die General=Direktion diese Anzeige in
den ersten Zwischenakt resp. nach Ende des ersten Stückes, damit
dieselbe auch völlig vom Publikum verstanden werde, was das Ge=
räusch beim Verlassen des Hauses oft verhinderte. — Den 7. Fe=
bruar wurde der Kontrakt des Schauspielers Bötticher und Frau
unter Gehaltszulage verlängert. — Ein wirklich gut geschulter Tenorist,
welcher auch vortrefflicher Schauspieler ist, bleibt zu jeder Zeit eine Selten=
heit, zumal in der uns jetzt beschäftigenden, in welcher die deutsche klassische
Oper sich erst zu entfalten begann. Wien war vor allen anderen der
Ort, wo sich die theatralische Gesangskunst zuerst ausbildete und so ist

es begreiflich, daß auf Lippert's Angebot eingegangen und ihm vorläufig 22 Thlr. Wochengage bewilligt wurden; den 27. Februar meldet
derselbe seine Abreise von Wien. — Eine Maßregel der Billigkeit war,
daß die von Carl Doebbelin geforderten Garderobestücke am 24. Februar unter Protokollaufnahme ausgesucht und demselben am 2. März
übergeben wurden. Die Schätzung der ausgefolgten Sachen betrug
1095 Thlr. 15 Sgr.; Doebbelin, der Vater, stellte ein Aktenstück aus:
„daß er mit dieser Abtretung einverstanden sei." Aus dieser Verhandlung geht hervor, daß Theophil Doebbelin als Besitzer der Theatergarderobe angesehn wurde und auch die Generaldirektion ihn dafür
hielt, denn sonst hätte es dessen Zustimmung zu dieser Abtretung
doch wahrlich nicht erst bedurft! Hierauf aufmerksam zu machen
ist deswegen nöthig, weil später nach Beyer's Abgang gerade die Gar-
derobenfrage einen für die Verwaltung nicht sehr schmeichelhaft en-
denden Rechtsstreit hervorrief. — Am 28. Februar hatte sich der bres-
lauer Schauspieler Böheim an den König mit der Bitte um Wieder-
anstellung am Nationaltheater gewendet. Friedrich Wilhelm II. schrieb
an die Direktion und in Folge dessen wurde 1789 Böheim nebst
Frau engagirt. Unter demselben Datum hatte Prof. Engel bei
seinen Kollegen den Antrag gestellt: „daß, sowohl auf Wunsch Vieler
im Publikum, wie des Umstandes wegen, daß sich dasselbe größeren
Theils immer später als zur festgesetzten Anfangszeit im Theater
einfinde, nunmehr die Vorstellung statt um 5 Uhr um halb 6 Uhr
beginne." — Bisher hatte man es immer noch bei der alten Theaterzeit
gelassen, die schon von Eckenberg, wie wir uns erinnern, eingehalten
worden ist. Das industrielle und Geschäftsleben Berlins war unter
dem Vater Friedrich des Großen noch ein sehr mäßiges gewesen,
die schaulustige Menge vermochte sich also schon um 5 Uhr ihrem Vergnügen hinzugeben. Dies ging bei dem erhöhteren Handelsverkehre
nicht mehr an, man geizte mit der Tageszeit, war von seinen Geschäften
mehr abhängig, und hauptsächlich ließ wohl die zunehmende Civilisation
auch die Leute später aufstehen, später zu Mittag essen und später zu
Bette gehen. Fortan nahmen die Vorstellungen des Nationaltheaters
also um halb 6 Uhr ihren Anfang! — Am 14. Februar war ein
Stück „Die Engländer in Amerika" von Albrecht für 30 Thlr. in
Gold angenommen und ein Publikandum wegen besserer Handhabung
der Theaterpolizei, wie wegen Saumseligkeit des Garderobepersonals

erlassen werden; den Schauspielern aber verbot man fortan, Kleidungs=
stücke und Requisiten mit nach Hause zu nehmen und drohte ihnen
für solche Unregelmäßigkeit, wie für das Beschädigen der Kleider
und Geräthe Strafe an. Am 4. März wurden die dem Direktor
Doebbelin gehörigen Gesangs= und andere Musikalien aufgenommen,
nach dem Taxwerth abgeschätzt und das darüber ausgefertigte Proto=
koll von Musikdirector Frischmuth, als Vorstand der Musikalien=Bi=
bliothek, beglaubigt. Diese und andere kleine Züge führen wir nur an,
um darzuthun, wie nach und nach endlich Ordnung in die verschiedenen
Geschäfts= und Verwaltungszweige kam und dies ein entschiedenes Ver=
dienst der Oberdirection war. — Am 5. März erging ein Befehl der
Direktion an den Inspektor und Balletmeister Lanz: „daß derselbe,
alles Einwendens ungeachtet, Anstalt machen müsse, daß von Zeit zu
Zeit Ballets gegeben und darin der Tänzer Silani gebraucht werde,
zumal die Tänzerin Engst ohne Zweifel Pas de Deux tanzen kann
und solche schon vormals getanzt hat." — Vom Könige lief folgende
Ordre ein:

„Se. königliche Majestät von Preußen 2c. Unser Allergnädigster Herr haben
aus dem Bericht vom gestrigen dato der Direct. des National=Theaters Ersehen,
daß die letzte Probe des Othello ben 11. b. gehalten wird, und Befehlen zu bem
Ende Allerhöchst Dieselben, daß die erste Vorstellung den 12. dieses gegeben wer=
ben soll, und zwar als ein Benefiz des acteur Fleck.

Berlin, den 8. März 1788.

An die Direct. b. Nat. Ths.   F. Wilhelm."—

Wenn wir uns des zärtlichen Paares: Mad. Baranius und Carl
Doebbelin erinnern, und daß die Dame sich von ihrem Erwählten
getrennt und ihren Vertrag mit der Direction erneuert hatte, daß Carl
Doebbelin dagegen im Begriff stand, sich seiner Konzession zu be=
bienen, dann findet gewiß mit folgender Begebenheit die ehedem innige
Harmonie beider Seelen ihren genügenden Abschluß:

„9. März Actum Berlin.

„Es erscheint der Theaterbothe Eysig und zeiget an, wie er sich dem von
Einer hochlöbl. General=Direktion und besonders von Herrn Geh. Ober Finanz
Rathes v. Beyer Hochwohlgeb. erhaltenen Befehl zufolge, sofort zu dem Schau=
spieler Carl Doebbelin verfügt und ihm bekannt gemacht habe: Die hochlöbl.
Gen. Dir. habe erfahren, daß er sich gestern Nachmittag erdreistet, der Schau=
spielerin Baranius in ihrem eigenen Quartiere sehr übel zu begegnen und zu
mißhandeln, daher dieselbe und besonders vorgenannter Herr Geh. Finanz=Rath
ihm solches ernstlich verweisen und bekannt machen ließen, daß, wofern er sich

unterstehen würde, unter welchem Vorwande es wolle, sich wieder bey der pp. Baranius einzufinden und ihr in ihrem Logis, oder wo es sonst sein möge, das Geringste im Wege zu legen, die hochlöbl. Gen. Dir. und besonders Wohl= gedachter Herr Geh. Finanz Rath ihn sofort arretiren lassen', des Königs Majestät davon Anzeige thun und auf die Cassation seiner Conzession antragen würde, wonach er sich also zu achten hat." — Der Doebbelin habe ihm hierauf er= wiedert: „Wie er sich zwar hiernach genauer achten würde, dagegen aber auch bitten müsse, der pp. Baranius ebenfalls ernstlich aufzugeben, daß sie ihm auch nichts im Wege legen, besonders aber sich nicht unterstehen dürfe, während der Zeit, daß er sich noch hier aufhielte und spielen müsse, gegen ihn Kabale zu machen."

Nach geschehener Verlesung hat der Eysig dieses Protokoll eigenhändig unter= schrieben.

Eysig, Tehater Bothe. Pauli."

Zu dieser etwas drastischen Auflösung des zart besaiteten Liebes= verhältnisses ist einerseits zu bemerken, daß Carl Doebbelin nicht nur die wirthschaftliche Trennung von Madame Baranius, sondern auch der Abschluß eines neuen Kontraktes der Geliebten mit der Direktion und der für sein Unternehmen daraus folgende Verlust einer ersten Liebhaberin und Sängerin in Harnisch brachte; andererseits ist aber zu beachten, daß Mad. Baranius sich der besonderen Protektion des Königs zu erfreuen hatte! — Die Unterschrift Dessen, der das Protokoll aufsetzte, lautet „Pauli." In ihm haben wir uns allerdings nur einen Kanzlisten der Generaldirektion zu denken, aber auf sein erstes Erscheinen aufmerksam zu machen, ist deshalb nöthig, weil er in Zukunft Iffland's rechte Hand wird, ja von demselben als „sein Freund" bezeichnet worden ist! Dies und auch die Thatsache, daß selbst Schiller mit großer Achtung und Anerkennung sich über ihn ausgesprochen hat, bezeichnet des Mannes Werth. — Am 10. März bereitete Freiherr von der Reck der Generaldirektion die schriftliche Ueberraschung, daß er ihr den Tänzer Silani wegengagirt habe! — Am 14. März fordert Carl Doebbelin von der Direktion ein Benefiz, „weil er kein Geld zum Anfang seiner Konzession hat." Natürlich beschied sie dieses Gesuch am 15. März abschläglich und da der gute Herr wahrscheinlich hierauf ungeberdig geworden ist, wurde er am 16. ohne Weiteres entlassen!!

Am 9. März schreibt Freiherr von der Reck der General=Direktion: „Es hat mir versichert werden wollen, daß eine hochlöbl. Direktion des National=Theaters den Beschluß gefaßt, das bis jetzt unterhaltene Ballet

abzuschaffen." Er ersucht, da dies seitens der Oper dann andere Maß=
regeln erfordern würde, gefällige Auskunft zu geben. — Von den für das
Ballet gezahlten 900 Thlrn. Ritz'scher „geheimer Unterstützungsgelder"
muß die Generaldirektion keinen sonderlichen Nutzen gezogen haben, denn
sonst würde sie an die Auflösung einer immerhin anziehenden Gattung
von Kunstleistungen nicht gedacht haben. Da nach Allem die Unter=
stützung nur eine außerordentliche, keine fortlaufende war, so vermochte
die Direktion allerdings nicht, 12 Tänzer für 552 Thlr. pro Jahr zu
erhalten. — Jeder Bühnenkundige weiß, daß ein Ballet (namentlich in
seiner älteren, damaligen Form,) sich selbst nicht ernähren kann, viel=
mehr stets von der Oper in's Schlepptau genommen werden muß. Von
einer Verwendung des Ballets, wie in heutiger Zeit, hatte man da=
mals noch keinen Begriff und kam über das Divertissement, oder die einge=
schobenen Opern=Tänze nicht hinaus. — Nach Eingang der Zuschrift
Reck's wurde am 14. und 15. März eine Sitzung der Generaldirektion
anberaumt, welcher ein Jahres=Etat für 2 Paar Solisten und 4 Paar
Figuranten zu Grunde gelegt wurde. An diesen beiden Sitzungstagen
muß sehr eifrig von Beyer gegen und von Engel für die Beibe=
haltung des Ballets gesprochen worden sein, bis endlich durch den Beschluß
vom 15. März endgültig von den drei Direktoren, wie folgt, fest=
gesetzt wurde:

„Für die Abschaffung des Ballets gilt nur der einzige, aber freilich besonders
wichtige Grund: daß so große Kosten erfordert werden, um es in einen besseren Stand
zu setzen und darin zu erhalten. Die Herrn Jacobi und Lanz haben diese Kosten
für das erste Jahr auf 4,328 Thlr. berechnet. Für die folgenden Jahre würden sie
500 Thlr. weniger, also doch immer noch 3,828 Thlr. betragen. Eine für unsre Casse
allerdings sehr wichtige Ausgabe! Dennoch sind die Gründe für die Beibehaltung
des Ballets noch wichtiger. Zuerst verlassen sich Se. Maj. der König darauf, daß
wir Ihnen bei der großen Oper mit 6 Paar Figuranten aushelfen werden. Zwar
wird das nach aller Wahrscheinlichkeit wegfallen, was Se. Majestät uns dagegen zu
versprechen geruhten, daß auch Ihre Tänzer von der Oper zuweilen auf dem National=
Theater tanzen sollten. Allein bei den so huldreichen Gesinnungen, welche Se. Majestät
gegen das National=Theater auch diesen Winter wieder so werkthätig geäußert haben,
wäre es wunderbar von der Gen. Direktion, wenn sie mit dem gnädigsten Monarchen
so genaue Rechnung halten und nicht lieber Alles anwenden wollte, um der Allerh.
Erwartung zu genügen. Zweitens hat auch das Nat. Theater von der Beibe=
haltung der Ballets gewisse unmittelbare Vortheile, indem:

a. durch ein gutes Ballet mancher Abend dem Publikum interessanter gemacht
werden kann, als durch Nachspiele, die man oft bis zur Sättigung wiederholen
muß, weil die Anzahl der guten so klein ist.

b. gehört zu manchem Stück ein Ballet so nothwendig und so in die Handlung verflochten, daß es ohne Ballet nicht gegeben werden kann. Da wir des
Jahres über 300 Mal spielen und von guten Stücken alles, was da ist, zu-
sammennehmen müssen, so können wir dergleichen Stücken, wie: Die Eifersucht
auf der Probe, Soliman II, ben geabelten Kaufmann u. s. w. in der Folge
nicht wohl vorbeigehen.

c. sind Dedications-Ballets,*) wie man sie nennt, immer das beste Mittel, die
Vorstellungen an ben höchsten Geburtstagen feierlich und glänzend zu machen,
wodurch sie bann auch vortheilhaft für bie Casse werden. Der Reben ist das
Publikum müde, und ein gutes Vorspiel zu verfertigen ist eine der schwersten
Aufgaben.

Auch ist das Erste immer nur von weniger Wirkung.

Dennoch ist freilich die Ausgabe, so wie sie oben berechnet worden, für eine
Casse, wie die unsrige, bie bei so großen Ausgaben, so unsichere Einnahmen
hat, ein wenig allzu beträchtlich. Auch ist ber Dienst unsrer Tänzer, das ver-
floßene Carneval hindurch, so äußerst beschwerlich für sie und für die Direction
gewesen, baß um beider Last zu mindern und künftig noch Leute stellen zu können,
nothwendig auf gewisse Maaßregeln gedacht werden muß. Diese Betrachtungen
führen auf folgende Vorschläge:

Zuvörderst wäre die Großmuth Sr. Maj. anzuflehen, daß sie dem Nat. Theater
für den Verlust, den es im Carneval leidet, und für den Beistand seiner Tänzer
zu ben Vorstellungen ber großen Oper eine jährliche Summe von 1,500 Thlrn.
als eine etwaige Entschädigung zu bewilligen geruhen. Dagegen würde das National-
Theater allen Anspruch auf den Beistand ber K. Operntänzer um so mehr aufgeben können, ba solche ohnehin nur an Tagen tanzen, wo Se. Majestät das
National-Theater mit Höchstbero Gegenwart zu begnadigen und insgemein solche
Stücke von Sr. Maj. gewählt und befohlen werden, die den Abend ausfüllen. —

Zweitens, um den Aufwand von 2,328 Thlr., den nun immer noch das Nat.
Th. zu machen hätte, besto besser zu bestreiten, würde fernerhin die Einrichtung
müssen beibehalten werden, baß einige Tänzer zu kleinen Rollen gebraucht würden
und alle bei vorkommenden Gelegenheiten als Statisten aushülfen. Damit aber
dieser Vortheil nicht gerade in der besten Zeit des Winters hinwegfiele so müßte

Drittens, mit des K. Kammerherrn von ber Reck, Hochwohlgeboren, die
Uebereinkunft getroffen werden, baß Sie den Balletmeister Lauchery dahin an-
wiesen, künftig alle Proben Vormittags zu halten, wo wir bann die ganze Zeit
der Proben und des Carnevals hindurch zwar kein Ballet würden geben, aber
boch zu den Schauspielen die Tänzer als Statisten und Gehülfspersonen würden
brauchen können. Auf diese Art käme das National-Thheaters seinem Schaden, wo

---

*) Unter „Dedications-Ballets" sind solche zu verstehen, durch welche mittelst
allegorischer Tänze, Bildnißbekränzungen, symbolischen Aufzügen u. s. w. patriotische
Festtage gefeiert werden. Sie sprachen mehr als Prologe und allgemeine Festspiele
an.   D. V.

nicht ganz, doch so ziemlich, nach; genügte der Allerh. Erwartung und ersparte der
Oper noch immer die Ausgabe von 2,328 Thlr.
Berlin den 15. März 1788.

Engel."

Diese sonderbare Angelegenheit beendete folgende Kgl. Ordre:
„Se. Kgl. Majestät v. Pr. Unser p. p. Haben Ersehen, daß die Direktion des
National=Theaters die proposition gethan, jahr aus, jahr ein, 6 paar Tänzer zu
unterhalten gegen eine Beyhülfe von 1500 Thlr. jährlich, welches dann Allerh.
Dieselben der Dir. bewilligen: und zwar vom 1. Juni d. J. Doch aber werden
Sr. Majestät gern Sehen, daß der nahmens Silany dabey Engagirt werde, weil
er ein brauchbarer Mensch ist. Die Obbenannte 1,500 Thlr. hat die Direktion
Bey dem Cammerherrn Frhr. v. d. Reck zu empfangen.
Potsdam 20. April 1788.

Fr. Wilhelm." —

Somit wird der Ballet=Etat des Nationaltheaters durch einen jähr=
lichen Zuschuß von 1,500 Thlr. für immer festgestellt und der Bestand des
Ballets selbst gesichert; jeder Tänzer erhielt mithin 125 Thaler Zulage.

Am 12. März wurde „Othello" von Shakespeare nach der Ueber=
setzung von Hagemeister, bearbeitet von Schröder, zum Benefiz für
Fleck gegeben. Fleck spielte den Othello, Desdemona war Madame
Baranius. — Der König fügte der Einnahme 60, die Königin 10
Friedrichsdor hinzu. — —

Am 13. März richtete die General=Direktion an den Markgrafen
v. Schwedt ein Gesuch um Ueberlassung von Opernkompositionen aus
dessen reichhaltiger musikalischer Bibliothek, besonders um die Oper:
„Im Trüben ist gut fischen" von Sartori. — Der Sänger Lippert
aus Wien war nunmehr eingetroffen, hatte in „Doktor und Apo=
theker" debutirt und darauf an die Direktion das Gesuch gerichtet,
sein Gehalt von 22 Thlr. wöchentlich auf 24 Thlr. zu erhöhen, da er
die theueren Preise Berlins vorher nicht gekannt habe, und ihm ver=
schiedene Einkünfte abgingen, welche er in Wien gehabt habe. An dieses
Gesuch knüpften die Direktoren folgenden gegenseitigen Gedankenaustausch:
„v. Beyer an Engel" B. 22. Maertz 1788.

„Ein guter Tenorist, der zugleich ein guter Acteur ist, wird nach allgemeinem
Urtheil für das rarste Theater=Product gehalten. Also sollte Herr Lippert
wohl 24 Thlr. wöchentlich werth seyn, da Herr Fleck 25 Thlr. wöchentlich hat.
Ich überlasse dieses zunächst Ihrer Erwägung, und habe ihm vorerst nur aufs
erste Jahr 22 Thlr. wöchentlich angetragen. Ein besserer Tenorist und Acteur
mögte vor der Hand wohl nicht zu erlangen seyn.

v. Beyer." —
9*

„Engel an v. Beyer.

„Die Seltenheit eines jetzigen Tenoristen bleibt ausgemacht. Herr Lippert ist außer Streit, ein guter; ob aber einer der besten für uns Berliner, da die hier so beliebte Bravour seine Sache nicht scheint? — steht dahin: Uebrigens ist der nur sehr seltene Lippert mit dem wirklich einzigen Fleck, der bemohnerachtet seine Fehler haben kann, doch wohl nicht recht in Vergleichung zu setzen. Auch würde wohl sein Gehalt vor der übrigen Gesellschaft kein Geheimniß bleiben, wie es das Fleck'sche meines Wissens noch immer ist; und die Folgen, die ein so großes an einen einzigen Sänger gegebenes Gehalt bei der Gesellschaft haben würde, wären doch immer unangenehm, wenn auch nicht gefährlich. Vielleicht ließe sich folgende Auskunft treffen. Lippert hat sich gegen mich, vielleicht auch gegen Ew. Hochwohlgb., mehr als einmal erboten, das Einstudiren des Gesangs in den Opern zu übernehmen. Das ist eine für unser Theater in der That heilsame Sache. Man bezahle ihn also unter zwei Titeln: erstlich als Sänger mit durchaus nicht mehr, als den Etatsmäßigen 20 Thlr. und dann als Correpetitor des Gesangs mit noch 4 Thlr. So ist seine Forderung erfüllt, und man kann ihn anhalten, seine Pflicht zu thun, wenn er in dem mühsamen Geschäfte des Einlehrens lässig werden sollte. Als Acteur muß er sich noch sehr ändern. Er hat Fehler in der Declamation und Aktion, die ziemlich auffallend sind. Die Baranius ist noch keine Meisterin, aber sie spielt doch ganz anders! Höchst begierig bin ich auf den übermorgenden Tag — wenn nur der Greibe wieder gesund wird, daß wir den Apotheker wirklich geben können.

Berlin den 24. März 1788.   Engel." —

„Obgleich Lippert im Doctor und Apotheker sein Spiel in vielen Stücken übertrieben, den, den Berlinern wohlgefälligen Ton nicht ganz erreicht hat: so ist er doch ein sehr guter Sänger und Acteur. Ein Baum der zu viel Saft, zu viel Wasserreiser hat, kann durch klugen Schnitt immer ein vortrefflicher Fruchtbaum werden, ein Baum aber, ohne Saft und Zweige wird nie gute Früchte tragen. Also erfordert es ohne Zweifel das Theater-Interesse, ihn zu engagiren. Er besteht auf 24 Thlr. wöchentl. Gehalt, weil es hier theurer wäre, als in Wien, und weil ihm hier manche Unterstützung abginge, die er in Wien gehabt hätte. Ich habe mich darauf noch nicht einlassen wollen, ihm bey der Gelegenheit alle seine Fehler und Mängel ehrlich eröfnet, auch, so wie es schon vorhin geschehen, erklärt, daß er nicht als Sänger sondern als Correpetitor des Gesanges, etwas mehr als die etatsmässige Gage erhalten könne. Er versichert auch und erbietet sich zur Probe, daß er Bravour-Arien singe, Cadansen und Triller machen könne. Morgen Mittag will er von mir die entscheidende Antwort empfangen. —

Ich dächte also: Wir engagirten ihn vorerst auf 2 Jahr als Sänger und Acteur, versprächen ihm dafür 20 Thlr. wöchentl. Gehalt und für das Amt eines Correpetitor des Gesanges besonders wöchentl. 3 Thlr. also 23 Thlr. überhaupt unter der Bedingung, daß dieser Kontrakt ein Geheimniß bleibe. Hierüber erbitte ich mir aufs baldigste die Ueberlegung meiner hochgeehrten Herrn Collegen. Der Herr Prof. Engel wird dann schon Gelegenheit haben, ihm seine Wiener

Unarten abzugewöhnen, seine Auswüchse zu beschneiden, ihn zu mehrer Gefälligkeit gegen seinen Beruf gemächlich anzumahnen, aber auch in diesem, den schon
aufkommenden Geist der Jalousie (des Neides und der Eifersucht also!) der ihm
von der Cabale zubringt.

Berlin den 27. März 1788.   v. Beyer." —

„In der Art, wie der Herr Geh. Finanzrath Hochw. kontrahiren wollen, ist
mir der Kontrakt, wie auch schon in meinem vorigen Votum gesagt, ganz recht.
Wie aber, wenn wir nur auf 1 Jahr kontrahirten? Es ist erstaunlich, wie viel
Lippert als „Sichel" beim Publikum verloren hat. Ich trage deswegen auch
das größte Bedenken, ihn auf den Sonnabend wieder in dieser Rolle auftreten
zu lassen." u. s. w. Der Brief schließt, „Die Gesellschaft hat in ihrer Unzufriedenheit Recht, denn er behandelt sie mit Grobheit und Stolz. Cabale, wo
ich sie nur wittre, werde ich indessen gewiß nicht dulden.

Eodem.   Engel." —

„Für 1 Jahr mit ihm kontrahiren halte ich für's beste, indem ich sehr zweifle,
daß er nachgebend seyn wird. Er scheint von seinen Talenten schon zu sehr
eingenommen zu sein. Auch ist es nicht leicht, einen Schauspieler, der im Ueber-
treiben Ehre sucht, (vielleicht auch Beifall erhalten hat,) und es für das beste
Spiel hält, wieder zur wahren Natur zurückzubringen.

Eodem.   Ramler." — — — —

Nach diesen Verhandlungen wird Lippert auf 2 Jahre mit
23 Thlr. Wochengage als Sänger, Gesangskorrepetitor und Acteur angestellt. — Dieser Schriftwechsel giebt uns nicht nur ein Charakterbild
Lippert's, der ziemlich zehn Jahr von nun ab Mitglied des Nationaltheaters geblieben ist, es läßt uns auch einen Blick in das ränkevolle
Treiben des Personals am Nationaltheater thun und zeigt wie die Direktion heimlich zu Werke gehen mußte, wenn sie durch höhere Gehaltsbe-
willigungen Künstlerkräfte an das Institut fesseln wollte. — — Folgender
Kgl. Erlaß geht ein:

„Sr. Königl. Majestät v. Preußen, Unser allergnädigster Herr, schicken anbey
der Direction ein Manuscript Betittelt „Empfindung und Empfindelen," mit der
dazu gehörigen Music, um solches näher zu Prüfen, ob es sich der Mühe be-
lohne aufgeführt zu werden.

Potsdam 25. März 1788.   Friedrich Wilhelm." —

Ramler schreibt an Engel über „Empfindung und Empfindelen:"

„Daß man dergleichen unserm Könige hat vorlegen können wundert mich, und
daß ich dieß sauber abgeschriebene Werkchen habe durchlesen können, wundert mich
noch mehr. In meinem Leben will ich meine Zeit nicht mehr so verschwenden."

Es geht hieraus hervor, daß der König die ihm eingesendeten Werke,
statt sie zurück an die Autoren und diese an's Theater zu verweisen,
direkt an letzteres schickt und dadurch die Gen.-Direktion nöthigt, ihm

jedesmal über Annahme oder Nichtannahme Bericht zu erstatten, wo=
durch jedenfalls der Verwaltungsmechanismus erschwert wurde und
die Freiheit der Leitung nichts gewann; wir werden nur zu bald sehen,
daß er geradezu dramatische Werke annimmt, indem er befiehlt, sie
zu geben! Es ist gleichgültig hierbei, ob das nur in außerordentlichen,
oder in welchen Fällen es geschieht. — Am 30. März klagt die Schauspieler=
prinzipalin Wittwe Wäser beim Könige: „daß Carl Doebbelin, da
er zu arm sei, eine eigene Truppe zu führen, sein Privilegium an fremde
Gesellschaften vermiethe und daß diese dadurch in das Land ziehn, wie
namentlich die Tillysche Gesellschaft nach Magdeburg." —Unterm 3. April
befiehlt der König, daß die Generaldirektion die Klage der „Wäsern"
untersuchen solle. — —

Um die Schwierigkeiten der General = Direktion zu vermehren,
gesellte sich zu dem Könige auch noch Freiherr von der Reck, indem er
Stücke an die Verwaltung sendete. Am 1. April schickte er zwei Dramen
eines „Wiener Poeten nahmens Le Roy de Lozenbrun" zur Prü=
fung ein, worauf ihm von Beyer am 6. April antwortete: „die Stücke
würden geprüft und was darüber zu befinden und für Honorar zu
zahlen sein wird, näher erklärt werden." —

„Se. Kgl. Majestät von Preußen, Unser Allergnädigste Herr, Schicken anbey
der Direktion* des National=Theaters eine Komische Oper von dem berühmten
von Dittersdorff mit dem Befehl solche Einstudiren zu lassen und sie nachher
aufzuführen, da aber der Text in Italienischer und Teutscher Sprache ist, so schicken
Aller Höchst Dieselben anbey die anmerkungen des p. Dittersdorff, welche
wohl angeraten wird zu Befolgen.

Potsdam ben 4. April 1788.

Friedrich Wilhelm." —

So lautet der erste direkte Befehl des Königs betreffs der Auf=
führung eines ihm unterbreiteten Werkes. Folgender Zettel ist beigefügt:

„Eine italienische Opera buffa: „Democrito corretto" genannt, mit einem ge=
drucktem Büchel. Hier kommt anzumerken: daß diese nemliche Opera ohne daß
die Musik im geringsten verändert ist auch in deutscher Sprache kann aufgeführt
werden, weßhalb in der Partitur der mit rother Dinte überschriebene deutsche
Text bey den Arien und mehrstimmigen Piècen befindlich ist. In diesem Falle
aber, nemlich: wenn diese Oper deutsch aufgeführt werden soll, taugt der im ge=
drucktem Büchel befindliche Text nicht, es ist das beyliegende geschriebene Buch
unter dem Titel Silene, hiezu anzuwenden, wobey, wie bey allen deutschen
komischen Singspielen bisher üblich gewesen, die Prosa beklamirt und nicht ge=
sungen wird. Und da überhaupt das deutsche Büchel, weilen es der Uebersetzer

treu bearbeitet hat, viel launigter und komischer gerathen ist, so wird diese Oper im deutschen, wo nicht besser, doch gewiß so gut als im italienischen gefallen.

Karl von Dittersdorff." —

Betreffs dieser Zusendung macht Engel ein Promemoria vom 29. April des Inhalts: „daß die vom Geh. Finanzrath von Beyer hochwohlgeb. nöthig befundene Umänderung des Textes zur neuen Dittersdorfischen Oper unmöglich so frühe fertig werden könne, daß sich das Stück zur Revue-Zeit geben ließe," und bemerkt, es könne zur vorgedachten Zeit nicht einmal nach Musikdirektor Frisch- muth's Aussage die Partitur ausgeschrieben, vielweniger das Einstu- diren der Rollen bewirkt werden, zumal wegen der, viele Proben erfor- dernden, Finales. Wolle der König die Aufführung zur Revuezeit er- warten, so müsse ihm bei guter Zeit, die Unmöglichkeit, das Stück herauszubringen, erklärt und eine andere Oper angeboten werden. Hierzu schlägt Engel den „gleichgültigen Ehemann" vor, welcher einstudirt ist und schon nächsten Sonnabend gegeben werden würde, wenn diese Oper nicht wegen Beschleunigung des Debuts der Unzelmann's zurückgelegt und „Nina" vorbereitet wäre, welche man nun Sonnabend heraus- zubringen hofft. — —

Wir erinnern uns wohl noch, daß die allerliebste kleine Marianne Goebel den Schauspieler Distler mit großen Hindernissen und erst dann geheirathet hatte, als beide mit der Direktion einen neuen Vertrag eingegangen waren; ferner daß Distler Zulage und mehrfache Vor- schüsse erhalten hatte. Plötzlich gingen Herr Distler und Frau mit Hinterlassung bedeutender Schulden und ungetilgter Vorschüsse nach Wien, Distler's Heimath, durch!! Der Verlust der Theaterkasse war beträchtig und, um ein Exempel zu geben, ließ die Direktion durch Hülfe des auswärtigen Amtes das saubere Ehepaar festnehmen. Man würde es per Schub zurückgebracht haben, wenn nicht Distler's Vater, ein Bürger Wiens, schleunigst die Schuld gedeckt hätte. — Am 16. April 1788 geht folgendes Gutachten ein:

„Einlage ist von dem Sänger und Schauspieler Frankenberg, den Lanz, Böheim, Lippert, die ihn alle persönlich kennen, für ein ungemein brauchbares und vorzügliches Subjekt ausgeben. Sein Organ soll eines der besten sein, so- wohl zum Singen als zum Reden, er soll mit viel Talent zum Komischen zugleich ungemein viel Anstand in ernsthaften und gesetzten Rollen verbinden und in An- sehung dieses Anstandes alle Mitglieder unserer Bühne weit übertreffen. Zugleich versichert Herr Lippert, daß er ein vollkommener Musikkenner sei. Ein solcher

Mann, denke ich, ist von uns in keinem Falle und am wenigsten jetzt zu über=
sehen, da wir bald manchen Schauspieler mit und ohne unsern Willen verlieren
werden. Antousch, Amberg, Alexi. Ersterem aufzusagen ist bereits be=
schlossen und er wird in der That durch Unzelmann's Ankunft ganz entbehrlich.
Amberg hat einen Ruf nach Strelitz, den er soll annehmen wollen. Alexi steht
in Unterhandlungen mit Schwedt, ist außer der eigentlichen unter der Mittel=
mäßigkeit und im Ernsthaften unerträglich. Ueberdem ist er von einer Grobheit
und Inpertinenz ohne Beispiel. Dahingegen Frankenberg den Ruhm eines ge=
sitteten und ruhigen Mannes hat.

Engel." —

„Wenn durch Unzelmann und dessen Frau und durch den Frankenberg diese
drey abgehenden so gut, wie es scheint, ersetzt werden können, so dächte ich,
müßte man keine Anstalten machen, sie zurückzuhalten. Vom Niedrigen Komischen,
worin Alexi Beifall erhalten hat, muß man das Publikum durch Kaselitz leicht
abziehen können, wenn man feinere komische Schauspieler erhält. —

Ramler." —

Unstreitig liegt hier ein neuer Beweis vor, wie bestrebt die General=
Direktion gewesen ist, das Theater nicht nur von unbrauchbaren Ele=
menten zu befreien, sondern es auch in den Stand zu setzen, höheren
Anforderungen an die Darstellungskunst genügen zu können. Daß die
Verwaltung dies aber überhaupt konnte, verdankte Sie nicht nur dem Kreise
wirklicher Künstler, welche das Theater bereits besaß und zu denen man
ebenbürtige Kräfte gesellen mußte, um ein künstlerisches Zusammenspiel zu
gewinnen, sie verdankte es auch wesentlich der bereits geschaffenen Er=
leichterung des Schuldenwesens, der eingeführten Ordnung, der
geschickten Vertheilung aller Kräfte, wie dem nun begründeten ein=
fachen und soliden Verwaltungssystem. — Vorstehender Meinungsaustausch
der Direktoren über den zu gewärtigenden Abgang des Schauspielers
Alexi und das beabsichtigte Engagements Frankenberg's, bot die
Veranlassung zu einem neuen und sehr ernsten Zwiespalt zwischen
Engel und von Beyer. Ersterer hatte bereits die beispiellose Grobheit
und Widersetzlichkeit Alexi's erwähnt, auch geht aus Allem hervor, daß
derselbe nur im niedrig=komischen Fache als Schauspieler brauchbar war,
ein Genre, welches, an den Harlekin mahnend, füglich entbehrt werden konnte.
Diese gegen Alexi von Engel beigebrachten Thatsachen sprachen gewiß
dafür, sich seiner zu entledigen. Andrerseits war Alexi schon 4 Jahre
Mitglied des Nationaltheaters und hatte als „Mosjo" in Berlin seine
Laufbahn begonnen. Ihm sowohl wie seinem vom Nationaltheater
bereits abgegangenen Vater, der den kranken Lanz als Balletmeister ver=

treten hatte, waren wegen ihres „Eifers" das Lob der Direktion und ein besonderes Geschenk, wie wir wissen, zu Theil geworden; seine Frau gehörte übrigens den 6 Tänzerpaaren an, welche das National= theater der Oper zu stellen hatte. Diese Thatsachen sprächen bei Rath von Beyer wieder für denselben. — Am 19. April erhebt sich nun zwischen Engel und Beyer folgender Schriftwechsel.

v. Beyer an Engel:

„Ich versichere auf Pflicht und Gewissen, wie ich schon oft mündlich gethan: daß ich Alexi sein allerdings widriges Betragen sehr ernstlich und in harten Worten verwiesen. Er provocirt aber einen Beweis seines Ver= gehens und ungehört kann Niemand bestraft noch weggeschickt werden.

Gott soll mich behüten, daß ich in irgend einem Geschäft und also auch in Theatersachen ungerecht und partheyisch verfahre! Aber bloß um einer störrigen Manier willen einen guten und in seiner Art unentbehrlichen, vielleicht uner= setzlichen Schauspieler fortzuschicken?!" u. s. w.

Hierunter schreibt Engel:

„Der Verweis an Alexi war gegeben, als er mir, Angesichts aller auf dem Theater gegenwärtigen Schauspieler ohne die mindeste ihm gegebene Veranlassung, auf die gröbste Art begegnete, die nicht der kleinste Direktor einer herumziehenden Truppe sich würde haben gefallen lassen. Ich kann und werde mit diesem Mann nicht zusammenbleiben!! Ueberdem ist er nichts als Possenreißer. und s. w. Wollen wir die Operette gründlich und durchaus verbessern, so muß ein solcher Mann, wie Frankenberg gesucht werden."

An demselben 19. April wechseln Engel gegen und Beyer für Alexi noch zwei Schriftstücke, welche in der Sache nichts Neues bieten, sondern nur von Engel's erhöhterer Gereiztheit und Beyer's ruhigerem Benehmen Zeugniß geben. Uebrigens kündigte Alexi am 21. April und ging nach Ablauf der herkömmlichen Frist von 12 Wochen nebst Frau nach Schwedt ab. — Bei diesem Konflikte sind Beyer und Engel über den Werth oder Unwerth des Tanz sehr ver= schiedener Meinung, was ein Beweis für unsere Behauptung ist, daß aus einer Konsortial=Leitung des Theaters nie etwas Gescheutes her= auskommt und Meinungsstreit unvermeidlich ist. — In vorliegendem Falle befindet sich, obwohl im guten Glauben, das Richtige zu treffen, Beyer dennoch gegen Engel im Unrecht. Beyer folgt der dem Prof. Engel ertheilten Kgl. Instruktion, nach welcher der Oberdirektor bei Konflikten mit dem Personal nicht selbst zu entscheiden hat, sondern seine vorgesetzte Generaldirektion. Er vergißt hierbei aber, daß es an= dererseits seine Pflicht ist, die Autorität des Oberdirektors gegen die

Unbill der Untergebenen zu schützen. Diese, so viel wir wissen, einzige Blöße, welche sich Beyer gegeben hat, benützte nun Engel sofort und setzte alle Hebel in Bewegung, denselben fortan unmöglich zu machen. — Wenn bisher das Nationaltheater seine Tänzer zu Vorstellungen der großen Oper abtreten mußte, so gesellte sich zu diesem Leihgeschäft noch ein anderes, (unterm 26. April und im Juni 1788 ersichtlich,) nämlich, daß die Oper Garderobestücke und Perücken vom National= theater, dieses aber Waffen und Requisiten von der Hofoper ent= lehnte, so daß auch hierin beide Institute von einander abhängig wurden. Mit einer Höflichkeit, der man aber nur zu sehr den Widerwillen an= sieht, werden diese Verleihungen von den betreffenden Verwaltungen ge= nehmigt, und dieser Widerwille hatte seinen guten Grund. Daß dergleichen Theaterinventar durch den Gebrauch leidet, ist klar. Dazu kam noch, daß die Kostüme, Waffen, Perücken und Geräthschaften, wenn sie im anderen Hause gebraucht wurden, stets erst vom Gensdarmenmarkt in's Opernhaus oder von dort in's Nationaltheater, oft bei dem schlechtesten Wetter, ge= schafft werden mußten. — Was hauptsächlich dem Nationaltheater schadete und das gebildete Publikum von dessen Besuch abschreckte, die darstellenden Künstler aber entmuthigen mußte, waren die fortgesetzten Theaterunruhen. Wir haben dieselben bis zum Schluß des Jahres 1787 in ihrem Wachsen geschildert und erinnern an Ramler's verstohlenen Brief an Beyer, in welchem Ersterer zu verstehen giebt, daß hier eine Kabale Doebbelin's und seiner Anhänger im Spiele sei. Möglich, daß dieser Verdacht richtig war, aber von Doebbelin allein gingen diese Unruhen denn doch nicht aus. Obwohl seine Anhänger bei denselben redlich mitgeholfen haben, so ist doch eben so gewiß, daß der unruhige Geist der Zeit, der Einfluß fremder Ideen die Menschen reizbarer und zu Ausschreitungen geneigter machte und das Nationaltheater nur den zufälligen, aber sehr willkommenen, Boden zur Ablagerung der vorhandenen Erregung bot. Vergessen wir nicht, daß wir uns im Jahre 1788 befinden, wo in Frankreich bereits die revolutionäre Fluth im Steigen war, daß die stürmische Notablenversammlung tagte, welche dem „Dritten Stande" und der „Commune" den Weg bahnte und daß schon im Jahre 1789 im Sommer der Sturm auf die Bastille erfolgte, mit welchem die Volksherrschaft ihren ersten Sieg über das absolute Königthum

feierte!! Gewiß wäre es lächerlich, jene Vorgänge mit den Berliner
Theaterunruhen direkt in Beziehung zu bringen, aber je weniger man
gerade bei uns die Art und das Ziel der pariser Bewegung zu ver=
stehen vermochte, je verworrener überhaupt die Begriffe und Grund=
sätze jener Zeit waren, umsomehr hatten sie im Verein mit den
Ideen des nur zu sehr bei uns gepflegten Voltaire und der Encyflo=
päbisten, wie der Befreiung Amerika's, in unserer jungen Generation
ein gewisses Hirnfieber erzeugt, welches an jedem beliebigen Stroh=
feuer seine Nahrung fand. Die junge Welt wußte freilich nicht, was
sie wollte, sie verlangte nur nach etwas Anderem, Neuem. — Diese Reiz=
barfeit erzeugte auch eine solche zwischen dem Publifum und der Ver=
waltung des Nationaltheaters, sowie unter den Bühnenmitgliedern selbst
und verbitterte ihre gegenseitigen Beziehungen. Ein Beispiel gleich
Anfangs des Jahres 1788 giebt folgender Vorfall zwischen der Schau=
spielerin Charlotte Bötticher und dem Schauspieler Kaselitz. Erstere
hatte Letzteren beim Stadtgericht wegen Verbal=Injurien belangt und
die Art, wie es zu solchen gekommen war, beweist den Zusammenhang
der Empfindlichkeit der Künstler mit den Unruhen im Zuschauer=
raum. Am 26. December (2. Weihnachtsfeiertag) 1787 hatte Kaselitz
in Schillers „Kabale und Liebe“ den Präsidenten gespielt und — war
ausgepocht worden! Er suchte den Grund nicht in seiner schlechten Dar=
stellung, sondern in einer Kabale der Madame Bötticher, die ihren
Mann in dieser Rolle hatte sehen wollen und der die Aeußerung ent=
schlüpft war: „Kaselitz solle diese Rolle einmal und nie wieder spielen.“
Von dem Freunde des Letzteren, Buchhändler Himburg, der mit einem
anderen Herrn besagter Vorstellung in einer Loge beigewohnt hatte,
wurde Kaselitz diese Aeußerung hinterbracht und dieser nannte vor
Direktor Frischmuth und Madame Baranius das Ehepaar Bötticher
„Kabalenmacher.“ Es kam zum Prozeß, aber derselbe wurde durch die
Direktion geschlichtet. Madame Bötticher nahm ihre Klage zurück, da
sie sich nicht völlig von dem Verdachte zu reinigen vermochte, daß
„sie mit den Auspochern in einiger Beziehung gestanden habe!!“ —
Nachdem die Zuschrift vom 14. November 1787 an den Gouverneur
General von Möllendorff auf Beyer's Einwürfe hin, wie wir wissen,
nicht abgesendet worden war, hatte man in der ersten Hälfte des Januar
1788, da die Theaterunruhen fortdauerten, eine Vorstellung an den
König selbst aufgesetzt; aber sie abzusenden scheute man sich auch, wie

folgender, dem Entwurfe des Briefes beigefügter, von Beyer geschrie=
bener, Zettel besagt:

„Um Sne. Maj. mit dergleichen Beschwerde nicht ohne dringendste
Noth zu behelligen, ist beliebt, einliegenden Bericht noch auf einige Zeit
zurück zu behalten bis anderweite Veranlassung gegeben wird.
Berlin, den 16. Januar 1788.

v. Beyer. Engel.*

Die Unordnungen hatten sich in den ersten Monaten des Jahres
1788 aber so gesteigert, daß Beyer seine Bedenken endlich überwand und
am 15. April der entworfene Bericht an den Gouverneur General von
Möllendorff, wie eine Vorstellung an die Kgl. Polizeidirektion
Seitens der Generaldirektion abgesendet wurde. General von Möllen=
dorff versprach am 27. April Hülfe betreffs der tumultirenden Militair=
personen, die Polizeidirektion betreffs des bürgerlichen Publikums. Von
letzterer erschien eine öffentliche Verwarnung in den Zeitungen, nachdem
am 28. April die Generaldirektion unter dem Bühnenpersonal einen
Erlaß cirkuliren ließ, der denselben den Schutz der Behörden verkündete,
sie aber ermahnt, auch ihrerseits Alles zur Beruhigung beizutragen und
den Anlaß zu Mißhelligkeit und Kabale zu vermeiden. — Das Betreten
der Bühne durch Offiziere unterblieb fortan. Ein scharfer Parolebefehl
Möllendorff's, sowie die öffentliche polizeiliche Verwarnung steuerte
dem Unwesen für den Augenblick. Ganz auszurotten vermochte man
die Theaterunruhen nicht, da wir sie bis zum Jahre 1795 zeitweise auf=
treten und in dieselben nicht blos junge Leute vom Civil, sondern auch
militairische Heißsporne verwickelt sehen, welche zur Strafe gezogen
werden mußten. —

Den 28. April hatte Unzelmann in dem zum 1. Male aufge=
führten 5aktigen Schauspiele Iffland's „Das Bewußtsein" in der
Rolle des „jungen Ruhberg" mit großer Anerkennung debutirt. — —
Wie wenig Geh. Oberfinanzrath von Beyer an seinen Abgang
dachte, wie er allem äußern Anscheine nach mit seinen Kollegen in bestem
Einvernehmen lebte, ja im letzten Augenblicke noch seinen Einfluß als
Präses der Direktion geltend machte, wie verborgen für ihn also die In=
trigue angelegt gewesen sein muß, die ihn mit einem Male zu Falle
brachte, — beweist folgende Thatsache. — Am 3. Mai hatte Madame
Friederike Unzelmann, geb. Flittner, als „Nina" in der zum 1.
Male dargestellten einaktigen Oper „Nina, oder Wahnsinn aus

Liebe" nach d. Frz. von André, Musik von d'Alayrac, debutirt. Die Künstlerin, gleich zündend durch ihre Erscheinung, wie durch ihr geistreich seelenvolles Spiel, ihre Grazie und ihre schöne Stimme, hatte einen wahrhaft durchschlagenden Erfolg errungen. Alles Uebelwollen gegen die Verwaltung, alle Machinationen der Mitglieder und die Schaden=freude des Parterres, jeden neuen Schauspieler auszupfeifen zu können, schwiegen vor ihrer meisterhaften Darstellung! Rath Beyer, der im Theater gewesen war, kam ganz begeistert nach Hause. — Am 1. Mai hatte Carl Wilhelm Unzelmann nun ein „Unterthäniges Pro Memoria" an die Direktion gerichtet, in welchem er sich erstens seine Auslagen für abgeschriebene Musikalien mit 86 Thlr. 8 Gr. zurückerbat. Zweitens ersuchte er um Vergütigung von 200 Thlr. extra Reisekosten, welche er aufführte und dabei als Grund für diese Forderung bemerkte, daß, „da er wie seine Frau stets in eignen Kostümen auf dem Theater spielten, ihre Garderobe also dem Theater von Nutzen wäre und dem=selben Ausgaben erspare." Er erklärt endlich, daß er wegen des theuren Gasthofslebens sich „neu möbliren" müsse, bittet deshalb um Vorschuß, so wie um eine dreimonatliche Frist bis zum Eintritt des Gagenabzuges für seine gesammten Vorschüsse. Erwägt man die Ueberlastung der Theaterkasse und daß Unzelmann und Frau die höchsten Gagen unter allen Mitgliedern, Fleck ausgenommen, bezogen, daß sie ferner ansehn=liche Vorschüsse bereits in Frankfurt empfangen hatten, so muß man zu=geben, daß dieses Gesuch sehr schwer zu erfüllen war. Angesichts des gestrigen Erfolges der Frau Unzelmann schreibt jedoch am 4. Mai Rath Beyer zu dem Gesuche folgende Erklärung nieder:

„Die Anforderungen des Herrn Unzelmann gehen in der That weit. In Hoffnung, daß er und seine Frau dem Theater in der Folge recht nützlich sein und der bisherigen schlechten Einnahme wieder aufhelfen werde, halte ich es verantwortlich:

1. Demselben noch die 86 Thlr. 8 Gr. für Musikalien zu zahlen, auch da er nebst seiner Frau eigne Kleidung auf dem Theater gebraucht und diese Fracht meistens für Theater Garderobe und Geräthe ausgegeben ist.

2. Würde das pflichtmäßige Gutachten des Rendanten zu fordern sein: ob ihm außerdem noch die verlangten 24 Frdsdor, ohne uns selbst in Verlegenheit zu setzen, vorgeschossen werden können.

3. Desgleichen darüber: ob zu Realisirung des Wiedererstattungs=Abzugs noch wohl eine dreimonatliche Frist akkordirt werden könne. Bei dem Allen müßte sich der Rendant über sämmtliche Vorschüsse und deren Erstattungs=Art, in einer Conclusion mit Herrn Unzelmann vergleichen, und darin auf alle

Fälle deſſen Vermögen der Kgl. Direktion zur Spezial-Sicherheit verſchreiben laſſen. — Ich habe geſtern die Madame Unzelmann mit innigſter Zufrie= denheit ſpielen ſehn! Das iſt doch endlich 'mal ein Weib, das ganz ihren Charakter verſteht, richtige ſchöne Natur in Allem zeigt, wirklich agirt und nicht blos recitirt! Das ganze Publikum, — welches ich erweiſen könnte, — iſt gleicher Meinung! Solche Leute verdienen Unterſtützung!!

Berlin, den 4. Mai 1788.

von Beyer.“ —

„Ramler, Engel“ ſtimmen durch Unterſchrift zu. — —

Schreibt ein Mann ſo in lichter Begeiſterung, der ſein Amt frei= willig am nächſten Tage niederlegen will?? — Wir ſehen Beyer mitten in Geſchäften, hingebend bemüht, das Unzelmann'ſche Künſtler= paar durch möglichſte Vortheile an Berlin zu feſſeln, noch an demſelben denkwürdigen 4. Mai, an welchem die Königliche Ordre unterzeichnet wird, welche ihn ohne Weiteres entläßt!! Nicht nur dieſe Ordre, ſondern auch andere Beläge, den Abgang Beyer's und gewiſſe heikle Dinge be= treffend, ſind in den Akten des Königl. Theater=Archivs nicht mehr zu finden; es ſcheinen Gründe vorhanden geweſen zu ſein, dieſe Vorgänge im Dunkeln zu laſſen! Rath von Beyer verſchwindet ſpurlos und die nunmehrige Generaldirektion Ramler=Engel tritt am 7. Mai zu ihrer erſten Konferenz zuſammen, deren Protokoll nichts weiter erwähnt*), als daß „vermittelſt Kabinets=Ordre vom 4. Mai die Direktion des Nationaltheaters den Profeſſoren Herren Ramler und Engel allein übertragen“ worden iſt und gleich zur geſchäftlichen Tagesordnung übergeht. — —

Der Zeitpunkt, ſich Beyer's zu entledigen, war von ſeinem Neben= buhler nur zu klug und glücklich gewählt! — Die drückenden Schuld= verhältniſſe hatte des Finanzraths Umſicht geordnet, ein neuer Organis= mus war dem Nationaltheater gegeben, die Pflichten und Rechte der Bühnenangehörigen waren genau feſtgeſtellt worden. Man hatte die unzulänglichen Schauſpieler ausgeſchieden und dafür Künſtler, wie die beiden Unzelmann's und Lippert gewonnen; Fleck's war man ſicher, mit Mattauſch ſtand man in Unterhandlung, der Sänger Frankenberg wurde erwartet, Engel aber hatte Novitäten genug für den eingetre= tenen Fall zurückgelegt, mit denen er Kaſſe zu machen, wie Ehre ein= zulegen hoffen durfte! So ließ denn Engel durch Riß den längſt

---

*) Siehe das nächſte, III. Kapitel dieſes Bandes.　　　　　D. V.

angelegten Plan, welcher ihm die Alleinherrschaft sicherte, ausführen. Daß Riß hierbei aber die Hand im Spiele hatte, geht schon aus der Ver- traulichkeit hervor, welche seine nachträglich an Engel gerichteten Briefe athmen und aus dem Verhältniß, in dem dieser zu Riß als dessen Miether, wie bereits mitgetheilt, stand. Die immer größer werdenden Geldopfer des Königs für das Nationaltheater, sein immer stärkeres Einwirken auf dasselbe und, daß er gegen Engel und Ramler einen viel ungezwungneren Ton anschlägt, als vordem gegen Beyer, endlich wie der Etat des Theaters jährlich wächst, — beweist ebenfalls, daß Beyer's Sturz von Engel und Riß geplant und bei dem Könige im rechten Augenblicke durchgesetzt worden ist! 1789, also nachdem Beyer glücklich beseitigt war, taucht plötzlich eine Tänzerin Gerand als engagirt am Nationaltheater auf, von der man nicht weiß, „von wannen sie kommt!!" Bei der Leichtigkeit, mit welcher Schauspieler ihre Namen abzuändern pflegen, sieht es ganz danach aus, wie wenn die schon er- wähnte, unter Beyer 1788 außer dem Etat eingeschmuggelte Dem. Girand sich im Jahre 1789 in die Dem. Gerand verwandelt hätte, mit der später noch eine Veränderung vorgeht und welcher ein — sehr auffälliger Vorzug zu Theil wurde, obgleich sie nur Choristin ge- wesen ist! Vielleicht war jene „geheime Sache" der innere und eigent- liche Grund zu Beyer's Entlassung?!! —

Wie dunkel diese Sache auch ist und bleibt, — so ganz auf Muth- maßungen angewiesen sind wir doch nicht, denn später, unter Iffland, finden wir zweifellose Beweise der Ursachen, welche Beyer's — Ent- fernung veranlaßten. Diese Beweise sind aber, außer Beyer selbst, Iff- land nur bekannt gewesen, der sie als Amtsgeheimniß bewahrte und aus ge- wissen Rücksichten über sie zu schweigen verpflichtet war. Freilich hätten Engel und Ramler auch reden können, würde gerade ihr Vortheil es nicht geboten haben, das zu verheimlichen, was sie auf das Äeußerste hätte bloßstellen müssen. Nur die Zunge des höhnischen Rechtsanwalts allein war es, die in dem von Doebbelin nachmals gegen die Direktion angestrengten Prozesse sich über die Gründe von Beyer's plötzlichem Ausscheiden vernehmen ließ. Seine Angabe ist zwar nur eine beweislose Behauptung, aber der Mann hat doch nur zu wahr geredet, wie seiner Zeit in unzweideutiger Weise durch die am 5. Januar 1798 an Iffland gerichteten Briefe hervor- gehen wird! — — —

An Novitäten waren 1788 bis zu Beyer's Ausscheiden am 5. Mai folgende Stücke gegeben worden:

Den 26. Februar. „Der kluge Jakob", Oper in 3 Akten von Weßel, Musik von Baron von Kospoth.

Den 4. März. „Die offene Fehde", Lustspiel in 3 Akten a. d. Frz. von Huber.

Den 12. März. (Reprise) „Othello", nach der Ueberseßung von Hage- meister, bearb. v. Schröder, z. Benefiz f. Fleck.

Den 31. März. „Der Stammbaum", Lustspiel in 1 Akt v. Anton Wall (Sekret. Heyne), Fortseßung des Lustspiels „Die beiden Billets", welches 1781 am 1. Januar von Doebbelin zum 1. Mal aufgeführt worden war.

Den 31. März. „Der Weise in der That", Lustspiel 5 Akten von Schröder (nicht mit dem am 16. Oktober 1787 gegebenen Schau- spiel zu verwechseln!).

Den 15. April. „Die große Toilette", Lustspiel in 5 Akten (eine Satyre auf den ungeheuren und lächerlichen Kopfpuß der damaligen Damen.)

Den 28. April. „Das Bewußtsein", Schauspiel in 5 Akten v. Iffland. (Erstes Debut des Herrn Unzelmann als der „junge Ruhberg.")

Den 3. Mai. „Nina oder Wahnsinn aus Liebe", Oper in 1 Akt. nach d. Frz. v. André, Musik v. d'Alayrac. (Erstes Debut der Madame Unzelmann als „Nina.") — — —

Durch die nunmehr hinter uns liegende erste Epoche der General- direktion und deren sich so seltsam vollzogenen Veränderung haben wir bereits den Beweis vor Augen, daß der vom Könige geschaffene Organismus von Anbeginn den Keim seines Unterganges in sich trug. Wir werden von nun an bis zum 16. November 1796 nur noch das Schau- spiel seines Todeskampfes erleben, welcher um so eigenthümlicher ist, als bei demselben die künstlerische Entwicklung des Theaters kräftig fort- schreitet, ja daß die durch sie erzielten Erfolge gerade der General- direktion nur desto sicherer das Grab graben und um so augen- scheinlicher deren wachsende Unfähigkeit zur ferneren Leitung des National-Theaters darthun!! — —

1788 bis 1789.

3

Die Königliche Oper unter v. d. Reck und das Nationaltheater unter Engel und Ramler bis zu Doebbelin's Abgang.

(Vom 7. Mai 1788 bis 1. August 1789.)

Obschon wir das Ausscheiden Beyer's bedauern, lag doch in demselben — unserem Grundsatze gemäß: daß beim Theater die Oberleitung nur in einer Hand ruhen müsse, — der Beginn zur Besserung einer, jetzt nur noch aus zwei Personen bestehenden Bühnenleitung. Eigentlich war auch dieses zweiköpfige Direktorium nur dem Namen nach vorhanden, denn Engel sagte fortan, was geschehen sollte, Ramler nickte dazu und die Sache war abgemacht. Die Unterbeamten der Direktion: Bertram, Jacobi, Pauli, blieben wie: Doebbelin, Frischmuth und Rüthling, nur die ausübenden Kräfte. Darin lag eine große Erleichterung des Geschäftsganges, denn alle getroffenen Maßregeln traten fortan schneller in Wirksamkeit. Man muß das Verdienst der Rührigkeit dem nunmehr allein herrschenden Engel zuerkennen, welcher sich in kluger Weise der geschickten Anordnungen Beyer's bediente, um nach und nach aus den Schulden in freies Fahrwasser zu kommen. Dies Ziel zu erreichen, mußte das erste Bestreben der Verwaltung sein, um zu den erwünschten Verbesserungen zu gelangen.

Die neuernannte General=Direktion: „Engel und Ramler" begann ihre Amtsthätigkeit mit folgendem:

„Actum d. 7. Mai 1788.

„Nachdem Se. Kgl. Majestät allerg. geruht haben, vermittelst Cabinets=Ordre vom 4 d. M. die Direction dero National=Theaters den Professoren Herrn Ramler und Engel allein zu übertragen, so war heute die erste Sitzung beyder Direktoren, in welcher folgende Punkte verabredet worden.

1. Die Schauspielerin Müller und deren Mann aus Meiningen mit den versprochenen 8 Thlrn. wöchentlichen Gehalts auf die gewöhnliche Zeit von

10*

12 Wochen zu engagiren, und die Casse anzuweisen, dies Gehalt vom 6. April an, zu zahlen.

2. Zur Berichtignng der Forderung des Schauspielers Unzelmann für Musikalien, ihm die Auslagen mit 86 Thlr. 8 Gr. zu zahlen.

3. Dem Kriegsrath Müller anzuzeigen, daß die Pflicht der Direktion ihr nicht erlaube seinem Gesuche wegen Beibehaltung seiner Tochter, Gehör zu geben.

4. Dem Schauspieler Frankenberg in Frankfurt a. M. einen Contract zur Unterschrift zu übersenden. Die ihm zu machenden Bedingungen waren: die geforderten 18 Thlr. wöchentlich, ein Reisegeld von 15 Frd's. ein Vorschuß von 300 Thlr.

5. Statt des bisher freigewesenen Donnerstags, soll vom 16. an der Freitag Ruhetag sein.

6. Wegen des Arrangements mit dem Doebbelin, zu dessen Hülfe ein Rechtsgelehrter unentbehrlich ist, den Kammergerichtsrath Klein den Antrag zu thun, die Lage der Sache zu untersuchen und die Direction in den Stand zu setzen, gegen den 1. August d. J. Sr. Majestät solche Vorschläge zu überreichen, welche die Gerechtigkeit gegen den p. Doebbelin mit dem Interesse des Theaters vereinigen.

Ferner wird eine Königliche Verordnung, nach welcher den Armen jährlich 300 Thlr. ausgesetzt wird, entgegengenommen und die Kasse zu deren Auszahlung angewiesen." — —

Die Berufung eines Rechtsconsulenten, des Kammergerichtsrath Klein, zur Auseinandersetzung mit Doebbelin ist der Beweis, daß Engel gegen den alten Prinzipal keine Rücksicht mehr zu üben Willens war.

Eine befremdlich scheinende Thatsache nach v. Beyer's Verabschiedung ist, daß die Unruhen im Theater einstweilen aufhören. Die Sache ging indeß ganz naturgemäß zu! — Unter Doebbelin und während des ersten Verwaltungsjahres durch die Generaldirektion war kein Ensemble vorhanden, keine gute Rollenbesetzung möglich, es mußten aber die Erwartungen des Publikums in Folge der Einsetzung einer Königlichen Verwaltung und der Erhebung der Doebbelin'schen Gesellschaft zu Schauspielern des Königl. Nationaltheaters gesteigert werden. Das Publikum hatte auf Grund dieser neuen Einrichtung ein Recht, zu verlangen, daß man ihm jetzt Besseres biete! Wenn aber neben einem Fleck, als Macbeth, Caroline Doebbelin die Lady Macbeth pathetisch herausschrie, und neben der vortrefflichen Baranius, Carl Doebbelin den Koulissenreißer unter Tanzmeistergesten machte, so mußte das eben verstimmen und die Unruhen begünstigen. Mit Gewinnung der beiden Unzelmann's, Lippert's und Frankenberg's neben

Fleck und Madame Baranius erhielt von nun an das Zu=
sammenspiel ein ganz anderes Aussehn. Wie hätte man deren vereinte
Leistungen, statt sie anerkennend zu begrüßen, mit Pfeifen und Pochen
abweisen können? Beyer hatte demnach mit seiner Meinung Recht,
daß der öffentliche Unwille, wie die aufreizenden Intriguen allen
Boden verlieren und größerer Zufriedenheit des Publikums Platz machen
müssen, sobald das Zusammenspiel besser werde und die Darstellung
künstlerische Abrundung und innere Einheit erhalte. Auffällig ist die
Königl. Ordre betreffs des Armengeldes, denn dasselbe ist eine Abgabe,
welche der König dem Nationaltheater auferlegte, obwohl Doebbelin
durch das im Jahre 75 ertheilte Generalprivilegium von allen Abgaben
ausdrücklich entbunden worden war und die Königl. Oper keine der=
artige Verpflichtung hatte!! —

Betreffs der Klage, welche die Provinzial=Prinzipalin Wittwe
Wäser gegen Carl Doebbelin wegen Ueberlassung seiner Concession
an Tilly am 30. März beim Könige angestrengt hatte und nachdem von
diesem die Klägerin am 3. April zur Untersuchung der Sache an die
Oberdirektion verwiesen wurde, wendete sich Letztere, der Ermittelungen
halber, an die Magdeburgische Kriegs= und Domänenkammer. Vor die=
ser vertheidigte sich Doebbelin unterm 16. Mai und sagte, daß Tilly
nur sein Regisseur sei, die Tilly'sche Gesellschaft aber in seinem Gehalte
und sein Name als Unternehmer auf dem Zettel stehe. Hierauf wurde
die Wäser abgewiesen und Carl Doebbelin verklagte dieselbe nun
wegen Beeinträchtigung seiner Rechte! — Es ist klar, daß hier ein Schein=
manöver vorliegt. Carl Doebbelin, zu unfähig und mittellos, um
selbst Direktion zu führen, hatte sein Privilegium in Magdeburg an die
Tilly'sche Gesellschaft verpachtet und schob sich, zur Sicherung des Ge=
schäfts, als Unternehmer vor! —

Eine Verbesserung erfuhren die Orchesterverhältnisse des National=
theaters durch folgende Maßnahme:

„Da die sich häufenden Arbeiten des K. National=Ths. unumgänglich erfordern,
daß das Orchester in Zukunft mit mehr als einem Musik=Director versehen sei, so
hat die Gen.=Direction sich genöthigt gesehen, neben Herrn Frischmuth, noch
einen Musik=Director, in der Person des Herrn Wessely anzustellen, und selbi=
gen mit gleicher Instruction und Autoritaet, wie Herr Frischmuth erhalten,
zu versehen. Dem Musik=Director Herrn Frischmuth sowohl als dem Musikus
Herrn Schulze wird solches hierdurch bekannt gemacht, und beyden aufgegeben,

Herrn Weffely den Mitgliedern des Orchesters als zweyten Mufik-Director vor-
zuftellen.

Berlin den 15. Mai 1788. Ramler. Engel."

Weffely, ein Jude, hat fich uns bereits als Komponift der Trauerkantate bei der Todtenfeier Mofes Mendelssohn's rühmlich bekannt gemacht; er ift demnach der erfte Künftler mofaifchen Glaubens, welcher
an berliner Theatern gewirkt hat und er eröffnete die Reihe der dramatifchen
Tondichter diefes Volkes, welche mit Meyerbeer endet und die Richard
Wagner zu feinem Angriffe: „Das Judenthum in der Mufik" veranlaßt hat. Ohne uns über denfelben auf ein eingehendes Urtheil einzulaffen,
ift unfere Meinung folgende. Es ift völlig genug an den einmal gefchicht-
lich wie gefellfchaftlich vorhandenen, wefentlich trennenden Unterfchieden
zwifchen Juden und Chriften. Diefe Trennung in der Kunft und auf dem
Gebiete des Talentes zu behaupten, ift widerfinnig, denn fie ift einfach nicht
da! Wer einmal Talent hat, macht es geltend und thut Recht daran.
Die Kunft ift nicht jüdifch noch chriftlich, fondern göttlich, d. h. eine
Gottesgabe und ein Himmelstroft für alle Menfchen. Weffely war eine
jedenfalls frifche und tüchtige Kraft. Durch feine Betriebfamkeit brachte
es jetzt das Orchefter auf 14 engagirte Violiniften, 3 Bratfchiften,
4 Kontrabaß- und 4 Celliften, fämmtliche Blechinftrumente aber waren
vierfach befetzt; die größten heroifchen Opern konnten mithin am Nationaltheater aufgeführt werden. Am 2. Juli erhielt Weffely eine In-
ftruktion vom Generaldirektorium, welche feinen Wirkungskreis feftfetzte,
nachdem zwifchen 10. und 26. Juni bereits die nochmals durchgefehenen und
ergänzten Theatergefetze für Mitglieder, Garderoben- und Dienftperfonal,
Mafchiniften und Illuminateure den betreffenden Dienftzweigen bekannt gemacht worden waren. Man fieht, ein Glied nach dem anderen fügt fich dem
bereits vorhandenen Organismus des Theaters an, um denfelben zu ver-
vollftändigen. — Am 29. Mai war Balletmeifter Koch zur Erfetzung
von Lanz engagirt worden, dem mithin jetzt nur die Theaterinfpection
allein verblieb. Erfteren hatte man als „Balletmacher" angeftellt; das
Sujet wurde ihm gegeben und er mußte die Ausführung beforgen.
Indeß war fein Reich von nicht fehr langer Dauer, da feine Fähigkeiten den Anforderungen nicht entfprachen. — Seine Tochter Friederike,
die Schaufpielerin, erhielt ebenfo wie der Tänzer Leift ihren Kontrakt
erneuert. Am erften Juni wurde vom Kaffenrendanten Jacobi eine
durch den alten Doebbelin beglaubigte Berechnung feiner bis dato an

die Schauspieler schuldigen Gagenreste, wie anderer Doebbelin' scher Schulden vorgelegt. Diese Rechnung weist nach, daß Doebbelin's bringendste Gläubiger 657 Thlr. bereits erhielten, und daß dem Theater noch die Tilgung eines Schuldrestes von 4,882 Thlr. 16 Gr. verblieb. — Argwohnerregend ist der folgende, höchst naive Brief:

„Ewr. Wohlgeboren bitte ganz gehorsamst, nach Anwünschung eines schönen guten Morgen:

Erstlich, um eine Abschrift der Kgl. Kabinets-Ordre, worauf ich mich mit einer allergnädigst ernannten Theater-Commission in Unterhandlungen eingelassen. Zweitens, da das erste Theater-Jahr unter Ewr. Wohlgeboren glücklichen Verwaltung abgelaufen, so bin ich begierig zu wissen, wie es mit meinem Ueberschusse steht und erwarte dahero bald möglichst eine mir angenehme Auskunft, damit ich meine fernere Maßregeln darnach ergreifen kann.

Ich habe die Ehre mich mit aller Hochachtung zu nennen

Berlin den 8. August 1788.   Ewr. Wohlgeb.
                                        ganz gehorsamer Diener
                                              Doebbelin." —

Mit diesem — für seinen Zweck meisterhaft geschriebenen — Briefe trifft der alte Herr entschieden die beiden wunden Stellen der Generaldirection! Entweder mußte Doebbelin, sobald er völlig ausreichend entschädigt worden war, sofort entlassen und sein Privilegium für Berlin aufgehoben werden, oder die Königl. Kommission hatte wirklich keine weitere Bedeutung, als seine Schulden zu reguliren, die Bühnenverhältnisse zu ordnen und ihm dann wieder die Direktion, wie ehedem, zu überlassen! Letztere war eben in eine Sackgasse gerathen, aus welcher sie ohne große Opfer sich nicht herauswinden konnte und Doebbelin's Brief war nur geschrieben, dies mittelst eines Fühlers festzustellen! — Man blieb ihm die Antwort schuldig! — Die Abschrift der Kabinetsordre gab man ihm nicht, sondern machte ihm mündlich nichtssagende Ausflüchte. — Eben so wenig konnte von einem Ueberschusse die Rede sein, da derselbe von einer reichen Blüthenlese Doebbelin'scher Gläubiger verschlungen worden war. So blieb ihm denn Nichts als seine Pension, sein Privilegium und seine, durch werthvolle neu angeschaffte Kostümstücke bereicherte Garderobe! So lächerlich letzteres Faktum war, so bestand es dennoch. Die Garderobe mit sämmtlichen von der Verwaltung neu angeschafften Kostümen hatte ihm nicht nur die bewußte, von ihm durch Unterschrift anerkannte Kabinetsordre zugesprochen, sondern dieselbe war ihm auch in der ihm als Regisseur ertheilten Instruction wiederholt zugesichert worden! — —

Bevor wir der Thätigkeit der Direktion und dem ferneren Gange der Ereignisse folgen, wollen wir eine Charakteristik derjenigen drei Mitglieder des Nationaltheaters geben, welche nunmehr den Stamm der ganzen Gesellschaft bilden und deren Talente sich nicht nur in Berlin, sondern weit über die Grenzen der Residenz hinaus begründeten Ruhm erworben haben: Johann Friedrich Ferdinand Fleck, Carl Wilhelm Ferdinand Unzelmann und seine Frau Friederike Konrabine Auguste, geb. Flittner. — Fleck war Meister des Tragisch-Heroischen, Unzelmann der der Charakterkomik, wie der Escrocs; Mad. Unzelmann stand, gleich groß im tragisch-heroischen, sentimental-naiven, wie komischen Fache und als Sängerin in ihrer Mitte!

Fleck, am 12. Januar 1757 zu Breslau geboren, war jetzt 31 Jahr alt, mithin in der vollen Blüthe seiner Wirksamkeit. „Man muß ihn gesehen haben," schreibt Friedrich Schulz, „diesen jungen, schönen Mann mit seinem bedeutenden Kopfe, diesen funkelnden Augen, dieser festen Gestalt; man muß selber gehört haben dies unvergleichliche Organ, das bei seltenstem Umfange eben so stark als wohltönend war, man muß die Macht seiner Phantasie empfunden haben, die diesen Körper belebte und beseelte!" — Iffland urtheilt über ihn: „Männlich schöne Gestalt, edle Haltung, bedeutender Schritt, ein Feuer werfendes Auge verkündeten auf den ersten Anblick den großen Künstler. Ein Seelenton, dessen Melodie unwiderstehlich das Herz gewann, Kraft, Gewalt, ein Feuerstrom, der, wohin der Sturm der Leidenschaft gebot, auf Höhen und in Abgründen mit sich fortriß. Die innere Kraft, welche ihm beiwohnte, hat es unnöthig gemacht, sein Talent durch geringe Hülfsmittel, welche sie sein mögen, geltend zu machen. Er war der Vertraute der Natur und wandelte in ihrem Geleite seine Künstlerbahn mit steter stiller Gewalt. Der Ton seiner Gutmüthigkeit, womit er so innig rührte, war nicht das Werk der Kunst, er kam aus seiner redlichen Seele!" u. s. w. — Schroeder sagt von ihm: „Die Natur hatte Geist und Körper an Fleck reichlich ausgestattet. Er durfte sich ihr überlassen und überließ sich ihr mit beispielloser Sicherheit; er war bei seinem ersten Schritte auf der Bühne zu Hause und benahm sich auch so. Sein Götz, Otto von Wittelsbach, Karl Moor, Wallenstein, Lear, Othello, Shylok sind dem Kenner unvergeßlich; drollige und treuherzige Alte des Schau- und Lustspiels gelangen ihm nicht weniger. Der Oberförster in den „Jägern", „der geadelte Kaufmann", der Schulmeister im „Ge-

burtstage", der Jude Baruch in „Dienstpflicht" gehörten ihm eigen=
thümlich." Ludwig Tieck's Berichte enthalten das merkwürdige Zeugniß:
„Der Tragiker, für den Shakespeare dichtete, muß nach meiner Einsicht
viel von Fleck's Vortrag und Darstellung gehabt haben, denn diese
wunderbaren Uebergänge, diese Interjektionen, dies Anhalten und dann
der stürmende Strom der Rede, sowie jene zwischengeworfenen, naiven,
ja an das Komische grenzenden Naturlaute und Nebengedanken gab er
so natürlich wahr, daß wir grade diese Sonderbarkeit des Shakespear=
schen Pathos zuerst bei ihm verstanden!" Wir denken, gerade für
ein Urtheil über die Spielweise Shakespearescher Werke ist Tieck maßge=
bend! — Unseres großen Tragöden Gegensatz war Unzelmann, 1753
am 1. Juli zu Braunschweig geboren, stand er in seinem 35. Lebens=
jahre. Nicht nur der bekannte Dramaturg und Theatervorstand Klinge=
mann bezeugt von ihm: „Die Natur hatte ihm gewissermaßen die ächte
vis comica schon in sein Gesicht gelegt, in welchem sich ein frappanter
Ausdruck von Neugierde, treuherziger Einfalt und verborgener Schelmerei
spiegelte," auch das Bildniß des Künstlers, welches vor uns liegt, beweist,
daß die Natur ihn zum Charakterkomiker ausgerüstet hat. Stirn und
Schädel, letzterer bedeckt mit kurzem gekräuselten dünnen Haar, sind weit
zurück gebaut, seine Adlernase, lang und dünn, springt scharf hervor,
während die stets ironisch gekniffenen dünnen Lippen zurückgezogen,
wenig über die Linie zum Kinn heraustreten. Seine großen Augen=
höhlen überwölben schräg gestellte Braunen, welche, verbunden mit den
kleinen, schlauen, unendlich beweglichen Augen, eine Welt voll List, Witz
und boshafter Schalkheit zu bergen scheinen. Keine Physiognomie ver=
mochte mehr wie die seine, je nachdem die vollendete gutmüthige Dumm=
heit und blöde Beschränktheit, oder die jokose Arglist wiederzugeben.
Dazu war seine Gestalt voll, ohne dick zu sein, mittelgroß, und die
Leichtigkeit wie Gewandheit seiner Bewegungen hatten zugleich die Grazie
des Tänzers. Er sprach, sang und tanzte, Unzelmann konnte nahezu
Alles sein, wenn er beim komischen Fache blieb. Wie er jedoch ernste
Rollen spielte, reichte er, es ist schon bemerkt worden, — kaum an's
Mittelmäßige. Sein Gesicht strafte seinen Posa und Franz Moor gänzlich
Lügen und seiner tragischen Sprache vermochte deshalb schon kein Mensch
zu glauben. In Rollen dagegen, wie der junge Schneider in Schroeder's
„Schneider und sein Sohn", Tapezier Martin in Himmel's „Fanchon",
der Bürgermeister in Kotzebue's „Kleinstädtern", als Figaro im „Barbier

von Sevilla" und der „Hochzeit des Figaro", Scherasmin im „Oberon",
Papageno in der „Zauberflöte", als Leporello im „Don Juan" war er
unwiderstehlich!! — Zwischen Fleck und ihm steht das vermittelnde
Ideal vollendeter weiblicher Anmuth. —
Friederike Unzelmann, welche, am 24. Januar 1766 in Gotha
geboren, bereits bedeutenden Ruf hatte, steigerte später als Madame
Bethmann noch ihren Ruhm. Friedrich Schulz entwirft von ihr
folgendes Bild: „Sie hat lichtbraunes Haar, ein großes, durchdringen=
des dunkelblaues Auge und eine so zierliche Gestalt, daß es von ihr ab=
hängt, wie viel jünger sie auf der Bühne erscheinen will, als sie ist und
daß höchst wahrscheinlich irgend Jemand, der gern die Gegenstände beim
rechten Namen nennt, ihretwegen den Ausdruck: „schönes Kind" erfunden
haben würde, wenn ihn die Sprache nicht schon gehabt hätte." — Immer=
hin ist mit solcher Schilderung das Bild dieser großen Meisterin der
Darstellungskunst für Den nicht erschöpft, welcher ihr Portrait gerade vor
Augen hat. — Ihre sylphenhafte Gestalt, von weichen, zarten Formen,
trägt ein zierlich Köpfchen mit vollem, rundem, — einem wahren Kinder=
gesicht. Obschon dies im Allgemeinen für's Theater nicht günstig ist,
weil zu feine Lineamente in der Entfernung bei Abendbeleuchtung für
den Blick zusammenrinnen, so war dies bei Friederike Unzelmann
nicht der Fall, denn sie hatte nicht nur schöne, regelmäßige, sondern auch
plastisch ausgesprochene und sehr redende Gesichtszüge. Das blaue
tiefe Auge hatte nicht allein einen treuen, reinen, einen taubenhaften
Blick, sondern ihm entströmte auch die Tiefe und Gluth einer schwär=
merischen Sehnsucht, eines unendlichen Verlangens, — die Augen der
Unzelmann waren von geradezu verführerischer Schönheit! Um deren
Zauber aber zu vollenden und die Doppelnatur in dieser seltenen Frau
erkennbar zu machen, hat sie einen nicht zu kleinen aber reizend ge=
schnittenen Mund wie — „Amors Bogen", so würde man sich damals
ausgedrückt haben, — welchen ein stets schalkhaft leises Lächeln um=
spielte, dem das Schmollen so gut stand, dessen Gelächter so gewinnend
und dessen Schmerz so rührend war. Kurze Locken aber umspielten
diese Anmuth, die sowohl die Sinne wie das Herz der Beschauer ge=
fangen nahm. — Ueber ihr erstes Debut in „Nina" am 3. Mai
sagt Friederich Schulz: „sie erregte eine Sensation, die sie nicht allein
auf immer zum Liebling des Publikums machte, sondern auch die
Jugend für das Theater begeisterte, das Alter, das ihm den Rücken

gekehrt, wieder zuwandte." — „Ihr Wesen" schreibt ein Anderer, „war voll Adel und Hoheit, sie besaß eine unnachahmliche Anmuth." Das ganze theatralische Gebiet von der Gurly bis zur Lady Macbeth beherrschte sie! Noch ist der Streit der Zeitgenossen unausgeglichen, ob ihre größten Triumphe die hochtragischen Rollen gewesen seien. Sie war die erste Fanchon in Himmel's „Leyermädchen", — Ophelia, das erste Klärchen im Egmont, Phädra, Athalia, Rodogune, die erste Isabella in d. Braut v. Messina, die erste Maria Stuart und Iphigenia. An Elastizität des Geistes überragte sie ihren Mann, an Mannigfaltigkeit ihrer Darstellung aber Fleck. — Das waren sicher drei Kunst-Größen, um welche jede Bühne das National-Theater beneiden, um die sich andere ausgezeichnete Kräfte schaaren und ihr Streben im Wetteifer mit denselben beflügeln konnten. —

Die erste Novität nach Beyer's Abgange war am 26. Mai „Der gleichgültige Ehemann", Op. i. 2 A. n. d. Ital. v. André, Musik von Schuster; ihr folgte am 11. Juni „Erziehung macht den Menschen," Lustsp. in 5. A. v. Ayrenhoff, am 16. Juni „Reue nach der That," Oper in 1. A. n. d. Frz. des Monvel, v. Grossmann, Mus. v. Desaides, am 26. dess. Monats: „Caspar der Thorringer", Schausp. i. 5 A. v. Grafen Thörring, bearbeitet von Plümicke. Am 14. Juli wurde: „Im Trüben ist gut fischen," Oper in 3 A. nach d. Ital. v. André, bearb. v. Schink, Musik von Sarti, aufgeführt, welche sehr ansprach; den 21. Juli aber z. 1. Ml. „Die Geschwister", Schausp. i. 1. A. von Goethe, gegeben und dies Schauspiel ist bis Ende des Jahres 1875 etwa 100 Mal wiederholt worden. Die Besetzung war:

„Wilhelm . . . . . Herr Fleck

Mariane. . . . . Mad. Fried. Unzelmann

Fabrice . . . . . Herr Unzelmann." —

Daß die Darstellung wahrhaft einzig in ihrer Art, die Begeistrung groß gewesen, die Beliebtheit dieser drei ausgezeichneten Künstler um so mehr stieg, als durch das Zusammenspiel erst der Werth jeder einzelnen Leistung ersichtlicher war, geht aus der Beurtheilung dieser Vorstellung, welche auf uns gekommen ist, hervor. Das „Theaterjournal für Deutschland" äußert sich darüber: „Einen so einfachen, äußerst angenehmen Character als Goethes Marianne, ein so liebenswürdiges, unverfälschtes Geschöpf der Natur wüßten wir in wenig Schauspielen zu finden, da in den meisten die weiblichen Rollen kalt und frostig, oder nur durch gespannte Empfindungen herausgehoben sind. Mad. Unzel=mann spielte sie mit hoher Anmuth und Natur, besonders war sie in der Scene mit Fabrice allerliebst" — und wir stimmen ihm auf's Voll=kommenste bei, wenn er nachher sagt: „Ihre Verlegenheit und ihre Liebe, ihr Wollen und Zittern, es war so schön! — Herr Fleck machte den Wilhelm und es wäre überflüssig von seinem bis in die feinsten Nuancen vortrefflichen Spiele etwas zu sagen" u. s. w. — Unzel=mann war natürlich als Fabrice ganz an seinem Platze. Diese Gattung von Rollen hat mit der des Carlos im Clavigo das Berechnete, Ver=standeskalte, Verschmitzte, Hinterhaltige, die verschleierte Absicht gemein=sam, denn es muß nicht jeder Escroc absolut ein Schelm, Betrüger oder Intriguant sein, er braucht nur als ein solcher den übrigen handelnden Personen oder dem Publikum zu erscheinen und gerade die feinere Gattung dieses Rollenfaches zeigt uns entweder gute oder doch keineswegs schlechte Charaktere, welche aber den Schein des Unehrlichen, Hinterhaltigen, Verdächtigen, oder Unheilvollen an sich tragen! Wie sehr es einerseits auf die Darstellung ankommt, ob ein Stück gefallen kann oder nicht, und welche verschiedene Urtheile dieselbe Dichtung hervorruft, beweist ein Bericht der „Annalen des Theaters" (II. Heft 1788) von dem berühmten Mannheimer Theater: „In diesem Stück ist wenig Hand=lung und viele Empfindelei, der Dialog ist etwas gezwungen und ge=dehnt und die Sprache ist nicht ganz rein!" —

Den 26. Juli erschien z. 1. Ml: Die Glücksritter, L. in 5. A. nach d. Engl. des Farquhar. Obwohl über das Werk sowie über die meisten ande=ren Novitäten keine Beurtheilungen vorliegen, dieselben also, bis auf die von uns hervorgehobenen, sich schwerlich eines besonderen Erfolges zu rühmen gehabt haben, so möchten wir von Farquhar's Dichtung doch behaupten, daß sie sicher nicht in Berlin gefallen haben könne. Die englische Bühne, welche unter Elisabeth in Shakespeare ihre höchsten Triumphe feierte, war unter den Nachfolgern der großen Königin herabgesunken und hatte zu Carl's II. und Jacob's II. Zeiten den denkbar tiefsten Stand geistiger Verkommenheit und künstlerischer Erniedrigung erreicht! Dieser Verfall des Theaters wurde durch die unter der Restauration des Hauses Stuart herrschende Sittenfäulniß hervorgerufen und vollendet. Die damaligen Bühnendichtungen übertreffen an frivolem Witz, öffentlicher Verhöhnung der heiligsten Gefühle in der Menschenbrust und der natürlichsten, wie

ehrwürdigsten Institutionen menschlicher Gemeinschaft Alles, was vorher
und nachher geleistet worden ist! Es war Modesache in London, ganz
vornehmlich aber auf deren Bühnen, dem Glauben, der Ehe, den Banden
der Verwandtschaft, Gesetz und Recht, Ehre und Anstand wie allen Ge=
wissensregungen den Krieg zu erklären! Die Matadore dieser Art dra=
matischer Dichtkunst sind aber Will. Wycherley, William Congreve
und oben genannter John Farquhar gewesen! Insofern ist die Vor=
stellung der „Glücksritter" also interessant und man kann sich denken,
welche Art londoner Lumpenthums dem berliner Publikum in ihnen
vorgeführt worden ist! Abgesehen davon nun, daß man sich bei
uns doch nicht in diese Sorte Menschendarstellung recht zu finden
wußte, obwohl Farquhar noch der manierlichste unter seinen Genossen
gewesen ist, so wird man auch in der zu jener Zeit meist sehr mangel=
haften Uebersetzung die „Pointen" des Werkes ziemlich unverständlich ge=
funden und nur einen allgemeinen Begriff davon erhalten haben, daß
es unter diesen in dem Stücke geschilderten Gottesebenbildern auf der
Bühne nicht gerade sehr reinlich zugehe.

Folgendes inzwischen eingelaufene Schreiben des Königs ist be=
sonders merkwürdig:

„Hochgelahrte Besonders Liebe Getreue! Ihr erhaltet anliegend den Etat des
National=Theaters vom 1. August 1788 bis dahin 1789 Vollzogen zurück, und Er=
warte ich nach Ablauf dieses Monaths in welchen Zustande sich die Casse Be=
findet, vor jetzt aber Habe Ich euch meine Zufriedenheit bezeugen wollen in an=
sehung der Vollständigkeit der Gesellschaft, die getrofene Einrichtung mit Jacobi
in die stelle des Bertram ist so gantz gutt und findet Meinen Beyfall; Fahret
also fort nie Parteilichkeit bey der euch anvertrauten Direction Einzuführen, als
dann ist kein Zweifel daß es gutt gehen wird, indem sich sonst jedes gute Sub=
ject scheuet nach Berlin zu kommen; Ich bin Euer gnädiger König.

Potsdam b. 19. July 1788.   Friedrich Wilhelm."
  An
die Professoren Engel u. Ramler.

Daß der König seine Zufriedenheit betreffs der Vollständigkeit der
Gesellschaft jetzt erst ausspricht, da doch Niemand bisher als der Sänger
Frankenberg die Mitgliederzahl des Nationaltheaters vermehrt hat, ist
auffällig, denn sämmtliche übrigen Künstler, besonders Fleck, die beiden
Unzelmann's, Rüthling, Dem. Doebbelin und Mad. Baranius
waren bis zum Abgange Beyer's bereits engagirt und thätig gewesen.
Eben so sonderbar ist die Wendung: „Fahret also fort, nie Parteilich=
keit bei der Euch anvertrauten Direktion einzuführen." — Man muß

sich hier unwillkürlich fragen: Ja, war denn in der vorigen Verwal=
tung Partheilichkeit eingeführt, daß der König jetzt Veranlassung nimmt,
die Abwesenheit derselben hervorzuheben? Es scheint uns sehr wahr=
scheinlich, daß man Friedrich Wilhelm II. glauben gemacht hat, die
„Vollständigkeit der Gesellschaft" sei allein ein Werk Engel's und die An=
gelegenheit des Alexi eine Partheilichkeit Beyer's gewesen! Uebrigens
sieht man an der Einforderung eines Kassenberichts das Interesse des Königs,
wie seine persönliche Ueberwachung des Theaters. Mit diesem Schreiben
vom 19. Juli folgt der genehmigte Etat der Direktion vom ersten August
1788 bis dahin 1789 zurück. Dieser Etat weist eine Summe von
42,912 Thlr. nach, die in Einnahme und Ausgabe aufgestellt ist; ein
Betrag, welcher den Etat vom 1. Aug. 1787 bis 1. Aug. 1788 mit fast 5000
Thlr. übersteigt. — Da der Etat pro anno 91—92 auf 48,120 Thlr.
nach und nach aber, wie Iffland darthut, bis 60,000 Thlr. anschwoll,
so ist das ein Beweis für die gesteigerten Anforderungen an das Theater,
andererseits aber auch, daß Engel keinerlei Ursache hatte, seinen Vor=
gänger der Verschwendung anzuklagen! —

In Bezug auf August von Kotzebue, dessen dichterische Aera nun
beginnt, ist folgende Korrespondenz der beiden Direktoren von Interesse:
„Theuerster Herr College!

„Das Theaterjahr geht mit dem Freitage zu Ende und wir haben noch nicht
an das Douceur für Herrn von Kotzebue gedacht. Der Genuß, den wir von
dem Stücke haben werden, ist gegen denjenigen gar nicht zu rechnen, den
Doebbelin in der Neuheit desselben davon gehabt hat. Es ist in Berlin 9 Mal,
in Potsdam, wo der König nach dem Etat nur 85 Thlr. bezahlte, 1 mal ge=
geben worden. Ungeachtet dieses dazwischen fallenden Tages von mittelmäßigen
Einnahmen hat es der Casse, mitten in der Sommerhitze, wo sonst die Einnahmen so
schlecht zu sein pflegen, 2203 Thlr 2 Gr. getragen. Ist nicht das Allerwenigste,
was wir dem Verfasser, der nun einmal nicht in den Umständen ist, sein Stück
zu verschenken, nur immer bieten können, die Summe von 20 Frbs. Er schreibt
mir gestern, daß er wahrscheinlich den 4. August wieder hier sey und sich dann
volle 3 Tage bei uns aufhalten wird. Er bringt ein neues Stück mit sich,
„die Indianer in England" und ich hoffe, wenn wir den Mann recht ermuntern,
so soll er uns noch manches Gute, auch wohl Vortreffliche für das Theater
liefern. Ihre Meinung erbittet sich in wenigen Worten.

Berlin d. 28 Juli 1788.

treu ergebenster Diener
Engel.

N. S. Morgen ist in Charlottenburg z. 1. Male Claudine Villa Bella." —

Die Antwort lautet:

„Wenn Sie gewiß wissen, daß dieser Mann von Stand und Vermögen Geld annimmt und, ob er es gleich nicht fordert, doch auch nicht zurückweiset, so halte ich die 20 Frb. für ein schickliches Douceur. Ramler." —

Die Naivetät beider Direktoren, den Autoren gegenüber, ist wirklich groß. Es scheint nicht nur damals Sitte gewesen zu sein, dramatische Schriftsteller zu bestehlen, man ist ordentlich verwundert und nimmt Anstand einem Schriftsteller, mit dem man im direkten Verkehr steht und den man braucht, ein Honorar zu zahlen! Von literarischem Eigenthume, sowie davon, daß Niemand gern umsonst arbeitet, ob er es nöthig hat oder nicht, scheinen beide Professores gar keinen Begriff zu haben! Allerdings nahm Kotzebue Geld, und war gar nicht der Mann, das Theater nur mit idealen, und seinen Beutel mit platonischen Augen anzusehn! — — —

Zum Geburtstage des Kronprinzen am 3. August wurde „Die Wahl des Helden", ein allegorisches Ballet und z. 1. Male „Lilla, oder Schönheit und Tugend", Oper in 2. A. (nach d. ital. Oper: „Una Cosa Rara,") von André, Musik von Martin, mit Mad. Unzelmann als Lilla und Mad. Baranius als Bertha aufgeführt. Am 13. August erneuerte man den Kontrakt mit dem Ehepaar Böttcher und mit Czechtitzky. — Am 7. August debutirte Herr Frankenberg z. 1. Male als „Stöffel" im „Apotheker und Doktor." Seine metallreiche Baßstimme, seine tüchtige Schule sprachen an, während sein Spiel zu wünschen übrig ließ. Am 10. e.m. zeigte sich der Schauspieler Bio aus Frankfurt a. M. als Erasmus Geißkircher in Caspar der Thorringer, ohne daß sein Gastspiel mehr als mäßigen Erfolg erzielt hätte. Eben so wenig, was wir hier nachtragen, befriedigten Herr Wiedemann am 7. Juli in „Doktor und Apotheker" und Mad. Müller aus Meiningen in der Operette „das Milchmädchen." Letztere wurde ihrer schlechten Stimme wegen bald wieder entlassen.

Der 16. August war ein für die berliner Theatergeschichte ereignißreicher Tag! „Der Kaufmann von Venedig", Schausp. in 5 A. v. Shakespeare, übersetzt von Schröder, wurde gegeben; er ist bis Ende 1874 in verschiedenen Uebersetzungen am Königlichen Theater 181 Mal dargestellt worden. Die erste Besetzung des Stücks in den angeführten Rollen war folgende:

Portia	Mdme. Baranius.
Shylock	Herr Fleck
Tubal	Herr Rüthling

Der Vorstellung selbst ging folgender von Ramler gedichteter, an das Publikum umsonst vertheilter Prolog vorauf, welchen Fleck im Kostüm des Shylock gesprochen hat:

„Nun das kluge Berlin die Glaubensgenossen des weisen
Mendelsson höher zu schätzen anfängt, und wir bey diesem
Volke (,dessen Propheten und erste Gesetze wir ehren),
Männer sehen, gleich groß in Wissenschaften und Künsten;
Wollen wir nun dies Volk durch Spott betrüben? Dem alten
Ungerechten Haß mehr Nahrung geben? und Röthe
Denen in's Antlitz jagen, die menschenfreundlich gesinnet,
Gegen arme Christen und Juden gleich gütig sich zeigen? —
Nein, dies wollen wir nicht! Wir schildern auch bübische Christen,
Schildern (mit Abscheu) verfolgende Christen, wir Tadeln der Klöster
Zwang und Grausamkeit an den eigenen Glaubensverwandten.
Unser Schauspiel zeigt das Lächerliche, das Laster
An dem entarteten Adel und an den Tyrannen der Erde,
Höhnet den schlechten Arzt, beschimpft den bestochenen Richter,
Straft den geizigen Diener des Altars. — In Nathan dem Weisen
Spielen die Christen die schlechtere Rolle, im Kaufmann Venedigs
Thun es die Juden. — Nur wen es jucket, der kratze sich! so sagt
Unser Hamlet. Wir sagen: Wer heile Haut hat, der lache!!" — —
Mit einem Prologe ist es ein eigen Ding! Statthaft halten wir denselben nur bei öffentlichen feierlichen Gelegenheiten. Ein Prolog zu einem Stück geschrieben, der dessen Inhalt erläutert oder beschönigt, setzt die Befürchtung des Autors voraus, nicht recht — verstanden werden zu können und durch eine Erklärung nachhelfen zu müssen. Ein das Stück erklärender Prolog ist schon darum immer ungeschickt, weil er dem Zuschauer das raubt, was dem Dichter, wie dem Darsteller ge= rade an demselben das Allerwünschenswertheste sein muß, nämlich die Unbefangenheit der Einbildungskraft! Ist dieser Prolog nun gar eine Entschuldigung, wie der zum Kaufmann von Venedig, so führt er eigentlich schon den halben Mißerfolg herbei! Fühlten sich die mosaischen Zuschauer durch den Shylock beleidigt, so half die Sal= bung Ramler's und die Anspielung auf Mendelsjohn wie Lessing's Nathan ganz gewiß Nichts. Verachtete und haßte die Mehrzahl der christlichen Zuschauer die Juden, dann hielt sie doch wahrlich die Katheberbelehrung Ramler's nicht ab, in Shylock das ganze Judenthum charakterisirt zu er-

blicken und wehrte ihnen nicht, das Stück als einen willkommenen Anlaß zum Ausdruck ihres Abscheues gegen dasselbe zu benutzen. So mußte dieser Prolog sowohl die Einen, wie die Anderen als eine ganz unzeitige Einmischung verstimmen. Was Ramler und Engel nicht fühlten, fühlte das Publikum, — es pochte und pfiff nach dem Schluß dieses Prologes! Wenn der „Kaufmann von Venedig," eines der bedeutsamsten Charaktergemälde des großen Britten, — bei seiner ersten Darstellung in Berlin, trotz der vorzüglichen Besetzung der Hauptrollen, auch keinen großen Erfolg erzielte, so ersehen wir aus einer hier folgenden Kritik der „Annalen des Theaters"*) doch dessen treffliche Darstellung: — „Herr Fleck, der auch den dazu verfertigten Prolog sprach, spielte den Shylock außerordentlich gut und übertraf sich selbst bei der zweiten Vorstellung. Mit Vergnügen bemerkte man, wie er kleine, aber sehr bedeutende und charakteristische Züge aus der Natur aufgegriffen und wie er sie mit der richtigsten Einsicht anzubringen mußte. Sein Ton, seine Art sich zu betragen, waren die des vornehmeren, oder was bei dieser Nation einerlei ist, des reicheren Juden. Sehr stach gegen ihn Tubal ab, den Herr Rüthling gut, ganz als den gemeinsten Schacherjuden, spielte. Fein und richtig war auch das von Herrn Fleck, daß in der Scene, wo er mit Tubal allein ist, sein Ton und seine Geberden weit jüdischer und gemeiner als in den übrigen Scenen waren. Die Rolle der Portia schien für die Baranius im letzten Akte ein wenig zu schwierig, indessen freute man sich auch hier, ihre Fortschritte zu sehen; Anständigkeit und Natur verlassen diese Schauspielerin nie, wenn es ihr auch zuweilen an hinlänglicher Stärke gebricht."
— — Einer späteren Zeit blieb es erst vorbehalten, dem Schauspiele seine dauernde Stellung auf der Bühne Berlins zu sichern. — Als Opern-Neuigkeit folgte am 30. August „Der Barbier von Sevilla" Oper in 4 A. n. d. Frz. des Beaumarchais von Großmann, Musik von Paisiello. Den Grafen sang Herr Lippert, Figaro: Herr Unzelmann, Dr. Bartholo: Herr Frankenberg und Rosine: Mad. Friederike Unzelmann. Schwerlich konnte eine glücklichere Besetzung und ein besseres Ensemble gefunden werden. — Am 4. September wurde Christian Benda's Kontrakt erneuert, am 10. d. M. aber z. 1. Mal, doch ohne Beifall, gegeben: „So muß man die Männer fesseln", L. in 5. A. n. d. Engl. v. Leonhardi. — — Folgender Brief des Königs gelangte an Engel:

*) 2. Heft 1788. Berlin bei Friedrich Maurer.

„Hochgelahrter pp. Da Ich gesonnen, die Operette „Nina oder Wahnsinn aus Liebe" Sonntag als den 21. d. Mts. hierselbst aufführen zu laßen; so wünschte Ich, die zu diesem Stücke nötige Leute b. National = Theaters, da wie Euch bekannt, Ich mit dergleichen Subjecte außerdem nicht versehen bin, anhero kommen zu laßen, damit gedachtes Stück auf besagten Tag gegeben werden kann. Ihr werdet dahero die dazu nötigen Leute dergestalt sich einrichten laßen, auch daß deßhalb weiter erforderliche Verfügen. Ich pp.

Potsdam b. 15. September 1788.

Friedrich Wilhelm."

Dieser Brief ist in sofern ein wichtigeres Dokument, als er zum ersten Male die Mitglieder des Nationaltheaters nach Potsdam beruft, um vor dem Hofe zu spielen. Dieselben und ihr Institut werden gewissermaßen „hoffähig" gemacht und mit der großen Oper gleich gestellt. Von nun an sehen wir von ihnen in Potsdam öfters deutsche Schauspiele und Opern dargestellt. Natürlich traf Engel sogleich seine Anstalten zur Ausführung und setzte sich mit Ritz in's Einvernehmen. Dieser antwortete:

„Wohl Gebohrener

„Hoch zu ver Ehrender Herr Profeßor!

„Dero sehr GeEhrte zuschrift nebst das Verzeichniß derer Personen so zur „Nina," und „offenen Fehde" anhero kommen werden, wie auch das Verzeichniß der Stücke so am 22. hierselbst könnten aufgeführt werden habe die Ehre gehabt zu erhalten und habe nicht ermangelt Sr. Kgl. Maj. — den treuesten Raport davon heut früh zu machen, da von denen Stücken die wenigsten Sr. M. Bekandt seyn, so Laßen Allerhöchst Dieselben, die Wahl zum 22. Ew. Wohlgeboren. Darf ich nun Bitten mir gefälligst heut noch die Benennung zu schicken; zugleich bitte mir gefälligst zu sagen, ob wohl einige von denen Acteurs und Actricen wegen mangel an Platz zusammen Logiren könnten, auch wünschte ich wohl zu wißen, wie sie zu 4 und 4 mit einander fahren werden. Mit vorzüglichsten pp.

Berlin b. 17 September 1788.

Ritz.

An d. Prof. Engel" —

Abgesehen davon, daß dieser Brief eine fortan vertrautere Korrespondenz zwischen Ritz und Engel eröffnet, ist der Ton desselben auch ein verbindlicherer, als der, welcher in den etwaigen Zuschriften des Geh. Kämmerers an von Beyer geherrscht hat. Mit Engel verstand sich Ritz jedenfalls viel beßer! Der Inhalt des Schreibens ist insofern zu beachten, als er die Vorbereitungen betrifft, um das Künstlerpersonal nach Potsdam zu schaffen und dort unterzubringen. Eine Fahrt nach Potsdam war damals eine wirkliche Reise über Land, zumal auch die Garderobe und alles zur Aufführung des Stücks Erforderliche hinüber geschafft werden mußte. Diese Komödiantenfahrten bildeten damals wie auch später ein kollegialisches Vergnügen der Mitglieder, welches noch dadurch gewürzt wurde, daß dessen Kosten der König bestritt und die Mitglieder Diäten erhielten — In Folge der gepflogenen Verhandlungen wurde von den Nationalschauspielern am 21. September „Die Jäger" von Iffland, Schausp. in 5 Akten, mit Fleck als Oberförster und Mad. Brückner als Oberförsterin, am 22. b. M. „Nina" mit Mad. Unzelmann in der Titelrolle vor dem Hofe dargestellt. Wie sehr die National-Schauspieler gefallen haben, sagt folgendes verbindliche Schreiben:

„Wohl Gebohrner Herr
Hoch Zuverehrender.

„Erlauben Ew. Wohl Geb. daß ich Ihnen schriftlich sagen darf, daß Sr. Kgl. Majest. mit der gestrigen Vorstellung gantz Zufrieden gewesen seyn. Allerh. Dieselben haben mir den Auftrag gegeben der ganzen Gesellschaft in Höchst dero Namen zu Danken, Besonders aber der Mad. Brückner recht viele schöne sachen zu . sagen, für Ihr Besonders schönes Spiel. Von herzen Leid thut es mir aber wenn ich des vergnügens Beraubt bin Ew Wohl Geb. noch diesen Morgen Den Ergebensten Dank abzustatten für die mir erzeigte Ehre so ich in Dero Gesellschaft genoßen habe während Ihrer anwesenheit in Potsdam, und Bitte für diesmahl alles zu verzeihen, daß nicht nach der Ordnung war, sollen wir künftig so glücklich seyn Ihnen bey uns zu sehn so soll alles ganz Beßer eingerichtet werden; waß die Kosten verursachen, so bitte nochmals nach Dero gestrigen Versicherung daß alles von Hrn. Lanz attestiret werde, mit der vorzüglichsten pp.
Berlin den 23 Sept. 1788.

Riz.

An den Prof. Engel" —

Außer der Art, Engel und Madame Brückner des Königs Dank und Zufriedenheit auszusprechen, fällt die große Gemüthlichkeit und besondere Artigkeit auf, welche der vertraute und einflußreichste Diener des Königs jetzt gegen Engel an den Tag legt. Wenn wir erwägen, daß die damaligen Staatsminister und höchsten Würdenträger des Hofes Riz mit Schmeicheleien überschütteten, so muß das Benehmen des so umworbenen Riz gegen Engel desto mehr auffallen und uns vermuthen lassen, daß der Geh. Kämmerer ganz besondere persönliche Gründe zu einer Höflichkeit gehabt haben müsse, die sonst nicht gerade zu seinen Tugenden gehörte und welche wir ihn vielmehr nur dann besonders auffällig zur Anwendung bringen sehen, wenn sein Interesse es gebietet. Daß derselbe Riz auch grob und unanständig sein konnte, daß seine Ungezogenheit seinem Dummstolze die Wage hielt, werden wir seiner Zeit noch kennen lernen. Damals hat der kluge Professor Engel augenscheinlich seine Anwesenheit in Potsdam so gut benutzt, um seinen Einfluß zu erhöhen, daß sich Ritz sogar wegen dessen mangelhaften Empfang u. s. w. entschuldigt. — Am 25. September brachte man zur Feier des Geburtstages des Königs zum ersten Male „Der Mönch vom Carmel," dram. Gedicht i. 5 A. von Freiherr von Dalberg, zur Aufführung, welchem ein Gelegenheitsprolog, von Dem. Doebbelin gesprochen, voranging. Wer Letzteren verfaßt hat, ist nicht angegeben. Das Drama gefiel dem Publikum, trotzdem dessen Jamben den Zuhörern, wie den Schauspielern etwas „Ungewöhnliches" waren, dennoch so sehr, daß das Stück drei Tage hinter einander bei ausverkauftem Hause gegeben werden konnte, und sich ziemlich lange auf dem Repertoir erhielt. Diesen Erfolg ver= dankte es zunächst Fleck, welcher die Rolle des „Mönchs" darstellte, den Montgomeri spielte Herr Engel (alias: Schwabke), als Debutrolle und sprach gleichfalls an. In Folge der Aufführung dieses Stückes er= hielt Engel folgendes Kgl. Kabinetsschreiben:

„Hochgelahrter pp.

„Mit vielen Vergnügen Habe vernommen daß am gestrigen Tage im N. Th. ein so Schöner Prolog gehalten ist, Ich, habe Euch dafür hiemit Meinen Dank zu Erkennen Geben wollen; Auch Habe euch Benachrichtigen wollen daß Ich die wiederholung des gestrigen Stückes auf Morgen zu Sehen gewillet Bin (doch aber ohne Prolog) und Wollte Ich daß das Schauspiel alsdann precisse um Halb Sechs Uhr den Anfang nähme, wozu ihr das nöthige zu verfügen Habt. Ich bin pp.

Fr. Wilhelm.

Charlottenburg d. 26. September 1788."

Jedenfalls ist klar, daß Engel nunmehr im vollen Sonnen= scheine königlicher Gnade stand, welche ihm auch, wie die Freundschaft des Geh. Kämmer Ritz sehr nöthig war, da Theophil Doebbelin es jetzt für geeignet hielt, aus dem Hintergrunde zu treten, um, nach= dem er bereits in seiner fruchtlosen Zuschrift an die Direktion vom 8. August den Kampf vorbereitet hatte, seinem immer unleidlicher gewordenen Verhältnisse zu Engel ein Ende zu machen. Er hatte sich zu diesem Zwecke Ende besagten Monats in einer Eingabe an das Kgl. Generaldirektorium der Finanzen, des Krieges und der Domainen (dessen Mitglied, wie wir wissen, von Beyer ja noch war) gewendet, um von dem Nationaltheater eine Auseinandersetzung seiner Geldverhältnisse zu verlangen. Vorbenannte Behörde, wenn sie auch nicht befugt gewesen ist, sich in die artistische Leitung und in die sonstigen persönlichen Angelegenheiten des Nationaltheaters zu mischen, hatte dennoch sowohl über das Theater, wie über andre Verwaltungszweige, das Recht der finanziellen Ueber= wachung. Unter dem 3. September verlangte dieselbe von der Direktion des Nationaltheaters deshalb eine Auseinandersetzung der Kassenverhält= nisse. Diese wird in folgendem Schreiben gegeben:

„Die General=Direction des Nat. Theaters an das General=Directorium der Finanzen des Krieges und der Domainen.

„Einem hohen Königl. General=Directorium geben wir uns die Ehre, auf das unterm 3. Sept. an uns erlaßene, in Form eines Königl. Special=Befehls ver= faßte Schreiben in unterthäniger Antwort zu vermelden. Sne. Maj. d. König haben uns die Verwaltung des Nat. Th. in der Absicht anzuvertrauen aller= gnädigst geruhet, daß wir das Werk in seinem Innern verbessern sollen, und wie wir die Königl. Gelder sowohl als die Einkünfte vom Publikum eben hierzu vor allen Dingen zu verwenden verpflichtet sind. Indessen haben Sr. Königl. Majestät dem p. Doebbelin, außer seinem jährlichen Gehalte von 1200 Thaler, das etwaige Surplus der Einnahme zur Abtragung seiner Schulden für's erste in allerhöchster Gnade bewilligt, und sind wirklich in dem verflossenen Jahre nicht allein schon eine beträchtliche Wechselschuld, sondern auch der bei weitem größte Theil der rückständigen Gagen an die Mitglieder des Theaters und Orchesters von dem Surplus der Einnahme getilgt worden. Bei der zu großen und drückenden Schuldenmenge ist es unmöglich, alles auf einmal zu berichtigen, u. werden die übrigen Gläubiger erst dann der Reihe nach können befriedigt werden, wenn die wichtigsten Schulden, welche vor allen andren die Gagen der Acteurs und Musiker waren, abgeführt sind. Was besonders die Creditoren Graf und Mauschack betrifft, so können sich diese, ihrer Zinsen wegen, wie sie auch bereits mit Hülfe des hiesigen Stadtgerichts gethan, an die Miethe des ihnen ver= hypothecirten Hauses in der Bärenstr. halten und werden sie in Zukunft mit ihren Forderungen an rückständigen Kapital sicher nicht vergessen werden, falls nicht Sr. Maj. der König, wie wir bereits bey Allerhöchstdemselben darauf an= getragen, das ganze Schuldenwesen des Doebbelin auf eine andere, für das Nat. Theater weniger beschwerliche Art abmachen zu lassen, allergnädigst geruhen wollen. Welches wir Einem hohen K. General Directorium, zum hochgefälligen Bescheide an den Supplicanten, dessen uns in originali mitgetheilte Eingabe be= fohlener Maßen zurückerfolgt, hiermit unterthänig zu berichten, nicht haben er= mangeln wollen.

Berlin den 20. September 1788.

Kgl. Gen. Direct. d. N. Th.
Ramler Engel" —.

Mit diesem Bericht giebt die Verwaltung des Nationaltheaters nur ein sehr allgemeines Bild der finanziellen Lage des Theaters und geht über

Doebbelin völlig hinweg. Daß Letzterer sich damit nicht beruhigen werde, war leicht einzusehen. — — Eine Episode, welche für jene Zeit charakteristisch ist, wird durch folgendes Schreiben vorgeführt:

„An den Prof. Engel

„Hochgelahrter p. p.

„Wenn der p. Blanchard mit seiner heut bestimmten Luftreise reussirt, so habe Ich Befohlen denselben mit Equipage aus Meinem Marstall einzuholen; und Euch hiermit aufgeben wollen, ihm eine Loge neben der Hof-Loge vorzubehalten. Ich bin p. p.

Charlottenburg den 27. Septbr. 1788.

Fr. Wilhelm" —

Es ist François Blanchard, der Erfinder des Luftballons, welchen er nach Montgolfier's Vorgang construirt hatte, der, auf seinen Reisen durch Deutschland begriffen, am Tage der Kabinetsordre zu Berlin aufstieg. So viel Aëronauten er auch bisher zu Nachfolgern gehabt hat, ist seine luftige Kunst dennoch bis jetzt zu keiner Vervollkommnung gelangt. Wir wissen uns deshalb auch nicht zu erinnern, daß später die Könige von Preußen auf dergleichen Schaustellungen ein so großes Gewicht gelegt hätten und einem Luftschiffer die Ehre, durch Kgl. Equipagen eingeholt zu werden und neben der Hofloge im Theater Platz zu finden, zu Theil werden ließen. Blanchard „reuissirte" am 27. September und die offene Hofequipage brachte ihn in die Vorstellung des Nationaltheaters. Er erschien während des zweiten Aktes. — Ein „Vivat Blanchard" empfing ihn! Der Beifall äußerte sich stürmisch mittelst Händen, Füßen und Stöcken; wohl 10 Minuten wurde der Dialog auf der Bühne unterbrochen, — „doch endlich legt sich die wilde Gewalt!" — — Um jene Zeit entspinnt sich eine bemerkenswerthe Mißhelligkeit zwischen Unzelmann und Engel, wie nachfolgender Schriftwechsel ergiebt:

„Hochzuehrender Herr!

„Die Art und Weise, wie ich hier behandelt werde, ist meiner Denkungs-Art nicht angemessen. — Und Grobheiten mir öffentlich sagen zu lassen, wo ich weiter nichts als meine Schuldigkeit beobachte, bin ich nicht gewohnt. —

Sie erzeigen mir und meiner Frau einen großen Gefallen, uns je eher, je lieber zu entlassen. — Das Geld was Sie uns nach Frankfurt geschickt, steht Morgen zu Ihren Diensten. — Ich bin mit aller Achtung

Ihr

(ohne Datum)   ergebenster

Unzelmann" —

Hierauf antwortete Engel nicht. Er kannte Unzelmann's hitziges und unruhiges Temperament nicht nur von früheren Jahren unter Doebbelin her, er hatte auch Gelegenheit genug gehabt, während des Zeitraumes vom April, von wo ab Unzelmann nebst Frau Mitglieder des Theaters unter seiner Direktion geworden waren, über die Charakter= eigenthümlichkeiten des Künstlers seine Erfahrungen zu sammeln. Engel's Schweigen reizte Unzelmann aber nur noch mehr und so schrieb er fol= gende Epistel an ihn, welche dieser sofort beantwortete:

„Hoch Edelgebohrner
Hochzu ehrender Herr Professor!

„Da Ew. Hoch Edelgeb. mich noch bis jetzt mit keiner Ant Wort beehrt haben, so halte ich es für meine Schuldigkeit, Ew. Hochl. zu versichern, daß ich aus kiner andern Ursache um unsere Entlaßung gebeten, als: weil ich wirklich finde, deß ich überflüssig hier bin, und wie uns von fremder Hand gewiß versichert ist, daß ich nur um meiner Frau willen engagirt bin, also auch natürlicher weise der Anspruch, auf mehrere verhältnißmäßige Gage wegfallen muß. — Ferner ist es der Cabale der Gesellschaft gelungen, uns mit der Direction zu entzweien. Man hat uns Dinge von der Direction geschrieben, behauptet, und im Gegentheil Ihnen vielleicht wieder von uns gesagt, daß da nothwendig ein son= derbahres Betragen herauskommen mußte. — Wie wir denn auch wirklich seit einiger Zeit selbst einen großen Unterschied ihres sonst so äußerst freundschaft= lichen Betragens bemerkt haben. — Dazu kömmt noch, daß uns die Gesellschaft theils beneidet, theils haßt; weil wir im Anfange Ihrem Rath folgten, und mit Niemanden Umgang hielten; Sie also nie aufhören wird, uns Hinderniße in den Weg zu legen, oder Verdruß zu machen. — Die Versicherung dazu genommen, daß der Hr. Professor nie mein Freund waren, es auch nie werden würden, läßt mich also für die Zukunft nicht viel tröstliches hoffen. — Wäre es also nicht viel beßer, lieber Hr. Professor, um allen künftigen Verdruß zu vermeiden Sie entließen uns beiderseits in Frieden; ehe vielleicht mehrer Verdruß, oder Krank= heit uns unsere Schuldigkeit zur Last machte. —

Ich bin mit aller Achtung

Ohne Datum.   Ew. Hoch Edelgebohren
ergebenster
Unzelmann." —

„An Hrn. Unzelmann vom 29. Sept. 1788.

„Hochgeehrter Herr!

„Wenn ich auf Ihr neuliches Billet Ihnen nicht geantwortet habe, so haben Sie gewiß Einsicht genug, um einen Beweis meiner Schonung darin zu erkennen, denn in welchem Tone hätte ich Ihnen antworten können? Es kostet mir nichts eine augenblickliche Hitze zu vergeben, und dafür nahm ich die Ihrige. Jetzt, wie ich sehe, kommen schon ganz andere Ursachen zum Vorschein, warum Sie entlassen seyn wollen, und ich muß glauben, daß es mit jener Hitze nicht so großer Ernst war. Was für Beweise haben Sie, daß Sie überflüssig sind? In den Rollen, die Sie erhalten haben, doch wohl keine? Welches ist die Cabale der Gesellschaft, der es gelungen seyn soll, Sie mit mir zu entzweien? Wer hat Ihnen von der Direction erzählt, geschrieben, behauptet? und was hat man Ihnen erzählt, geschrieben, behauptet? Von welcher fremden Hand sind Sie denn so gewiß versichert, daß Sie nur um Ihrer Frau willen engagirt sind? — Ich habe Ihnen schon mehr als einmal gesagt, daß Sie gerade herausgehen mögten, nach Ohrenbläsereien und Gerüchten, die im Finstern schleichen, muß kein weiser Mann handeln, und kein noch so tadelfreier Mann kann sich dagegen rechtfertigen. Das, was mir an Ihnen mißfällt, seyn Sie versichert, immer von mir zuerst zu hören. Ich werde mich nie einschränken lassen, Ihnen meine Meynung über Alles so deutlich, wie schon ein paar Mal zu sagen. Sie lassen mir die Gerechtigkeit widerfahren, daß mein Betragen gegen Sie äußerst freundschaftlich gewesen. Haben Sie bei alle dem Vertrauen, das ich gegen Sie hegte, etwas feindseliges von mir gegen irgend ein Mitglied der Gesellschaft gehört? Haben Sie selbst irgend etwas für sich gegen andere gewonnen? Eben so wenig wird ein Anderer gegen Sie gewinnen. Trete auf, wer mich einer Partheilichkeit beschuldigen kann! Daß man mich gern partheiisch machen mögte, ist leider! — wahr; aber wem ist es gelungen? Es erniedrigt mich, mich weiter zu entschuldigen. Also genug und schon zu viel davon! Heraus an's Licht mit Allem, was man gegen mich vorzubringen weiß! Daß ich nie Ihr Freund gewesen, widerlegt sich durch Ihr eigenes Lob meines äußerst freundschaftlichen Betragens. Den Heuchler zu spielen, ist unter mir, und was für Beweggründe hätte ich dazu haben können? Wenn meine Besuche seltener wurden, lag der Grund nicht sichtbar in der großen Menge meiner Geschäfte? Wenn ich kälter ward, waren nicht Sie selbst daran Ursache, schon durch Ihre ewige Unzufriedenheit, ob Sie gleich in Allem Ihren Willen hatten? Aus bloßem Eigensinn habe ich so wenig, als nach Absichten, meine Freundschaft je gegeben oder zurückgenommen. Ich schweige von dem Mehrern, was ich hier sagen könnte, und was auf meine Gesinnung als Directeur nie Einfluß haben wird. — Die Gesellschaft, sagen Sie, haßt und beneidet Sie. Haßt Sie? Davon weiß ich kein Wort. Beneidet Sie? Dann muß es Ihnen ja gut ergehen. Und wie leicht setzt ein braver Mann sich über den Neid hinaus! Wie leicht vermeidet ein Kluger alle üblen Wirkungen desselben! Und nun das letzte Wort von dem Abschiede, den Sie suchen! Sie fühlen ja wohl Selbst die Wichtigkeit Ihrer Frau für das hiesige Theater. Sie können doch wohl nimmermehr einem Directeur zu muthen, daß er sich alles, was er kaum zu Stande gebracht hat, wieder zerreiße? Nicht darum habe ich geschrieben und wieder geschrieben und Contracte geschlossen, Stücke besetzt und Proben gehalten und Kosten angewandt, daß nun Alles vergeblich seyn sollte. Diese Antwort müssen Sie sich selbst schon gegeben haben, ohne sie erst erwarten zu dürfen von Ihrem

ergebenen

Engel."

Wenn sich in den beiden Briefen Unzelmann's heftige Gereiztheit, Unzufriedenheit und Mißtrauen, namentlich aber eifersüchtiger Argwohn ausspricht, der sich endlich vulkanisch Luft macht, so ist dagegen die Ruhe und klare Entschiedenheit in Engel's Brief zu rühmen. Wir haben hier ganz den einsichtsvollen Theaterchef vor uns, welcher durch Kälte und Energie seinen Mann zu behandeln weiß. Zweifellos befindet sich Unzelmann im Unrecht und ist ein Schwarzseher, welcher sich in falsche Einbildungen hineinredet. Einen geheim versteckten Grund aber hatte er doch, um von Berlin weggehen zu wollen und aus diesem selben Grunde wollte Engel ihn nicht weggehen lassen. — Mainz, wo Unzelmann zuletzt bei Großmann gewesen war und seine Ehe schloß, besaß ein ganz verschieden geartetes Publikum wie Berlin. Im goldnen Mainz am Rhein kam es nur darauf an, die südlich leichtlebige Bevölkerung zu vergnügen, ohne daß dieselbe sich Rechenschaft, von welcher Art ihr Gefallen an beiden Gatten sei, gegeben hätte, Unzelmann stand dort neben seiner Frau beim Publikum im Preise gleich! — In Berlin war das nicht der Fall! Der kritischere Sinn der Bewohner der preußischen Hauptstadt machte in der Art seines Beifalls zwischen den Gatten einen erheblichen Unterschied. Beide gefielen außerordentlich und Unzelmann hatte sich weder über Mangel an Beliebtheit, noch an hervorragender Stellung zu beklagen, er war das künstlerische Negativ eines Fleck! Was wollte er mehr? — Er wurde aber nur belacht, bejubelt; — der reizenden Friederike, seiner Frau, wendete sich dagegen ein Enthusiasmus ohne gleichen zu und weckte — die Eifersucht des Ehemanns und zugleich den Neid des Künstlers! Friederike war so schön und verführerisch, daß eine Befürchtung für den Gatten nahe lag. Das natürliche, sehr begreifliche Gefühl, was jeder Komiker hat und es um so mehr hat, je vorzüglicher er ist, das tragische Gefühl, den Leuten doch nur der „Spaßmacher" zu sein, überkam ihn schmerzvoll. — Sonderbar! Wir haben wenig eigentliche Komiker von Fach gekannt, die nicht im Leben ernst gestimmt, nicht Hypochonder gewesen wären! — Mit diesen drei Briefen ist also der tiefe Riß im Ehe= wie Künstlerleben beider Gatten zuerst bemerkbar. Unzelmann's leidenschaftliches Gebahren und seiner Frau Mißmuth über die Unliebenswürdigkeit und die Nörgeleien des Gatten waren gleich sehr geeignet, den Gegensatz zwischen Beiden zu vergrößern und ein harmonisches Verhältniß endlich unmöglich zu machen. Sehr bezeichnend ist sowohl in Unzelmann's zweitem Briefe das Bekenntniß, daß „ich nur um meiner Frau willen engagirt bin", wie der Schluß von Engel's Antwort „Sie fühlen ja wohl Selbst die Wichtigkeit Ihrer Frau für das hiesige Theater". Von „ihrer" Wichtigkeit, nicht von Unzelmann's ist bei Engel die Rede! Im Uebrigen hatte dessen Brief den Erfolg, daß Unzelmann sich beruhigte. Eine wahre Künstler= novelle ist's, die wir zwischen beiden Gatten nach und nach sich abspielen sehen, ein sonderbarer Wechsel von Schatten und Licht, ein Gemisch von Galle und Humor, von Weh und köstlichem Leichtsinn, reichlich drama= tisch gemacht durch die Kunst, einander zu quälen! —

Am 12. October wies der Rechnungsabschluß des ersten Verwal= tungsjahres der Generaldirektion nach, daß vom Etatsüberschusse pro 1787—88 an Doebbelin's Gläubiger 3,815 Thlr. 12 Gr. Schulden bezahlt worden waren. Eine Leistung, die dem gesteigerten Theater= aufwande gegenüber, aller Ehre werth genannt werden muß, deren Ver= dienst aber, wir können es nicht oft genug wiederholen, zunächst doch auf das Konto von Rath Beyer's Finanztalent und des von ihm erst geschaffenen Verwaltungssystems gesetzt werden muß. — Bald darauf hatte Doebbelin an die Direktion verschiedene Zumuthungen gestellt, nament= lich aber das Verlangen, alle neu angeschafften Garderobestücke als sein Eigenthum anzusehen und sie sich herauszugeben, oder den Werth davon bezahlen zu lassen. Hierüber äußerte sich in einer an Engel ohne Datum gerichteten Zuschrift Ramler:

Durch die zur Verbesserung des Theaters gemachten größeren Ausgaben über= haupt wurde auch eine größere Einnahme bewirkt; durch die größere Einnahme konnten weit mehr Schulden des Herrn Doebbelin getilgt werden; dieß ist als sein Gewinnst, als sein Surplus zu rechnen. Es wäre sowohl undenkbar als ungerecht, wenn Hr. D. diese größeren Ausgaben als eine Schuld ansehen wollte, in welche die R. Direction gegen ihn verfallen wäre und die er folglich einzulassiren das Recht hätte. Die größeren Ausgaben wurden gemacht, bessere Stücke im Manuscript zu erhalten, bessere Sänger und Spieler durch größere Gagen zu erhalten, bessere Kleider, Verzierungen und Bücher anzuschaffen, alles Mittel, wodurch die Zuschauer in größerer Anzahl herbeigelockt wurden und wodurch jenes Surplus herauskam, womit Hrn. D's. Schulden getilgt wurden, und welches bei seiner eigenen Direction nicht heraus gekommen wäre, wie die Erfahrung gezeigt hat. Der Hr. D. hat immer mehr Schulden gemacht, u die Direction hat, bei größeren Ausgaben, immer mehr Schulden von ihm bezahlt. In der That ist diese Forderung desselben übertrieben, und würde alles übrige verderben, was er selbst oder die Direction in seinem Nahmen vom Könige erbitten möchte. Den Punkt, daß Hr. D. anstatt er von seinem eigenen Gehalt (welches ansehnlich und weit größer ist, als viele Königl. Bediente es haben) seiner Tochter jährlich etwas zurücklegen sollte, da er jetzt wenigstens keinen Aufwand mehr zu machen hat; ingleichen anstatt daß er das durch den Verkauf seines Hauses u seiner Garderobe, ihm zuwachsende große Kapital ihr aufzubewahren suchen sollte, daß er, sage ich, sie lieber, wenn sie vielleicht zum Theater sehr früh untüchtig wird auf Zeitlebens reichlich belohnt wissen will: — diesen Punkt mag mein Herr College entscheiden, und ihn ent-scheiden, nachdem er die Naturgaben und die erlangten Geschicklichkeiten dieser Schauspielerin schätzet, denn diese müssen allerdings hiebei mit in Betrachtung gezogen werden, wenn der König so viel für sie thun soll, nachdem das Theater wieder ganz Königlich geworden ist. Von dem übrigen sprechen wir in der Conferenz mehr.

Ramler." —

Der gute Ramler irrte in seinen Argumenten: Die Garderobe gehörte Doebbelin, so, wie sie zu Tag und Stunde war und ganz gleich, wie viel die Direktion seit dem 1. August 1787 neu angeschafft hatte! Ueberdem mischte er hier Dinge zusammen, die wirklich gar nicht zusammengehörten. Die besseren Schauspieler und die neuen Stücke, welche man gewonnen hatte, mögen wohl den Theaterbesuch, also die Einnahmen, gehoben und somit Ueberschüsse zu Wege gebracht haben, aber die neu angeschafften Garderoben gewiß nicht, dieser Einwand ist kläglich! Die Leute gingen eben in's Theater, weil Fleck oder das Ehepaar Unzelmann in diesem oder jenem Stücke spielten, aber deshalb wahrlich Niemand, weil dieselben dies oder jenes neue Garderobestück anzogen. Selbst heute, wo die sogenannten „Ausstattungs-stücke" grassiren, von denen man glücklicherweise damals noch nichts ahnte, locken solche nur durch die Gesammtheit ihres Sinnenreizes an. Das Kostüm eines einzelnen Darstellers zieht keine Menschenseele an. Aus Ramler's Zuschrift an Engel geht übrigens, wie bereits aus dem Schreiben an die Generaldirektion der Finanzen, hervor, daß die Ver-waltung auf Mittel sann, Doebbelin den Mund zu schließen und sich seiner möglichst bald zu entledigen. — —

Am Geburtstage der Königin, den 16. Oktober, erlebte man einen jener seltenen Feier- und Freudentage, an welchem die Kunst ihre reinsten Triumphe feierte. „Belmonte und Constanze", Op. i. 5 A. v. Bretzner, Musik von Mozart, wurde zum ersten Mal gegeben. Die Besetzung an diesem Abende war:

Belmonte . . . . . . Herr Lippert
Conſtanze . . . . . . Mad. Unzelmann
Osmin . . . . Herr Frankenberg
Selim Baſſa . . . . . , Czechtißky
Blonde . . . . Mad. Baranius
Pedrillo . . . . Herr Greibe. — —

Ueber das Meiſterwerk ſelbſt äußert ſich die Theaterzeitung für Deutſch=
land: „Die Muſik dieſer Oper hat einen hohen Grad von Eigenthüm=
lichkeit und Reichhaltigkeit, daß ſie ſelbſt einem geübten Ohre zum erſten
Male nicht ganz verſtändlich wird. Eben dieſer Umſtand aber bewirkt,
daß dieſelbe bei jeder wiederholten Anhörung neuen Reiz gewinnt. In
jeder einzelnen Arie ſind eine ſo große Menge ſchöner, edler Gedanken
zuſammengepfropft, daß ein etwas haushälteriſcher Komponiſt vielleicht
deren ſechs hätte daraus anfertigen können. Ob dieſe Muſik nicht durch
dieſen, beinahe üppigen Ueberfluß der Gedanken etwas am Effekt ver=
liert, iſt eine Frage, die eine weitläuftigere Unterſuchung verdient, ſo
viel ſcheint aber gewiß zu ſein, daß viele Theile derſelben unendlich ge=
winnen würden, wenn ſie nicht ſo gedehnt wären. So würde z. B.
das Duett zwiſchen Belmonte und Conſtanze ein unnachahmliches
Meiſterſtück ſein, wenn es etwas kürzer wäre. Fern ſei es indeſſen, den
Werth dieſer vortrefflichen Muſik durch dieſe Bemerkungen herunterſetzen
zu wollen, ſie iſt und bleibt immer ein Werk, daß man als Muſter
einer edlen Schreibart betrachten kann und welches dem Genius Deutſch=
lands Ehre bringt." — In wie fern dieſes Urtheil zu unterſchreiben iſt
oder nicht, überlaſſen wir den Muſikverſtändigen; nur deſſen einleitende
Gedanken: daß ‚die Oper Belmonte zum erſten Male nicht ganz ver=
ſtändlich iſt, ſie aber mit jeder neuen Anhörung Reiz gewinnt," hören
ſich faſt wie eine Rüge an, jedenfalls enthalten ſie ein ſehr unbeſtimmtes
Lob. Darum gerade hätte der Kritiker Belmonte und Conſtanze eben
für ein Meiſterſtück erſten Ranges erklären müſſen, weil deren
Muſik tiefer empfunden und verſtanden werden will und die Noth=
wendigkeit eines eingehenderen Verſtändniſſes das Kennzeichen eines
geiſtvollen, tiefer angelegten Werkes iſt! — Höchſt beluſtigend wirkt da=
gegen, daß Mozart: ‚dem jungen Menſchen," von einem berliner
Kritiker nach der erſten Vorſtellung von Belmonte und Conſtanze gerathen
wird, er ‚möchte erſt bei Dittersdorf in die Schule gehen, ehe er
es unternimmt, eine komiſche Oper zu komponiren!" — — Was die

Darstellung der Tondichtung betrifft, so genügt die Constanze in den Händen von Friederike Unzelmann, um zu wissen, daß Mozart's Intentionen glänzend zur Geltung kamen. Auch die übrigen Darsteller müssen Vortreffliches geleistet haben, da die Theaterzeitung für Deutschland schreibt: „Die Partie des Belmonte hat, ungeachtet sie weit weniger brillant als die der Constanze ist, dem ungeachtet ihre großen Schwierigkeiten und ein Tenorist, der sie so glücklich überwindet, wie Herr Lippert, verdient gewiß den Namen eines vorzüglichen Sängers. Sein Spiel ist in dieser Rolle so effektvoll und brav, als man es von ihm zu erwarten gewöhnt ist. Herr Frankenberg ist als Osmin, sowohl was Gesang als Spiel betrifft, so vortrefflich und untadelhaft, daß man beinahe nicht weiß, worin man ihn zuerst loben soll. Der tückische, schadenfrohe Bube, der grob ist, wo er befehlen kann und kriecht, wo er gehorchen muß, ist in jeder Miene und Bewegung zu erkennen, kurz diese Rolle wird durch ihn die hervor= ragendste im ganzen Stücke." — — Für die Entwickelung des National= theaters ist die erste, durchaus gelungene Aufführung des, bis dahin in der Theaterbibliothek begrabenen Mozart'schen Werkes darum von Wichtig= keit, weil mit ihr der dramatische deutsche Kunstgesang seinen Anfang nimmt, der dilettantische Naturgesang musikalisch ungeschulter Schau= spieler nach und nach aufhört und es fortan möglich wird, die deutsche große Oper in künstlerischer Weise zur Geltung zu bringen. Dies war für das Nationaltheater ein höchst bedeutsamer Fortschritt. Durch den= selben wurde es nicht nur der königlichen italienischen Oper ebenbürtig, sondern machte ihr auch den Vorrang streitig. Der Besitz eines vorzüg= lichen deutschen Schauspiels und einer deutschen Oper verlieh nach und nach dem Nationaltheater solche Bedeutsamkeit, daß alle Be= mühungen der italienischen Hofoper nicht aufkamen, die Stellung beider Institute sich somit verschob und ihr gegenseitiges Verhältniß ein immer unerquicklicheres, unnatürlicheres zu werden drohte. Zweckentsprechender wäre gewesen, die deutsche Oper, sobald sie ihre künstlerische Ausbildung erlangt hatte und als eine selbstständige Kunstgattung Geltung gewann, sofort vom deutschen Schauspiel zu trennen und, ob deutsch, ob italienisch, Oper und Ballet allein in's Opernhaus zu verlegen und ihnen ein eigenes Budget, wie eigene Kunstleitung zu geben, das deutsche Drama in seinen drei Gattungen aber dem Theater auf dem Gensdarmenmarkte zu überlassen. Diese Wandlung und bessere Ordnung der dramatischen An= gelegenheiten erfolgte erst unter Iffland. Zu verkennen ist indeß nicht,

daß, so richtig jetzt schon eine völlige, räumliche Trennung des Musik=
dramas vom rezitirenden gewesen sein würde, die Oper den späteren
traurigen kriegerischen Verhältnissen gegenüber sich nicht zu halten
vermocht hätte! —

Die nächste Novität: „Der Revers", Lustsp. i. 5 A. v. Jünger,
ging den 21. Oktober ohne besonderen Erfolg in Scene; Mad. Engel
(Schwabke) debutirte in der Rolle des „Mädchens." — Jünger ist
eine literarische Charakterfigur und bereits hatten wir mehrfach seiner
Stücke auf dem Novitäten=Repertoir zu erwähnen; jedenfalls war er
kein unbegabter Mann. Aber er war ebenso, wie der Weißenfelser
Müllner von der Anmaßung erfüllt, Schiller's gleichgearteter Neben=
buhler sein zu wollen, kurz ein sogenanntes „verkanntes Genie", welches nicht
seinem Unvermögen, sondern dem Schicksale die Schuld, aus ihm
keine klassische Größe gemacht zu haben, in die Schuhe schob. Bei
Müllner werden wir Gelegenheit haben, noch auf Jünger und den
Unterschied beider seltsamer Dichternaturen zurückzukommen. — Oberster
Grundsatz jedes Dichtertalentes, das nicht zerschellen will, ist der allein:
„Sei so groß oder klein, wie's Deine Begabung vermag, sei aber
immer nur Du selber!!" Dann erst, aber nicht durch Nachäfferei,
vermag sich eine künstlerische Individualität auszuprägen. Versteht ein
Schriftsteller das nicht, ist er sonst aber halbwegs vernünftig und ge=
schickt, so werde er einfacher dramatischer Flickschneider, welcher alte deutsche
Stücke für das moderne Theater zustutzt. Auf diesem Felde ist noch viel
für unser deutsches Bühnenrepertoir zu gewinnen. Wir haben genug alte be=
grabene Werke, die nur des Wiederbelebers harren, um so wie ehedem
zu gefallen, ohne daß man bei den Franzosen Anleihen zu machen braucht.
— Einem Dichter von höherer Begabung als Jünger begegnen wir nun,
nämlich Gotter*) und zwar gerade in dem Augenblicke, wo er sein bestes
Lustspiel „Die Erbschleicher" einreicht. Er richtet folgenden Brief an
Engel:

---

*) Friedrich Wilhelm von Gotter, geb. 1746 in Gotha, 1766 daselbst
Archivar, 1767 Legationssekretär in Wetzlar, gründete mit Boje 1768 in Göttingen
den Musenalmanach, wurde später in Wetzlar mit Goethe befreundet, 1771 Geh.
Sekretär in Gotha, bereiste 1774 Frankreich, studirte die dortigen Theater und starb
den 18. März 1797 in Gotha. Außer Gedichten und Uebersetzungen Voltaire's schrieb er das
Originallustspiel: „Der Erbschleicher", welches sich sogar bis 1815 auf der Bühne
erhalten. hat. Seine Singspiele sind von geringerer Bedeutung. —

Gotha, ben 17. November 1788.

Mein theuerster Freund,

Herr Lieutenant Wunder, der schon vor zwey Jahren so glücklich gewesen ist, Ihre Bekanntschaft zu machen, wird abermals das beneidenswürdige Vergnügen haben, Sie in Berlin zu sehen, und will sich, aus Freundschaft für mich, mit diesem Briefe und mit den Erbschleichern belästigen. Es ist größtentheils die Schuld der Abschreiber (und ich habe zu drey verschiedenen Händen meine Zuflucht nehmen müssen!), daß Sie letztere so spät erhalten. Indessen hat das Stück bei diesem Verzuge nicht verloren. Ich bin in der Zwischenzeit nicht müde geworden daran zu feilen und zu schnitzeln, und habe sogar die sogenannte reine Handschrift hinterher noch durch Korrekturen entstellt! Nehmen Sie es denn in dieser Gestalt hin. Ich wünsche Ihnen die Gedult, es durchzulesen — schon sein dickes Format ist so abschreckend! — und Ihrem Partienschreiber und Souffleur gute Augen, sich aus dem Gekritzel und allen Zeichen und Einschiebseln herauszufinden. — Ueber die Besetzung habe ich keinerlei Wunsch zu äußern, da ich Ihr Theater zu wenig kenne. Nach aller Vermuthung darf ich mir aber schmeicheln, daß Herr Fleck — den alten Gerhard, und H. Unzelmann die Rolle des Weinholds machen wird, wenn Mamsell Doebbelin Charaktere wie die Mad. Ungewitter spielt, so würde dieser Umstand, nach den Begriffen, die ich von der Lebhaftigkeit und Intelligenz ihres Spiels habe, mich mit der besten Hoffnung beleben. Vor allen empfehle ich Ihnen aber mein Schooskind — Justinen. Was sag' ich? — Ich empfehle Ihrer Einsicht und Ihrem Wohlwollen mein ganzes Autorinteresse — ohne einen Schatten von Vorschrift oder Bedingung — und bin gewiß, daß ich dabey gut fahren werde. Ich würde die Bitte hinzufügen, das Stück vorher nach Gutdünken zu durchstreichen und zu verkürzen — wenn diese Bitte nicht in Rücksicht auf Ihre wichtigern Geschäfte zu unbescheiden wäre. Das bewußte Manuscript ist noch bei mir in heiliger Verwahrung. Ihre Nachfrage hat mich schamroth gemacht. Ich verdiene tausend Vorwürfe. Aber nichts als meine zu große Verehrung für dieses schätzbare Fragment hat mich bis jetzt abgehalten, die Hand an die Ergänzung zu legen. Wenn Sie mir dazu noch etwas Frist gönnen wollen, so bin ich so frey, Ihnen vorher meine Gedanken zu meiner Belehrung zu unterwerfen. Beyher habe ich eine Bearbeitung des „Optimisten" angefangen, die ich Ihnen zu seiner Zeit anzubieten wagen werde — wenn die Erbschleicher nicht ausgepfiffen werden. Warum konnte ich H. Wunder nicht begleiten? Ich darf den Gedanken nicht verfolgen Er läßt Mißmuth in meinem Herzen zurück. Die seltene Baßstimme meines Landsmannes haben Sie schon gehört? Ist's nicht Schade, daß ein so außerordentliches Talent nicht an seinem Platze steht? Daß wir nicht Monarchen sind, um dergleichen Verrückungen zu heben! Empfangen Sie noch, mein verehrungswürdiger Freund, meinen innigsten Dank für alles Gütige und Freundschaftliche, dessen Ihr lieber Brief voll ist, und die besten Empfehlungen von den Meinigen, die auf Ihr theures Andenken nicht geringern Werth setzen, als ich. Madam Lanz und H. Bertram bitte ich meiner vollkommensten Achtung zu versichern und bin mit unveränderter Herzlichkeit

Ihr ewig getreuester
Gotter.

NB. Ich brauche nicht hinzuzusetzen, daß Sie durch jede Annehmlichkeit, die Sie meinem Landsmann zu erzeigen im Stande find, mich selbst unendlich verbinden werden." — —

Am 2. November wurde das zum 1. Male gegebene Lustspiel in 1 Akt „Wer wird sie bekommen" von Schletter ausgepfiffen. — Wie Engel der Unterstützung seines Freundes Riß benöthigt war, davon giebt folgender Schriftwechsel ein sprechendes Bild:

„Allerdurchlauchtigster pp.

„Da die Vorstellung der Shakespeareschen Stücke „König Lear" u. „Maaß für Maaß", welche wir nebst dem Trauerspiel „Oronocko" und dem Schauspiel „Ethelwolf", noch diesen Winter zu geben gesonnen find, ohne Anfertigung mehrerer neuen Decorationen theils gar nicht von Statten gehen, theils nicht von Wirkung seyn würde: So wagen wir es, nach der uns ertheilten gnädigen Erlaubniß, Ew. Kgl. Majest. einliegende Note des p. Verona mit der bemüthigsten Bitte zu Füßen zu legen:

Daß Allerh. Dieselben geruhen wollen, die auf dieser Note angezeigten Decorationen für das National=Theater zu bewilligen."

Die wir in tiefster Ehrfurcht pp.

Berlin den 15. Novbr. 1788.

Ramler. Engel." —

— „Note von H. Verona.

1. Eine Straße mit 8 Coulissen	350 Thlr.
2. Ein Feldlager	250 „
3. Ein prächtiges Zimmer mit Seiten=Cabinets und 8 Coulissen	250 „
4. Ein prächtiger Pallaft	250 „

Berlin den 13. Novb. 1788.

1100 Thlr.
Verona." — —

Die Antwort lautet:

„Hochgelahrte, liebe Getreue! Damit die neuen Schauspiele mit gehöriger Wirkung gegeben werden können, will ich die dazu erforderlichen neuen Decorationen bewilligen und Ich habe dem Geh. Kämmerer Riß den Befehl ertheilt, die angesetzten 1,100 Thlr. auszuzahlen. Wenn aber diese Decorationen sich gut ausnehmen sollen, so müssen sie auch gut erleuchtet seyn, u. da es bey der ilumination noch sehr fehlet; so müßet Ihr auch darauf Euer besonderes Augenmerk mitrichten." Ich bin pp.

Berlin den 17. November 1788.

Fr. Wilhelm." — —

„Wohl Gebohrener Herr

Hoch zu Ver Ehrender Herr Profeßor!

„Ew. Wohl Geb. habe ich die Ehre anbey 1100 Thlr., von Seiten Sr. Ma=

jeſtät Unſern Aller Gnädigſten König zu übermachen, zu die 4 Neue erforderliche Décorations von Verona gemahlen. Erlauben Sie, daß ich Ihnen den ergebenſten Dank für daß mir Bey dieſer Sache Bewieſene Zutrauen abſtatten darf, u. Bitte ich um die Continuation Dero mir Bißher Bewieſenen Freundſchaft. Ich verbleibe mit der Vorzüglichſten Hochachtung

Berlin den 17. Novber   Ew. Wohl Geb. —

1788.   gantz gehorſamſter Diener

         Ritz." — —

Wir kommen zu dem bedeutſamſten Ereigniſſe unter Engel, ſeitdem er ohne Beyer Direktion geführt hat, zu der erſten Aufführung des „Don Carlos," deſſen Manuſcript durch Unzelmann in den Beſitz des Nationaltheaters gekommen war. Die Aufführung des großen Werkes erhält noch mehr Bedeutung und Gewicht dadurch, daß es das einzige neue Stück Schiller's iſt, welches Engel während ſeiner ganzen Verwaltung zur Darſtellung brachte. — Den 22. November 1788 ging „Don Carlos", Trauerſpiel in 5 A. von Schiller, in Proſa, in Scene. — Die Beſetzung desſelben war:

Philipp II.	Hr. Fleck.
Eliſabeth	Mad. Baranius.
Don Carlos	Hr. Czechtitzky.
Marquis Poſa	Hr. Unzelmann.
Herzog Alba	Hr. Herdt.
Prinzeſſin Eboli	Mad. Friedr. Unzelmann.
Lerma	Hr. Kaſelitz.
Domingo	Hr. Frankenberg.

Die Vorſtellung begann um 5 Uhr Nachmittags und endete — halb elf Uhr Abends, dauerte mithin fünf und eine halbe Stunde! Verſchiedene Scenen waren ſo ermüdend, daß viele Zuſchauer ſchon vor der Beendigung der Aufführung das Haus verließen. — Sofort wurde das Stück gehörig gekürzt, aber dennoch wollte es keinen Erfolg erzielen, ſelbſt Sonntags blieben die Vorſtellungen leer. — Der Beſetzung war dieſer Mißerfolg der erſten Vorſtellungen keineswegs zur Laſt zu legen, da dieſelbe, bis auf eine Ausnahme, die vorzüglichſte geweſen iſt, welche gedacht werden konnte. — Bis 28. März 1810 erſchien Don Carlos in der erſten, nicht ſehr glücklichen Geſtalt zeitweiſe auf der berliner Bühne, von da ab aber (in Jamben) nach ſeiner eigentlichen Bühnenbearbeitung und wurde bis zu heutigem Tage ein ſtets mit Begeiſterung aufgenommenes Repertoirſtück, welches 222 Vorſtellungen bis

Ende 1875 erlebt hat. Es steht fest, daß Don Carlos erst von 1810 an einen wachsenderen Beifall gewann, ja daß dies Stück seit jenem Jahre eigentlich das Lieblingsdrama der deutschen Jugend geworden ist, welches Alle zur Begeisterung hinriß und heute noch seine tiefergreifende Wirkung nie verfehlt!! — Es ist von Interesse, zu unter= suchen, weshalb Don Carlos damals in Berlin mißfiel und weshalb dies Werk Schiller's trotz seines 22jährigen Mißerfolges eine so völlig entgegengesetzte, glanzvolle Wiedergeburt von 1810 ab gefeiert hat! —

Schillers erste Dramen, die „Räuber", „Fiesko" und „Don Carlos", in denen Stoff, wie Fabel einen so bedeutenden Umfang und so viel Tiefe haben, waren an sich schon vom Dichter sowohl rhetorisch, wie in der dramatischen Architektur bei Weitem breiter angelegt, als „Kabale und Liebe". Die Fabel dieses Stücks ist gegen jene knapp, die Idee der= selben gedrungen, die Handlung selbst eine räumlich begrenzte, einfache. Sie leidet deshalb auch an keinem der Mängel, welche Stoffen wie dem Fiesko, Carlos und den Räubern naturgemäß ankleben. Bei Shakespeare und Goethe stoßen wir auf ganz ähnliche Unterschiede in der Art der Fabel und dieselbe Erscheinung, wie bei Don Carlos wiederholt sich immer wieder an allen Dichtungen, deren Tiefe, deren Universalität ihres Stoffes eine umfassendere Behandlung erfordert. In solchen Fällen hilft nur die nachträgliche Einschränkung, das heißt das Kürzen, das Kom= primiren. Eine gefährliche Aufgabe ist dies aber, und eigentlich kann nur dem Verfasser des Stückes solche überlassen bleiben, da er sie, falls Selbstliebe ihn nicht völlig verblendet, allein am besten zu bewirken versteht. Dies that Schiller bekanntlich auch unter dem Beirath von Bühnen= künstlern bei den „Räubern", wie dem „Fiesko"; — bei „Don Carlos" je= doch erst später. — Ueber diesem Stücke waltete eine besonders eigenthüm= liche Ironie des Schicksals. Es wurde, wie es ursprünglich von Schiller geschrieben worden, also ohne Bühnenbearbeitung gegeben. Hätte Engel sich mit dem Verfasser in Verbindung gesetzt, wahr= scheinlich wäre Don Carlos nicht zur fast 6stündigen Folter des Publikums geworden! Der zweite Grund seines Mißerfolges war, daß — Unzelmann, der geborene Komiker, den Marquis Posa spielte! Etwas Widersinnigeres läßt sich garnicht denken, und daß Engel diese Rolle dem sonst so ausgezeichneten Künstler ertheilt hat, er, der doch Unzel= mann früher als Franz Moor und in anderen tragischen Rollen sah, ist unbegreiflich! Entweder that es Engel aus Direktorenschwäche, weil sich Unzelmann den Posa schon in Mainz als Rolle ausgebeten hatte, oder aus falscher Direktorenklugheit, um den auf seinen Ruhm und auf seine Frau eifersüchtigen Mann durch diese Rolle zu begütigen und an Berlin zu fesseln. Wie verfehlt die Spekulation war, mußte sich Engel schon am Morgen nach der ersten Aufführung eingestehen.

Das Geheimniß des Erfolges, oder Mißlingens — von „Don Carlos" liegt nur in der Figur des Marquis Posa. Zwischen ihm, Philipp II. und Elisabeth spinnt sich die ganze tragische Handlung, die dramatisch-ideale Idee ab. Don Carlos ist nur das Objekt der Handlung, ein schöner tragischer Liebhaber, nicht aber der Held des Dramas. Er, Prinzessin Eboli, Alba, wie alle Uebrigen sind lediglich charakteristische Nebenfiguren. Mit Posa steht und fällt Don Carlos, in ihm liegt auch der geheime Zauber der Begeisterung, welche die Dichtung zu erwecken fähig ist! — —

Wir haben früher gesagt, daß der gemeinsame Grundton von Schiller's Dichtungen, der Sehnsuchtsgedanke „Vaterland und Freiheit" wäre. In keinem seiner Werke hat er diesem Gedanken einen klareren, idealeren, hinreißenderen Ausdruck gegeben, als im Don Carlos durch Marquis Posa. Wohl ist die ähnliche Idee in Carl Moor vertreten, aber in der gigantisch wilden Form einer Naturgewalt, welche, rings zerstörend, an sich selber zu Grunde geht; im Posa ist dieser Freiheits- und Vaterlandsgedanke eine erhabene, von überirdischer Hoheit und tiefsittlicher Ueberzeugung getragene Religion, für die es lohnt, wenn man nicht siegen kann, mit gottessicherem Lächeln auf den Lippen zu fallen. Im Don Carlos sind Philipp, Carlos, Elisabeth, Eboli u. s. w. historisch existirende Personen, die, ganz gleich, ob sie vom Dichter mehr oder weniger treu gezeichnet sind, ihren Charakter, wie ihre Stellung durch die Geschichte erhalten haben. Marquis Posa aber ist dies nicht, er ist ein Mensch, der gar nicht nach Spanien gehört, er ist eine dichterische Fiktion, ein großartiges Prinzip, das in Menschenform geschmolzen, sonnenhaft am trüben Horizonte des Eskurial und am Hofe zu Madrid auftritt. Trotzdem ist nicht zu verkennen, daß Posa doch wieder in irgend einer historischen und geistigen Beziehung zu Philipp II. stehen, Schiller diese Figur also der Sphäre jener Zeit entnommen haben muß. — Posa ist Niederländer, das aber ist für dessen dramatischen Zweck noch nicht genug. — Wir wissen, daß die Humanisten um Luthers und Carl's V. Zeit in den Niederlanden und England blühten

Erasmus, Hottoman, Bacon, Grotius eine fortlaufende Kette von Denkern bildeten. Keiner aber ist bedeutender, als Der, welcher neben dem großen Oranier für die Befreiung der Niederlande von Philipp's II. Tyrannei mit geistigen Waffen, den furchtbaren Waffen des politischen und religiösen Beweises, gestritten hat, der berühmteste Staatsrechts= lehrer seiner Zeit, Hubert Languet, durch seine gegen König Philipp gerichtete Schrift: „Vinditiae contra Tyrannos"*) „Ueber die gesetz= liche Macht des Fürsten über das Volk und des Volkes über den Fürsten." — Man braucht nur wenige Seiten dieser Schrift zu lesen, so steht Schiller's Marquis Posa vor unserem Geiste und es ist nicht ohne Be= deutung, daß in einem Briefe an Mordeisen 1559 Languet vor= übergehend eines „Marchio de Posa" als eines Opfers Philipp's II. erwähnt!" Die „Vinditiae" und den Brief hat möglicherweise Schiller gekannt; aus beiden ist jedenfalls die Posafigur erwachsen!! — — 1788 am 22. November wußte man indeß noch nicht viel von diesen Idealen. Der Vaterlandsbegriff, so ausgeprägt er seit den letzten Kriegen auch war, erreichte an den schwarzweißen Grenzpfählen sein Ende, der deutsche, der allgemeine Begriff der Stammeseinheit fehlte, der Gedanke daß das Vaterland mehr sei als das Haus und die Scholle und nur in der Gemeinschaft der Stammgenossen unter ihres Fürsten Banner zu suchen sei! Mit wenigen Worten: das innerste Gefühl des eigenen Pathos mangelte nicht blos in Berlin und Preußen, auch in Mainz und Mannheim besaß man es nicht, um den Marquis Posa zu würdigen! Don Carlos fand damals selbst unter eines Dalberg Leitung in Mannheim keine Anerkennung, nur in Hamburg allein ahnte man seine Tiefe. Diese sonderbaer Thatsache erklärt sich noch dadurch, daß in Berlin wie in Mannheim Don Carlos in seiner ersten Form gegeben wurde, welcher das Bühnengerechte völlig fehlte. In Hamburg leitete das Theater dagegen Ludwig Schroeder, der, selbst dramatischer Dichter, zugleich darstellender Künstler und erfahrener Bühnenkenner war. Von ihm ist Don Carlos unzweifelhaft für seine Bühne eingerichtet worden und gefiel, weil durch die Schroedersche Einrichtung der dramatische, wie der poetische Gehalt der Dichtung, von übermäßiger Breite befreit, klarer in die Erscheinung trat, das tragische Pathos derselben dem Zuschauer besser zum Bewußtsein kam. — Als wir 1810 den Feind aber im deutschen Lande, als wir das Pathos

---

*) Nach der Ausgabe von 1580 bearbeitet von Rich. Treitschke. Leipzig 1846. Verlag von Joh. Ambr. Barth. —

im eignen Herzen hatten, und das Bewußtsein uns zu Boden drückte, der Knecht des fremden Eroberers zu sein, — als wir in demüthigendem Zwange erst erkennen lernten, was Vaterland und Freiheit ist, da erst erstieg uns aus dem Leiden das Ethos, — das Verständniß: was Posa eigentlich sei — und hochauf lohete die glühende Flamme der politisch= nationalen Begeisterung, welche bei Wahlstatt und Leipzig, bei Paris und Bellealliance das Weltreich des Korsen zerschlagen hat!! Posa ist die Verkörperung unsres heutigen Staatsbegriffes, unserer po= litischen Entwickelung, er verbildlicht die Solidarität von Fürst und Volk durch das gemeinsame Gesetz der Staatsverfassung. — Sage man nicht, daß diese Behauptung eine gewagte sei und Schiller 1787 schwer= lich von einem Verfassungsleben der Deutschen, wie es sich seit 1848, 1866 und 1871 herausgearbeitet, eine Vorstellung gehabt habe. Schiller brauchte gar Nichts weiter zu kennen als die „Vinditiae" des Languet, dieses Buch des edelsten aller Volks= und Vaterlandsfreunde, um seinem Posa eine Tiefe der Anschauung, eine Gluth der Begeisterung zu ver= leihen, deren Strahlen die Herzen aller deutschen Patrioten und Denker unseres Jahrhunderts erleuchtet hat!! — — Gesetzten Falles, daß aber Schiller von Languet und dessen Brief an Mordeisen auch nichts gewußt habe, — was durch Thatsachen wohl kaum zu beweisen sein wird; — daß er dafür jedoch die alten englischen Dramendichter höchst eingehend studirt hat, und daß ihm Otway genau bekannt war, ist ge= wiß. Thomas Otway aber, welcher von 1651 bis 1685 lebte, hat auch ein Trauerspiel: „Don Carlos" geschrieben, in welchem ein Posa die Rolle eines Vertrauten des Prinzen spielt. Muthmaßlich hatte also Otway die „Vinditiae" Languet's gelesen und war, als ein mit dem Verfassungsleben genugsam vertrauter Engländer, sicher befähigt, seinem Posa die Languetschen Grundsätze in den Mund zu legen. Schiller benutzte zweifellos theilweise dann die Fabel Otway's und dessen Posa=Figur!! — — — —

Der Musikdirektor des Hoftheaters von Schleswig, mit welchem die Generaldirektion bereits wegen Erlangung der Operette: „Im Trü= ben ist gut fischen" aus der Bibliothek des Markgrafen von Schwedt in Verbindung getreten war, reichte am 4. Dezember sein Singspiel: „Doctor Faust's Leibgürtel" ein. Bemerkenswerth ist, daß hier zum ersten Male seit der Reformationszeit, in welcher bei den Gaukler=Komö= dien der Faust auf dem Theater eine beliebte Rolle gespielt hat, die

Faustsage, wenn auch erst in burlesker Form, wieder auftritt und den Vorläufer der großartigen didaktischen Goethedichtung bildet. Zwar hatte Goethe bereits 1773/74 die ältesten Scenen des Faust entworfen, aber in dem Jahre 88 erst die Scene „in der Hexenküche" im Garten Borghese zu Rom ausgeführt, der erste Theil des Faust wurde vor 1806 nicht beendet. Da Mystizismus, Gespensterseherei und der Aberglaube früherer Jahrhunderte in Deutschland jetzt wieder aufgelebt war und sein Wesen trieb, lag die alte Fabel des Faust gewissermaßen in der Luft, die Faustnatur in den besonders damals so doppellebigen, sich in Gegensätzen bewegenden Menschen selber! Es ist Goethe's unnachahmliches Verdienst, diese Fabel geistig vertieft, auf den inneren Menschen und sein geistiges Dasein philosophisch angewendet zu haben!! — —

Wenn von Engel's bisheriger Verwaltung, trotz der Vorzüglichkeit des Zusammenspieles der Künstler, nicht gerade behauptet werden konnte, sie habe mit neuen Dichtungen einen Erfolg erzielt, wie dies Doebbelin mit Minna von Barnhelm, den Räubern, ja selbst mit Fiesko gelungen war, drohte seiner Direktion nun auch eine für seine Ehre und seine Stellung gefährlich werdende Wendung der Dinge. Nur durch die Gunst bei Hofe, wie durch schwere Opfer, welche der Theaterkasse auferlegt wurden, vermochte er derselben zu entgehen. Da die Angelegenheit indeß mit dem Abgange und der Pensionirung Theoph. Doebbelin's zusammenhängt, bringen wir dieselbe erst zu diesem Zeitpunkte zur Kenntnißnahme des Lesers. —

Von der Generaldirektion wurde am 21. Dezember der sogenannte Wöchnerdienst, nach dem Muster der Semainiérs im Théatre francais, eingerichtet. Am 1. August 1788 war nämlich das erste Jahr des Eintritts der Kgl. Verwaltung in ihr Amt abgelaufen, mit diesem Tage sollten die entworfenen Gesetze sämmtlich in Kraft treten und dem Provisorium ein Ende machen. Den Paragraphen über „die Ordnung während der Proben" fügte nun die Verwaltung noch folgende Einrichtung hinzu. Es wurden vier Wöchner mittelst Wahl der Bühnenmitglieder bestimmt. Die erste Wahl fiel auf: Labes, Unzelmann, Greibe, Reinwald und diese erhielten durch die Direktion eine Instruktion von 8 Paragraphen, nach welchen sie ihre Thätigkeit einzurichten hatten; gemäß derselben wurden wiederum die Funktionen der Herren Lanz und Rüthling geordnet. Als Entschädigung erhielt Jeder der Wöchner täglich einen Thaler und verwaltete sein Amt eine Woche, um dann von dem nächsten abgelöst zu werden. Diese Einrichtung ge-

schatz durch protokollarische Abmachung von vorbenanntem Datum, welche die vier Wöchner und Engel unterzeichneten. Da wir hier mit einer Frage der reinen Theatertechnik zu thun haben, können wir sie kurz dahin erklären. Bei Theatern, welche zugleich Oper und Schauspiel geben, herrscht die Gewohnheit, ein oder zwei Schauspiel= und Opern= Regisseure aus den geeigneten Personen der Künstlerschaft zu wählen, welche Proben, wie Aufführungen leiten und denen das übrige Personal sich unterzuordnen hat. Mitunter steht der gesammten Regie wohl auch ein Oberregisseur vor, dessen Stellung von der eines technischen Direktors kaum zu trennen ist. Eine ähnliche Einrichtung besteht noch heute am kaiserlichen Burgtheater, doch mit dem Unterschiede, daß jeder Regisseur einen vollen Monat Dienst hat und zwar so, daß die Regie jeden Ersten des Monats wechselt. Besagte Wöchner haben zur eigenen gegenseitigen, wie zur Kontrole des Personals „Wöchner=Bücher" zu führen. In diese wird Ort und Zeit jeder Probe, wie Aufführung, die verwendeten Dekorationen, Requisiten, Garderoben und die Funk= tionen der darstellenden Künstler, wie des technischen Personals ver= merkt und jede Fahrlässigkeit, damit die Kasse die Strafgelder von der Gage in Abzug bringen kann, notirt. Am Schlusse der Woche über= giebt der abtretende Regisseur dies Buch seinem Nachfolger. — Ein Theil, und zwar der niederere der Regie, ist am heutigen Königlichen Theater, wie bei anderen Bühnen auf den Inspizienten abgewälzt, welcher vom Theaterinspektor Lanz unter Engel wohl zu unterscheiden ist. — Durch diese Einrichtung wurde somit Theophil Doebbelin's Thätigkeit fortan entbehrlich! Dies war jetzt um so zweckmäßiger, als der offene Zwiespalt, in welchem sich derselbe durch seinen (später zu erörternden) Prozeß gegen die Oberbehörde gesetzt hatte, jeden persön= lichen Verkehr zur Unmöglichkeit machte. Den Schluß des Jahres bildeten am 27. Dezember „Täuschung durch Aehnlichkeit" oder „Die Schule der Vormünder", Lustsp. in 5 A. n. d. Frz. des Cailhava. — Eine Uebersicht der Novitäten vom 7. Mai, dem Beginn der neuen Direktion Engel=Ramler an, bis zum Jahresschlusse er= giebt 17 neue Stücke und zwar

Opern und Operetten . .	7
Trauerspiele (Don Carlos)	1
Schauspiele	4
Lustspiele	5
zusammen	17 Novitäten.

Unzweifelhaft zeigt ein Rückblick auf die Thätigkeit des verflossenen Jahres, daß die Darstellung im Einzelnen, wie im Ensemble eine viel vorzüglichere geworden war, der innere Organismus sich wesentlich verbessert und einen Abschluß gefunden hatte. —

Personal-Verzeichniß vom Jahre 1788:

Doebbelin, Regisseur. Herr Theophil		
Frischmuth, Musik-Director. Herr J. C.		
Wessely, Musik-Director Herr Bernhard	. . . .	neu
Altfilist, Dem. S. C.		
Altfilist II., Dem.	. . . .	abg.
Alexi II., Herr Anton	. . . .	abg.
Alexi II., Mad.	. . . .	abg.
Amberg, Herr J. H. J.		
Antouch, Herr Johann, Ludwig	. . . .	abg.
Antouch, Mad.	. . . .	abg.
Brückner, Mad. C. M.		
Bessel, Herr J. F.		
Bessel, Mad. A. M.		
Benda, Herr C.		
Benda, Herr Ch.		
Baranius, Mad. H.		
Bötticher, Herr A. W.		
Bötticher, Mad. Ch. Ch.		
Böhm, Mad. Elisabeth	. . . .	neu eng.
Baumann, Dem.	. . . .	neu
Czechtitzky, Herr C.		
Cordemann, Herr Heinrich, Friedrich	. . . .	neu
Cordemann, Dem.	. . . .	neu
Doebbelin, Dem. C. M.		
Doebbelin, Herr Carl	. . . .	abg.
Distler, Herr Anton, Joseph	. . . .	abg.
Distler, Mad. geb. Goebel, Christiane, Marianne, Regine	. . . . .	abg.
Engst, Herr J. J. M.		
Engst, geb. Niesen, Mad. C. L.		
Engel, Herr Carl August . . } eigentlich Schwabse		
Engel, Mad. Charlotte Amalie }	. . . .	neu
Fleck, Herr J. F. F.		
Frankenberg, Herr Franz	. . . .	neu
Goebel, Mad. Ernestine, Karoline, Wilhelmine	. . . .	abg.
Greibe, Herr F. E. W.		
Greibe, Mad. Th.		
Gerand, Dem. H.		

Genſicke, Mad. Marie, Charlotte, Friederike .   . .   abg.
Herbt, Herr G.
Koch, Herr . . . .   abg.
Koch, Dem. Friederike . . . .   abg.
Kaſelitz, Herr G. Ch. G.
Kaſelitz, Mad.
Krüger Hr. Carl . . . .   abg.
Lanz, Herr J. . . . .   abg.
Lanz, Mad. A. . . . .   abg.
Lanz, Monſieur C. A.
Lanz, Monſieur W.
Labes, Herr F. W. Ch., (Sohn)
Lippert, Herr Carl Friedrich . . . .   neu
Leiſt, Herr C.
Leiſt, Dem. Wilhelmine . . . .   neu
Müller, Mad. . . . .   neu u. abg.
Müller, Dem. . . . .   abg.
Roſenau, Herr . . . .   abg.
Reinwald, Herr J. D.
Rabemacher, Dem. Ch. D.
Rüthling, Herr H. F
Silani, Herr Guiſeppe . . . .   abg.
Simoni, Herr Friedrich . . . .   neu
Simoni geb. Hufnagel. Mad. Marianne, ... neu
Simoni, Dem. . . . . neu
Spangler, Herr . . . .   abg.
Tralter, Herr . . . . neu u. abg.
Tralter, Mad. . . . . neu u. abg.
Unzelmann, Herr Carl Wilhelm. . . . . neu
Unzelmann, geb. Flittner, Mad. Friederike . . . . neu
Bio, Herr Carl . . . . neu
Werner, Dem. C. (ſpätere Lippert)
Wiebemann, Herr Michael . . . . .   neu
Weißchuh, Herr J. C. F. J.
Wieſener, Herr . . . .   abg.
Willmann, Dem. . . . . neu
Walter, Herr } brachen den Kontrakt vor deſſen Beginn . . . .   neu
Walter, Mad.
Zilmer, Herr . . . . neu
Zimmerle, Herr Carl . . . . neu eng.

Das Personal-Verzeichniß am Ende des Jahres 1787 ergab 52 Mitglieder

Im Laufe des Jahres 1788 { wurden engagirt: 25

77

schieden aus: 23

Bestand des Personals am Schlusse des Jahres 1788: 54 Mitglieder.

1789. — Wir überschreiten die Schwelle eines folgenschweren Jahres, die Grenze einer Weltepoche. In derselben beginnt die französische Revolution, welche mehr oder weniger alle Nationen Europas in Mitleidenschaft zog. Sie führte die Republik in Frankreich, dann den Cäsarismus, endlich den Invasionskrieg der Franzosen in Deutschland herbei. Vom Jahre 1789 hört auch in Preußen nach und nach der patriarchalische Friede und die Ruhe der Gemüther, deren man sich seit 1778 zu erfreuen gehabt hatte, völlig auf. Wenn sich dies vorläufig auch beim Theater nur mittelbar fühlbar machte, wurde das Bühnenleben schließlich doch ebenfalls von den Erschütterungen gefährdet, die das politische Erdbeben Europas in allen Lebenskreisen hervorrief, Erschütterungen, welche erst 1815 ihren Abschluß fanden. — In diesen Zeitraum fiel aber gerade die höchste Blüthe unserer deutschen klassischen Bühnenliteratur, der deutschen klassischen Oper. Wie der vulkanische Boden die edelsten Reben erzeugt, wie er gerade die köstlichsten Früchte zeitigt, so entfaltete sich damals auch der Menschengeist unter Sturmfluth, Wetterschlag und der verzehrenden Lohe der Zeit immer strahlender in seinem ewigen Berufe! — —

Das königliche Opernhaus eröffnete am 5. Januar den Carneval mit der Wiederholung von „Medea in Colchide". Die Proben waren schon im November vorigen Jahres und zwar im Rittersaal des königlichen Schlosses gehalten worden, da Verona, eines genügenden Malersaales ermangelnd, die Bühne und den emporgeschraubten Boden des Zuschauerraumes zum Malen der Dekorationen benützte. „Medea" wurde 6 Mal gegeben und am 26. Januar zum 1. Male: „Protesilao", Oper von Abbate Sertor in Venedig, für welche von Reichardt der erste und von Naumann in Dresden der zweite Akt komponirt worden war. Das Loos hatte hierüber zwischen Beiden entschieden und es war ihnen das Versprechen gegeben worden, daß nach fertig gestelltem Tonwerke Jeder die Oper ganz komponiren und seine Arbeit dann aufgeführt werden solle. Diese Auskunft, den Ehrgeiz und Wetteifer Beider zu beflügeln, war selbst im besten Falle eine unglückliche, die schon darum wenig äußeren

Erfolg versprach, weil dann ein und dasselbe Thema in dreimaliger Be=
handlung, nämlich zuerst Protesilao als Oper von Reichardt und
Naumann, dann als Oper Reichardt's und endlich als Oper
Naumann's dem Publikum vorgeführt wurde, was ermüdend und
langweilig werden mußte. Bei der ersten Aufführung zeichnete sich
Reichardt's 1. Akt durch Fülle, Pracht und Schwung aus, Nau=
mann's 2. Akt aber sprach durch Milde, Sangbarkeit und Melodien=
reichthum weit mehr an, das Libretto des Abbate Sertor aber miß=
fiel, weil es zu sehr eine Nachahmung des Orfeo war. Für seine
Komposition erhielt Naumann eine mit Brillanten besetzte Tabatiere
und 400 Friedrichsd'or. Unter den Solotänzern traten Herr und Ma=
dame Schubert vom Markgrfl. Hofe zu Schwedt auf. — Obwohl der Hof=
poet Filistri de Caramondani durch seine Operndichtungen ein für
die damalige Zeit neues Feld betreten hatte, wollte ihm doch der König
nicht den Gehalt seines Vorgängers von 1200 Thlr. bewilligen. Erst
durch vieles Bitten des Baron von der Reck und in Folge des Nach=
weises von 1900 Thlr. Ersparnissen am Schlusse des Carneval wurden
endlich dem „armen Teufel Filistri, Hofpoet, Theatermeister und In=
spektor vieler nützlicher Dinge", wegen seines „zéle inexprimable"
zögernd 500 Thlr. Jahresgage genehmigt. Nach Schluß des Karneval,
bereits am 24. Februar 1789, beschwört v. d. Reck den König, die
Opern, welche den Karneval 1790 gegeben werden sollten, zu bestimmen,
da wegen der „préparatifs immenses" keine Zeit zu verlieren wäre. —
Ist der Uebereifer des Opernchefs schon an sich etwas komisch, so erhält
derselbe noch seine besondere Naivetät durch den Umstand, daß in der
zweiten Hälfte des Jahres 1789 theilweise die Armee mobil gemacht
wurde, die „préparatifs immenses" also für ein anderes Gebiet —
recht wünschenswerth gewesen sein dürften! Man sah damals bei Hofe
aber noch die Vorgänge jenseits des Rheins mit gleichgültiger Verach=
tung und der stolzen Ueberzeugung an, derselben nöthigenfalls mit leichter
Mühe Herr zu werden. Man vergaß hierbei völlig, daß die berühmte
friederizianische Armee im Jahre 1789 doch eine wesentlich andere ge=
worden sei, welche dem großen todten König wahrscheinlich nicht die alte
Anerkennung abgenöthigt haben würde. Gewiß war deren Geist derselbe
geblieben, ihre Bravour die alte, aber ihre Leistungsfähigkeit, besonders
deren Oberleitung war schwächer geworden! Die berühmten Feldherren
Friedrich's II. deckte das Grab. Die Truppenkommandeure waren Greise

und der junge Nachwuchs im Offizierkorps besaß schwerlich mehr die spartanischen Eigenschaften der Kämpfer von Mollwitz, Roßbach und Zorndorf. Wir geben diese Nebenbemerkung nur, weil sie das langsam hereinbrechende Elend Deutschlands, insbesondere Preußens Schicksal, er= klärlich machen, das — bei Jena sich erfüllen sollte und auch auf das berliner Theater von tiefstem Einflusse war. — Das beste „Préparatif" für die Oper wäre allerdings eine Primadonna gewesen, da die Tobi abgehen und man sie nicht halten wollte. Vergeblich ward Reichardt beauftragt, der Mara für die nächste Karnevalssaison 4000 Thaler zu bieten, die übellaunige Dame schlug auch dieses außergewöhnliche An= gebot ab. Man behielt deshalb Sgra. Tobi bis zum Herbst, wo Ma= dame Lebrun für sie engagirt wurde. Die beiden Tänzer Adriani und Fiorillo, obwohl Ersterer schon seit Friedrich II. mit 900 Thlr. an Stelle des Balletmeisters Desplaces engagirt war, hatten während dieses Karneval dem Könige so mißfallen, daß er sie zu entlassen befahl. Dies gab zu einer Controverse zwischen Sr. Majestät und Baron v. d. Reck Anlaß. Reck wünschte den Fiorillo wegzuschicken, den Adriani aber zu behalten: „der zugleich ein geschickter Balletmeister sei, der den Lauchery einst ersetzen könne." Diesen Ersatz beabsichtigte der Opernchef dem Lauchery gegenüber, mit welchem er in Streitig= keiten gekommen war. Das Schreiben, welches v. d. Reck in der Sache an den König richtet, ist auch deshalb bemerkenswerth, weil der Baron einen festen Etat für Sänger, Orchester und Ballet verlangt: „da die jetzigen Opern sich mit dem alten Etat aus der vorigen Regierung gar nicht mehr bestreiten lassen." Schließlich bittet er: „daß keine En= gagements mehr gemacht werden, als durch den directeur des Spectacles, wie das in anderen Ländern Sitte ist" und weist auf die Unmöglichkeit hin, den Verpflichtungen solcher, durch ihn nicht gemachten Engagements zu genügen. Dies, dem Könige gegenüber, anmaßende Verlangen wurde durch die Engagementsaufträge allerdings gerechtfertigt, welche der König sowohl Reichardt, wie seinen Gesandten betreffs der Oper und des Ballets ertheilt hatte. Friedrich Wilhelm II. that zwar, wie wir wissen, nichts Anderes, als was der große Friedrich auch gethan hatte, da er dem Cataneo die Barbarina zu engagiren be= fahl und seinen französischen Gesandten, wie die pariser Freunde zur Vervollständigung der italienischen Oper in Anspruch nahm. Das geschah aber in der ersten und höchsten Blüthezeit der Oper, wo der Etat ein sehr flüssiger war und Friedrich's II. Beutel stets nachhalf. Bei dem schmalen Etat, den der große König gegen Ende seines Lebens seinem alten Lieblingsinstitute bewilligt hatte, waren schwerlich die Engagements zu rechtfertigen, welche Friedrich Wilhelm II. über den Kopf seines Opernchefs hinweg von Anderen zu bewirken befahl. Durch die Ein= reden Reck's ließ sich der König indeß nicht abhalten, seinerseits den= noch Engagements=Einleitungen zu treffen, und als der Baron anfragte, welche Primadonna die Tobi ersetzen werde, schrieb der König an den Rand des Briefes: „Wird schon kommen!" — Daß derselbe übrigens mit v. d. Reck's Verwaltung und Kunsteifer sehr zufrieden war, zeigt, daß er Anfang des Mai eine „grosse sommé" für die Karnevals= vergnügungen pro 1789—90 bestimmte und besonders befahl, daß Reck über dieselbe der Ober=Rechenkammer nicht Rechnung zu legen brauche! Von diesem gefährlichen Rechte scheute sich indeß v. d. Reck Gebrauch zu machen und bat sich unterm 29. Mai „wie früher Rechnungs= abnahme durch die Ober=Rechenkammer aus, weil das Publikum dar= über reden könnte." Dies bewilligt der König und weist die Ober= Rechenkammer danach an. Bereits am 18. April hatte er durch eine Bleistiftbemerkung auf Reck's Eingabe bestimmt, daß zu den großen Sommerfestlichkeiten die opera buffa „Il falegname" sowohl auf dem kleinen Theater in Charlottenburg, wie im Neuen Palais gegeben werden solle. Im Juli erschien des Königs Schwester, die Erbstatt= halterin von Holland, zum Besuche in Berlin und auf ihre Anwesenheit bezogen sich die letzten Anordnungen des Königs. Im Opernhause wurde der Statthalterin zu Ehren „Medea in Colchide" und „Pro= tesilao", jede Oper zweimal, aufgeführt. Das Personal mit der Tobi als Primadonna war dasselbe, nur Tenorist Hurka, früher in Dresden und Schwedt, neu mit 1000 Thlr. Gehalt engagirt worden. In Potsdam, wie Charlottenburg wurde opera buffa gegeben, besonders „Il falegname"; Redouten, Feuerwerke, Konzerte wechselten mit den Vorstellungen ab und die preußische Residenz zeigte diesen Sommer ganz besonderen Glanz. Wie freigebig der König bei dieser Gelegenheit gewesen ist, beweist allein, daß Verona zu dem in der Orangerie zu Charlottenburg aufgeschlagenen Theater für 3760 Thlr. neun kleine De= korationen malen mußte, welche auch für das Theater im Neuen Palais zu Potsdam gebraucht und danach eingerichtet wurden. Trotz dieser Ausschmückung erwies sich das Orangerietheater so ungenügend, daß der

Bau eines neuen Theaters neben dem Schlosse in diesem Jahre begonnen wurde, nachdem derselbe bereits im vorigen Jahre vom Könige beschlossen worden war. Eine Episode aus der Festzeit ist komisch genug. Baron von der Reck hatte am 8. Juli die Generalprobe der Oper „Protesilao" angesetzt, der König befahl aber plötzlich ein großes Abend=konzert bei Hofe, zu welchem eine zahlreiche Gesellschaft geladen worden war. Von der Reck, außer sich, seine Veranstaltungen völlig umge=worfen zu sehen, wird bei Seiner Majestät dagegen vorstellig, der König aber läßt sich nicht irre machen und befiehlt, die Probe der Oper über=morgen zu halten. Während dieser Festlichkeiten war der damals ge=feierte Opernkomponist Freiherr von Dittersdorf in Berlin und wurde zu den Festvorstellungen eingeladen. In seiner Lebensbeschreibung*) giebt er interessante Schilderungen der damaligen Theater= und Musik=zustände Berlins. Von denselben finde nur hier seine Stelle, daß er äußert: die opera buffa „Il falegnamo" sei so elend aufgeführt wor=den, daß er die Geduld nicht genug bewundern könne, mit welcher der Hof dies von den Sängern schlecht vorgetragene und abenteuerliche Mach=werk drei Stunden lang habe anhören können. Als „Medea" gegeben wurde, befand sich Dittersdorf in derselben Loge mit Madame Ritz. Die Oper dauerte sechs Stunden und ging in den letzten zwei Stunden so matt und abgespannt, daß es eine Qual war, zuzusehen. Das Ballet war vortrefflich, von der scenischen Ausstattung aber giebt Dittersdorf folgende Beschreibung: „Die Stiere, die das Feld pflügten und Feuer aus den Nasenlöchern sprühten, waren so albern und läppisch, daß sie nicht einmal für ein Marionettentheater getaugt hätten. Eine besonders jämmerliche Personage war der Drache, der das goldne Fließ bewachte. Dazu beging Concialini (Jason) den Unverstand, diesem miserablen Drachen, den er erlegen sollte, mit der Fläche des Schwerts auf den pappenen Ranzen zu schlagen, was lächerlich klatschte. Mein Ekel hier=über war so groß, daß ich mich vergaß und „pfui"! rief. Madame Ritz sah sich um und sagte: „Doch ich finde diese Action sehr jarstig! — Ich werde dem Concialini aber morgenden Tags sagen, daß een Kunst=richter von Jewicht diese Bemerkung jemacht, und ich repondiro Ihnen, daß er janz jewiß seine Action ändern wird, denn er ist mein Haus=freund un nimmt jerne juten Rath von mich an!" — — — Die

---

*) Leipzig 1801 bei Breitkopf und Härtel.

weitere Bewunderung solcher Leistungen der Kgl. Oper, wie das begreif=
liche Erstaunen über den hohen vaterländischen Bildungsgrad der Dame
Ritz überlassen wir dem Leser. —

Dittersdorf's Anwesenheit bot übrigens den merkwürdigen An=
laß, das Opernhaus zum ersten Male für Geld dem großen Publi=
kum zu öffnen. Reichardt hatte den anspruchslosen Komponisten
Friedrich Wilhelm II. vorgestellt und diesem hatte Dittersdorf so
gefallen, daß er denselben aufforderte, sein großes Oratorium „Hiob"
aufzuführen. Hierzu erbat sich Dittersdorf das Opernhaus, es wurde
bewilligt, und am 5. August bei ungeheurer Hitze fand die Aufführung
des Musikwerkes statt. Preise der Plätze waren: 1. Rang 2 Thlr.,
2. Rang 1 Thlr., alle übrigen Plätze ⅔ Thlr. (16 gute Gr.), Logen
zu 20 Personen kosteten 32 Thlr. Das Orchester, aus 234 Musikern
bestehend, befand sich auf der Bühne, welche ihre bekannte Redouten=
Dekoration trug. Die Kosten beliefen sich auf 1290 österr. Gulden, die
Einnahme auf 4750 Gulden, es verblieben Dittersdorf also
3460 Gulden Netto=Gewinn, zu welchem die Geschenke des Kgl. Hauses
allerdings viel beitrugen. Vom Könige wurde ihm außerdem eine goldene
Tabatiere mit 200 Stück Dukaten verehrt. — Dittersdorf war diese
Einnahme wohl zu gönnen, da er bisher sowohl von Papa Doebbelin
und, wie wir wissen, auch von der hochlöblichen Generaldirektion
des Nationaltheaters rechtschaffen ausgebeutet worden war, ohne daß es
einer Seele eingefallen wäre, den Komponisten nach dem Honorar zu
fragen! — Uebrigens dirigirte während seines Aufenthaltes Ditters=
dorf im Nationaltheater seine Operette „Doctor und Apotheker", was
dem zahlreichen Publikum Anlaß zu reichen Huldigungen gab. — —

Die Anwesenheit der Statthalterin Friederike Sophie Wilhelmine, Schwester des Königs, in Berlin und Potsdam hatte, trotz der
zahlreich ihr gegebenen Freudenfeste, doch seinen — sehr ernsten Hinter=
grund! Ihr Gemahl, Wilhelm V. von Oranien, lag mit den General=
staaten und seinen Unterthanen schon seit dem amerikanischen Bürger=
kriege im Konflikt. Von dieser Zeit an war Holland in zwei Parteien
zerrissen gewesen, in die der „Patrioten", welche, eigentlich „Republikaner",
für amerikanische Freiheitsdoktrinen schwärmten, und in die der „Orangisten",
welche England und dem Hause Oranien anhingen. Der Zwiespalt beider
war inzwischen so unversöhnlich geworden, daß des Statthalters Macht
gefährdet schien und eine preußische Invasion 1787 dieselbe hatte be=

feſtigen müſſen. Zwar war ſeitdem die Ruhe ſcheinbar geſichert geweſen, aber die revolutionären Bewegungen Frankreichs hatten die alten inneren Kämpfe wieder angefacht und in dem Grade, in welchem die Flamme des Aufruhrs in Paris wuchs, erſtarkte und erhob ſich die dem Hauſe Oranien feindliche Partei der „Patrioten“. — Möglich iſt's, daß die Anweſenheit der Gemahlin Wilhelm V. in Berlin keinen politiſchen, ſondern nur den Zweck hatte, die königliche Familie zu beſuchen, und daß die hohe Dame ſich völlig ſorglos den Feſtfreuden hingab, welche man ihr bereitete. Wahrſcheinlicher aber noch iſt es, daß die Erbſtatthalterin am berliner Hofe erſchien, um nochmals, Angeſichts der von Frankreich drohen= den Gefahren, ihren Gemahl rechtzeitig der bewaffneten Hülfe des Bruders zu verſichern. Bereits war ja der von Ludwig XVI. am 5. Mai nach Verſailles berufene Reichstag am 17. Juni von der ſtürmiſchen National= verſammlung erſetzt worden und die Theorien des Abbé Sièyes hatten über die letzten Reſte bourboniſcher Traditionen geſiegt. Während dieſer frohen Juliſeſttage in Berlin ſank zu Paris das abſolute Königthum in Trümmer!! Am 12. Juli mit Necker's Entlaſſung hatte die Revolution begonnen, am 14. Juli ward die Baſtille geſtürmt, am 17. zwang man Ludwig XVI. auf dem Rathhauſe die dreifarbige Kokarde zu nehmen, am 4. und 10. Auguſt ging mit Aufhebung aller Privilegien, Standesvorrechte, wie der geiſtlichen Zehnten, der alte Feudalſtaat für immer zu Grunde! — Das war gewiß eine — pariſer Volks=„Redoute“, wohl fähig, allen berliner Feſttagen ein warnendes Halt zu gebieten! —

Während der gedachten Feſtzeit fand auch zu Berlin im Opernhauſe eine Revolte und zwar unter — den Choriſten ſtatt. — Um die ob= waltenden Verhältniſſe verſtändlich zu machen, ſchicken wir voraus, daß die Choriſten der Oper nicht feſt engagirt waren, wie heute, ſondern Schüler der oberen Gymnaſialklaſſen (Currende) geweſen ſind. Dieſe erhielten außer den, lediglich um des Schulzweckes Willen den= ſelben ausgeſetzten, Freitiſchgeldern, jedesmal für Proben, wie Aufführungen Bezahlung, hatten alſo einen ſehr unregelmäßigen auf wenige Wochen des Jahres beſchränkten Nebenverdienſt. Den Thatbeſtand des Exceſſes ergiebt folgender Bericht an den König:

„Seit der Wiedereinführung der Opern und der dazu verwendeten zahlreichen Chöre, ſind von allen Seiten die bitterſten Klagen über das Betragen der Choriſten theils wegen ihres unbeſcheidenen Betragens, theils wegen ihrer Unfolgſamkeit für das, was Ordnung und Ruhe betrifft, mit Recht geführt worden. Meine wiederholten ernstlichen und freundlichen Vermahnungen haben wenig gefruchtet und es ist öfters von ihnen auf dem Zimmer, wo sie sich an und auskleiden, solcher Unfug vorgenommen worden, daß dadurch Laternen und anderes Geräth zerschlagen und vernichtet worden. Um dieses zu vermeiden hatte ich bereits im vorigen Winter die Anordnung getroffen, daß zur Sicherheit und Ordnung im vorgedachten Zimmer ein Unteroffizier beständig gegenwärtig sein sollte, um zu erfahren, wer derjenige sei, der den wiederholten Frevel des Zerschmeißens der Laternen und andere Unordnungen ausgeübt habe. Schon hierüber hatten sie sich im vorigen Winter, wie ich demnächst erfahren, vereinigt, bey einer General=probe insgesammt wegzugehen; wonach dann der Unteroffizier, um allen Lärm zu vermeiden, auch ohne mein Vorwissen abgegangen war, welches uns zwar ge=meldet worden, ich aber verschiedener anderer Zerstreuungen wegen vergessen. Es ist eine unveränderte Gewohnheit, daß, vorzüglich bey der Generalprobe, alles auf dem Theater mit der Ordnung und dem Ernst vorgehet, wie bey der Vor=stellung und das überhaupt Niemand in der Scene erscheine, wer nicht dazu be=rufen ist. Dieses ist den Choristen unzähligemale von allen Leuten, insbesondere aber von mir zum öfteren ernstlich, jedoch freundlich bedeutet worden. — Dessen=ungeachtet ward ich gewahr, daß in der Generalprobe der Oper „Penthesilea" am vorigen Donnerstage, ein erwachsener Chorist des Chores, der Real=Schüler Namens Retscher, sich beständig auf die Scene stellte, welchem sich dann auch eine Menge der Uebrigen beygesellten. Da ich solchem eine ganze Weile aus der Königl. Loge zugesehen und hernach wieder auf das Theater kam, fand ich diesen Retscher wieder an der Spitze vieler anderer Choristen auf der Szene. Ich näherte mich demselben, und indem ich ihn für einen Präfekten ansah, sagte ich mit vieler Gelassenheit zu ihm: „Sie sind, mein Herr, selbst Präfektus, sollten daher andern mit gutem Beispiele vorangehen, stehen aber zuerst und an der Spitze der übrigen auf dem Theater." — Er wandte sich hierauf langsam, als wenn er mich kaum bemerkte, um, und ging ohne ein Wort zu sagen weg. In dem nämlichen Augenblicke kamen zwei andre große Choristen quer über das Theater gelaufen. Zu diesen sagte ich: „Wenn Sie nicht das Laufen über das Theater lassen werden, so werden Sie mich am Ende nöthigen, einen in Arrest zu schicken." Diese gingen auch ohne ein Wort zu antworten vorüber. — Nicht lange nachher, als die Choristen gerufen wurden, in ihrer Szene zu erscheinen, ward mir gemeldet, daß 20 der größten sich zusammengerottet, das Haus ver=lassen und draußen auf dem Platze stünden. Ich schickte hierauf hinaus und ließ ihnen sagen: „herein zu kommen, da sie auf der Szene erscheinen müßten." — Sie ließen nun hierauf antworten: „Sie würden keinen Fuß wieder in das Haus setzen." Ich ging hierauf selbst hinaus und sagte zu ihnen: „Meine Herren, was ist Ihnen denn angefochten?" Hierauf trat einer Namens Bartsch heraus und sagte mit frecher Miene und Ton: „Wir wollen uns nicht länger couyoniren lassen." — „Da sie folgerecht der Anführer zu seyn scheinen," er=wiederte ich ihm, „so werden Sie sofort zur Wache gebracht werden." Ich er=

suchte hierauf den mir zunächst stehenden Unteroffizier ihn auf die Canonier-Wache zu bringen, worauf die Uebrigen ihm folgten, mit der Aeußerung, daß sie auch in Arrest gehen wollten. Ob sie selbigen bis zur Wache begleitet, weiß ich nicht, wohl aber hatten sich die Uebrigen inzwischen in den Lustgarten begeben. — Der Herr Musik-Direktor Lehmann, welcher inzwischen herbeyge-eilt war, folgte ihnen auf dem Fuße, um ihnen ihr unüberlegtes Betragen vor-zustellen, sie beharrten bey ihrem Entschluß, nicht wieder zu kommen. — In-zwischen war die ganze Repetition unterbrochen. — Nach einiger Ueberlegung sandten sie jemand an mich ab, mit dem Bedeuten: „Daß sie wieder-kommen wollten, wenn ich ihren Kameraden des Arrestes entlassen wollte." Da ich mich aber hierauf nicht einlassen wollte, kamen sie selbst zurück. Ein einziger von ihnen, Namens Leidel, welcher in keinem Chore ist, kam (obwohl er mir einer von den Aufwieglern gewesen zu sein scheint) und bat Namens seiner und der Uebrigen wegen der großen Vergehung um Verzeihung. Berlin den 13. Juli 1789.

v. d. Reck" —

Hierauf antwortete der König unter dem 23. Juli, daß die Schüler mit vierwöchentlichem Verlust der Freitischgelder bestraft und ihnen in der Gerichtsstube ein ernstlicher Verweis ertheilt werden solle. Diese Strafe findet für den verführten „Haufen" von der Reck zu groß, für die „Rädelsführer" zu gering und verlangt unterm 12. August vom Rath (Magistrat?) die Namhaftmachung der Letzteren. Der Rath erklärt am 22. August, er könne Keinen ermitteln, weil Chor-Direktor Lehmann und Avertisseur Jean-Jean, obgleich eid-lich vernommen, Niemand zu nennen wissen. Es blieb demnach bei dem öffentlichen Verweise, obwohl am 6. September von der Reck erfahren haben will, daß der Präfect Hansemann und der Chorist Leidel die eigentlichen Rädelsführer gewesen seien. — Aus diesen Thatsachen erhellt schon, daß die alte von Friedrich II. eingeführte Gewohnheit, Gymnasiasten zu Opernzwecken zu verwenden, auf die Dauer nicht mehr anging, und zur Einrichtung eines fest für die Oper engagirten Chores geschritten werden mußte. — —

Daß sich auch in die Amtssphäre von der Reck's unberufene Hände mischten und zu irgend welchen Privatzwecken ihr Ansehn geltend zu machen suchten, beweist die beiliegende Anfrage an den König:

„Ew. K. M. Allerh. Befehl vom Sonnabend zufolge, würde ich nicht ermangelt haben, dem Oesterlein sofort bekannt zu machen, daß Allerh. Dieselben ihm den Posten als Clavierstimmer zu conserviren geruhet, wenn nicht der Musik-Intendant Duport am Sonntage um 2 Uhr, grade von Charlottenburg kommend, bei mir abgetreten und mir seiner Aussage nach: „Auf Befehl Ew. K. M. betannt gemacht, daß nicht der Oesterlein sondern der Caliz den Posten haben sollte, daher die höchste Cabinetsorbre vom Sonnabend sowohl an ihn als an die Hofstaatskasse aufgehoben sein solle. Inwiefern der Duport hierzu berechtigt gewesen sein kann, muß ich Ew. K. M. überlassen.

Berlin d. 23 Juny 89.   v. d. Reck" —

Von der Reck mußte sich also nicht nur nach Unten, sondern auch nach Oben hin wehren und wenn er das Vorrecht einer glänzenden Hofcharge und des direkten Vortrages beim Könige vor den Direktoren des Nationaltheaters voraus hatte, so mußte er auch alle die Einflüsse des Hofes bewältigen, welche von Leuten ausgingen, die naturgemäß unter ihm standen und ihm unweigerlich hätten gehorchen sollen. Nicht blos, daß der erwähnte Surintendant und Violoncellist Duport als Lehrer des Königs seine Ansichten und Absichten bei demselben geltend zu machen verstand, der Sänger Concialini, wie Hofpoet Filistri spielten bei Frau Rih als Hausfreunde auch ihre ein= flußreichen Rollen; Rih besaß nächst dieser Frau die größte Gewalt. Nicht genug am Intriguenspiel dieser Leute, von der Reck hatte auch noch Reichardt zu bekämpfen, mit welchem der König, ohne auf seinen Opernchef zu achten, über künstlerische Dinge berieth und beschloß. — Coterie=Wesen, Kameraderie und Ränkesucht waren eben Zeichen der Zeit!

Zu den Balletproben erbat von der Reck am 5. September den weißen Saal im Kgl. Schlosse, weil das Theater für die neue Oper mit Decorateuren und Maschinisten besetzt sei; der König wieß ihm jedoch zu diesem Behufe den „Rittersaal" an. Diese neue Oper „Brenno", ein musik. Drama von v. Filistri und von Reichardt in Musik gesetzt, wurde am 16. Oktober zum Geburtstag der Königin gegeben und fand außerordentlichen Beifall. Nicht nur, daß die patriotisch brandenburgische Tendenz gelobt wurde, welche Filistri seinem Libretto gegeben hatte, Reichardt's Composition war auch das Vorzüglichste, was dieser reich begabte Mann bisher zu leisten vermochte und noch jetzt ist die Aric „Roma superba" bei Kennern hochgeschätzt. Zum Erfolge der Oper trug namentlich der Darsteller der Hauptrolle, der neu engagirte Bassist Ludwig Fischer bei, dessen Stimmumfang alle damaligen musikalischen Journale vom Contra-D bis zum eingestrichenen A angeben und dessen Vortrag, wie Darstellung gleich ausgezeichnet gewesen. Eine solche Baß= stimme zu hören war den Berlinern etwas Neues und des Beifalls kein Ende; der König engagirte den Künstler bereits am nächsten

13*

Tage mit 2000 Thlr. lebenslänglich. Die übrigen Gesangskräfte bestanden aus Signora Todi und Rubinacci, wie den Sgrs. Concialini, Tombolini und Franz. Im Ballet waren thätig die Damen: Meroni, Desplaces-Trial, Caroline Lauchery und die Herren Adrian, Victor und Schubert, außerdem tanzten Silani und Madame Catharina Neubaur-Schubert die Grotesk-Tänze. Die Decorationen waren prachtvoll und die glänzenden Kostüme nach Zeichnungen des Direktors der Akademie W. Meil verfertigt worden. Das Erscheinen der Oper „Brenno" ist deshalb kunstgeschichtlich von besonderem Interesse, weil durch dasselbe der Musikgeschmack in Berlin eine völlig andere Richtung genommen hat und die Zeiten Graun's und Hasse's vergessen ließ! Das einfache Spiel mit Tönen und Tonformen machte der dramatischen Musik und der eigentlichen Tonsprache Platz! — — Endlich wurde das schon früher zur Huldigung von Reichardt komponirte Tedeum am 20. Dezember in der Domkirche aufgeführt. Der König, welcher solche öffentliche Huldigung nicht wünschte, hatte bei seiner Thronbesteigung dieselbe abgelehnt, des Kronprinzen Genesung von schwerer Krankheit und sein erster Kirchgang bot aber jetzt Anlaß, das Tonwerk zu Gehör zu bringen. Alle Opernsänger wirkten mit und zum ersten Male Madame Lebrun, die Primadonna, welche an der abgegangenen Todi Stelle aus München angelangt war. — Während man sich so in der preußischen Residenz dem Genusse der Kunst in Frieden hingab, hatten die Dinge in Frankreich eine immer unheimlichere Wendung genommen. Am 5. Oktober zog der pariser Pöbel nach Versailles; Ludwig XVI. war bereits moralisch entthront! Deshalb werden wir von diesem Jahre an Preußen nicht mehr recht zur Ruhe kommen, vielmehr immer tiefer in die allgemeine Fluth der europäischen Völkerbewegung versinken sehen, bis endlich geschah, was, wäre die ganze Regierungsmaxime der Zeit, der Geist unserer leitenden Staatsmänner ein besserer gewesen, niemals hätte geschehen können! — Es muß dies angedeutet werden, damit wir den allgemeinen geschichtlichen Hintergrund bewahren, auf welchem auch unsere, wiewohl lokalen, Begebenheiten sich abspiegeln.

Das Nationaltheater gewinnt in diesem Jahre die längst angestrebte Tüchtigkeit des Zusammenspiels durch den Eintritt neuer bedeutender und dem Institute verbleibender Künstler.

Fleck, Friederike Unzelmann und deren Gatte, Madame Baranius, Mattausch, Mariane Hellmuth, Caroline Doebbelin und Lippert, waren nicht nur Jeder einzig in seiner Art, sondern boten in ihrer Zusammensetzung einen Reichthum von Talenten, wie ihn keine Bühne jener Zeit zu entfalten hatte. Jetzt wurde möglich, was bisher noch nicht zu erreichen gewesen war, die Partnerschaft, also die Besetzung aller Rollenfächer durch gleich vorzügliche männliche, wie weibliche Darsteller. Diese vorbenannten Künstler gruppirten sich so:

Im Trauerspiel.

1. Fleck mit der Baranius: trag. Helden u. Charakterrollen.
2. Mattausch mit Fried. Unzelmann
und Mariane Hellmuth }: trag. Liebh. u. jugd. Helden.
3. C. W. Unzelmann mit Mad. Herdt: Charakterrollen
4. Czechtitzky: Charakter= u. Heldenrollen, 1. Liebhaber.

Im Lustspiel.

1. Fleck: komische ältere u. Charakterrollen.
2. Unzelmann mit Caroline Doebbelin und }: komische Liebhaber
Friederike Unzelmann } u. Charakterfach.
3. Mattausch mit Mad. Baranius und }: heitere und sentim. Lieb=
Mariane Hellmuth } haber u. Charakterrollen.
4. Czechtitzky u. Rüthling mit Mad. Herdt: kom. Chargen.

In der Oper.

1. Lippert mit Friedr. Unzelmann und }: 1. ernste u. kom. Gesangs=
Mad. Baranius } partien.
2. Unzelmann, Friedr. Unzelmann und }: 2. ernste u. kom. Gesangs=
Mariane Hellmuth } partien.
3. Frankenberg mit Mariane Hellmuth }: 2. u. 3. kom. Gesangs=
und Mad. Herdt } partien.

Die drei ersten Rollenfächer sehen wir in allen drei Kunstgattungen mit ersten Künstlern und oft doppelt besetzt. Aus obiger Zusammen= stellung erhellt, daß von den Damen: Friederike Unzelmann, Ba= ranius, Hellmuth und Caroline Doebbelin, von den Herren: Un= zelmann, Mattausch, Fleck, ins Besondere für die Oper aber Lippert und Frankenberg am meisten beschäftigt gewesen sind, ein Beweis, daß des Letzteren Tod der Oper ein sehr schmerzlicher Verlust war. — Dieses Verzeichniß geben wir als den Rahmen des Ensembles der deutschen Bühne in Berlin, einen Rahmen, dessen innerer Zusam=

menhang sich, einzelne Jahre abgerechnet, wo Talente mangelten, stets erhalten hat. Zu allen Zeiten gab es Künstler und Künstlerinnen, die in dem Rollenfache, welches sie eben darstellten, unerreicht und nicht ersetzbar schienen, aber immer hat es auch Talente gegeben, die in der Art ihrer Darstellung neu und maßgebend für die Entwickelung des Theaters gewesen sind! Darüber zu streiten, welcher Schauspieler der bessere oder schlechtere Künstler sei, verschiedene Personen verschiedener Epochen miteinander zu vergleichen, um über sie abzusprechen, ist das Müßigste von der Welt. Das Eigenste aber, was jede Zeit an künstlerischen Erscheinungen bietet, nach seinem inneren Gehalte zu prüfen, erscheint uns als der einzige Weg, welcher sowohl gerecht, wie lehrreich wird.

Zunächst ist tröstlich zu berichten, daß sich in diesem Jahre die Geldverlegenheiten der Schauspieler nicht mehr bemerkbar machen, was sich aus den verminderten Vorschüssen, welche nur von Rüthling wie Herdt, den Osfiles. Werner und Altfilist, und aus augenblicklichen Ursachen, beansprucht werden, ergiebt, mit den Doebbelinschen Gagenrück=ständen also Nichts mehr zu thun haben. — Den Jahresanfang leitet folgendes Allerh. Schreiben ein:

„Hochgelahrter, Lieber Getreuer! Da Mich zu denen großen Opern im Carneval noch ein Contra-Violinist fehlet, so wünschte Ich, daß Ihr den des National=Theaters Mich dazu leihet, und daß selbiger auch schon Morgen Nach=mittag zur Probe sich einfände. In dessen Stelle werdet Ihr wohl zusehen, wo Ihr zum National=Theater einen Hautboisten, oder sonst ein dazu taugliches Subject findet. Ich bin Euer Gnädiger König
Berlin den 1 Januar 1789
Fr. Wilhelm
An den Professor und Directeur des National=Theaters Engel."

Dieses Verleihen von Leuten, Garderoben und Utensilien ist jetzt schon eine so stehende Regel geworden, daß wir den Befehl dieserhalb nicht erwähnt hätten. An ihm ist das nur bezeichnend, daß der gute Ramler von nun an überhaupt gar nicht mehr der besonderen Erwähnung werth gehalten wird. Die früheren Kabinetsschreiben enthielten anfäng=lich die Adresse an v. Beyer allein, dann auch wohl „an von Beyer, Ramler — und Engel" oder „an die General Dir. d. N. Theaters" schlechtweg. Etwas später „an die Professoren Engel und Ramler," nun: „an Prof. und Direkteur u. s. w. Engel" allein, als ob es gar keinen Mitdirektor mehr gäbe. Die Kollektiv=Leitung hat sich also

in eine absolute Direktionsgewalt Engel's verwandelt!! — Es wurden
am 1. Januar die, von uns im Personalverzeichnisse dieses Jahres erwähnte, Mad. Franziska Hellmuth und deren Tochter Mlle. Mariane
Hellmuth für Trauer-, Lust- und Singspiel, Beide mit einem Gehalte
von 832 Thlr. engagirt. —

Wieder einmal, am 3. Januar, war ein Theaterexceß verübt worden.
„Das Räuschchen" wurde gegeben. Reinwald, welcher den Rath Brand
in dem Stücke spielte, wurde krank. Ein Herr Wagner trat für ihn
ein und führte seine Rolle so jämmerlich aus, daß das Publikum pochte
und eine Stimme aus dem Parrterre dem Debutanten zurief: „Schmeißt
ihn herunter!" — Herr Wagner verschwand mit diesem Debut. Doch
nicht so seine Gattin, welche am 4. Januar im „argwöhnischen Liebhaber" als „Julie" auftrat. Die eheliche Seelenverwandtschaft mußte
das anwesende Publikum wohl auch auf die künstlerischen Fähigkeiten
der Mad. Wagner beziehen, denn schon bei ihrem Erscheinen wurde
sie höhnend und pochend empfangen! Ein Theil der Anwesenden wider-
setzte sich dem! Es kam zum Streit zwischen den Parteien für und
wider und der Skandal nahm solchen Umfang, daß am anderen Tage
folgender Brief des Gouverneurs von Berlin an die Direktion einlief:

„Es ist mir äußerst unangenehm, daß an dem gestern und vorgestern in den
Schauspielen vorgefallenen Unfug nicht nur Offiziers Theil genommen, sondern
sich sogar dabei ausgezeichnet haben. Ich finde dieses um so unanständiger,
da andere in ihren Vergnügungen gestört werden und bin ganz bereit zur
Ausrottung dergleichen Unordnungen alles anzuwenden. Ewr. Hochwohlgeb.
bin ich daher sehr verbunden, daß sie mir einige namhaft gemacht, die sich
dergleichen haben zu Schulden kommen lassen, deren Arretirung ich sofort verfügt habe und mit gleichem Nachdruck verfahren werde, wenn sich Personen
Militär-Standes des Lärmens in den Schauspielen theilhaftig machen und mir
solche bekannt gemacht werden. Sie nun ersuche ich Sie, damit nicht auch die
andren vom civil Stande sich unter jenen verbergen, diese aber von ihren Gerichten zur Verantwortung gezogen werden mögen, weshalb ich mit dem Präsidenten von Eisenhardt über das seiner Seits dabei zu beobachtende gesprochen
habe.

Berlin am 5. Januar 1789   v. Möllendorff." —

Für den Augenblick thaten die verfügten Maßregeln wohl ihre
Wirkung, aber im August und Dezember wiederholten sich die Unruhen
mit einer Keckheit, welche jede Scheu, sich persönlich bloszustellen, bei Seite
setzte. — Ritz theilt Prof. Engel unter dem 4. Januar mit, daß der König
den „Leare" übermorgen zu sehen wünsche; daß Fleck am 6. desselben

Monats die Titelrolle vortrefflich gab, bedarf keiner Erwähnung. Eine Kabinetsordre vom 10. Januar verbietet aufs Strengste das Komödien=spiel in allen Tanz= und Bierhäusern, welches namentlich von den Wir=then unterhalten wurde, um größeren Bierabsatz zu erzielen. Welcher Gattung diese Kunstgenüsse gewesen sein mögen, kann man sich denken. Den 14. Januar trat zum 1. Male in „Jack Spleen" und in der Operette „der Zauberspiegel" Dem. Mariane Hellmuth als Rosine auf und zeigte sich als Sängerin, wie Schauspielerin von so vortheilhafter Seite, daß von nun an ihre Entwickelung als Künst=lerin mit raschen Schritten vor sich ging. 1772 zu Mainz geboren, hatte sie zu Bonn die Bühne betreten, war 1785 an das Hoftheater zu Schwedt und von da nach Berlin gekommen, wo ihre eigentliche Künstler=schaft begann. Ihrem Bilde nach zu urtheilen, ist sie eine volle, hohe, dunkeläugige Brünette, mit kräftigen, aber sehr schönen Zügen gewesen. Ihre Erscheinung war für die Bühne wie geschaffen. Mariane Hell=muth gehörte auch zu den damals nicht häufigen Künstlerinnen, welche ihre weibliche Würde zu bewahren wußten; 1792 den 6. Mai heirathete sie den Hofrath Müller und genoß das so seltene Loos, als Gattin voll=endet beglückt, als Künstlerin hochgepriesen, ihre lange Laufbahn am Theater beenden zu dürfen. Bis 1815, wo sie pensionirt wurde, genoß sie alles Schöne und erlebte alles Leid mit, was jene Zeit so reich ge=boten hat. Sie starb 1851 am 31. Mai. — Den 17. Januar wurde zum 1. Male „Betrug durch Aberglauben", Oper in 2 Akten v. Ebert, Musik von Dittersdorf, mit großem Beifall gegeben. Lippert, Mad. Baranius und Frankenberg zeichneten sich ganz besonders aus, so daß der König die Oper zweimal hintereinander sah. — Den 22. Januar ging das dreiaktige Lustspiel: „Die Abenteuer einer Nacht oder Die zwei lebenden Todten" von Dumaniant (Huber) in Scene. Der Monat Januar war für die Theaterkasse kein ergiebiger. Außergewöhnliche Kälte hielt die Leute vom Theater zurück. Herr Zillmer und Herr und Mad. Wagner, welche Letztere durch den bewußten Theaterskandal unmöglich geworden waren, verließen Berlin, Herr Bio wurde am 25. Januar unsichtbar; sans adieu hatte er die undankbare Residenz verlassen. — Im Februar spielte sich folgende kleine Heiraths=angelegenheit ab. Der Schauspieler Herdt, ein thätiges und wackeres Mitglied und Dem. Rademacher, als Schauspielerin lange beliebt, wollten einander heirathen. Er war katholisch, sie evangelisch. Sie ließen sich in der Dorotheenstädtischen Kirche aufbieten, erfuhren aber erst, nachdem dies zum ersten Male geschehen war, von dem dortigen Inspektor Küster, daß sie nicht eher getraut werden dürften, bevor nicht Herdt vom Oberhaupt seiner (kathol.) Gemeinde ein Attest vorzeige, daß er in derselben ebenfalls dreimal aufgeboten worden sei. In der Verzweiflung, sein Liebes= glück noch um weitere drei Wochen verzögert zu sehn, wendete sich Herdt, als sei Gefahr im Verzuge, am 6. Februar an Engel mit der Bitte, die Di= rektion möge sich doch an Minister von Wöllner wenden: „Derselbe solle an den katholischen Pfarrer Kirchhof*) („ein liebenswürdiger Name"! schreibt Herdt,) die Erlaubniß und Anweisung ergehen lassen, daß derselbe bei meinem zweiten Aufgebot auf künftigen Sonntag zugleich das dritte ein= schließen dürfe." — Um jeden etwaigen Verdacht, zu entkräften, legte Herdt seinem Gesuche einen Ehrenschein bei, in welchem er sein Wort als ehrlicher Mann giebt: „daß er mit keinem katholischen noch sonst einem weiblichen Geschöpf im Eheversprechen oder sonst einer liaison stehe." Ramler und Engel beschlossen, ihm Glauben zu schenken und wendeten sich direkt an den berühmt=berüchtigten Kultus= Minister mit dem erbetenen Gesuch. Wöllner muß damals entweder noch zahmer gewesen sein, oder bedacht haben, daß sein abschläglicher Bescheid eine Bittschrift an den König, der ein viel zu großer Theater= freund sei, um eines Schauspielers Ehefreuden zu trüben, zur Folge haben werde. Mit großem Vergnügen gewährte Wöllner jedenfalls das Gesuch nicht. — „Die Erbschleicher," Lustsp. in 5 A. von Gotter, von dem wir bereits im November 1788 sprachen, wurde den 12. Februar zum 1. Male mit Beifall gegeben.

Am 20 ten Februar zeigt Ritz dem Prof. Engel an, wie der König approbirt, daß „der Baum der Diana" künftige Woche Dienstag und „Ethelwolf" zum Benefiz für Fleck Sonnabend gegeben werden solle. — —

„Reval, den 24 Februar 1789." Unter diesem Datum schreibt Kotzebue an Prof. Engel:

„Verehrungswerther Mann!"

„Wenn dieser Brief, und das beyliegende Schauspiel Ihnen ungelegen kommen, so darf ich die Schuld auf Sie selbst zurückschieben, denn Ihr gelindes, nachsichts=

---

*) Pater Kirchhoff, derselbe, welcher bei der Trauung Distler's mit der „kleinen" Goebel eine Rolle gespielt hat.   D. V.

volles Urtheil über meine Adelheid,*) hat mich zu dieser abermaligen Kühnheit veranlaßt. Sehr natürlich ist der Wunsch eines Schauspieldichters, sein Werk an einem Orte dargestellt zu sehen, wo die Bühne unter dem Schutze eines großen Monarchen, und unter der Direction eines Mannes steht, dessen Name für Geschmack und Ordnung bürgt. Ob dieses Stück der Aufführung werth sey, und, wenn es das ist, ob, und was Sie dafür zahlen können, oder wollen, Alles das überlasse ich Ihrer Prüfung; nur muß der letztere Punkt der Auf= führung selbst kein Hinderniß in den Weg legen. Denn, ob ich gleich nicht leugnen will, daß ein kleiner Gewinn der Nebenzweck meiner litterarischen Arbeiten sey; so bleibt doch dieses Interesse jenem edleren stets untergeordnet, dem Wunsche, mich aus der alltäglichen Klasse der Schauspieldichter empor zu arbeiten, und was könnte mir mehr zur Aufmunterung gereichen, als Ihr Beyfall, verehrungs= werther Mann, und der Beyfall eines so aufgeklärten Publikums als das Ihrige. Nur auf den Fall also, daß ein mäßiges Honorarium mit der Einrichtung Ihrer Bühne vereinbar wäre, würde ich es wagen, Anspruch darauf zu machen. — Daß dieses Stück so „fein" abgeschrieben worden, ist um Ersparung des Post= geldes willen geschehen, da die gute Einrichtung der fahrenden Posten uns hier noch mangelt. Ueberdies hat der Abschreiber die übele Gewohnheit statt „ä" immer „ae" zu setzen; Alles dieß wird einem blöden Auge das Lesen etwas sauer machen. Da dieß grade der Fall mit meinen eigenen Augen ist, so habe ich selbst die Abschrift nicht wieder durchgelesen, und Sie werden daher gütigst übersehen, wenn etwa hin und wieder ein Schreibfehler stehen geblieben seyn sollte. Besonders pflegt mein Abschreiber den dativus und accusativus zu= weilen zu verwechseln. — Seit beinahe zwey Jahren martert mich eine Kränklich= keit, welche mich nöthigt dieses Frühjahr ins Bad zu reisen. Diese Reise denke ich in anderthalb Monaten anzutreten; wollen Ew. Hochwohlgeboren mich daher mit einer Antwort beehren, so wage ich zu bitten, daß es bald geschehe, damit der Brief mich noch hier antreffen möge. Bey meiner Durchreise durch Berlin ersuche ich Sie um die Erlaubniß, Ihnen mündlich sagen zu dürfen, daß ich mit wahrer, gefühlter Hochachtung bin

Ihr ergebenster Diener
August v. Kotzebue."

Theaterdiplomatie, eine Kunst, die nicht jeder Dichter zu hand= haben weiß, ist Kotzebue gewiß nicht abzusprechen! Da er, wie uns bekannt, schon in Berlin war, also Engel und die Verhältnisse am Nationaltheater kennen gelernt hatte, so nahm er den Professor, wie derselbe genommen werden mußte, nämlich von der Seite seiner — Eitelkeit! Dies Schreiben erhält insofern aber seine Bedeutung, als das mitgesendete Theaterstück „Menschenhaß und Reue" gewesen ist, dessen Aufführung noch im Sommer stattfand. Denselben 24.

---

*) „Adelheid von Ponthieu", sein erstes Drama.   D. B.

Februar wurde z. erſten Male das von dem Könige „approbirte" Stück: „Der Baum der Diana", komiſch. Singſpiel in 2 A. a. d. Ital. v. Reefe, Muſik von Martin gegeben und gefiel bei ſpäteren Wiederholungen ſo, daß es längere Zeit ein ſehr beliebtes Repertoir= ſtück geblieben iſt. Bei ſeiner erſten Darſtellung hatte es indeß Unglück, denn in derſelben wurde Madame Böhm als Amor ausgepocht, weil der Lieutenant von Du. ſt, von der Gensdarmerie, die Dame zu einem Balle eingeladen hatte, aber dieſe Ehre von ihr wiederholt abgeſchlagen worden war. Da alſo die Aktrice auf das etwas zweideutige Verlangen des edlen Recken nicht eingehen mochte, verdarb derſelbe mit ſeinen Ge= ſinnungsgenoſſen die Vorſtellung aus Rache! Uebrigens werden wir den be= treffenden Lientenant jetzt öfters als „Löwen" des Parquets ſich produziren ſehn. — Inzwiſchen hatte der betriebſame Anton Wall an Engel ein neues Stück „Die Jubelhochzeit" eingereicht, für das er 8 Frdr. Honorar ver= langt und ein zweites Stück „Röschens Polterabend" in Arbeit. Sein Brief vom 19. Februar iſt ſo vertraulich gehalten, daß es den Anſchein ge= winnt, als ſei der Verkehr zwiſchen ihm und den Direktoren ein äußerſt geſchäftsfreundlicher geweſen; zudringlich genug iſt wenigſtens ſein Ton. Die Eintagsfliegen, denen dieſer Muſenprieſter das Leben gab, ſind jetzt beim Theater nicht einmal mehr dem Namen nach bekannt, was Wall indeß nicht hinderte, munter darauf loszuſchreiben. — „Ethelwolf", Schauſp. 5 A. a. d. Engl. v. Beaumont und Fletcher, wurde am 28. Februar zum Benefiz für Fleck gegeben. Da „Ethelwolf" etwa ſiebenmal wiederholt wurde, ſo hat das Stück nicht mißfallen. Fleck erhielt vom Könige als ein Zeichen der Zufriedenheit 60 Friedrichs= dor. — Wir haben es übrigens hier mit der Dichtung zweier Zeitge= noſſen Shakeſpeare's[*]) zu thun, denen zwar der Genius, die Kraft und Tiefe deſſelben nicht innewohnte, welche aber von dem= ſelben romantiſch=idealen Hauch bewegt werden, der das „fröhliche" England unter der jungfräulichen Königin belebte, auf allen Gebieten nationalen Lebens einzig gemacht und ſeine heutige politiſche Stellung begründet hat. — Ritz ſendete den 7. März in königl. Aufträge Muſikſtücke an die Direktion mit der Weiſung ein, „das Beſte zu wählen, um es in der Komödie während der Entre-Acts ſpielen zu laſſen." Auf des Königs Befehl wurde z. erſten Male „Maaß für Maaß", Schſp

---

[*]) Francis Beaumont, geb. 1585, geſt. 1616; John Fletcher, geb. 1576.

in 5. A. nach Shakespeare am 19. März gegeben und am folgenden Tage wiederholt. Unzelmann als „Junker Lucio", wie Herdt und Simoni zeichneten sich aus; das Stück selbst fand wenig Anklang. — Ein Brief des Dr. Albrecht, Verfasser der „Engländer in Amerika", ist höchst interessant. Der Mann hat nämlich ein Trauerspiel „Masaniello" geschrieben und dasselbe zur Aufführung eingereicht! Man bedenke, daß dies im Jahre 1789 geschah, als Frankreich gegen das absolute Königthum aufstand und daß unter dem politischen Regimente eines Bischofswerder und Wöllner der Autor seinen „Masaniello" aufzuführen verlangte! Engel hatte ihm das Stück artig zurückerstattet und den eigentlichen Grund, weshalb er es ablehnte, wahrscheinlich unter Angaben verschiedener dramaturgischer Mängel, verschwiegen. Darauf schickt der Verfasser das Stück aber wieder und schreibt:

„Ew. Wohlgeb.

Habe ich die Ehre hierbey Masaniello zurückzusenden. Ich habe einige Scenen darin abgekürzt, andre, die das Interesse hemmten, weggelassen. Doch habe ich die Veränderungen von Wichtigkeit auf ein besonderes Blat gesetzt, damit es noch in Ew. Wohlgeb. Willkühr bleibe. — Um dem Publikum vorher eine kleine Idee von dem zu geben, was ihm zu wissen nöthig ist, habe ich einen Prolog entworfen, den ich Ihnen vor meiner Abreise noch komuniciren werde. Ich glaube, daß dies nicht ohne Würkung seyn wird, weil besonders der Haß Masaniellos gegen das Haus Caraffa, der Grund der Revolution, auseinandergesetzt, und einige dunkle Stellen Licht werden. — Da ich die andre Woche abreisen muß, so würde die Direktion mich verbinden, wenn sie mir mein Honorarium jetzt auszahlen ließe. Doch überlasse ich auch dieses Dero Gutbefinden. Wenn ich Ew. Wohlgeb. noch einmal aufwarten könnte, so bäte ich mir die Zeit zu bestimmen, da ich weiß, daß Sie mit Geschäften überhäuft sind. Hochachtungsvoll

den 14 ten März 1789.   Ew. Wohlgeb. geh.
                                         D. Albrecht."

In kühner Dichterhoffnung schon den Masaniello auf der Bühne und das Honorar in der Tasche sehend, versteht der Verfasser den Professor durchaus nicht! Statt das Stück von demselben für abgelehnt zu erachten, glaubt Albrecht, Engel habe es angenommen. Er befolgt die Rügen Engel's, streicht und kürzt das Stück, und damit das Publikum auch ja recht mit dem Kopfe auf die, für die Darstellung damals ganz unmögliche Revolution gestoßen werde, dichtet er auch noch einen Prolog, der dem Beschauer „eine Idee" geben soll, warum Masaniello ganz nothwendig habe Revolution machen müssen! —

Auf diesen Brief antwortete Engel gar nicht, empfängt Albrecht auch nicht! — Ob nach einem zweiten v. 18. März datirten, in welchem nochmals auf das Honorar vor der nahen Abreise gedrungen wird, Etwas erfolgt ist, darüber schweigen die Akten. Soviel ist gewiß, Masaniello wurde nicht gegeben. — Die Frage ist bei diesem sonder=baren Werke für uns nicht ohne Wichtigkeit, woher Albrecht den Stoff gehabt haben könne, da das Thema des „Masaniello" nicht vom Auslande entlehnt, das Stück ein deutsches Original gewesen ist. Bei dem damals noch herrschenden großen Mangel an Geschichtswerken, namentlich auch lokalgeschichtlichen, kann der Autor allein aus dem berühmten „Theatrum Europaeum" geschöpft haben, in welchem die Fischer= und Lazzarone=Rebellion des Masaniello allerdings weitläufig genug beschrieben und sogar dieses Helden Portrait gegeben ist, das die „phrygische" Mütze (rothe neapolitanische Fischerkappe) trägt. Die Rolle der stummen Fenella enthielt sein Stück jedenfalls nicht, hat also mit der „Stummen von Portici" höchstens den historischen Rahmen gemein. Ueberdies ist später von einem gewissen, frühe verstorbenen, A. Fresenius ein mit vielem Talent geschriebenes Trauerspiel „Ma=saniello" verfaßt worden, welches etwa um das Jahr 1810 zum ersten Male in Druck erschien; später wurde es von Baron von Fouqué in den „hinterlassenen Schriften von A. Fresenius" (I. Band: „Thomas Aniello" Frankfurt, Verlag von Körner, 1818) herausgegeben. — Was die Rolle der Fenella in der späteren berühmten Tonbichtung betrifft, so möchte Folgendes von Interesse sein. Als Scribe und Auber die Oper, welche den Namen: „Die Stumme von Portici" empfing, entwarfen und dabei sogleich an deren Besetzung dachten, fanden sie, daß nach dem Abgange der Mad. Branchu von der großen Oper keine erste Sängerin vorhanden sei, um neben der die „Elvira" darstellenden Damoreau die Schwester des Masaniello mit Erfolg singen zu können. Da an der großen Oper damals jedoch eine in der Mimik ausgezeichnete Tänzerin, Mademoiselle Noblet engagirt war, kamen Komponist und Librettodichter auf den Gedanken, Fenella stumm sein zu lassen und die Partie dieser Stummen der Noblet zu übertragen. Der Versuch fiel glänzend aus. Dies war der Ursprung der stummen Schwester Masaniello's! —

Am 31. März wurde zum ersten Male „Alexis und Justine," Oper in 2 A. a. d. Frz. v. Neefe, Mſk. v. Desaides, gegeben. Am

28. April folgte als nächste Neuigkeit: „Die Fee Urgele" oder „Was den Damen gefällt." Lustspiel mit Gesang in 4 A. n. d. Frz., Musik vom Kgl. Dänischen Kapellmeister Schulze*), welchen König Friedrich Wilhelm II. sehr schätzte, und dem er die Musik zu der Tragödie Athalia zu komponiren auftrug. — Folgendes Schreiben lief ein:

„An d. Prof. Engel.

„Da Sr. K. Maj. mir soeben bekannt gemacht, daß in der von dem K. National Theater gegen Ende Juny in Potsdam oder Charlottenburg aufzuführenden Operette: Claubine von Billa Bella die Mdslle. Niclas die erste Rolle übernehmen solle: so ersuche ich des Herrn Prof. Engel Wohlgeb. derselben gedachte Rolle des fördersamsten beliebigst zustellen zu lassen.

Berlin d. 19 Mai 1789.

Freiherr v. der Reck." —

Dasselbe erhielt indeß nachstehende Abänderung:

„An d. Prof. Engel.

„Vermöge einer gestern Abend erhaltenenen Cabinetsordre habe ich des Herrn Prof. Engel Wohlgeb. bekannt machen wollen, daß da die Mademoiselle Niclas ihrer Krankheit wegen verhindert ist, die Rolle in Claubine v. Villabella zu spielen, die Mad. Unzelmann solche erlernen soll.

Berlin d. 31 Mai 1789

Frh. v. der Reck." —

Wie wenig Umstände mit dem Nationaltheater seitens des Hofes und v. d. Reck's gemacht wurde, davon geben diese Briefe ein redendes Zeugniß. Das Personal des Nationaltheaters sollte vor dem Hofe also die Operette „Claudine" spielen, aber die Hauptrolle, welche der Unzelmann ge=bührte, sollte von der Opernsängerin Niclas dargestellt werden. Erstere wurde dadurch ganz augenfällig zurückgesetzt. Das eigenwillige Schick=sal wollte nun, daß Dem. Niclas zwischen dem 19. und 31. Mai so ernstlich erkrankte, daß die Partie dennoch statt der Sängerin der Oper, der Schauspielerin des Nationaltheaters zufiel, welcher man die Aufgabe vorher nicht zugetraut hatte. Wie sie sich nun mit derselben abfinden werde, war ihre Sache, denn so wenig Rücksicht wie man im Verweigern kannte, übte man auch im Zumuthen. Was hier besonders bemerkenswerth wird, ist der Kampf, der zwischen den Sängern des Nationaltheaters und denen der großen Oper, zwischen der deutschen und

---

*) 1740 in Lüneburg geb., hatte bei Kirnberger in Berlin Musik studirt, war 1774 Musikdir. d. franz. Theaters in Berlin, wurde 1780 zu Rheinsberg Kapellmeister des Prinzen Heinrich und 1787 Kapellmeister in Kopenhagen.

italienischen Musik sich anhebt und zu Gunsten der ersteren enden sollte, trotzdem die Kgl. Oper so reich dotirt und bevorrechtet war! — Am 11. Mai wurde z. erſten Ml: „Oronoko", Trauerspiel in 5. A. a. d. Engl., als eine nur vorübergehende Erscheinung gegeben. Das Trauerspiel ist wahrscheinlich nach der berühmten Erzählung gleiches Namens der englischen Schriftstellerin Aphra Ben (1689 gestorben,) bearbeitet. Diese Erzählung enthielt die Schilderung der Schicksale eines edlen, durch Verrath in Sklaverei gerathenen Negerhäuptlinges von der Küste Coromandel (nach einer wahren Geschichte) und ist gleichsam der Vorläufer der Romane „Bug Jargel" von V. Hugo und „Onkel Tom's Hütte" von Mad. Becker-Stowe und deren Helden. — — Der Leser wird übrigens bemerkt haben, daß an die Stelle der früher zahl= reich aus dem Französischen übersetzten Stücke nunmehr die Ueber= setzung englischer Dramen tritt, wie nach und nach in Deutsch= land, zumal im Norden, beim Fortschreiten der Revolution jenseits des Rheins statt der Frankomanie die Anglomanie Mode wird. Dieselbe erstreckte sich schließlich selbst auf die Nachahmung der „englischen Tracht", so daß man später den Leuten äußerlich schon ansah, ob sie französisch=revolutionäre oder antifranzösisch=englische, oder was dasselbe war, — legitimistische Gesinnungen hegten. — —

Eines Streites, welcher am 14. Mai zwischen dem Garderobier Wagner und dem Schauspieler Bötticher nebst Gemahlin vorgefallen war, erwähnen wir nur, weil nicht allein das Ehepaar Bötticher mit dem Schauspieler Kaselitz, wie wir uns erinnern, bei Aufführung von Kabale und Liebe ein Zerwürfniß gehabt hatte, sondern auch weil ihr ungesittetes Betragen beide Bötticher beim Nationaltheater schließ= lich unmöglich machte. Das Benehmen Wagner's war ebenfalls un= gehörig gewesen und daß er als Garderobier seinem Beruf nachlässig obgelegen hat, nichts Neues. Jener Zank innerhalb des Personales blieb aber leider nicht der einzige und wir werden noch Vorgängen be= gegnen, welche von dem schlechten Ton und der zügellosen Leidenschaft= lichkeit Kunde geben, die unter den Mitgliedern eingerissen war. Diesen Uebelstand, welcher die Ordnung und Ruhe des Theaters auf's Aeußerste gefährdete, hatte einerseits die Direktion als eine unglückliche Erbschaft aus der Doebbelin'schen Mißwirthschaft überkommen, andererseits zeigte er den gereizten Geist der Schauspieler. Der Direktion gelang es aber nicht, denselben durch ihr Ansehn und ihre Geschicklichkeit zu bannen!

Erwähnen wir künftig besonders hervorragender Mißhelligkeiten bei dem Theater, dann thun wir dies nicht, um Theateranekdoten zu erzählen, sondern um auf die Charaktere der betreffenden Künstler ein Streiflicht zu werfen und zu zeigen, wie sehr das Personal der nöthigen inneren Einigkeit entbehrte. Am 31. Mai gelangte Maria Stuart" von Spieß zur Aufführung, welches Stück bereits am 7. Mai 1787 zum 1. Male gegeben worden. Das uns aus den Jahren 1779 bis 1785 bekannte Ehepaar Böheim war wieder zurückgekehrt und Mad. Böheim debutirte als Königin Marie. Im Mai traf auch der sehnlichst erwartete Franz Mattausch in Berlin ein und trat am 6. Juni in „Don Carlos" als Carlos mit vielem Beifall auf. Den 8. Juni debutirte Herr Böheim als Gloster im „König Lear." — —

Am 3. Juni wurde zum 1. Male „Menschenhaß und Reue", Schauspiel in 5 A. von Kotzebue, zur Aufführung gebracht und die Größe seines Erfolges erhellt schon daraus, daß das Stück bis zum Jahre 1844 fast 100 Mal wiederholt wurde. Ein Bericht aus jener Zeit sagt über dasselbe: „Das Stück behauptet neben den deutschen Original-Schauspielen, deren Werth so leicht keine Zeit vermindern kann, eine der ersten Stellen. Sujet und Aufführung machen ein musterhaftes Ganze, dessen Schönheiten jedes unbefangene Herz fühlen muß. Jede Scene hat Schönheiten, jede ihre gehörige Stelle und wenn das Gefühl des Herzens durch eine zu anhaltende Anstrengung schmerzlich werden könnte, so verändert sich der Schauplatz. Aufheiternder Scherz und starkkomische Züge der mithandelnden Personen sind mit glücklicher Wahl gerade da angebracht, wo Aufheiterung und Unterbrechung Erholung ist und neue Erwartungen erregt. Fleck spielte den „Mainau", Mad. Unzelmann die „Eulalia" mit der treffenden Wahrheit, wie sie der strenge Kenner nur verlangen kann" — —

Am 23. Juli sendet Ritz den Kgl. Befehl an Engel, „Apotheker und Doctor" zu geben, in welchem namentlich Unzelmann unübertrefflich war. Den 29. Juli wurde zum 1. Male die Goethe'sche Oper i. 3. A. „Claudine v. Villa Bella", komponirt von Reichardt, vor dem Hofe in Charlottenburg gegeben. Was dies Werk zunächst merkwürdig macht, ist, daß der Kapellmeister der Königlichen Oper für das Nationaltheater eine Oper komponirt hatte; ein Anzeichen, daß sich die noch sehr stiefmütterlich behandelte deutsche Oper neben der hoch bezahlten italienischen kräftig zu regen beginnt. In der That schlug sie, so oft fie fich vor bem Hofe in Potsbam unb Charlottenburg hören ließ, die opera buffa immer fiegreich aus bem Felbe unb der König befuchte fortan das deutfche Singfpiel faft regelmäßig. Goethe's Claubine ließ inbeß fowohl das Publikum in Charlottenburg, wie am 3. Auguft in Berlin kalt, obwohl, wie L. Schneider's „Gefchichte der Oper" berichtet, in biefer Oper Mab. Baranius, Mab. Lange aus Wien, (die großes Auffehen erregte,) die Herren Lippert, Benda unb Frankenberg mitwirkten! — Wo bleibt, fragen wir, Friederike Unzelmann, welche doch erft der Dem. Niclas zu weichen, dann aber deren Partie zu über- nehmen genöthigt wurde? Sicher war fie doch keine Künftlerin, die man zu erwähnen vergißt, wenn andere genannt werden? — Faft ge- winnt es ben Anfchein, als ob Mab. Unzelmann der eben angelangten Wiener Sängerin, welche zweifellos eine bedeutende Gefangsvirtuofin ge- wefen ift, abermals hätte weichen müffen?! — Madame Lange gab übrigens fpäter noch in Berlin zu einer jener ritterlichen Theaterdemon- ftrationen Anlaß, in denen fich die damalige „jeunesse dorée" gefiel. —

Nach Rath Beyer's Abgang war unter der Direktionsführung Engel's und Ramler's vom Mai 1788 bis 1. Auguft 1789 zu der alten Schuldenmaffe Theophil Doebbelin's noch eine beträchtliche Zahl neuer Schulden gekommen, von denen wir eine kleine Blumenlefe geben. Es forderte:

am 10. Juni 1788 Oberbergrath
Rofenftiel dargeliehene . . . 2100 Thlr. 3 Gr. 1 Pf.
am 25. Juli Liebmann Itzig: Wech-
felfchuld von 30 Friedrichsb'or . 170 „ „ „
am 30. Juli Jakob Gerft: . . 275 „ „ ,
do. do. Doebbelin's Dienftmagd,
Dorothea Schwichtenberger,
rückftändigen Lohnes . . . . 105 „ 4 , „
am 5. März 1789 Caroline Doebbelin Gagenrückftd. nebft Zinfen 800 „ „ ,
am 5. Mai Wulf Goldfchmidt:
an Wechfelfchuld . . . . . 237 „ 12 „ „
In Summa 3687 Thlr. 19 Gr. 1 Pf.
nachbem der Münzwardein Graff am 9. März betreffs feiner, bereits im vorigen Jahre angemeldeten Forderung von 3838 Thlr. 4 Sgr. mit Hülfe des Stadtgerichts auf Doebbelin's Penfion, wie fonftige „Re-

venues" Beschlag gelegt hatte. Mit dem gesammten Schuldenwesen Doebbelin's kommt es schließlich so weit, deren Ablösung vom Theater dahin zu regeln, daß Ende August, um eine gerichtliche Beschlagnahme der Theaterkasse zu vermeiden, von der Direktion auf Kgl. Befehl 12,318 Thlr. 13 Gr. bei dem Kammergericht deponirt werden, welches aus dieser Summe alle sonstigen Gläubiger Doebbelin's befriedigen soll. Dieses Schuldverhältniß hatte auch die Nothwendigkeit für die Direktion zur Folge, auf die Pensionirung Doebbelin's, auf die Kassation seines Generalprivilegiums und auf eine Abstandssumme für die ihm gehörige Garderobe beim Könige hinzuwirken, kurz das Verhältniß des alten Prinzipales zum Theater völlig aufzuheben und ihn sich selbst, wie seinen Gläubigern zu überlassen. — Einen solchen Antrag stellten Engel und Ramler dem Könige am 18. März, auf welchen unterm 21. der Bescheid erfolgt, daß: „das Privilegium Doebbelin's aufgehoben sei, ihm eine Pension von 1200 Thlr. zeitlebens gewährt werde, ihm nicht nur das Surplus des ersten Etatsjahres 1787/88, sondern auch noch das vom 1. August 88 bis 1. Aug. 89 zur Bezahlung seiner Schulden und als Schadloshaltung für die geliehene Garderobe bewilligt werden solle, daß aber mit diesen Bewilligungen auch alle Ansprüche Doebbelin's oder seiner Gläubiger an das Nationaltheater aufhörten!" — Hiermit wäre die Angelegenheit geordnet und Doebbelin zur Ruhe verwiesen gewesen, hätte dem erregten, erbitterten Greise nicht Alles daran gelegen, gegen den verhaßten „Engel" einen entscheidenden Streich zu thun. Es gab in dem jetzt nervöser als sonst erregten Berlin ein Etwas, das Engel nicht nur persönlich, sondern auch um höhergestellter Leute Willen zu scheuen hatte, — die öffentliche Meinung! Den Lärm, welchen etwa Doebbelin erregen mochte, zu dämpfen, mußte sonach für die Direktion zur dringenden Obliegenheit werden. — Nachdem die Theaterverwaltung das Kgl. General=Ober=Finanz=, Kriegs= und Domainen=Direktorium mit ihrem, seiner Zeit mitgetheilten Berichte betreffs Doebbelin's völlig abgefertigt zu haben gemeint hatte, war von dieser Behörde folgendes Schreiben bei Engel und Ramler eingelaufen, dessen Ton ernst genug ist:

„An die Direction des Nat. Theaters.

„Der Schauspieler Doebbelin hat eine Klage gegen die Königl. Direction des hiesigen Nat. Theaters dahin angestellet, daß sie ihm nicht die Cabinets= Ordre wegen Einrichtung des National=Theaters und das hierauf mit ihm ver-

handelte Protokoll ediren, auch die Rechnung ihm nicht vorlegen und den Ueber=
schuß ihm nicht auszahlen wolle. Das Kammergericht, bei welchem er diese Klage
eingegeben, hat ihn damit an die hiesige Kammer=Justiz=Deputation verwiesen,
diese aber um Verhaltung angefraget. Nun kann der Kläger nicht ungehört bleiben
und es muß also in alle Wege der Gerichtsstand, wo solches geschehen, und seine
Klage entschieden werden soll, ausgemacht werden. Da aber dem General=Directorio
von der Constituirung der Königl. Direktion des National Th. und besonders, ob
und vor welchem Foro dieselbe bey wider sie anzustellenden Klagen zu recht stehen
müsse, bisher nichts zukommen ist; So will dasselbe von bemeldeter Direction darüber:
„Ob und was Sr. Kgl. Majestät dieserhalb ausdrücklich verfügt haben?"
baldmöglichster Auskunft entgegen sehn.
Berlin, den 17. Dezember 1788.

Königl. Preuß. General=Ober=Finanz=Kriegs= und
Domainen=Direktorium."

Hierbei stellt sich heraus, daß die Direktion des Theaters gar keinen
Gerichtsstand hatte, weil die Kgl. Vollmacht wohl dem Theater und
dessen Mitgliedern gegenüber, aber nicht vor dem Richter Geltung
besaß, da den Justizbehörden keinerlei Königliche Mittheilung betreffs
der Existenz eines Generaldirektoriums des Theaters gemacht worden
war. Die General=Ober=Finanzdirektion will nun das Forum festge=
stellt wissen, bei welchem Doebbelin Recht nehmen könne, da „der
Kläger nicht ungehört bleiben kann!" Engel und Ramler hatten bis=
her in dem seltsamen Wahne gelebt, Niemand Anderem als dem Kö=
nige, von dem ihr Mandat stammte, Rechenschaft schuldig zu sein. Zu
ihrem großen Leidwesen mußten sie indeß die Erfahrung machen, daß
sie auch civilrechtliche Verpflichtungen hätten. Es nutzte ihnen Nichts,
sie mußten sich auf Doebbelin's Klage einlassen. —

Betreffs derselben und Doebbelin's Schuldenwesen erließ die Di=
rektion folgende Antwort:

„Einem hochpreißl. General=Directorium verfehlen wir nicht, auf Hochdesselben
unter dem 17. Dezember an uns erlassenes verehrtes Anschreiben in unterthä=
niger Antwort zu berichten: daß bei Einrichtung der jetzigen Ober=Direction
d. Nat. Th. kein Forum, vor welchem selbige zu Recht stehen müsse, von Sr.
Maj. dem Könige bestimmt worden, und also hierüber der Allerhöchste Wille,
wenn Sr. Maj. einen Gerichtshof zu bestimmen geruhen wollten, vor welchem
das Schuldenwesen des Schausp. Direktors Doebbelin, das für die Direction
höchst drückend ist, endlich in Ordnung gebracht, die Möglichkeit fernerer Schul=
den abgeschnitten und dadurch die Direction der mancherlei von den Gläubigern
und dem p. Doebbelin selbst, ihr erwachsenden Unruhen überhoben würde.
Wenn sich ein hohes Collegium bey des Königs Maj. zu diesem für das Nat.

14*

Th. so wohlthätigem Zwecke verwenden wollte, so könnten wir Solches nicht an=
ders als mit unterthänigem Danke erkennnen.

Berlin den 2. Januar 1789.

Ramler. Engel." —

Es handelt sich bei dem von Doebbelin angestrengten Prozeß so=
nach um die Vorfrage der Kompetenz. Die Direktion sucht zunächst
die ganze Schuldenlast von sich abzuwälzen und deren gerichtliche Re=
gulirung herbeizuführen. Nicht ohne Grund fürchtete sie, wenn Doeb=
belin's Klage angenommen werde, daß derselbe seine Rechte auf sehr
unangenehme Weise geltend machen und dabei mit der Direktion nicht
gerade besonders glimpflich verfahren werde. — Die Klage, welche das
Geh. Ober=Finanz=Direktorium betreffs des richterl. Forums an den
König gesendet hatte, wurde von diesem der Direktion des Theaters
mit dem Befehle vom 27. Januar 89 zugefertigt, dem Doebbelin
vor der Kurmärk. Justiz=Kammer zu Recht zu stehn. Am 7. März 89
war die Verhandlung von der Justiz=Kammer festgesetzt. Die General=
direktion vertrat der Justiz=Kommissarius Ditmar, ihr Theater=Justizia=
rius, — Theophil Doebbelin dagegen der Kriminal=Rath Schede.
Nachdem Schede sich auf das Klageprotokoll bezogen hatte, erwartete
er Einlassung der verklagten Direktion und „Production" der geforderten
Dokumente. Die General=Direktion erkärt durch Anwalt Ditmar,
„daß sie sich zwar in termino stelle, jedoch allein nur salvo Jure, in=
dem sie ein von Sr. Majestät Allerhöchsten Person unmittelbar selbst
niedergesetztes Kollegium sei, vom Könige allein ihre instructiones em=
pfange, also nur ihm selbst Rechenschaft zu leisten verpflichtet sei." Von
diesem Gesichtspunkt aus vertheidigt Ditmar alle Amtshandlungen der
Gen.=Direktion dem Doebbelin gegenüber und somit auch, daß sie
die geforderten Dokumente demselben nicht mitgetheilt habe. Dagegen
legt sie der Justizkammer dieselben nunmehr vor. Ditmar überreicht
sonach: 1) copiam vidimatam des Kgl. Kabinetsschreibens vom 20. Mai
1787 und 2) Cop. vidim. des vom Kläger Doebbelin unterschriebe=
nen Protokolls vom 24. Mai 1787. Das fernere Plaidoyer Ditmar's
zielt noch dahin, den Kläger mit der Gefahr einzuschüchtern, welche ihm
bei Anhängigmachung einer weiteren Klage durch die Königl. Ungnade
drohe. — Doebbelin's Vertheidiger beantragt „einen neuen Termin zur
Instruction, weil ihm die edirten pieces nicht ante terminum mit=
getheilt seien und er sich mit seinem Mandanten deshalb jetzt erst be=

iprechen müſſe." — Dieſen Termin bewilligt das Kollegium der Juſtiz-
kammer und welche draſtiſche Wendung vor preußiſchem Rechte derſelbe nahm, bezeugt das aufgenommene Protokoll, welches wir als
eines der wichtigſten Aktenſtücke zur Zeitgeſchichte hier wörtlich folgen
zu laſſen die Pflicht haben. Das Original des Protokolls befindet ſich
im 10. Bande sub tit: „Organiſation des Theaters 1787—88 unmittelbar hinter vol 221 in dem beſonderen Aktenſtücke: „Klageſachen d.
K. Gen. Dir. c/a Doebbelin Blatt 33 bis 36 d. Kgl. Hoftheater-
Archivs und lautet alſo:

„Verhandelt zu Berlin den 25. März 1789.

„Indem auf heute zur Fortſetzung der Inſtruction in Sachen des Entrepreneurs des Königl. Nat. Theaters wider die Königl. Theater Commiſſion angeſetzten Termino erſcheint Namens des Klägers der Criminal Rath Schede,
und erwidert auf die im vorigen Termin von dem Juſtiz-Commiſſarias Ditmar,
Namens des Beklagten, abgegebene Erklärung:

Der Endzweck der von ſeinem Mandanten angeſtellten Editions-Klage ſey der,
auf das genauſte zu wiſſen, wie weit ſeines Mandanten und der Beklagten Befugniß gehe, um danach eine gründliche Klage anſtellen zu können. In dieſer
Abſicht hätte ſein Mandant von denen Beklagten die abſchriftliche Mittheilung
desjenigen Kgl. Rescripts, wodurch die Theater-Commiſsion errichtet worden,
und von dem darauf abgehaltenen, von ihm, ſeinem Mandanten, unterzeichneten Protokoll zuvor privatim verlangt. Dieſe Abſchriften aber hätten Beklagte, wie ſie nunmehr ſelbſt eingeſtehn, ſeinem Mandanten verweigert. Er
hätte alſo zur Anſtellung dieſer Editions-Klage ſchreiten müſſen. Ein Selbſt-
gefühl des hierunter begangenen Unrechts treibe die Beklagten, ihr Verhalten
zu beſchönigen. Zu dieſem Ende ſagten ſie, daß ſie ſeinem Mandanten die Abſchriften nicht geradehin abſchlagen, ſondern ihm nur zu erkennen gegeben, wie
ihm ſolche nicht viel helfen würden: indem manche darin enthaltene Punkte,
theils durch neuere an die Beklagten ergangene Immediat-Verfügungen, theils
durch die von ſeinem Mandanten beſonders gebilligte Verfügungen eine Abänderung erlitten. Ohne ſein Erinnern würde man aber einſehen, daß dieſe Ent-
ſchuldigung ſehr ſchwach und ſeichte ſey. Denn entweder hätte ſein Mandant
ein Recht, dieſe Abſchriften zu verlangen, oder nicht. Im letztern Falle würden
Beklagte ihm geradezu und nicht unter nichtigen Ausflüchten jene Abſchriften
haben abſchlagen müſſen; im erſtern Falle aber würde es ihre Pflicht geweſen
ſeyn, ihm nicht nur dieſe Abſchriften, ſondern auch alle nachher ergangenen
Rescripte und die Veranlaſſungen dazu zu communiciren, und ihm die
darnach gemachte Verfügungen bekannt zu machen. Daß ſein Mandant aber
ein Recht habe, dieſe Edition zu verlangen, würde Niemand, der nur einige
Rechtskenntniſſe hätte, in Abrede ſtellen wollen. Es fließe ſolches aus der Natur
der Sache und ſelbſt aus dem Allerh. Rescript vom 20. Mai 1787. Aus

demfelben fey klar zu erfehen, daß feinem Mandans das von ihm titulo onceroso erworbene Koch'fche General-Schaufpieler-Privilegium und auch die Direction feiner bisherigen Schaufpieler-Gefellfchaft, fo wie aller Gewinn aus der Entreprise felbft gelaffen, und ihm nur blos eine Commission unter gewiffen Ein= fchränkungen zur Seite gefetzt worden fey. Wenn nun Beklagte behaupten, daß diefe urfprüngliche Einrichtung durch nachgehends eingegangene Rescripte eine Abänderung erlitten, fo müßten Beklagte, die fich auf diefe Abänderung grün= bende Allerh. Rescripte nebft die von ihnen abgeftatteten Berichte, wo= durch diefe Rescripte veranlaßt worden, mit einem Worte, integrale Acten ediren, damit man die ganze Einrichtung und Verwaltung des In= ftituts, wie die Beklagten die von feinem Mandanten errichtete Schaufpieler-Gefellfchaft, und die ihm gehörige Entreprise zu nennen beliebten, erfehen könne! Hierzu vermeinten Beklagte aber nicht fchuldig zu feyn. Diefes fey aber eine fehr feltfame und wunder= liche Behauptung! Wann Beklagte weder nachweifen könnten noch wollten, daß das Refcript vom 20. Mai 1787 auf Allerh. Kg. Befehl Ab= änderungen erlitten, fo müßten fie gefchehen laffen, daß man annehme, daß dergleichen Königliche Rescripte gar nicht existirten! Wenn aber Be= klagte fich in diefen Fall fetzen wollten, fo würden fie bey der Hauptklage, welche feyn Mandans anzuftellen gefonnen fey, fehr fchlecht fahren. Alsdann würde fie feyn Mandant fragen: warum fie, dem 5. Punkt diefes Rescripts zufolge, ihm, feinem Mandanten, dem der Vortheil der Einnahme der Casse nach Abzug der Koften lediglich verbleiben folle, folchen wöchentlich ihm nicht abgeliefert hätten? Warum fie ihm nicht wöchentlich von ihrer Einnahme und Ausgabe Rechnung abgelegt? Wie fie dazu kämen, fich anzumaßen, fein Vormund zu feyn, und nach ihrem Belieben einige von feinen Schulden zu bezahlen, an= dere hingegen, u. zwar folche, die ihm am drückendften wären, unbezahlt zu laffen? Und was fie endlich mit ihrer Distinction von Theater-Schulden und welche es hinwiederum nicht wären, fagen wollten? Sein Mandant habe keine an= dere Schulden als Theater-Schulden; er fey dafür bekannt, daß er feine Kunft leidenfchaftlich und enthufiaftifch liebe, und daß er aus Liebe zu derfelben nicht allein den letzten Dreyer feines Vermögens hingegeben, fondern auch die ihn gegenwärtig drückenden Schulden, um fein Werk aufrecht zu erhalten, lediglich ge= macht habe. Sehr unrichtig würde man urtheilen, wenn man den Verfall feiner Bühne, welche fie in den letzten Regierungsjahren des Höchftfeeligen Kg. M. er= litten, auf feine Rechnung fetzen wollte; fowie es falfch gefchloffen fein würde, wenn man die jetzige Aufnahme derfelben, welche nach den Unterftützungen, die fie genießt, wohl noch beffer feyn könnte, der niedergefetzten Theater=Com= mission zufchreiben wollte. Ein Jeder müffe einfehen, daß, wenn der Landes= herr das Schaufpielhaus mit feiner Gegenwart Allerh. beehrt, wenn er zur Ver= fchönerung der Theater-Auszierungen und zur Ausfchmückung der handelnden Perfonen anfehnliche Summen hergiebt, alles dadurch, fowohl bey den Schau= fpielern felbft, als bey dem Publiko einen neuen belebenden Schwung erhalten müſſe. Alle dieſe Fragen und noch mehrere würde ſein Mandant, wenn Be= klagte ſich nach dem communicirten Rescript vom 20. Mai 1787 nur allein beurtheilen laſſen wollten, ihnen zur Beantwortung vorlegen. Da ſie dieſes nun nicht wollten, und ſelbſt behaupteten, daß dieſe urſprüngliche Anordnung auf Allerh. Befehl Aenderungen erlitten hätte, ſo bleibe kein anderes Mittel, als daß ſie ſämmtliche Acta ediren. Wenn dieſes geſchehen, ſo würde ſich klar ergeben, wie weit ihre und ſeines Mandanten Befugniſſe gingen, und was der= ſelbe zu fordern berechtigt ſey. Die Warnungen und ſogar Drohungen, welche die Beklagte, oder vielmehr der Profeſſor Engel, deſſen Denkungs= art man daran erkenne, mit einſtreuen, verdienten keine Achtung. Er, Man= datarius, möchte wohl wiſſen, wodurch ſein Mandant das, titulo oneroso er= worbene, ihm ex speciali privilegio Allerg. verliehene General=Schauſpieler=Pri= vilegium verwürkt habe, welches ihm der Herr Profeſſor Engel mit eben der Leichtigkeit zu nehmen vermeine, als er dem Lampenanſtecker den Abſchied geben würde. Mandatarius ſehe auch nicht ein, worin er ſeinen Mandanten bisher menagirt haben wolle. Hierüber müſſe er ſich näher herauslaſſen, bevor ihm ſein Mandant für dieſes huldreiche Menagement danken könne. Bis jetzt wiſſe ſein Mandant nicht anders, als daß er als General=Privilegirter Schau= ſpiel Director, auch der Entrepreneur der Nat. Schaubühne ſey, wozu ſeine Geſellſchaft erhoben worden; daß er ferner nach wie vor der Direkteur dieſes Werkes ſey und daß ihm der Gewinn davon allein zukomme! Sein Mandant wolle erwarten, daß ihn Beklagte hierüber eines andern belehrten. Hierin läge aber der Grund, warum er die Vorlegung und Einſehung ihrer und auch ſeiner Acten verlange, da ſie nicht verlangen könnten, daß man ihnen auf ihr bloßes Wort glauben, und daß ſein Mandant ſich alles gefallen laſſen ſolle, was Beklagte über ihn verfügen. Die Beklagten erwähnen ferner einer Inſtruction, welche für ſeinen Mandanten ausgefertigt worden; ſein Mandans würde dieſe Piece ſeiner Zeit ediren. In derſelben wurde ſeinem Mandanten ein unver= brüchlicher Gehorſam und Folgeleiſtung gegen den daſelbſt genannten Special= Ober=Director des Theaters, den Prof. Engel eingeſchärft. Dieſen Gehorſam habe nun ſein Mandant ſo genau ausgeübt, daß er bisher zu allem geſchwie= gen. Wie ſollte auch ein Mann, der von Jugend auf ſeine Kunſt betrieben, eine 40jährige Erfahrung vor ſich hat, hier und in an= dern Ländern Schauſpiel=Geſellſchaften geführt und dirigirt und ſelbſt Schauſpieler ſey, in Theaterſachen etwas wiſſen, welches der Verfaſſer der Mimic auf ſeiner Studierſtube nicht 20 Mal beſſer ver= ſtehen ſollte; dieſes falle von ſelbſt in die Augen! Allein wenn ſelbſt in dieſer Inſtruktion auf das Rescript vom 20. Mai Bezug genommen, und was darin von der Einnahme der Cassa und den an ſeinen Mandanten wöchentlich zu verab= folgenden Gewinn bemerkt ſey, nichts abgeändert worden, als welches der Haupt= gegenſtand der künftig zu ſtellenden Klage ſey, ſo wäre dieſe ſchon anjetzt mehr als zu ſehr gegründet! Beklagte vermeinen, daß ſie ſchon ein übriges thäten, wenn ſie ſeinem Mandanten den Rechnungsabſchluß vorlegten. Dieſes klinge sonderbar genug. Wenn er, Mandatarius von dem Grundsaße ausgehe, daß seinem Mandanten der Ueberschuß der Einnahme zu gute kommen solle, und Mandatarius in dieser Rechnungssache das strengste rechtliche Verhältniß, nemlich daß sein Mandans hier den Mündel, und der vorhin belobte Special= Ober=Directeur den Vormund vorstellet, annehme, so sey es doch wohl rechtlich und billig, daß man bei Ablegung der Rechnung den Mündel mit zur Sache ziehe! Hieraus sehe man abermals, daß, wenn der Prof. Engel glaube, auch von diesem rechtlichen modo einer Rechnungsabnahme abgehen zu können, er seine Instruction, und worauf sein Mandant nicht genug bringen könne, auch die von der Commission abgestatteten Berichte, wodurch solche veranlaßt worden, ediren müßte. Sein Mandant sey weit ent= fernt, von dem Prof. Engel etwas übriges zu verlangen, er begehre nur bloß das von ihm, was Recht und Billigkeit mit sich bringe, und aus dem Wesen und der Natur der Sache von selbst fließe. Ein jedes Collegium oder Ju= dicium, es möge so hoch seyn, wie es wolle, müsse einen Richter über sich erkennen! Da nun in Privilegien=Sachen die Churmärkische Kriegs= Domänen=Kammer der competente Richter sey, so sehe Mandatarius keinen Grund ab, warum Beklagte dieses forum nicht erkennen wollten. Der Prof. Engel kann solches um so weniger von sich ablehnen, als auch hierin schon das Rescript vom 20. Mai 87 eine Abänderung erlitten hätte. In diesem Rescripte würde er der Kgl. Bevollmächtigte genannt, und ihm empfohlen, nach der vorgeschriebenen Ordnung mit seinem Mandanten alles zweckmäßig zur Ausführung zu bringen! Sollten aber Streitigkeiten und Irrungen vorfallen, so sollten solche von dem Herrn Geh. Finanz Rath von Beyer dem ältern, mit Zuziehung des Professor Ramler's, als dazu angeordnete Kgl. Commissarien, untersucht, abgemacht und entschieden werden. Wenn man dieses Rescript in seinem ganzen Zusammenhange erwäget, so sind unter diesen von dem pp. v. Beyer und pp. Ramler zu schlichtende Streitig= keiten und Irrungen wohl keine andere als solche gemeint, welche die Wahl der aufzuführenden Stücke, der auszutheilenden Rollen und derglei= chen Dinge betreffen. Dergleichen Streitigkeiten aber, die das Werk im Ganzen angehen, welche zwischen seinem Mandanten und den Beklagten selbst vorfielen, und bei deren Schlichtung es auf die Beurtheilung und Bestimmung der wechsel= seitigen Befugnisse ankäme, könnten wohl unmöglich darunter be= griffen sein. Die Beklagten könnten ja nicht Parthey und Richter zu gleicher Zeit sein. Der Prof. Engel, der in diesem Stücke wie Caesar denke, und Niemanden über und neben sich leiden könne, habe bereits Mittel gefunden, den Geh. Rth. von Beyer von diesem ihm Allerh. aufgetragenen Geschäfte zu entfernen!!! Es blieben also von diesen Schiedsrichtern keiner weiter übrig als der Prof. Ramler, von diesem aber sey sein Mandant überzeugt, daß er dieses Schiedsrichteramt gewiß selbst nicht verlange. Die Rede sey gegenwärtig nicht davon, wie eine im Geschmack des Horaz oder des Catuls gesungene Ode zu be=

urtheilen!! Sein Mandant bitte unter benen von ihm, dem Mandatario, angeführten Umständen zu erkennen:

„daß die Königl. Nat. Theater Commission und namentlich der Prof. Engel schuldig und gehalten sey, sämmtliche Theater-Acten und alle dieser= halb ergangenen Rescripte und an des Königs Majestät von der Commission abgestattete Berichte originaliter zu ediren und zur Einsicht seines Mandanten in der Registratur niederzulegen, und Beklagte in die Kosten zu verurtheilen!!! — — —"

Wir glauben, es hat wohl noch keine vom Könige eingesetzte Ver= waltung eine so furchtbare Zurechtweisung erlitten, es sind wohl noch nie öffentlich fungirende Beamte vor dem Richter so bloßgestellt worden, als „Caesar Engel, der Niemand neben und über sich leiden könne und bereits Mittel gefunden habe, den Geh. Finanzrath v. Beyer von diesem ihm Allerhöchst aufgetragenen Geschäfte zu entfernen!!" Der Streich, welchen die schneidige Zunge des Kriminalrath Schede dem Di= rektor Engel und dem fast bemitleidenswerthen Ramler zufügte, traf aber auch diejenige Person, welche geschützt zu bleiben hier die äußerste Veranlassung hatte!

Wie schlecht es mit dem Rechte der Generaldirektion dem alten Direktor gegenüber stand, beweist, daß Justiziar Ditmar am 31. März der Direktion einen außergerichtlichen Vergleich mit Doebbelin, welcher „keine guten Gesinnungen" verräth, empfiehlt. — Die Lage zwischen beiden Parteien ist sonderbar genug. Die Direktion will und — nach den Schede'schen Erklärungen vom 25. März muß sie Doeb= belin loszuwerden suchen. Zu diesem Behufe steht ihr die Allerh. Kabinetsordre v. 21. März zur Seite, welche durch einen Akt souve= rainer Entscheidung weitere Debatten abschneidet! Diese Ent= scheidung war für die Direktion eine Hülfe zu rechter Zeit! Auf Seite Doebbelin's stand dagegen das Urtheil des Richters, welches zwar — aufgehalten, aber nicht gehindert werden konnte und die — öffent= liche Meinung, welche, einmal geweckt, jetzt am Wenigsten alle die von Schede erwähnten Punkte, namentlich die Frage, weshalb denn von Beyer dem Professor Engel habe weichen müssen, unerörtert gelassen haben würde!!! Diese letztere Frage aber, wie eine Reihe zu ihr gehöriger anderer, hätte Theophil Doebbelin, wenn man ihn nicht glimpflich behandelte, sehr wohl beantworten und somit Engel vor der Oeffentlichkeit unmöglich machen können!! Nicht allein verhinderte die ehemalige Censur nicht Alles, was man die Leute nicht wissen lassen wollte, ihre Strenge führte sogar dahin, jene anonyme Literatur ohne Drucker und Druckort in's Leben zu rufen, welche bis zum Jahre 1848 hin unendlich mehr Schaden angerichtet hat, als jemals die Polizei zu verhindern im Stande gewesen ist!! — Wahrscheinlich hat, nach Ausgang des denkwürdigen Termins vom 25. März, mit= telst Verständigung der beiderseitigen Rechtsbeistände die Generaldirektion auf Doebbelin, bevor derselbe zum eigentlichen Prozesse schritt, ver= söhnlicher zu wirken gewußt, da Doebbelin unter dem 16. Mai (na= türlich mit Hülfe des klugen Schede) ein Schreiben an die Direktion richtet, in welchem er derselben zuerst seinen Rechtsstandpunkt erheblich zu Gemüthe führt und darauf an den großmüthigen Sinn des Mo= narchen appellirt. Nachdem er alsdann aber versichert: „ich bin nicht gesonnen, durch eine rechtliche Behauptung meiner Gerechtsame diesen neuen Einrichtungen (der Kgl. Generaldirektion nämlich) hinderlich zu fallen," — macht er „dieserhalb folgende alleruntertänigsten Vorschläge." — Er will 1) daß die General=Direktion alle noch auf seinem Grund= stücke Behrenstraße 55 haftenden, besonders die Koch'schen, Schulden übernehme, 2) für Ueberlassung der „Theatergarderobe, Bibliothek, Musikalien und Utensilien in Summa 14,000 Thlr. baare Entschä= digung, 3) eine lebenslängliche Pension von 1200 Thlr. in Monats= raten von 100 Thlr., 4) daß seiner Tochter Caroline, „die dem Theater schon einige 20 Jahr gedient", eine Pension von 600 Thlr. auf Lebenszeit bewilligt werde, „wenn Alter, Krankheit und Unvermögen ihr nicht weiter erlauben, die Bühne zu betreten." Dafür erklärt er alle seine bisherigen Rechte aufzugeben und in's Privatleben zurückzutreten! — Zweifelsohne waren diese Forderungen billig und daß Doebbelin für seine Tochter Caroline zu sorgen wünschte, die er immer sehr geliebt hat, ist ein Ausfluß tiefer, väterlicher Gefühle. Letztere namentlich sind es auch, welche Doebbelin von fernerem Rechts= streite abgehalten haben. Dies geht aus dem weiteren Verlauf der nun= mehr friedlichen Verhandlungen hervor. Am 23. Mai wendet sich Caroline direkt an den König mit der Bitte, ihr nach ihres Vaters Tode die Hälfte von dessen Pension mit 600 Thl. zu gewähren und nach= dem auch die Generaldirektion klugerweise diesen Wunsch unterstützt hat, erfolgt am 30. Mai bereits von Charlottenburg aus des Königs zustimmende Resolution, welche mit dem für Caroline Doebbelin sehr schmeichelhaften Wunsche schließt: „Indessen wird hoffentlich dieselbe das

Theater nicht verlassen, sondern zu spielen fortfahren, da sie Sr. Kgl. Majestät und dem Publico stets angenehm seyn wird." — Diese An= erkennung goß nicht nur sänftigendes Oel auf die bisherige Sturm= fluth Doebbelin'scher Gefühle, sie machte auch Dem. Caroline fortan zu einer solchen Kämpferin für das Kgl. Haus, daß wir ihren Helden= sinn bald außerordentlich zu bewundern haben werden! — Am 1. Juni richtet Doebbelin nunmehr ein, aufrichtige Ver= söhnung bekundendes, Schreiben an die Generaldirektion, dankt ihr, daß sie sich „über die von mir gemachten Vorschläge auf eine so offene, verbindliche und wohlgemeinte Art herausgelassen" und formulirt noch= mals sowohl seine Forderungen wie seine Verzichtleistung auf die bis= herigen Gerechtsame. Am 19. Juni 1789 wird mittelst protokollarischen Akts, unter Assistenz der beiderseitigen Rechtsbeistände Schede und Ditmar, auf der Generaldirektion der Vergleich beider Parteien zu Stande gebracht und von Engel wie Doebbelin unterzeichnet. Um denselben materiell vollständig zu machen, richten Engel und Ramler de dato 6. Juli an den König das Gesuch, die für Garderobe u. s. w. an Doebbelin zu zahlende Entschädigung von 14,000 Thlr. von dem Kaufmann Theodor Eckhard und Gastwirth Corsika aufnehmen zu dürfen. Am 9. Juli genehmigte der König dies Vorhaben, und somit war diese leidige Angelegenheit endlich beseitigt, dem alten Doeb= belin der gefährliche Mund für immer geschlossen!! — —

Mit dem 31. Juli 1789 ging das Etatsjahr des Nationaltheaters zu Ende und nach dem Kassenberichte des Rendanten Jacobi, vom 27. Oktober desselben Jahres hatte die Generaldirektion seit Uebernahme der Leitung des Theaters folgende Etatsüberschüsse erzielt:

1. Bei der Hauptkasse:

v. 1. August 1787 bis dahin 88	5581 Thlr.	5 Gr.	2 Pf.
v. 1. August 1788 „ „ 89	4562 „	8 „	7 „
in Summe	10,143 Thlr.	13 Gr.	9 Pf.

2. Bei der Arienbücherkasse:

pro 1787 bis 89	356 „	17 „	— „
Total	10,500 Thlr.	6 Gr.	9 Pf.
Hiervon wurde an Doebbelin's Gläubiger bezahlt pro 1787—88	1027 Thlr.	— Gr.	— Pf.
„ 1788—89	7733 „	6 „	11 „
in Summa	8760 Thlr.	6 Gr.	11 Pf.
so daß der Kasse als Ueberschuß	1739 Thlr.	22 Gr.	10 Pf.

verblieben ist. Das war sicher ein vortreffliches Resultat bisheriger
Finanzverwaltung! Mit diesem letzten Juli legte auch der greise Theophil
Doebbelin den letzten Rest seiner ehemaligen Bühnenherrschaft, die
Regie des Theaters nieder und nicht ohne tiefe Gemüthsbewegung trat
der „Vater der deutschen Bühne in Berlin,“ wie er mit Recht genannt
werden muß, in's Privatleben zurück. Seine Geldverhältnisse waren
jetzt wenigstens leidlich geordnet, so daß er seine Tage still beschließen
konnte. Allzulange überlebte er indeß seinen Rücktritt nicht. — Das
alte Monbijoutheater, wie das Theater in der Behrenstraße sind
bald nach ihm auch völlig eingegangen; neue Lebensbedingungen verlangte die Kunst, und einem neuen Zeitalter ranzen die nie rasten-
den Geister entgegen! Tiefschmerzlich nicht nur, heillos würde es
sein, dem Gedanken nachzuhängen, wie Alles, das Beste selbst, nur er-
blüht, um nach kurzer Dauer zu Grunde zu gehen und hinter sich Nichts
als die Erinnerung zu lassen, welche auch schließlich aus den Herzen
und Hirnen entweicht. Ein besserer und der wahre Trost jedes redlich
Strebenden besteht aber in der klar bewußten Ueberzeugung, daß eine
weise Hand ihn zur rechten Zeit an die rechte Stelle gesetzt hat, um
dort seine Pflicht mit freudigem Muthe zu thun und trotz allen Schwierigkeiten seine Aufgabe zu vollenden. Diese seine Aufgabe aber vollendete
Theophil Doebbelin! — Sein Werk lebte nach ihm fort, und
wenn wir sehen, was es später geworden und zurückblicken auf das
Jahr 1767, wo Doebbelin der „fahrende Komödiant“ mit seiner
Truppe zuerst im Dezember in Berlin erschien, dann werden wir begreifen, was dieser Mann geleistet und welche bedeutungsvolle Stelle
er in der Entwicklung der Bühnenkunst eingenommen hat! Seine
menschlichen Fehler wurden durch seinen Feuereifer und seine Hingabe an
die Sache des Theaters reichlich aufgewogen, an Herzensgüte überragte
er sicher aber Diejenigen, welche auf seine Schultern sich geschwungen
hatten, um seine Saat zu erndten.

1789 bis 1794.

4

Die Königliche Oper unter von der Reck. — Das Königliche Nationaltheater unter Engel und Ramler bis zu des Ersteren Abgang.

(Vom 1. August 1789 bis z. 20. Juli 1794.)

Der König hatte am 30. Juli von Charlottenburg Kotzebue's „Eremit auf Formentera" mit Gesang von Peter Ritter aus Mannheim zur Prüfung eingesendet und Berichterstattung verlangt. Dieselbe erfolgte:

„Allerdurchlauchtigster pp.

„Auf den mir gestern gewordenen Allergnd. Befehl über den Werth der Kotzebueschen Oper: „Der Eremit auf Formentera" Ewr. Kgl. Maj. mein Urtheil allerunterth. anzuzeigen, habe ich sogleich die Lectüre dieses mir schon bekannten Stückes wiederholt und finde, daß es unverkennbare Züge von dem Genie seines Verfassers an sich trägt, ob es gleich eine seiner früheren und also noch unreiferen Arbeiten ist. Der Haupttadel würde den Umstand treffen, daß die vortrefflichen Gesinnungen der Toleranz zuweilen so unbehutsam ausgedrückt werden, als ob Indifferentismus gegen alle Offenbarung sollte geprebigt werden, welches doch schwerlich Absicht des edeldenkenden Verfassers sein könnte. Diesen Fehler hat indessen die Mannheimer Theater-Direktion durch die gemachten Auslassungen und Abänderungen bereits glücklich abgeholfen. Da auch die Music, bey einigen leicht zu ändernden Fehlern in Harmonie und Declamation, fast überall gefällige Melodie, mit glücklichem Ausbruck verbindet, so wird es das Nationaltheater mit unter den andern vielen Wohlthaten seines Allerhulbreichsten Beschützers zu zählen haben, wenn Ew. Kgl. Majestät die Partitur demselben zu verehren Allergnd. geruhen wollen. Ich ersterbe.

Berlin b. 1. August 1789   Engel." —

Welche Absicht derselbe mit dem Tadel verbindet, daß in dem Stück die „Gesinnungen der Toleranz so unbehutsam ausgedrückt seien," ist, da die Mannheimer Direktion dem Uebel durch „Auslassungen und Abänderungen bereits glücklich abgeholfen hatte", nicht recht zu erklären, es müßte denn sein, Engel habe dem Könige von seiner kirchlichen Orthodoxie einen — nicht verlangten — Beweis geben wollen! Zwei Tage nach vorstehendem Berichte erhält Engel folgende auffällige Schriftstücke:

„Allerdurchlauchtigster Großmächtigster König
Allergnädigster König und Herr
Meine Tochter Henriette Gerhardtin, 15 Jahr Alt, ist bereits bei dem National=theater, 2 Jahr als Opern Dänzerinn bei Ewr. Majestät mitgedanzt. Da ich ein alter Invalide von Ewr. Kgl. Majestät bin und eine Frau, nebst sechs Kindern ernähren muß, so wollte ich aller unter thänigst gebeten haben, meine obenbe= nannte Tochter, bei Ewr. Königlichen Majestät Opernhause mit zu engagiren, ich erflehe allergnädigster Erhörung, und ersterbe in allertiefften Devotion
Ewr. Königliche Majestät
Allerunterthänigster Knecht
Berlin d. 3. Juli 1789.   Johann Gerhardt
Invalide des hochlöbl. Graf v. Schwerinschen Regiment, wohnt in der Taubenstraße, bei dem Bäckermeister Weilandt." — —

„Hochgelahrter, lieber Getreuer! Ihr werdet am besten beurtheilen können, was an der Tänzerin Gerhardt beim National=Theater ist, und dem nächst darüber sowohl, als auch über die anliegende Bitte deren Vaters, Euren gutachtlichen Bericht abstatten; Eurem gnädigen König
Charlottenburg d. 3. August 1789.   Friedrich Wilhelm" —

Dieser gutachtliche Bericht Engel's ist, obwohl sonst von jedem abgesendeten Schriftstück eine Kopie oder der Entwurf vorliegen, in den Akten nicht zu finden gewesen! — Ist dies schon auffällig, dann wird es durch den Umstand noch mehr, daß Henriette Gerhardt, welche „bereits bei dem Nationaltheater 2 Jahr als Opern=Dänzerin bei Ewr. Majestät mitgedanzt" hat, als eine Tänzerin Dem. Gérand im Jahre 1787 aufgeführt ist. Dem Allerhöchsten Befehl zufolge, wurde Letztere 1787 zu gleicher Zeit mit Silani beim Nationaltheater zwar engagirt, gleichwohl aber (unter den 6 Paar Tänzern, welche das National= theater für den König zu stellen hatte) bei allen Ballets der großen Oper verwendet und auch von jener Zeit an in den folgenden Mitgliederlisten etatsmäßig fortgeführt. — Dem. Gérard, Giran, auch Gérand, macht sich übrigens im Jahre 1791 noch durch ein zartes Verhältniß mit „Louis Boignet, Französ. Colonie-Bürger u. Seidenfärber" bekannt, welchem sie an Stoffen und Putzgegenständen 135 Thlr. 9 Gr. 6 Pfg. abgeschmeichelt hat, deren Erstattung der geprellte Liebhaber unter dem 12. September — natürlich vergeblich, — von der Direktion fordert! So wenig interessant an sich nun eine obscure Figurantin sein mag, gewinnt sie doch als Heldin einer „Sache, die geheim gehalten" worden ist, Wichtigkeit genug: um uns unwillkürlich auf die Idee zu bringen, Dem. Gérand, Giran, Gérard und Henriette Gerhardt, des biederen Invaliden Tochter, könne ein und dieselbe Person gewesen sein! Wir knüpfen hieran keine Folgerungen, sondern geben nur zu bedenken, daß, wenn die seit zwei Jahren beim Nationaltheater engagirte und dem= gemäß honorirte Ballettänzerin Gerhardt, zufolge der Zuschrift vom 3. August 1789, wirklich bei der Oper mitengagirt worden ist, die junge Dame alsdann von zwei Theatern volle Jahresgage erhielt! Diese höchst verdächtige Unregelmäßigkeit innerhalb der Verwaltung, verbunden mit der immer gesteigerteren Abhängigkeit der Direktoren Engel und Ramler vom Hofe und den Launen der großen Oper, war der heimliche Wurm, welcher an den inneren Lebensquellen des Nationaltheaters nagte. So vortrefflich sich der von Beyer geschaffene Verwaltungsorganismus bewährte, so fest auch mittelst Instruktionen Jeglichem sein Wirkungskreis angewiesen war, die Direktion verlor die Autorität bei ihren Mitgliedern und das Zutrauen des Publikums täglich mehr. Die eben so traurigen, wie aller Vernunft spottenden allgemeinen Zeitverhältnisse trugen allerdings hierzu bei. — Am 14. August erließ das Stadtgericht an das Nationaltheater die Erklärung, daß nach Be= schluß des Staatsrath's das Kammergericht fortan dessen Forum sei, eine Maßregel, welche sehr nöthig für die Rechtsverhältnisse des Theaters und des Publikums zu demselben wurde. — — Wir erinnern uns, daß man Goethe's Singspiel „Claudine von Villabella" am 29. Juli vor dem Hofe in Charlottenburg zum 1. Male dargestellt und am 3. August im Nationaltheater wiederholt hatte, bei welcher Gelegenheit Mad. Lange aus Wien in der Titelrolle mit Erfolg aufgetreten war, welche anfänglich Dem. Niclas, dann Friederike Unzelmann singen sollten. Verdiente Mad. Lange's musikalische Bedeutsamkeit wirklich eine so außergewöhnliche Erregtheit des Publikums, war es des Letzteren Jagen nach dem Reiz des Neuen, oder hatte sich um die fremde Sängerin eine Kotterie gebildet, genug, am 15. August erfolgte ihr zu Liebe eine Demonstration gegen die Direktion, wie sie wohl selten

in's Werk gesetzt worden ist. Die Direktion erhielt nämlich drei Adressen,
welche den gleichen Wortlaut haben, des Inhalts:

„Endes Unterschriebene wünschen, daß die hier anwesende Sängerin
Mad. Lange aus Wien, als Zelmire in der Oper „Zelmire und Azor"
und noch in einigen Rollen auftreten möge, dagegen für ihre Bemühung
eine von ihr selbst zu wählende Vorstellung zu ihrem Benefiz erhalte.
Berlin den 15. August 1789" — Unterzeichnet war die erste Adresse:
Lieut. v. Burgsdorff, Caniß, v. Brandenstein, v. Schöning, Kornet
v. Pannwitz, v. Lepel, Wediger, v. Dammnitz, Milkau, Grf. Schwerin,
Gr. v. d. Schulenburg, v. Sellenthin, v. Wesenbeck, v. Burgsdorff,
Decker, v. Gostkowski, v. Münchow, Le Chevalier Rochefort, v. Arnim,
Grf. v. Dallwitz, Schaffgotsch, v. d. Asseburg, v. Clermont (undeutlich),
Schwarzkopf, v. Buch, Wullfen, Steinwehr, Schlieben, v. Katte,
v. Alvensleben, (ein unles. Name), v. Grunenthal, v. Cosel, v. Schwerin,
Sternemann, v. Sydow, Gr. v. Kalckreuth, Keil, Evenatius, von Behr-
nauer, (undeutl. Name), v. Holtzendorff, v. Zawadzky, v. Quitzow,
v. Moseld, v. Maltzan ll., v. Saldern, v. Lüderitz, v. Baczko, Ariola
v. Bieberstein, v. Buch, Kippke." — Die zweite Adresse trägt die Namen:
„v. Bock, L. v. Braun, v. Bülow Jagdjunker, v. Caretti, v. Below,
Neander II., v. D'Artin (unklar), Flessow, Schulz, Bode, v. Britz,
Otto, Ballerstädt, Holwede, Schopper, Baron von Runtz (undeutl.),
v. Zürich, Coste, Meyel, Splitgerber, Qualtièri, v. Bismark, Clann (?),
Wolff v. Strelitz, Sello, Baeber, v. Liebermann I., v. Below, Neander l.,
Kfrd. Richter, Schreiber, Marsch, v. Lepel, v. Buthenow (?), v. Burgs=
dorff Gehrath., (unles. Name), Dr. Siefart, v. Stromer, Bluhm, v. Kreß,
Salzmann, v. Wartenberg, v. Reiswitz, v. Blecker=Olsen" (letzteres Wort
undeutlich). — Die dritte Adresse unterzeichneten: „Bar. W. Korff,
Lieut. v. Stutterheim, Kap. v. Fränkel, Lieut. v. Blankensee, Lt. v. Sattzky,
Lt. v. Brunnow, Lt. v. Grabowski, Lieut. v. Kosel, Lt. v. Meyerinck,
Hofrath Flies, Lt. v. Trelensky (undeutl.), Lt. v. Lepel, v. Knoblauch,
Fähn. v. Möllendorff, v. Werder, Bar. v. Lebel, Bar. v. Buttlar,
Lieut. v. Licht, Cassirer .... (Name unleserlich), Secretarius George,
v. Borck," — mit Bleistift geschrieben folgen nun: „Bar. Devine,
Hoffmann, v. Eschem, Wolff Rojola, v. Bieberstein, v. Zawadzky," —
wieder mit Dinte: „Corn. v. Bismark, Corn. v. Lange, Herr Hiller,
Softmann", — „ich deklarire hiermit, daß mein Name ohne mein Vor-
wissen untergesetzt ist. Softmann." —

Diese umfangreichen Listen geben wir, um nicht nur zu beweisen, welche altadlige Namen sich an den Demonstrationen jener Tage betheiligten, sondern auch um dem Leser hier eine Zahl Theaterhabitué's vorzuführen, deren vereintes Vorgehn wohl das Geschick einer Vorstellung zu entscheiden vermochte. Das Verlangen dieser Herren war ebenso unbillig, wie gewaltsam! Die Direktion hatte gar nicht das Recht, Benefize zu genehmigen, sondern nur der König! Wenn Mad. Lange auf dem Nationaltheater sang, so that sie dies für Honorar; weshalb sie also für ihre Bemühung außerdem ein Benefiz erhalten sollte, ist nicht einzusehn. Außer diesem Adressensturm scheint auch noch eine Kundgebung im Zuschauerraum selbst stattgefunden und die Direktion sich keinen Rath mehr gewußt zu haben, als beim Gouverneur General v. Möllendorff vorstellig zu werden. Vier Tage später schreibt Letzterer hierüber:

„Es ist mir äußerst mißfällig, daß schon wieder Unruhen des Theaters wegen vorgefallen, von deren Zusammenhang Ewr. Hochedelgeboren mich zu benachrichtigen beliebt haben, wofür ich Ihnen vielmals verbunden bin. Ich trete dem ganz bei, was Sie für sich anführen und sind die Gründe um so wichtiger, da sie in der Einrichtung des Theaters selbst liegen. So viel ich zur Abstellung der Unruhen, die von einigen Köpfen, wie es scheint, angegeben und von andren ausgeführt worden, beitragen kann, werde ich anwenden und deshalb den beiden Offiziers, die sich bei dem letzten Vorfalle besonders ausgezeichnet, nach Ihrem Wunsche, für dieses Mahl doch nur einen ernstlichen Verweiß geben. Sollten indessen in Zukunft ähnliche Auftritte wiederholt werden und Offiziers darin wiederum verwickelt seyn, so werde ich selbst bei des Königs Majestät auf die Versetzung derjenigen Offiziers aus hiesiger Garnison antragen, welche den mehrsten Theil daran genommen. — Uebrigens muß ich Ewr. Hochedelgeboren ganz anheimstellen, ob es Ihre Instruction erfordert oder Sie es nöthig finden, diesen Vorfall unmittelbar zu berichten. Ist es, so erachte ich es in solchem Fall als eben so nöthig, daß von den beizulegenden Listen kein Name wegbleibe. Berlin vom 19. August 1789. Möllendorff. Des Herrn Prof. Engel Wohlgeb." —

Bei dieser Angelegenheit war der Gouverneur persönlich mit seiner Ehre betheiligt, da ein Fähnrich von Möllendorff zu den Unruhstiftern gehört hatte! Doch treu seiner Pflicht und Stellung, verlangt der General, daß die Direktion, wenn sie den Fall dem Könige anzeigen wolle, nicht etwa zu seinen Gunsten eine Ausnahme mache, sondern: „daß in den beigegebenen Listen kein Name wegbleibe." Wahrscheinlich war der junge Fähndrich, wenn nicht ein Sohn, so doch der Neffe, jedenfalls ein Verwandter des Gouverneurs. Obwohl die Direktion sich mit dem Wunsche begnügt hatte, die beiden Haupt=Excedenten mündlich verwarnt zu sehen, dem Gouverneur es also überließ, auf dem Dienstwege der Unordnung zu steuern, so muß sie dennoch von einer direkten Berichterstattung an den König nicht Abstand genommen haben. Dieselbe scheint jedoch keine Anklage der abligen Unruhstifter enthalten zu haben, vielmehr dahin gegangen zu sein, den Wunsch derselben zu erfüllen, denn als Mad. Lange am 19. August die Louise in „Der Deserteur" spielte, erhielt sie in der That die ganze Einnahme „für die Gefälligkeit,' welche sie dem Publikum durch die honorirte Darstellung einiger Rollen erwiesen hatte. Uebrigens muß nach Ansicht des Publikums diese Gefälligkeit der Mad. Lange durch jene Einnahme noch nicht genügend belohnt worden sein, da ein Theil desselben (wahrscheinlich die Adressenstürmer) nach der Vorstellung die Künstlerin zu einem Picknick einlud! Daß bei diesem Souper An= reden, Gedichte und Lorbeerkränze nicht fehlten, ist selbstverständlich, ebenso daß dem Enthusiasmus und Ernste die zwanglofeste Heiterkeit folgte. Genug, Gastgeber und Gäste, keiner ging unbefriedigt nach Hause. Zu übersehen ist nicht, daß Mad. Lange die Schwägerin Mozart's war! — Die Stellung der Verwaltung ist bei diesem Vorkommniß um so schwieriger gewesen und hatte desto mehr Vorsicht geboten, als die Direktion sich einem sehr einflußreichen Theile des jungen Hof= und Mili= tairadels der Residenz gegenüber befand. Der französische Terrorismus scheint die jungen Herren angesteckt zu haben, da sie denselben so rücksichtslos gegen die Mitglieder, wie gegen das übrige gesittete Publikum des Nationaltheaters ausgeübt hatten. Irgend sonst ein vernünftiger Grund zur Unzufriedenheit war nicht vorhanden. Die Direktion ließ es namentlich in dieser Zeit an Novitäten nicht fehlen und was die Leistungen der Künstlerschaft be= trifft, mag folgender damalige Bericht erhärten:

„In den achtziger und Anfang der neunziger Jahre war das Ber= liner Theater so zusammengesetzt, daß sich schwerlich wieder so viele aus= gezeichnete Talente vereinigen werden. Fleck stand in dieser Reihe eben an, dessen ergreifendes Spiel des Menschenhaffers diesem Stücke gleich so entschiedenen Beifall verschaffte, wie ihn seit vielen Jahren kein dra= matisches Werk erhalten hatte. Die Unzelmann war als Eulalia ebenso vortrefflich; sie war erst kürzlich nach Berlin gekommen und welchen Zauber, welche Grazie sie über die Gurli und viele andere Dichtungen ergoß, ist nicht auszusprechen. Ihr gegenüber stand die Baranius und diese beiden Frauen ergänzten sich so in Schönheit und

Reiz, in Anmuth und Naivetät, daß man sie sich kaum getrennt denken konnte. War die Eine die muthwillige Figur, so war die Andere die ernste; nahm diese den stilleren Charakter an, so tändelte jene als Bauermädchen oder Dienerin. Die Baranius hatte nicht das große Talent ihrer Mitspielerin, aber wo sie auch stand, war sie anmuthig und ihr Spiel erfreulich. Man wollte sie auch einmal in der Tragödie bewundern, aber hier war sie nicht an ihrem Platz. Unzelmann war vortrefflich in komischen Alten, in phantastischen Charakteren; man sah ihm eine sehr gute Schule und vielseitige Praktik an. Czechtitzky, welchen man nicht im Tragischen oder in Leidenschaften sehen mußte, war Muster in der Darstellung des feinen Mannes, in jugendlichen Militairrollen, in Charakteren, die nur einen Anflug vom Komischen haben, wie der Samuel Smith in den Indianern von Kotzebue; er war selbst ein schöner Mann. Kaselitz war in den Rollen der komischen Alten sehr brav und es gab noch andre Talente, die ihre Stellen lobenswürdig ausfüllten." — — „Armuth und Hoffarth" Original-Lustspiel in 5 Akten von Beil wurde am 22. August zum 1. Mal gegeben. Es gefiel nicht; der Verfasser war der anerkannt vortreffliche Schauspieler Beil vom Mannheimer Theater. — Haben wir Gelegenheit genommen, die Thätigkeit der Direktion zu beleuchten, die Leistungen der Künstler anzuerkennen, so dürfen wir auch nicht verhehlen, daß der Geist der Unordnung immer sichtlicher das Bühnenpersonal ergriff. Folgende Rüge giebt hiervon den Beweis:

„Dem Schauspieler des Königlichen Nationaltheaters Czechtitzky wird in Beziehung auf sein am Donnerstag den 27. dieses Monats wiederholtes, höchst ungebührliches Betragen während der Vorstellung hiermit angedeutet, daß, wenn derselbe noch einmal sich ein solches Vergehen zu Schulden kommen läßt und die Achtung aus den Augen setzt, die er der Kgl. Direction, seinen Mitschauspielern und besonders dem versammelten Publikum schuldig ist, er ohne Weiteres auf der Stelle seinen Abschied erhalten wird, indem man solche Unsittlichkeiten nicht länger zu dulden und das Königliche Theater dadurch größter Schande auszusetzen, fest entschlossen ist.
Berlin, den 29. August 1789.
K. G. D. b. N. Th.
Ramler. Engel." —

Den 4. September wurde Christian Benda auf weitere 3 Jahre engagirt und der Bühne dadurch ein verwendbares Mitglied, den Darstellungen das Ensemble erhalten. Franz Mattausch debutirte am

12. September mit Beifall zum letzten Male in dem für Berlin neuen Schauspiel in 5. A. von Iffland „Reue versöhnt." Mehrere Berichte besagen, daß er zu jener Zeit noch Anfänger gewesen sei, aber bereits schon den Funken hoher Begabung gezeigt habe. Mattausch war 1767 zu Prag geboren, also 22 Jahr alt. Folgendes zeitgenössische Urtheil giebt von ihm ein ziemlich klares Bild:

„Mattausch, voller und größer als Czechtitzky, war im vollen Glanz der Jugend, trat als Don Carlos auf und obgleich sein Organ nicht volltönend war und die Kritik manches einzelne, und mit Recht, tadelte, so habe ich doch nie wieder diesen Charakter mit dieser schönen Begeisterung darstellen sehen; Fazir und andre dergleichen schwarze und weiße Naturkinder scheinen für diesen Schauspieler geschrieben, denn sie wurden in seiner Darstellung so herzlich, wahr und liebenswürdig, daß dieselben Figuren, wenn ich sie später gesehen habe, mir als leere Affektationen erschienen sind.' Ein anderes Urtheil läßt sich über ihn so aus: „Er gehörte zu den Schauspielern, die, ohne tiefe Studien in ihrer Kunst gemacht zu haben, einem inneren Triebe folgen und die man glückliche Naturalisten zu nennen pflegt. Er war ein Gegenstand des Studiums für Viele, die nicht begreifen konnten, wie man mit so geringem Aufwande, so einfachen Mitteln, so große Resultate zu erzielen im Stande wäre." Mattausch bekleidete anfänglich das Fach der jugendlichen Heldenrollen, später ging er in das hochtragische Fach über und als der Tod den Liebling Berlins, Fleck, der Bühne entriß, war er der Einzige, welcher in des Verstorbenen Rollen Anerkennung errang. — —

„Athalia", Trauerspiel in 5 Akten von Racine mit Chören von Kapellmeister Schulze, gelangte den 25. September zum 1. Male zur Aufführung. Es ist weniger die Darstellung, welche gerühmt wird, als die Schönheit der Schulze'schen Komposition, für welche namentlich der König eine große Vorliebe hatte! Der Stoff der Athalia, wie dessen Behandlung durch Racine, war an und für sich nicht gerade angethan, ein Publikum, das den höchsten Maaßstab des Kunstschönen nicht nur in Shakespeare, sondern bereits in seinen deutschen Dichtergrößen: Lessing, Schiller und Goethe zu finden sich gewöhnt hatte, zu erwärmen. Man war bei uns selbst in den höheren Gesellschaftskreisen, welche am längsten an der Vorliebe für das Ausland festhielten, bereits über die Bewunderung der französischen Bühnenliteratur hinweg und Molière allein hat sich dauernd auf der deutschen Bühne

behauptet. Dem. Caroline Doebbelin gab die Athalia — und
das Stück wurde am 26. und 27. September wiederholt. Der König
ertheilte am 11. Oktober den Befehl zur Wiederholung von Mozart's:
„Belmonte und Constanze, welche bereits Lieblingsoper geworden
war. Die erneuerte Aufführung erfolgte demnach am 10. und 15.
Dezember. — Der Monat Oktober war namentlich an drastischen
Begebenheiten reich, welche „Koulissengeschichten" genannt werden müssen
und den Berlinern Stoff genug zu Spötteleien gaben. Den Reigen
derselben eröffnete ein Personalarrest, welchen das Kammergericht gegen
Czechtitzky, Schulden halber, verhängt hatte. Die Direktion wies diese
Gefahr für das Theater durch eine Zuschrift vom 13. Oktober an das
Gericht mit der Erklärung ab, daß durch einen Personalarrest weniger
Czechtitzky, als die Verwaltung bestraft werde, indem Czechtitzky
nicht auftreten könne und ihr Verlegenheiten dadurch erwüchsen; daß
ferner zu verschiedenen Zeiten sowohl durch Rescripte des Kammergerichts
selbst, wie Verfügungen des Staatsraths und anderer Behörden, dem
Publikum, unter Warnung den Schauspielern Kredit zu geben, bedeutet
worden sei, daß Schuldklagen gegen Schauspieler bei den Gerichten
nicht mehr angenommen werden würden, was auf Czechtitzky's Fall
hier Anwendung finde. Mit dieser Erklärung war die Sache erledigt. Eine andere, hinter dem Vorhange begonnene, reizende Geschichte spielte sich zur selbigen Zeit ab. Schauspieler Herdt, von Di-
rektionswegen vorgefordert, gab am 13. Oktober folgende Thatsachen
dem Justiziar des Nationaltheaters Ditmar zu Protokoll. „Am 6.
Oktober während der Vorstellung befanden sich in der sogenannten
kleinen Garderobe neben der Bühne, welche den Mitgliedern, wenn sie
nicht auf dem Theater beschäftigt waren, zum Versammlungszimmer
diente, besagter Herdt, Dem. Doebbelin, die Herren Reinwald,
Mattausch und noch Etliche von der Gesellschaft. Das Gespräch kam
zufällig auf die eben stattfindende Gemäldeausstellung im Saale der
Kunstakademie und Mattausch rühmte: „daß das Gemälde des Sohnes
des Herrn Geheimen Kämmerier Ritz ein schönes Stück sei." Hierauf
entgegnete Herdt: „Ja, da haben Sie Recht, Sie meinen den verstorbenen Grafen von der Mark!" Herdt will dies des Umstandes
wegen gesagt haben, als er auf dem erwähnten Brustbilde zwei Ordens-
kreuze bemerkt und nicht gewußt habe: „daß der Herr Geh. K. Ritz

einen präbendirten*) Sohn habe." Dem. Doebbelin, in plötzliche
Hitze gerathend, fuhr dazwischen: „Nein, es steht nicht in dem Avertissement,
daß es des Ritz seyn Sohn sey! Sie lügen! Sie lügen!" — Herdt
erwiderte: „Ja, es steht im gedruckten Avertissement. Der Sohn des
Geh. Käm. Ritz in der Kleidung des Hamlet in einer Gegend in
Charlottenburg." — Hierbei ist das Wunderliche, wie des Ritz Sohn,
oder der Graf von der Mark, in ein Hamletkostüm kam und auf welche
Art dieser Rococo=Hamlet zu märkischen Präbendenkreuzen und in die
Gegend der Königl. Sommerresidenz gelangte. Zu seiner Erwiderung
setzte Herdt noch, zu der Doebbelin gewendet, hinzu: „Wie wollen Sie
hierin entscheiden, da Sie das Avertissement nicht einmal gelesen haben.
Sie machen sich wahrhaft lächerlich, wenn Sie etwas behaupten, was
Sie nicht wissen." — Caroline Doebbelin fuhr zu Aller Erstaunen
über denselben schimpfend los: „Sie lügen! Sie lügen wie ein Spitz=
bube, wie ein infamer Spitzbube! Wenn in dem gedruckten Avertissement
steht: dem Ritz sein Sohn, so ist es auch sein Sohn und Sie haben
gelogen wie ein Spitzbube, wie ein erzinfamer Spitzbube!" Dabei hatte
sie Herdt bei den Lippen ergriffen und sie umhergezerrt. — In Be=
tracht, daß man sich im Theater während der Vorstellung und nahe an
der Bühne befand, daß ferner der Kronprinz anwesend war, schwieg
Herdt. Das Geschrei der Doebbelin, welches schon außerhalb der
Garderobe zu hören gewesen, bestimmte Fleck, der den Wöchner=Dienst
versah, in das Versammlungszimmer zu treten, um zu sehn, was es gäbe.
Dem. Doebbelin schrie denselben sogleich an: „Hören Sie, Fleck, sagen
Sie selbst, hat Ritz nicht einen Sohn, der schon eine Präbende hat? Dieser
infame Kerl (auf Herdt deutend) sagte vorhin, das Gemälde auf der
Ausstellung sei nicht Ritzens Sohn, sondern der verstorbene Graf von
der Mark." — Nachdem Fleck versichert hatte, „der Geh. K. Ritz
habe einen Sohn, der präbendirt sei," entgegnete ihm Herdt: „das ist
etwas andres, so ist es dessen Sohn, das wußte ich nicht. Das hätte
mir die Doebbelin sagen sollen, ehe sie schimpfte, aber Schimpfereien
sind gewöhnlich ihre Waffen, dafür ist sie bei der ganzen Gesellschaft
lange bekannt." Hierauf wiederholte Dem. Doebbelin ihre Epitheta
„Schuft, schlechter Kerl" u. s. w. bis Herdt die Fassung verlor und
sagte: „Hören Sie auf zu schimpfen, oder ich vergesse, daß sie Frauen=

---

*) Mithin dürften es wohl Domherrn= (Stifts=) Kreuze gewesen sein.

zimmer sind." Die Dame fuhr nicht nur zu schimpfen fort, sondern die „pantomimischen Bewegungen ihrer Hände" deuteten darauf, daß sie nahe daran sei, sich an Herdt zu vergreifen. Derselbe packte sie heftig an beiden Armen und rief: „Du grobes Mensch, höre auf zu schimpfen, oder das Donnerwetter —!" Fleck schlug sogleich seine Hände um ihn und drückte ihn zur Garderobe hinaus. Bald darauf hatte Herdt auf der Bühne zu erscheinen und an diesem Tage fiel nichts weiter vor. Eine Fortsetzung dieses Dramas, erfolgte am Abende des 8. Oktobers. An demselben hatte sich Dem. Doebbelin nämlich mit ihrem Liebhaber Herrn Rümpler verabredet, auf Herdt einen Angriff zu machen und zu dem Zwecke, gegen sonstige Gewohnheit, sich längere Zeit beim Theatermeister aufgehalten. Rümpler stand dagegen vor der Thüre des Theaters, aus welcher Herdt auf die Straße treten mußte. Als Letzterer, „seine hochschwangere Frau am Arm," die Treppe herunter gehen wollte, eilte Dem. Doebbelin mit den Worten auf ihn zu: „Herr, es ist Ihr Glück, daß Ihre Frau bei Ihnen ist, sonst gäbe ich Ihnen ein paar Ohrfeigen;" pp. Rümpler aber hielt ihm in dem= selben Augenblick die geballte Faust, in welcher er einen eisernen Spa= zierstock mit eisernem Knopf hatte, vor den Mund und sagte: „Herr, was haben Sie mit meiner Doebbelin vorgehabt?" — Herdt erwiderte: „Herr, was mischen Sie sich in eine Sache, die die schmutzigste von der Welt ist. Das gemeinste Mensch aus der grünen Lerche *) könnte keine gröberen Schimpfworte gegen mich ausgestoßen haben" und was dergleichen weitere Artigkeiten gewesen sein mögen. Rümpler entgegnete: „Du infamer Kerl, wenn Du Dich unterstehst, der Doebbelin nur die ge= ringste Grobheit zu sagen, so stoße ich Dir alle Zähne ein!" Herdt erwiderte: „Herr, was wollen Sie, ich kenne Sie ja gar nicht. Nur das weiß ich, daß Sie Rümpler heißen, der eine junge fromme Frau und zwei liebenswürdige Kinder zu Hause hat!" Rümpler rief: „Was, Du kennst mich nicht? Was, was ist!" und hob den eisernen Stock gegen ihn auf. Herdt trat von seiner erschrockenen Frau zurück, sich zu vertheidigen und „da er eben eine — Offiziersrolle gespielt und den Degen noch mit seinem Stock in der Linken hatte, so habe er denselben statt des Stockes gezogen, ihn jedoch gleich eingesteckt, um die Wache zu rufen; dann sei er seiner Frau zu Hülfe geeilt, die bereits ohnmächtig

---

*) Das Lokal der Dame — Schubitz!! —

in des Theatermeisters Arm gelegen habe." Weil bereits eine Masse Menschen zusammengelaufen war, versuchte Herdt mit seiner Frau nach Hause zu eilen. Rümpler stürmte indeß wieder auf ihn ein und raunte ihm zu: „Nun warte, ich spreche Dich noch! Wir sprechen uns noch!" Als Herdt entgegnete: „Ja, morgen vor dem Richter!" gab Rümpler demselben unter dem Zuruf: „Was, vor dem Richter? dem Richter?" mit dem eisernen Stock zwei Hiebe über den Kopf, daß der= selbe betäubt zur Erde stürzte. Held Rümpler verschwand im nächtlichen Dunkel durch die kleinen Fleischerbuden! — — So das Protokoll, welches Ditmar sofort dem Kammergericht einsendete. Dasselbe leitete nun gegen Dem. Doebbelin und deren Freund, Rümpler, Inhaber einer Frau nebst 2 Kindern, einen Verbal= und Real=Injurienprozeß ein und die Verklagten, Kläger und Zeugen, wurden auf den 30. Oktober zum Termin auf die Hausvogtei berufen. Dieser Termin mußte, behufs Feststellung des „eigentlichen Vorfalls" der Thätlichkeiten auf öffentlichem Platze" durch weitere Zeugen, auf den 13. November verschoben werden. Die Sache nahm für Dem. Doebbelin, namentlich aber für Rümpler eine sehr schlimme Wendung, zumal die Direktion des Nationaltheaters feststellte, daß Rümpler „mehrmalen sich nicht gescheut, sogar während der Ankleidung der Schauspielerinnen in deren Garderobe einzudringen!" — Ein deus ex machina wendete aber plötzlich das drohende Unge= witter vom Haupte der Angeklagten. Der Königliche Hof= und Kammer= gerichtsrath Rümpler, Bruder des Verklagten, welcher die Akten eingesehen hatte, bat unterm 2. Dezember die Direktion des National= theaters, den Prozeß gegen den Unruhstifter niederzuschlagen, „da auch sonst zugleich die Seinigen mit bestraft würden!" Unter so bewandten Umständen, und nachdem Rümpler um Verzeihung gebeten, Herdt sich mit ihm versöhnt hatte, verblutete die Sache. — Herr Rümpler, Bruder eines Kammergerichtsrathes, charakterisirt sich von selbst; es änderte auch der wackere Familienvater, trotz des empfangenen Denk= zettels seine zarten Beziehungen zu Caroline Doebbelin in Zukunft nicht. Diese aber hatte den ganzen Auftritt in ächt komödiantischer Art eingefädelt, um ihren glühenden Patriotismus betreffs des Herrn „Ritzens seinem Sohne" oder des „Grafen von der Mark" zu — gewissen Ohren gelangen zu lassen! — Nicht Lust an Anekdoten ist es, welche uns diesen Vorgang so eingehend mittheilen ließ, sondern wir haben die Absicht, des Lesers Blick auf die gesunkene Sittlichkeit, die Entwürdigung jener Zeit und die Unordnung zu lenken, welche, wie im öffentlichen Leben, auch beim Theater eingerissen war. Wir könnten noch eine ganze Sammlung derartiger Vorfälle aus jenen Tagen akten= mäßig aufführen, wenn es an dem vorliegenden Beispiele nicht über= genug wäre. — — Um so erfreulicher ist ein Kunstereigniß von Bedeutung! Am Geburtstage der Königin, den 16. Oktober, gelangte zum 1. Male „Die Freuden des Herbstes", ein ländliches Vorspiel mit Gesängen in 1 Akt von Müchler, Muſ. von Weſſely, darauf zum 1. Mal „Die Indianer in England", Lustspiel in 3 A. von Herrn von Kotzebue in Reval zur Darstellung. Letzteres Stück fand großen Beifall und ist bis zum Jahre 1834 75 Mal wiederholt worden. Die Besetzung war: Gurli — Mad. Unzelmann, Nabob Kaberdar — Fleck, Fazir — Mat= tauſch, Miſtreß Smith — Dem. Doebbelin. — Wir wollen hier kritiſch nicht näher unterſuchen, ob der Werth der Dichtung solchen Erfolg recht= fertigte, wiewohl Kotzebue unbedingt das Verdienst eines gewandten und theaterkundigen Schriftstellers von nicht geringer Gestaltungskraft für sich beanſpruchen konnte. Den Erfolg des Lustspiels bewirkte der entſchieden neue, vortrefflich gezeichnete, Hauptcharakter deſſelben, „Gurli"; noch mehr aber die vollendet meiſterhafte Darstellung dieser Rolle durch Friederike Unzelmann. Gurli, die junge Indianerin, das Abbild eines Naturkindes, wie es, sich seiner Unſchuld, Reinheit und Vortrefflichkeit unbewußt, aus des Schöpfers Hand hervorging, erhielt durch die Un= zelmann jenen Zauber naiver Weiblichkeit, welchen nach ihr keine Künstlerin in dieser Rolle wieder erreicht hat! Der Gurli=Charakter wurde ein solches Unikum, eine so epochemachende Figur des deutſchen, namentlich berliner Theaters, daß man später, ja selbst in unseren Tagen wohl noch, von einer gereifteren Dame, — nicht allein von einer Schau= ſpielerin, — ſobald sie sich in der Koketterie kindlicher Naivetät besonders gefällt, zu sagen pflegt: „Sie spielt die Gurli!" — Bei der am 17. Oktober erfolgten Wiederholung des Stückes ereignete sich zwiſchen Czechtitzky und Fleck während der Vorstellung hinter der Scene ein Streit, der leider auch mit Verbal= und Real=Injurien endete und ein gerichtliches Einschreiten nöthig machte. Nähere Darstellung der That= ſachen aus dem Protokoll unterlaſſen wir und erwähnen nur, daß es sich bei dieſem Streite nicht wie bei Caroline Doebbelin um eine be= abſichtigte Liebedienerei handelte. Eingebildeter Künstlerrang verleitete Czechtitzky, den Kollegen Fleck, der eine ohnedies aufregende Rolle zu spielen hatte, gröblich hinter der Scene zu beleidigen, worauf allerdings Fleck, alle Fassung verlierend, sich verleiten ließ, mit einer Ohrfeige zu antworten. Die Streitenden wurden alsbald getrennt. — Auf diese dürren Thatsachen hin darf der Laie wohl fragen, wie ein Mann von Fleck's hoher Bedeutung, tadellosem Rufe und bürgerlich ehrenhaftem, durchaus gesittetem Lebenswandel sich so weit vergessen konnte, in nicht zu entschuldigender Weise sich selbst Recht zu nehmen, anstatt dasselbe von seiner vorgesetzten Behörde zu verlangen. Die Ausschreitung Fleck's führt uns auf das Geheimniß des Bühnenlebens, nämlich auf die persönliche Beschaffenheit des gerade auf der Bühne in Thätigkeit begriffenen Schauspielers und sein Verhältniß zu seinen Kollegen. Bereits früher ist gesagt worden, daß Nebenbuhlerei, Sympathie und Antipathie, kurz daß die Reibung der Interessen sich beim Theater schärfer und unmittelbarer begegnen, als in anderen bürgerlichen Verhältnissen, weil der Schauspielerberuf die Darsteller zwingt, oft gerade dann im Einvernehmen mit einander zu handeln, wenn die Gegensätze in ihnen am schärfsten vorhanden sind. Bedingt schon dieser Umstand eine, anderen Menschenkindern selten eigene, Selbstbeherrschung, so wird dieselbe noch durch die Ausübung des Berufes auf der Bühne um so beachtungswerther. Der Zuschauer, welcher sich ruhig dem Genusse der Vorstellung hingiebt, hat nicht den leisesten Begriff von der geistigen und physischen Anstrengung, deren es bedarf, eine Rolle von nur einiger Tiefe und Bedeutung gut darzustellen. Die Nerven der Künstler, welche ihre Aufgabe am ernstesten, gewissenhaftesten erfassen, sind am heftigsten erregt, ihr Blut geräth am leichtesten in Wallung und ihnen geschieht Das während ihrer Darstellung, was dem wahrhaften Dichter beim Schaffen wiederfährt, sie sind völlig außer sich, sie befinden sich in einer Gemüths- und Geistesaufregung, welche sie für alles Uebrige — unzurechnungsfähig macht. Höchstbezeichnend für diesen immerwährenden Zustand der Schauspieler, welcher ihnen auch im gewöhnlichen Leben und Treiben innewohnt, auf der Bühne sich freilich in noch erhöhterem Maße zeigt, ist die Thatsache, daß ein uns bekannter, hervorragender Arzt, Geh. Rath K..., welcher neben seiner Stellung auch lange Jahre zu unserer Zeit noch Theaterarzt gewesen, den zur Bühne gehörigen Patienten die Medikamente nur in halb so starken Dosen verschrieb, als er sie seinen anderen Kranken verordnete! — Der geringere Schauspieler, der Handwerker seines Berufs, welcher seine Rolle gleich einem Stücke Garn abhaspelt, bleibt allerdings bei kaltem Blute und dennoch findet man bei ihm die Standeslaster: Neid, Scheelsucht, Hang zur Intrigue, die Lust, Anderen das Leben zu verbittern, gerade am häufigsten. Daß es unter solchen Umständen ungemein schwer hält, eine Harmonie des Zusammenspieles zu erzielen, drängt sich jedem Urtheilsfähigen auf. Diese Harmonie kann nur durch das von Allen anerkannte Ansehn des Bühnenleiters, durch seine vollendete Sach- und Menschenkenntniß und eine straffe, unnachsichtige Ausübung der Gesetze erreicht werden, welche ausnahmelos Jeglichen, den Lampenputzer wie den ersten Künstler trifft. Ein guter Schauspieler, obwohl Fleck's Bedeutung gegenüber nur von zweiter Gattung, war Czechtitzky und der Streit eine Folge des Neides, welchen dieser gegen den größeren Kunstgenossen hegte. Der Prozeß zwischen Beiden wurde seitens der Direktion, wie der Doebbelin'sche Fall, beigelegt. Bemerkenswerth hierbei ist, daß Fleck bei der Beweisaufnahme mit gutem Grunde sich darauf berufen konnte, daß während der 7 Jahre seines Engagements ihm weder in, noch außer dem Theater jemals die geringste Ausschreitung zur Last gelegt werden könne. — — Einen Blick in's Schauspielerelend läßt dagegen folgendes Schreiben von hoher Frauenhand thun:

„Hochedelgebohrner Herr Professor!

Die bedrängte Mitleidenswürdige Umstände, worinn sich die Witwe des verstorbenen geschickten Schauspielers Frankenberg befindet, veranlaßen Mich, Dieselbe recht angelegentlich zu ersuchen, sich dieser armen Frau an zu nehmen, und ihr eine kleine pension aus der Theater-Casse zu bewürken, worunter des Königs Majestät, wenn es dabey auf Dero Genehmigung ankommen solte, gewiß nicht entgegen seyn werden, und Ich Meines Orts werde es gegen Sie, Herr Professor, mit recht vielen Dank erkennen.

Ich bin übrigens mit aller estime

Berlin, den 21. Oktober 1789.

Ihre wohlgeneigte
Fréderique Prinzessin von Preußen."

An
Herrn Professor Engel
hierselbst" — —

Zu bewundern ist nur, daß das Elend der Wittwe Frankenberg erst zu dem Ohre einer Prinzessin dringen und deren Herz bewegen mußte, bevor Engel von demselben Kenntniß nahm! Am 22. c. m. bereits wurde der Wunsch der Prinzessin Friederike erfüllt, — Mad. Frankenberg erhielt die Einnahme von „Die Indianer in England" als Benefiz. — Obwohl nun Engel Alles beherrschen wollte und keines Anderen

Leitung duldete, muß er doch wenig bei den Vorstellungen auf der Bühne gewesen zu sein, mit den Mitgliedern keineswegs in der lebendigen und direkten Verbindung gestanden haben, welche zur Erhaltung gegenseitigen Vertrauens nöthig ist. Seine Leitung scheint nachgerade zur Thatenlosigkeit herabgesunken gewesen zu sein und er bereits der Schwungkraft wie der Freudigkeit entbehrt zu haben, ohne welche am Wenigsten eine Theaterleitung geübt werden kann. — Seitens des Königs und Staatsministeriums erging am 2. November ein Erlaß, das Schuldenmachen der Schauspieler betreffend, an das Kammergericht, unterzeichnet: „v. Carmer, Zedlitz, Dörnberg, v. b. Reck und Wöllner," der natürlich auf die Dauer so wenig half, wie alle früheren Verwarnungen des Publikums. — Der Tänzer Friedrich Koch wurde am 12. November als Figurant und Lehrer der Ballet-Eleven angestellt, „Psyche", Oper in 2 Akten, komponirt vom Musikdirektor Wessely, zum 1. Male am 18. November, aber ohne nennenswerthen Erfolg gegeben. — Folgender Brief des Dichters der „Indianer in England" ist von Belang:

„Mein Theuerster!

„Hier erhalten Sie die 3 letzten Akte meines neuen Schauspiels. Gott gebe, daß Sie kein Mißbehagen daran finden! Fehler hat das Ding genug, das weiß ich wohl, z. Beisp.: der Alonzo ist eine fade personnage, die durch den Rolla so verdunkelt wird, daß man sich nicht genug über die Cora ärgern kann, wie sie im Stande war, ihn dem Rolla vorzuziehen. Ferner der Diego scheint im 4. Akte sein Späßchen sehr unzeitig anzubringen. Kommt es Ihnen auch so vor, so lassen Sie ihn fein das Maul halten. Ferner: unterbricht die kleine Episode mit dem Oberpriester im 4. Akte nicht zu sehr die Aufmerksamkeit und die Haupthandlung? Ich habe keine andere Entschuldigung dafür, als daß ich dem Rolla noch ein Motiv mehr geben zu müssen glaubte, um sich zu einem Verbrechen zu entschließen. Ferner, die 1. Scene des 1. Akts scheint mir so ein eingeflicktes Läppchen zu sein, und könnte auch wohl ganz wegfallen. Ferner: ist es nicht unnatürlich, daß Rolla im 2. Akte, als Cora auf dem Hügel in Ohnmacht liegt, sich die Zeit nimmt, die ganze Geschichte seiner Liebe zu erzählen, und sich indessen gar nicht um die arme Ohnmächtige zu bekümmern? Freilich aber erzählt muß sie doch werden. Ferner: sticht die comische Oberpriesterin zu Anfang des 3. Aktes nicht gegen die Oberpriesterin zu Ende desselben Aktes gar zu sehr ab? Ich habe mich damit getröstet, daß sie anfangs in einer ganz ruhigen Stimmung und zuletzt in der leidenschaftlichsten ist, daß also beydes wohl zusammen bestehen könne. Sie sind ein Phylosoph und werden mir sagen ob ich Recht oder Unrecht habe. Ferner: hatten die Peruaner weder Schwerdter noch Ketten, wenigstens nicht von Eisen. Wird man mir diese poetische Licenz verzeihen? Man kann allenfalls hölzerne, im Feuer gehärtete Schwerdter supponiren und

silberne Ketten. — — Das ist ungefähr, was mir so eben einfällt. Von Kleinig=
keiten mag ich gar nicht reden, Diction, Bilder und dergleichen werden Sie
schon ein wenig beschnitzeln. Was das Ganze betrifft, so muß ich freylich ge=
stehn, daß ich, da es eben fertig geworden, noch ein wenig verliebt in mein
Machwerk bin und daß ich glaube, es werde sich besonders auf der Bühne gut
ausnehmen. In Berlin freylich am besten, wo auch der äußerliche Pomp im=
poniren wird. Hätt ich nur erst Ihr Urtheil über die ersten beiden Akte, so
wüßte ich doch ungefähr, wie Sie das Ganze aufnehmen werden. Nach grade
fang ich an, jeden Posttag mit Sehnsucht auf ein Briefchen von Ihnen zu harren.
— Brockmann hat an mich geschrieben. Ich habe ihn an Sie gewiesen und
ihm einen Preis von 10 Louisdor für die Indianer in England festgesetzt, welche
er auch an Sie übermachen soll. Auch Herr Kahleck?, der dänische Poet,
welchen ich in Ihrem Zimmer kennen lernte, hat an mich geschrieben. Ich habe
ihm das nehmliche geantwortet, nur mit dem Unterschied, daß ich es für billig
halte, ihm die Indianer für 10 Ducaten und die Sonnenjungfrau für 15 Ducaten
zu überlassen, da er ja noch die Mühe dabey hat, es zu übersetzen, und ich die
Freude, unter der aufgeklärten dänischen Nation bekannt zu werden. Beyden
Herren habe ich gemeldet, daß sie außerdem noch die Abschreibegebühren tragen
müssen. — Endlich hat mir auch Himburg ein Exemplar von M. u. R.
(Menschenhaß und Reue!) geschickt, u. ich habe das Papier u. den correcten
Druck, den ich Ihnen verdanke, mit Vergnügen betrachtet. Uebrigens behandelte
mich Hr. Himburg in seinem Briefe sehr cavalièrement, sagte mir, was er
an meiner Stelle thun würde, bittet mich um Verzeihung, daß er mir M. u. R.
so spät sende, setzt aber auf französisch hinzu: „enfin malheur n'est pas trop
grand u. s. w."

Aus den Zeitungen habe ich gesehen, daß der König die Indianer mit seiner
Gegenwart beehrt hat. Wie es ihm gefallen, werde ich wohl von Ihnen, mein
Theuerster, erfahren, und bin natürlich sehr neugierig darauf. Ach wäre er doch
auch ein — König! — Himburg bietet für die Indianer 10 Louisd'or statt 12.
Es kann seyn, daß es nicht mehr werth ist, aber wenn auch ein Anderer ein
Paar Louisd'or weniger bieten sollte, so gebe ich es lieber an einen Anderen.
Empfehlen Sie mich dem Hr. Prof. Ramler auf das freundschaftlichste, wie auch
der allerliebsten Mad. Unzelmann. Wenn es mit guter Manier geschehen kann,
so wünschte ich herzlich auch, daß Sie der Prinzessin Louise meine Unterthänig=
keit bezeugten. Leben Sie wohl, lieber vortrefflicher Mann! Ach! wann werd'
ich einmal wieder auf Ihrem grünen Sofa neben Ihnen sitzen, Sie beym Kopf
nehmen und küssen, und Ihnen mündlich sagen, daß Sie mit dem ersten Ihrer
Blicke mir das Herz aus dem Leibe gewunden haben.

Reval d. 28. Novb. 1789.   Kotzebue.

Herrn Fleck sagen Sie gelegentlich in meinem Namen,
daß ich mein Manuscript gern umsonst geben wollte,
wenn ich das Vergnügen haben könnte, ihn den
Rolla spielen zu sehn. — Noch Eins! Es hat

mir diesesmal an Zeit gemangelt, das Manuscript selbst wieder durchzulesen um die etwanigen Schreibfehler zu bemerken, welche Sie daher nicht auf meine Rechnung setzen werden." — —

Sehen wir von gewissen diplomatischen Kunststückchen am Schlusse des Briefes ab, in welchen August von Kotzebue recht bewandert zu sein scheint, so gewährt dies Schreiben nicht nur einen Einblick in die geistige Werkstätte dieses Mannes, es belehrt uns auch über eine entschieden vortreffliche Seite Engel's und rundet dessen Bild völlig ab. — Mögen heutige Literarhistoriker Kotzebue noch so niedrig stellen, man muß es ihm lassen, daß er zu einer Zeit schöpferisch thätig war und dem Theater deutsche Originalwerke lieferte, als Lessing bereits gestorben, Goethe und Schiller aber schwiegen. Den Werth mehrerer Kotzebue'scher Werke erhärtet schon die Thatsache, daß sie sich bis heute auf dem Repertoir erhalten haben. Kann er selbstverständlich auch nicht im Entferntesten mit den weimarischen Dichtergrößen verglichen werden, so war er doch der nach ihnen erfolgreichste und beliebteste Dichter seiner Zeit. In diesem Briefe, mit welchem er die drei letzten Akte der „Sonnenjungfrau" sendet, zeigt er sowohl seinen dramaturgischen Blick, wie sein über die eigne Arbeit klares, rückhaltloses Urtheil. Macht diese Selbsterkenntniß ihn uns höchst achtbar, so erscheint uns auch Engel in seiner Stellung zu dem Dichter in einem wesentlich anderen, unendlich besseren Lichte, als wir ihn leider bisher zu schauen gewohnt gewesen sind. Der Beweis ist hier erbracht, daß Engel den Stücken Kotzebue's die letzte sorgfältige Feile gegeben, mithin einen guten Theil ihres Erfolges gesichert hat, und daß sowohl sein Fleiß im Herbeischaffen und Zurechtstutzen neuer Stücke, seine theatralische Umsicht, Einsicht und objektive Gerechtigkeitsliebe der damaligen Schriftstellerwelt gegenüber ungetheilteste Anerkennung verdient! — Wäre Engel nicht von dem unseeligen Ehrgeize erfüllt gewesen, um jeden Preis Theaterbeherrscher zu sein hätte er sich unter einem zur Bühnenleitung befähigteren Manne, mit der Rolle eines Dramaturgen des Nationaltheaters begnügt, er würde weiser gehandelt, und größeren Nutzen gestiftet haben. Die Fälle werden immer einzig und nie zu erhoffen sein, daß sich in ein und demselben Manne wie in Iffland und Schröder, Direktionsgenie, Darstellungsgabe und dichterische Fähigkeit vereinen. Bei Molière traf derselbe seltene Fall ein, bei Shakespeare gattete sich das Direktionstalent mit dem

Dichtergenius; als Darsteller indeß war der große Britte bekanntlich schwach. — — „Die Gewalt der Musik" oder „Liebhaberei nach der Mode." ein Divertissement=Ballet in 2 A. von Mariottini, Muj. v. Martin, wurde am 1. Dezember zum 1. Male zur Darstellung gebracht. In ihm sehen wir, das Tanzdivertissement Pygmalion abgerechnet, in welchem die Barbarina als Pfyche geglänzt hatte, das erste größere Tanzdrama (also eine durch Tanz und Pantomime einheitlich bewirkte Handlung) erstehen und in Berlin sich einbürgern. Da diesem Balletdrama nunmehr ähnliche folgen, haben wir mithin vom 1. December 1789 ab die Entstehung der eigentlichen und völlig entwickelten choreo= graphischen Kunst zu verzeichnen, welche die Höhe ihrer Leistungen allerdings erst in unserm Jahrhunderte zu Berlin erreicht hat. — „Der Eremit auf Formentera", Schauspiel mit Gesängen in 2 Akten von Kotzebue, Musik von Ritter, erblickte am 3. Dezember das Lampenlicht, ohne anzusprechen. — — Folgende Zuschrift erhielt Engel:

„Hamburg d. 5. Dec. 1789.

„Ich hoffe, Sie haben das kleine Stück erhalten. So bald als möglich werde ich Ihnen noch eins schicken. Haben Sie „Figaros Reue" noch nicht gegeben. Ich bitte Sie um baldige Antwort, ob Sie Beils „Kurt von Spartau" für 10 Ducaten haben wollen. Dann schicke ich Ihnen das Stück mit den hiesigen Aenderungen, die aber wohl für Berlin als militairischem Ort nicht nöthig sind. Der Verfassen braucht Geld. — Die Indianer habe ich nach Wien geschickt und man wird wahrscheinlich 50 Duk. bezahlen. — Hier machen sie kein besonders Glück.

Ihr ergebener

Schröder." —

Man sieht, daß damals der Handel mit Dramen unter den Direk= tionen ein lebendiger war und es denselben sehr darum zu thun ge= wesen ist, gute Novitäten zu erlangen. Welches Stück unter dem von Schröder gesendeten zu verstehen ist, läßt sich nicht ermitteln; da dessen „Ehrgeiz aus Liebe" aber am 30. Mai nächsten Jahres gegeben wurde, dürfte möglicher Weise dieses in der betreffenden Stelle des Briefes ge= meint sein. Von Interesse ist, was Schröder über Aenderungen bei Stücken und was er über den Erfolg der „Indianer in England" sagt. Er hält also dafür, daß die nöthigen Aenderungen eines Stückes auch von den lokalen Beziehungen des Ortes der Aufführung abhängig sind, daß mithin diese Abänderungen nicht überall ein und dieselben sein dürfen und das mit Recht! Dinge, welche zum Beispiel in einer Garnison oder in einer Universitätsstadt lebhaften Sympathien begegnen, können in Wien ober Frankfurt am Main völlig kalt lassen. Es ist unrichtig zu behaupten, daß das Werk eines Autors dadurch verstümmelt, seine Originalität verkümmert werde. Seine Dichtung bleibt unversehrt, er kann dies jederzeit beweisen, wenn er sie im Urtext durch den Druck veröffentlicht. Da dieselbe aber nicht nur zum Lesen, sondern zuförderst für die Darstellung bestimmt ist, muß sie für die Bühne und zwar auch nach deren lokalem Bedürfniß, selbstrebend aber immer im Geiste des Autors, eingerichtet worden. Der Erfolg eines neuen Bühnenwerkes ist stets ein zweifelhafter, nie voraus zu berechnender, aber man kann demselben, ist die Dichtung sonst würdig und bühnenmöglich, den Erfolg annäthrungsweise immerhin durch die einzigen beiden Mittel sichern, mit denen jeglicher, auch der größeste Erfolg erzielt wird. Nämlich durch die erwähnte Einrichtung desselben, dann aber, daß man das Stück bestmöglichst darstellt, also die Rollen entsprechend gut besetzt. Daß die „Indianer" in Hamburg nur bescheidenen Erfolg hatten, dagegen in Berlin ungeheuren Beifall fanden, war sehr erklärlich. Erstlich verhielten sich die anglisirten Hamburger zu der Art, wie Kotzebue ihnen seine Engländer und seine Indianer vorführte, zweiflerisch ablehnend. In diesem Punkte nahmen es die Berliner aber nicht so genau, sondern die geschilderten Menschen als Menschen hin, erfreuten sich an ihnen, stellten sie aber nicht unter den Sehwinkel hamburgischer Völkerkunde. Ferner hatte Schroeder für die Gurli keine Friederike Unzelmann in's Treffen zu führen! — —

Der Abwechselung wegen erfolgte den 4. Dezember einmal wieder ein Krawall im Auditorium des Nationaltheaters, das damals wirklich die Arena dieses Zweiges ritterlichen „Sports" geworden war:

„Auf die, von Ew. Hochwohlgeb. erhaltene Anzeige vom 4. h. daß der Lieutenant von Quast vom Regimente Gens d'Armes das Schauspiel abermals gestört habe, habe ich selbigen sogleich in Arrest setzen lassen. Ich will hoffen, daß Unordnungen beim Nationaltheater von Officiers nicht wieder veranlaßt werden mögen. Sollte dieses aber dennoch geschehen, so wünsche ich nur, davon balbigst benachrichtigt zu werden, um die Störer des Vergnügens sofort zur Verantwortung ziehn zu können. — Uebrigens kann ich Ihren Vorschlag nicht annehmlich finden und zu der Theaterwacht einen Offizier commandiren lassen. Für Offiziers von unserer Armee sind dergleichen Dienste zu klein und sie würden dadurch herabgewürdigt werden. Ein anderes ist, wann etwa des Königs Majestät das Schauspiel mit Dero Gegenwart beglücken. In diesem Fall könnte ich nur allein einem Offizier die Aufsicht auf Ordnung übertragen, außerdem hingegen nicht.

Ich finde es auch nicht einmal so nothwendig, denn Ewr. Hochwohlgeb. werden zeither immer gefunden haben, daß von Seiten des Gouvernements jeder von Ihnen angezeigte Vorfall schleunigst untersucht und geahndet worden und wäre zu wünschen, daß die vom civil ebenso als die vom Militair in Ordnung gehalten würden. Sodann ist die Wacht von 1 Unteroffizier und 2 Mann hinreichend, Ordnung zu beobachten. Würde dagegen ein Unteroffizier seine Pflichten nicht kennen und sein Ansehn zu behaupten wissen, so werde ich solchen künftig auch arretiren lassen.

Berlin, den 6. December 1789.   Möllendorff.

Des Herrn Professors Engel, Hochw." — —

Zweifellos bekundete der Gouverneur den besten Willen zu helfen, aber seine Maßregeln waren nicht von dauerndem Erfolge. Es giebt sich leider während dieses Zeitabschnittes im politischen, wie gesellschaftlichen Leben und zwar in fast allen Kreisen ein schlaffes „laissez aller" — eine Zerfahrenheit, ein Zersetzungsprozeß zu erkennen, welcher keine sehr glückliche Zukunft dem Vaterlande verhieß. Je mehr man sich aus den physischen Uebeln des siebenjährigen Krieges herausgearbeitet hatte, desto mehr fiel man den moralischen Uebeln der Zeit, den Wirkungen der Gewitterluft anheim, welche den Horizont des europäischen Kontinents je länger desto mehr erfüllte! — — Als Neuigkeit ward am 8. Dezbr.: „Die Uebereilung," L. 1 A. a. d. Engl. d. Murphi, aufgeführt und fand großen Beifall; Mad. Bötticher, als Fräulein von Homburg, trug den Sieg davon. — Nach einer schriftlichen Mittheilung Engel's an Ramler vom 9. Dezember hatte sich am 1. c. m., in dem Ballet „Die Gewalt der Musik" der gastirende Tänzer Mariottini (der Verfasser des Ballets) „prostituirt". Sein Gesuch, noch einmal zu tanzen, war ihm von Engel rund abgeschlagen worden, „denn offenbar werden wir Unruhe im Hause haben." Da aber Verona, „der uns seit einiger Zeit viele Dienste gethan; der uns z. B. fast alle unsere alte Dekorationen unentgeltlich neu aufgemalt hat," himmelhoch bittet Etwas für seinen Landsmann zu thun und 10 Friedrdr. als Abfindung vorschlägt, so genehmigt Ramler die Summe in Anbetracht, daß der betreffende Theaterabend 401 Thlr., die größte Jahreseinnahme, gebracht hat. — „Belmonte und Constanze" kam am 10. Dezember zum 14. Male zur Aufführung und Herr Brandel trat als Osmin auf, um für den verstorbenen Frankenberg engagirt zu werden. — — —

„Wohlgeborner Hochzuverehrender Herr Professor!
Ew. Wohlgeb. verfehle nicht auf Dero geehrte Zuschrift in ganz ergebenster

16*

Antwort zu erwiedern, daß Sr. Majestät der König nächst kommenden Dienstag „Bellmonte und Konstanze" zu sehn verlangen, und mich aufgetragen, davon Dieselben zu benachrichtigen. Auch haben HöchstDieselben zu äußern geruht, wie Sie besonders die beyden Stücke: den „entlarvten Betrüger" und das „Land=mädchen" zu sehn wünschten, auch mich zugleich befohlen Ew. Wohlgeboren solches zu verstehen zu geben, damit Dieselben das Nöthige verfügten, um eines der ge=dachten Stücke desto eher geben zu können.

Der ich mit besonderer Hochachtung verharre, als
Berlin, d. 11. Dezbr. 1789.   Ew. Wohlgebohren
ergebenster Diener
H. Ritz." —

Unzweifelhaft hat ein Königliches Theater jederzeit den Befehlen der Majestät zu gehorchen; auch heute ist es nichts Seltenes, daß man höchsten Orts diese oder jene Vorstellung befiehlt. Abgesehen aber davon, daß das Nationaltheater, wie wir wissen, kein königliches Theater war, so beziehen sich auch solche Befehle beim kgl. Theater jetzt zumeist nur auf Re=pertoirstücke, welche sich zu einem bestimmten Tage leicht einschieben lassen und höchstens ein paar Scenenproben erfordern. Dies war in vorliegendem Falle bei „Belmonte" der Fall; der König hatte die Oper bereits früher ge=wünscht, und sie wurde, als man für Frankenberg einen Ersatz ge=funden hatte, gegeben. Nunmehr bestimmte er auch den Tag, an dem er sie mit dem neuengagirten Brandel in der Rolle des Belmonte sehen wollte. Jedoch anzubefehlen, welche neue Stücke gegeben werden müssen. also selbst in's Repertoir, wie hier mit „der entlarvte Betrüger" und „Das Landmädchen" geschieht, einzugreifen, ist jedenfalls eine schwere und bedenkliche Beeinträchtigung der Rechte der Direktion. Natürlich wurde dem von Ritz übermittelten Befehl nachgelebt, die neuen Stücke Hals über Kopf einstudirt und am 22. Dezember z. 1. Mal „Der entlarvte Betrüger", L. 5 A. vom Reichs=Grafen Brühl, am 29. Dezember aber „Das Landmädchen", L. 5 A. n. d. Engl. des Wycherley gegeben. Der „entlarvte Betrüger" hatte nicht den nachmaligen ersten berliner General=Intendanten der vereinigten Hoftheater zum Ver=fasser, denn dieser (1772 geb.) war erst 17 Jahr alt und damals (von 1785 bis 98) Kammerjunker am Hofe zu Weimar; Verfasser obigen Stückes war vielmehr Friedrich Aloys Graf von Brühl, geb. in Dresden 1739, welcher 1793 in Berlin verstorben ist. Das Stück fiel übrigens durch! — Wer allerhöchsten Orts „das Landmädchen" empfahl, hat keinen sehr ästhetischen Geschmack verrathen; allem An=

schein nach ist es Herr Ritz gewesen, um Mad. Baranius (seine künftige Gattin) in demselben glänzen zu sehn! Des Stückes sei deshalb gedacht, weil Wycherley einer der 3 berüchtigten londoner Lustspieldichter der Restauration ist, deren wir schon erwähnt haben, dazu der — unsauberste von ihnen Allen. „Der entlarvte Betrüger und „Das Landmädchen" wurden zum Benefiz der Mad. Baranius gegeben, welche die Rolle des Landmädchens spielte; zur Ehre des berliner Geschmackes berichten damalige Blätter: „Obgleich das Stück sehr mißfiel, so soll doch Mad. Baranius mit den Geschenken des Hofes und Anderer eine Einnahme von 1500 Thlrn. gehabt haben!" — Noch am Jahresschlusse erschien ein Bericht des Polizeidirektors von Eisenhardt vom 23. Dezember an die Direktion, welcher sagt, daß „dem Spinacuta nicht nur die angekündigte, sondern überhaupt auch alle fernere Repraesentationes" untersagt worden wären. Unter diesem Bericht steht der Vermerk: „Dem Spinacuta ist gleichwohl auf das Fürwort Sr. Kgl. Hoheit des Kronprinzen noch eine Vorstellung an einem Operntage erlaubt worden. Engel." — Da es sich hier nicht um Schauspiele sondern „Repraesentationes" handelt, so ist Spinacuta ein Seiltänzer gewesen. —

Personal-Verzeichniß vom Jahre 1789.

Doebbelin, Regisseur, Herr Theophil	pens.
Frischmuth, Herr., J. C. } Musj. Directoren	
Wesseln, Hr. B.	
Altflöist, Dem. C. S.	
Amberg, Herr J. H. J.	
Brückner, geb. Kleeselber. Mad. C. M.	
Bessel, Herr J. F.	
Bessel, geb. Natus, Mad. A. M.	
Baumann, Dem.	abg.
Baranius, geb. Husem, Mad. H.	
Benda, Herr C.	
Benda, Herr Ch.	
Bötticher, Herr A. W.	
Bötticher, geb. Wollmar, Mad. Ch. Ch.	
Böhm, geschiedene Cartellieri, Mad. E.	
Böheim, Herr Joseph Michael	neu
Böheim, geb. Wulfen, Mad. Anna Mariane	neu
Czechtitzky, Herr C.	
Corbemann, Herr H.	

Cordemann, Dem. F.
Doebbelin, Dem. C. M.
Engst, Herr Joh. J. M.
Engst, geb. Riesen, Mad. C. L.
Engel, Herr Carl, August, Wilhelm   } eigentlich: Schwabke . .   abg.
Engel, Mad. Charlotte, Amalie   abg.
Fleck, Herr J. F. F.
Frankenberg, Herr Franz . . . .   †10./9.
Greibe, Herr Ferd. E. W.
Greibe, geb. Engst, Mad. M. Th.
Gérand, Dem. H.
Herdt, Herr G.
Herdt, geb. Rademacher, Mad. Ch. D.
Hellmuth, Mad. Franziska. . . . . neu
Hellmuth, Dem. Mariane (spätere Müller) . . . . neu
Hellmuth, I. Monsieur . . . . neu
Kaselitz, Herr G. Ch. G.
Kaselitz, geb. Schließer, Mad.
Lanz, Monsieur C. A.
Lanz, Monsieur W.
Labes, Monsieur F. Ch. W.
Lippert, Herr C. F.
Leist, Herr C.
Leist, Dem. W.
Mattausch, Herr Franz . . . . neu
Reinwald, Herr J. D.
Rüthling, Herr H. F.
Rehberg, Dem. Charlotte . . . . neu
Simoni, Herr F.
Simoni, Dem.
Simoni, geb. Hufnagel, Mad.
Unzelmann, Herr C. W.
Unzelmann, geb. Flittner, Mad. F.
Bio, Herr Carl. . . . . abg.
Werner, Dem. C. (spätere Lippert)
Wiedemann, Herr Michael. . . . .   abg.
Weißschuh, Herr Joh. C. F. J.
Wagner, Herr Johann . . . . neu u. abg.
Wagner, Mad. Henriette . . . . neu u. abg.
Willmann, Dem. . . . .   abg.
Walter, Herr
Walter, Mad.
Zillmer, Herr . . . . abg.

Zimmerle, Herr C.

Das Personal = Verzeichniß am Ende des Jahres 1788 wies nach 54 Mitglieder

Im Laufe des Jahres 1789 $\left\{\begin{array}{l}\text{wurden engagirt:} \quad \underline{9} \\ \quad\quad\quad 63 \\ \text{schieden aus:} \quad \underline{11}\end{array}\right.$

Bestand des Personales am Schlusse des Jahres 1789: 52

1790. — Kgl. Oper. Der diesjährige Karneval, welcher vom
3. Januar bis 14. Februar dauerte, wurde mit der Oper „Brennus"
eröffnet, welche man 6 mal aufführte. Sgra. Franziska Lebrun sang
an Stelle der Todi und gefiel schon in der Gesangprobe dem Könige
so sehr, daß er ihr aus dem Orchester, in welchem er mitspielte, wieder=
holt zurief: „Bravo, bravo, Madame Lebrun!" Die zweite Oper,
„Il Ritorno d'Ulysse a Penelope" von Filistri, komponirt von
Felice Alessandri aus Rom, wurde am 25. Januar zum 1. Male dar=
gestellt. Dieser italienische Maestro war schon in vorigem Herbste — zu=
fällig nach Berlin gekommen und durch Filistri's und der italienischen
Sänger Bemühungen als 2. Kapellmeister des Königs mit 3000 Thaler
Gehalt auf 3 Jahre angestellt worden. Der Plan der Italiener der
großen Oper ging dahin, Reichardt's Wirksamkeit und dem immer
bedeutsameren Platzgreifen der deutschen Musik durch Alessandri ein
dauerndes Hinderniß zu bereiten. Diese Absicht schlug fehl! Alessandri's
Begabung rechtfertigte die Hoffnungen seiner Landsleute nicht nur nicht,
sie hatten es ihm sogar zu verdanken, daß der Geschmack des Publikums
sich um so mehr der deutschen Musik zuwendete, welche auf dem Na=
tionaltheater in diesem Jahre ihre größten und dauerndsten Triumphe
feiern sollte! In Alessandri's „Ritorno d'Ulysse" sangen außer
der Lebrun und Rubinacci noch Concialini, Fischer, Tombolini
Tosoni und Franz. Die Vorstellung der Oper begann ihrer großen
Länge wegen schon um ½6 Uhr und trotzdem mußte bei der 2. Vor=
stellung fast ein Drittel der Oper weggelassen werden. Diese matte
Arbeit Alessandri's wollte nach der feurigen, pomphaften Musik des
Reichardtschen Brennus gar nicht munden und wäre Alessandri nicht
bereits engagirt gewesen, schwerlich hätten seine guten Freunde die An=
stellung durchgesetzt. Ob il Ritorno nun dem Publikum gefiel oder
nicht, sechsmal gegeben wurde die Oper doch, da eben nur, wie immer,
zwei einstudirte vorhanden waren. — Abgesehen von Alessandri's Un=
zulänglichkeit, mußte sich derselbe auch nicht persönlich beliebt zu

machen, er gerieth bald mit seinem Gönner Filistri in Konflikt und auch die königliche Kapelle war gegen ihn. Er verlangte noch während des Karnevals seinen Abschied, den er aber nicht erhielt. Wäre Reichardt besonnener, nicht so ruhelosen Temperamentes gewesen, hätte er Menschen und Umstände besser zu benutzen gewußt, er würde bei dem durch sein großes Talent erlangten Ansehn schließlich aus diesem Kampfe siegreich hervorgegangen sein. Nach Beendigung des Karnevals begab er sich aber wiederum auf Reisen, ließ seinen Gegnern das Feld und machte sich seinen Chef Baron von der Reck zum Feinde, indem er zu dessen größtem Aerger mit dem Könige direkt Briefe wechselte, und nicht allein das Engagement der Lebrun zum nächsten Karneval vermittelte, sondern auch den münchner Intendanten Grafen Secau veranlaßte, dem Könige 2 Solotänzer abzulassen. Vergebens that von der Reck dagegen Einspruch, indem er versicherte, eine Berlinerin, Dem. Rose, berechtige zu den schönsten Hoffnungen. — Wie sich der König um die größten Kleinigkeiten bekümmerte und von der Reck's Wirksamkeit dadurch gehemmt wurde, beweist, daß zwei Königliche Orchester, eines für Aufführungen und Konzerte in Potsdam und eines in Berlin vor- handen waren, welche sich gegenseitig ergänzen und aushelfen mußten. Der König bestimmte durch Bleistiftstriche, wer von den Musikern je- desmal von Berlin nach Potsdam oder umgekehrt kommen solle, besonders finden wir Hake und Groß derartig bevorzugt. — Die große Vorliebe des Hofes für theatralische Aufführungen aller Art, ja, wir möchten sagen, die Unersättlichkeit desselben in dieser Beziehung zeigt sich darin, daß nicht nur große italienische Oper, Opera buffa und deutsches Theater mit einander abwechselten, sondern daß auch noch durch einen Grafen Nugent, Kavalier des Prinzen Heinrich in Rheinsberg welcher selbst ein geschickter Schauspieler war, eine französische Liebhaber- komödie unter Leitung der Prinzessin Friederike zu Stande kam, bei welcher nur Personen des Hofes spielten und die Oberhofmeisterin die Billets an die „haute volée" vergab. Diese Hofkomödie fand auf dem schon öfter erwähnten, von Friedrich II. erbaueten, Theater im Schlosse zu Berlin statt. Das Parterre war bei solcher Gelegenheit für Generale, Minister und Offiziere, die Logen für den Adel und die Gallerie für die Geh. Räthe und Kriegsräthe bestimmt. — Größere italienische Opern konnten in diesem Jahre wegen Abreise der Le brun nicht stattfinden, die opera buffa gab dagegen in Potsdam häufig Vor-

stellungen, unter anderen die Operette „l'Ouverture du grand opéra
italien á Nankin" von Alessandri. Ein Biograph dieses Musikers
will wissen, daß die Operette eine Satyre auf das seit 1788 engagirte
Berliner Opernpersonal und dessen gegenseitige Kabalen gewesen sei!
Obwohl die Ausstattung besagter Operette die außer allen Verhältnissen
stehende Summe von 2000 Thlr. kostete, ging sie doch ohne Erfolg vorüber!
Ueberhaupt wollte der König nichts für Verbesserung des Opernpersonals
thun und ließ selbst die besten Sänger der eben aufgelösten vortrefflichen
braunschweiger Opera buffa, welche sich anboten, abschläglich durch Ritz
bescheiden. Als der Kastrat Tombolini bei dem Mangel einer
Sängerin sich für den nächsten Karneval aber als Prima Donna anbot,
war dem Könige diese Art der Aushülfe doch zu stark und er ließ ihm
sogar die Rolle der Marcelline, welche derselbe bei der opera buffa in
Paisiello's „Barbier von Sevilla" gespielt hatte, abnehmen.
Für die beiden nächsten Karnevalsopern „Dario" und „l'Olympiade",
welche vorbereitet werden sollten, verlangte und erhielt Baron von der
Reck nicht mehr als — Vierzig Tausend Thaler! Die Geschäfte
wurden damals, wie man sieht, immer in runden Summen abgemacht!!
— Herr und Madame Schubert vom Ballet erhielten plötzlich, ebenso
Sgr. Victor den Abschied; wie die „Berlin. Correspondenz historisch-
politisch-literarischen Inhalts, pro 1790" versichert, geschah dies in Folge
der Kabalen des Balletmeisters Lauchéry. — Waren schon jetzt Anzeichen vorhanden, daß die italienische Oper an innerer Armuth litt
und der König sie weniger aus eigner Zuneigung, sondern mehr als
ein schönes, aber etwas theures traditionelles Paradestück erhielt, so
werden wir künftig sehen, daß unglückliche Zwischenfälle, vereint mit
dem Siege der deutschen Oper des Nationaltheaters, auch den äußerlichen
Verfall derselben begünstigten. Es bietet demnach die Epoche von 1775
mit dem Beginn der Doebbelin'schen Direktion in Berlin bis zu
Iffland 1796 das Gesammtbild des Kampfes und endlichen Sieges
des deutschen Schauspiels und der deutschen Oper über die ausländische Bühnenkunst! In dieser Epoche vollzog sich auch die Vorbereitung
der, allerdings erst später eintretenden, Verschmelzung der deutschen und
italienischen Oper, sowie die der Vereinigung beider königlicher Theater
unter einer Direktion. Ganz zu Grunde ging die italienische Oper in
Berlin allerdings nicht, aber sie verlor völlig ihr altes Vorrecht vor ihrer
jüngeren deutschen Schwester. — — —

Das Nationaltheater. — Die ökonomischen Verhältnisse seiner
Mitglieder hatten sich gegen früher wesentlich verbessert, denn Vorschüsse
erhielten dies Jahr nur Musikdirektor Wessely, Herr Lippert, Dem.
Marianne Hellmuth, ebenso deren Mutter und Mattausch, um seine
Schulden zu decken, „der sich aber", wie Ramler's Randglosse bemerkt,
„noch sehr bessern muß, wenn er uns unentbehrlich sein will." —
Allerliebst ist bei einem Vorschußgesuche die Behauptung des Fagotisten
Zweder, „er müsse zwar seinen Kollegen Weiland mit vertreten, daß
er doch aber auf einmal nur ein Instrument und nicht zweie blasen
könne." — Anfang des Jahres wurden, nachdem alle anderen Auskunftsmittel betreffs leichtsinnigen Schuldenmachens der Mitglieder bisher frucht-
los gewesen waren, verschärfte Bekanntmachungen des Kammergerichts erlassen, nach denen verschuldete Schauspieler zum Personalarrest gebracht
werden sollten, was mehrfachen Schriftwechsel der Direktion mit dem Gericht
zur Folge hatte. Bei Betrachtung der Zustände der großen Oper sprachen
wir von einer förmlichen Unersättlichkeit des Hofes nach neuen Theater-
genüssen, Dies macht eine Zuschrift des Ritz vom 4. Januar an
Ramler und Engel recht ersichtlich, welcher bei Gelegenheit der Operette
„Im Trüben ist gut fischen", die den nächsten Tag angesetzt war,
des Königs Aeußerung mittheilt: „es wäre demselben angenehm, n'mal
— neue Stücke zu sehn!" — Vergesse man nicht, daß der weimarische
Olymp schwieg und der dramatische Novitätenmarkt mit gangbarer
Waare sich keineswegs überladen zeigte. Unter solchen Umständen war
es mithin das Möglichste, daß die Direktion in diesem Jahre 24 Neuigkeiten jeder Gattung, alle 14 Tage sonach eine Novität, herausbrachte.
An demselben 4. Januar, von welchem das Schreiben des Ritz an Engel
datirt, wurde „Die offene Fehde" gegeben. Herrn Czechtitzky, welcher
die Rolle des Baron von Seeberg zu spielen hatte, die erst im 3. Akte in die
Scene eintritt, gefiel es, einstweilen in's Kaffeehaus zu gehen und sich derartig in's Kartenspiel zu vertiefen, (er war ein Spieler), daß er an die
Darstellung seiner Rolle erst dachte, als die Vorstellung bereits beendet
war. Seine Mitspielenden geriethen dadurch in große Verlegenheit und
halfen sich so gut als möglich, dem Publikum aber entging Czechtitzky's
unverantwortlicher Leichtsinn nicht. Als er am 6. Januar in „König
Lear" wiederum auf der Bühne erschien, wurde er mit Pfeifen und
Pochen empfangen und that demüthige Abbitte. — Der Theaterkonditor
Reibedanz wurde am 14. Januar wegen Lärmmachens und Er-

ceß während der Vorstellung zu Arrest und Geldstrafe verurtheilt, auf inständige Bitte ihm aber Beides erlassen. — Als erste Neuigkeit, welche in diesem Jahre den Reigen eröffnete, ist am 16. Januar: „Die Strelitzen", Schauspiel in 4 A. v. Babo, zu verzeichnen. Ein Stück, welches sich namentlich durch einige wirksame Rollen, wie die des Czaren, sehr lange auf dem Repertoir erhielt. Ihm folgte am 30. Januar „Die magnetische Wunderkraft", oder „Aller Welt zum Trotze doch ein Arzt", Lustsp. 3 A. vom Verfasser der „offnen Fehde" (Huber), dem sich „Der Philosoph auf dem Lande", Ballet von Morelli, am 31. Januar anschloß. — Die Di= rektion hatte bedeutende Anstrengungen gemacht und umfassende Vor= bereitungen getroffen, um den Karneval auf dem Nationaltheater durch glänzende Aufführungen zu begehen. Daß der König hierzu seine Unterstützung lieh, bezeugt der folgende Befehl:

„Sr. Königl. Majestät v. Prß. p. Unser Allerg. Herr approbiren die hiebey wieder zurückkommende Note, über die nöthige Decorationen zu den Vorstellungen: dem König Richard Löwenherz und der Sonnenjungfrau, nach welcher die Kosten gedachter anzufertigender Decorationen 980 Thlr. betragen, und daß erstere Oper den 9. Februar und letzteres Schauspiel den 16. desselben Monaths wird gegeben werden können, und befehlen zu dem Ende der Direktion des National Theaters daß weiter nöthige deshalb zu verfügen.

Berlin, den 30. Januar 1790. Friedrich Wilhelm."

Es ging denn auch am 9. Februar z. 1. Mal „Richard Löwenherz", Oper in 3 A. a. d. Franz. d. Sedaine v. Stephanie d. Jüngeren, Musik v. Greiry, in Scene und gefiel so außerordentlich, daß die Oper in 7 Tagen 4 Mal wiederholt werden mußte und bis zum Jahre 1853 über 100 Vorstellungen erlebte. Wie sich die Direktion die äußerste Mühe bei der Aufführung ge= geben hatte, beweist das damals einstimmige Urtheil, „es sei Löwenherz besser in Scene gesetzt, als Brennus in der Kgl. Oper gewesen war" und daß der König erstere Oper mehrere Male hintereinander besuchte. Wahrscheinlich um der „haute volée" Willen, welche sich noch immer stolz ablehnend der deutschen Oper gegenüber verhalten hatte, war das Theater am Abende vor der Vorstellung geschlossen und eine Generalprobe mit Beleuchtung und Kostümen für die Aristokratie und den Hof veranstaltet worden! — — Zwei Tage später, als vom Könige gewünscht worden war, am 18. Februar, ging zum 1. Mal „Die Sonnenjungfrau", Schauspiel in 5 A. v. Kotzebue, über die Bühne. Mad. Unzelmann gab die „Cora", Unzelmann=Athaliba verdarb den ganzen letzten Aft, doch der Benefiziant des Abends, Fleck, Feldherr Rolla, war meisterhaft. Das Stück fand anfänglich zwar keinen allgemeinen Beifall, doch wurde es bis 1814 etwa 40 Mal gegeben. — Trotz günstiger äußerer Erfolge, trotz eines ziemlich viel versprechenden Repertoirs, wie einer Künstlerschaar, welche zumal im rezitirenden Drama Meisterhaftes leistete, war — endlich Engel's Kraft völlig erschöpft, sein geistiger Flug erlahmt, seine Hoffnung auf einen großartigen Aufschwung des Nationaltheaters unter seiner Leitung gänzlich in den Staub gesunken! Das Fatum, welches er durch Erlangung der Direktion auf sich genommen, hatte sich langsam aber unabwendbar an ihm vollzogen. — Noch immer hatte das Nationaltheater mit alten Schulden zu kämpfen. Bei den Anforderungen des Publikums, zumal des Königs und unter der leidigen Konkurrenz mit der großen Oper schwoll der Etat durch gesteigerte Ausgaben immer mehr an und es war vorauszusehen, daß die Grenze sehr bald erreicht sein werde, wo die Unmöglichkeit, so fortzuwirthschaften, Halt gebieten würde, einen Halt, der in Engel's Lage ein Rückschritt war, welchem der Sturz folgen mußte!! Er erbat seinen Abschied! — Er that das jetzt, um, von dem Ruhme und der Anerkennung umstrahlt, „die seine Inscenirung des „Löwenherz" allseitig gefunden hatte," — sich „einen Abgang zu machen," wie man das in der Theatersprache nennt!! — Wir heben die beiden merkwürdigsten Stellen des Gesuchs durch den Druck hervor:

„Allerdurchlauchtigster, Großmächtigster König!
„Allergnädigster König und Herr!
„Mit dem Vertrauen, welches so mancher Beweis der Gnade von Ew. Königl. Majestät mir einflößt, wage ich's, Allerhöchstdenenselben einen meiner angelegentlichsten Wünsche in tiefster Devotion zu eröffnen. — Es war der Gehorsam gegen die Allerhöchste Willensmeinung Ew. Kgl. Majestät, was mich bewog, die Direction eines in äußerster Verderbniß und Schuldenlast sich befindenden Theaters zu übernehmen. Die ganze verworrene Schuldenlast ist nun in Ordnung, alles Nothwendige ist angeschafft; das Theater kann nicht blos mit Anstand fortgeführt, sondern auch weit leichter als Anfangs verbessert und mit einer nur mäßigen jährlichen Ersparniß kann die noch übrige Schuld, die bei einem einzigen Manne steht, in Kurzem getilgt werden. Jetzt erst wage ich's, nachdem das Schwerste des mir gewordenen Allergnädigsten Auftrags erfüllt ist, Ewr. Majestät in Demuth vorzutragen: daß ich unter den vielen Sorgen, Kränkungen, selbst Erniedrigungen, denen ich mich ausgesetzt sehe, fast erliege; daß ich unter den Charakteren, an die mein jetziges Amt mich bindet, kaum mehr auszubauern vermag; daß auch meine Privat-Oekonomie wegen der zu

vielen unvermeidlichen Ausgaben, trotz aller Eingezogenheit und Mäßigkeit meiner Lebensart, bereits in Zerrüttung ist und daß ich bei so fremdartigen Ge=schäften, die mir jeden Augenblick hinnehmen, alle Brauchbarkeit als Gelehrter für die Zukunft verlieren muß. — Aus diesen und mehreren Gründen würde ich's als den größten Beweis der Huld Ewr. Majestät verehren, wenn Allerhöchstder=selbe mich dem gelehrten Stande nach einiger Zeit wiederzugeben geruhen wollten. Ich hege dabei keinen andren Wunsch, als mein Leben, so lange es die Vor=sehung fristet, bis an den letzten Hauch dem Dienste des Huldreichsten und Großmüthigsten Monarchen zu weihen, in dessen Händen ich mein Schicksal mit vollkommendster Resignation übergebe und in tiefster Ehrfurcht ersterbe

Ew. Königlichen Majestät

allerunterthänigster treugehorsamster Knecht

Berlin, ben 1. März 1790.   J. J. Engel" — —

Wäre das Alles richtig gewesen, was dieses Schreiben behauptet, dann hätte Engel den höchsten Dank des Königs, die größesten Aus=zeichnungen und eine seinen außerordentlichen Verdiensten angemessenere, hervorragendere Stellung verdient! —Ob der Professor sich wirklich einbil=dete, Herr von Beyer habe nie existirt und gar Nichts gethan??! —Sorgen und Kränkungen sind bekanntlich einem Theaterdirektor am Wenigsten erspart und daß sie auch für Engel eintreten würden, konnte sich der bühnenkundige Professor vorher klar machen! Es müssen mithin besondere und un=gewöhnliche Kränkungen gewesen sein, die den Ehrgeiz dieses Mannes erlahmen ließen. Zu den Kränkungen gesellten sich aber „selbst Er=niedrigungen", denen er nun „fast erliegt." — Hierin hatte Engel Recht! Seine Stellung nach Oben hin war ein Lakaiendienst geworden!! Dies giebt er dem Könize — zu verstehn und damit kein Zweifel hier=über herrsche, fügt er als Kehrseite hinzu, daß er unter den Karak=teren, an die sein Amt als Direktor ihn bindet, „kaum mehr aus=dauern kann!" — Von Oben ist er geknechtet, gehemmt, und auch mit den Leuten beim Theater kann er nicht mehr fertig werden; er erklärte sich als Direktor einfach für — nicht mehr leistungsfähig! —Die Ant=wort an Engel lautet:

„Hochgelahrter, besonders Lieber, Getreuer.

„Ich habe aus Eurem Schreiben vom gestrigen Datum die Gründe ersehn, welche Euch zu dem Verlangen veranlassen, von der Direktion des hiesigen Theaters entledigt zu werden. Allein Ihr müßt Mir zuvor in Eure Stelle einen brauchbaren Nachfolger vorschlagen, ehe ich Euch die nachgesuchte Entlassung be=willigen kann. Im Uebrigen bin ich Euer gnädiger König.

Berlin, ben 2. März 1790.   Friedrich Wilhelm." —

Unentbehrlich war Engel dem Könige also nicht, sobald ein Nachfolger an seine Stelle gefunden ist; bis dahin aber bleibt er! Das ist die ungeheuere Ironie dieser Zuschrift von fünf dürren Zeilen!! — —
Offen gestanden, ist es uns aber mehr als zweifelhaft, ob es Engel mit seinem Abgange völliger Ernst gewesen sei. Vielmehr glauben wir, anderen Thatsachen gegenüber, daß er mittelst des Abschiedsgesuches einen Fühler ausstrecken und sich nur überzeugen wollte, ob er ganz fest im Sattel sitze! Wenn er so lange im Amte bleiben solle, schloß er nunmehr, bis ihm gelungen wäre, „einen brauchbaren Nachfolger" zu finden, — dann blieb er eben Direktor, denn wo hätte Engel einen genialeren Leiter hernehmen können, als Engel selber? Die Ueberzeugung hiervon kann allein seine spätere Verblendung und die Ursache seines Falles psychologisch erklären!! — Der König theilte diese Ansicht nun aber gar nicht! Entweder war er mit Engel's Direktion schon jetzt nicht mehr zufrieden, oder dieses Abschiedsgesuch, das eigentlich ein Bekenntniß der Schwäche ist, öffnete dem Monarchen über Engel völlig die Augen! Eines von Beidem war entschieden der Fall. — Engel die Wahl seines Nachfolgers allein zu überlassen, fiel Friedrich Wilhelm II. gar nicht ein. Sein klarer Blick suchte und fand selber den rechten Mann! Es ist Thatsache, daß während des März und April der König die ernstesten Schritte that, Iffland in Mannheim zum Direktor des Nationaltheaters zu gewinnen und daß der Abschluß des Vertrages mit demselben um Ostern 1790 durch — „eine Dame" gehindert wurde, „die etwas Anderes vorschlug," so daß das Engagement zerfiel. — Wir kommen auf diese Angelegenheit zurück. — — —

Die Nothwendigkeit einer Erleichterung und Erholung, vielleicht auch der Wunsch, einen thatsächlichen Beweis seiner — Unentbehrlichkeit zu geben, ließ Engel die Auskunft wählen, einen ansehnlichen Theil der Last von seinen Schultern auf die des Schauspielers Fleck — und zugleich die Verantwortung derselben zu legen. Er arbeitete eine Instruktion aus, welche Fleck seitens Sr. Majestät zum Königl. Regisseur ernannte und die demselben zustehenden Befugnisse, wie Pflichten genau feststellte. Diese Instruktion mit den neuen und strengeren Theatergesetzen hier wiederzugeben ist entbehrlich, da von Fleck's neuer Stellung und den verschärften Gesetzen ohnehin noch die Rede sein wird. Aus seiner Instruktion ist ersichtlich, daß, wenn dem Direktorium auch die allgemeine Oberleitung, Kassenwesen, Abschließung von Engagements,

Wahl der Stücke und Festsetzung des Repertoirs verbleibt, die gesammte eigentliche Leitung der Bühne, also der Vorstellungen und Proben, das Einstudiren, dergestalt Fleck zufällt, daß dieser die ganze Inscene=setzung, Disciplin und Ueberwachung der Kunstleistungen, wie die der Bühnenmitglieder auf eigene Verantwortung in Händen hat. Ihm liegt ob, jeden begangenen Fehler, jede Insubordination, welche von den Mit=gliedern der Bühne, des Orchesters, wie dem technischen Personal be=gangen wird, sofort zur Anzeige und Bestrafung zu bringen, so daß er für jede Unterlassung persönlich verantwortlich bleibt. Damit schlägt der Geschäftsgang eine andere, einfachere, natur=gemäßere Bahn ein. Wäre nur dieselbe durch Engel gleich von vornherein erwählt worden, nachdem sich Doebbelin's Regiefüh=rung unmöglich gemacht hatte, er würde von Kränkungen, Er=niedrigungen und „gewissen Charakteren" weniger gelitten haben. Die Einrichtung des Wöchnerdienstes füllte die Lücke eben nicht aus, welche Doebbelin's Abgang zwischen Oberleitung und Personal gelassen hatte, da dem Wöchner nur die Beaufsichtigung der Vorstellung, nicht die Vorbereitung derselben zustand. Daß Engel in seiner Person den Regisseur mit dem Oberdirektor, kurz alle regierende Gewalt in sich vereint hatte, war ein Widerspruch, da er unmöglich als Regisseur Ankläger und als Oberdirektor Richter sein, nicht zu gleicher Zeit die Leitung des Ganzen und die Details der theatralischen Ausführung einer Dichtung zu bewältigen vermochte. Nirgend ist ja gerade so sehr wie am Theater eine Theilung der Arbeit unerläßlich! — Besagte Instruktion nebst den veränderten Theatergesetzen reichte Engel und Ramler alsbald mit dem Antrage ein, dieselben, wie Fleck's Ernen=nung, zu bestätigen, wobei für Diesen zur Aufmunterung in seinen Pflichten ein jährlich kontraktlich feststehendes Benefiz genehmigt wird. In diesem Antrage dankt die Direktion dem Könige zugleich unterthänigst für die ihr „bewilligte Erleichterung", ein Beweis, daß der König sich bereits mit Fleck's Ernennung einverstanden erklärt hatte. Dieselbe, wie die Bestätigung der veränderten Theatergesetze erfolgten noch im März. — Ein Mitglied, wenn auch das ausgezeichnetste, aus der Mitte der Künstlerschaar zu erheben und es zum Vorgesetzten mit Strafgewalt zu machen, ging seitens der Genossen indeß nicht ohne Widerstand ab, es war ihnen eben etwas Neues. In Doebbelin hatten sie als Re=gisseur immer noch ihren alten ehrwürdigen Direktor erblickt, — diese

Pietät fühlten sie einem Kollegen gegenüber aber nicht, um so mehr jedoch den durch eine solche Stellung demselben eingeräumten Vorrang! — Das Königl. Kammergericht trieb am 1. April mittelst Verfügung die von dem Schutzjuden Wulf Goldschmidt eingeklagten Schulden der Mad. Baranius bei der Theaterkasse ein, welche gedeckt und derselben in Monatsraten abgezogen wurden. Fleck's Anstellung als Kgl. Regisseur datirt vom 1. März und die Bekanntmachung der veränderten Theater= gesetze an die Mitglieder erfolgte am 6. April. Bereits Tages darauf erhob der Sänger Lippert gegen beide Einrichtungen Widerspruch, in= dem er die Theatergesetze in einem Briefe an die Direktion kritisirte. Lippert war erster Sänger des Nationaltheaters, beim Publikum wie beim Hofe beliebt, sein Widerstand mußte der Direktion deshalb um so unangenehmer sein, als er damit seinen Kollegen ein böses Beispiel gab. Sein Einspruch gipfelt darin, daß er es unter seiner Würde finde, stumme (Statisten=) Rollen, wie alle Uebrigen es thun mußten, zu übernehmen und daß er in der Macht, welche dem Regisseur Fleck eingeräumt wird, eine Bevorzugung desselben erblickt! Die Direktion entschloß sich, ausnahmsweise in einer merkwürdig langen Antwort an Lippert demselben Punkt für Punkt zu widerlegen. Nachdem sie von vornherein erklärte, von den nunmehrigen Theatergesetzen „keines derselben zu= rückzunehmen" behauptet sie, „daß es Pflicht des Musikdirektors wäre, alle Stücke in den Orchesterproben so lange einzuüben, bis keine wirklich fehlerhafte Exekution mehr zu besorgen ist." Wenn trotzdem aber bei den Aufführungen Ungeschicklichkeiten im Orchester vorfielen, könne „die öffentliche Rüge derselben (nämlich durch den Sänger von der Bühne herab!) um so weniger gestattet werden, da hierdurch Unruhen im Publikum, persönliche Erbitterung und Feindschaft veranlaßt werden, welche Quelle von mancherlei Unannehmlichkeiten und Unordnungen sein können." Die Direktion bezeichnet es als unnöthige Besorgniß Lippert's „daß ein vernünftiger Regisseur nicht den guten Rath eines Musikver= ständigen hören und annehmen würde, da dies Direktor Engel selbst mehr als einmal auf Lippert's Rath gethan habe." Ferner könne sich Niemand der „Pflicht, stumme Rollen zu übernehmen," durchaus entziehen. Es käme hierbei auf das Urtheil des Regisseurs an, Wen er eigentlich, und selbst gute Schauspieler, zu den stummen Rollen nöthig, oder nicht nöthig fände. Die hauptsächlichste Erwiederung der Direktion ist aber: daß der Regisseur und Theaterinspektor gerade diejenigen Personen sind, welche mit den Schauspielern am öftersten in Zwiespalt kommen, daß eine Beleidigung derselben auf die Ordnung, über welche sie mit Ruhe wachen müssen, den nachtheiligsten Einfluß hat, und deßhalb sollten „Schimpfworte und Thätlichkeiten gegen sie vierfach geahndet werden." Die Direktion schließt ihre Epistel mit der Erwartung, Lippert werde „diese ausführliche Beantwortung seiner Zweifel als einen Beweis ihrer Achtung" ansehn und seine Pflichten mit Eifer erfüllen. Natürlich war diese Entgegnung nicht nach dem Sinne des Sängers und er begann auf die eine oder andere Weise fortan die Direktion zu belästigen. — Mad. Engst, geb. Rouillon, aus Regensburg, wurde am 12. April engagirt und trat am 17. Mai in dem Schröderschen Lustspiel in 4 Akten „Victorine" als Franziska, am 18. Mai in dem 5aktigen Schauspiel „Die Familie" von Gemmingen, als Gräfin Amaldi und den 30. Mai als Martha in dem einaktigen Lustspiel „Fritz und Hänschen" beifällig auf. — Nach Fleck's Ernennung suchte Engel einen längeren Urlaub beim Könige nach, und unzweifelhaft war er seines körperlichen Zustandes wegen desselben benöthigt. Hätte er indeß gewußt, daß um dieselbe Zeit der König mit Iffland wegen Uebernahme der Direktion verhandle und der Abschluß von dessen Engagement nahe genug war, dann ist es unwahrscheinlich, daß er ein Urlaubsgesuch eingereicht und Iffland gewissermaßen dadurch Spielraum gelassen haben würde. Die damaligen Vorgänge sind dahin nur zu erklären, daß der König Iffland an Engel's Stelle zu haben wünschte und direkt durch Ritz hierzu Schritte that, daß aber Madame Ritz dieselben rückgängig machte, indem sie des Königs Liebling Fleck zum Regisseur direkt oder durch einen Dritten vorschlug und Engel einen längeren Urlaub zu seiner Kräftigung bewilligen ließ, um Letzteren dem Theater zu erhalten. Die Besorgniß, Iffland möchte auf den König einen großen, — gewissen Leuten unbequemen Einfluß ausüben, dürfte hierzu der Beweggrund gewesen sein! — Engel's Urlaubsgesuch vom 16. April wurde sonach vom Könige umgehend also beantwortet:

„Hochgelahrter, lieber Getreuer! Ich billige die Gründe, aus denen Ihr Eure vorhabende Theater=Reise in den ersten Tagen des bevorstehenden Mai=Monats antreten und einige Monate entfernt bleiben zu dürfen wünschet, und Ich ertheile Euch die, unterm gestrigen datum, zu dem Ende nachgesuchte Er= laubniß, indem Ich übrigens bin Euer gnädiger König.

Potsdam, den 17. April 1790.

Friedrich Wilhelm." — —

Eine Theater= also Kunst-Reise war's, welche Engel zu seiner Erholung und wahrscheinlich auf königliche Kosten antrat! —

Bereits am 22. April tritt Lippert gegen Fleck bei der Direktion auf, indem er erklärt, keine Partie im Chor zu übernehmen, wenn ein Anderer, als er, die erste Gesangsrolle hat. Am 23. April verweist ihn die Direktion zur Ruhe, indem sie sagt, daß er so wenig, wie einer seiner Kollegen von dem Chorsingen befreit sei und im vorliegenden Falle ihm nicht versprochen worden wäre, die Ungerechtigkeit zu begehen, die erste Partie, „welche Herrn Benda gehört", einzufordern, um sie ihm zu geben. Eine hierauf erfolgte lange Erwiderung Lippert's vom 25. April beantwortet die Direktion gar nicht. Fleck war übrigens nicht der Mann, dem man die Stirn bieten konnte. Jetzt, wo er seine Stellung unter amtlicher Autorität bekleidete, die verschärften Theater= gesetze ihm zur Handhabe dienten, führte er auch das Amt des Regisseurs mit Feuer und Kraft. Seiner idealen Sinnesrichtung, seinem sittlichen Ernste, seiner reichen Begabung, seiner Einsicht und seinem eigenen Beispiele ist es zu verdanken, daß das Nationaltheater sich auf der einmal erreichten Kunststufe erhielt, sich selbst unter Ramler's späterer lahmer Führung in seinen Leistungen nicht verschlechterte.

„Die eheliche Probe", Lustsp. in 1 A. a. d. Engl., erblickte am 24. April und den 26. „Das Kind der Liebe", Schauspiel in 4 Akt. v. Kotzebue, das Lampenlicht. Letzteres Stück wurde mit vielem Beifall aufgenommen, besonders zeichnete sich Dem. Hellmuth in der Rolle der Amalie aus und die Kritik jener Zeit sagt: „Ihr Spiel war über alle Erwartung schön!" — Die junge Künstlerin war bisher nur im Singspiel verwendet worden und dies ihre erste Rolle im Schauspiel. Sie zeigte bedeutendes Talent und wurde von diesem Augenblick an mit großen Rollen im Schauspiel beschäftigt. — In den ersten Tagen des Mai ging Professor Engel auf seinen mehrmonat= licher Urlaub. Neu wurde am 10. Mai gegeben: „Der eigene Richter oder Verbrechen aus kindlicher Liebe", Schausp. in 5 Akten (Verfasser ist nicht genannt); am 21. Mai z. 1. M. „Die Grafen von Guiscardi", Trauersp. in 5. A. von v. Ehrenberg, zum Benefiz für Czechtitzky. —

Der politische Horizont hatte sich inzwischen immer mehr verfinstert. Bereits im Februar mußte Ludwig XVI. vor der Nationalversammlung zu Paris erscheinen, um die Majestät in seiner Person entwürdigt

zu sehen, die Klubs der Jacobiner und Cordeliers trieben bereits
ihr Wesen und die Emigration aus Frankreich begann. Keinem einsichtigen
Politiker konnte entgehn, was die französische Volksbewegung erstrebte.
In Wien zuerst, wo das Kaiserhaus durch Maria Antoinette's Zukunft
höchst beunruhigt war, in den großen Städten am Rhein, in Preußen selbst
machte sich eine fieberhafte Aufregung bemerkbar; die Regierungen rüsteten
sich ernstlicher, denn vorher, um den revolutionären Ausschreitungen des
westlichen Nachbarlandes einen eisernen Damm entgegen zu setzen und
auch in Preußen erwartete man die Mobilmachung. Hiervon giebt
folgende Begebenheit Kunde:

Unterm 28. Mai richtet der Generallieutenant von Braun,
Kommandant von Berlin, an die Direktion des National=Theaters folgendes
Schreiben:

„Sechzehn Mann meines unterhabenden Regiments haben mir anzeigen lassen,
wie sie dem ehemaligen Directeur des Spectacles Doebbelin als Statisten be-
dient gewesen, dieserhalb noch zusammen an rückständigen monatlichen Tractament
24 Thlr. zu fordern hätten, worüber sie die gehörige Liquidation bey einer Hochlöbl.
Direction d. National=Theater eingereicht hätten. Da nun aber zur Zeit dieserhalb nichts verfügt, die benannten Leute geradezu bey der bevorstehenden Campagne
ihre Ansprüche an den p. Doebbelin nicht fahren lassen wollen, so ersuche Eine
Hochl. Direction ich ergebenst: den Doebbelin zu vernehmen und bey der
gütigen Bewilligung dieser Forderung von der Pension desselben einzuhalten,
u. sodann mir jedoch vor dem bald zu erfolgenden Ausmarsch dies Quantum
der 24 Thlr. extradiren zu lassen.

von Braun." — —

Die Direktion erwiedert demselben am 30. Mai, daß Doebbelin
diese Summe von seiner Einnahme abgezogen werden solle und die
Theaterkasse zu augenblicklicher Auszahlung derselben angewiesen sei.
Z. 1. Mal wurden den 31. Mai „Ehrgeiz aus Liebe", L. i. 2. A.
a. d. Franz. von Schröder, aufgeführt, den 7. Juni: „Die Wilden",
Oper in 3. A. n. d. Franz. Musik von d'Alayrac, den 21. Juni:
„Das Portrait der Mutter" oder „Die Privatkomödie", Lustsp.
4. A. v. Schröder. — Als Ergänzung der veränderten Theatergesetze
wurden am 6. Juli erneuerte Bestimmungen für das technische Personal
(Theaterleute) gegeben und ist dies das erste amtliche Schriftstück, welches
von Ramler allein ausgeht und seine Unterschrift trägt. — Die
Haude und Spenersche Zeitung (78 St. S. 4) brachte am 11. Juli
folgende auffällige Anzeige:

„Ein Unbekannter hat mir die Ehre angethan, ohne meine Erlaubniß, das Lustspiel: „Die Indianer in England" zu drucken. Ob er wußte, daß er fremdes Eigenthum antastete, oder aber selbst hintergangen worden, darüber suspendire ich vor der Hand noch mein Urtheil, da, der Sache nach, ein Mann in diese Geschichte verwickelt ist, dem man sonst so etwas nicht zutrauen sollte. Eine Zeit von wenigen Wochen wird Licht darüber verbreiten. Indessen mache ich dem Publikum bekannt, daß jener Winkeldruck, von welchem 1500 Exemplare abgesetzt worden, gerade Sieben und neunzig theils Druckfehler, theils Unrichtigkeiten enthält, und daß daher die Kummersche Buchhandlung in Leipzig eine neue rechtmäßige Auflage veranstaltet, welche in kurzem die Presse verlassen wird.

August von Kotzebue" — —

Wer mag wohl der „Mann" gewesen sein, der „in diese Geschichte verwickelt ist, dem man sonst so etwas nicht zutrauen sollte? — Wir haben unsererseits keine Person in Verdacht, aber es ist sonderbar, daß Kotzebue, dessen „Indianer" doch an allen deutschen Theatern gegeben worden sind, gerade in Berlin eine solche Anzeige veröffentlicht und auf Jemand in einer Weise deutet, als denke er an eine bekannte berliner Persönlichkeit. Eine Drohung liegt nicht nur in dieser Annonce, sie ist eigentlich ein Steckbrief, bei welchem man aus Anstand vorläufig das Signalement noch unterlassen hat. Unaufgeklärt blieb, wer mit demselben eigentlich gemeint ist. — — Zum 1. Male ward am 7 Juli „Verirrung ohne Laster", Schausp. i. 5. A. von Beck, und am 26. e. m. die Posse i. 3. A. „Der Mondkaiser", a. d. Franz., dargestellt, deren Verfasser nicht genannt ist. Ueber dies Stück machte die Kritik die Bemerkung: „Es ist jetzt eine Zeit, wo jeder die höheren Stände antastende Einfall, er mag auch noch so dumm sein, von einer gewissen Klasse von Menschen belacht wird. Das ist wohl auch die Ursache, warum „der Mondkaiser" hier und da gefallen hat." — Durch Frischmuth's Tod am 31. Juli erlitt das Theater nicht nur in musikalischer Beziehung einen Verlust, derselbe war auch Schauspieler gewesen und hatte als solcher Jahre lang in kleineren Rollen mitgewirkt. — Zum Geburtstage des Kronprinzen ging am 3. August ein Prolog von Ramler, gesprochen von Fleck und hierauf die neue Oper: „Ferdinand und Nicolette" oder „Die Liebe erhält den Sieg" in 3. A. n. d. Franz., Musik von Gretry, in Scene; am 16. August erschien „Freemann" oder „Wie wird das ablaufen", Schausp. i. 4. A. v. Jester, endlich die einaktige Posse „Weder der Eine noch der Andere" von einem Anonymus am 2. September auf den Brettern.

Den 7. c. m. erging ein Befehl der Geheimen Ober=Finanzkammer an sämmtliche Regierungsbehörden, „keine unprivilegirten Schauspieler= Truppen ferner im Lande zu dulden", durch welchen dem theatralischen Vagabondenthume und fahrenden Komödiantenwesen in Preußen fortan eine Grenze gesetzt wurde.

Als ein ereignißreicher Tag und für das Nationaltheater von weit= reichenden Folgen ist der 14. September zu verzeichnen. „Die Hoch= zeit des Figaro", Oper in 4. A. v. Mozart, wurde zum 1. Male aufgeführt und ist vom Jahre 1790 bis zum Schlusse des Jahres 1875 auf der königlichen Bühne über 300 Mal gegeben worden. Die Be= setzung war damals:

Graf Almaviva	Herr Lippert
Gräfin	Mad. Unzelmann
Susanne	Mad. Baranius
Cherubin	Dem. Hellmuth
Figaro	Herr Unzelmann
Marcelline	Mad. Böhm
Dr. Barthelo	Herr Kaselitz
Basil	Herr Greibe
Richter	Herr Böheim
Antonio	Herr Brandel
Bärbchen	Dem. Altfilist.

Die Komposition machte ganz außergewöhnlichen Eindruck auf das musikverständige Publikum, mit siegender Gewalt fesselte dieses wunderbare Tonwerk jeden Kenner; der Triumph Mozart's und der deutschen Musik über das süßlich italienische Tongeklingel war moralisch entschieden! Das große Publikum dagegen, welches die musikalische Tiefe des Meister= werkes nicht verstand, dem die Operetten eines André und Dittersdorf lieber waren, verhielt sich kühl und ablehnend und so kam es, daß Mozart's „Hochzeit" in den ersten 4 Monaten nur 9 Mal wiederholt wurde. Diese Thatsache rechtfertigt sich auch dadurch, daß, wie vor= züglich auch das schauspielerische Talent der Darsteller gewesen ist, ihnen doch das musikalische fehlte! Sie verstanden eben nicht zu singen, wie es Mozart's Werk erforderte. Der Kunstgesang, das Studium der Musik, die Schule ging ihnen ab; sie Alle, Lippert, beide Unzelmann's, die Baranius waren eben nur höchst begabte Naturalisten, bei denen das lebhafte Spiel über die Mängel des Ge=

fanges hinweghalf, Dem. Hellmuth aber war ihrer Aufgabe noch nicht
vollständig gewachsen. Nichtsdestoweniger hatte sich Mozart in Berlin
und damit zugleich dem deutschen Opernstyl die Bahn gebrochen.
Ein berliner Kritiker sagt über das Werk: „Es ist zu bekannt, um das
Interesse daran weitläufig auseinander zu setzen. Mozart gehört zu
den außerordentlichen Menschen, deren Ruhm Jahrhunderte dauern wird!
Welch ein Meisterstück die heutige Musik, für den Kenner wie intressant,
wie groß und hinreißend, wie bezaubernd die Harmonie! — Auch für
den großen Haufen? — Das ist eine andere Frage!" — — Z. 1. Mal
wurde „Bruder Moritz" oder „Der Sonderling", Lustspiel in 3. A.
v. Kotzebue den 25. September zum Geburtstage des Königs, nebst
einem Prologe von Engel, gesprochen von Fleck, gegeben. Die Be=
setzung des Stückes war: Bruder Moritz — Fleck, Euphrosine —
Dem. Doebbelin, Nettchen — Mad. Engst, Julchen — Mad. Herdt,
Omar — Mattausch, Maria — Mad. Unzelmann, von Moll —
Czechtitzky, Sein Bruder — Kaselitz, Kammerherr — Unzelmann u. s. w.
Ihm folgte am 9. Oktober als Novität: „Das Ehrenwort", L. i. 4. A.
von Spieß, und gefiel sehr. Herr Herdt als Baron Storchenau,
Dem. Doebbelin — dessen Frau, Mad. Engst — Baronin von Waldheim
und Herr Czechtitzky — Graf Lockenhausen zeichneten sich aus. Der Referent.
sagt von dem Werke: „Ein Stück von niedrig komischer Art, das be=
sonders eine gewisse Klasse Menschen belustigt, die jeden Ausfall auf
die höheren Stände belachen und mit Rousseau gern auf allen Vieren
kriechen möchten!" — —

Engel muß spätestens Mitte Septembers nach Berlin zurückgekommen
und wieder in amtliche Funktion getreten sein, denn am 20. September
beginnt bereits eine schriftliche Auseinandersetzung der Direktion mit
Madame Hellmuth, bei welcher Engel die Schriftstücke unterschrieben,
theils auch selbst entworfen hat. In diesem Schriftwechsel handelt es
sich um erneuertes Engagement der Madame Hellmuth und ihrer
Tochter, der Sängerin Marianne. Mad. Hellmuth macht ihr
ferneres Verbleiben von einer Gehaltszulage und einem Benefiz ab=
hängig. Unterm 27. September genehmigen Ramler und Engel zwar
die Gagenzulage, lehnen aber das Benefiz aus dem Grunde ab, weil
der König und nicht sie das Recht hätten, ein solches zu bewilligen;
ferner weil, wenn es gewährt würde, alle übrigen Mitglieder sich zu
gleichem Vorzuge berechtigt halten würden. Mad. Hellmuth verzichtete

auch unter'm 3. Oktober für sich und Tochter auf das Benefiz, stellt aber die Bedingung, daß ihre Tochter nicht kontraktlich verpflichtet werde, in der Oper zweite Rollen und Soubrettenpartien zu singen, sondern dies nur ausnahmsweise und aus Gefälligkeit zu geschehen habe, zumal dieselbe bei der kürzlichen Krankheit der Mad. Unzelmann in allen ersten Partien aufgetreten sei. Seitens der Direktion wird den Damen noch an demselben Datum eröffnet, daß, falls sie den Kontrakt nicht eingehen wollten, wie er ihnen nunmehr bewilligt sei, man sich nach anderen Sängerinnen umsehen werde, worauf sich die wackere „Theatermutter" (eine wunderbare Spezies an den Bühnen) zum Ziele legte, unterschrieb, und das schöne, aber noch unentwickelte Talent ihrer Tochter dem berliner Theater erhalten blieb. Das General=Ober=Finanz=Kriegs= und Domainen=Direktorium sendet am 10. d. Monats dem Nationaltheater den Befehl, wegen Ablebens des Prinzen Heinrich, ältesten Sohns des Prinzen Ferdinand, das Theater bis nach dem Begräbniß desselben (14. Oktober) zu schließen. —

Professor Engel, zu neuem Wirken gekräftigt, fand die Ver=hältnisse nicht schlechter vor, als sie es vor seiner Abreise waren. Daß sein moralisches Ansehn bei den Untergebenen und seine Stellung dem Könige gegenüber sich nicht gebessert hatte, dafür spricht ein Vorfall nach dem 1. Oktober. Das Ehepaar Bötticher war zu diesem Termine aus seinem Engagement entlassen worden. Welche künstlerischen oder andere Ursachen diese Maßregel veranlaßt hatte, deutet der gepflogene Schriftwechsel nicht an. Beide Ehegatten beruhigten sich aber bei der Entlassung nicht, sondern August Wilhelm Bötticher richtete unter dem 14. Oktober an den König eine Bittschrift, welche an Leiden=schaftlichkeit Nichts zu wünschen übrig läßt. Er sagt: „Der Professor Engel hat uns auf eine sehr treulose und meyneidige Art seit dem 1. dieses vom hiesigen Theater entlassen, mich, meine Frau und Kinder außer Brod und in die traurigste Lage gesetzt." Nachdem ver=sichert worden ist, daß Madame Bötticher während des fünfjährigen Engagements mit dem größten Beifall gespielt habe, wird für dieselbe um eine Benefiz ersucht. Ein weiterer Passus der Bittschrift lautet: „Die hinterlistige Art wie uns Professor Engel weggedrängt, ist zu weitläufig um Ew. Majestät eine schriftliche Erzählung davon zu machen, könnt' ich aber die allerhöchste Gnade haben, Ew. Majestät meine ge=rechte Klage mündlich vorzutragen, so könnt' ich Ew. Majestät von der schlechten Verwaltung des Theaters, von Geldverschwendungen, von der Unzufriedenheit der Gesellschaft und des Publikums und wie an 2000 Thlr. jährlich erspart werden könnten, Erläuterung geben!" — — Entweder liegt hier eine schimpfliche Verleumdung Bötticher's oder eine grobe Pflichtverletzung Engel's vor! — Diese Klageschrift sendet der König nebst folgender Zuschrift an die Direktion:

„Sr. Königl. Majestät von Preußen, Unser allergnädigster Herr remittiren anliegend der Direktion des Nationaltheaters die Vorstellung des Schauspielers Boetticher, der, um den nöthigen Fond zu seinem Fortkommen zu erhalten, für seine Frau eine Benefice Komödie nachsucht, und überlassen derselben, nach Befinden der Umstände, das nöthige darauf zu veranlassen.

Potsdam d. 15. Oktober 1790.   Frieb: Wilhelm."

Die Schwere der Beschuldigung Bötticher's nöthigte natürlich die Direktion gegen ihn einzuschreiten. Seitens desselben erfolgte alsbald an Engel ein Brief ohne Datum, in welchem er versichert, daß er bei seiner Immediat-Eingabe nicht die Absicht gehabt habe, Engel's Person oder die Direktion vorsätzlich zu beleidigen, sondern die in derselben gebrauchten „unrichtige und beleidigende Ausdrücke," eine Folge des Schmerzes über seine und seiner Frau Entlassung gewesen wären. Er erklärt, daß er keinen rechtlichen Grund habe, auf die Verlängerung seines Engagements dringen zu können und bittet Engel, ihm aus alter Wohlgewogenheit und Freundschaft seine „bloße Hitze und Uebereilung" zu verzeihen und ihm, wie seiner Frau „Dero ferneres Wohlwollen auch abwesend zu schenken," u. s. w. — Natürlich wurde die Entlassung des Ehepaars aufrecht erhalten. Eigenthümlich bleibt, daß der vorliegende Fall dem des Alexi sehr ähnlich ist und wiederum von dem tiefen Groll und Mißtrauen des Personals gegen Engel's Verhalten Zeugniß giebt. Daß Letzterer sich nach solchen Anschuldigungen damit begnügte, das Ehepaar nur zu entlassen und dessen Ehrenerklärung dem Könige einzusenden, ist auffällig! Man hätte meinen sollen, daß ein königlicher Beamter, in seiner Amts= und Mannesehre angegriffen, doch vor allen Dingen auf strengste Untersuchung der Bötticherschen Anklagen zu dringen Ursache hatte!? — —

Zur Feier des Geburtsfestes der Königin, am 16. Oktober, gab man nach einer Rede, verfaßt von Professor Engel, gesprochen von Fleck, zum 1. Mal „Das Herrenrecht", Schauspiel mit Gesang in 3 A. aus d. Franz., Musik v. Martini; dasselbe fiel gänzlich durch. — —

Wenn „Die Hochzeit des Figaro" auch keine großen Kassenerfolge erzielt hatte, so ermuthigte doch das allgemeine Lob der Musikverständigen, Mozart's „Don Juan" zur Aufführung zu bringen. Die Direktion ging um so rüstiger an das Studium des Werkes, als der König demselben mit großer Erwartung entgegensah. — Lippert, welcher sich, wie wir wissen, für unentbehrlich hielt, und es in der That auch noch war, benutzte die Beendigung seines Kontraktes, um am 1. November in einem kurzen Billet das Ersuchen zu stellen, ihm die Partie des Don Juan wieder abzunehmen, weil seine Stimme (Tenor) durch den Vortrag mehrerer und besonders so großer und mühsamer Baß=Rollen, wie Graf Almaviva und Don Juan, Schaden leide. Ueber dieses Ansinnen schreibt Engel an Ramler:

„Sie wissen schon aus Erfahrung, mein liebster Herr College, daß unser unruhigster Kopf der Sänger Lippert ist. Er, der für 100 Thlr. Zulage jährlich erst alle Baßrollen singen wollte, konnte auf einmal ohne großen Schaden seines Berufs unmöglich dergleichen übernehmen — weil er nämlich wohl sah, daß es mit der Zulage nichts wäre; der neulich wieder, um im Contract zu bleiben, der ordentliche erste Bassist des Theaters werden wollte, kann nun wieder ohne Ruin seiner Stimme nicht den einen Don Juan singen, auf den schon der König wartet: indeß habe ich ihm abgeschlagen, bei Vertheilung der Opern=Rollen gegenwärtig zu seyn. Und dieß mußte ich abschlagen, wenn ich nicht in der Gesellschaft Unruhe über Unruhe erregen wollte. Ich schicke ihnen anliegend seine heute angekommene Vorstellung, u. bitte Sie, mir wegen der Antwort Ihre Gedanken gefälligst zu eröfnen. Er hat gestern positiv erklärt, daß, wenn er nicht mit zur Vertheilung gezogen werden würde, er nicht bliebe. Müssen u. können wir uns das gefallen lassen?

Berlin, den 1. November 1790. Engel."

„Ich werde die Ehre haben, Sie heute im Komoedienhause zu sehen, wo wir überlegen können, wie wir mit diesem unruhigen Kopfe zu verfahren haben. Ich bin ganz

der Ihrige

Ramler."

Demgemäß richtete die Direktion am 2. November an den aufsässigen Künstler ein Schreiben, in welchem sie ihn bedeutete, daß er in seinem Kontrakte sich nicht nur für Tenorrollen, sondern für alle ihm zuertheilten Gesangspartien verpflichtet habe. Daß er den Don Juan auszuführen unzweifelhaft im Stande sei und daß er diese Rolle eines Stückes, welches der König baldmöglichst zu sehen befohlen habe, „fördersamst zu liefern sich beeifern werde." —

Der Sänger bequemte sich und einigte sich behufs Verlängerung seines Kontraktes mit der Direktion unter'm 14. November über folgende Bedingungen: Erstlich: Die Uebernahme aller ersten Baßpartien, so= fern die Tenorpartie derselben Oper seiner Individualität u. s. w. nicht zusagen sollte. Dann willigt die Direktion in die Abnahme dreier, bis= her innegehabter ganz jugendlicher Tenorpartien und Lippert übernimmt dafür die Baßrollen derselben Opern; endlich erhält er das Zugeständniß, daß sein Gehalt nicht verkürzt werde, falls er seine Tenorstimme etwa verlieren solle. — — Freiher von der Reck theilte unter dem 3. d. M. der Verwaltung des Nationaltheaters mit: daß, da die Tanz=Schule (Eleven) soweit herangewachsen, um die erforderlichen Tänzer und Tänzerinnen der königl. Opera zu stellen, nunmehr das bisher mit dem National=Theater vorgenommene Engagement, unter Genehmigung seiner Kgl. Majestät, „von welchem ich dazu gestern mündlich authorisirt worden, in künftigen Ostern aufhören soll." — Er fügt hinzu, daß, falls sich einzelne Engagements der Tänzer des National=Theaters über diesen Termin hinaus erstrecken sollten, von dem Könige deren Gagenzahlung bis Ende des Etatsjahres wohl zu erlangen sein werde. Man sieht, be= sondere Umstände wurden seitens Reck's mit dem National=Theater nicht gemacht! Die Direktion desselben hatte gegen Beyer's Rath, wie wir uns erinnern werden, für die Oper 6 Paar Tänzer angenommen, an dieselbe stets abgegeben, und somit ein kostspieliges Ballet unterhalten müssen; jetzt trat man plötzlich von der gegenseitigen Abmachung zurück und muthete dem National=Theater die fernere Tragung der Kosten dieses Ballets allein zu, obwohl man wußte, daß dasselbe nicht sofort und ohne Weiteres zu entlassen war. — — Eine Madame Henry née Bernard aus Wien traf am 11. November in Berlin mit einer Kindertruppe ein, um vor dem Könige Opern aufzuführen, wartete 3 Wochen, ohne nur eine Antwort zu erlangen und zog wieder ab, — unter welchen kläglichen Umständen, kann man sich denken.

Im National=Theater ward als Novität am 4. November „Miß Sara Salisbury", Schauspiel in 4 A. v. Brandes, aufgeführt, aus= gepocht und am nächsten Tage noch einmal gegeben. — Nachdem die Wittwe des verstorbenen Prinzipals Koch am 11. Dezember eine Bitt= schrift an den König gerichtet hatte, in welcher sie ihre Leibrente von 200 Thlr. durch einen Pensions=Zuschuß zu erhöhen bat, wurde sie von Ramler und Engel, denen die Sache zur Erledigung überwiesen worden, abschläglich beschieden. Einer Erneuerung der Bittschrift vom

18. Dezember wurde eben so wenig Erfüllung zu Theil. Es war das Loos aller Schauspieler zu damaliger Zeit, wenn sie alt wurden, dem äußersten Mangel anheimzufallen.

Der Abend des 20. Dezember brachte die erste Vorstellung des „Don Juan" oder „Der steinerne Gast", Singspiel in 4A. von Mozart.— Längst und mit Sehnsucht war die Oper erwartet worden, das Publikum strömte massenhaft herzu, der Hof, die höchsten Kreise der Gesellschaft, die Schöngeister und Musikfreunde sammelten sich im Auditorium. Vor der Aufführung hatten die Enthusiasten das Werk mit verschwenderischem Lobe begrüßt, ja Viele meinten, daß nach dem „Don Juan" nichts Größeres mehr komponirt werden könne! — Besetzung der Oper:

Don Juan	Herr Lippert
Leporello	Herr Unzelmann
Donna Anna	Mad. Unzelmann
Donna Elvira	Dem. Hellmuth
Zerline	Mad. Baranius
Don Ottavio	Herr Christ. Benda
Komthur	Herr Kaselitz
Masetto	Herr Brandel
Signor Martes	Herr Amberg
Eremit	Herr Rüthling
Gerichtsdiener	Herr Reinwald.

Der Eindruck des Meisterwerkes auf das große Publikum war ein dem von „Figaro's Hochzeit" verschiedener; Don Juan entzückte und begeisterte alle Welt mit — Ausnahme etlicher Kritiker! Die Größe seines Erfolges wird schon dadurch bewiesen, daß die Oper binnen 5 Tagen 3 Mal, also über den andern Tag bei ausverkauften Häusern gegeben wurde und als Lieblingsoper ununterbrochen 428 Mal bis Ende 1875 auf der Kgl. Bühne zur Darstellung gelangte. Unter den obenerwähnten kritischen Stimmen äußerte sich unter Anderem die „Chronik von Berlin" (9. Bd. S. 133) über Don Juan: „Daß Mozart ein vortrefflicher, ein großer Componist, wird alle Welt gestehen, ob aber nie was größeres von ihm sei geschrieben worden, als diese Oper quaestionis, daran glaube ich zu zweifeln. Nicht Kunst in Ueberladung der Instrumente, sondern das Herz, Empfindung und Leidenschaften muß der Tonkünstler sprechen lassen, dann schreibt er groß, dann kommt sein Name auf die Nachwelt. Gretry, Monsigny und Philidor sind und werden davon

Beweise sein. Mozart wollte in seinem Don Juan etwas außerordent=
liches schreiben, so viel ist gewiß, das Außerordentliche ist auch da, aber
nicht das Unnachahmliche und Große! Grille, Laune, Stolz, aber nicht
das Herz war Don Juan's Schöpfer und wir wünschen lieber an einem
Oratorium oder sonst einer feierlichen Kirchenmusik die hohen Möglich=
keiten in der Tonkunst von ihm bewundern zu können, als in seinem
Don Juan, dessen Ausgang so ziemlich analog ist mit einer Schilderung
des jüngsten Gerichtes, wo wie Seifenblasen die Gräber aufspringen,
Berge platzen und der Würgeengel mit der Schreckenstrompete zum Auf=
bruch bläst. Bei alledem hat diese Oper der Direktion gute Einnahmen
geschafft und die Gallerie, die Logen und das Parket werden in der
Folge nicht leer sein, denn ein geharnischter Geist und feuerspeiende
Furien sind ein sehr starker Magnet! — O über den Verstand der
Abderiten!!" — Der kritische Demokrit zieht, wie wir sehen, stark
über die Oper her. Wenn dieser Rezensent schon bei Don Juan von
der „Kunst in Ueberladung der Instrumente" redet, so wünschten wir,
daß seinen zarten Ohren vergönnt gewesen wäre, zu hören, was in der
Ueberladungskunst heute geleistet wird; die Schreckenstrompete des
jüngsten Gerichtes würde ihm wahrscheinlich dann wie Flötensäuseln vor=
kommen!! Das Naivste ist, wenn er Gretry, Monsigny und
Philidor den Ruhm der Nachwelt, Mozart gegenüber, zuerkennt und
dem „Don Juan" Herz, Empfindung und Leidenschaft abspricht. Den
Triumph des Werkes schließlich dem Umstande zuzuschreiben, daß der
Geist des Comthurs den Don Juan holt und den Furien der Hölle
überliefert, ist ebenso kläglich, wie wenn man Hamlet's Erfolg dem Geiste
des gemordeten Vaters, oder Weber's „Freischütz" dem Samiel und
der Wolfsschlucht zuerkennen wollte. Schon damals war man gebildet
genug, im Schlusse des Don Juan nur den symbolischen Ausdruck für
die ethische und poetische Gerechtigkeit zu finden, welche sich an dem
Helden des Dramas vollzieht. Wenn die Meinung des Publikums dem
Kritiker gegenüber Recht behielt, so finden wir dies schon vermöge der
Fabel des Stückes begreiflich, welche den vollendeten Egoismus und die
cynische Genußsucht eines Gewissenlosen von der Nemesis erreichen läßt,
eine Fabel, welche, wie schon bemerkt wurde, Molière's Drama entsprang
und bei uns Deutschen sich erst durch die feurige, dramatische Behand=
lung und seelenvolle Musik Mozart's bleibenden Erfolg errang. Die
beiden Hauptthemata der Tondichtung, welche zugleich die beiden ethi=

schen und dramatischen Pole der Handlung bilden: — „Thränen vom Freund getrocknet" und das „Treibt der Champagner" würden völlig genügend sein zu beweisen, daß damals der Verstand der Abderiten gänzlich auf Seite des Kritikers war! — Mochte außer Benda, welcher den Ottavio trefflich sang, aber schlecht darstellte, — auch keiner der übrigen Mitwirkenden als Gesangskünstler auf der Höhe seiner Aufgabe gestanden haben, der Sieg der deutschen Oper und deren Zukunft war, wie der Ruhm, welcher dem Nationaltheater gebührte, diesen Erfolg der italieni= schen Hofoper gegenüber errungen zu haben, unbestreitbar abermals entschieden!! —

Personal=Verzeichniß vom Jahre 1790.

Wessely, Muf. Dir. Hr. B.

Frischmuth, Muf. Direktor. Hr. Johann, Christian . . . . †31./7.

Arnoldi, Hr. Fried. Wilhelm . . . . neu

Altfilist, Dem. C. S.

Amberg, Hr. J. H. J.

Brückner, geb. Kleefelder. Mad. C. M.

Bessel, Hr. J. F.

Bessel, geb. Natus. Mad. A. M.

Baranius, geb. Husem. Mad. H.

Benda, Hr. C.

Benda, Hr. Ch.

Bötticher, Hr. August, Wilhelm . . . . abg.

Bötticher, geb. Wollmar. Mad. Charlotte, Christiane . . . . abg.

Böhm, geschiedene Cartellieri. Mad. E.

Böheim, Hr. J. M.

Böheim, geb. Wulffen, Mad. A. M.

Brandel, Hr. Johann . . . . neu

Czechtitzky, Hr. C.

Cordemann, Hr. Heinrich, Friedrich' . . . . abg.

Cordemann, Dem. F. Fr.

Doebbelin, Dem. C. M.

Engst, Hr. Johann, Jakob, Michael . . . . abg.

Engst, geb. Riesen. Mad. Charlotte, Louise . . . . abg.

Engst, geb. Rouillon. Mad. Christiane, Marie, Dorothea . . . . . neu

Fleck, Regisseur. Hr. J. F. F.

Greibe, Hr F. E. W.

Greibe, geb. Engst. Mad. M. Th.

Géraud, Dem. H.

Hellmuth, Mad. F.

Hellmuth, Dem. M. (spätere Müller)

Hellmuth I. Monf.
Hellmuth II. Monf. . . . . neu
Herbt, Hr. G.
Herbt, geb. Rademacher. Mad. Ch. D.
Kaselitz, Hr. G. Ch. G.
Kaselitz, geb. Schließer. Mad. . . . . abg.
Lanz, Monf. C. A.
Lanz, Monf. W.
Labes, Monf. Chr. W. F.
Lippert, Hr. C. Fr.
Leist, Hr. C. F.
Leist, Dem. Wilhelmine . . . . abg.
Leibel, Hr. Heinrich Johann . . . . neu
Mattausch, Hr. F.
Reinwald, Hr. J. D.
Rüthling, Hr. H. Fr.
Rehberg, Dem. Charlotte . . . . abg.
Simoni, Hr. F.
Simoni, geb. Hufnagel. Mad.
Simoni, Dem.
Unzelmann, Hr. C. W.
Unzelmann, geb. Flittner. Mad. F.
Werner, Dem. C. (spätere Lippert)
Weißschuh, Hr. J. C. G. F.
Walter, Hr.
Walter, Mad.
Weichleben, Dem. neu
Zimmerle, Hr. Carl

Das Perfonal=Verzeichniß am Ende des Jahres 1789 wies nach:

52 Mitglieder

Im Laufe des Jahres 1790 $\left\{\begin{array}{l} \text{wurden engagirt:} \quad 6 \\ \hline \qquad\qquad\qquad 58 \\ \text{schieden aus:} \quad 9 \end{array}\right.$

Bestand des Personales am Schlusse des Jahres 1790: 49

1791. — Königl. Oper. — Die Haude= und Spener'sche Zeitung (3. Stück v. 6. Januar, Beilage 1) brachte die amtliche Anzeige: „Die auf Allerh. Befehl mit d. 6. Januar 1791 sich anhebende Kar= nevals=Lustbarkeiten werden in der nehmlichen Ordnung, wie in den ver= flossenen Jahren, jedoch mit dem einzigen Unterschiede gehalten werden, daß aus bewegenden Ursachen und bis auf weitere Bekanntmachung nur

eine Oper wöchentlich und zwar des Freitags gegeben werden soll." —
Welche „bewegende Ursachen" diese Einschränkung hervorrief, ist etwas
dunkel. Wäre damals dieselbe politische Feinfühligkeit und Vorsicht Sitte
gewesen, welche heute in unsern Hof= und Diplomatenkreisen, wie im
öffentlichen Leben herrscht, so könnte man annehmen, daß der Ernst der Lage
in Frankreich, welcher den Ausmarsch der Truppen nöthig gemacht, sowie
die bereits begonnenen kriegspolitischen Verhandlungen eine Vereinfachung
der Karnevalsfreuden hätten angezeigt erscheinen lassen. Solchen Er=
wägungen stand man aber damals bei Hofe fern; man sah die Aufgabe, in
Frankreich Ordnung zu schaffen, als eine viel zu leichte Sache an, um
sich nur einen Augenblick in seinem Vergnügen stören zu lassen.
Auch Schneider's Geschichte der Oper giebt der Wahrscheinlichkeit
Raum, daß es sich bei der Beschränkung des Karnevals um Bevor=
zugung des italienischen Kapellmeisters Alessandri und dessen beiden
neuen Opern „Ulysses" und „Dario" gehandelt habe. Mit aller
Macht arbeiteten die Italiener der großen Oper gegen die deutsche
Richtung, besonders gegen deren Vertreter Reichardt. Erwägen wir,
daß der Hofpoet Filistri, der für Alessandri die Libretti geschrieben
hatte und Concialini, welcher in den vorbenannten Opern beschäftigt
war, zu den Vertrauten der Mad. Ritz gehörten, so sind sie als Veranlasser
obiger Anordnung leicht zu entdecken. Das Publikum mußte, wenn es
nicht ganz wegbleiben wollte, sich ohne Erbarmen dem Alessandri er=
geben! — Die ihres Talentes, wie ihrer Sittsamkeit wegen überaus ge=
schätzte Tänzerin Duport, geb. Desplaces, starb, 26 Jahr alt, am 4.
Januar im Kindbett; — „da die hiesigen Dem. Lauchery und Rose Auf=
munterung verdienen," so bittet von der Reck den König: „keine
Bestimmung über den Gehalt der Duport für eine fremde Tänzerin
zu treffen." — Im Laufe des Januar schreibt der Opernchef aus
Wien, wohin er sich begeben hatte „daß er dort „Axur" von Salièri
und „la Molinaro" von Paisiello gesehen und die Partituren gekauft
habe; der König antwortet: „Je l'en remercie!" — Am 7. Januar
wurde Alessandri's Oper „Ulysses", Text von Filistri, 4 Mal und
dann dessen „Dario", Text auch von Filistri, ebenfalls 4 Mal ge=
geben, so daß Beide die Karnevalsaison allein beherrschten. Nicht nur
die Komposition des Italieners auch die Darstellung der Opern mißfiel.
Schon im Dezember vorigen Jahres war Madame Lebrun von
München eingetroffen, aber, von der anstrengenden Reise erkrankt, starb

ihr Gatte während des Januar und die unglückliche Frau mußte sich die äußerste Gewalt anthun, um nur in den beiden letzten Vorstellungen des Ulysses mitzuwirken. Die Seelenqual, welche sie erduldete, und die Angst, den Karneval zu stören, sowie die anstrengenden Proben zum „Darius" warfen endlich auch sie auf das Krankenlager, von dem sie nicht wieder aufstand; sie starb den 10. März! — Wäre Dem. Niklas nicht so bereitwillig gewesen, die Partie der Lebrun mit den Noten in der Hand zu singen, so hätte die Aufführung ganz unterbleiben müssen! Dies doppelte Fiasko Alessandri's hatte nur gefehlt, um „Don Juan" im Nationaltheater noch mehr in Aufnahme zu bringen! — Im Ballet der Oper waren Sgra. Reitwein und Sgr. Petri neu, Sgra. Maria Decastelli und Dem. Caroline Lauchery aber debutirten. Reichardt war während des Karneval auch erkrankt, so daß dessen Oper „L'Olympiade", welche eigentlich anstatt „Dario" gegeben werden sollte, erst zur bevorstehenden Vermählungsfeier des Herzog von York und des Prinzen von Oranien vollendet werden konnte. Nach dem Karneval reiste Alessandri im Auftrage des Königs nach Italien und gewann eine Sgra. Cantoni als Primadonna. Die rings um Reichardt gesponnene Intrigue, machte seine Stellung immer schwieriger. Nicht allein die Italiener haßten ihn, von der Reck war empört und neidisch, daß der König mit Reichardt direkt korrespondirte. Friedrich Wilhelm II. war des talentvollen Mannes einziger Freund und that sein Bestes, um mit dessen Oper „Olympiade" den schlechten Eindruck des Karnevals und die Alessandri'sche Niederlage zu verwischen. Im August langte Sgr. Cantoni an, erwies sich aber so talentlos, daß Reichardt den König flehentlich beschwor, die Hauptpartie der „Olympiade" lieber Dem. Niclas anzuvertrauen. Seine Bitte wurde bewilligt. Sgra. Cantoni ging hierauf zur Opera buffa über. Ein aus Paris verschriebener Kastrat und Kontraaltist Muschietti zeichnete sich der Art aus, daß man ihn fast Porporino gleichstellte und auf 3 Jahre engagirte. Das Ballet erhielt eine wesentliche Verbesserung durch Sgr. Crux aus München, wie durch die Herren Telle*) und Norés aus Paris, welche Letztere von dem dortigen Gesandten Grafen von der Golz engagirt worden waren. — Um Reichardt

---

*) Auf Telle, welcher für das berliner Ballet einen bleibenden Werth hatte, Hoftanz- und Balletmeister geworden ist, kommen wir später zurück.

aufzumuntern, hatte ihm der König einen abermaligen längeren Urlaub versprochen, der in den Zeitungen so angekündigt wurde: „Sr. Maj. der K. haben die Gnade gehabt, Höchstdero Kapellmeister, Herrn Reichardt, einen dreijährigen Urlaub mit Beibehaltung aller seiner Einkünfte in einem gnädigen Schreiben zu ertheilen, wenn derselbe vorher zu den Hoffestivitäten im September c. a. seine neue Oper „Olympiade" hier dirigirt haben wird." — Alessandri kehrte am 11. August von Italien zurück. — Zu den vorbenannten Vermählungsfeier-lichkeiten und Hoffesten ging nun Reichardt's neue Oper „l'Olympiade" in Scene, machte aber kein Furore. „Diese Oper" sagt ein Bericht, „hatte von ihrem Anbeginn Unglück und hat es noch. Die Musik ist schön, das beleidigte eine Menge Menschen, der Text ist von Metastasio, das beleidigte Herrn Filistri! Gemeinschaftliche Beleidigung, gemein-schaftliche Rache! Es fehlte der Oper hier und da; das schönste Adagio wurde gestrichen, weil es zu lang wäre und statt gute Ballets des be-rühmten Crux zu sehn, mußte man sich mit Divertissements von Lauchery abfinden lassen, bei denen man ohne Reichardt's Musik eingeschlafen wäre." — „L'Olympiade" mag Mängel gehabt haben, aber die Wirksamkeit der von uns schon oft erwähnten gegnerischen Klique, welche alles anwendete, das Werk zu Falle zu bringen, findet durch obigen Bericht ihre Bestätigung. Erwägt man, daß das beregte Adagio nicht ohne Genehmigung des Baron von der Reck gestrichen, daß bessere Ballets nur allein durch ihn bestimmt werden konnten, so wird man ihn nicht von dem Verdachte freizusprechen vermögen, daß er sich den Feinden Reichardt's werkthätig angeschlossen habe! Die General-Rechnung der für die Vermählungsfeierlichkeiten im Monat Oktober aufgewendeten Summen betrug allein 7732 Thlr. 2 Gr. 11 Pf. — Reichardt war übrigens so tief empört und unglücklich über das Schicksal seines Werkes, daß er nahe daran war, seine Stelle niederzulegen. Eines hatten seine Neider aber zu Wege gebracht, er ging 3 Jahre auf Urlaub und — komponirte für die Königl. Oper nie etwas wieder! — Nach „L'Olympiade" wurde Alessandri's unglückseliger „Dario" wiederholt, woran sich Vorstellungen der Opera buffa, z. B. „Der Talisman" zur Eröff-nung des neuerbauten Schloßtheaters zu Charlottenburg, „le Gelosie villane", „I Zingari" und: „Die Operisten in Nanking" an-schlossen. Dies neue Schloßtheater, dessen Herstellung im Juli dieses Jahres beendet wurde, hatten Langhans und Boumann unter Auf-

A. E. Brachvogel, Geschichte d. königl. Theater. II.   18

ſicht und Oberleitung des Miniſters von Wöllner erbaut, Cuningham die Malerei und die Ausſchmückung, der Theatermaſchiniſt Morelli aus Kaſſel aber die Maſchinerien geliefert. Der damals vielbeſprochene von Kimpfel geſchmacklos gemalte Theatervorhang*) iſt noch heute im Gebrauch. Auf dieſer Bühne fanden fortan die Vorſtellungen der Opera buffa und des Nationaltheaters, wenn der König es befahl, ſtatt. Die Akten erwähnen in dieſem Jahre auch der Ankunft und Verwendung einer neuen Art Theaterbeleuchtung aus Paris, welche, wie aus den Angaben hervorzugehen ſcheint, die erſte, oder jedenfalls verbeſſerte An=wendung der Reverbére= oder Refler=Lampen geweſen ſein dürfte. —

Im Jahre 1791 traten zwei gleich unheilvolle geſchichtliche Ereigniſſe ein, welche als entſcheidende Wendepunkte für Frankreich, wie für Deutſchlands Geſchichte erachtet werden müſſen. Graf Mirabeau, welcher bisher die Zügel der revolutionären Bewegung zu Paris in Händen gehalten hatte, und, obwohl Volksmann und Patriot, dennoch nicht als Königsfeind erachtet werden konnte, ſtarb am 2. April d. J. auf ſehr raſche, noch nicht aufgeklärte Weiſe und zu demſelben Augenblicke, als die Königl. Familie, welche wie Gefangene in den Tuilerien gehalten wurde, auf dieſen Mann ihre höchſte, letzte Hoffnung geſetzt hatte. Mit ſeinem Hintritte wurde das Schickſal der Bourbonen beſiegelt! Ein verhängnißvoller Schritt für Preußen aber war deſſen Konvention mit Oeſtreich gegen Frankreich, welche am 25. Auguſt zu Pillnitz abgeſchloſſen ward. Durch dieſen ſchlimmen Vertrag wurde Preußen fremden dynaſtiſchen Intereſſen zu Liebe in den Strudel eines Krieges geriſſen, der das Land ſchwächte und es ſpäter, in einer für uns gerade unglücklichen Zeit, der Rache Frankreichs, welches von dem Genie eines Bonaparte geleitet wurde, preisgab: Wenn Ländergier dem fremden Eroberer viel=leicht auch ohne dieſe Konvention und den Angriffskrieg Deutſchlands gegen Frankreich das Schwerdt gegen Preußen in die Hand gedrückt hätte, immerhin würde er für die Invaſion des bequemen Vorwandes der Wiedervergeltung beraubt geweſen ſein. Die erſte Quelle aller künftigen Leiden Preußens muß auf dieſen unglückſeligen 25. Auguſt des Jahres 1791 und die unglückliche Politik eines Wöllner und Biſchoffswerder zunächſt zurückgeführt werden. Erſterer war es auch, der das von ihm eingeführte Religionsedikt von dieſem Jahre an

---

*) Brochüre: Sendſchreiben an meinen Freund Gröger in Lübeck von Ribbe. Berlin 1791 gedruckt b. L. P. Wegner. D. V.

bis 1797 in einer Schärfe, Gehässigkeit und Intoleranz ausübte, die bisher unerhört waren, ein Edikt, welches das Gewissen der Nation bedrückte, seinen Geist lähmte und auch in Berlin eine trübe, beklemmende Stimmung hervorrief. — Das Nationaltheater begann das Jahr 1791 mit einer Wiederholung des Hamlet und einer Theaterneuerung; denn die sonst übliche Neujahrsrede unterblieb. Am 6. Januar wurde z. 1. Male „Klara von Hoheneichen", Trauerspiel in 4 A. von Spieß, gegeben, eines jener Produkte falscher Romantik, welche nachmals die deutsche Bühne mit Schreck= und Schauer=Dramen überfluthete und mit den alten Haupt= und Staatsaktionen der Neuber=Godsched=Doebbelin'schen Richtung große Geistesverwandschaft hatte. Die Chronik von Berlin schreibt über das Trauerspiel unterm 19. März: „Dieses Ritter= und Rührstück, so wenig innern Werth es auch hat und so auffallend einige Hauptcharaktere darin erscheinen, hat dennoch sehr gefallen und sogar Epoche gemacht und kann dieses Stück für die Direktion ein Wink sein, daß oft schlechte Stücke Geld bringen, wenn man die Fehler daran mit dem Mäntelchen des Spektakelwesens zudeckt. Dazu kam noch, daß Mad. Baranius die Rolle der Clara und Fleck die des Usmar von Adelungen sehr gut spielten." Als zweite Novität ging am 19. Januar „Die Entführung", Original Lustspiel in 3 A. v. Jünger, in Scene und gefiel sehr; Mad. Engst als Wilhelmine von Sachau war vortrefflich. Hierauf folgte am 3. Februar zum Benefiz für Lippert die Oper in 2 A. „Der dreifache Liebhaber" von dem Sänger Lippert, Musik von Wranitzki, welche indeß ausgepfiffen wurde. Am 23. Februar führte man zum 1. Male „Die unglückliche Ehe durch Delikatesse", Lustsp. in 4 A. von Schröder, auf. Die häufigen Wiederholungen des Lustspiels beweisen seine günstige Aufnahme. Am 7. März erblickte zum Benefiz für Fleck „Eulalia Mainau" Bürgerliches Trauerspiel i. 4. A. v. Ziegler, das Lampenlicht; eine verwässerte und erfolglose Fortsetzung von „Menschenhaß und Reue". — Die wenigen Veränderungen, welche der Personalstand des Theaters in diesem Jahre erlitt, waren von höchstem Gewicht. Durch Engagement des Tenoristen Ambrosch und Bassisten Franz (Vater) bekommen wir es mit wirklichen Gesangskünstlern zu thun und die Oper des National= theaters gewinnt nunmehr eine künstlerisch=musikalische Gestalt. Die Direktion hatte sich bei den Aufführungen der Opern Mozart's,

Gretry's und Saliéri's überzeugt, daß die Darsteller wenn auch als Schauspieler, doch keineswegs als Sänger genügten und daß allein musikalisch geschulte Künstler solchen Aufgaben gerecht zu werden vermöchten. Von dieser Begebenheit datirt also die Ebenbürtigkeit des deutschen Operngesanges mit dem italienischen. Joseph Carl Eduard Ambrosch 1759 in Böhmen geboren, galt als einer der besten deutschen Tenoristen und Gesangskünstler seiner Zeit, er machte sich auch als Liederkomponist bekannt. Johann Christian Franz, 1763 zu Havelberg geboren, war 1787 als Sänger der großen Opera seria und buffa angestellt, und zeichnete sich als solcher, wie als Komponist aus. Der nachmalige Hofschauspieler Emil Franz war sein Sohn. —

Daß vom Chef der Oper dem Nationaltheater für Ostern das bisherige Arrangement mit den 6 Paar Tänzern gekündigt worden war, haben wir schon erwähnt. Unterm 27. Januar bringt von der Reck nun darauf, daß sich diese Tänzer nicht, wie bisher, den Proben entzögen, sondern sich Lauchery zur Verfügung stellten. Natürlich hatte bei den bisherigen, namentlich Mozart'schen Aufführungen, das Nationaltheater für sein eigenes Personale eine umfangreichere Verwendung gehabt. Von der Reck wünschte indeß die gekündigten Tänzer bis zum letzten Augenblicke auszunutzen, obschon seine Tanz-Eleven bereits Dienste zu thun vermochten! — Vorschuß erhielt in diesem Jahre nur Dem. Altfilist, („hat sich sehr verschlechtert, aber wächst heran", wie eine Glosse der Direktion bei der Bewilligung besagt).— Christian Benda kündigte am 4. März für den Fall, daß ihm nicht wöchentlich 4 Thlr. Zulage bewilligt werden. Die Zulage wird nicht genehmigt, indem eine Randbemerkung Engel's sagt: „4 Thlr. wöchentliche Zulage ist viel Geld und für was für Verdienste? In seiner Aktion hat er sich um nichts verbessert und seine Stimme um viel verschlimmert. Ueberdies kommt jetzt Ambrosch." — Letzterer debutirte am 29. März als Belmonte in „Belmonte und Constanze" und am 5. April als Infant in „Lilla". — „Der Herbsttag", Schausp. i. 5 A. von Iffland, eine seiner geringeren Arbeiten, gelangte am 6. April zur ersten Darstellung. — Unter anderen Künstlern hatte auch der Schauspieler Klingmann am 11. April als Fritz Nehfeld in „Das Kind der Liebe", am 12. als Hamlet, am 14. desgleichen, am 16. als „Fähnrich" in dem gleichnamigen Stücke, am 17. in „Verbrechen aus Ehrsucht" als Ruhberg, am 18. als Don Carlos und am 19. auf allgemeines Verlangen als Hamlet gastirt und viel Beifall erworben. Eine Zuschrift Engel's an Ramler sagt über ihn: „Der Schauspieler Klingmann spielt 2 mal mehr, als wozu er sich anheischig gemacht hatte und wenn wir rechnen, was er bei jeßiger Jahreszeit und auf welche Stücke er es uns eingebracht hat, so sind wir wirklich mit ihm sehr gut gefahren. Wir theilen noch nicht mit ihm das Surplus über die Etatsäße, wenn wir die ihm anfänglich zugedachten 50 Dukaten in 50 Friedrichsdor verwandeln, worüber ich mir, da die Kasse noch heute instruirt werden muß, weil Herr Klingmann morgen früh abreisen muß, die Meinung meines höchstgelehrten Kollegen gehorsamst erbitte, Engel, d. 17. April 91." — Hierunter steht die Bemerkung: „Ich bin dem Schauspieler Klingmann zwar sehr gut, aber eine gute Wirth= schaft erfordert wohl, daß wir ihm nicht mehr als 50 Dukaten geben. Kriegsrath Bertram votirte gar nur auf 100 Thlr. Wenn er völlig den perorirenden Ton abgelegt haben wird, dann bin ich meines höchst gelehrten Herrn Kollegen Meinung, ihm mehr zu geben, wenn er uns wieder besuchen will. Diese große Summe würde herauskommen und ein jeder andre Schauspieler eben soviel begehren.

Ramler." —

„P. S. Wären wir doch bald so glücklich uns bald von der Schuldenlast loszumachen!" —

In diesen beiden Auslassungen der Direktoren ist beachtenswerth, daß Engel einen zahmeren, ergebeneren Ton gegen Ramler an= schlägt und Ramler das erste Mal dem Kollegen in deutlicherer Weise entgegentritt. Aus Ramler's Postskript geht hervor, daß die „Schuldenlast" des Theaters doch noch immer groß und der Zustand des Institutes keineswegs so glänzend gewesen sein muß, als Engel ihn in seinem Entlassungsgesuche im Frühjahr 90 geschildert hat. Zu obigem Meinungsaustausch verhält sich folgender Kgl. Befehl etwas sonderbar:

„Sne. Kgl. Majestät von Preußen Unser Allergnädigster Herr haben in Erfahrung gebracht, daß der vor Kurzem in Berlin gewesene Acteur Klindmann mit vielem Beifall gespielt hat, da derselbe aber auf sechs Monathe anderwärts engagirt ist; so befehlen Allerhöchst Dieselben der Direktion des Nationals=Theaters hierdurch, selbigen, wenn die Zeit um sein wird, zu engagiren. Zugleich lassen Sr. Majestät der Direktion Höchst Dero Verwunderung zu erkennen geben, daß dieser Klindmann zum besten derselben und Vergnügen des Publikums noch nicht engagirt worden ist.

Potsdam, d. 21. April 1791.   Fried. Wilhelm."

Bisher hatte der König, wie wir wissen, sich in die Angelegenheiten des Nationaltheaters derartig gemischt, daß er zu Gunsten der großen Oper des ersteren Personal forderte, daß er ferner theils Stücke einsendete, theils deren Aufführung, mitunter auch deren Besetzung in den Hauptrollen bestimmte. Jetzt befiehlt er die Anstellung Klingmann's und ertheilt der Direktion einen Verweis, daß sie denselben bisher noch nicht angestellt hat; solche Engagementsbefehle wiederholen sich später! — — Wir sehen also, daß die Abhängigkeit und die üble Lage der Direktion noch im Wachsen war. Klingmann, oder Wer ihr sonst befohlen wird, engagiren zu müssen, ohne gefragt zu werden, ob das Theaterbudget dies aushalten könne, muß zu üblen Folgen und zu einer Ueberbürdung des Etats führen, die sehr weit von der „guten Wirthschaft," an welcher Freund Ramler so sehr gelegen ist, abweicht. Es wird zwar heute noch beim Kgl. Schauspiel, wie bei der Oper Allerhöchsten Ortes die Genehmigung zu neuen Engagements nachgesucht, aber abgesehn davon, daß auch diese Theater königliches Eigenthum, deren Mitglieder königliche Diener sind, welche von dem Herrscher besoldet und pensionirt werden, so geht doch allen diesen Unternehmungen stets erst der Vorschlag des Intendanten vorauf. Keinem Nachfolger Friedrich Wilhelm II. fiel es unseres Wissens ein, derartige Bestimmungen auf eigene Hand hin zu treffen, ohne die Ansicht der Bühnenleitung erst gehört, die Lage des Theaters berücksichtigt zu haben. Daß König Friedrich Wilhelm II. bei seinem Eingreifen in die Befugnisse der Direktion die besten Absichten mit dem Theater, daß er die richtigen Kunstzwecke im Auge hatte und die Opfer, welche er dem Nationaltheater zumuthete, durch reichliche Unterstützungen wieder aufwog, ist bewiesen. Hier soll also nur festgestellt werden, daß solche Eingriffe in gesteigertem Maße stattfanden und selbst wenn sie der Sache zum Heile gereichten, doch immer Eingriffe blieben, bei denen eine geordnete Verwaltung nicht bestehen konnte! — — Zum 1. Male wurde am 23. April das Lustsp. i. 1 A. von Spieß „Die Perücken" dargestellt und mißfiel; dafür ging „Das große Loos", Lustsp. in 1 Akt v. Hagemeister, am 2. Mai mit Beifall und „Die Liebe im Narrenhause", Operette in 2 Akten von Stephani, Musik v. Dittersdorf, am 16. Mai in Scene und gefiel ebenfalls ganz außerordentlich.

Der folgende Schriftwechsel der Direktoren ist interessant, da er eine spätere Zierde des königlichen Theaters, den Sänger Gern, betrifft, dessen Sohn der noch in unserem Gedächtnisse unter dem Namen „Gern, Sohn," hochgehaltene, allbeliebte Komiker war. —

„Lieber Herr College. — Herr Gern hat seine Rollen gesungen, er sagt mir eben jetzt, daß er nur noch die Abfertigung von des Königs Majestät erwarte und dann ungesäumt zurückreisen werde. Es fragt sich jetzt, was für eine Be= lohnung er von uns erhalten soll. Wenn wir den Vortheil, den er uns gebracht, mit ihm theilen, so wird er für den Abend ohngefähr 8 Friedr. bekommen, welches zusammen 24 Stück machen würde. Ich habe da noch sehr zu unsrem Vortheil gerechnet, denn wie sonst unsere Einnahmen beschaffen sind, werden Sie schon selbst mit Mißvergnügen vernommen haben. Daß ein Königliches weniger wie als ein Privattheater zahle, möchte ich doch unsrer Ehre wegen nicht gern und das Vorgeschlagene wäre sicher das Wenigste, was Schröder gegeben hätte.

— Schroeder ist hier, hat sich aber fest erklärt, nicht spielen zu wollen, wie er denn auch in Wien, trotz der Aufforderung vom Hofe nicht gespielt hat. Ihr ganz eigner

Berlin, d. 7. Juni 1791.   ergebenster Engel." —

Darauf erfolgt die Antwort:

Für dreymal zu singen dächte ich wären 24 Frd. zu viel. „Wir bezahlen als= dann wie Friedrich II., der den Ausländern immer mehr gab, wie den Ein= heimischen. Lassen Sie uns Denen etwas zuwenden, die bey uns bleiben. Herr Gern wird gern mit 24 oder 30 Dukaten fürlieb nehmen. Dieß ist meine unmaßgebliche Meinung, weil wir jetzt eine große Dürre in der Kasse vor uns sehen. Ich umarme Sie ungeachtet dieses kleinen Widerspruchs in Gedanken von ganzem Herzen als Ihr

treuer alter Freund und College
Ramler."

Darunter bemerkt Engel: „Also 30 Ducaten oder noch besser 20 Frd. Die eodem." —

Dieser „kleine Widerspruch" ist doch ein abermaliger des sparsameren Ramler dem freigebigen Engel gegenüber. Des Ersteren Gründe sind übrigens nur zu billigen. Man befand sich im Anfange des Juli, also der „saison morte" gegenüber. Der Vergleich mit Friedrich II. ist wirklich vortrefflich und der Grundsatz richtig, das Gute, was man besitzt, dem Vorübergehenden vorzuziehn. Der stolze Glaube Engel's, nicht an der Spitze eines Privat=, sondern eines Königl. Theaters zu stehn, welcher ihn so freigebig machte, beweist, daß er die Stellung des Instituts falsch beurtheilte. Diese schiefe Annahme und fortgesetzte Selbsttäuschung wurde aber Ursache, daß von der Direktion, wie vom Hofe unrichtige Schlüsse, welche dem Institut nicht zum Vortheil

gereichten, gezogen wurden. — Wir erfahren durch obigen Brief
Engel's zugleich, daß Schroeder seit seinem bekannten Streitfall mit
Theophil Doebbelin zum ersten Male wieder in Berlins Mauern
verweilte. Er war nicht mehr K. Kgl. östr. Hofschauspieler in Wien,
sondern stand längst an der Spitze seines berühmten hamburger Unter=
nehmens. Engel scheint bei demselben wegen eines Gastspiels angefragt
zu haben, Schroeder aber hatte dasselbe in der — wahrscheinlichen
Erwägung abgelehnt, daß Berlin zur Zeit kein wünschenswerther Ort
zum Gastspiel, der Monat Juni aber für ein solches noch weniger ge=
eignet sei. Das Verhältniß Schroeder's zu der Direktion des National=
theaters scheint überhaupt ein mehr konventionell steifes, — argwöhnisches,
als freundschaftliches gewesen zu sein. — — Eine, am Theater stets
seltene, bisher in Berlin noch nicht dagewesene, erfreuliche und erhebende
Feier stand der Nationalbühne bevor und die beiden folgenden Dokumente
leiteten sie würdig ein:

„Allerdurchlauchtigster pp.

„Ew. Königl. Majestät, halten wir uns verpflichtet, hiermit alleruntertänigst anzu=
zeigen, daß auf den bevorstehenden 8. Julius die alte Verdienstvolle Schauspielerin
Brückner volle 50 Jahr dem Theater gedient hat, und daß sowohl die Gesell=
schaft, als das Publikum einer öffentlichen Feier dieses Tages auf dem hiesigen
Nationaltheater entgegensieht. Von der Gnade Euer Königl. Majestät erwarten wir die
huldreichste Erlaubniß, ihr in Allerhöchst Dero Namen zu ihrem Jubelfeste eine
Benefiz Vorstellung, wozu sie ohne Zweifel Gotters „Jeanette" wählen wird,
und für die Zukunft eine Versicherung ihrer Pension auf Lebenszeit, nebst der
Befreiung von allen fernern Arbeiten, als wozu sie in der That schon zu schwach
wird, ankündigen zu dürfen. Die wir in tiefster Ehrfurcht ersterben
Berlin, den 15. Junius 1791.   E. K. M.
                                    allerunterth. treugeh.
                                    Ramler. Engel."

„Sr. Königl. Majestät v. Preußen Unser pp. wollen der Schauspielerin Brücknern,
welche nunmehro dem Theater 50 Jahre gedient hatt, nach dem Antrage der Direktion
des Nat. Ths., vom 15. dieses, zu ihrem Jubelfeste nicht nur eine Benefiz Vorst.
bewilligen, sondern es soll ihr auch ihre zeitherige Pension auf Lebenszeit, nebst
der Befreiung von allen ferneren Arbeiten versichert werden: Allerh. Dieselben
tragen gedachter Direktion hierdurch auf, solches der p. Brückner anzukündigen.
Charlottenburg, b. 19. Juny 1791.   Friedrich Wilhelm."

Unter demselben Datum erfolgt auch zwischen beiden Direktoren
ein seltsamer, eben nicht sehr deutlicher Meinungsaustausch.
De dato 15. Juni schreibt Engel an Ramler:

„Ich habe mit der Schauspielerin Engst nicht das Mindeste abgemacht, wie ich das wirklich nie in Geld- und Engagementssachen thue,
sondern allemal an meinen höchstgeschätzten Collegen verweise." — Da
sie indeß bedürftig, brav in ihrer Kunst und der Zustand der Kasse blühender als jemals sei und er (Engel) „auch gern wieder in den Besitz
seines Geldes wäre," da er — „noch einmal — völlig herunter und mehr
schuldig sei," als er habe, so empfiehlt er die Engst für eine Zulage.

Ramler entscheidet sich: „da die Engst ein vortreffliches Talent
als Schauspielerin besitzet, die Kasse sich in guten Umständen befindet,
und damit auch zugleich mein höchstgeehrter Herr College zu seiner Aus-
lage komme, für ein Geschenk von 100 Thalern und wenn nöthig
für einen Vorschuß auf ihre Gage mit mäßigen wöchentlichen Abzügen!"
— Um eine etwaige Verwechselung des Lesers zu vermeiden, erinnern
wir, daß hier von der geschiedenen Frau Engst, geb. Rouillon, nicht
von der zweiten Frau des Engst, geb. Riesen, welche mit ihrem Manne
bereits 1790 abgegangen ist, die Rede sein kann. —

Die abgebrochene Schreibart der Auslassungen beider Direktoren
vermehrt noch das Dunkel der betreffenden Angelegenheit. Fast scheint
es, als ob über dieselbe schon ein Austausch zwischen ihnen, vielleicht
durch Bertram oder Jacoby, stattgefunden hätte, denn Engel's
Zuschrift beginnt mit einer Verwahrung, der doch nothwendig ein Bedenken Ramler's vorhergegangen sein muß, welches Engel jetzt
zu zerstreuen sich beeilt. Auffällig ist, daß beide Direktoren darüber einig
sind, die Kasse sei blühender denn je beschaffen, obwohl bei der Verhandlung wegen Gern von der Dürre derselben die Rede ist! Was
ist das Richtige? — — Das Eigenthümlichste ist aber Engel's Verschul-
detsein und daß er — demohnerachtet Madame Engst Geld (100 Thlr.?)
geliehen hat!! Wenn die Sache auch einen natürlicheren, argloseren
Verlauf nahm, als diese sibyllinischen Aeußerungen muthmaßen lassen,
sonderbar bleibt doch immerhin, daß Mad. Engst es wagen durfte, bei
ihrem Vorgesetzten eine Anleihe zu machen! Entweder setzt dies zwischen
Engel und ihr eine große Vertraulichkeit voraus, oder des Ersteren seltene
Opferwilligkeit für das Nationaltheater, Madame Engst dem Institute
um jeden Preis zu erhalten. — Wie sich herausstellen wird, war übrigens
Mad. Engst-Rouillon ein sehr heiteres Weibchen, das sich mit
ihrem Cölibat vortrefflich abzufinden verstand. —

Am 8. Juli beschloß Mad. Brückner, geb. Kleefelder, eines der ältesten Mitglieder des Nationaltheaters, ihre künstlerische Thätigkeit, welche sie ununterbrochen 50 Jahre der Bühne gewidmet hatte, als Gräfin in „Jeanette" von Gotter. Sie war 1719 in Königstein bei Dresden geboren, und hatte daselbst 1741 bei der Neuberin begonnen; mit der Koch'schen Truppe 1771 nach Berlin gekommen,trat sie 1775, als Doebbelin laut seiner Konzession das Theater übernahm, zu demselben über. — Der gesammte Hof und ein zahlreiches Publikum betheiligten sich an ihrem Jubelfeste. Nach dem Schlusse des Stückes hob sich der Vorhang noch einmal und das gesammte Künstlerpersonal bildete auf der Bühne einen Halbkreis, in den die Matrone feierlich von Fleck geführt wurde. Die greise Brückner nahm von ihren Kollegen und von dem Publikum für immer Abschied und war so ergriffen, daß Thränen ihre letzten Worte erstickten und sie forteilte. — Theophil Doebbelin, Labes nebst Frau und die würdige Brückner waren die ersten pen-sionirten Mitglieder des Nationaltheaters! — — In diesem Monat wurde der Jahresetat pro August 1791 bis dahin 1792 aufgestellt und den 10. Juli vom Könige genehmigt, wobei derselbe die Bezahlung der Decorationen für Richard Löwenherz und für die Sonnenjungfrau aus der Hofkasse verfügte. Die Höhe des Etats betrug 48,120 Thaler*). — Vom 15. bis 26. Juli waren die Schauspieler des Nationaltheaters zu Hof=Vorstellungen in Potsdam. Am 17. Juli wurde daselbst „Reinhold", Oper in 2 A. n. d. Frz., Musik. v. d'Alayrac, zum ersten Male und ein einstudirtes altes Lustspiel: „Der Postzug" vor dem Hofe im Neuen Palais, erstere Oper aber darauf in Berlin am 27. zur Aufführung ge-bracht. Wiederholungen von „Der Geadelte Kaufmann" und „Der taube Liebhaber" fanden am 23. im Neuen Palais, am 25. die Wieder-holung von „Die Liebe im Narrenhause" auf dem Schloßtheater vor dem Hofe statt. Zum 1. Mal wurde am 3. August „Pygmalion ll." oder „Was vermag die Liebe nicht", Lustsp. i. 5 A. a. d. Engl. des Conway, von Cowmeadow, auf dem Nationaltheater aufgeführt. — Um doch auch den Erzeugnissen der Theater=Presse einen Blick zu gönnen, sei bemerkt, daß sich Berlin, außer der „Korrespondenz" des Herrn Rath Cranz und einzelnen anderen literarischen Kritikern, seit den letzten Jahren eines feinsollenden Witzblattes: „Tlantlaquatla-

---

*) Unter Doebbelin nur 32,000 Thlr. etwa!!   D. V.

patli" erfreute. Daſſelbe iſt ein Gemiſch von Albernheiten, giftigen
Seitenhieben und die Ablagerungsſtätte für den berliner Stadt= und
Theater=Klatſch. In dieſem Jahre ging dies edle Unternehmen indeß
ein und machte dem „Dramatiſchen Pantheon" von Seyfried,
— „Herrn Profeſſor Johann Jacob Engel gewidmet," — Platz,
in welchem ſich Herr Seyfried auf Seite 5 der Vorrede als Vater des
„Tlantlaquatlapatli" entpuppt!! —

Ein höheres Entwickelungsſtadium der deutſchen Oper des National=
theaters bereitete ein Kabinetsſchreiben des Königs vor, alſo lautend:

„Hochgelahrter, beſonders lieber Getreuer!
Da ich gern ſehen werde, daß am 23. September bis 1. Oktober dieſes Jahres
neue Comoedien gegeben werden können und beſonders wünſche, daß die Opera
Tarar oder Axur den 23. September auf dem Schloß=Theater im neuen Palais
zu Potsdam geſpielt werden kann, ſo habe ich Euch deshalb ſowohl ſolches als
auch, daß nur dieſe Eine daſelbſt geſpielt werden ſoll, bekannt machen wollen.
Sollte es an Acteurs fehlen, ſo wären die Sängerin Niclas, auch die Sänger
Ficher und Hurka mit zu Hülfe zu nehmen. Zu dem Ende überlaſſe ich Euch das
weiter Nöthige mit dem Mahler Verona wegen den Decorationen zu der gedachten
einen Oper zu Potsdam und ſonſt Erforderliche zu beſorgen und bin Euer
gnädiger König   F. Wilhelm."
Potsdam den 13. Auguſt 1791
An den Profeſſor Engel." — — —

Ob es Freiherr von der Reck gerade ſehr angenehm geweſen ſein
mag, daß der König die Künſtler der großen Oper für die Vorſtellung
der Direktion des Nationaltheaters zur Verfügung ſtellte, dürfte zu be=
zweifeln ſein; jedenfalls beweiſt dieſe, wenn auch nur augenblickliche
große Vergünſtigung des Königs, wie ſehr ihm daran gelegen war, die
deutſche dramatiſche Geſangskunſt zur Blüthe zu bringen! Allerdings
hing es von dieſem Verſuche ab, ob eine weitere Entwickelung derſelben
möglich ſein werde, aber dieſer erſte — ſehr glückliche Verſuch hatte un=
mittelbare Folgen, welche der deutſchen Muſik, wie dem Nationaltheater
einen neuen mächtigen Aufſchwung gaben. Dieſem Allerhöchſten Befehle
gemäß richtete die Direktion ſofort an den König einen Bericht, welcher
Vorſchläge enthielt, die lokalen techniſchen Schwierigkeiten der Ausführung
zu beſeitigen. Dieſelben betrafen nicht nur das Decorationsweſen, ſon=
dern auch die Comparſerie und das zu der Oper nöthige Ballet. —

Zum 1. Mal wurde „Getroffen", Luſtſpiel i. 1 A. v. Schletter,
am 14. September aufgeführt. — Der für das Nationaltheater ereig=

nißvollste Tag dieses Jahres rückte heran. Gerechtes Aufsehn und
Neugierde mußte es schon erregen, daß der König an seinem Geburtstage
eine deutsche Oper als Festvorstellung befohlen hatte. Alles war auf
das Sorgfältigste vorbereitet worden, der Reichthum der neuen Decora=
tionen von Verona, der Glanz der besonders gefertigten Kostüme ließ
Nichts zu wünschen und unter den glücklichsten Vorzeichen ging am
23. September vor dem Hofe in Potsdam zum 1. Mal: „Axur, König
von Ormus", Singspiel i. 4 Akten nach Beaumarchais, Musik von
Saliéri, in Scene, in welchem der Kammersänger und Bassist der
großen Oper, Fischer, die Hauptrolle: „Axur" sang. Das Resultat
der Vorstellung war ein überraschend günstiges. Dies beweisen nicht
allein die Berichte, noch deutlicher thun es die thatsächlichen Folgen. —
„Konradin", Trauerspiel i. 5 A. v. Klinger, erschien am 25. Sep=
tember zum 1. Male ebenfalls in Potsdam, aber ohne Beifall; „Stadt
und Land", Lustsp. i. 3 A. von Spieß, wurde am 28. desselben Mo=
nats sogar ausgepocht. — Daß Engel jede glückliche Gelegenheit zu er=
greifen und den erreichten Erfolg geschäftig auszubeuten verstand, muß
man anerkennen. Ob nun der Geburtstag des Königs, oder, wie es
wahrscheinlich ist, die damals bezeigte Freude der Berliner über die Er=
werbung von Anspach und Baireuth ihm einen Beweggrund ließ,
er suchte die seit Axur ohnehin für das Nationaltheater gewachsene
Vorliebe des Königs noch durch einen lokal=patriotischen Akt zu erhöhen.
Wie aus einer Verständigung Engel's mit Ramler vom 29. September
hervorgeht, äußerte Ersterer zu Ritz: „daß zur Bethätigung der Theil=
nahme an der öffentliche Freude eine Vorstellung zum Besten der Armen,
die unsere Kasse bei ihrem jetzigen Zustande schon tragen könne, mir
das schicklichste Mittel schien." Bereits war von Ritz, der dem Könige
dies Vorhaben gemeldet hatte, am Tage vorher ein Billet eingelaufen,
welches die Kgl. Erlaubniß, am 2. Oktober „Die Samnitische Ver=
mählungsfeier" zum Besten der Armen zu geben, „gern" ertheilt. So=
fort wurde die Sache auch mit gehörigem Aufsehn in Scene gesetzt,
die Armendirektion sendete für die frohe Nachricht ihren Dank am
1. Oktober ein und es wurde mit der vorbenannten Oper, welche
unter anderen Umständen schwerlich besondere Einnahme gebracht haben
würde, ein volles Haus erzielt! — In einer Konferenz am 30. Sep=
tember war von Ramler und Engel außer der Kündigung der Schau=
spieler Arnoldi und Weißschuh beschlossen worden, die Tänzer und Tän=

zerinnen beizubehalten. Die Direktion übernahm also jetzt das Ballet ganz allein, eine Maßregel, welche den Etat, aber nicht die Einnahme erhöhete, da das Ballet im Nationaltheater immer nur eine sehr kostspielige Beigabe blieb. Als Novität ging am 11. Oktober „Der seltene Onkel", Lustsp. in 4 A. von dem unermüdlichen Jünger, mit Fleck, den Damen Unzelmann und Engst in Scene und gefiel außerordentlich. Am Geburtstage der Königin (16. Oktober) gelangte zum 1. Mal: „Der Papagey" oder „Der Schiffbruch", Schauspiel in 3 A. von Kotzebue zur Aufführung, ohne die früheren Erfolge des Verfassers, trotz Mattausch's vortrefflicher Darstellung, zu erreichen. Die Gehässigkeit der italienischen Gesangskünstler der großen Oper gegen den Sänger Franz ließ Letzteren jetzt folgenden Schritt thun:

„Allerdurchlauchtigster König!

„Allergnädigster König und Herr!

Da sich bereits seit einigen Jahren durch Vermehrung meiner Familie meine Lage in etwas verschlimmert hat und auch überdies bei Ew. Königl. Majestät großen italienischen Oper sowohl, als Opera buffa, alles so besetzt ist, daß wenig oder gar keine Hoffnung für mich übrig bleibt, mein geringes Talent durch Uebung auszubilden, da ferner bey Allerhöchst Dero National Theater schon lange in die Stelle des verstorbenen Frankenberg ein Bassist gesucht wird, der im Stande ist, ernsthafte Rollen zu singen und ich also daselbst Gelegenheit finden möchte (den Arbeiten unbeschadet, welche mir die italienische Oper auferlegen könnte) sowohl meine Umstände zu verbessern, als auch in der Sing- und Schauspielkunst Fortschritte zu machen, ergeht meine alleruntertänigste Bitte dahin: daß Ew. Kgl. Majestät Allergn. zu verstatten geruhten, auf Allerhöchst Dero Nationaltheater in einer Rolle Auftreten zu dürfen und dadurch mein Talent in diesem Fach zu prüfen. — Für diese Allerhöchste Kgl. Gnade würde ich zeitlebend mit dem Gefühle der innigsten Dankbarkeit ersterben.

Berlin d. 21. October 1791   Ew. Kgl. M.

alleruntertänigster

der Kammer-Sänger Franz."

In keiner Kunst ist immerwährende Uebung mehr geboten, wie in der Bühnendarstellung; ein Schauspieler, der nicht genügend beschäftigt wird, macht, habe er auch das bedeutendste Talent, sofort Rückschritte. Die große Oper, welche ohnedies den größeren Theil des Jahres müßig ging und eigentlich nur im Winter zusammentrat, bot aufstrebenden Talenten, wie Franz, wenig Gelegenheit zur Entwickelung ihres Talentes. Da Franz sich durch seine italienischen Kollegen völlig von der Bühne verdrängt sah, suchte er sein Heil in der ihm naturgemäßeren Sphäre der deutschen Oper. Die Verhältnisse wie des Königs Geschmack waren seinem Wunsche günstig. — Die Angelegenheit entwickelte sich in folgender Art. Am 24. Oktober, drei Tage nach des Künstlers Bitte, wurde gerade „Axur, König von Ormus", z. 1. Mal den Berlinern auf dem Nationaltheater mit den Decorationen und Kostümen, welche der König für die potsdamer Festvorstellung bewilligt hatte, vorgeführt. Für den Bassisten der großen Oper, Fischer, sang die Partie des Axur aber der Sänger des Nationaltheaters Brandel, ohne derselben gerecht werden zu können. Da jedoch die Oper dem Publikum, wie dem Könige außerordentlich gefiel, schenkte Letzterer sämmtliche in Axur gebrauchte Decorationen und Kostüme dem Nationaltheater, welches einen bisher noch nicht gekannten Zuwachs äußeren Glanzes dadurch erhielt! Den zweiten Tag hierauf, am 26., erhielt Franz folgende Kgl. Resolution:

„Sr. Königlichen Majest. v. Preußen, Unser allergnäd. Herr machen der Direction des Nationaltheaters hierdurch bekannt, daß Allerhöchst Dieselben nichts dagegen haben, wenn der Kammer-Sänger Franz, mit beybehaltung seiner Geschäfte bey der Italiänischen Oper und Opera buffa, bey dem Nationaltheater angenommen wird, und genehmige zugleich, daß derselbe, nach seinem in der Anlage gethanen Ansuchen, zur Prüfung seines Talents in einer Rolle bey dem Nationl-Theater auftreten könne.

Potsdam d. 26. Oktbr. 1791."   Fr. Wilhelm." —

Franz wurde dem Nationaltheater durch die Ordre also überwiesen, allerdings zu dessen größtem Nutzen und wahrscheinlich nicht ohne vorhergegangene Verständigung des Sängers mit der Direktion. Die erste Aufführung von „Die beiden kleinen Savoyarden", Oper in 1. A., Musik von d'Alayrac, fand am 9. November statt. Dieselbe hatte ganz außerordentlichen Beifall und wurde oft dargestellt, besonders gewann Friederike Unzelmann in ihrer Rolle die gesteigerte Gunst des Publikums. Axur wurde am 13. November dargestellt und Kammersänger Franz debutirte in der Titelrolle; die Vorstellung war eine im höchsten Maße befriedigende! Nunmehr gewann durch Hinzutritt dieses bedeutenden Künstlers die deutsche Oper Gestalt und Leben, das Nationaltheater ward siegreicher Nebenbuhler der Kgl. Oper! Die unterm 11. November von Franz an die Direktion gestellte Honorarforderung von 400 Thl. Jahresgage wurde bewilligt, somit war Kammersänger Franz Mitglied der großen Oper und des Nationaltheaters; das letztere hatte indeß den Löwenantheil an ihm. Von der nunmehrigen Gestaltung der deutschen Oper wird der Leser sich leicht einen Begriff machen, wenn er sich zurückruft, daß dieselbe jetzt für die Hauptpartien: Ambrosch (Tenor), Unzelmann (Tenorbuffo, Bariton), Lippert (Tenor= und Baßbuffo), Franz (Baß) und die Damen Unzelmann, Baranius wie Dem. Hellmuth besaß. — In einer Wiederholung der „Klara von Hoheneichen," am 26. November, debutirte Herr Berger als Bruno mit Beifall. „Er mengt sich in Alles" Lustsp. i. 5 A. n. d. Engl. von Jünger, kam z. 1. Mal am 28. November zur Darstellung, bis 1841 wurde es etwa 125 Mal gegeben. Das Nationaltheater schloß am 20. Dezember seinen diesjährigen Novitätenkranz zum Benefiz für Dem. Marianne Hellmuth mit: „Das rothe Käppchen", Oper in 2 A. von Dittersdorf, welche zwar zuerst nicht ansprach, sich trotzdem aber bis zum Jahre 1809 auf dem Repertoir erhielt und nahe an 40 Mal wiederholt wurde. — Im Ganzen hatte man 19 neue Stücke aufgeführt; einen größeren Erfolg errangen unter diesen indeß nur Spieß's „Klara von Hoheneichen," Dittersdorf's: „Liebe im Nar= renhause," Jünger's „Er mengt sich in Alles," besonders aber Saliéri's „Axur" und d'Alayrac's „Savoyarden." Die deutsche Oper hatte es dem deutschen Drama diesmal entschieden zuvorgethan! — Zwei Be= gebenheiten sind noch erwähnenswerth, deren erstere den Beweis liefert, wie damals der, schon von uns besprochene, Raub von Stücken zum eigenen Nachtheil der Theater betrieben wurde:

„Pro Memoria!

„Den sämmtlichen Mitgliedern des Kgl. National=Theaters sehe ich mich genöthigt, die genaueste Aufmerksamkeit auf ihre aus ungedruckten Manuscripten gezogene Rollen um desto mehr zu empfehlen, da es nur zu gewiß ist, daß dergleichen Rollen ihnen theils entwendet, theils abgeliehen, und dadurch die Stücke, wider das ausdrückliche den Autoren gegebne Versprechen, auf andere Theater gebracht worden. Hierdurch leidet nicht allein die Ehre, sondern auch der Credit der Königl. Direktion, und gewiß nicht weniger die Ehre der Gesellschaft. Zum Be= weise des Letzteren führe ich nur das Einzige an, daß ich in einem Briefe des Herrn Schröder vom 10. Oktober d. J., den ich Jedermann zeigen kann, die harten Worte haben lesen müssen: „Sagen Sie mir um des Himmels willen! Was haben Sie für Sp....? Doebbelin hat Jünger's „Entführung" von Ihrem Theater bekommen und aufgeführt!" — Da ich die Quelle, aus welcher Herr Schröder diese Nachricht geschöpft, errathen konnte, so forschte ich der Wahrheit desselben nach und sah endlich zu meinem Erstaunen, daß sich in der Gesellschaft selbst die Person wirklich finde, die sich eine so unwürdige, pflicht= widrige, dem Interesse des Ganzen so nachtheilige Handlung erlauben durfte.

Wenn ich aus einer vielleicht zu weit getriebenen Schonung den Namen dieser Person für diesmal noch verschweige, so kann ich doch das Factum selbst nicht verschweigen, um meiner obigen Erinnerung, daß man die Rollen sorgfältig an sich halten möge, desto mehr Nachdruck zu geben. Es wird jetzt in Kurzem das „Bürgerglück" von Herrn Babo ausgetheilt werden; ich habe mein heiliges Ehrenwort, im Vertrauen auf die Ehre der Mitglieder, gegeben, daß dieses Stück von hier aus auf kein anderes Theater kommen solle: und sehr ungern möchte ich nun mit diesem würdigen Manne einen ähnlichen Auftritt haben, als Herr Großmann mit dem Herrn von Kotzebue hatte; sehr ungern möchte ich nach dem Beispiel des ersten genöthiget seyn, irgend Jemand der öffentl. Schande und Verachtung Preis zu geben, um meine eigene Ehre zu retten. Ich ersuche sämmtliche Mitglieder beiderlei Geschlechts, ihr Vidi diesem Circular beizusetzen, welches der Theaterbote Eifig, nachdem er es Allen mitgetheilt, an mich zurückzuliefern angewiesen ist.

Berlin, den 29. November 1791.　　　　　　　　　　　　Engel.

vidi Fleck	Arnoldi
Greibe und Frau	Rüthling
Böheim und Frau	Reinwald
Mattausch	Zützel
Kaselitz	Baranius
Czechtitzky	Docbbelin
Unzelmann	Wegeleben
Unzelmann	Altfülst
Ambrosch	Hellmuth und Tochter
Engst	Wiegensdorf
Lippert	Bessel
Herdt gelesen	Brandel
nomine meiner Frau	Franz
Zimmerle	Carl Benda." —
Böhm	
Berger	

Das letzte Dokument des Jahres und dessen Erledigung durch den König beweist sowohl die gesteigerte Freigebigkeit des Letzteren als auch die Geschicklichkeit der Direktion, dieselbe rege zu erhalten.

„Allerdurchlauchtigster!

„Da der jetzige Vorhang im National=Theater, bei seinem schlechten Aussehen, zugleich so beschädigt und durchlöchert ist, daß er ehestens zu zerreißen droht; so haben wir auf die Verfertigung eines neuen gedacht, und unterstehen uns, Ew. K. M. beikommende, von dem Direktor Rode entworfene Zeichnung zu höchster Beurtheilung allerunth. zu überreichen. Die Idee der nicht ganz deutlich ausgeführten Zeichnung soll sein: daß die Göttin der Schauspielkunst, an den sie begleitenden tragischen und komischen Genien kennbar und von den Tugenden, die vom Himmel herabsteigen, begleitet, mit der einen Hand einen Vorhang wegzieht und mit der anderen·auf die Laster und Schönheiten zeigt, die sich dahinter verborgen haben. Sollte diese Idee so glücklich seyn, den Allerhöchsten Beifall zu erhalten, so würden wir, da im Etat des National-Theaters für Decorationen nichts ausgesetzt ist, nur noch um die einzige Gnade bitten, zur Bezahlung der Kosten, die der Direktor Rode, als Ausführer der ganzen Arbeit aufs billigste einzurichten verspricht, durch eine eigene Allerhöchsten Ordre von Ew. Königl. Majestät autorisirt zu werden.

Berlin, den 26. December 91.   Wir verharren pp.
                                   Ramler. Engel."

„Ene. Kgl. Majestät v. Prß. Unser Allerg. Herr bewilligen hiermit, daß der nötige neue Vorhang im Nat. Th., nach dem unterm 26. v. M. von der Direktion gethanenen Vorschlage, angefertigt werden könne und autorisiren zugleich die Direktion die dazu erforderlichen Kosten zu bezahlen.

Berlin, den 4. Januar 92.   Friedrich Wilhelm." — —

— Ein tiefer, sehnsuchtsbanger Trauerton zog am Schluße dieses Jahres durch die gesammte deutsche musikalische Welt und über alle Bühnen! — „Mozart ist todt!!" klang von Wien die Kunde! — Der deutsche Arion, der Sänger aller Herzen, der Schöpfer der heutigen Instrumentalmusik, der Erste, welcher das Volkslied im Kunstgesange verklärt hatte, war am 5. Dezember 1791 von der Erde geschieden! Seine letzten, erst in diesem Jahre geschaffenen, Werke sind die Opern: „Clemenza di Tito", „Die Zauberflöte" und sein unvollendetes „Requiem" gewesen! — Gluck und Haydn waren ernster, pathetischer, — ja vielleicht erhabener, wie er, — so sangreich aber, so der Empfindung des Volkes nahe stehend, so seelenvoll und faßlich zugleich wie Er, war kein Tondichter des vorigen Jahrhunderts! — Wie es allen großen schöpferischen Geistern bisher ergangen, fand auch er seine volle, allgemeinste Würdigung, seine Volksthümlichkeit — erst im Grabe!! — — —

Personal-Verzeichniß vom Jahre 1791.

Wesseln, Herr Muf.=Direktor.

Fleck, Herr J. F. F. Regisseur.

Ambrosch, Herr Joseph	neu
Altfilist, Dem. E. S.	
Amberg, Herr J. H. J.	
Arnoldi, Herr F. W.	
Brückner, geb. Kleefelder, Mad. Catharina, Magdalena	penf.
Bessel, Herr J. F.	
Bessel, geb. Natus, Mad. A. M.	
Baranius, geb. Husem, Mad. H.	
Benda, Herr C.	

Benda, Herr Christian, Hermann . . . .   abg.
Böhm, geschied. Cartelliéri, Mad. E.
Böheim, Herr J. M.
Böheim, geb. Wulfen, Mad. A. M.
Brandel, Herr J.
Benda I. Dem. Caroline . . . . neu
Berger, Herr Johann, Ludwig (eigentlich: Lobethan) . . . . . . neu
Berger, Mad. neu u. abg.
Czechtikly, Herr C.
Corbemann, Dem.
Doebbelin, Dem. C. M.
Engst, geb. Rouillon, Mad.
Franz, Herr Johann Christian . . . . neu
Greibe, Herr F. E. W.
Greibe, geb. Engst, Mad. M. Th.
Géranb, Dem. H.
Herdt, Herr G.
Herdt, geb. Rabemacher, Mad. D. Ch.
Hellmuth, Mad. Fr.
Hellmuth, Dem. M.
Hellmuth I. Monsieur
Hellmuth II. Monsieur
Kaselitz, Herr G. C. G.
Lanz, Herr C.
Lanz, Monsieur W.
Labes, Monsieur F. C. W.
Lippert, Herr C. F.
Leist, Herr C. F.
Leibel, Herr H. J.
Mattausch, Herr Fr.
Reinwald, Herr J. D.
Rüthling, Herr H. F.
Simoni, Herr F. . . . .   abg.
Simoni, geb. Hufnagel. Mad. . . . .   abg.
Simoni, Dem.   abg.
Swab, Herr . . . . neu
Unzelmann, Herr C. W.
Unzelmann, geb. Flitter, Mad. Fr.
Weichleben, Dem. . . . .   abg.
Werner, Dem. C.
Weißschuh, Herr J. C. G.
Walter, Herr · . . . .   abg.
Walter, Mad.   abg.

Wegeleben, Dem. . . . . neu
Wiegensdorf, Herr Carl Ludwig . . . . neu
Zimmerle, Herr C.
Zützel, Dem. Caroline, Friederike . . . . neu

Das Personal-Verzeichniß am Ende des Jahres 1799 ergiebt: 49 Mitglieder

Im Laufe des Jahres 1791 { wurden engagirt: 9 / 58
{ schieden aus: 9
Bestand des Personales am Schlusse des Jahres 1791 49

1792. — Königl. Oper. Mit Wiederholung der Oper „Dario"
begann am 9. Januar der Karneval; am 20. folgte als zweite Oper
„Vasco di Gama" von Filistri, Musik von mehreren Komponisten.
So tief gesunken war bereits die berühmte italienische Oper Berlins,
daß sie nur noch zusammengeflickte Tonwerke dem Publikum vorzusetzen
hatte! Zwar sah es Friedrich Wilhelm II. klar, daß Alessandri
weder zum Komponisten noch Dirigenten taugte, aber die Coterie stützte
ihn und — Alessandri blieb!! — Reichardt war man los; Alessandri und die Herren Italiener würden es ja als tiefe Beschimpfung
ihrer Nationalität angesehen haben, wenn sie sich der so nahe liegenden,
würdigen und nutzbringenden Einstudirung Gluck'scher Meisterwerke
unterzogen hätten! Obiges Machwerk „Vasco di Gama" wurde überdies, da Sgra. Cantoni, welche Reichardt für die Opera buffa
schon als zu schlecht erklärt hatte, die Hauptrolle sang und Madame
Rubinacci ihr als secunda donna Gesellschaft leistete, schlecht dargestellt. Für den kranken Concialini sang der unbedeutende Muschietti. Der Tenorist Matteo Babbini, Lehrer der Cantoni, welchen
Reichardt's Empfehlung aus Venedig nach Berlin geführt hatte, war
aber eben so unleidlich in seiner Anmaßung, als schwach in seinen
Leistungen und mußte nach sehr verbittertem einjährigen Aufenthalte die
preuß. Residenz verlassen. Der einzige „Fischer" behauptete seinen alten
Ruhm. — Jedermann sah ein, daß es auf diese Weise nicht weiter
gehen könne, zumal die deutsche Oper zu Vergleichen aufforderte, welche
für die Kgl. Oper überaus demüthigend waren. Man bedurfte vor
Allem eines Komponisten und einer Primadonna. Für 3000 Thlr.
Gage und 100 Louisd'or Reisegeld mußte Filistri die damals berühmte Sgra. Marchetti-Fantozzi engagiren, deren Gatten, einen
mittelmäßigen Bariton, aber mit in den Kauf nehmen. Eine neue

19*

Oper für den nächsten Karneval bestellte man bei dem kur-main=
zischen Kapellmeister Righini, dessen Musik der König in seinen Kon=
zerten gern spielte. — Ueber das damalige Personal der großen Oper
finden sich in der König'schen Handschriftensammlung der Kgl. Bibliothek
folgende drastische Bemerkungen vor:

„— Herr Muschietti, 3000 Thlr. Gehalt, wofür er sehr mittelmäßig sang,
aber breist war, so daß er sich untersteht, dem Könige bei den Concerten, in
denen dieser spielt, „bravo" zuzurufen. —

„— Herr Bambini, Tenorist. Dirigirte 1792 die Kapelle und die Proben. —

„— Fischer, Baß, 1000 Thlr., war schon in Wien auf dem Theater gewesen.

„— Herr Tombolini, ein junger Mensch, 1200 Thlr., welches Gehalt im
Verhältniß zu seiner reinen Stimme und der großen Mühe, welche er sich gab,
wenig war. Am 4. Februar kommt er bittend um eine Erhöhung seines Ge=
haltes ein, da er die 1200 Thlr. schon im 14. Lebensjahr gleich beim Antritt
seines Engagements erhalten. Er hätte arme Verwandte zu unterstützen. Von
der Reck giebt ihm das beste Zeugniß und empfiehlt ihn, besonders da Fischer
und Muschietti so große Gehalte haben. Der König bewilligt — 17. März —
ihm 800 Thlr. Zulage und Reise=Urlaub nach Italien.

„— 19. April bekommt Filistri 100 Frbs. für die Marchetti Bantozzi
zur Reise hierher, Gehalt 3000 Thlr. und Frei=Logis; kommt im August 1792
an. Filistri hat das Engagement gemacht und der König bewilligt es, wenn
sie 1000 Thlr. weniger als die Lobi nimmt.

„— Franz, Baß, 500 Thlr, diente auch zugleich für 600 Thlr. beim Nat. Th.,
wo er mehr Effekt machte.*)

„— Herr Tosoni, lebt ruhig und kommt selten vor; hatte ehedem eine an=
genehme Flötenstimme, und bei Agricola Musik studirt. Ist ein guter Mann,
der keine Predigt des Paters Ambrosi versäumt und beträgt sich als guter
Gesellschafter.

„— Herr Coli 1500 Thlr., lebt dafür ganz ruhig in Potsdam!

„— Herr Graffi 1000 Thlr. Pension, die er in Italien verzehrt!

„— Herr Hurka, Kammersänger, wird wenig gebraucht. 1790 angestellt,
wo er unvermuthet Tombolini's Rolle machen mußte, die er nicht studiert
hatte. Ueberwarf sich mit Reck und mußte dafür auf der Hausvoigtey sitzen! —

„— Mad. Cantoni, ein elendes Weib..—

„— Mad. Rubinacci, ist zugleich beim Buffo=Theater, hat ein elendes Ge=
halt und unbedeutende Stimme.

„— Mlle. Niclas, ehemals beim Deutschen, dann beim Markgräflich Schwedtschen
Theater, jetzt Kammersängerin, kann nichts mehr leisten, weil ihre Stimme zu
schwach ist, hat indessen 1000 Thlr. Pension.

---

*) Der Sänger Franz hatte demnach 200 Thlr. Zulage erhalten. —

„— Mlle. Schmalz,*) Tochter des Organisten an der Garnisonkirche, 1000 Thlr. Gehalt.

„— Filistri be Caramonbani, Hofpoet, stoppelt Dinge in Opern zu=sammen, wofür er am jüngsten Tage wird Rechenschaft geben müssen. Ein stolzer Mann, der sich für einen Edelmann ausgiebt.

„— Verona, Theater=Maler, ein Vetter und Schüler des berühmten Gagliani, der einst in Berlin war, hat an 200,000 Thlr. verdient, besitzt ein schönes Haus „Unter den Linden", das einem Palaste ähnlich sieht. Er lebt äußerst kärglich. Seine Decorationen sind übertrieben und überschreiten die Natur. Er nimmt wenig Rücksicht auf die Erfordernisse des Stückes, indessen hat er solches auch nicht nöthig, weil unter Tausend Berlinern nicht zwei wahre Kenner auszumitteln sind, und das Publikum, im Ganzen genommen, zu einfältig ist.

„— Lauchery, Balletmeister, will Geschmack und Erfindung haben, allein seine Produkte sind doch immer mehr Springereyen, als wahre Ballets; indessen ist man auch mit ihm zufrieden, weil das Publikum nicht's anderes weiß, als daß in einem Ballet getanzt und gesprungen werden muß. Die höchsten Luft= und Bocksprünge charakterisiren die geschickten Tänzer.

„— Das Ganze steht unter dem Spektakelmeister Baron v. b. Reck, ein Mann der vom Theater wenig oder gar keine Kenntnisse hat und grob ist! Er disgustirt auf Kosten des Königl. Ansehens die mehrsten vom Opernpersonale, wodurch viel Gährung entsteht und das Ganze leidet." —

Dieser klägliche Zustand der Hofoper wurde durch die politischen Zustände, welche sich jetzt ernstlicher fühlbar zu machen begannen, eben nicht verbessert. Man ging düsteren Zeiten entgegen! — Am 20. April hatte Frankreich an Oesterreich den Krieg erklärt, durch welchen Preußen in Mitleidenschaft gerieth, am 14. Juli erfolgte der Sturm des Pariser Pöbels auf die Tuilerien, den 13. August wurde König Ludwig XVI. mit seiner Familie gefangen in den Temple gesetzt, am 21. September bemächtigte sich der Nationalconvent der Regierungsgewalt und am 25. September wurde in Frankreich die Republik erklärt!! Unter solchen Um=ständen verließ gegen Ende des Jahres Friedrich Wilhelm II. mit den Königl. Prinzen Berlin und begab sich zum Heere. Die politische Erregung durchdrang nunmehr alle Kreise, machte das gesellschaftliche Leben ernst und leidenschaftlich, ja, was man im deutschen Norden noch nie erlebt hatte, politische Parteiungen begannen sich zu bilden und das berüchtigte Wöllnersche Religionsedikt, auf das wir schon hinwiesen, lieferte, wie so manche Zustände bei Hofe, nur zu bequeme Waffen, um

---

*) Dem. Schmalz, die nachmals so berühmte Sängerin, wird hier nur nebenbei aufgeführt. Sie war, 1771 geb., damals erst Anfängerin, denn ihr erstes Debut fällt in's Jahr 1793.   D. V.

auch bei uns Unzufriedenheit zu erregen und französischen Ideen Spiel=
raum zu gönnen. Ein Glück, daß sich letztere bei uns nicht lange
zu behaupten vermochten, denn die blutigen Folgerungen derselben voll=
zogen sich in Frankreich so schnell und so gräßlich, daß man im deutschen
Norden vor den entmenschten Thaten der Weltbeglücker bereits zurück=
schrak, bevor man sich ihre Lehren völlig anzueignen vermochte.

Das Nationaltheater hatte unter diesen Umständen auch einen
schweren Stand. Daß es sich besser hielt, als die Königliche Oper, ver=
dankte es der innren Festigkeit und Vorzüglichkeit seines Ensembles,
der künstlerischen Höhe, welche es bereits erreicht hatte. — Der moralische
Gehalt seiner Mitglieder, wie uns mehrfach ersichtlich geworden, hielt
mit ihren Kunstleistungen allerdings nicht Schritt. Das leichte Leben,
die freien Sitten und Ansichten damaliger Zeit, die Gesinnungslosig=
keit der Menschen beförderte Ausschweifungen am Theater nur zu sehr.
Daß die wirthschaftlichen Verhältnisse der Künstler hierunter litten, zu=
mal auch die Preise mit den feineren Bedürfnissen des Lebens gestiegen waren,
zeigt sich in diesem Jahre durch Zulagen und Vorschüsse stärker als
bisher. Es erhielten solche: die Dlles. Zützel, Werner und Altfilist,
die Herren Leidel, Herdt, Fleck und Mad. Baranius. Die An=
sprüche der Mad. Engst in dieser Beziehung wurden dagegen abgewiesen;
auf den Grund der Nichterfüllung ihres Wunsches kommen wir noch
zurück. — Die werthvollste und bleibende Errungenschaft des National=
theaters war in diesem Jahre die ebenso liebliche, wie hochbegabte Louise
Mühl, welche als Fleck's Frau nachmals große Triumphe gefeiert
hat. — Herr Langerhans gastirte am 3. und 10. Januar als
Hauptmann in: „Das Kind der Liebe" und „Paul Werner" in
„Minna v. Barnhelm", Mad. Langerhans, geb. Bertram, dessen
zweite Frau, aber am 3., 5. u. 10. Januar als Amalia im „Kind der
Liebe," Bertha in „Lilla" und Franziska in Lessing's „Minna". —
Langerhans ist uns vom Jahre 1776 her bekannt, wo er mit seiner
ersten Frau, geb. Boßler, welche 1784 starb, engagirt gewesen war,
Dezember 1784 seine jetzige Frau heirathete und mit dieser bis 1787
beim Theater in Berlin geblieben war. Seine zweite Frau führte das
Personalverzeichniß von 1776 als neu engagirt auf. — Das erste
Schriftstück, welchem wir in diesem Jahre begegnen, betrifft den Künstler,
welcher nicht nur der erste Liebling des Königs, wie des Publikums,

fondern auch unzweifelhaft der fchätzenswertheſte Charakter unter feinen Kollegen war:

„Allerdurchlauchtigſter pp.

Da Eure Königl. Majeſtät das Schillerſche Schauſpiel: Die Verſchwörung des Fiesko zu Genua, von jeher mit ſo ausgezeichnetem Beyfall begnabigt haben, und dieſes Stück dadurch gewißermaßen neu geworden, daß der Verfaſſer ſelbſt einen neuen, weit intereßanteren Ausgang hinzugedichtet: So wag ich es, zu dem mir allergn. bewilligten jährl. Benefiz, für diesmal dieſes neu bearbeitete Schauſpiel allerunth. in Vorſchlag zu bringen. Zugleich wage ich es Eure Königl. Majeſtät meinen ehrfurchtsvollen Wunſch, mich auch bey meinen diesjährigen Benefiz, mit Allerh. Dero huldreichſten Gegenwart zu begnabigen, mit derjenigen tiefſten Ehrfurcht zu Füßen zu legen, mit der ich erſterbe

Berlin, den 9. Januar 1792.　　　　　　　E. K. M.

　　　　　　　　　　　　　　　　　allerunterth. treugehorſamſter

　　　　　　　　　　　　　　　　　　　　　Fleck.

Das Geſuch wurde gewährt und Fiesko ging mit ſeinem neuen Schluſſe am 8. Januar neu einſtubirt in Scene. Näherer Bericht, ob Fleck direkt durch Schiller, oder auf welche andere Weiſe er zu dem neu bearbeiteten Dichterwerk gelangt iſt, liegt nicht vor. — Wieder einmal fand ein Theaterexceß und zwar am 15. Januar ſtatt, über welchen Engel an von Möllendorff Folgendes berichtet:

„Des Königl. Generals der Infanterie und Gouverneur hieſiger Reſidenz Herrn von Möllendorff Excellenz verfehle ich nicht, hiermit unterthänig anzuzeigen, daß geſtern Abend während der Vorſtellung im Nationaltheater zwiſchen dem Lieutenant beim Hochlöbl. Regiment Gensd'Armes, Herrn von Quaſt, und dem Accise-Direktor Labaye eine Streitigkeit vorgefallen, bei welcher der Erſtere der beleidigte Theil zu ſeyn behauptete und darauf beſtand, daß der Wachthabende Unteroffizier letzteren feſtnehmen und in die Wache führen ſollte. Da der Unteroffizier auf keines andern Wort, als auf das meinige die Arretirung vornehmen zu wollen ſich erklärte und der Accise-Direktor Labaye ein bekannter, angeſehener Mann iſt, der ſich jeden Augenblick ſtellen wird und muß, ſo habe ich die Sache zur Verhütung weiterer Unruhe und zur Beſänftigung mehrerer Perſonen, die ſich für beſagten Labaye intereſſirten, dahin vermittelt, daß Letzterer nicht allein ein vollkommen ruhiges Betragen verſprach, ſondern auch auf der Stelle ſich aus dem Hauſe entfernte. Wegen der Aeußerung des Herrn v. Quaſt, daß jeder Offizier jedermann und überall auf ſeine Verantwortung könne arretiren laſſen, ohne daß irgend jemand in irgend einem Verhältniſſe ihm dabei hinderlich ſeyn dürfte, muß ich, um künftiger möglicher Fälle willen, Ewr. Excellenz um hochdero Inſtruktion und Ordre unterthänigſt bitten.

　　Berlin d. 16. Januar 1792　　　　　　　　　　Engel." —

An demſelben Tage noch erfolgte die Antwort:

„Ew. Hochebelgeb. Anzeige von den, in dem gestrigen Schauspiel zwischen dem Lieutenant von Quast und dem Accise-Direktor Labaye vorgefallenen Streitigkeiten, wovon ich bereits unterrichtet gewesen, habe ich an den Commandeur des Regiments Gens d'Armes, Herrn Obrist von Holzendorf sofort geschickt und demselben übertragen, die Sache auf das Genaueste untersuchen zu lassen und den p. Labaye klaglos zu stellen. Insofern dieses nicht geschehen sollte, so werde ich sodann von Gouvernementswegen weiter rechtliche Verfügungen erlassen und dem beleidigten Theil alle Genugthuung geben. — Uebrigens habe ich auch bei heutiger parole bekannt machen lassen, daß der wachthabende Unteroffizier in dem Schauspielhause weder auf Verlangen eines Offiziers noch eines andren, irgend jemand arritiren solle, bevor er nicht von Ew. Hochebelgeboren dazu angewiesen sey, indem die Macht von der Direction, da diese alles zu vertreten hat, auch unabhängig seyn muß, weil sonst viele Irrungen und Unordnungen leicht entstehen können. Damit dieses auch nie in Vergessenheit komme, so ist der Platzmajor befehligt, einen jeden zur Wacht kommenden Unteroffizier jedesmahl hiernach zu instruiren, wovon ich Ew. Hochebelgeb. zu benachrichtigen nicht habe ermangeln wollen. Berlin d. 16. Januar 1792.   v. Möllendorff." —

Dem Unfuge wurde auch jetzt noch nicht dauernd gesteuert; die gegen die militairischen Excedenten angewendeten, etwas gar zu zahmen Mittel Möllendorff's vermochten eine Verschlimmerung der Zustände nicht zu verhindern, denen schließlich der König selbst erst ein Ziel setzte. — Die Reihe seiner Novitäten begann das Nationaltheater am 1. Februar mit „Das Bürgerglück", Lustspiel in 3 A. v. Babo, welchem am 15. Februar zum Benefiz für Herrn und Mad. Unzelmann „Oberon, König der Elfen", Oper in 3 A., Mus. v. Wranitzki folgte. Wir geben die damalige Besetzung zum Vergleich mit der des späteren Weberschen Oberon:

Oberon	Mad. Unzelmann
Amanda	Mad. Baranius
Almansaris	Dem. Hellmuth
Hüon	Herr Ambrosch
Cherasmin	Herr Unzelmann.

Die Oper, welche, ihrem märchenhaften Stoffe gemäß, reichere Ausstattung erforderte, blieb, da auch der König wegen des Krieges diesmal nichts für dieselbe bewilligt hatte, in ihrer Wirkung hinter Axur zurück. — — Wie es mit dem Anstande unter den Mitgliedern beschaffen gewesen ist, läßt folgende Anzeige erkennen:

„Herr Mattauſch wird die Mad. Engſt nicht weiter beſuchen, wovon Ew. Wohlgeb. ich hiermit ergebenſt benachrichtige, er iſt heute früh bei mir geweſen. Ich empfehle mich gehorſamſt und freundſchaftlichſt
Berlin d. 29. Februar 1792.   v. Warſing." —

Dieſe wenigen Zeilen ſtehen auf einem in die Akten gehefteten Zettel, das Couvert deſſelben aber liegt nicht bei. An Wen die Nachricht geſendet war, iſt alſo nicht erſichtlich, auch taucht der Name des Unter= zeichners hier zum erſten Male auf. Zweifellos galt dies Papier dem Profeſſor Engel. — Ob Mattauſch, gleich ihm, der Mad. Engſt geb. Rouillon 100 Thlr. ließ, um ſie dem Kunſtinſtitute zu erhalten, ſagen die Akten auch nicht. — Der bisherige Juſtiziar des Theaters, Ditmar, deſſen ſich der Leſer noch vom Doebbelin'ſchen Prozeſſe her erinnern wird, lag dauernd krank, an ſeine Stelle mußte Jemand zum Rechtsbeiſtande gewählt werden, der zugleich das Vertrauen des Hofes, wie der Direktion genoß und deſſen Amtsverſchwiegenheit man ſicher ſein konnte. Letzteres Erforderniß war beſonders bei den Verhältniſſen des Nationaltheaters geboten, bei welchem ſo manche geheimzuhaltende Dinge obwalteten, Engel aber war es wichtig, für die Konſulentenſtelle eine Perſönlichkeit zu gewinnen und ſich zum Freunde zu machen, deren Verbindungen bei Hofe von Einfluß waren. Der Unterzeichner vorſtehenden Zettels nun, der Geheime Kriegsrath von Warſing, namentlich aber deſſen Gattin, beſaßen ſolchen Einfluß! — v. Warſing war, abgeſehen von ſeiner Amtstüchtigkeit, eine Individualität, deren Grundſätze völlig der Moral jener Hofpartei, welcher er anhing, entſprach und wir ſehen, daß ſchon ſeine erſte Amtshandlung: Mad. Engſt von des Herrn Mattauſch Beſuchen zu befreien, dem Gebiete der — delikaten Angelegenheiten an= gehört. Welches Intereſſe die Direktion eigentlich haben konnte, ſich in den Privatverkehr ihrer Untergebenen zu miſchen, iſt eine Frage, die zwar unwillkürlich in uns aufſteigt, welche ſich aber ſchwerlich beant= worten läßt, ohne einem möglicher Weiſe unbegründeten Verdachte Raum zu geben. Sonderbar bleibt die Sache immerhin! — Daß der alte Ramler nicht der Mann geweſen ſein kann, welcher durch Warſing den Liebhaber Mattauſch zu platoniſcher Entſagung verurtheilt hatte, iſt ſchon deshalb glaublich, weil er den Schauſpielern nicht unmittelbar nahe ſtand, alſo von ihren Privatbeziehungen keine genauere Kenntniß beſaß. — Welche leidende Stellung der gute, bereits 67jährige Ramler, der Freund des todten Leſſing, dieſen Männern gegenüber einnahm, wird die zunächst im März sich abspielende Angelegenheit eben so klar darthun, als daß derselbe über die Amtsführung des Kollegen Engel seine eigenen stillen Gedanken hegte. Freilich sind vorläufig dieselben durch Nichts, als die leise Ironie kenntlich, mit welcher er seine unendlich höflich=bescheidenen Einwände hin und wieder würzt. Bedenkt man, daß Ramler seine Professur am Kadettenkorps bereits 1790 niedergelegt, also außer seinem Gehalte als Dozent der Akademie kein Einkommen weiter hatte, wie seine 400 Thlr. Gage als Direktor des Nationaltheaters, daß diese Stellung für den alten Herrn mithin eine Lebensfrage war, so wird man es verzeihlich finden, wenn sein Mund gerade da stumm blieb, wo ein energisches Wort zu rechter Zeit am Platze gewesen wäre. —

Diese im Laufe des März sich abspielende Angelegenheit betraf den Dekorationsmaler Verona. — Es handelte sich um die Ausführung des vom Könige bewilligten neuen Vorhanges. Diese Gelegenheit scheint Verona benutzt zu haben, um besondere Vortheile von der Direktion zu erlangen und künftig jeden Nebenbuhler auszuschließen. Daß Verona schon unter Friedrich 11. Jahre hindurch thätig gewesen ist, gegen dessen Lebensende bei der Hofoper großen Einfluß erlangt hatte und ein reicher Mann geworden war, wurde schon erwähnt. Aeltere Berliner können sich sehr genau noch der Verona'schen Häuser Unter den Linden Nr. 17 u. 18. entsinnen! Endlich war der Maler, — wie schon früher Rath Bertram der Direktion zu bedenken gegeben hatte, mit dem Geheimen Kämmerer Ritz sehr eng befreundet und stand der italienischen Coterie als Landsmann außerordentlich nahe, welche durch Filistri und Concialini ihren Einfluß auf die spätere Gräfin von Lichtenau ausübte. Unter solchen Zuständen hatte der Dekorationsmaler bisher nicht nur alle Arbeiten bei der Kgl. Oper, wie beim Nationaltheater als ein ihm allein zustehendes Privilegium ausgeführt, er hatte auch seine Preise willkürlich gestellt, ohne daß es Jemand eingefallen wäre, zu untersuchen, ob der Werth seiner Arbeiten auch den Summen entspräche, welche derselbe aus den Königlichen Kassen bezog. Das zu ändern fiel Engel gar nicht ein, denn Verona's Freundschaft war ihm viel werther, als etliche Hundert Thaler Ersparniß. Im Gegentheil, er wollte dessen Interesse an das Nationaltheater noch mehr fesseln! Bisher war das Verhältniß der Art gewesen, daß vom Könige die erforderlichen Dekorationen (auf Direktionsantrag) nach Verona's Kostenanschlag bewilligt und aus der Hofkasse an Letzteren bezahlt wurden. Jetzt sollte eine Uebereinkunft getroffen werden, zufolge deren Verona sämmtliche Malerarbeit, Dekorationen und zur Bühne gehörigen Setzstücke, sowie die Malerarbeiten zur Erneuerung und Verschönerung des Zuschauerraumes für ein Jahresgehalt von 1000 Thl., welches die Theaterkasse zahlte, zu übernehmen habe. Der erste Kontraktentwurf vom 8. März ist von Engel und Ramler unterzeichnet, ein Beweis, daß Letzterer demselben nicht geradezu wider- strebte. Aber folgender Brief Ramler's vom 10. März, welcher den von ihm unterzeichneten Kontraktsentwurf begleitete, zeigt, wie bedenklich die Sache demselben erschien:

„Sie haben den Contract vortrefflich gefaßt, mein theuerster Herr College, und ich hätte Ihnen solchen gestern am liebsten selbst zugestellt, ich konnte aber die etwas zu frische Märzluft nicht vertragen. Ich fürchte, heute wird sie noch frischer seyn, daher ich Ihnen denselben unterschrieben übersende. Eins will ich noch hinzufügen, was Sie nicht wissen werden. Herr Verona als ein thätiger und geschickter Mann, der zwar schon reich ist, aber noch reicher werden will, reiset oft viertel Jahre lang weg, wozu er auch sehr leicht Erlaubniß erhält, wenn er nur die Opernarbeit liefert. Wollten Sie diesen Fall des Wegreisens nicht in unserm Contract berühren? Wenn Sie ihn mündlich fragen, so wird er Ihnen gewiß sagen: „Ich lasse Ihnen alsdann geschickte Leute, die nach meiner Angabe arbeiten können." Allein die Geschicktesten braucht er selbst und nimmt sie mit! Sollen wir alsdann einen guten Interims-Dekorateur selbst wählen? sollen wir ihm, im Fall Herr Verona ein viertel Jahr wegbleibt, dessen vierteljähriges Quantum der 250 Thaler auszahlen? oder will Herr Verona selbst mit ihm contrahiren? Der Beste in solchem Fall wäre wohl Fechhelm, aber einen so guten Künstler läßt ein andrer Künstler wohl nicht gern neben sich arbeiten? — Bey dem Vorhang wird Herr Direktor Rode selbst an der Architektur helfen. Daher wir hiermit den Herrn Verona nicht bemühen dürfen. Was Sie desfalls noch mehr erinnert haben, wird Herr Direktor Rode besorgen und besorgen lassen. Ich bin mit Hand, Mund und Herz
Berlin den 10. März 92.　　　　Ihr ewig getreuer alter
　　　　　　　　　　　　Freund und Diener Ramler." —

Die Bedenken des alten Professors sollten aber noch wachsen. Unter verschiedenen herrschenden Mißbräuchen hatte besonders die Bevor- zugung Verona's den Unwillen der Künstlerkreise Berlins erregt und der Direktor der Kunstakademie wendete sich deshalb an Engel:

„Wohlgeb. Herr
„Hochgeehrter Hr. Professor!
„Ich bringe soeben in Erfahrung, daß der Opern-Dekorateur Verona sich

Mühe geben soll einen Contract auf mehrere Jahre zu erhalten, nach welchem er, mit Ausschluß aller andern Künstler die Malerarbeiten bei dem hiesigen National=Theater in Entreprise nehmen will. Ohne Ew. Wohlg. Zustimmung kann solches indes, wenn auch jene Nachricht würklich gegründet seyn sollte, nicht geschehen, und diese Zustimmung werden Ew. Wohl. gewiß nicht geben, wenn Sie die Güte haben wollen, nachstehende Bedenklichkeiten, die ich bey dieser, als Chef der Kunst=Akademie mich wesentlich interessirenden Sache, Ihnen mitzutheilen, für Pflicht halte, in Erwägung zu ziehen.

1) wenn im Fache der Kunst monopolia stattfinden, so wird der Vervollkommnung der Kunst, welche des Königs Majestät doch so sehr beabsichtigen, ganz unendlich geschadet, indem der Entrepreneur sich nicht darum bekümmert, ob seine Arbeit gut, und den Regeln der Kunst gemäß ist, genug, wenn sie nur zur bestimmten Zeit fertig wird, und er sein accordirtes Geld dafür bekommt.

2) was hilft es der Akademie, wenn sie junge, talentvolle Leute zu geschickten Künstlern bildet, wenn sie ihre fähigsten Eleven mit schweren Kosten reisen läßt, und wenn diese Leute bei ihrer Zurückkunft nicht Gelegenheit erhalten, die Früchte ihrer kostbaren Studien öffentlich zu zeigen; nun hat aber

3) die Akademie jetzt einen sehr geschickten Prospect=Mahler, an dem kürzlich aus Rom zurückgekommenen Burnat aufzuweisen, der ihr wirklich Ehre macht, und der nichts mehr wünscht, als öffentliche Beweise, seiner sich erworbenen Kunstkenntnisse, aufstellen zu können. Es würde aber:

4) diesem Burnat dadurch, daß dem Verona die Mahlerarbeit bey dem National=Theater privative übertragen werden sollte, alle Gelegenheit benommen werden, sich öffentlich in seinem Kunstwerke zu zeigen, indem der Verona bis jetzt noch die Opern=Decorationes, ebenfalls ausschließlich zu mahlen hat. Dies würde aber

5) nicht nur für das gesammte Publikum äußerst unangenehm seyn, indem solches alsdann, gewissermaßen gezwungen würde, beständig die Arbeiten eines und eben desselben Künstlers vor Augen zu haben; sondern es würde auch

6) selbst sehr unbillig seyn, wenn dem Verona gestattet werden sollte, zum Nachtheil anderer geschickter Künstler, alle öffentlichen Kunstarbeiten hier in Berlin an sich zu ziehen, indem er, im Kgl. Opernhause, bekanntlich einen so ansehnlichen Verdienst hat, und noch fortwährend genießet.

Ich würde Ew. Wohlgb. rühmlichen mir wohlbekannten Patriotismus offenbar zu nahe treten, wenn ich Sie bey vorstehenden in die Augen leuchtenden Umständen erst ersuchen müßte, den Verona mit seinem ebenso unbilligen, eigennützigen, als der Kunst nachtheiligen Gesuch, ganz abzuweisen; dagegen glaube ich Ihre zu Beförderung des allgemeinen Besten abzweckende Gesinnungen, Gerechtigkeit wiederfahren zu lassen u. s. w.

Euer Wohlg.

gehorsamster

Friedrich Anton Freiherr

von Heinitz."*) —

B. 12. März
1792.

*) Minister, geb. d. 24. Mai 1725 zu Dröschkau i. Sachsen, gest. d. 15. Mai 1802. D. B.

Mit dieser Zuschrift zwar außer Verbindung stehend, aber auf dasselbe Ergebniß hinauslaufend, ist eine Zuschrift Ramler's an Engel vom 14. März, den vom Könige bewilligten Vorhang betreffend:

„Von der Leinwand, mein theuerster Herr College, sagte mir der Mahler, Direktor Robe, daß, nach Berechnung seiner Frau, etwan 266 Ehlen dazu gehören, welche (die Ehle à 5 Gr. gerechnet) ungefähr 60 Thaler betragen würde. Diese müßten wohl aus der Kasse vorgeschossen werden. Wenn es anginge, vor der Abreise des Königs den Vorhang fertig zu schaffen, wäre es allerdings gut; ich zweifle aber daran, wenn der König schon im März abreisen sollte. Doch ich weis das Datum seiner Abreise nicht. — Von unsrer ergiebigen Einnahme möchte ich bitten, sich deswegen nichts gegen den König verlauten zu lassen, weil wir wirklich noch in Schulden stecken. — Wird der Italiener nicht seine 1000 Thlr. hinnehmen und so viel dafür machen, als ihm beliebt? Zumahl da der Ausdruck aller erforderlichen Dekorationen 20 sowohl als 2 Dekorationen bedeuten kann? — Belieben Sie doch hierüber sich näher zu erklären, oder bestimmte Abrede mit ihm zu nehmen, oder in der Vorstellung an den König zu bitten, daß Se. Majestät die Gnade habe und diese tausend Thaler ihm selbst aus ihrer Casse accordire, weil die Theatercasse noch einige tausend Thaler Schulden hätte. In der Hoffnung, daß Sie diese ihre Vorstellung vielleicht nach meinem unmaßgeblichen Vorschlage abändern, bin ich wie allezeit

Der mit Ihnen gern übereinstimmende
alte getreue Freund und Diener
Ramler." —

Unter dem „Italiener" ist natürlich Verona zu verstehn, gegen welchen sich Ramler's Mißtrauen steigert! In diesem Briefe ist anfänglich nur die Rede von dem Vorhange, bei welcher Gelegenheit wir erfahren, daß die Abreise Friedrich Wilhelm II. zur Armee bevorsteht. Dieselbe erfolgte indeß erst gegen Ende des Jahres. Daß Ramler die guten Theatereinnahmen vor dem Könige verheimlicht wissen will, geschieht aus Gründen der Vorsicht, die ihm seine ängstliche Sparsamkeit auferlegt und der Befürchtung, der König könne dem Theater auch noch die Ausgabe des Vorhanges zumuthen. Diese zunächst will Ramler abwälzen. Wie wenig Engel auf die Zuschrift des Ministers und das öffentliche Kunstbedürfniß aber Rücksicht nahm und aller entgegengesetzter Meinungen ohngeachtet, Verona's Kontrakt aufrecht erhielt, beweist die folgende Antwort an den Minister Freiherrn von Heinitz vom 13. März:

„Hochgeborner Freiherr! Gnädiger Herr!
„Aus Ew. Hochfreiherrl. Excellenz gestrigen verehrten Zuschrift ersehe ich, daß die Nachricht von dem mit dem Maler Verona zu schließenden Contracte Hoch-

denselben mit Veränderung eines wesentlichen Umstandes hinterbracht worden ist. Der Maler Verona hat diesen Contract nicht gesucht, viel weniger sich Mühe darum gegeben; ich selbst, der ich das Theater und das Haus nicht länger in seinem jetzigen schmutzigen Zustande lassen wollte, und leicht berechnen konnte, daß die Arbeiten, einzeln bezahlt, uns zu hoch zu stehen kämen, habe zu diesem Contracte den Antrag gethan. Wäre meine Wahl völlig frei gewesen, so gestehe ich, daß ich schon aus Dankbarkeit auf keinen andren als den Maler Verona würde gefallen seyn, da uns dieser unentgeltlich so manche Decorationen auf- und umgemalt und uns Jahrelang alle nöthigen Setzstücke, ohne an Bezahlung auch nur zu denken, geliefert hat. So aber ist meine Wahl nicht frey; denn des Königs Majestät haben das Nationaltheater ausdrücklich auf den Maler Verona angewiesen und so gern ich den Herrn Bournat auf Empfehlung Ew. Hochfreiherrl. Excellenz eine Decoration zur Probe machen ließe, so darf ich doch auch dieses ohne Kgl. Erlaubniß nicht wagen. Diese Erlaubniß aber selbst zu suchen, verbiethet mir, nachdem ich mit dem Maler Verona schon alle Punkte des Contracts besprochen, die Ehre. Er würde Grund haben, zu glauben, daß ich unredlich und heimtückisch an ihm gehandelt u. s. w. —

Den Schluß des Briefes bildet das Bedauern Engel's, den Wunsch des Ministers abschlagen zu müssen. — Engel setzte seinen Willen durch, der Kontrakt der Direktion mit Verona wurde am 1. Juli unterzeichnet und damit hatte die Kasse 1000 Thlr. Jahresausgaben mehr!! —

Noch viel merkwürdiger und — folgenreicher ist der von Engel mit dem Könige zu derselben Zeit gepflogene Schriftwechsel über Mozart's „Zauberflöte," ein Werk, welches mehr als jedes andere des todten großen Meisters in's Volk gedrungen ist und zugleich den verschiedensten Meinungen Spielraum gegeben hat:

„Allerdurchlauchtigster pp.

„Das Singspiel: „Die Zauberflöte," welches Ew. Königl. Majestät mir gestern zur Prüfung zu zufertigen allergnädigst geruht haben, war mir schon durch Nachrichten aus Wien und Prag als ein Stück voll der schönsten und mannigfaltigsten Decorationen und Verwandlungen bekannt, dessen Aufführung ein Theater von sehr großem Umfang erfordert, und für den engen Raum des hiesigen National-Theaters also gar nicht gemacht sey. Ich finde dieses bei genauerer Durchlesung über meine Erwartung bestätigt. Der Verfasser scheint es darauf angelegt zu haben, alle nur ersinnlichen Schwierigkeiten für den Maschinisten und Decorateur zusammenzudrängen, und so ist eine Arbeit entstanden, deren ganzes Verdienst Pracht für das Auge ist. Wenigstens kann das Publikum, das gewisse Mysterien nicht kennt und durch die schwere dunkle Hülle der Allegorie nicht durchzublicken vermag, derselben unmöglich einiges Interesse abgewinnen. Ich bedaure hierbei, daß der große Tonkünstler Mozart sein Talent an einem so undankbaren,

mystischen und untheatralischen Stoff hat verschwenden müssen. Der ich in tiefster Ehrfurcht verharre
Berlin den 8. März 1792. E. K. M. pp.
Engel." —

„Hochgelahrter, lieber getreuer! Ich habe aus Eurer Anzeige vom gestrigen datum ersehen, daß das Singspiel: „Die Zauberflöte," auf dem hiesigen Nat. Th. nicht füglich wird aufgeführet werden können; Ihr könnt Dahero diese Oper nur wieder einschicken. Ich bin übrigens Euer gnäd. König.
Berlin d. 10. März 1892. Friedrich Wilhelm."

Wenn uns die Blöße, welche sich Engel mit dieser Beurtheilung giebt, in gerechtes Erstaunen setzt, so ist zunächst hier die Frage von Belang, wie derselbe, bei der ihm doch zweifellos innewohnenden drama= turgischen und literarischen Fähigkeit, bei der Bühnenpraxis, die der Ver= fasser der: „Ideen zu einer Mimik" besitzen mußte, so gröblich irren konnte? — Eine schneidende Ironie auf Engel's Urtheilsfähigkeit ist der Erfolg, den die Darstellung der Zauberflöte im Mai 1794 wirklich erzielte und daß Engel nicht nur den Triumph Mozart's noch als Theaterchef erlebte, sondern daß er ihn zu Wege brachte!! — So viel schwer erklärliche Dinge auch sein Direktionsleben aufweist, dies ist jeden= falls der dunkelste Punkt desselben! — Wir wollen versuchen, ihn nach und nach aufzuklären. — Der technischen Schwierigkeiten erwähnt Engel als unüberwindbare, der geistigen Seite des Werkes widmet er nur eine kurze, schwächliche Betrachtung, der Allgewalt der Musik, durch welche der Genius des Werkes zu uns spricht, gar keine! Da er „die Zauberflöte" vom Könige den 7. März zugeschickt erhielt und sein Urtheil schon am folgenden Tage abgab, konnte er sich von seinem Musikdirektor die Partitur gar nicht vorspielen lassen, also keine Ahnung von der Musik haben. Ist es nun schon die unverantwortlichste Leicht= fertigkeit, eine Oper zu beurtheilen, ohne deren Musik zu kennen, so ist die Behauptung: „das Publikum könne dem Werke unmöglich einiges Interesse abgewinnen, weil es gewisse Mysterien nicht kennt und durch die schwere Hülle der Allegorien nicht durchzublicken vermag," entweder aus Unwissenheit, oder aus einer Anwandlung feigster Furcht, die ihren Grund in seiner immer mehr wachsenden Trägheit hatte, entsprungen! — Woher wußte denn Engel, daß in dieser Oper „gewisse Mysterien" dargestellt werden? Kannte er dieselben etwa? — Es ging damals die Rede und geht wohl heute noch, „die Zauber= flöte" sei eine freimaurerische Oper. Mit gutem Grunde kann der Verfasser versichern, daß mit wirklicher Freimaurerei diese Oper Nichts zu thun hat, am Wenigsten mit „gewissen Mysterien" und „Allegorien" derselben. Die Oper spiegelt Ideen wieder, welche in der Freimaurerei nicht allein, sondern in den Menschen überhaupt liegen, und nur geweckt sein wollen. — Daß Schauspieldirektor Schikaneder, welcher das Libretto geschrieben hat, dem Freimaurer=Orden angehörte, ist wahrscheinlich, bei Mozart ist es sogar gewiß, wiewohl der Orden selbst unter des wahrhaft toleranten Joseph II. Regierung in Oesterreich nur ein gedrücktes, schußloses Dasein führte. War Engel denn aber Freimaurer, um „gewisse Mysterien" beurtheilen zu können? — Schwerlich! Weder aus inneren noch äußeren Gründen! — Bei Schroeder, namentlich bei Iffland werden die Anzeichen, daß sie diesem Orden angehörten, erkennbar, bei Letzterem sogar in den Theater=Akten, bei Engel dagegen, trotz seiner ebenso öffentlichen Stellung, hinterließen dieselben hiervon keine Spur! Es war also entweder eine unerhörte Vermessenheit, sich über „gewisse Mysterien" ein vorschnelles Urtheil dem Könige gegnüber zu erlauben, welcher Freimaurer war, oder Engels Bedenken lag eine ganz bestimmte Absicht zu Grunde!! — Das einfache Publikum verstand diese „Mysterien" besser. Nicht nur in den Logen, auch im Parterre und auf den Gallerien vermochte man sehr wohl „durch die schwere dunkle Hülle der Allegorie" der Oper „durch=zublicken", weil in der That diese Hülle keineswegs sehr dunkel, die Allegorien sehr faßlich waren. Der Dramaturge Engel hätte sich sagen müssen, daß der mystische Zauber dieses „undankbaren Stoffes", an welchen „der große Tonkünstler Mozart sein Talent verschwenden müssen", gerade das sei, was die Leute ergreifen, was den Erfolg des Werkes sicher stellen werde! — Was ist denn aber der Inhalt der „Zauberflöte?! — — Sie schildert das Leben des Menschen, seine Wanderung aus Dunkelheit zum Licht, aus Irrthum zur Tugend, durch die Mühsale und Gefahren des Lebens, um zu jenem reinen hohen Zustande zu gelangen, in welchem er sich fühlt, „ein Mensch zu sein", das Ebenbild Gottes! Das köstliche Lied des Sarastro ist der ethische und ästhetische Kern und Ausklang der ganzen Fabel! Die Königin der Nacht, der Mohr, die verschiedenen Erscheinungen sind eben Prüfungen des Lebens, welche die Fabel des Stückes bilden, — die Liebe aber ist's, welcher, durch Wasser und Feuer gehend, der Sieg des Edlen, menschlich Hohen gelingt! Daß dieser Gedanke damals gerade dem Wirrwar der Ge-

fühle und Meinungen einer Alles verleugnenden und zersetzenden Zeit
gegenüber in den Herzen der Edelsten unserer Nation neu lebendig
wurde und Dichter wie Komponisten begeisterte, ist bekannt. Die Idee
des Werkes, wie alle hohen Ideen, schlummerte stets in den Gemüthern
besserer Art, lag in allen Denen, welche das einzig Richtige, das der
Revolution in Frankreich zu Grunde lag, den Menschheits-Ge-
danken in sich auf sittlicherem Wege lebendig machten; es ist derselbe Gedanke welchen die Humanisten zu Luthers Zeit vertreten haben! —
Nur zwei Ursachen können Engel's Benehmen einigermaßen erklären.
Er war Dramaturg, das hat er in der Einrichtung Kotzebue'scher und anderer
Stücke bewiesen, aber ein dramatischer Dichter voll theatralischer Einbildungskraft, vor dem Alles plastische Lebensform annahm, war er
nicht! Kotzebue's Dramen vermochte er zu feilen, aber keinen
Schiller'schen „Don Carlos" bühnenfähig zu machen. Er vermochte
wohl ein Stück gut in Scene zu setzen, in welchem Alles ebenmäßig
verlief, aber durch eigene erfinderische Gestaltung den Gedanken eines
Dichtergenius zu verkörpern, bis dahin reichte seine Begabung nicht!
— Engel hatte wirklich große Besorgniß, an der Inscenesetzung
der Zauberflöte zu scheitern, welche ihn seiner ihm liebgewordenen
Bequemlichkeit entriß. Um sich dieselbe zu erhalten, griff er zu einem
— jesuitischen Auskunftsmittel! Er wußte, daß Friedrich Wilhelm II.
Freimaurer sei und wirklich hatte dessen Aufnahme in den Orden bereits
1772 am 1. Oktober stattgefunden. Engel fürchtete, daß er durch
öffentliche Darstellung „gewisser Mysterien," bei denen er Freimaurerei
witterte, den König nicht allein beleidigen, sondern auch den Zorn des
Mystikers Wöllner auf sich laden könne und hoffte, durch Erregung
von Bedenklichkeiten hierüber, der Mühe und Last der Inscenesetzung
der Oper überhaupt enthoben zu werden! — Seine Berichterstattung
hatte denn auch die gewünschte Wirkung. —

Diesem Directionsjammer mit seiner Gunsthascherei und seinen
Heimlichkeiten gegenüber ist es wahrhaft erfrischend, ein reges Bühnenleben zu gewahren und auf Erscheinungen zu stoßen, welche nicht nur
über dem Elende des Tages stehn, sondern auch dauernden Erfolg errungen haben. „Die Hagestolzen", Lustsp. in 5 A. v. Iffland
wurde am 17. März zum 1. Male zum Benefiz für Mad. Baranius
aufgeführt. Das Stück hat einen allgemeinen, sehr gerechten Beifall
gefunden und ist eine der vorzüglichsten und beliebtesten Bühnendich-

tungen Iffland's, welche in einer Bearbeitung Eduard Devrient's noch heute auf den meisten Bühnen heimisch blieb. Seine damalige Be= setzung in den Hauptrollen war: Hofrath Reinhold — Herr Fleck, Dem. Reinold — Dem. Doebbelin, Margaretha — Mad. Baranius. Bis 1875 wurde das Stück gegen 135 Mal dargestellt. Bei ihm wird uns auch die verständige und segensreiche Wandlung an Caroline Doeb= belin ersichtlich, da sie mit der Rolle der Mamsell Reinhold in das Fach der komischen Alten, alten Jungfern und Koketten übertrat, in welchem sie fortan Berlin zu jubelndem Gelächter hinriß. Den Hage= stolzen folgte am 2. April als Neuigkeit, doch ohne anzusprechen, „Liebhaber und Nebenbuhler in einer Person", Deutsches Lustsp. in 4 A. v. Ziegler. — Von der Direktion wurden am 13., 16. und 21. April mit der Polizeibehörde Verhandlungen betreffs der Pro= ductionen des Kunstspielers Leon, des „Bereuters" Balpe, wie eines Thierbändigers gepflogen, welche das Verbot solcher Schaustellungen zur Folge hatten. Unter geringem Beifall erschienen: am 19. d. Mts. zum 1. Mal „Die Geschwister vom Lande", Lustsp. i. 5 A. v. Jünger, „Der Gutherzige", Lustsp. i. 1 A. n. d. Frz. des Florian am 28. und: „Die vier Vormünder", Lustsp. i. 3 A. nach dem Engl. der Mistreß Centlivre endete am 14. Mai unter Zischen und Pochen. — „Elise von Valberg", Schausp. i. 5 A. v. Iffland, ging am 16. Juni zum 1. Mal in Scene und erndtete wiederum Beifall. Die vortreffliche Besetzung war: Der Fürst — Herr Mattausch, die Fürstin — Mad. Baranius, Oberhofmeisterin — Dem. Doebbelin, Amts= hauptmann — Herr Fleck, Elise — Mad. Unzelmann. — In einer Wiederholung der Posse: „Der Mondkaiser" betrat am 21. Juni zu ihrem 1. Debut ein berliner Stadtkind, Dem. Louise Mühl, als „Land= mädchen" die Bühne und erwarb sich durch Schönheit, klangvolles Organ, unnachahmliche Natürlichkeit. Mädchenhaftigkeit und inniges Gefühl als= bald die Herzen Aller. Voll, hoch und dennoch zart gewachsen, hatte sie schöne, ebenmäßige, fast an die spätere Königin Louise erinnernde Züge, aber dunkles Haar und ein wundervoll großes, sprechendes, nuß= braunes Augenpaar, das ebenso des sanften Glanzes wie lebhaften Feuers fähig war. Louise Mühl bildete später mit Friederike Unzel= mann und Henriette Baranius ein weibliches Dreigestirn, wie es keine Bühne jener Tage aufzuweisen hatte. —

Der seltsame Geist der „Zauberflöte," welchen Engel so sicher gebannt zu haben glaubte, ließ ihm dennoch keine Ruhe. War es der große Erfolg, den die Oper bei ihrem ersten Erscheinen am 30. September 1790 zu Wien und seitdem an anderen deutschen Theatern gefunden, welche des Königs Neugier reizte, oder hatten die „gewissen Mysterien", welche ihm Engel bemerklich gemacht, auf den König beim Durchlesen des Textbuches einen wesentlich anderen, durchaus unverfänglicheren Eindruck gemacht, als Engel gehofft haben mochte, kurz Friedrich Wilhelm II. befahl nochmals Ende des Mai und zwar ohne Weiteres: „daß die Zauberflöte einstudirt werden solle!" Der auf die Ordre erfolgende Bericht Engel's nebst Verona's Dekorationsanschlag vom 3. Juni stellen diesen Befehl ganz außer Zweifel. — Engel, der zu gehorchen und doch gewiß gar keinen Grund hatte, jetzt noch Hindernisse zu machen, sendete folgende Auseinandersetzung, welche uns von seiner Hand im ursprünglichen Entwurfe vorliegt:

„Allerdurchlauchtigster pp.

„Die von Ew. Kgl. Majestät allergnädigst befohlne Oper Die Zauberflöte wird zu Ende dieses Monats einstudirt sein können, alle vorläufigen Anstalten dazu sind bereits getroffen. Auch der Dekorateur Verona, dessen Thätigkeit schon so oft sich erprobt hat, wird sein Möglichstes thun, die außerordentliche Menge von Dekorationen, die er auf 2,023 Thlr. anschlägt, fertig zu liefern und da aus der Oper Oberon manche noch ganz neue und schöne Anzüge sich entlehnen lassen, so werden auch die unentbehrlichen neuen Kleidungsstücke können fertig geschafft werden. Die Kosten für diese, für die sämmtlichen Copialien und für die Menge von Requisiten, worunter sich ein Triumphwagen mit 6 Löwen befindet, werden sich nach dem darüber gemachten ungefähren Anschlage über 2000 Thlr. belaufen. Zu Ballets findet sich in diesem Stücke keine Gelegenheit. ((Der einzige Umstand erschreckt mich, daß Freiherr von der Reck mich wiederholt versichert hat:)) (die Einrichtung der Maschinerie auf dem Charlottenburger Theater mache alles Einschnüren der Decken und alle Arbeiten an den Decorationen äußerst mühsam und langwierig und da zu hinlänglichen Proben mit den so vielen und schweren Verwandlungen nicht Zeit genug übrig sei, so stehe man in Gefahr, bei der Vorstellung Fehler über Fehler zu machen.) Was bei alledem die so baldige Aufführung der Oper zu wiederrathen scheint und ich meiner Pflicht nach E. Kgl. Majestät frei glaube eröffnen zu müssen, sind folgende Umstände: Zuerst muß von den alten Decorationen, da unmöglich alle neu können verfertiget werden, eine bleiben, die gar nicht recht schicklich ist. Es soll der Aufenthalt der Königin der Nacht seyn und ist ein heiterer prächtiger Saal. — Zweitens findet sich unter den Instrumenten eins mit dem Namen Stahlinstrument, welches nicht etwa nur, wie der Triangel, einzelne Töne anschlägt, sondern ganze, sehr schwere Passagen ausführt. Es ist in die Handlung wesentlich verflochten, ist in hiesiger Gegend völlig unbekannt und man weiß nicht, durch welches andere Instrument von der ähnlichen Wirkung es ersetzt werden könne. Wollte man die sogenannte Stahlfiedel nehmen, so fragt sich, ob es hier einen hinlänglich geschickten Spieler darauf gäbe. Drittens versichert mich der Freiherr von der Reck" u. f. w. * — — — „Dieser Umstand erschreckt mich um so mehr, da ich die Charlottenburger Einrichtung nur von einmal Ansehn kenne und ich bitte Ew. Kgl. Majestät fußfälligst, mich in Voraus von allen etwa vorfallenden Fehlern freisprechen zu wollen. — Unter demüthiger Versicherung meines thätigsten Eifers in Erfüllung der Befehle Ew. Kgl. Majestät und mit aller gehorsamster Bitte um baldige entscheidende Ordre ersterbe ich

Engel." —

Zunächst müssen wir dem Leser, wenn er sich aus diesem Entwurfe herausfinden will, erklären, daß in demselben der in doppelter Klammer stehende Satz, v. d. Reck betreffend, von Engel anfänglich ganz ausgestrichen wurde und der auf denselben folgende, in einfache Klammern gestellte Satz zwar auch ausgestrichen, dann aber durch untergesetzte Punkte wiederhergestellt worden und in dem Originalberichte an den König in die oben bezeichnete Stelle * — — — eingeschoben ist. Erst wenn der Leser genau in dieser Reihenfolge das Schriftstück liest, hat er es in der Form vor sich, wie es in die Hände des Königs gelangt ist. Demnach will es scheinen, als wenn Engel bedenklich geschwankt habe, ob er sich hierauf von der Reck's Meinung berufen, oder es an seinen eigenen gegen die Aufführung sprechenden Gründen bewenden lassen solle. Die letzteren mögen ihm aber vielleicht doch noch nicht durchschlagend genug gewesen sein und so stellt er die zweite durchgestrichene Stellen wieder her, um gegen Schluß des Briefes die Meinung des Opernchefs als letzten Trumpf auszuspielen.

Dies Schriftstück gehört zu den sonderbarsten, deren die Akten des Kgl. Theater-Archives sich zu rühmen haben. Nachdem Engel im Eingange desselben thut, als ob die Zauberflöte wirklich zu Ende des Monats gegeben werden könne, häuft er dann die Schwierigkeiten aufeinander, welche die Aufführung der Oper überhaupt unmöglich machen sollen, sucht jedes Mittel hervor, um den König abzuschrecken und von der Darstellung der Oper abstehn zu lassen. Die ganze, gequälte Form seines Berichtes scheint uns wirklich aus einem angstvollen Direktorenherzen zu kommen, welchem etwas Unmögliches zugemuthet wird! — Daß der sonst so gewitzte Engel sich in seinem Haupteinwande gegen die Aufführung auf das Urtheil des Opernchefs beruft, nicht selber das Charlottenburger Theater erst besichtigte und nicht darauf verfiel, daß ihm sein hochedler Kollege vielleicht eine hämische Falle lege, ist wunderbar! — Auf den Bericht Engel's erfolgte der Bescheid:

> „Ew. Hochohlgeboren gebe ich mir die Ehre hierdurch ergebenst zu benachrich=
> tigen, daß des Königs Majestät nicht die Operette: Die Zauberflöte, allhier auf=
> geführt haben wollen, und daher Dieselben nichts einstudiren, noch sonst etwas
> besorgen lassen möchten.
>
> Charlottenburg, den 6. Juni 1792.   H. Ritz." —

Damit war die „Zauberflöte" begraben; der König hatte end= lich einem Kunstgenusse entsagt, bei dessen Erfüllung man ihm gar so viele Schwierigkeiten bereitete. — Engel athmete auf, ihm wäre aber besser gewesen, wenn er recht ernst über die Frage nachgedacht hätte: ob es für einen, bei einem Lieblings=Institute des Monarchen angestellten Kgl. Beamten, zumal in seiner besonders abhängigen Lage, nicht eine sehr verhängnißvolle Sache sei, dem hohen Gönner dieses Institutes das neueste Werk eines anerkannten Meisters aus rein technischen Gründen vorzuenthalten!! —

Als Novitäten gingen: „Die Drossel", Schausp. i. 1 A. von Unzer, am 2. Juli über die Bühne und mißfiel, „Hieronymus Knicker", Oper i. 2 A., Mus. von Dittersdorf, den 16. Juli, und „Eine machts wie die andre" oder „Die Schule der Liebhaber", (Cosi fan tutte) Oper i. 2 A. v. Mozart, am 3. August. Besetzung der Letzteren ist gewesen: Isabella — Mad. Unzelmann, Dörtchen — Mad. Lippert geb. Werner, Guiglielmo — Herr Lippert, Nantchen — Mad. Baranius, Fernando — Herr Ambrosch, Alfonso — Herr Franz. Die Musikkenner waren entzückt, das Publikum blieb kalt, Alle aber tadelten das erbärmliche Sujet. — Vorher, am 15. Juli bereits, hatte Lippert, der übermüthig geworden war, der Direktion den Kontrakt auf künftige Ostern gekündigt; wahrscheinlich glaubte er, daß man ihn um jeden Preis bitten werde, zu bleiben. — Die verw. Mad. Ditmar zeigte am 22. August den Tages zuvor erfolgten Tod ihres Gatten, des Hoffiskal, Justizkommissar und Rechtskonsulenten des Nationaltheaters an. Wir können es dem Manne nachrühmen, daß er dem Theater im Doebbelinschen Prozesse seinen pflichtgetreuen Rath geliehen und die große Weisheit besessen hat, sich niemals in sein Amt nicht berührende

Bühnenangelegenheiten zu mischen. Bereits an demselben 22. August ersucht auch schon Rath von Warsing die Direktion um das Certifikat seiner Amtseinsetzung in Ditmar's Stelle und dasselbe wurde ihm nebst der Versicherung einer Gage von 150 Thlr. zugefertigt. Das Provisorium war in ein Definitivum verwandelt, von Warsing hatte somit einen Fuß in der Verwaltung und wartete nur auf den Zeitpunkt, um auch den andern und damit seine ganze Person in das Direktions=Eldorado zu bringen!! — 3. 1. Male wurde „Wie gewonnen so zerronnen", Posse in 2 A. a. d. Frz. des Dumaniant am 25. August gegeben und ausgepocht, unter Beifall aber am 15. September „Maske für Maske", Lustsp. in 3 A. v. Jünger; an des Königs Geburtstag, 25. September, endlich wurde „Johann von Procida", Trauersp. in 5. A. von Hagemeister, zum 1. Mal dargestellt, welchem eine von Fleck gesprochene Rede voraufging. Letzteres Stück gefiel sehr und hielt sich längere Zeit auf der Bühne. — Anfangs August ersuchte Mad. Engst geb. Rouillon, wie wir schon erwähnt, um Vorschuß, den ihr aber Engel „weil sie undankbar gewesen sei", abschlug!! — Wir wollen dahingestellt sein lassen, ob Mad. Engst durch Vernachlässigung ihrer dienstlichen Pflichten beim Theater sich undankbar zeigte?? —

Daß das Verhältniß des Personales zur Direktion nicht das richtige war und in dem ersteren ein stiller Groll und Widerspruchsgeist steckte, während die Direktion, in ihrer Art und Weise, die Dinge im Beamten=style abzuthun, wenig Rücksicht an den Tag legte, lehrt folgendes Cirkular und dessen Randglossen.

„Ohnerachtet in dem § 6 des 6. Abschnitts der erneuerten Gesetze denen Herren Schauspielern bei Vermeidung von 12 Gr. Strafe untersagt worden ist, in den für die Schauspielerinnen bestimmten beiden Logen im 2. Range d. Kgl. Nat. Theaters, ihren Platz zu nehmen: so ist bennoch zeithero von vielen der Herren Schauspieler hiewieder gehandelt worden, und sind darüber wiederholte Klagen von weiblichen Mitgliedern des Theaters eingelaufen; dahero gedachter § hierburch dahin abgeändert und näher bestimmt wird, daß von nun an keiner der Herren Schauspieler, auch selbst Reconvalescirende nicht, unter keinerlei Vorwand und weder auf kurze, noch lange Zeit, bei Strafe des vierten Theils der wöchentlichen Gage in besagter Loge Platz nehmen sollen, welches, und daß den Logenstehern bei harter Strafe aufgegeben worden ist, im Uebertretungsfall davon sogleich Anzeige zu thun, sämmtlichen Mitgliedern des K. Nat. Theaters hierburch zur Nachricht und Achtung bekannt gemacht wird.

Berlin, den 24. Oktober 1792.   Kgl. General=Direktion des Nat. Theaters
„vidi Fleck." —   Ramler. Engel." —

„Obwollen ich zwar niemalens in oben benannte Loge gehe, so finde ich es
doch sehr hart, wenn man in einem Stücke Vieleicht im letzten Aufzuge erscheint,
gern das Stück sehen möchte, gar keinen Zufluchtsort zu haben.

Czechtitzky." —

„Die Königl. General-Direktion, wird uns also gefälligst einen andern Platz
anweisen

Unzelmann

Kaselitz

vidi Böhm

„ Greibe

Zimmerle" —

„Ich bin der Meinung des Herrn Unzelmann.

Mattausch." —

„ich bin der Meinung des Herrn Unzelmann, indem Höflichkeit uns Verbindet, einem jeden unsern platz im parket ein Zuräumten, so bald die Anzahl
der Menschen dessen Raum erfüllt.

Garly." —

„Ich sehe mich durch dieses Cirkulare in die Nothwendigkeit gesetzt, zweyerley
zu fragen: Wohin soll sich der Schauspieler, der nur im ersten Akt eines Stückes
zu thun hat, begeben, wenn er die übrigen Akte des Stückes sehen will? — muß
er sich unverzüglich nach Haus begeben? und dann, wenn er wirklich straffällig
wurde, entsteht billig die Frage, zu was werden die Strafgelder Verwendet?
wird nicht manchem Strafbaren durch die Finger gesehn? kann nicht manchmal
Partheilichkeit in diesem Falle obwalten? Ich hoffe nicht, daß es geschieht, aber
um allem Mißtrauen vorzubeugen, sollte billig, so wie es bey andern Bühnen
gebräuchlich ist, mit dem Jahres-Schluß der Gesellschaft mit Belegen erwiesen
werden, daß kein Strafälliger übersehen worden, denn im entgegengesetzten Falle
kann es mir Niemand Verargen, wenn ich von diesen, in manchen Fällen überspannten Strafgeldern, meine eigene Gedanken äußere.

Ambrosch." — —

Schmeichelhaft für die Direktion sind diese Bemerkungen nicht,
was Ambrosch sagt, ist sogar höchst anzüglich! Der Ton der Mitglieder aber läßt die Hochachtung sehr vermissen, ohne welche dem Vorstand eines Kunstinstituts eine wirksame Leitung unmöglich wird. Im
Uebrigen sind wir der Ansicht, daß das Verlangen der Schauspieler:
den Vorstellungen, zumal solchen, in denen sie nicht beschäftigt sind, beizuwohnen, ein billiges ist, ja, wir halten ganz entschieden dafür, daß
jede Direktion den fleißigen Besuch des Theaters durch die unbeschäftigten
Mitglieder auf das Sorgsamste fördern müßte, damit sich deren Urtheil
durch eigene Anschauung der künstlerisch guten, wie mangelhaften Darstellung läutere und deren eigene Fähigkeit belebe. Mag die Direktion
durch eine für die Schauspieler zurückbehaltene Loge auch einen Verlust

an Einnahme erleiden, — sie gewinnt und fördert Talente, welche diesen
Verlust bald genug decken werden, und alsdann hat sie sich nicht nur
im künstlerischen, sondern auch ökonomischen Sinne klug gezeigt. —
„Die heimlich Vermählten" (Il matrimonio secreto), Oper i. 2
A. aus d. Ital., Muf. von Cimarosa, ging z. 1. Male am 5. Novbr.
in Scene. Diese Tondichtung machte großes Glück und gefiel weit
mehr als Mozart's Cosi fan tutte. — Zur 1. Darstellung gelangte am
7. November: „Die Verlobung" oder „Kindespflicht über Liebe",
Lustsp. i. 1 A. v. Brömel. Mit den Lustspielen: „Hirngespinste",
in 4. A. v. Lambrecht, am 10. Dezember, und am 19. e. m. „Die
falschen Entdeckungen", in 3 Akten nach Marivaux, endete die
Reihe der diesjährigen Novitäten, deren 18 zur Darstellung gekommen
sind. Den Schluß der diesjährigen Direktionsthätigkeit machte noch
folgende Verhandlung:

„Meinem Hochgeehrten Herrn Collegen verfehle ich nicht, zu berichten:

1) daß gestern Nachmittag der tolle Musikus Loebe — so muß ich ihn leider!
nennen — zurückgekommen, mit der ganzen alten Wuth seiner Liebe für die
Unzelmann, und seiner Eifersucht gegen Czechtitzky. Mit ersterer will er
durchaus eine Unterredung, und mit letzterem ein Duell auf Pistolen haben.
Da ich bei dieser Sache nichts weiter zu machen weiß, so habe ich sie ganz
unserm Rechtsgehülfen, Herrn v. Warsing, übergeben, der sich wahrscheinlich
der Person des Unglücklichen versichern und ihn dem Arzt der Charité zur
Cur übergeben wird.

2) daß ich mit dem Kammermusikus Herrn Weber gesprochen, und mit Vorbehalt
Ihrer noch einzuholenden Zustimmung über folgende Punkte mit ihm einig
geworden a. wir machen keinen längern Contract mit ihm als auf 1 Jahr,
b. Wessely verliert seine Stelle nicht; er müßte denn selbst, wie das von
seinem Stolze wohl zu erwarten ist, sie niederlegen wollen, c. Weber dirigirt
alle neue Opern und übernimmt dabei alle Verbindlichkeiten eines bei unserm
hiesigen Nat. Theaters angesetzten Musikdirectors, als des Einstudirens der Rollen,
des Abhaltens der Proben, des Besorgens der Copialien, der Verantwortlich=
keit für die ihm anvertrauten musikalischen Werke, d. die alten bis jetzt schon
einstudirten Opern behält Wessely; doch hat Weber die Verbindlichkeit,
in Krankheitsfällen statt seiner die Aufführung zu dirigiren, so wie er über=
haupt, wenn Wessely abginge, die ganze Stelle mit allen ihren Obliegen=
heiten übernehmen würde. Was mir freilich sehr verdrüßlich ist, ist eine Ver=
mehrung unsrer Ausgaben, und Weber besteht auf 50 Thlr monatl., welches
freilich nicht zu viel ist. Indessen haben wir bei den jetzigen Umständen,
und vorzüglich auch durch die Saumseligkeit und Lügen des Wessely, so
viel verloren, daß wir, um unsrem Schaden nachzukommen und künftigen

vielleicht noch größern zu verhüten, diese neue Ausgabe wohl werden ver=
schmerzen müssen. Auch erinnre ich, daß auf dem Etat noch 300 Thlr. für
einen Theater=Dichter ausgesetzt sind, die bisjetzt nicht gebraucht worden, und
frage hierdurch zugleich an, ob es Recht ist, daß Herr Wessely, der doch an
dieser neuen Ausgabe Schuld hat, seine ganze Pension behalte? Giebt er
nach einem Jahre Beweise seines größern Fleißes und seiner feinern Lebens=
art, die zur Gewinnung der Liebe sowohl bei dem Orchester als bei der Ge=
sellschaft ihm so sehr zu wünschen wäre, und die bisher sein ungemäßigter
Stolz und sein Widerwillen gegen Amtsarbeiten ihm nicht zu zeigen erlaubt
hat, so kann er alsdann mit dem vollen Amte auch sein volles Gehalt wieder=
bekommen. Daß er von jeder andern Direktion nach dem letzten unverant=
wortlichen Streiche, den er mir durch seine Lügen gespielt, wäre cassirt
worden, darauf gebe ich mein Wort. Unser Verfahren mit ihm ist also noch
immer äußerst nachsichtig und gütig. Ich setze nun noch zu unser beider Trost
hinzu: daß auf Ostern die 952 Thlr. offen werden, welche uns die Engst ge=
kostet, für die wir keine neue Actrice brauchen! Da die Böhm wohl niemals
wieder genesen wird, so haben wir zwar die Aussicht auf noch ein offen wer=
bendes Gehalt, die Rollen dieser Sängerin werden aber wieder besetzt werden
müssen. Bei dieser Gelegenheit kann ich nicht umhin, der vielen Bemühungen
zu erwähnen, welche Herr Herclots für das Theater übernommen hat. Nach=
dem er sich mit den unaussprechlich elenden Versen in der letzten Mozart'schen
Oper: Eine machts wie die Andere, geplagt und sie wenigstens erträglich ge=
macht; hat er in der Salièrischen, jetzt beim Copisten befindliche, Oper:
„Die Chiffer," sämmtliche Verse vom Anfang bis zu Ende ganz umgearbeitet
und sie der Musik vortrefflich angepaßt. Eben jetzt arbeitet er an einem
kleinen Vorspiele, daß wir bei Gelegenheit der gehofften Wiederkunft des
Königs können geben lassen. Ich muß mich schämen, diesem fleißigen Manne,
der nicht einmal sein Freibillet nutzt — denn er kommt nur gar selten —
noch mehr Arbeit aufzubürden; sonst würde ich ihm sogleich eine sehr schöne franz.
Oper: Raoul, Sire de Crequi zum Uebersetzen geben. Durch Herrn Cohen
erwarte ich von Amsterdam noch eine andre, die sehr gelobt wird und die
auch erst übersetzt werden muß: Pierre le grand. Ich würde Muth haben,
dem guten Herrn Herclots diese neuen Arbeiten anzutragen, wenn man ihm
vorher für seine so willig geleisteten Dienste ein Geschenk von 100 Thlr. gäbe.
Ich sehe immer mehr und mehr, daß, um Geld einzunehmen, man zur rechten
Zeit Geld muß auszugeben wissen. Die Oper: Raoul wird sich vortrefflich
bezahlt machen; die Handlung ist interessant, die Musik schön, und besetzen
läßt sie sich auch sehr gut. Ueber Alles erbitte ich mir Ihre Meinung.
Berlin, den 7. Dezember 1792.

Engel." —

„Sie, mein Höchstverehrter Herr College, haben alles schon so reiflich überlegt,
wie ich von Ihnen gewohnt bin, daß ich nichts hinzuzusetzen weiß. Allerdings muß
Loebe an einen Ort gebracht werden, wo seine Liebeswuth kein Unglück an=

richten und er geheilt werden kann. Wenn Weber als ein geschickter Musiker seine Verbindlichkeiten erfüllt, so sind 50 Thlr. monatlich nicht zu viel. Haben doch mehrere unsrer Schauspieler für größere Gagen weniger gethan. — Unsern brauchbaren Herrn Herclots ein Geschenk von 100 Thlr. zu machen, ist sehr billig. Der stolze Musikdirector, der mich gestern nach 9 Uhr nicht zu Hause fand, will heute früh wieder kommen. Ich werde ihm keinen andern Trost geben, als daß wir auf seine Besserung hoffen. Aber wird sie zu hoffen seyn? Hiermit unterschreibe ich, was Sie, mein Theuerster, entworfen haben.

Berlin, den 8. Dezember 1792.   Ramler." —

„Der Kammermusikus Weber aus Hannover ist bei dem Orchester als Musik-Direktor mit einem jährlichen Gehalte von 600 Thlr. angesetzt worden. Der Haupt-Theater-Casse wird solches hierdurch bekannt gemacht, mit der Aufgabe, dem Herrn Weber dieses Gehalt vom 1. Dezember J. c. m., in monatlichen Ratis zu zahlen.

Berlin, den 9. Dezember 1792.   Ramler. Engel." —

Einen erfreulichen Einblick in die Theaterzustände gewähren diese Auslassungen eben nicht. Was das Verhältniß Ramler's zu Engel anbetrifft, so ist ersichtlich, daß Engel seinen Willen durchsetzt und Ramler seine kleinen, erfolglosen Oppositionsversuche längst aufgegeben hat. Alter, Kränklichkeit, und die Ueberzeugung, doch Nichts bessern zu können, machten, daß er mit Allem zufrieden war, was geschah. Der Liebes-wahnsinn des „tollen Musikus" sieht sich zwar recht romantisch an und mag für Viele damals höchst pikant gewesen sein, eigentlich aber ist die Sache doch tief traurig. Loede, der Frau und Kinder hatte, kam in's Irrenhaus und wurde vom Theater entlassen. Wir werden den Un-glücklichen im Elende wieder auftauchen sehen, ein Opfer entfesselter Leidenschaften, wie sie allein das Theaterwesen in solcher Stärke gebären kann. — In des Musikdirektors Wessely Benehmen, welches das En-gagement eines zweiten Musikdirektors nothwendig machte, spiegeln sich die elenden Orchesterverhältnisse ab. Wie dieselben von Engel so lange Zeit geduldet werden konnten, wäre fast nicht zu begreifen, wenn wir nicht annehmen müßten, daß seine schon gerügte, blasirte Träg-heit und Uebersättigung am Berufe, wie der Dünkel seiner Un-entbehrlichkeit ihn so lässig gemacht habe, daß ihm je länger desto mehr die Leitung des Theaters aus den kraftlosen Händen glitt. — Längst wunderten wir uns, im Etat der vergangenen Jahre 300 Thlr. für einen Theaterdichter angesetzt zu finden —, der nicht vorhanden war. Was hat man bisher mit dieser Summe gemacht, da sie doch verrechnet worden ist?! — Leider giebt es unter der damaligen Direktion

sehr viele dunkele Stellen, über welche die Akten keine Aufklärung zu=
lassen, die aber gleichwohl dazu angethan sind, Vermuthungen zu er=
wecken, welche wir aber über eine der maßgebenden Persönlichkeiten ohne
ganz genügende Beweise nicht aussprechen möchten. Herclots, eines
jener höchst schätzenswerthen Talente, welche sich aber zu eigenen, wirklich
erfolgreichen Schöpfungen nicht ernstlich zu erheben wissen, wird hier
zum Erstenmale erwähnt. Carl Alexander Herclots, geb. 1759 zu
Dülzen in Ostpreußen, erst Referendar beim Hofgericht zu Königsberg,
dann beim Kammergericht zu Berlin angestellt, und Theaterschriftsteller
aus Liebhaberei, war ein gewandter Uebersetzer, Versifikateur und legte
besonders den Opernmusiken vortreffliche Texte unter. Seine Haupt=
wirksamkeit entfaltete er jedoch erst unter Iffland, welcher Talente zu
ermuntern und an passender Stelle zu verwenden wußte. Weshalb
nicht schon Engel den brauchbaren Mann fesselte, da er doch ein
Jahresgehalt für einen Dichter im Etat führte, ist nicht zu verstehen.
Am 9. Dezember wurde neben Wessely Bernhard Anselm Weber zum
zweiten Musikdirektor engagirt, ein ebenso fähiger, fleißiger, wie energischer
Mann. Von diesem Augenblick an erhebt sich zwischen beiden wetteifernden
Musik=Direktoren aber ein bitterer, höchst unerquicklicher Kampf, welcher
damit endete, daß Einer das Feld räumen mußte, nachdem sich die ver=
schiedensten Elemente bei dem Streite betheiligt hatten. Diese immer
unleidlicher werdenden Dinge drängten einer Entscheidung zu, einer
gründlichen Neugestaltung des ganzen Theaterwesens. Die durch Rath
Beyer geschaffenen Organismen waren gewiß vortrefflich, aber der
gute Wille, die Straffheit und Liebe für das Ganze fehlte Denen, welche
diese Organismen handhaben sollten, und hierbei mehr auf ihre eigenen
Wünsche und Bequemlichkeit, als auf das Gedeihen des Institutes
Rücksicht nahmen. Uneinigkeit, wie gegenseitiger Widerwille wuchsen
mit dem Lebensleichtsinn, bis ein schreiender Mißklang endlich den
stolzen Traum, mit welchem die Generaldirektion 1787 am 1. August
ihr Werk begonnen hatte, — endete! —

Personal=Verzeichniß vom Jahre 1792.

Wessely, Muf. Dir., Herr
Weber, Muf. Dir., Herr Bernhardt, Anselm,　　　　　　neu
Flock, Regisseur, Herr J. F. F.
Ambrosch, Herr J.
Altfilist, Dem. C. S.

Amberg, Herr Johann, Heinrich Jakob . . . .   abg.
Arnoldi, Herr Friedr. Wilhelm . . . . . .   abg.
Bessel, Herr J. F.
Bessel, geb. Natus. Mad. A. M.
Baranius, geb. Husem. Mad. H.
Benda, Herr C. C.
Böhm, geschied. Cartellieri. Mad. E.
Böheim, Herr J. M.
Böheim, geb. Wulsen. Mad. A. M.
Böheim, Dem. Charlotte, Dorothea, Maria . .   . neu
Brandel, Herr Johann . . . . abg.
Benda I. Dem. C.
Berger, Herr J. L.
Becker, Herr Johann, Ludwig. . . . .   neu
Czechtitzky, Herr C.
Cordemann, Dem. . . . .   abg.
Doebbelin, Dem. C. M.
Engst, geb. Rouillon. Mad.
Franz, Herr J. C.
Fuchs, Herr Johann Gottlieb . . . .   . . neu
Greibe, Herr F. E. W.
Greibe, geb. Engst Mad. M. Th.
Girand, Dem. H.
Gollmick, Herr Carl, Friedrich . . . . .   neu
Garly, Herr . . . . neu
Herdt, Herr G.
Herdt, geb. Rademacher. Mad. D. Ch.
Hellmuth, Mad. F.
Hellmuth I. Monsieur . . . .   abg.
Hellmuth II. Monsieur .   . . . .   abg.
Junker I. Monsieur . . . . neu
Kaselitz, Herr G. C. G.
Lanz, Herr C. A.
Lanz, Monsieur W. . . . . .   abg.
Labes, Monsieur F. C. W.
Lippert, Herr C. F.
Lippert, geb. Werner, Mad. C.
Leist, Herr C. F.
Leidel, Herr H. J.
Müller, geb. Hellmuth, Mad. M.
Mattausch, Herr F.
Mühl, Dem. Sophie, Louise (spätere Fleck) .   . neu
Reinwald, Herr J. D.

Rüthling, Herr H. F.
Ritzenfeld, Herr David, Friedrich, Heinrich . neu
Swab, Herr
Unzelmann, Herr C. W.
Unzelmann, geb. Flittner. Mad. Fr.
Wiegensdorf, Herr C. L.
Weißschuh, Herr Johann, Carl, Gottfried, Friedrich. abg.
Wegeleben, Dem.
Zützel, Dem. C. F.
Zimmerle, Herr C.

Das Personal-Verzeichniß am Ende des Jahres 1791 ergab: 49 Mitglieder

Im Laufe des Jahres 1792 { wurden engagirt: 9

schieben aus: 58 8

Bestand des Personales am Schlusse des Jahres 1792: 50

1793. Königliche Oper. Durch die schon Ende vorigen Jahres erfolgte Abreise des Königs und der Prinzen zur Armee hatte Berlins Leben seinen Mittelpunkt und Glanz verloren; die schweren Ereignisse dieses Jahres trugen noch dazu bei, die Gemüther der Men=schen auf das Tiefste zu erregen und ihnen jede ruhige Freude an der Kunst, jeglichen Sinn für beschauliches Genießen zu benehmen. Unge=achtet des Krieges sollte jedoch Berlin, so wollte es der König, seinen Karneval nicht entbehren. — Die gänzliche Unfähigkeit Alessandri's er=kennend, der von dem „musikalischen Wochenblatte", wahrscheinlich unter Reichardt's Mitwirkung, „zu Boden rezensirt" worden war, ent=ließ er denselben vor der Zeit. Zu seinem Sturze sollen sich überdem die italienischen Sänger, Madame Ritz und Filistri, welcher einen besseren Komponisten für seine Libretti wünschte, verbunden haben. An Alessandri's Stelle wurde Vincenzo Righini von Mainz berufen, aus Vorsicht jedoch noch nicht fest engagirt. Seine Anstellung sollte vom Erfolge der von Filistri verfaßten Oper abhängen, welche Ri=ghini zur Komposition überschickt worden war. Diese Oper „Enea nel Lazio", Dramma eroi-tragico, Text von Filistri, ging am 7. Januar zum 1. Mal in Scene. In ihr wirkten Concialini, Babini, Fischer, Tombolini, Hurka und Franz, die Damen „Marchetti=Fantozzi, Rubinacci und Niclas mit, Dem. Amalie Schmalz aber debutirte als Iris. Die Ballets wurden von 8 Solotänzern: Adriani, Norés, Telle, Silani, und den Damen Meroni, Redwein, Burnat und Decasteli, 16 Paar Figuranten und 10 Tanzeleven

(Letztere gefielen dem Publikum nicht) aufgeführt. Die von den Damen Meroni und Redwein dargestellten Amazonentänze fanden, der kriegerischen Zeitrichtung wegen, indeß großen Beifall. Auch Sgra. Marchetti = Fantozzi gefiel außerordentlich und wurde der Mara fast gleichgestellt. Welch bedeutenden Wurf die Oper mit dem Engagement der Dem. Schmalz gethan hatte, wird die Zukunft lehren; diese Sängerin, gleich sehr als Frau, wie Künstlerin geachtet, verblieb Berlin bis zu ihrem Tode. — „Enea" und die neue Karnevalsoper „Protesilao" von Naumann, für welche derselbe 2000 Thlr. Honorar erhielt, wurden oft wiederholt. —

Während man sich in Berlin den Fastnachts=Freuden in der patriotisch stolzen Erwartung hingab, die deutschen Heere würden die immer höher steigende Fluth der Revolution eindämmen und die der europäischen Gesellschaft drohende Zertrümmerung aller Ordnung verhindern, ging auf dem Place Louis XV. zu Paris das große Trauerspiel des Jahrhunderts seinem blutigen Schlusse entgegen. — Den 21. Januar 1793 ward König Ludwig XVI. guillotinirt!! — Am 6. April erklärte sich der Wohlfahrtsausschuß in Permanenz, — den 5. Oktober erfolgte der Sturz der Girondisten, — am 16. Oktober fiel Marie Antoinettens Haupt und ihr folgte am 6. November, als blutige Ironie, Philipp, genannt Egalité, Herzog von Orleans. Das würdige Finale dieses wahnsinnigen Dramas machte die Proklamation der „Göttin der Vernunft," als einziger Autorität Frankreichs!!! — — Wir haben heute keinen Begriff mehr davon, welche erschütternde, alle Herzen durchbebende Wirkung der Mord des Königspaares, vom eigenen Volke begangen, auf das gesammte Europa, in erster Linie aber auf Deutschland hervorgerufen hat. Seit Carls 1. Hinrichtung vor den Fenstern von Whitehall zu London war solch ein Vorgang nicht wieder in Europa erlebt worden und wenn die damalige erste Blutthat den Kontinent, welcher noch an den schweren Folgen des dreißigjährigen Krieges litt, weniger berührt hatte, um so tiefer, sittlich=empörender wirkten jetzt die heillosen Thaten in Paris! Es ist hier nicht der Ort, zu sagen, durch welche Mißwirthschaft das Haus Bourbon seinen Fall, der durch den Tod des besten und schuldlosesten Königspaares der ganzen Dynastie vollendet wurde, verdiente; uns gehen dessen Folgen auf Deutschland, besonders den Norden an, denn dieselben wirkten tief auf unser nationales Leben und deshalb schließlich auch auf dessen Spiegelbild, das Theater. In

Oesterreich war die Art der Wirkung dieses furchtbaren Ereignisses eine andere, als bei uns, obwohl sie der gleichen Quelle sittlichen Entsetzens entstammte. Das Haus Habsburg ist seit Menschengedenken mit dem der Bourbonen durch Verwandtschaftsbeziehungen zu einem Blute vereint gewesen. Römisch-Katholische, wie absolutistische Anschauungen waren beiden Herrscherdynastien traditionell gemeinsam und selbst das kurze reformirende Regiment Kaiser Joseph II. änderte hierin Nichts. In Wien gattete sich somit das Gefühl des geschändeten Familien-Rechtes mit dem Bewußtsein des Sturzes eines großen politischen, einst weltbeherrschenden Systems, um einen Haß zu erzeugen, der zunächst auf den politisch-praktischen Zweck ausging, Rache für Alles zu nehmen, was in Frankreich seit dem Fall der Bastille vorgegangen war. Die dynastisch-religiöse Frage also bildete dessen Kern! — In Norddeutschland, Preußen zumal, war die Wirkung der überrheinischen Vorgänge nicht so unmittelbarer und persönlicher, aber darum weit tieferer, — idealer Art. Wir hatten nicht das vergossene Blut unserer Fürsten, noch eine jesuitisch verquickte Katholizität an den Franzosen zu rächen, nicht einer Sache des eigenen Interesses galt unsere Erbitterung, sondern den gewaltsam durch Frankreich vom Throne gestürzten Gesetzen gesellschaftlicher und nationaler Ordnung. Wenn dieser Standpunkt einfacher, patriarchalisch-kindlicher, ist er auch der höhere, der das Gemüth innerlicher berührende gewesen. Die Herrscher des Hohenzollerngeschlechts waren wesentlich Landesväter im besten Sinne, hatten mehr für, in und mit dem Volke gelebt, als andere Dynastien. Das unnahbare Dalailma-Wesen bourbonisch-habsburgischer Regierungs- und Lebens-Maximen blieb uns unbekannt. Das straffe Regiment unserer Fürsten bestärkte unser Bewußtsein, mit Sorgfalt regiert zu werden, kurz das Familiengefühl zwischen König und Nation verband Beide und es ist keine, noch so trübe Regierungsepoche in unserer Geschichte auffindbar, in welcher wir dem Herrscher nicht wenigstens eine große durchgreifende Wohlthat nachzurechnen vermöchten, die er dem Lande als Vermächtniß hinterließ. Die Ueberzeugung, daß ein Herrscher, der nicht Vater seines Volkes ist, ganz undenkbar sei, ließ uns Ludwig XVI. Enthauptung als — Vatermord erscheinen. Unsere Erbitterung stieg zugleich mit dem Gedanken, daß diese Franzosen, die ewig feindseligen Gegner Deutschlands, gerade die Mörder seien, deren Sitten, Grundsätze, Geschmacksrichtung und Bildung bisher unsere Tyrannen im eignen

Lande waren. Wenn Frankreich sich jetzt vor aller Welt als Zerstörer jeglichen Rechtes aufwarf und uns belehren wollte, wie es durch Blut zum Hort der Weltbeglückung auserjehen sei, so erhöhete das nur unjeren alten Widerwillen zum Ekel und zu einmüthiger Entrüstung! Hätte die damalige preußische Regierung das aufwallende nationale Gefühl be= nutzt, um durch innere Kraftentfaltung das Land für kommende Ge= fahren zu sichern, nimmermehr würden die europäischen Begebenheiten am Schluffe des vorigen und während der ersten Hälfte dieses Jahrhunderts den heillosen Weg genommen haben, auf welchem uns so viel nationales Elend erwachsen ist. Bestürzung, sittlicher Zorn und der Wille, dem zerstörenden Wahnwitz der Gallier ein Ende zu machen, wuchs in Berlin während des Jahres 1793 ebenso, wie in Wien. Verschwunden war gleich einem Hauche das Liebäugeln mit französischer Sitte, die Vorliebe für fränkische Bildung, und zu dem Abscheu, zu der Verachtung gegen eine Nation, die so ihr Heiligstes in den Koth trat, gesellte sich — ob= wohl sehr langsam, eine ernstere Einkehr in uns selbst, in unser vater= ländisches, nordisches, — unser gut deutsches Wesen! Diese unsere Ein= kehr, diese Ernüchterung, dieser Läuterungsprozeß ließ uns zugleich zu jenem tiefen, ächten, inbrünstigen Idealismus gelangen, der unser Er= halter, in den Tagen der Noth aber unser Befreier geworden ist! Nach der Hinrichtung Ludwig XVI. war der Franzosenhaß in Wien so stark, daß selbst in den höchsten Kreisen kein Wort französisch mehr ge= sprochen werden durfte und sogar die Benennung: Monsieur, Demoiselle und Madame beim Theater sofort wegfiel, um dem deutschen „Herr", „Frau" und „Jungfer" Platz zu machen. Wir folgten mit letzterem Brauche erst später Wiens Beispiel; die Benennung ganz jugendlicher Schauspieler „Monsieur", oder berlinisch „Mosje", behielt man unter Anderem noch bis in dieses Jahrhundert hinein bei. —

Unter solchen Zeitumständen war es begreiflich, daß die Kgl. Oper bei Abwesenheit des Hofes bis zum Dezember völlig unthätig blieb. Erst nach der Rückkehr des Königs vom Rheine gelangte Righini's zweite Oper: „Il Trionfo d'Arianne" zur Aufführung, in welcher Dem. Kneisel, nach längerer Abwesenheit von Berlin, in der Rolle der Arzema auftrat. — Wir sind der Künstlerin bereits als einem hervorragen= den Mitgliede der Doebbelin'schen Bühne in den Jahren 1782 bis 1788 begegnet, von wo sie nach Hannover, dann nach England ging, 1793 aber von Frankfurt am Main als vollendete Gesangskünstlerin nach

Berlin zur großen Oper zurückkam. 1794 —, was hier gleich bemerkt sei, heirathete sie Righini; sie trat als Mad. Kneisel=Righini zur Opera buffa über, ging 1798 als erste Sängerin nach Hamburg, wo sie bis 1800 blieb. Wiederum nach Berlin gekommen, wollte es, ihrer geschwächten Gesundheit wegen, Righini nicht zugeben, daß sie beim Theater bleibe. Sie hing aber so sehr an dem= selben und an der Musik, daß sie sich lieber von dem Gemahl trennte. Am 25. Januar 1801 starb sie, ein Opfer ihres Kunsteifers, an — der Auszehrung!! — Für den erkrankten Babini trat Sgr. Fantozzi, Gatte der Sängerin, in „Il Trionfo" als Osiris auf; die Oper ließ das Publikum kalt. — Daß die Vorgänge in Frankreich aber nicht auf alle Gemüther unseres Volkes gleich sittlich empörend, sondern auch aufreizend und zerstörend wirkten, sie mit demokratischen Gesinnun= gen ansteckten, bewiesen zwei hervorragende Beispiele. Den an der Kgl. Oper engagirten, mittelmäßigen Sänger Sgr. Muschietti entließ man Ende des Jahres plötzlich, weil er sich revolutionärer Umtriebe ver= dächtig gemacht hatte; er mußte Preußen auf der Stelle verlassen, em= pfing aber für den Rest seiner Engagementszeit den vollen Gehalt. Eine weit schwerere Wunde erlitt die deutsche Oper Berlins durch Reichardt's Abgang! — Wir sahen, wie er seit Friedrich des Großen letzten Lebensjahren wacker gerungen hatte, der deutschen Kunst zum Siege zu verhelfen und daß er es dahin brachte, beim berliner Publikum, ins Besondere beim Könige selbst, als Komponist beliebt und geachtet zu sein. Wie wir wissen, ist bereits durch sein öfteres Reisen, namentlich seinen letzten dreijährigen Urlaub eine Entfremdung zwischen dem Könige und ihm eingetreten gewesen, ohne daß der Ton= dichter dem Gebote der Klugheit Rechnung getragen und Schritte zur Rückkehr gethan hätte. Reichardt, der dieses Jahr in Ham= burg und Stockholm schmollte, war stolz genug, zu glauben, man müsse ihn rufen! Als nun nach Alessandri's Abgange nicht ihm, sondern Righini die Direktion der Oper anvertraut worden war, ließ der leidenschaftliche Mann von seinem Zorn sich hin= reißen, in einer Gesellschaft beim Spiel den Kartenkönigen die Köpfe abzuschneiden, indem er dabei ausrief: „So müßte man es mit allen Königen machen!" — Solche Aeußerung in solcher Zeit blieb nicht ver= schwiegen, seine Gegner brachten diesen, ihnen höchst willkommenen, Vor= gang zur Kenntniß des Hofes und — Reichardt fiel in Ungnade!

Sein Sturz bestimmte ihn, ganz vom Theater zurückzutreten! Nur noch einzelne spätere, schöne Kompositionen geben von dem hohen Talente und edlen künstlerischen Wollen eines Mannes Zeugniß, dessen größter Feind seine eigene ungezügelte Natur gewesen ist!! — — —

Das Nationaltheater litt begreiflicher Weise unter den Zeitverhältnissen nicht minder, wie die Oper, zwar nicht äußerlich und klar für das Auge erkennbar, aber in seinem inneren Wesen desto mehr und die Theilnahme des Publikums für das Institut sank in eben so besorgnißerregender Weise, als andererseits das Repertoir schwächer, die Kunstthätigkeit matter wurde, die Ausgaben aber dieselben blieben. — —

Einige Mitglieder veränderten ihre Lebenslage. Bereits im vorigen Jahre am 29. Juli war Dem. Caroline Sophie Werner des unruhigen Lippert Frau geworden, Fleck führte die liebliche Louise Mühl am 9. August dieses Jahres als Gattin heim, während Dem. Marianne Hellmuth dem Hofrath Müller ihre Hand bereits am 6. Mai vorigen Jahres gereicht hatte. Letzteres Paar gab nicht nur durch seine vollendet beglückte Ehe, sondern auch durch den Ruf tadellosen bürgerlichen Lebens den Beweis, daß man beim Theater sehr wohl genial sein und die höchste Stufe der Kunst erklimmen könne, ohne sich zügellosem Leichtsinn in die Arme zu werfen. Leider indeß waren bei dem Nationaltheater wenig zufriedene Ehen zu finden, desto mehr aber herrschte an ihm Leidenschaftlichkeit und Leichtfertigkeit. — Der „blühende Zustand" der Kasse, von dem, wie wir uns erinnern, zwischen Ramler und Engel die Rede gewesen ist und welchen Ersterer dem Könige verheimlichen wollte, scheint in diesem Jahre einer erschreckenden Ebbe zu weichen. Es geht daraus hervor, daß den Schauspielern Mattausch und Herdt die gewünschten Vorschüsse rundweg mit der Bemerkung abgeschlagen werden, es sei kein Geld da. Carl Benda wie dem Sänger Franz werden solche nur mit knapper Noth und darum bewilligt, weil Benda's Gehalt sehr klein ist und „seine Kinder, die dem Theater unentbehrlich sind, umsonst dienen," dem Sänger Franz aber, weil er der Vermehrung seiner Familie entgegen sieht und eine dringende Schuld zu decken hat. — Wie man damals Bühnenschriftsteller zu behandeln pflegte und welche Begriffe vom Urheberrecht man besaß, läßt folgender Vorgang, außer den schon mitgetheilten, erkennen. Der Schauspieler Hagemeister, Verfasser des von der Direktion am 25. September vorigen Jahres bereits aufgeführten Trauerspiels „Johann von Pro-

cida", hatte sich, vielleicht in der Hoffnung, beim Nationaltheater Verwendung zu finden, während des Winters in Berlin aufgehalten. Er war gänzlich mittellos, konnte in Berlin nicht ferner bleiben und wollte fort, aber es fehlte ihm an warmer Winterkleidung. Er wendete sich brieflich den 7. Januar durch Vermittelung eines Freundes an Professor Engel um Hülfe. Letzterer schreibt dieserhalb an Ramler, schildert Hagemeisters Lage und setzt hinzu: „Wir haben mit seinem Johann von Procida viel verdient, indessen können wir ihm das Stück, das schon gedruckt war, nicht als Manuscript bezahlen, nur für die Umarbeitung, die in der That mühsam war und das Ding erst zur Aufführung tauglich machte, könnten wir ihm wohl ein Douceur geben." Er schlägt als solches 50 Thlr. vor, was Ramler denn auch gnädiglichst bewilligt. — Wir wollen davon absehn, daß es einen Mann zu retten galt, welcher zum Theater gehörte. An Hagemeister's Johann von Procida aber hatte die Direktion „viel verdient", ohne dem Verfasser seit Ende September bis zum Januar auch nur einen Groschen Honorar zu zahlen! — Und warum? Weil das Stück schon gedruckt war, gedruckte Stücke aber als herrenlos Gut galten, das jedes Theater ausnutzen konnte, auf welches der Verfasser gar kein Recht mehr hatte! Ja, Engel gesteht gar ein, daß das Trauerspiel, wie es im Buche stehe, nicht für das Theater zu brauchen gewesen sei, und Hagemeister dasselbe besonders für das Nationaltheater umarbeitete, wodurch es erst aufführbar geworden sei und gefallen habe! Anstatt Hagemeister gleich nach der Aufführung ein der besonderen Mühe der Umarbeitung entsprechendes Honorar zu zahlen, ließ ihn die Direktion, die sich selber in zwei Dichtern produzirte, ein Vierteljahr im Winter hungern und warf ihm dann 50 Thaler als Brocken in seiner Noth hin. — —
— Die erste Neuigkeit dieses Jahres: „Ludwig der Springer", Lustsp. i. 5. A. v. Hagemann, ging am 9. Januar in Scene, ihm folgte d. 19 e. m. „Die unruhige Nacht", komische Oper in 3 Akten nach Goldoni, komponirt von Lasser in München, in welcher Unzelmann wegen unpassenden Extemporirens vielfach getadelt wurde.

Musikdirektor Weber feierte am 25. Februar gewissermaßen sein Debut als Leiter der Oper, da an jenem Abende zum 1. Male „Das Kästchen mit der Chiffre", Oper in 2 A. nach d. Ital. von Salièri, aufgeführt wurde. Er hatte diese Oper auf einer Reise in Wien gesehen und sie nunmehr einstudirt. Sie gefiel so allgemein, daß sie in 3 Jahren 50 Mal dargestellt wurde! Mit Bernhard Anselm Weber erhielt die deutsche Oper nunmehr die Bedeutung, welcher ihr bisher noch durch die mangelhafte Schule der Sänger des National-theaters gefehlt hatte. Die Art, in welcher er dem Personal die Partien einzustudiren verstand, die Straffheit seiner Orchesterleitung fand bald all-gemeinen Beifall und brachte einen frischen fröhlichen Zug, wie größeres Feuer in das musikalische Streben. Anselm Weber ist es auch gewesen, dem die Oper in Berlin bis zu Spontini's Erscheinen die größten Erfolge verdankte und er war es, der die deutsche klassische Oper zu der Höhe und den Triumphe geführt hat, welche ihren Sieg über die Herzen Berlins und die ausländische Tonkunst entschieden. Na-mentlich sind es die Werke Gluck's, Mozart's und Saliéris gewesen, denen er seine Sorgfalt widmete. — — — Ein Verlust mußte alle Kunstfreunde indeß innig betrüben. Friederike Unzelmann, welche sechs Jahre ununterbrochen die glücklichsten Erfolge erzielt, das Publikum bald als Eulalia, Lady Rutland und Ophelia im Schauspiel hingerissen, bald als Lilla, Gräfin im „Figaro", Athalia, als Rosine in Paisielo's Barbier von Sevilla, besonders als Julia in Romeo und Julia entzückt hatte, verlor ihre Stimme! Schon 1792 hatte sie öfters über vorübergehende Heiserkeit geklagt, in den letzten vier Monaten an-dauernd von derselben zu leiden gehabt; im Jahre 1793 aber begann ihre Stimme ernstlich zu schwinden und sie sah sich genöthigt, am 1. September dieses Jahres als Juli ein der Oper „Romeo und Julie" vom musikalischen Drama unter allgemeinem Bedauern zurückzutreten. Zum größten Glück gewann das Schauspiel zwiefach an ihr, denn nun erst sehen wir sie der rezitirenden Darstellungskunst ganz hingegeben, und volle, epoche-machende Bedeutung erlangen. Friedrich Schulz, ihr Zeitgenosse, schildert sie als eine Sängerin von zwar nicht starker, aber überaus lieblicher Stimme, welche mit der der Henriette Sonntag zu ver-gleichen, „an Geschmack ihr aber vielleicht noch vorzuziehen war!" In Margarethe Louise Schick, geb. Hamel, erhielt sie später bei der Oper eine würdige Nachfolgerin. —

Unterm 4. März bereits hatte Regisseur Fleck ein Promemoria an die Direktion gesendet, in welchem er berichtet, daß bei der gestrigen Aufführung der Operette „Das Kästchen mit der Chiffre", die Theaterleute der linken Seite, welche sich nach der rechten richten müßten, auf einmal „Nacht" gemacht, auf Befragen, weshalb dies gegen den Befehl geschehen wäre, aber geantwortet hätten, daß es Herr Unzel= mann so wollte. Es sei von ihm nach Schluß des Aktes Herrn Unzel= mann gesagt worden, derselbe möge den Leuten keine Contre=Ordre geben. Hierauf erwiderte Herr Unzelmann: „ich (nämlich Fleck) habe ihm so wenig, als auf dem Theater zu commandiren und verstände nichts von Finalen." — „Nun will ich gern glauben, daß die höhere musi= kalische Einsicht des Herrn Unzelmann die meinige übertrifft," aber da Fleck mit Musikdirektor Weber vorher die ganze Partitur betreffs der Inscenirung durchgegangen hat, bei allen 5 Hauptproben auch gegenwärtig gewesen ist, so glaubte derselbe allerdings im Namen der Oberdirektion für gute Ordnung und bestmögliche Ausführung der Vorstellungen sorgen zu sollen. Er ersucht die Direktion den Unzel= mann zu bedeuten, ob er (Fleck) Anordnungen auf der Bühne treffen solle, oder Andere! An demselben Tage erklärten Engel und Ramler Herrn Unzelmann, daß Niemand als der Regisseur Fleck Einrichtungen auf dem Theater zu machen habe. —

Wie es mit den öffentlichen und Theaterzuständen jener Tage be= schaffen war, davon giebt auch folgender Schriftwechsel ein Bild:

Hoch Edelgebohrner Hochzuehrender Herr Professor!

Ich habe die Ehre, Ew. Hoch Edelgeb. einliegendes Blatt zu communiciren. Es ist das Schändlichste, was je in seiner Art geschrieben und gedruckt worden ist. — Unsere beiderseitigen theatralischen Verdienste sind auf eine elende, er= niedrigende Art hart mitgenommen. — Was mich aber hauptsächlich und mit Recht aufbringt, ist, daß der Patron meiner Frau ihren moralischen Charakter auf das empfindlichste angreift und Ihr dadurch die Ehre und Liebe, die Sie bisher vom respectiven Publico genoßen hat, durchaus nehmen will. — Leuten, die Ehrgefühl haben, ist das durchaus nicht gleichgültig, vornehmlich da unser beiderseitiges moralisches Betragen sowohl, als auch unsere Aufführung von jeher so war, daß Sie keinen Tadel verdient. — Wir ersuchen also Ewr. Hoch Edelgeb: da Sie dazu die Mittel und Wege in Händen haben und wißen, den Urheber dieses infamen Blatts ausfindig zu machen und uns hinlängliche Satisfaction von diesem schändlichen Scribler zu verschaffen, denn nicht nur uns, sondern auch die ganze Ge= sellschaft des Königl. National=Theaters hat er vor der ganzen Welt gebrandmarkt. Wir sind beiderseits, mein lieber Herr Professor, von Ihrem edlen Charakter und gutdenkenden vortrefflichen Herzen vest überzeugt und glauben, daß wir keine Fehlbitte thun, noch daß sie solches ungeahndet hingehen laßen werden. Wir sind mit der vollkommensten Achtung

Berlin, den 16. März 1793.

Ewr. Hoch Edelgeb.
ganz ergebenste
Friederike Unzelmann
C. W. F. Unzelmann.

Dieser Brief ist von Friederike Unzelmann's Hand, der Gatte hat sich nur mit unterschrieben. — Engel richtete am 17. März — unter Beilegung obigen Briefes und der zu ihm gehörigen Nr. 14 des „Berliner Zuschauers", welcher den beleidigenden Aufsatz enthielt, — an den Geheimen Rath von Warsing, als Theaterkonsulenten, die Bitte um Rath, was hierbei zu thun sei, und die Frage, ob die Natur der Beleidigung überhaupt eine gerichtliche Klage zulasse. Engel sagte hierbei, es scheine allerdings insofern Sache der Direktion zu sein, da in dem Aufsatze 1) von einer Kabale in der Gesellschaft selbst ganz deutlich gesprochen sei, an deren Entdeckung und Zerstörung der Direktion schon zur Erhaltung des Theaters gelegen sein müsse, 2) über die Gesellschaft im Allgemeinen das Urtheil gefällt wird, daß sie durch Kabale und Intrigue vor allen anderen gebrandmarkt sei. Die Direktion glaube sich verbunden, die Gesellschaft im Ganzen gegen jede unverschuldete Kränkung ihrer Ehre zu schützen, denn im Grunde käme auch ihre eigene Ehre hierbei nicht wenig in's Spiel. — Rath Warsing beantwortet bereits am 18. März durch ein Promemoria Engel's Anfrage. Zunächst stellt er fest, daß die Beurtheilung der Unzelmannschen Eheleute in Nr. 14 des berliner Zuschauers zwar verletzend sei, aber zu keinem Injurienprozesse Anlaß gäbe, da der animus injuriandi mangele; es würde unbillig sein, die Preßfreiheit dahin einzuschränken, daß nur gelobt werden dürfe, auch würden die Unzelmann's zu bescheiden sein, sich über alle Kritik erhaben zu dünken. Der zweite Punkt sei „die Kabale, welche das hiesige Theater brandmarke und woran ein Anhänger von Madame Unzelmann und sonstige gute Freunde derselben Theil nehmen sollen. Warsing findet nun zwar nicht, daß der Aufsatz den Unzelmannschen Eheleuten zur Last legt, sie wüßten Etwas von der Kabale, welche zu ihrem Vortheil gesponnen wird, oder daß sie an derselben theilnähmen, doch empfiehlt er diesen Gegenstand gerade einer „vorzüglichen Attention" der Direktion! „Man würde den ganzen Zweck verfehlen," meint Warsing, „wenn man gegen den Verfasser der Recension verfahren wollte," man solle vielmehr seine weiteren Rezensionen abwarten, vielleicht, daß man mehr Licht durch sie bekäme, „indem an der Ausmittelung derjenigen Person aus der Gesellschaft selbst, welche aus Vorliebe oder Bosheit auf Kosten des Einen die Vorzüge des Andren zu erhöhen suchen wolle, außerordentlich viel gelegen sein muß." Es würde dann keinem Bedenken unterliegen „dergleichen Subjekte und

wenn sie auch zur ersten Klasse der Schauspieler gehören" entweder
sofort zu entlassen oder wegen öffentlicher Ruhstörung mit Gefängniß
zu belegen. Der Konsulent räth, es den Unzelmann's zu überlassen,
ob sie gegen denselben Schritte thun wollen, wobei er dem Künstlerpaare
aber den „freundschaftlichen Rath" zu ertheilen bittet, „den Rezensenten
nicht etwa thatsächlich behandeln zu lassen, oder mit Dergleichen zu be=
drohen, da das Faustrecht oft unangenehme Folgen nach sich zu ziehen
pflegt." — — Ob dieser „Anhänger" oder „sonstige gute Freunde" er=
mittelt wurden, oder ob das Unzelmannsche Künstlerpaar weitere
Schritte gegen den bewußten Kritiker that, ist aus den Akten nicht er=
sichtlich. Daß dieser Rezensent aber Recht hatte, die Zustände am
Nationaltheater höchst bedenklich zu finden und daß es damals wohl
Leute gab, welche ihre besonderen Absichten hatten, für diese oder jene
Künstlerin „Kabale zu machen," beweist das Bild, welches uns folgende
Schriftstücke jener Zeit von den Beziehungen zweier Personen geben,
die eine gewisse Rolle im öffentlichen Leben gespielt haben. Diese Billets
wurden nachmals lithographirt und gingen von Hand zu Hand; wir
drucken sie nur zu dem Zwecke ab, um den Unterschied der Sittlichkeit,
welche damals am Theater herrschte, vom heutigen Stande derselben
nachzuweisen. Kann man sich jetzt auch keineswegs höchster Tugend
rühmen, — man schämt sich aber etwas mehr! —

„Briefe der Schauspielerin X. an den Grafen von P." —

— Nr. 1. — „Heute werde ich das Vergnügen haben, Sie im Theater zu
sehn und morgen erwarte ich sie um halb 12 Uhr bei mir. Wir sind übrigens
Ihnen in Gnaden gewogen!" —

Nr. 2. — „Es thut mir sehr leid, daß ich morgen nicht das Vergnügen haben
kann, Sie bei mir zu sehn, allein ein sehr wichtiges Geschäft hält mich den ganzen
Vormittag außer dem Hause. Allein auf den Mittwoch hoffe ich Sie um 11 Uhr
bei mir zu sehn und dann werde ich noch meine mündliche Entschuldigung machen
und Ihnen sagen, daß Sie in vollen Gnaden stehen bei Ihrer Friederike."

Nr. 3. — „Morgen Abend um halb 7 Uhr erwarte ich Sie zum Thee, übrigens
stehen Sie sehr bei mir in Gnaden und zum Beweis gebe ich Ihnen meine Hand
zum Kuß. Alles ist vergeben und vergessen."

Nr. 4. — „Es ist mir sehr angenehm, daß der Herr Graf sich meiner so oft
erinnert, ich versichere Sie meiner ganzen Gnade und bitte mir die Ehre morgen
Abend um 6 Uhr zum Thee aus". —

Nr. 5. — „Den Vorschlag angenommen, $\frac{1}{4}$ auf 8 Uhr, eher aber nicht und
dann bitte um 70 Stück Stecknadeln; ich gebe Ihnen meine Hand zum Kuß!"

Nr. 6. — „Morgen $\frac{1}{4}$ auf 11 Uhr erwarte ich Sie bei mir, Sie können aber nur sehr kurze Zeit bei mir bleiben. Hier ist das versprochene, allein, da ich das Zettelchen verloren habe und der Goldschmit es mündlich bestellt hat, so hat es der dumme Kerl unrecht gemacht. Leben Sie recht wohl, ich bleibe Ihnen in Gnaden gewogen."

Nr. 7. — „Vor halb 8 Uhr kann ich nicht das Vergnügen haben, Sie bei mir zu sehen. Ich hätte große Ursache zu schelten, und Sie heute gar nicht zu sehen. Die Ursache werde ich mündlich sagen. Sie müssen aber vorher die bewußte Gesellschaft besuchen, ehe sie zu mir kommen." —

Nr. 8. — „Ich bin nichts weniger als ungehalten auf den Herrn Grafen und erwarte Sie um halb 12 Uhr." —

Nr. 9. — „Ich versichere Sie, daß Sie meine volle Gnade besitzen und an keine Abneigung zu denken ist. Zum Beweis gebe ich Ihnen meine schöne kleine Hand zum Kuß. Sonntag um halb 11 Uhr hoffe ich Sie bei mir zu sehen, wo ich Ihnen alles mündlich sagen werde." —

Nr. 10. — „Ein Vorfall, den ich weder vorher sehen, noch verhindern kann, macht, daß ich Morgen nicht das Vergnügen haben kann, Sie bei mir zu sehen, seien Sie jedoch versichert, daß es nicht aus Groll wegen des vergangenen geschieht, sondern Sie können meiner Freundschaft versichert seyn und mich dafür Montag um halb 11 Uhr besuchen.

Alles ist vergeben und vergessen.   Ihre Freundin Friederike." —

Nr. 11. — „Ich danke Ihnen recht sehr für Ihre Gütigkeit und es freut mich, daß Sie an mich denken. Mit der Gesundheit geht es sehr schlecht, demongeachtet wird es mir angenehm sein, wenn Sie mich morgen um halb 12 Uhr besuchen wollen. Sie müssen aber Geduld mit mir haben." —

Nr. 12. — „Es wird mir recht angenehm sein, wenn Sie mich morgen um halb 11 Uhr besuchen wollen, da können wir mündlich alles verabreden." —

Nr. 13. — „Ich werde Sie um 7 Uhr erwarten. Notabene, wenn Sie die bewußte Person dort finden, wo nicht, so kommen Sie nicht. Bringen Sie das bewußte mit. Ich erwarte recht etwas schönes zu sehen.

                                                                    X!" —

Vorstehenden Briefen war folgende Bemerkung von des Grafen Handschrift beigefügt:

„Dies sind die Briefe der Schauspielerin X. in Berlin, deren Eroberung und Bekanntschaft mir seit 1793 vom May an bis December 1794 über 8000 Thlr. gekostet hat.

Quelle Folie!!   F. W. Graf von P . . . . . ."

Wenn der Herr Graf hier „quelle Folie" ausruft, so hat er es doch nicht unterlassen, später auf — demselben Pfade der Narrheit neue — eben so kostspielige Lorbeeren zu pflücken, da ein eben so traulicher Briefwechsel vom Jahre 1803 mit einer anderen Theaterschönheit vorliegt, welcher — — noch naiver ist!! Jedenfalls wissen wir ohngefähr, wie Dame X. ihre Vormittags= und Abend=Stunden, wenn sie in den Proben oder Vorstellungen nicht beschäftigt war, — zugebracht hat. — — —Den 20. März führte man als Benefiz für Fleck zum 1. Male „Das Mädchen von Marienburg oder Die Liebe des großen Mannes", Schsp. in 5 A. von Kratter ohne besonderen Erfolg auf, dennoch wurde das Stück bis zum Jahre 1835 gegeben und erlebte nahe an 75 Darstellungen. Am 31. c. m. erhielt Schau= spieler Böheim Zulage und seine Tochter wurde als Anfängerin erst mit 34 Thlr., dann mit 104 Thlr. jährlich engagirt, nachdem sie bereits im vorigen Jahre in Kinderrollen aufgetreten war. An demselben Tage machte der Banquier E. B. Cohen die eben aus Holland erhaltene Oper „Pierre le Grand" durch seinen Freund Musikdirektor Wessely dem Theater zum Geschenk und stellte nur die Bedingung, daß Wessely dieselbe einstudiren und dirigiren möge. Die Direktion ging in ihrer Antwort dankbar hierauf ein. Im April beglückte Carl Doebbelin die Welt mit seinem Banquerut in Stettin. Solch ein Ende ließ sich voraussehen; er sank fortan immer mehr in's gewöhnliche Theater=Vaga= bondenleben zurück, aus welchem sich emporzuarbeiten dem Vater so viel Mühe gekostet hatte. Am 2. Mai wurde z. 1. Mal „Der Prozeß" oder „Ehen werden im Himmel geschlossen", Lustsp. in 2 A. von Herclots, als Benefiz für Herrn und Mad. Unzelmann, aufgeführt, welchem am 18. Mai als Neuigkeit „Die Geisterbeschwörung", Oper in 1 A. von Herclots, Musik von Cartellieri, folgte. — — Die Stimmung, welche seit König Ludwig XVI. Enthauptung in Berlin sich zeigte, und der Argwohn, welcher gegen Ausländer bei den Behörden herrschte, spiegelt sich in einer Zuschrift des Polizeidirektors von Eisen= hardt an die Direktion vom 23. Mai wieder. Gegenstand derselben ist die 28jährige Schauspielerin Mad. Haißler, (nicht mit Mad. Heußler zu verwechseln), welche mit einem Freiherrn de Baillon in Berlin er= schienen war, um beim Nationaltheater in Engagement zu treten. Die Offizianten hatten Eisenhardt berichtet, die Direktion des National= theaters halte den Baillon für verdächtig und trage Bedenken, die p. Haißler zu engagiren, so lange sich Baillon hier aufhalte. Die Polizei hatte Beide mithin vorgefordert, einzeln zu Protokoll vernommen und sendete diese Verhandlungen zur Kenntnißnahme der Direktion ein. Aus denselben ist ersichtlich, daß de Baillon, ein florentinischer Edel= mann, später in oesterreichischen Diensten, dann Prinzipal einer Wander= truppe gewesen ist, bei welcher die Haißler mit ihrem Manne, den sie bereits zum zweiten Mal verlassen hatte, engagirt war. In Anspach ging das Unternehmen zu Grunde und die Haißler erschien mit Baillon in Berlin. Die Direktion des Nationaltheaters erwiederte der Behörde: „der von Baillon interessire sie nicht im Geringsten, da die Haißler nicht engagirt worden wäre. Verdächtig sei derselbe nie gewesen, nur wäre es räthselhaft geblieben, wovon dieser Mensch hier hätte leben wollen, da er erst vor einigen Monaten fallirt habe und von seiner Familie, mit der er zerfallen sei, keine Unterstützung bekomme. Die Direktion habe daher nur unter der Hand Erkundigungen über Baillon einziehen lassen, weil es das Ansehen gehabt, als wenn derselbe auf Kosten der Haißler, falls sie Engagement fände, subsistiren wolle." — Natürlich wurde nun von Eisenhardt die Entfernung des Paares aus der Residenz prompt wie immer besorgt, und Beide verzogen nach Meklenburg. —

Zum 1. Male wurde „Der Geburtstag" oder „Die Ueberraschung", Lustsp. i. 1 A. von Dr. Engel, am 8. Juni gegeben. Der Verfasser war der Bruder des Direktors. Ob dies das Unglück des Stückes war und das Publikum an — einem Engel beim Nationaltheater genug hatte, kurz die Einnahme betrug diesen Abend nur 85 Thlr. 10 Groschen, während „die unruhige Nacht" 206 Thlr. 6 Gr. und „die Geisterbe=schwörung" 178 Thlr. 22 Gr. gebracht hatten, die nächste Novität im heißen Juli aber doch noch 155 Thlr. 10 Gr. Einnahme machte. — „Dem armen Souffleur Pauli," welcher schlecht besoldet ist und die Gicht „durch das viele Sitzen in der ungesunden zugichten Souffleurhöhle" bekommen hat, wird am 23. Juni seine Doktor= und Apothekerrechnung von der Direktion bezahlt. Dies ist allerdings eine sehr geringfügige Begebenheit, aber sie betrifft denselben Pauli, von dem wir schon mit=theilten, daß er unter Iffland einen ganz anderen Rang einnahm und zur höchsten Blüthezeit des Nationaltheaters ein gewichtiges Wort bei den meisten Entscheidungen in die Wage legte. — Die Novität: „Leicht=sinn und kindliche Liebe" oder „Der Weg zum Verderben", Schausp. in 5 A. a. d. Engl. des Helcroft, übers. von Commeadow, erschien am 4. Juli. — Daß der König selbst im Felde sein Augenmerk auf das Nationaltheater gerichtet hielt, beweist die folgende Kabinetsordre.

„Sne. Kgl. Majestät v. Prß. Unser allergn. Herr, haben den unterm 6. dieses eingeschickten Etat des National=Theaters pro 1793/4 erhalten und remittiren zwar solchen vollzogen der Direction desselben hineben: jedoch verlangen Allerh.

Dieselben zu wißen, wie hoch sich der Ueberschuß des verflossenen Etats-Jahres mit dem letzten Juli d. J. bey der Theater-Casse beläuft, und überhaupt wie stark das Vermögen dieser Casse ist? und befehlen der Direction des National-Theaters zum 1. August c. die erforderliche Anzeige davon zu thun. Hiernächst befehlen Sr. Kgl. Majestät der p. Direction bez. künftiger Einsendung jedesmahl die Einnahme des verfloßenen Etats Jahres gehörig anzuzeigen und solche mit der Ausgabe zu balanciren.

Im Lager vor Mayntz den 22. Juli 1793.

Friedrich Wilhelm." —

Natürlich beeifert sich die Direktion, sofort die verlangte Nachweisung vom „ganzen gegenwärtigen Zustande der Kaffe" vorzulegen. Nach derselben hat sie alle Schulden Doebbelin's bezahlt, ist von dem für Garderobe, Bibliothek und Musikalien Doebbelin's aufgenommenen Kapital zwar noch 10,000 Thlr. schuldig, bekennt aber 5,985 Thlr. 21 Gr. baar in der Kaffe zu haben. Damit diese Summe ihr verbleibe, machte die Direktion nun als Gründe geltend 1) die Ebbe der Sommermonate an Einnahme, 2) die Koften neuer Stücke, wobei sie die der Oper „Arur" in Potsdam auf 3000 Thlr. allein anschlägt, 3) die Engagements von Schauspielern, welche ohne Vorschüsse nicht zu bewirken sind und mögliche Fälle der Schließung des Theaters. — — Zum 1. Mal ging am 3. August „Menschenwerth" oder „Tugend ohne Eigennutz", Luftsp. i. 5. A. a. d. Engl. des Bourgoyne, in Scene. — „Der König auf Reisen", Luftsp. i. 4 A. v. Ziegler, gelangte am 12. September zur 1. Darstellung, „Das geraubte Landmädchen" (la villanella rapita), Oper in 2 A. von Cimarosa, in italienischer Sprache aber zum Debut des engagirten Antonio Bianchi (Baßbuffo) am 16. desselben Monats. Dieser tüchtige Sänger war in der Absicht nach Berlin gekommen, zur königl. Opera buffa zu gehen, da jedoch bei den Zeitumständen sein Engagement sich nicht verwirklichte und er in Noth kam, sang er beim Nationaltheater in den Zwischenakten die drei Intermezzos: „l'Avaro", „il Maestro di Capella" (angeblich von Haydn) und „il Calzolajo" von Cimarosa, welche außerordentlich gefielen. Von ihnen hat sich Maestro di Capella in der bekannten Buffoarie des Baſſatino in dem musik. Quodlibet „Der Capellmeister von Venedig" noch bis heute erhalten. An ferneren Novitäten stellte man „Fürstengröße", Schauspiel i. 5 A. von Ziegler am 25. September, und „Die schöne Müllerin", Oper i. 2 A. Muf. v. Paisiello, am 16. Oktober dar.

— Die Direktion erhielt inzwischen einen überraschenden Brief:

Löbl. general Direction.

Verschiedene Umstände machen es mir unmöglich, länger ein Mitglied des Königl. National-Theaters zu bleiben; ich melde daher einer löbl. general-Direction, daß ich mit meiner Frau in einem halben Jahre die Gesellschaft verlassen werde. Berlin d. 18. Septbr. 1793. Lippert." —

Ohne Grund, kurzweg wirft der Herr die Kündigung der Direktion vor die Füße; bereits am nächsten Tage nahm Letztere dieselbe ohne Weiteres an. Nach und nach hatte Herr Lippert aber Zeit gefunden, über seine rasche Handlung nachzudenken und kam zu dem weisen Ent-schlusse, folgende Epistel an die Direktion zu richten:

„Hochlöbl. Königl. General-Direction.

Nur der Umstand, daß meine Aufsagung in die Zeit fiel, wo ein großer Theil der Gesellschaft ohne mein Zuthun die Partei gegen Ambrosch ergriff (denn in zwei aufeinander folgenden Proben sprachen sie öffentlich, und ohne mein wissen gegen ihn;) kann Gelegenheit gegeben haben, zu glauben, daß ich wegen dieser Geschichte das Theater verlassen wollte, wenn man aber bedenkt, daß vermöge meines Contracts meine Aufkündigung eben in dieser Zeit erfolgen mußte, so fällt obige Vermuthung von selbst hinweg. Um meiner Frau, der selbst kein Mitglied des Theaters Stimme und Talent zum singen wird absprechen können, mehr Gelegenheit zu verschaffen, sich auch als actrice bilden zu können, that ich einen Schritt, den meine Freunde mir verübelten und den mich selbst Ihre Majestät die regierende Königin zurück zu thun hießen; indem allerhöchst Dieselben mich allergnädigst versicherten, daß nicht nur allein allerhöchst Sie mein hierbleiben wünschte, sondern daß Sie auch überzeugt wäre, daß selbst Seine Majestät der König dieser allergnädigsten Gesinnung sein werden. Ich bitte daher Eine Hochlöbl. Direction, meine Aufkündigung vom 18. Sept: als nicht geschehen anzusehen. Berlin den 18. Octob. 1793 Lippert." — —

„An den Sänger des Königl. National Theaters Lippert.

Wenn auch die Direktion des Königl. National Theaters sich nicht schon an einen auswärtigen Sänger gewendet hätte, von dem sie nun erst abwarten muß, ob er nicht die ihm vorgeschlagenen Bedingungen eingehen wird: So würde doch die Wiederaufnahme des Sängers Lippert in seinen freiwillig aufgekündigten Contrakt unmöglich anders als unter Bedingungen geschehen können, wodurch die Direktion sich mehr als bisher wegen unweigerlicher Erfüllung der von ihm übernommenen Pflichten in ihrem ganzen Umfange und besonders auch wegen eines ehrerbietigern Betragens sicherte: Welches gedachtem Sänger Lippert, als vorläufige Resolution auf seine Eingabe vom 18. d. M. hiermit bekannt ge-macht wird. K G. D. d. N. Th.
Berlin, 21. October 1793 Ramler. Engel."

„Der Hofmarschall der Regierenden Königin Majestät, Herr Graf von Solms hat mir den Augenblick den Läufer geschickt, welcher am Freitag Ew. Wohl-gebohren die Lippertsche Schrift und das Compliment der Königin überbracht hat. Er zeigte mir an, daß er den Auftrag nicht von Ihro Majestät der Königin selbst bekommen habe, sondern daß die Kammerfrau Schneider, eine Schwester des Kammerdiener Schneider, ihm das Papier gegeben mit dem Auftrage, daß Ihro Majestät dem Herrn Professor solches schickten, und ein Compliment machen ließen, und es gern sehen würden, wenn die Sache beyfällig abgemacht würde. Daß die Schneidern den Auftrag von Ihro Majestät erhalten habe, daran könne er nicht zweifeln, sonst würde er die Bestellung nicht übernommen haben. Ich bin der Meinung, Ew. Wohlgeboren haben gar nicht nöthig zu schreiben, sondern die Sache kann völlig auf sich beruhen, ich werde indessen in diesen Tagen den Herrn Lippert nebst Frau und den Herrn v. Krauß zu mir bitten und ihnen daß Verständniß freundschaftlich eröffnen, bekümmern Sie sich bis dahin um nichts.

Berlin, den 5. November 1793.   v. Warfing." —

„Lippert ist heute bei mir gewesen, und bereut seinen Schritt, ich übersende Ew. Wohlgeboren daß desfällige protocoll, so ich habe noch nicht vollziehen lassen, um dero Meinung zu hören, ob darauf Verzeihung erfolgen und der Contract prolongirt werden kann? — Wo nicht, so mag p. Lippert sehen, wie er es mit der Direction wieder gut macht. Sind Sie mein lieber Herr Professor, aber mit dem Protokol zufrieden, so bitte ich es mir gelegentlich zurück, um es unterschreiben zu lassen und es selbst zu unterschreiben. Die andre Sache dürfte ohne offiziellen Antrag der Direction wohl gehen, es bleibt aber nützlich und nothwendig, daß Sie durch ein Privat-Billet die Mad. Ritz überzeugen, daß mein durch den Geh. Rath von Wolff angebrachter Antrag, um als Consulent der Direktion auch ein Mitglied derselben ohne Gehalt zu werden, Ihnen nicht allein bekannt sei, sondern Sie solches auch gerne sehen. Sie soll diesen Einwand gemacht haben. Ich bitte diesen Umstand aber als keine Veranlassung des Schreibens anzuführen, sondern die Nützlichkeit meiner Anstellung nur im Ganzen, mit dem expressen Bemerken, daß die Kasse dadurch keine Ausgabe habe. Sie wissen am besten, wie schnell dieser Vertrag geschehen kann und muß es Ihnen überlassen, was zu thun Sie in der Sache angemessen finden, weil ich befürchte, daß, wenn Sie ganz stille sitzen, aus der Sache gar nichts wird. Ich empfehle mich aufs Beste.

Berlin, den 8. November.   v. Warfing." —

Wahrlich, wenn wir nicht schon mit dem Charakter und den Absichten der Personen, welche in dieser Angelegenheit auftreten, bekannt wären, so würde das vor uns liegende Gewebe von Ränken, Heimlichkeiten und Durchstechereien unentwirrbar sein. Zwei Interessen laufen hier neben einander her, bei welchen sich verschiedene Personen betheiligen: das des Sängers Lippert und das des Herrn Geh. Rath und Rechts-Consulenten von Warfing. — Lippert war an der Intrigue gegen Ambrosch betheiligt, vermöge langjährigen Engagements

viel umfangreicher im Opernrepertoire thätig als Letzterer und im Be=
sitze fast aller ersten Tenor= wie Buffo=Partien; durch seinen angedrohten
Abgang wollte er die Direktion zwingen, Ambrosch zu entlassen! Herr
Lippert vergaß, daß nicht nur Ambrosch der bessere Sänger sei,
sondern daß, wenn es sich für die Direktion um Entlassung des Einen
oder des Andren handelte, er nunmehr zu ersetzen war. Ambrosch
sang dann dessen Tenor=, Franz dessen Baß=, der Italiener Bianchi,
welcher nun deutsch gelernt hatte, dessen Bariton=Partien, Die Ant=
wort der Direktion an Lippert vom 21. Oktober schloß aber immerhin
den Weg zu gütlichen Verhandlungen nicht aus. Auf Warsing's Bericht giebt Engel demselben über diese Angelegenheit nun noch näheren
Aufschluß und verbindet damit die Entdeckung einer neuen kleinen
Theaterkabale; er schreibt:

„Ew. Hochwohlgeb.

„müssen zum Behuf der mit Lippert vorhabenden Unterredung eine Anekdote
wissen, die ihnen den ganzen Menschen aufdecken wird. Er trifft nämlich
Bianchi und sagt ihm, daß ein Kammerdiener der regierenden Königin auf den
Freitag ein Intermezzo wünsche, worin sie Beide zu thun hätten. Bianchi ge=
räth in große Verlegenheit, weil er kein solches Intermezzo hat; Lippert besteht
darauf, daß Rath geschafft werden müsse. Zufällig trifft Bianchi den Kammer=
diener und fängt nun sogleich an, sich mit der Unmöglichkeit zu entschuldigen,
den Willen Ihro Majestät zu erfüllen. „Um Gotteswillen" sagt der Kammer=
diener, „der Königin ist es nicht in den Sinn gekommen, daß Lippert singen
soll, aber er selbst will es durchaus und hat mir die besten Worte von der Welt
gegeben, daß ich doch ja Ihro Majestät wegen eines solchen Intermezzos den
Vorschlag thun möchte." — Was sagen Ew. Hochwohlgeboren zu diesen Ränken?
Ist nicht der Dummkopf eben so sichtbar darin wie der Kabalenmacher? Mit
der Madame Ritz, sieht er wohl, ist es aus, nun will er sich durchaus ein Ver=
dienst um die gute Königin machen, um durch sie die Direktion zu lirren!! —
— Die Hauptsache, warum ich mich unterstehe, Ew. Hochwohlgeboren beschwerlich
zu fallen, ist eine Angelegenheit unsers Bianchi. Sie wissen vielleicht schon,
daß neulich, wie ein Theil des Publikums seine italienisch gesungene Wieder=
holung der 2. Arie in der „Müllerin" applaudirt hat, von Andern sehr heftig
gezischt worden. Die Zischer sind Schauspieler gewesen, die ich alle beide heraus
habe, von denen aber Bianchi nur Einen, und was meinen Sie wohl, wen?
— angiebt. Den großen Patrioten, der sich der Sache Lippert's gegen Am=
brosch so eifrig annahm, der so empört darüber war, daß ein Schauspieler den
andern, seinen Kollegen, seinen Mitbruder, vor dem Publikum herabwürdigen
könnte, kurz der edle Herr Czechtitzky! Bianchi hat zwei Zeugen, die ganz
bereitwillig sind, ihre eidliche Aussage zu Protokoll zu geben, die Herren Silani
und Romani" u. s. w. —

— Indem Engel nun Rath Warsing bittet, anzugeben, welche Ge=
nugthuung Bianchi geleistet werden könne, bemerkt er, daß dies um so
mehr geschehen müsse, als die ganze Geschichte schon in's Publikum ge=
drungen sei und man auf die Entscheidung der Direktion warte. —
Die zweite in Rechnung kommende Intrigue betrifft Rath Warsing selbst.
Er ist zwar Rechtskonsulent des Theaters, aber er möchte — der Brief vom
8. November zeigt es deutlich, doch nun gern in das Direktorium
hinein. Engel ist damit ganz einverstanden, denn er kann alsdann dem
eifrigen Warsing eine Menge lästiger Geschichten und einen großen Theil
seiner eignen Verantwortlichkeit aufladen. Daß Warsing sein Neben=
buhler werden könne, fällt dem dünkelvollen Engel gar nicht ein, zu=
mal der Rath vom Theater nichts verstand! — Besagte Affaire Czech=
titzky's mit Bianchi veranlaßte Rath Warsing, zur Untersuchung
des Thatbestandes Ersteren vor sich zu fordern. Hierauf erhielt er von
demselben diese Antwort:

„Hochwohlgeb. Herr Geh. Rath!

„Sie haben mich heute durch einen Kammerbothen auf Morgen Mittags um
11 Uhr zu sich beschieden. Da keine Erwähnung der Sache geschehen ist, wes=
halb ich erscheinen soll, so muß ich vermuthen, daß der etwaige Vorfall das
Theater betrift. — Ewr. Hoch Wohlgeb. sind mir durch keine Kabinets=Ordre
als Mit=Director oder Vorgesetzter des Theaters bekannt, daß ist die Ursache,
warum ich auf die mir geschehene Einladung nicht erscheinen werde."

Der Brief schließt mit einigen höflichen Gemeinplätzen, welche die
starke Pille versilbern sollen, die der Künstler dem Herrn Geh. Rath zu
schlucken gegeben. Warsing sendet diesen Brief mit einem Billet an
Engel, in welchem er demselben freundlichst, aber ganz bestimmt er=
klärt, daß er „bis die Sache in dem Hauptpunkte in Ordnung ist"
keine weiteren Dienste thun könne. Natürlich, er möchte nicht gern von
Mehreren in der Art bloßgestellt werden, als Czechtitzky es gethan
hatte. Der Hauptpunkt der Sache aber war, — — daß von Warsing
auch Direktor werden wollte und gewissermaßen hatte ihm Czechtitzky
mit seinem malitiösen Schreiben den Gefallen gethan, diese Angelegen=
heit nun mehr in Fluß zu bringen! —

Zum 1. Male ging „Allzu scharf macht schartig", Schausp.
i. 5 A. v. Iffland, am 31. Oktober mit großer Anerkennung in
Scene und hat sich auf der Bühne bis in die neuere Zeit erhalten. —
Eine, namentlich für Berlin bedeutsame Feier stand bevor, die Wieder=
kehr des Königs und des Kronprinzen aus dem Feldzuge. Wohl nie=

mals so, wie in dem Mordjahre 1793 hatte man empfunden, welch' theueres Gut einem Volke seine Dynastie sei und welchen Hort Preußen im Hohenzollernstamme besaß. Zur Feier der königl. Zurückkunft wurde denn auch im Nationaltheater zum 1. Male am 9. November „Der Vormund", Schausp. in 5 A. von Iffland, gegeben, welchem „Das Opfer der Treue", ein Vorspiel von Herclots, Mus. v. Weber, voranfging. Dies patriotische Festspiel war besser gemeint, als es ausgeführt wurde, auch die Weber'sche Musik erhob sich nicht über die Mittelmäßigkeit. „Leichtsinn und gutes Herz", Lustsp. i. 1 A. v. Hagemann, ging zum 1. Mal am 23. November über die Bretter. — Je mehr das Jahr sich neigte, desto klarer wurde es der Direktion, daß es mit dem Theater finanziell ganz verzweifelt schlecht stehe. Die Zeitstimmung eines Theils war Schuld, das Publikum theilnahmloser als je für das Theater zu machen, mehr aber noch verdankte die Direktion dem gegen sie und namentlich gegen Engel herrschenden öffentlichen Uebelwollen, wie dem grenzenlos jammervollen Repertoir dieses Jahres die Leere in der Kasse. Unter den 20 neuen Stücken befanden sich anno 1793 nur zwei oder drei, welche wirklich Glück gemacht hatten: „Das Kästchen mit der Chiffre" von Salièri und Iffland's „Allzuscharf macht schartig", aber keines von diesen erregte einen großen Enthusiasmus, keiner der Lieblingsdichter oder Komponisten der Berliner, obige Beiden ausgenommen, hatte etwas Bedeutsameres gebracht. Mozart's „Zauberflöte" wurde überall gegeben — nur — in Berlin nicht!! Wenn auch die Misere vor aller Augen möglichst verborgen wurde, Iffland hat es nachträglich nur zu gewiß festgestellt, daß Engel und Ramler im Dezember 1793 vor dem Banquerut standen! Daß Engel unter solchen Umständen sich die Hülfe Warsing's und der Ritz'schen Koterie sichern wollte, kann man ihm wohl kaum übelnehmen. Hätte derselbe jedoch gewußt, daß der König bei seinem Besuche der Kurfürstin und der Zweibrück'schen Herrschaften in Mannheim, während des August und September, Iffland öfter spielen sah und daß der König wiederholt seine große Zufriedenheit über ihn ausgesprochen hatte, Engel würde sich wahrscheinlich weniger auf seine Unentbehrlichkeit verlassen haben. — Zwei Vorfälle schlossen das Jahr, ein tiefernster und ein hocherfreulicher. — — Vorher haben wir nur noch als Novitäten: „Der Fürst und sein Kammerdiener", Lustspiel in 1 A. v. Hagemann, am 2. Dezember, und „Die unzufriedenen Eheleute", Oper i. 2 A. v. Storace, nachzutragen. — Tages zuvor ging eine Trauerkunde durch ganz Berlin: der greife Teophil Doebbelin war den 10. Dezember Abends gegen 10 Uhr, 67 Jahr alt, verschieden! Sonderbar und rührend zugleich, sein Freund und Berufsgenosse, sein ältestes ehemaliges Bühnen-Mitglied Märgner (Märchner) war an demselben Abende und zu derselben Stunde ins Jenseits mit ihm gegangen. Ist es nicht, als ob die letzten beiden Repräsentanten einer untergegangenen Kunstepoche sich verabredet hätten, im Tode, wie im Leben einander nicht zu verlassen und vereint der Welt den Rücken zu kehren, die ihnen fremd geworden war?! — Den 15. Dezember wurde Theophil begraben; sämmtliche Mitglieder der Bühne, das Orchester und verschiedene ehemalige Freunde begleiteten ihn auf seinem letzten Wege. — Messen wir seine Fehler mit seinen Tugenden, so überwiegen die letzteren bedeutend! Durch sie hat er der Kunst und allgemeinen Entwicklung genutzt, durch seine Fehler nur sich allein geschadet! Blicken wir auf die Leistungen dessel- ben im Vergleiche zu seinem Nachfolger Engel, so müssen wir sagen, daß Doebbelin mit geringeren Geldmitteln und schwächeren künstlerischen Kräften bedeutend mehr für die Förderung des rezitirenden Dramas gethan hat! Unordnung und leichtfertiges Leben hat es freilich unter ihm auch genug gegeben, es war aber eben die alte Zigeunerwirthschaft seiner Zeit gewesen, welche er aus der herumziehenden Lebensweise in die neue Ordnung festbegründeter Verhältnisse mit hinübergenommen hatte, aber diese Unordnung und Mißwirthschaft war unter Engel ärger als je eingerissen, sie hüllte sich nur in einen vornehmeren Mantel! Offen waren die Laster und Leidenschaften Doebbelin's und seiner Leute ge- wesen, offen aber auch ihre Tugenden. Jener Kabalenmacherei, Nieder- trächtigkeit, Zwietracht und berechneten Arglist, welche wir seit dem Jahre 1787 ihr Wesen in den Räumen des Nationaltheaters treiben sehen, waren die alten Komödianten fremd geblieben. Mit Theophil Doebbelin sank der letzte Prinzipal und Komödienvater Berlins in's Reich der Vergessenheit! Die Schauspielkunst hatte, als er den Bühnenzepter niederlegte, die Kinderschuhe ausgezogen, sie wuchs, sie fühlte sich, sie schüttelte die Schwingen und trat unter der Königl. Ge- neral-Direktion in ihre — Flegeljahre!! Was Wunder, daß sie den Schulmeister prügelte, austrommelte und je eher je lieber vom Katheder warf?! —

Von Doebbelin's Tode hatten übrigens verschiedene Leute Nutzen: sie theilten sich in seine Pension. Mit Recht trat die wackere Caroline Doebbelin nunmehr in den ihr vom Könige gesicherten Besitz der Hälfte derselben, auf die andere Hälfte dagegen machten verschiedene Parteien Jagd. In erster Linie hielt sich Carl Doebbelin zum Erben derselben berechtigt und wendete sich sofort an den König; sein Gesuch wurde ihm Anfang nächsten Jahres abgeschlagen. Die Direktion des Nationaltheaters war ihm nämlich als Konkurrent zuvorgekommen, denn sie hatte sich, noch ehe Doebbelin unter der Erde war, mit folgendem Ansuchen an den König gewendet:

"Allerdurchlauchtigster pp.

"Es ist gestern der Schauspiel-Director Doebbelin verstorben, welcher bisher aus der Kasse des Nat. Theaters eine pension von 1200 Thlr. genoßen hat. Von dieser pension fallen gegenwärtig nach Ew. Kgl. Majestät Allergnädigsten Cabinetsordre vom 30. May 1789 beßen Tochter jährlich 600 Thlr. als eine neue pension zu, und bleiben also 600 Thlr. noch übrig. Die Geschäfte bei der Direction sind so vielfältig geworden, daß wir dem bei dem Nat. Theater stehenden Rechtsconsulenten Geh. Rath v. Warsing verschiedene derselben übertragen müssen, welche er zwar willig übernommen, aber mit mehrerem success würde ausgeführet haben, wenn Ew. K. M. ihn als Mitglied der Direktion selbst angestellt hätten. Wir tragen daher allerunterthänigst dahin an:

den Geh. Rath v. Warsing zum Mitgliede der Direction zu ernennen, und demselben von der vacanten pension der 600 Thlr. ein jährliches Gehalt von 250 Thlr. zu bewilligen, die übrigen 350 Thlr. aber zur Casse einziehen zu laßen, weil selbige dadurch, daß verschiedene der Hauptsänger lange krank gewesen und noch sind, sehr zurückgekommen ist. Wir ersterben in tiefster Ehrfurcht pp.

Berlin, den 11. Dezember 1793.   Ramler. Engel." —

Also von Warsing ist's, dem des Alten Tod zunächst zu Gute kommt und welcher dessen Grab als Stufe benutzt, um in die längst ersehnte Direktion zu treten. Ob dies für's Theater und die Sache der Kunst selbst ein Glück war, wird die Zeit lehren. —

Ein wahrhaft freudereiches Ereigniß, und in seinen Folgen von allseitig tiefster, weittragendster Bedeutung, war die Vermählung des Kronprinzen Friedrich Wilhelm mit Prinzessin Louise von Mecklenburg-Strelitz, welche den 24. Dezember unter allgemeinem Jubel stattfand. Wenn gemessener Ernst, angeborne Schlichtheit und soldatisch straffe Pflichterfüllung besondere Kennzeichen des Kronprinzen gewesen sind, dann hätte er wohl keine beßere Fürstentochter Europas als Gattin erringen können, wie Prinzessin Louise, nachmals Preußens allgeliebte, allbetrauerte und unvergeßliche Königin gewesen ist. Der Himmel hatte sie mit allen Gaben geschmückt, welche wir am irdischen Weibe verehren. Ihre Schönheit, wie die makellose Hoheit und Liebenswürdigkeit ihres Herzens eroberten ihr nicht allein rasch des Volkes Liebe, sie machten diese seltene Frau zum Ideale Preußens! Im Glück wie Unglück tief verehrt, verklärt durch ihre Leiden, als eine der besten, edelsten Königinnen, die Gott je zur Mutter eines Landes und als Vorbild deutscher Frauen schuf, lebt sie heute noch in unseren Herzen! Jetzt, gewissermaßen unter den Augen dieses erlauchten Paares, gehen wir einer neuen Zeit, einem neuen Jahrhundert — und, was zunächst das Werthvollste ist, jener großen, obschon kurzen Glanzepoche entgegen, welche wirklich die klassische Zeit des Berliner Theaters genannt werden kann! — Das Nationaltheater beging den Tag der Vereinigung dieses, für Preußens neuere Geschichte wichtigsten Fürstenpaares am 25. Dezember durch eine Nachfeier zum Besten der Wittwen und Waisen im Felde gebliebener Krieger. Zuerst wurde „Elternfreude", Vorspiel mit Gesang in 1 A. v. Herclots, Musik v. Weber, dargestellt; als Dedikationsstück für eine so feierliche Gelegenheit fand der damalige Bericht es: „äußerst schaal und kahl." Hierauf folgte: „Die Reisenden" oder „Wirkungen der Großmuth", Lustsp. in 3 A. n. d. Engl. — Es wurde ausgepocht!! — Es ist für das Professoren- und Dichter-Direktorium gewiß eine schwache Empfehlung, sich bei dem Thronfolgerpaare mit einer solchen Feier eingeführt zu haben! — — —

Personal-Verzeichniß vom Jahre 1793.

Wessely, Mus. Dir., Herr B.

Weber, Mus. Dir., Herr B. A.

Fleck, Regisseur, Herr J. F. F.

Ambrosch, Herr J.

Altfilist, Dem. C. S.

Bessel, Herr J. F.

Bessel, geb. Natus, Mad. A. M.

Baranius, geb. Husem, Mad. H.

Becker, Herr L.

Benda, Herr C. E.

Böhm, Mad. E.

Böheim, Herr J. M.

Böheim, geb. Wulfen. Mad. A. M.

Benda, I. Dem. Ph.

22*

Berger, Herr J. L.
Böheim, Dem. C. D. M.
Bessel II. Dem. Henriette . . . . neu
Bianchi, Herr Antonio . . .   . neu
Benda II. Dem. . . . . neu
Czechtitzky, Herr C.
Doebbelin, Dem. C. M.
Engst, geb. Rouillon, Mad. .   .   abg.
Fleck, geb. Mühl, Mad. S. L.
Franz, Herr J. C.
Franz, Monf. Emil . . . . , ...   neu
Fuchs, Herr J. G.
Greibe, Herr F. C. W.
Greibe, geb. Engst, Mad. M. Th.
Gerand, Dem. H.
Gollmick, Herr C. F.
Garly, Herr
Herdt, Herr G.
Herdt, geb. Rademacher, Mad. D. Ch.
Hellmuth, Mad. F.
Heußler, Mad. . . . .   neu u. abg.
Junker, I. Monsieur
Junker, II. Monsieur . . . . neu u. abg.
Kneisel, Dem. Rosine, Eleonore, Elisabeth, Heneiette . . .   . neu u. abg.
Kaselitz, Herr G. Ch. G.
Lanz, Herr C. A.
Labes, Herr F. C. W.
Lippert, Herr C. F.
Lippert, geb. Werner, Mad. C. S.
Leist, Herr C. F.
Leidel, Herr H. J.
Müller, geb. Hellmuth, Mad. M.
Mattausch, Herr F.
Reinwald, Herr J. D.
Rüthling, Herr H. F.
Ritzenfeld, Herr D. F. H.
Swab, Herr
Unzelmann, Herr C. W.
Unzelmann, geb. Flittner, Mad. Fr.
Wiegensdorf, Herr C. L.
Wegeleben, Dem. Friederike . . . .   abg.
Zützel, Dem. C. F.
Zimmerle, Herr C.

Das Personal-Verzeichniß am Ende des Jahres 1792 zeigt: 50 Mitglieder

Im Laufe des Jahres 1793 { wurden engagirt: 7

 57

 schieden aus: 5

Bestand des Personales am Schlusse des Jahres 1793: 52 Mitglieder.

1794. — Königl. Oper.

Der Karneval dieses Jahres wurde mit der Wiederholung des „Trionfo d'Arianna" eröffnet, welchem die Oper „Enea nel Lazio" folgte; die Hauptrolle sang diesmal Mad. Margarethe Louise Schick, die der König während des Feldzuges anno 92 in Frankfurt gehört und ihr sofort Engagementsanträge hatte machen lassen. Sie erhielt 2500 Thaler Gehalt, wogegen sie sich für die große Oper, die Opera buffa und die deutsche Oper des Nationaltheaters verpflichtete; ihr Mann, ein vortrefflicher Violinspieler, erhielt als erster Violinist Anstellung in der Königlichen Kapelle. Ende 93 fand das Eintreffen des Künstlerpaares in Berlin statt. — War das Engagement der in der That großen Sängerin für die Berliner Oper im Allgemeinen schon ein unendlicher Gewinn, so ward deren Besitz später, da sie völlig zur deutschen Oper überging, für diese und für das Nationaltheater die Veranlassung eines ganz unverhofften Aufschwunges. Nachdem Mad. Schick schon am 8. Dezember vorigen Jahres vor dem Hofe auf dem Schloßtheater in Righini's komischer Oper L'incontro inaspettato" aufgetreten war, übertraf sie in der Oper „Enea" ihre italienische Nebenbuhlerin Marchetti-Fantozzi. Nach dem Karneval, als die große Oper das ganze Jahr feierte und derselben die unruhige, kriegerische Zeit sehr ungünstig war, ging Mad. Schick auf Urlaub nach Hamburg, um in der Uebung zu bleiben; sie gastirte dort mit außerordentlichem Beifall. — Der König war mit seinem gesammten kriegerischen Hofstaate auch bald wieder ins Feld gerückt und so ist von der großen Oper nichts Sonderliches zu berichten, als daß das Engagement des Ehepaares Fantozzi verlängert wurde und daß den Gehalt der Tänzerin Madame Burnat geb. Lauchery, welche den 21. April starb, fortan Dem. Rose Decastelli emfing. Den, nach Baron v. d. Reck „hungernden Eleven der Tanzschule, die vor Angst nicht wissen wohin," wurden 200 Thlr. ausgesetzt. — Der Etat für die Ital. Oper betrug dies Jahr 43,500 Thlr und die fünf Vorstellungen der „Arianna" hatten 19,040 Thlr., die 5 Vorstellungen von „Enea" 5,824 Thlr. gekostet. — —

Dem Skorpione gleich, der in seiner Wuth, nachdem er Alles um sich vergiftet, den Mordstachel in seinen eigenen Leib drückt, zerfleischten in Frankreich die Volksparteien jetzt sich selber. Am 5. April sank Danton's Haupt und die Schreckensherrschaft feierte ihre blutigsten Triumphe, bis am 28. Juli auch Maximilian Robespierre seinem Schicksale verfiel! Von da an wurde die revolutionäre Bewegung rückläufig, die Partei der Moderantisten, der Gemäßigten, erstarkte, am 8. Dezember ward die Schreckensherrschaft der rothen Partei gestürzt und Frankreich begann, sich aus seinem Blutbade zu erheben. — Die Zeitungen dieses Jahres geben von den französischen Zuständen ein entmenschtes, wahrhaft ekelhaftes Bild. Schaurig fast ist die Anzeige zu lesen, welche zu Basel, in der freien Schweiz, auf Befehl des Nationalconvents die „kostbaren Meubels und Inventarstücke aus der Königl. Franz. Verlassenschaft zum Verkauf" ausbietet und wehmüthig überblickt unser Auge die Liste aller der Gegenstände, an welchen Ludwig XVI. und Maria Antoinette sich einst erfreut hatten, die ihre tägliche Umgebung gewesen waren; Kleinigkeiten, oft ohne materiellen Werth und nur dadurch geheiligt, daß die Hände unschuldig Gemordeter sie berührt hatten. Wie in Deutschland, selbst am Rhein die Stimmung war, wo doch am deutlichsten noch sich gallischer Einfluß geltend machte, beweist eine Korrespondenz aus Frankfurt a. M. vom August, welche meldet: „daß seit dem Bruche Deutschlands und Frankreichs daselbst alle französischen Moden verschwinden." Interessant zugleich ist aber die Nachricht: „Frankreich, obwohl im Kriege mit uns, fängt an seine Luxuswaaren (Pariser und Lyoner Fabrikate) über die Schweiz einzuschmuggeln." Die eigentliche Stimmung Deutschlands charakterisirt sich aber in 2 deutschen Kriegsliedern, deren Erstes Freiherr von Dalberg in Musik gesetzt hatte und deren zweites nach der Melodie „Allons Enfants" gedichtet ist. Beide sind vor einem Aufrufe abgedruckt, der die Ueberschrift trägt: „Das deutsche Vaterland ist in Gefahr!" Dieser Aufruf giebt eine Schilderung, wie die Franzosen in der bisher neutralen Pfalz hausten. Wir drucken diese Lieder hier in ihren ersten Strophen ab:

> 1. — Die Trommel wirbelt! auf in's Feld,
> Wem teutscher Muth die Brust beseelt,
> Der zieh' mit an den Rhein.
> Wer Gott, Gesetz und Kaiser ehrt,
> Der ist des teutschen Nahmens Werth
> Auf Brüder, marsch zum Rhein!! u. s. w.

Du aber wilde Räuberschaar,
Die Hunger und ein Kommissar
Zu Gräuelthaten treibt,
Komm an, wir stehen felsenfest
Und jagen Den nach Süd und West,
Der hier nicht liegen bleibt! — —

2. — Gegenstück der Marsailleise.

Auf rüstet euch, verbundne Heere
Germaniens! Das Schwert zur Hand!
Ein Volk, das Gott, Gesetz und Ehre
Verhöhnt, trotzt unserm Vaterland!
Uns nah' schon toben wilde Horden,
Wie noch der Erdkreis keine sah:
Die Hand an's Schwerdt! schon sind sie da,
Uns zu berauben, uns zu morden!
Auf! wer sich Mensch fühlt, auf!
Mit teutschem Arm und Muth
Schlagt diese Brut!
Tränkt Berg und Thal mit der Barbaren Blut! — —

In einer Geschichte des Theaters mögen diese Klänge sich freilich
wunderlich ausnehmen, aber wenn wir unsere Leser in die Zeitstimmung
versetzen wollen, die nach und nach alle Gemüther je länger desto tiefer
erfüllte, dann dürften diese beiden auch nicht die letzten Lieder sein, deren
wir zu erwähnen haben. Im deutschen Volksgesange, welcher damals aufblühte, spiegelte sich zuerst der Geist der Zeit, dessen Regungen
wir belauschen und er tritt im Drama der Bühne endlich als hinreißender
Prediger nationaler Gefühle, als der Entzünder vaterländischen Be-
wußtseins, als ein idealer Tröster in unseren Thränenzeiten vor uns
hin!! — — — — —

Das Nationaltheater geht im Jahre 1794 einer Katastrophe entgegen, die — keine Vernichtung, sondern eine Reinigung war. Eine
harte Prüfungszeit ist sie für das Institut, um es zu neuem, herrlicherem
Erblühen geschickt zu machen. Es ist ein Beweis seines vortrefflichen
inneren Kernes, daß das deutsche Theater unter allen Zerwürfnissen und
Widerwärtigkeiten sich langsam, aber dennoch sichtlich entwickelte, daß
ihm bewahrt blieb, was der eigentliche Nerv jedes Theaters ist, die
künstlerische Kraft! — Die vermehrten Zu- und Vorschüsse dieses
Jahres an die Damen Baranius und Unzelmann, die Herren
Herdt, Reinwald, Fleck, Rüthling, Ambrosch, C. F. Bessel

und Theaterdiener Eysig mögen größtentheils mit aus den Zeitverhältnissen erwachsen sein. —

Den 4. Januar richtete Fleck an den König das Gesuch, zu seinem Benefiz das von dem verstorbenen Könige von Schweden Gustav III. verfaßte und hinterlassene Schauspiel „Siri Brahe", dessen abschriftliche Uebersetzung er vor dem Druck erhalten hatte, am 15. oder einem späteren Tage des Monats aufführen zu dürfen und die Vorstellung mit seiner Person zu beehren. Der König bewilligte das Benefiz und setzte den 29. Januar an. Diesen Abend ging demnach „Siri Brahe", Schau=spiel in 3 A. v. Sr. Majestät Gustav III., in Scene, gefiel und wurde 8 Mal gegeben. Dies Stück ist sowohl als die einzige dramatische Arbeit eines Königs, wie dadurch merkwürdig, daß sein Verfasser meuch=lings von Graf Ankarström erschossen worden ist. — —

Der Vorfall zwischen der Direktion und dem Sänger Lippert ist uns bekannt. Wir überheben deshalb den Leser des Einblickes in die verschiedenen Schriftstücke, welche während des Januars zwischen beiden Theilen gewechselt worden sind. Schon hatte sich Lipppert durch weitere Widersetzlichkeit am 26. Januar eine, nun seitens der Direktion erfolgten, Kün=digung zugezogen, als er sich schnell noch besann und den neuen Vertrag bis zum Jahre 96 einging. Natürlich mußte man sich sagen, daß der nie zufriedene Mann immer wieder neue Ansprüche erheben werde. — Das erste neue Bühnenwerk „Paul und Virginie", Oper in 3 A. a. d. Frz., Mus. v. Kreutzer,*) gelangte den 21. Januar zur Darstellung und gefiel ungemein. — Die Direktion verbürgte sich am 25. desselben Monats für einen Wechsel Fleck's, welchen derselbe ausgestellt hatte, um das Antritts=geld bei der Wittwenpensionskasse für seine Frau erlegen zu können. „Die Reise nach der Stadt", Lustsp. in 5 A. von Iffland, erschien zum 1. Mal am 11. Februar. Fleck spielte den „Traut" und das Stück wurde bis 12. Dezember 1833 an 47 Mal wiederholt. „Die Insel der Alcina", Oper in 2 A. n. b. Ital. (Isola d'Alcinoo) des Ber=tati, übersetzt v. Herclots, Musik von dem Sänger Bianchi, wurde den 16. Februar zu des Komponisten Benefiz dargestellt. Die Kritik zog gewaltig über die Oper her, dennoch gefiel sie und wurde oft wieder=holt. Zu seinem Benefiz gab der Sänger Franz ein großes Vokal=

---

*) Rudolph Kreutzer, geb. 1767 von deutschen Eltern in Versailles, Schüler von Viotti und Stamitz, Violinist in Napoleons Kapelle, starb 1831 in Genf. Sein berühmterer Namensvetter Konrabin (geb. 1782) war ein Badenser.   D. V.

und Instrumentalkonzert am 21. Februar im Nationaltheate., das erste in dieser Art, und, — was Berlin noch nichterlebt hatte, — die Sänger der ital. Oper wirkten mit! — — Von einer ganz unerhörten Un= ordnung giebt folgendes Protokoll Bericht:

„Actum, Berlin den 22. Februar 1794.

„Da der Sänger Hr. Bianchi bei der letzten Vorstellung des Siri Brahe, Sch. 3 A. v. Sr. Majestät dem Könige von Schweden, Gustav III. (am 19. Februar) um nachher den Kapellmeister zu spielen, ausgeblieben war und dadurch das Publikum unwillig geworden, so wurde im heutigen Termine der Theater=Arbeiter Simon vorgefordert, um darüber näher vernommen zu werden, wo und in welcher Lage er den Bianchi vorigen Mittwoch den 19. b., da er denselben auf Geheiß des Herren Regisseur Fleck aufsuchen müssen, angetroffen habe, wobey derselbe erinnert wurde der Wahrheit in der Art getreu zu bleiben, daß er solche ebenfalls eiblich bestärken könne. Comparent sagt hierauf:

„Am vorigen Mittwoch als am 19. dieses sollte nach dem Stück Siri Brahe, der Kapellmeister gegeben werden. Hr. Bianchi hatte durch sein Mädchen seinen Anzug zwar zur rechten Zeit geschickt, als indessen Siri Brahe ausgespielt war, worin Herr Regisseur Fleck eine Hauptrolle hat, so trug derselbe, weil Herr Bianchi noch nicht da war, mir auf, zu demselben, welcher an der Tauben= und Friedrichstr. Ecke wohnet, hinnüber zu springen und ihn zu rufen. Ich that dieses, traf Hr. Bianchi aber nicht zu Hause, sondern seine Schwiegermutter. Diese sagte mir, daß er entweder bei dem Kapellmeister Righini oder bei der Demoiselle Kneiseln (Righini's Braut) sein würde; da der Theater=Arbeiter Gottlieb auch schon in die Behausung des Kapellmeister Righini gegangen war, so ging ich nunmehr zur Demoiselle Kneiseln und als ich an dem Gitter, 2 Treppen hoch, im Hause klingelte, kam ein Frauenzimmer mit einem Lichte, und Hr Bianchi in völliger Bewegung sich den Pelz umzuhängen, kam auch heraus. Als ich ihm hierauf sagte, daß das ganze Publikum schon seit einer halben Stunde auf ihn warte, sagte er mir beim Herausgehen, ich sollte nur bestellen, er habe eine Art von Fieber. Er bat mich auch nicht, zu sagen, daß er bei Mamsell Kneiseln gewesen, sondern ich sollte sagen, er sei schräg gegen= über bei einem Fremden gewesen. Auf welchen Fremden er eigentlich hinaus= zielte, weiß ich nicht. Die Demoisell Kneisel wohnt Unter den Linden, linker Hand an der Friedrichstr. Ecke. Unten vor der Thür bei der Mamsell Kneiseln wollte Hr. Bianchi mir noch einen Thaler geben, wenn ich die Sache so bestellt haben würde. Ich habe den Thaler nachher aber nicht bekommen, weil ich diese Sache der Wahrheit gemäß angezeigt habe. Ich für meine Person kann mit Ueberzeugung nicht sagen, ob der Hr. Bianchi krank gewesen, oder nicht, und eben so wenig habe ich bemerkt, daß demselben sonst etwas gefehlet. — —

von Warsing." —

Bianchi erklärte bei seiner Vernehmung, wirklich plötzlich und zwar aus Schreck über die Nachricht, daß er sich versäumt habe, krank geworden zu sein und wurde zu einer vollen Wochengage Strafe verurtheilt, welche er aber nicht zahlen wollte, da er die Gesetze gar nicht bekommen habe, sie also auch nicht kenne. Diese Ausflucht nutzte ihm nichts, überdem wurde er, als er am Tage nach dem Vorfalle auftrat, vom Publikum unbarmherzig ausgepocht! Sein späterer Uebertritt zur großen Oper, der er indeß nur ein Jahr angehörte, endete den unliebsamen Handel. — Zum 1. Male wurde: „Die Höhle des Trophonic", Oper in 2 A., Musik von Saliöri, den 19. März als Benefiz für Hr. Lippert gegeben und sprach an, ebenso das als Benefiz für Mattausch am 22. April zum 1. Male aufgeführte Schauspiel in 5 A.: „Das Scheinverdienst", von Iffland, ohne indeß außergewöhnlichen Erfolg zu erzielen. Es ist überhaupt eine eigenthümliche Erscheinung Iffland'scher und auch Schröder'scher Dramen gewesen, daß ihre Wirksamkeit beim Publikum mehr eine stille, gleichmäßige, dennoch immer freundliche war, daß ihnen aber eigentlich großartige Erfolge fehlten. — — — —

Wir nähern uns jetzt einer Begebenheit, die so selten und einzig im Theaterleben dasteht, wie die von uns geschilderten ersten Aufführungen von „Minna von Barnhelm", „Götz", Hamlet", und „die Räuber", aber welche nicht allein von ebenso weittragenden, sondern nach anderer Richtung hin von fast noch größeren Folgen werden sollte. Sie schließt in sich einen nahezu ungeheuren Sieg des Nationaltheaters, zugleich aber — den Sturz seines Direktors! — — Engel ließ, während der König abermals im Felde war, „die Zauberflöte" darstellen!!! — — Es ist unglaublich und kaum faßbar, welche Veranlassung zur Aufführung der Oper jetzt vorlag, nachdem er diese zweimal bereits dem Könige für unmöglich erklärt hatte!! Wäre Ramler nicht ununterbrochen kränklich und vermöge seines Alters stumpf gewesen, er hätte seinen Kollegen Engel auf den schreienden Widerspruch, den derselbe zu begehen im Begriff stand, aufmerksam machen müssen! — Da man für die Handlungsweise Engel's in seiner Stellung doch aber irgend einen Grund aufsuchen muß, der eine Art von Ueberlegung voraussetzen läßt, so können wir nicht anders, als glauben, derselbe sei von seinem vorjährigem Irrthume betreffs des Werthes und der Möglichkeit der Ausführung der „Zauberflöte" zurückgekommen, oder durch den geistvollen, immer rührigen Kapellmeister Weber, welcher allerdings schwer begreifen mochte, weshalb dies Meisterstück gerade in Berlin nicht gegeben werde, hierin eines Besseren belehrt worden!

War Engel über von der Reck's Absichts betreffs des Werkes etwa jetzt klar geworden? Oder war es die grauenvolle Perspektive eines Bankeruts, eines am Schlusse des Etatsjahres gähnenden Kassendefizit, was ihn, — vielleicht auf Webers Fachurtheil gestützt, zur „Zauberflöte" greifen ließ?! — Möglich, daß diese Gründe sämmtlich ihn bewegten. Hätte er die Sache einfach genommen, wie sie lag, dann würde er dem Könige seinen Irrthum bekannt und dessen Erlaubniß zur Aufführung der Oper erbeten haben. Dies Nächstliegende that er nicht! —

Das vielerhoffte, vergebens verlangte Meisterwerk des zu frühe vollendeten Tondichters: „Die Zauberflöte", Oper (oder wie der damalige Zettel sagt: Singspiel) in 2 Aufzügen von Emanuel Schikaneder, in Musik gesetzt von Herrn Kapellmeister Mozart, sah am 12. Mai in Berlin zuerst das Lampenlicht. Der Theaterzettel der ersten Wiener Aufführung am 30. September 1791 hatte folgende Anzeige gebracht:

„Heute, Freitag d. 30. September 1791 werden die Kais. Königl. Privileg. Schauspieler des Theaters auf der Wieden die Ehre haben aufzuführen „Die Zauberflöte". Eine große Oper von Imanuel Schikaneder. Die Musik ist von Herrn Wolfgang Amadé Mozart, Kapellmeister und wirkl. Kais. Königl. Kammerkompositeur. Herr Mozart wird aus Hochachtung für ein gnädiges und verehrungswürdiges Publikum und aus Freundschaft gegen den Verfasser des Stückes das Orchester heute selbst dirigiren. — Die Bücher von der Oper, die mit zwey Kupferstichen versehen sind, wo Herr Schikaneder in der Rolle des Papageno nach wahrem Costüm gestochen ist, werden bei der Theaterkasse vor 30 Krzr. verkauft. Herr Gayl, Theatermeister und Herr Neßthaler als Decorateur schmeicheln sich nach dem vorgeschriebenen Plane des Stückes mit möglichsten Künstlerfleiß gearbeitet zu haben. — Die Eintrittspreise sind wie gewöhnlich und der Anfang ist um 7 Uhr." — —

Kehren wir zu der ersten berliner Aufführung im Nationaltheater am 12. Mai 1794 zurück. — Die Hitze war an diesem Tage eine erstickende, aber dennoch hatte der Zuschauerraum nicht Platz genug, das Publikum zu fassen. — Die Besetzung der Oper war:

Sarastro	Herr Lippert
Tamino	Herr Ambrosch
Königin der Nacht	Mad. Lippert-Werner
Pamina	Mad. Müller-Hellmuth
Papageno	Herr Unzelmann
Papagena	Mad. Baranius
Monostatos	Herr Mattausch

Sprecher . . Herr Greibe
Drei Damen . . . . . Mad. Böheim, Dlles.
Altfilist und Zützel. —

Vorzüglicher kann zu keiner Zeit die Besetzung gedacht werden,
Jeder war in seiner Rolle Meister! — Man kann sich denken, welchen
Eindruck des todten Mozart Zauberweisen gemacht, wie Ambrosch'
und die Müller das reizende Duett „Bei Männern, welche Liebe fühlen"
gesungen haben, wie die berühmte Arie der Königin der Nacht entzückte,
mit welchem Jauchzen Unzelmann's „Ein Vogelfänger bin ich ja"
aufgenommen wurde, welcher andachtsvolle Hauch endlich durch das Haus
zog, als Lippert's Weihesang: „In diesen heil'gen Hallen" erklang,
das hohe Lied der Menschheit!! — Man war berauscht! Man schwelgte in
Jauchzen und Rührung! — Die Zauberflöte hatte in Berlin einen bei einer
Oper überhaupt noch gar nicht erlebten Erfolg!! — (Einer Theateranekdote*)
zufolge ging, (es war wie gesagt, unglaublich heiß) als gerade die
Königin der Nacht ihre berühmte Arie sang, zum Entsetzen des ganzen
Personals ein Theaterarbeiter mit 12 Flaschen Bier über die offene
Scene! Aber wer hat es im Publikum gesehn? Niemand! — Es
giebt eben Weiheabende, wo das Publikum Nichts sieht und hört, als
was es zu sehen und zu hören Sinn hat! Die Zauberflöte mußte am 13.,
15., 17., 18., 20., 22., 25., 27. und 29. Mai hintereinander gegeben
werden, ward also im Mai allein 10 Mal, im Juni 14 Mal wiederholt.
Die Oper erlebte die hundertste Vorstellung am 2. October 1802, die 200.
am 13. November 1825, die 300. am 4. Dezember 1866 und die 364.
Vorstellung am 28. Mai 1876. Den ganzen Sommer 1794 vermochte sich neben der Zauberflöte kein Tonwerk außer Salièri's
„Kästchen mit der Chiffre" und „Die schöne Müllerin" auf dem Repertoir
zu erhalten und der Sieg der deutschen Oper über die italienische,
der Triumph des Nationaltheaters über die Königl. Oper war ent=
schieden!!! —

„Der Mann von vierzig Jahren", Lustsp. i. 1. A. v. Kotzebue,
ward am 28. Mai zum 1. Male aufgeführt; das Stück wurde etwa
6 Mal gegeben, für den Verfasser also, der damals entschieden Liebling
des Publikums war, ein Fiasko. — Wir wissen, daß Mad. Unzelmann ihre schöne Singstimme verloren hatte und auch die Sprechmittel

---

*) Nach der Erzählung des Inspector Werner.

müssen nun gefährdet gewesen sein, denn sie hatte sich unterm 16. Mai an die Direktion um Urlaub zu einer Kur in Karlsbad, nach dem Rathe des Prof. Dr. Selle, gewendet und als Vorschuß den Betrag ihrer Garderobengelder für 1 Jahr erbeten. Der Urlaub wurde ihr bewilligt, der Vorschuß jedoch nur auf ihre Gage ertheilt. — Der Bürgermeister und Rath der Reichs=Stadt Frankfurt (unterzeichnet: Boehmer, Kanzleirath) richtete als Aufsichtsbehörde des dortigen Theaters einen Brief unter dem 7. Juli an die Direktoren Ramler und Engel, in welchem er wünscht, „besonderer Verhältnisse wegen" zu wissen, ob das Schauspiel „Graf Benjowsky, oder die Verschwörung zu Kamschadka" in Berlin aufgeführt, oder von der Censur resp. Polizey verboten sei. — Die Antwort lautete:

„Hochwohlgeb. und Wohlgebohrne
„Insbesondere Hochzuehrende Herrn!
„Auf Ewr. Hochwohl. und Wohlgeb. geehrtes Schreiben vom 7. c. a. ermangeln wir nicht in ergebener Antwort zu vermelden, daß das Schauspiel „Benjowsky" zwar längst in unsern Händen ist, wir aber Bedenken getragen, es aufführen zu lassen; nicht zwar, weil wir von Censur und Polizey wegen, unter deren Juris= diction wir nicht stehen, Ungelegenheiten befürchtet, sondern weil wir die Auf= führung gedachten Stücks für uns selbst nicht rathsam und schicklich gefunden. Wir verbleiben mit größter Hochachtung

Ew. Ew.   ergebene Diener
Berlin d. 14. Julius   Direkt. d. Kgl. Nat. Theat. z. Berlin
1794.   Ramler. Engel."

„Solidarität der konservativen Interessen" nennt man das! — Es ist begreiflich, daß dem Frankfurter Magistrat der „Benjowsky" be= denklich erschien, denn am Rheine spukten bereits die republikanisch= demokratischen Aufwiegler Frankreichs, den Berlinern aber hätte die Auf= führung des Stückes wahrscheinlich nichts geschadet, denn es wurde unter Iffland oft gespielt. — — —

Zur Aufbewahrung von Dekorationen und Koulissen, welche in dem Gebäude des Nationaltheaters selbst nicht mehr untergebracht werden konnten, hatte man bisher die unteren Räume der Königl. Bibliothek benutzt. Oberbibliothekar Prof. Dr. Biester kündigt nun den Kollegen Ramler und Engel voll Liebenswürdigkeit („Lieber Gevatter" ist die Anrede), aber sehr bestimmt die Mitbenutzung des Bibliothek=Grund= stückes, da die Verwaltung in ihrem Hause eben allein Herr sein wolle. Darauf überweist das Ober=Hof=Bauamt der Direktion einen

Verſchlag in dem deutſchen Dome (alſo die große Rotunde) gegen Erlegung einer Miethe von 10 Thalern, welche bisher die Krauthändler für Aufbewahrung ihrer Buden an die Armenkaſſe gezahlt hatten. Ferner bewilligte beſagtes Bauamt „in dem oberen Revier des Domkaſtellans die Anfertigung eines Verſchlags zur Aufbewahrung verſchiedener Garde=roben=Sachen.“ Den Platz, welcher aber dem Kaſtellan gehörte, will dieſer nur für 4 Dutzend Parquetbillets pro anno dem Nationaltheater überlaſſen, was Theaterinſpektor Lanz unterm 14. Juli anzeigt. Die Bedingungen wurden genehmigt, da es der Direktion daran lag, dieſe Räume in möglichſter Nähe des Theaters zu haben. —

Folgende Königl. Kabinets=Ordre lief plötzlich ein und wurde unter dem 24. Juli den Betreffenden zugeſtellt:

„Sr. Königlichen Majeſtät v. Preußen, Unſer allergnädigſter Herr haben dem Profeſſor Engel den nachgeſuchten Abſchied von der Direktion des National=Theaters bewilligt und da Allerhöchſt dieſelben reſolviret haben, daß der Profeſſor Ramler und der Regiſſeur Fleck die Geſchäfte bei dem National Theater ad interim fortführen und verwalten ſollen, ſo wird ſolches der Direktion des National Theaters zur Achtung und um alles darunter weiter erforderliche zu beſorgen, hierdurch bekannt gemacht.

Im Lager bei Opalin *)   Fr. Wilhelm.“ —
Den 20. July 1794.

Der vernichtende Schlag iſt gefallen!! In Mitte des Triumphes der Zauberflöte, Angeſichts des erſten — und beſten, des wirklich epoche=machenden Erfolges ſeiner Thätigkeit wird Engel ohne Weiteres ent=laſſen! Am 25. Juli verfügte Ramler an die Theaterkaſſe, daß das Ge=halt des Profeſſor Engel vom 1. Auguſt c. a. wegfalle! — — Einer Ueberlieferung zufolge, die wir aber nur als ſolche bezeichnen, da ſchriftliche Beweiſe nicht vorliegen, ſoll der Geh. Kämmerer Ritz ſeinem Freunde Engel zugleich die von demſelben in ſeinem Hauſe innegehabte Wohnung gekündigt haben! „Sic transit gloria mundi!!“ — Allerdings hatte Engel, wie wir wiſſen, am 1. März 1790 ſeine Entlaſſung eingereicht, daß er dieſelbe jetzt nach 4 Jahren erhielt, war formell alſo richtig und es bedurfte ſeinerſeits keiner Erneuerung des Geſuchs, welche auch nirgend in den Akten aufzufinden iſt. Thatſächlich aber war die damalige Bitte um Entlaſſung vor der ablehnenden

---

*) Opalin in Polen, alſo gegen die Inſurgenten! — —

Antwort des Königs vom 2. März 1790 hinfällig geworden und Letztere hatte den eitlen Mann im Wahne seiner Unentbehrlichkeit bestärkt. Griff die nunmehrige Kgl. Entlassungsordre auf Engel's damaliges Gesuch zurück, so war dies nur das Mittel, sich, wie es längst des Königs Wille war, des Professors zu entledigen. Daß Friedrich Wilhelm II. eine Direktionsveränderung im Sinn hatte, beweist seine bereits erwähnte Verhandlung mit Iffland vom Jahre 90, wie das gesteigerte Interesse an demselben seit dem Besuche Mannheims 1793. Engel's zunehmende Nachlässigkeit, und unordentliche Geschäftsleitung, welche Ramler's spätere Auslassungen bekunden, hatten den König nur in der Absicht bestärken müssen, denselben bei passender Gelegenheit loszuwerden. Diese äußere Gelegenheit aber bot die Zauberflöte wahr= haftig in ausreichendster Weise. Wir glauben nicht, in der Leitung der königl. Bühnen finde sich ein ähnlicher Fall vor, daß der Chef der Bühne seinem Monarchen einen zweimal ausgesprochenen Wunsch versagt und die abgelehnte Sache dann in der Abwesenheit des Königs auf eigene Hand ausführt. Ein größerer Widerspruch ist gar nicht denkbar und in diesem Falle um so schreiender, als der Erfolg Engel's Weigerungen nur in ein um so nachtheiligeres Licht setzte! Die Zauberflöte hatte seine Entlassung mithin herbei= geführt! —

Von jedem Fühlenden muß Engel dennoch, hege man sonst auch eine Ansicht über ihn, welche man wolle, wahrhaft bedauert werden. — Er war völlig brotlos! — Schon seit Jahren nicht mehr Lehrer des Kronprinzen, hatte er des Theaters wegen auch seine Professur an der Akademie aufgegeben!—Der tiefgebeugte Mann verließ noch in diesem Jahre Berlin und siedelte nach Schwerin über; erst beim Regierungs= antritt König Friedrich Wilhelm III. kam er zurück und — unter welchen Umständen!? — Es giebt wirklich Augenblicke in der Geschichte, wie im Leben des Einzelnen, welche uns zu dem bitteren und melan= cholischen Urtheile verleiten könnten, alles Sein beruhe nur auf nackter, platter, erbarmungsloser, materieller Nothwendigkeit und die Weltordnung entbehre gänzlich der Liebe und der Billigkeit, welche Jeglichem, auch dem Irrthumvollsten, mit zwar gerechtem, aber doch auch — gütigem Maße mißt! — Dem ist dennoch nicht so!! Wie gebeugt, wie arm wir Johann Jakob Engel auch wieder nach Berlin zurückkehren sehen werden, ihm sollte die rechte Helferhand nicht fehlen und er dann erst der Mann werden, welcher uns in der Literaturgeschichte lieb, bedeutsam und ehrwürdig ist, — der Dichter des Romans: „Lorenz Stark“, des „Fürstenspiegel“ und anderer werthvoller Schriften. Er hatte sich freigerungen, sich schöner und edler wiedergefunden!! —

1794 bis 1796.

5

Die königliche Oper unter von der Reck und das National-Theater unter von Warsing und Ramler bis zur Direction Iffland's.

(Vom 25. Juli 1794 bis 14. November 1796.)

Das Nationaltheater konnte man nach Engel's Abgange so gut wie verwaist erachten. Sein nunmehriger Leiter, Ramler, war ein Greis von 69 Jahren, dem sowohl physische, wie geistige Thatkraft zum Handeln fehlte, eine scheue, bängliche Natur. Dramaturg, wie sein Vorgänger, war er nicht und was von ihm an praktischer Theater-kenntniß erworben worden, hatte er sich allein durch den Umgange mit seinem zurückgetretenen Kollegen in ziemlich dürftigem Maße angeeignet; mit Aesthetik und Schönrednerei regiert man eben kein Theater. An Ramler's Seite stand von Warsing. Derselbe ist gewiß in juri-stischen Irrgängen, wie auf den dunklen Pfaden der Hofparteien jener Tage heimisch gewesen, mag wohl auch Geschmack, wie literarische Bildung besessen haben, aber vom Theater verstand er nichts. — Fleck war durch Befehl des Königs, wie mitgetheilt worden, jetzt in die Direk-tion gekommen! — Sonderbar ist, daß derselbe trotzdem niemals Protokolle, Memoriale oder Verfügungen mit unterschrieb und sein Name nur unter den eigenen Briefen oder den Regieberichten stand, er also nichts mehr und nichts weniger blieb und bis an seinen Tod ge-blieben ist, als der Schauspieler und Regisseur Fleck. Ueber seine Mit-direktorschaft berichten die Akten Nichts, außer in dem Rescript vom 25. Juli, durch welches Ramler der Kasse die Einziehung des Engelschen Ge-halts anzeigt und Fleck die Nachricht von seiner neuen Rangerhöhung ertheilt: über welche er, Ramler, „mit ihm in diesen Tagen reden wird". — Man hätte denken sollen, gerade Ramler, im Bewußtsein seiner Ohnmacht, müsse mit beiden Händen nach der Genossenschaft eines

23*

Mannes gegriffen haben, welcher sicher der geeignetste, wie uneigennützigste Gehülfe, der erste Künstler des Theaters und unbestrittener Liebling des Hofes, wie des Publikums war. Fleck's Bühnenkenntniß und Ansehn konnte der Direktion wohl eine wesentliche und wirksame Stütze werden. Daß Ramler durch die Entlassung Engel's überdies ganz rathlos und wie von Entsetzen gelähmt gewesen, ja bis zum Winter hin noch immer um seine eigene Existenz in Angst gelebt hat, darüber liegen eben so klar die Beweise vor, wie daß der Neid und Haß gewisser Leute über den Erfolg der Zauberflöte sich nicht nur an der Entfernung Engel's genügen ließ, sondern sich auch noch auf die Direktion Ramler=Warsing und das Nationaltheater weiter übertrug. Um so mehr hatte der alte Professor Ursache, in Fleck seine Stütze zu suchen. Geschah dies nicht und ist von der Mitdirektion des Letzteren nirgend mehr die Rede, so ist dies allein damit nur zu erklären: daß Fleck — — sich allergehorsamst bedankt haben wird, Direktor zu werden!! In den Akten steht das freilich nicht, weil hierüber nur mündlich verhandelt worden ist, aber desto gewisser ist es aus dem klarem Urtheile Fleck's herzuleiten; — sein ganzes Leben ist für seine große Einsicht, wie Rechtschaffenheit Bürge. — Welch' eine Stellung von größerem Ansehn, als Fleck schon besaß, konnte er noch erreichen? Er war der erste Bühnenkünstler Berlins und dessen Liebling nicht nur, er wurde in ganz Deutschland neben Schröder, Iffland und Brockmann genannt! Technisch leitete er ja das Nationaltheater bereits seit dem Urlaube Engel's anno 90! Bedurfte er mehr des Ruhm's? Sollte er, nur des Direktor=Titels wegen, die Mitverantwortung für die Thorheiten seiner Amtsgenossen übernehmen??! — Fleck hat sich gesagt, was wir bereits bei dem Amtsantritte des Dreigestirns: Beyer, Ramler und Engel erklärten, „die Leitung eines Theaters darf nur in einer Hand liegen," diese Hand aber muß eine ernste, reine und von vollendeter künstlerischer Sicherheit regierte sein; jeder andere Direktions=Organismus hat in sich selbst keinen Halt. — Den König, dessen Wille also unausgeführt blieb, zu begütigen, war insofern nicht schwer, als Fleck demselben ja nur bescheidentlich zu erklären brauchte, daß seine Thätigkeit als Schauspieler nothwendig unter der Wirksamkeit in noch einem Amte leiden müsse! —Wie weise Fleck handelte, auf die Theilnahme an der Direktion zu verzichten, werden wir nur zu bald an der Schaale des Zornes, dem Groll und Neide erkennen, welche sich über die Generaldirektion ergoßen. —

Bereits vor Engel's Abgang waren Engagements-Einleitungen des Schauspielers und Sängers Löwe, wie der Sängerin Madame Deroche getroffen worden. Betreffs Letzterer wird zwar behauptet, daß deren Engagement Streitigkeiten zwischen der General-Direktion und dem Publikum veranlaßt habe und die Zeitschrift „Der Zuschauer und Mocqueur von Berlin" giebt hierüber interessante Mittheilungen; wir können uns aber auf dieselben um so weniger einlassen, als die uns vorliegenden Akten keinen Anhalt bieten und die Wichtigkeit der benannten Künstlerin für das Theater keine besondere ist. — — Sporenrasselnd betrat am 3. August zum 1. Male „Friedrich Graf von Toggenburg," Schauspiel i. 4 A. von Spieß, die Scene; es war eines jener Ritterstücke, in denen besonders dieser Poet seine kühne Romantik vor der erstaunten Gallerie entfaltete. Die Neuigkeiten dieser Gattung mehren sich nun und helfen jene Epoche vorbereiten, welche wir die der „Pseudo-Romantik" nennen, und die so sehr zur Verschlechterung des Geschmackes beigetragen hat; Alles an ihr war eben krankhaft. — Dem Toggenburg folgte am 13. August: „Der väterliche Fluch" oder „Die Dichterfamilie", Lustsp. in 5 Akten v. Roller, den 21. August „Armuth und Edelsinn", Lustsp. in 3 A. von Kotzebue, Letzteres unter großem Beifall und ist dasselbe gegen 30 Mal aufgeführt worden. Das neue, am 30. August gegebene Lustspiel „Incle und Jarico" in 3 Akten nach d. Engl. des Colman, sprach dagegen nicht an. — Die neue Direktion machte am 1. September in den Blättern ein Publikandum bekannt, welches Alle aufforderte, die bis letzten Juli c. a. an die Theaterkasse zu stellenden Forderungen für gelieferte Waaren und Theaterbedürfnisse binnen 6 Wochen geltend zu machen; es handelte sich nämlich um den diesmal bitterbösen Jahresabschluß!! — Am 4. September ging z. 1. Mal „Die bestrafte Eifersucht", kom. Singspiel in 2 Akten, a. d. Ital. von Cimarosa in Scene, in ihm debutirte Mad. Deroche in der Rolle der Clara; auch ein neues Kotzebue'sches Stück, eine Fortsetzung von Menschenhaß und Reue, „Die Lüge aus guter Absicht", Schausp. in 1 A., folgte am 11., wurde aber im Ganzen nur etwa 10 Mal dargestellt.

Seit der Entlassungsordre Engel's war durch den König noch keine neue Verfügung getroffen worden. Um die —, jetzt eigentlich in der Luft hängende, Verwaltung zu befestigen, welches dem Personal wie dem Publikum gegenüber gleich sehr geboten war, wendete sich Ramler

an die Majestät betreffs Warſing's. Hierauf erging folgender Beſcheid: Hochgelahrter, lieber Getreuer! Ich habe nichts dagegen, daß dem Geheimen Rath von Warſing nach Eurem Antrage vom 17. b. die ſpezielle Aufſicht über die Oeconomie, das Rechnungs- und Caſſen-Weſen bei dem dortigen National-Theater übertragen werde. Jedoch muß ſolches, ohne neue Gage in Anſchlag zu bringen, geſchehn. Solchemnach überlaſſe ich Euch das deshalb weiter Er-forderliche zu beſorgen und bin Euer gnädiger König
Breslau, den 23. Sept. 1794.

Fr. Wilhelm."

Worauf es Warſing zunächſt ankam, offiziell ernannt zu ſein, war alſo geſchehen. Mit dem Augenblicke, wo er Direktor wird, nimmt er nun, obwohl lediglich für die „Dekonomie" angeſtellt, das Heft völlig à la Engel in die Hände, drückt den alten Ramler bei Seite und eine neue, veränderte Auflage der alten Wirthſchaft erblickte das Licht der Welt. Ein Vergleich der an Ramler gerichteten Kabinetsordre mit derjenigen, welche Engel's Entlaſſung verfügte, läßt erkennen, daß der König dem Profeſſor Ramler Nichts nachtrug und mit der Aufführung der Zauberflöte verſöhnt war. Die traurige Erbſchaft aber, welche Engel ſeinen Nachfolgern hinterlaſſen hatte, die eingeriſſenen Mißbräuche und Uebelſtände begannen ſich jetzt zu offenbaren. Je künſt-leriſcher das Theater ſich entwickelte und bewies, zu welchen Leiſtungen es befähigt ſei, deſto gewiſſer kam die Verwaltung deſſelben in Miß-kredit. Unwiderſtehlich drängte ſich ſchließlich Jeglichem die Ueberzeugung auf, am Nationaltheater ſei entſchieden deſſen Direktion das Entbehrlichſte und die Oberleitung bedürfe einer völligen Erneuerung! Andererſeits müſſen wir ſo gerecht ſein, dieſer Oberleitung nicht alles Das anzurechnen, was fehlerhaft war. — Beſſere Leiſtungen des Theaters erforderten vortrefflichere Künſtler, vortreffliche Künſtler aber forderten mit Recht höheren Gehalt. Dieſem Verlangen geſellten ſich die er-höhten Anſprüche des Publikums, zumal des Hofes, ebenſo wie der durch die angeſtrengteſte Thätigkeit allein wirkſame Kampf gegen die In-triguen der großen Oper und deren Anhang. Auch dieſer bedingte größere Ausgaben! — Für eine ſo vermehrte und koſtſpielige Wirkſam-keit war der vom Könige gegebene Jahreszuſchuß indeß zu gering und ſo reichlich auch ſeine Extrabewilligungen ausfielen, ſie wurden doch immer nur für einen beſtimmten Zweck ertheilt, zu welchem ſie auch aufgebraucht wurden, alſo der Kaſſe einen Zuwachs nicht gewährten. Die Einnahmen dagegen wurden durch Mißbräuche und Eigen-

mächtigkeiten, welche sich bei mangelnder Ueberwachung eingeschlichen
hatten, empfindlich verringert. Das Publikum nur durch neue Garde=
robe blenden, wie Warfing es sich jetzt zum Geschäft machte, obwohl
er vom historischen Kostüm keine Ahnung hatte, schuf die Bühne wohl
zu einem Kleidermagazine um, doch zu keinem Kunstinstitute, kostete aber
ein ungeheures Geld. — Wenn die Extraordinaria, also die zu=
fälligen Ausgaben des Theaters, seit 1788 niemals mehr als 2, höchstens
3000 Thaler überschritten, die Garderobegelder aber nur 3000
und etliche hundert Thaler erreicht hatten, so verbrauchte nun die Di=
rektion Ramler=Warfing im Jahre 1794—95 im Extraordinarium
6383 Thaler, für die Garderobe 5524 Thaler, — im Jahre 1795—96
aber im Extraordinarium 6530 Thaler und für die Garderobe sogar
7911 Thaler; also mehr als das Doppelte des früheren Betrages!! — —
Unmittelbar nach Ernennung Warfing's zum Mitdirektor wurde
dieselbe dem Königlichen Geheimen Ober=Rechnungsrath Schmidt
de dato 27. September, angezeigt. — Bisher haben wir von diesem
Beamten geschwiegen, weil dessen Name nur sehr selten und neben=
sächlich in den Theaterdokumenten genannt wird, er eigentlich nur
in dem Prozesse Doebbelin's gegen die Direktion deutlicher hervor=
trat, da er dessen Schulden zu sichten, zu prüfen und den Stand
der Finanzfrage aufzuklären hatte. Da Schmidt jetzt mehr in den
Vordergrund tritt, müssen wir ihn erwähnen. — Obwohl die Direktion
zunächst vom Könige abhing, unmittelbar mit ihm in Verbindung stand,
so war doch die kontrollirende Behörde derselben betreffs Einnahme und
Ausgabe die Oberrechnungskammer. Diese entsendete jährlich den Geh.
Ober=Rechnungsrath Schmidt zur Revision und Dechargenertheilung.
Es liegt einem solchen Beamten nun sehr nahe, zumal wenn er ent=
weder für das Theater Theilnahme, oder etwa gegen die Verwaltung
Mißtrauen hat, nicht nur zu fragen: „was ist eingenommen," — „was ist
ausgegeben?" und zu sehen, ob die Angaben in den Rechnungen stim=
men, — sondern auch die Frage zu stellen: „wodurch ist Dies eingenommen
und wozu ist Jenes ausgegeben?" So ungefähr haben wir uns auch
das Verhältniß zwischen Rath Schmidt und der Direktion zu denken
und um eine noch bessere Einsicht in solches zu gewinnen, geben wir
hier ein Bild desselben. Die Instanzen des Nationaltheaters waren:

1. Der König, unmittelbar der Direktion befehlend und in deren
   Leitung eingreifend.

2. Die Oberrechnungskammer als finanzielle Kontrolbehörde, von welcher

3. Geh. Ober-Finanzrath Schmidt als Kontroleur entsendet wird

4. Die Direktoren Ramler und Warsing, unmittelbar dem Könige verantwortlich, unter ihnen:

5. Regisseur Fleck für die technische und künstlerische Leitung des Theaters.

6. Die Kapellmeister Wessely und Weber, für die musikalische Leitung desselben.

7. Kriegsrath Bertram (Expedition), so wie Geh. Sekr. Jacobi (Theaterkasse), welche der Direktion und auch dem Rath Schmidt verantwortlich sind.

In Abhängigkeit zum Könige, zu der Verwaltung und zu der Kasse aber stehen:

8. Die darstellenden Mitglieder, das Orchester und das gesammte niedere Theaterpersonal.

Rechnet man noch hinzu, daß unmittelbar, oder mittelbar auch Madame und Herr Ritz nebst deren Anhang, Freiherr von der Reck, Balletmeister Lauchery, Kapellmeister Righini, Filistri, ja selbst Garderobe-Inspektor Gasperini von der Königlichen Oper drein-redeten, oder sonst ihre Hände in das Räderwerk steckten, dann hat man einen ungefähren Begriff von der ganzen Maschine! —

Die Ernennung Warsing's wurde noch denselben 26. September dem gesammten Personal mitgetheilt und der neue Direktor hatte die Beruhigung, daß ihn Herr Czechtitzky, wie alle Uebrigen, nun wenig-stens für voll ansehen mußten. — Im Laufe dieses Monats wurden aus Lübeck Herr Löwe nebst Sohn und Schwester als Gesangskräfte engagirt und am 25. September z. 1 Mal: „Ataliba, der Vater seines Volkes" oder Die Spanier in Peru", her. Schausp. i. 5 A. von Kotzebue, mit Musik von Weber, dargestellt. Das Stück war eine Fortsetzung von „Die Sonnenjungfrau", und kam etwa nur 15 Mal zur Darstellung, hatte also einen fraglichen Erfolg. Bemer-kenswerth bei demselben ist, daß wir in ihm dem ersten rezitirenden Schauspiel begegnen, zu welchem eine besondere Musik komponirt worden ist. —

Die nunmehrige Direktion hatte den besten Willen, die eingeschlichenen

Uebelstände zu heben, unter denen die zahlreichen freien Entreen der augenfälligste war. Sie erließ zunächst an sämmtliche Mitglieder ein Circular, in welchem sie erklärte, daß sie den freien Eintritt einschränken müsse und deßhalb Jeder binnen 8 Tagen für diejenigen Personen seiner nächsten Umgebung einkommen müsse, denen er ein freies Entree sichern wolle. An demselben Datum ging an Kontrolleur Lampe folgende Weisung:

„Da sich bei Revision der Rechnungen ergiebt, daß an manchen Tagen, ohn= geachtet daß das Haus ziemlich voll gewesen, dennoch sehr wenig vereinnahmt worden, nach der mündlichen Anzeige des Rendanten aber der Grund davon in den vielen Frei=Billets so an mehr als Hundert Personen ertheilt werden, liegen soll, so hat der Kontrolleur Lampe binnen 3 Tagen ein namentliches Verzeichniß aller frei einpassirenden Personen anzufertigen und ihren freien Eintritt durch Ordres der Direktion gehörig zu justifiziren.
Berlin, den 26. September 1794.
G. D. des Kgl. Nat. Theaters
Ramler. v. Warsing."

Demnach reichte Lampe am 29. September eine Liste der Frei= billet=Inhaber ein, wies in seinem Begleitschreiben die schriftlichen Ordres nach, durch welche die Direktion gewissen Personen Freiplätze bewilligt hat und diejenigen, welche auf mündlichen Befehl, der ihm schriftlich nie bescheinigt wurde, ertheilt gewesen sind. Er erklärt, daß „diese enorme Anzahl" der Freibillets nicht nur der Kasse nachtheilig sei, sondern daß deren Inhaber gerade solche Leute sind, welche „durch unzeitiges Kritisiren und Raesonniren nicht selten Veranlassung zum Auspochen der Stücke und Personen geben, auch würde es zur Bewürkung mehrerer Ruhe und Ordnung nicht wenig beitragen, wenn der Logen= steher Plötz auf der linken Seite des 2. Ranges angewiesen würde, keine der sogenannten Freudenmädchen bei sich einzulassen, sondern sie alle nach der rechten Seite zu verweisen."*) — Diese allerliebste Eröffnung Lampe's wird noch durch die überraschende Entdeckung erhöht, daß die Liste 130 Inhaber von freiem Entree aufweist! — Nimmt man den durchschnittlichen Besuch des Theaters an, welches bekanntlich bequem nur etwa 700 Personen faßte, die nach damaligem Preise etwa 350 Thlr. Kassenertrag ergeben haben, so bildeten die das Theater umsonst be= suchenden Personen mehr als den fünften Theil der Zuschauer! Wer

*) nach der rechten Seite, also nach der bereits erwähnten Pfeilerloge, deren stehende Abonnentin Mad. Schubitz war!   D. V.

sonst kann die Ordres für sie schriftlich oder mündlich ertheilt haben, als Engel? Mit diesen 130 Personen war es indeß noch nicht genug! Abgesehen davon, daß Herr, wie Madame Ritz nebst Begleitung stets ihre Loge für sich allein hatten, ist anzunehmen, daß wenn man die Aufrechthaltung der Ordnung und Sittlichkeit so vernachlässigte, den öffentlichen Dirnen freies Umherflattern in den Logen zu gestatten, es wohl kein Billeteur gewagt haben wird, einer Hoflivrée den freien Eintritt, ob dazu berechtigt oder nicht, zu versagen. Wie wir uns erinnern, hatte Theophil Doebbelin vordem schon einen Stoßseufzer zum Könige über den freien Eintritt der vielen Pagen, Livréebedienten u. s. w. gethan, welche der Ansicht lebten, daß ihre Anwesenheit das Theater derartig verherrliche, daß man es sich zur Ehre schätzen müsse, sie ohne Weiteres einzulassen. Auch die jetzige Direktion berichtete dieserhalb an den König und sofort wurde der bisher freie Eintritt für Jedermann, die dem Nationaltheater angehörenden Mitglieder ausgenommen, untersagt. — Natürlich schrie man Zeter und Wehe! Wir wollen nicht die Zuschriften und die Vorstellungen, welche hierüber selbst aus den höchsten Kreisen erhoben wurden, anführen und daß man sich endlich entschloß, für seine Hausbeamten und Dienerschaft fortan wenigstens eine Abonnementsquote zu zahlen. Trotzdem mußte die Direktion dennoch einzelne Ausnahmen machen und Diesen wie Jenen versöhnen. Unter den Bittgesuchen um freies Entree befindet sich auch, was wir doch nicht verschweigen wollen, eines von Caroline Doebbelin für ihren „guten Freund Nimpler!" — Alte Liebe rostet nicht! — Da Dem. Doebbelin in Berlin keinen Verwandten mehr am Leben hatte und sonst „gezwungen wäre", wie sie sagt, „des Abends spät allein über die Straße zu gehen." so war man galant genug und erlaubte dem treuen Wächter ihrer Tugend den seit 10 Jahren genossenen freien Eintritt ferner. —

Der Sänger Antonio Bianchi erklärte am 1. Oktober der Direktion, daß er nunmehr bei der großen Oper engagirt sei und nahm seinen Abschied; er hatte sich beim Nationaltheater nie sehr wohl gefühlt und das Publikum ihn oft, seines gebrochenen Deutsch wegen, ausgelacht. Verlor das Institut mit ihm eine Gesangskraft, so wurde ihr dieselbe mehr als reichlich durch Mad. Schick ersetzt. Der Künstlerin erging es mit den Italiänern der großen Oper ähnlich, wie Bianchi am Nationaltheater. Die Klique ließ die deutsche Sängerin nicht emporkommen, die Fantozzi wurde ihr vorgezogen und Madame Schick's eifriges Talent fand keine genügende Beschäftigung. Von Hamburg zurückgekehrt, richtete sie einen Brief (ohne Datum) an den König mit der Bitte, ihr zu gestatten, an der deutschen Oper des Nationaltheaters, wenn sie am Opernhause nicht beschäftigt sei, mitzuwirken. Mittelst Kabinetsordre vom 4. Oktober bewilligte der König das Gesuch und sofort schlossen Ramler und Warsing mit der Künstlerin einen Kontrakt, in welchem ihr 1200 Thlr. Jahresgage, 170 Thlr. jährliche Garderobegelder und die Lieferung des historischen und Charakterkostüms zugesichert wurde. — Die Gage war keine zu hohe für eine erste dramatische Sängerin. — Eine Neuerung müssen wir hier erwähnen, welche bereits bei dem letzten Urlaubsgesuche Friederike Unzelman's berührt wurde, näm lich die „Garderobegelder", welche Letzterer seit einigen Jahren ebenso, wie hier Mad. Schick, bewilligt worden waren. Vordem stellte die Direktion, und jedes Hoftheater thut es auch heute, dem Künstler sämmtliche Garderobe, die Salontoilette ausgenommen. Für Letztere ihm noch besondere Gelder zu bewilligen, halten wir für eine ganz un gehörige Vergünstigung, die ihren Zweck völlig verfehlt. Die Garde robegelder scheinen damals aber ganz eben so Sitte geworden zu sein, wie es die Benefize nach und nach wurden. Daß beide Einrichtungen bedeutende Ausgaben verursachten und das Budget wesentlich erhöhten, leuchtet ein. — Man hatte übrigens eine wahre Eroberung mit dem Engagement der Mad. Schick gemacht. Die große Oper mußte fortan mit dem Nationaltheater diese Künstlerin, wie den Bassisten Franz theilen und da später auch noch Fischer in das gleiche Verhältniß zu demselben trat, so hatte man außer diesen Dreien noch Ambrosch, Madame Müller-Hellmuth, Herrn Unzelmann und Herrn Lippert, ein Ensemble, wie es keine zweite deutsche Oper damals besaß.

Der 4. Oktober, an welchem man mit besagtem Engagement einen so großen Wurf gethan hatte, wurde noch durch eine Katastrophe merk würdig welche mit betäubendem Wetterschlage über die Direktion herein brach. Eine gewisse Vorahnung von derselben mochte sie wohl bereits ge habt haben, als sie Sr. Majestät den Rechnungsabschluß pro 1793—94 einreichte. — Folgende Kabinetsordre erging — nicht an die Direktion, sondern:

„An den Präsidenten der Ober-Rechenkammer Geheimen Finanz-Rath
von Kummer.
„Bester, Besonders lieber Getreuer! Die Direction des National-Theaters hat

nach ihrer abschriftlich anliegenden Anzeige ihr Cassen-Jahr vom 1. August 1793/94 mit einen Vorschuß von 632 Thlr. 15 Gr. 7 Pf. abgeschlossen und nach dem gleichfalls anliegenden Berichte des Geheimen Ober-Rechnungs-Rath Schmidt scheinet der Grund der ungebührlich hoch heran gelaufnen Ausgaben gar sehr in dem Mangel gehöriger Sachkenntniß und Aufsicht zu liegen.

Diese schlechte Wirthschaft der Direction gefält mir gar nicht und um deswillen trage ich Euch hierdurch auf, Euch von der Lage der Sache und Umstände zu informiren und darauf zu sehen, daß sich bei Verwaltung des Theater-Wesens keine Mißbräuche einschleichen. Ich bin übrigens Euer gnäd. König

Potsdam, den 4. Oktober 1794.　　　　　Friedrich Wilhelm." —

Der Präsident der Ober-Rechnungskammer schrieb sofort an die Direktion:

„Einer Königl. Hochlöbl. Direction des hiesigen National-Theaters gebe mir die Ehre, anbey eine Abschrift von der Gestern Abend an mich eingegangenen Kabinets-Ordre, den nach dem Abschluß der National-Theater-Casse pro 1793/94 sich ergebenden Vorschuß von 632 Thlr. 15 Gr. 7 Pf. betreffend, zu communiciren, mit dem ergebensten Ersuchen, mir zu meiner Information und um dem Allerhöchsten Kgl. Befehl ein schuldiges Genüge leisten zu können, sub fide restitutionis, sowohl die Haupt-Nationaltheater-Casse Rechnungen pro 1787/94 und dazu gehörige Revisions-Protocolle und Abnahme-Acta, als auch die Instruction der Hochlöbl. Direction gefälligst zukommen zu lassen.

Berlin, den 5. Oktober 1794.　　　　　von Kummer." —

Daß die Direktoren Ramler und Warsing Angesichts dieser beiden Schriftstücke in peinlichste Verlegenheit gekommen sind, ist erklärlich. Nicht nur ihre bisherigen Unterlassungssünden, auch die Sünden des Kollegen Engel kamen ihnen auf schreckenerregende Weise heim! Man hatte also im letzten Jahre die ganze, im Etat angesetzte, Summe nicht allein verbraucht, somit keinen Ueberschuß für die Schuldentilgung von noch 10 tausend Thalern erzielt, man hatte auch 632 Thlr. mehr gebraucht, die ungedeckt blieben! Ramler und Warsing waren freilich in die neue Direktion erst am 25. Juli c. a., also am Schlusse des Etatsjahres eingetreten, sie konnten nicht allein für das Defizit verantwortlich sein, sondern auch Engel, der nach souveränem Ermessen gehandelt hatte. Vor dem Könige indeß war die Verwaltung des Nationaltheaters moralisch banquerot, nicht die derzeitige nur, sondern die ganze seit anno 87 eingesetzte Theaterleitung mit ihrem breitspurigen Beamtenapparate. Es handelte sich nicht nur darum, festzustellen zu lassen, wo die 632 Thlr. geblieben seien, welche sich durch Engel's erledigtes Gehalt von 800 Thlr. leicht wieder einbrachten, es handelte sich um die peinliche und strenge Untersuchung der gesammten Verwaltung vom

1. August 1787 an selbst, um die Aufdeckung einer siebenjährigen Mißwirthschaft!! —

Ramler und Warsing hatten ihre Entlassung zu gewärtigen, aber erst mußte für einen zweifellos besseren Ersatz gesorgt werden, für eine fähigere Theaterleitung, welche mehr Sachkenntniß hatte und bessere Aufsicht übte. Gewiß sann der König auf solchen Ersatz und hatte wiederum den Blick auf Iffland gerichtet. — — Was war indeß eigentlich damit gethan, wenn die bisherige Mißwirthschaft aufgedeckt wurde? Da von Kassendefekten, Betrügereien, also von Kriminalvergehen nicht die Rede war, so konnte nur der Aufschluß erzielt werden, daß eben leichtfertig gewirthschaftet worden sei, daß man Leuten aus Schwäche, Mangel an Urtheil, oder um ihnen gefällig zu sein, Vortheile eingeräumt hatte, für welche keine entsprechenden Leistungen erfolgt waren. Wenn nun auch der Präses der Oberrechenkammer v. Kummer alle Etats der 7 Jahre und sämmtliche Rechnungen durchstöberte, — die Denunziationen des Rath Schmidt, der gern auch — Direktor werden wollte, wie alle späteren Monita des Finanzraths Baumgarten, welcher an Schmidt's Stelle trat, — Alles prallte an dem „non possumus" der Direktion ab! So scheinbar unglaublich das ist, so richtig ist es! — Die Herren, welche die öconomischen Verhältnisse des Nationaltheaters zu untersuchen hatten, waren eben Finanzbeamte und verstanden vom Theater gar nichts. Sie mochten diesen oder jenen Ansatz in den Rechnungen wohl bedenklich, ja unbegreiflich finden, aber ob er gerechtfertigt war oder nicht, das festzustellen vermochten sie nicht!

Diese siebenjährige Mißwirthschaft so klar festzustellen, wie man die gefälschte Buchführung eines betrügerischen Kaufmanns, oder die Unterschlagung eines Beamten etwa beweisen kann, dazu hätte es eines Mannes bedurft, der wie Schröder in Hamburg selbst Künstler, selbst Direktor, selbst Theaterfinanzmann war! Den Schriftwechsel über diese zwecklose Untersuchung wiederzugeben, können wir unterlassen, nur diejenigen Stellen entnehmen wir aus ihm, welche auf den Charakter der Personen und den Gang der Dinge ein Streiflicht werfen.

Auf von Kummer's Anschreiben, vom 5. Oktober, welchem die strenge königliche Ordre beigefügt war, antwortet die Direction, indem sie die Jahresrechnungen pro 1787—94 und ihre Instruktion einsendet, in einem langen Schreiben, in welchem sie sich wundert, daß Rath Schmidt die abgenommene Rechnung pro 1793—94 nicht der Oberrechnungskammer, als der zuständigen Oberbehörde, wie üblich, zur Revision eingereicht, sondern willkührlich einen Bericht an den König gemacht habe; sie ersucht Kummer um eine Privatkonferenz, ohne den p. Schmidt, und läßt folgenden bedeutsamen Passus einfließen:

> „Ich, der Professor Ramler muß hierbei noch besonders bemerken, daß der Professor Engel die Verwaltung des Ganzen nach dem Abgange des Herrn Geheimen Finanz-Rath von Beyer allein über sich genommen, ich jedoch nicht hoffen will, daß unregelmäßige Verwaltung dadurch entstanden, welche Verantwortung nach sich ziehen könnte."

Am Schlusse dieses Briefes ersucht die Direktion Herrn von Kummer, an Stelle des Rath Schmidt einen anderen Revisor für die Rechnungsabnahme zu bestellen. — Am selbigen 6. Oktober von welchem dieser Direktionsbrief datirt ist, geht ein Schreiben des Rath Schmidt bei Ramler ein, in welcher dieser sich entschuldigt, der ihm vorgeschlagenen Zusammenkunft für morgen nicht beiwohnen zu können. Denselben Tag noch antwortet ihm die Direktion:

> daß auch sie im Begriff gewesen sei, die morgen angesetzte Zusammenkunft auszusetzen. „Für die Zukunft" sagt sie, „wird die Rechnung an Eine Kgl. Oberrechenkammer selbst gehn, weil wir uns gar keinen Vorwürfen bei der fernerhin zu führenden Direction aussetzen, noch von der Willkühr eines Individui abhängen wollen!" —

Ein Schreiben Kummer's, welches anzeigt, daß er die communicirten Akten und Rechnungen durchgesehen habe, setzt die von der Direktion gewünschte Konferenz auf den 15. c. m. fest. — Es scheint, daß diese Konferenz nur zwischen Ramler, von Warsing und von Kummer stattgefunden hat und bei dieser Gelegenheit versucht worden ist, beide Direktoren zu bewegen, Rath Schmidt als Mitdirektor anzunehmen! Statt also das dirigirende Personal zu vereinfachen, wünschte die revidirende Behörde dasselbe sogar noch um einen Direktor zu bereichern! Dies geht aus einem Schreiben der Direktion vom Datum des Konferenztages hervor, in welchem sie bemerklich macht: „daß die gegenwärtige Verwaltung des Nationaltheaters alle Authoritaet gegen die Gesellschaft verlieren würde, wenn sie zugeben wollte, daß der Herr Geh. Rath Schmidt erstes Mitglied der Direktion würde." Falls sie sich nun aber desselben doch nicht entledigen könne, erklärte sie sich einverstanden, Schmidt „unter den billigen Conditionen" anzunehmen, daß er:

1) nur als jüngstes Direktionsmitglied angesehen wird, 2) er sich

nur auf's Kassen= und Rechnungsfach beschränkt, 3) daß er die Direk=
tionsloge nicht einnimmt, 4) daß man nichts dagegen habe, wenn in
diesem Fall ihm 100 Thlr. ausgesetzt werden." — Es ist also in der
Konferenz auf Ramler und Warsing ein Druck ausgeübt worden und
man war nahe daran, das ohnehin überwuchernde Beamtenregiment
durch einen neuen Pedanten noch mehr zu verballhornisiren. Aus dem
Schmidt'schen Direktoriat wurde zum Glück indessen nichts, es ist so=
gar an seine Stelle ein anderer Revisor des Theaters in der Person
des Raths Baumgarten deputirt worden. — Durch Circular, vom
7. Oktober, welches alle Sänger des Nationaltheaters unterschrieben,
traf die Direktion die Bestimmung, daß die Künstler bei öffentlichen
Konzerten nicht mehr mitwirken durften, es sei denn, „daß dieses oder
jenes Mitglied durch Heruntersetzung der Gage der Kasse wieder zu Gute
zu kommen, geneigt sein möchte." Dazu war natürlich Niemand ge=
neigt! —

Ob das Bestreben vorwaltete, sich sowohl bei den Mitgliedern in
besseres Ansehen zu setzen, als des Königs Ungnade zu besiegen, oder
lediglich richtige Einsicht und Menschenliebe sie bewog, kurz die Di=
rektion verfiel auf den Plan, einen Theater=Pensions=Fond zu begründen
und legte diesen Gedanken am 9. Oktober dem Könige vor Der
Fond sollte durch jährliche freiwillige Gehaltsabzüge der Mitglieder und
aus der Einnahme von 4 Vorstellungen im Jahre gebildet werden.
Hierauf wurde folgende Resolution ertheilt:

„Se. Königl. Majestät von Preussen, Unser allergnädigster Herr haben in
so weit nichts dagegen, wenn die bey dem National=Theater stehenden Schau=
spieler und Schauspielerinnen durch einen Beytrag von ihrer Gage einen Fond
zur Unterhaltung ausgedienter Mitglieder der Gesellschaft errichten wollen und
wollen es der Direktion des National=Theaters, in Antwort auf ihre Vorstellung
vom gestrigen Datum, überlassen, sich der Einrichtung einer solchen Pensions=
Anstalt wegen mit denen Schauspielern zu arrangiren.
Potsdam, den 10. Oktober 1794.
Fried. Wilhelm."

Der König ist der Sache also nicht ungünstig, aber der Direktion
gegenüber kühl. Er redete sie nicht wie sonst: „Veste, liebe Getreue"
an, noch ist er ihr „gnädiger König", das Ungewitter war also nicht
verzogen. Obigem Bescheide gemäß erläßt die Direktion unter dem
13. c. m. ein Circular an ihre Mitglieder, welches denselben den
Plan eines Theaterpensionsfonds im Allgemeinen auseinandersetzt, sie

auffordert, wegen des Statuts mit ihr in Berathung zu treten und diejenigen Mitglieder, welche beitreten wollen, ersucht, ihre schriftliche Zustimmung zu geben, Diejenigen, welche aber aus persönlichen Gründen hierzu nicht Willens wären, nur ihren Namen unter die Rubrik „gelesen" setzen zu wollen. Es ist ein Beweis von der Vortrefflichkeit dieser Idee und des Verständnisses der Künstler für deren Werth, daß sich links unter das Circular noch an demselben Tage 35 Mitglieder zum Beitritt erklären und die ablehnende Rubrik „Gelesen" ganz ohne Namen bleibt. Der Theater-Pensionsfond trat sonach in's Leben und der König bestimmte zu einem Benefiz im Dezember für diesen Zweck die — „Zauberflöte"!! Am 17. Juni 1795 reichte die Direktion die mit den Mitgliedern berathenen Statuten dem Könige ein und durch die Genehmigung derselben vom 19. Juni wurde die Institution begründet. Dieselbe bestand auch unter Iffland bis zu dem Kriegsjammer und der französischen Eroberung fort, in den Jahren 1806 bis 15 erlosch sie. Wo die aufgesammelten Gelder geblieben sind, weiß Niemand; vielleicht haben die Mitglieder in der Noth der Kriegszeit, die schreckliche Gegenwart mehr als die Zukunft bedenkend, es unter sich getheilt. Erst unserer Zeit war es aufbehalten, das Alter der Königlichen Schauspieler durch die Gnade der Hohenzollern vor Mangel gesichert zu sehen. —

Das größte Ereigniß nach dem Erscheinen der „Zauberflöte" war am 11. Oktober das Debut der Mad. Schick auf dem Nationaltheater in der Oper „Axur"; man kann es geradezu epochemachend und weitgreifend in seinen Folgen nennen! Der Beifallsrausch für die Künstlerin steigerte sich noch, als sie bald darauf, am 23. und 26. Oktober, die Constanze in „Belmonte und Constanze" sang und das Klärchen in „Die Liebe im Narrenhause" am 2. November spielte. Seit jener Zeit blieb sie Liebling der Berliner und der Stolz des Nationaltheaters bis zu ihrem 1809 erfolgten Tode. Ihr Leben — ein selten schönes Beispiel, — ging ganz in der Liebe zu ihrer Kunst und ihrer Häuslichkeit auf; die klassische deutsche Oper in Berlin verdankt ihr im Verein mit den bereits genannten Künstlern ihre Blüthezeit! — Zum Geburtstage der Königin, dem 16. Oktober, wurde z. 1 Mal „Julchen" oder „Die glückliche Probe", Schausp. i. 1 A a. d. Frz. des St. Foir und „Peter der Große", Oper in 3 Akten a. d. Frz. des Bouilly von Herclots, Musik von Getry, zur Darstellung gebracht; besonderen Erfolg scheinen diese Werke nicht gehabt zu haben. Am 27. Oktober wurde

der bisherige zweite Soufleur Pauly an Stelle des nicht mehr dienst-
fähigen Grimm definitiv als erster Soufleur angestellt. Das mühselige,
langsame Aufrücken des wackeren, sehr gedrückten Mannes hatte indeß für
ihn und für das Nationaltheater die heilsame Folge, daß er wie kein
Anderer die Verhältnisse und Charaktere der Mitglieder, die Zustände des
Theaters, alle die großen und kleinen, oft sehr unsichtbaren Fäden kennen
lernte, welche das Bühnenleben regierten und die sich vom Theater in
die höchsten und in die niedrigsten Gesellschaftskreise erstreckten. Pauly's
Tugend war Rechtschaffenheit, Pflichttreue, und ein scharfer, alle Dinge er-
fassender Verstand. Niemand beurtheilte zuverlässiger als er, Was und
Wer den Berlinern am Sichersten gefalle. Diese Eigenschaften machten ihn
später für Iffland unschätzbar. — Der Bühnenkundige weiß, was ein guter
Soufleur zu bedeuten hat, daß ein solcher Mann nicht nur den Künstlern
aus seinem Kasten die zu sprechenden Worte zuflüstert, sondern daß er dann
zum — Dichter werden muß, wenn der Darsteller, ob aus Zerstreutheit
oder Vergeßlichkeit, den Dialog seiner Rolle derartig verändert hat, daß
er selbst zuletzt nicht aus noch ein weiß. In diesen bedenklichen Fällen
hilft Der im Kasten und vermag er dies, so ist es ein Zeichen seiner
Fähigkeit. Ein solcher Mann war Pauly! —

Zum 1. Mal ging am 3. November „Die Aussteuer", Schausp.
in 5 A. von Iffland in Scene. Das Stück gefiel außerordentlich,
erschien 1858 in einer geschickten Bearbeitung von Fr. Tiß und noch
im Jahre 1859 sehen wir dasselbe nach 75 Wiederholungen auf dem
Repertoir des Königl. Theaters. Seine wirkungsvollen Rollen boten vielen
bedeutenden Künstlern Gelegenheit, sich in denselben als Gäste vorzuführen. —

Wir wissen aus den Verhandlungen bereits, wie die jetzige Direktion
sich der Oberrechnungskammer gegenüber winden mußte und daß sie, um
den Ausfall der Kasse zu vermindern, dem Unfuge der Frei-Billets ein
Ende gemacht hatte. Sie mußte aus demselben Grunde auch darauf
sinnen, das Abonnement zu erhöhen. Wie sie bei diesen Maßnahmen
in's Gedränge kam, zeigen eine Reihe Dokumente:

„Berlin, den 4. November 1794.

Ich ersuche die Direktion des hiesigen Nationaltheaters, es gefälligst zu ver-
mitteln, daß Meinen Kammerfrauen und Kammerdienern die Entrée zum Schauspiel, wo nicht wie in vorigen Zeiten ganz frei, doch gewiß wie bisher für ein
billiges Abonnement ferner gelassen werde. Ich werde die von der Direktion

hierbei gegen Mich bezeigte Attention mit Erkenntlichkeit aufnehmen, und stets mit geneigtem Wohlwollen seyn

An die Dir. d. hies. Nat. Ths."

Ihre affectionirte Königin
(Unterschrift undeutlich.)

Allerdurchlauchtigste Großm. Königin
Allergn. Königin und Frau!

Auf Ew. Königl. Majestät allergn. Befehl vom 4. D. zeigen wir allerunth. an, daß nach dem Abgange des Professor Engel uns die Haupt-Theater-Casse in einem solchen Zustande übergeben worden, daß wir aus der jetzigen Einnahme kaum die fortlaufenden Kosten zu bezahlen im Stande sind. Aus diesem Grunde sind wir, zumahl das ganze Werk unter Aufsicht der Ober-Rechen-Kammer steht, nicht im Stande, Freybillets zu ertheilen, glauben aber, die Sache dahin einleiten zu können, daß Ew. Königl. Majestät Kammerfrauen und Kammerdiener gegen ein monatl. Abonnement von 3 Thlr. für einen jeden, das Schauspiel fernerweit besuchen können, welches nicht einmahl die Hälfte des gewöhnlichen Abonnements von 7 Thlr. ist. Wir hoffen Ew. Königl. Majestät werden hieraus auf unsere unterth. Bereitwilligkeit zu schließen geruhen, mit welcher wir in tiefster Submission ersterben

Berlin, den 5. November 1794.

Ew. Königl. Majestät
allerunterth. treu gehorsamste
Ramler. von Warsing." —

„Der zeitigen Direktion des hiesigen Königl. National-Theaters ist es gefällig gewesen, meinen Offizianten ein Abonnement aufzukündigen, daß nicht von ihnen, sondern von mir und aus meiner Chatoulle für sie zur Theaterkasse bezahlet worden ist, ohne daß ich, wie ich billigerweise wohl hätte erwarten können, bis heute noch von den Ursachen dieser Veränderungen mich benachrichtigt sehe. Zwar ist mir von meinen Offizianten verschiedenes gesagt worden und daß eine Erhöhung des Abonnements-Preises ihnen wahrscheinlich den Eintritt wieder öffnen würde. Da ich aber nie auf mündliche Anzeigen und durch die dritte Hand in Fällen verfüge, wo ich mich berechtigt glaube, unmittelbare Anzeigen zu erwarten, so frage ich hiermit an: wieviel ich für den ferneren Eintritt, Parterre, für meine vier Offizianten künftig anzuweisen habe?

Berlin, den 11. November 1794.

Friedrich Wilhelm."
(Kronprinz.)

An
die Dir. des K. Nat. Ths."

„Durchlauchtigster Prinz!
Gnädigster Kronprinz und Herr!

Ew. Königl. Hoheit zeigen wir in Gefolge des heute erhaltenen höchsten Befehls, unterth. gehorsamst an: wie wir uns nicht unterstanden haben würden, eine willkührliche Erhöhung des Abonnements vorzunehmen, wenn wir von des Königs Majestät authorisirt wären, die monatliche 12 Gr. Abonnements bei der Ober-Rechenkammer rechtfertigen zu können. Da der Professor Engel dieserhalb noch gegenwärtig in keine geringe Verlegenheit geräth, weil aus den jetzigen Einnahmen die täglich sich vermehrte Ausgabe nicht mehr bestritten werden können, so haben wir für die Hof-Staats-Offizianten das Abonnement monatl. für die Person von 7 auf 3 Thlr. bestimmt, und würden nicht ermangelt haben Ew. Königl. Hoheit hiervon den treugehorsamsten Bericht abzustatten, wenn in unseren Akten nur die geringste Spur enthalten wäre, daß das bisherige Abonnement aus Ew. Königl. Hoheit Chatoulle bezahlt worden. Ew. Königl. Hoheit ferneren höchsten Befehl erwarten wir mit der schuldigsten Ehrerbietung, mit welcher wir ersterben

Berlin, den 12. Nov. 1794.　　　　Ew. Königl. Hoheit
　　　　　　　　　　　　　　　　　　　unterth. treugehorsamste
　　　　　　　　　　　　　　　　　　　Ramler. v. Warsing.

Gegen 3 Thlr. haben die Entrée erhalten:
1. die Secretaire Niethe und Meinert.
2. Kammerdiener Wolter und Heinrich.
　　Berlin, den 16. November 1794." —

In ihrer Antwort auf die Zuschrift der Königin, wie des Kronprinzen (des Vaters Kaiser Wilhelm's I.) sagt die Direktion nunmehr unverholen heraus, daß es sich nicht nur um das Vorhandensein eines augen= blicklichen Defizit, sondern um ein permanentes Mißverhältniß der ungenügenden Einnahmen zu den erhöhten Ausgaben, für die es keine Möglichkeit der Einschränkungen mehr giebt, handelt! Natür= lich, wenn Engel einmal den Mitgliedern gegenüber auf die Erhöhung der Gagen, auf Gratifikationen, Garderobegelder für die Damen und Benefize eingegangen war, konnten dessen Nachfolger, wollten sie die mühsam erlangten Künstler nicht verlieren, denselben die erreichten Vor= theile nicht wieder entziehen. Um den hohen Herrschaften entgegen zu kommen, thaten Warsing und Ramler schon ihr Möglichstes, wenn sie den Hofstaats-Offizianten ein Eintrittsgeld zugestanden, das pro Vorstellung für die Person in's Parterre etwa 2½ Groschen betrug. Da wir hier dem ersten Schriftstücke des nachmaligen Königs Friedrich Wilhelm III. begegnen, verweisen wir auf den straffen, ernsten Ton desselben, der für den Charakter des Fürsten bezeichnend ist, welchem mehr als jedem anderen Hohenzoller ein schwer geprüftes Regentenloos be= schieden worden. Im Uebrigen nimmt die Theaterliebhaberei des Königs und Hofes, wie wir bald sehen werden, auf die Kassenverlegenheit und auf den Etat keine Rücksicht und auch der gediegensten, sparsamsten und umsichtigsten Direktion hätte es mit der Zeit unmöglich werden müssen, die Scylla der Allerhöchsten Ansprüche glücklich zu umschiffen,

ohne in die Charybdis der Oberrechnungskammer zu gerathen. Das Auf=
hören der direkten königlichen Verfügungen über die Kunstkräfte des
Nationaltheaters und der Eingriffe in seine Verwaltung, so wie die Be=
seitigung des immer sichtbarer werdenden Verschmelzungsprozesses zwischen
der großen Hofoper und dem Nationaltheater konnte in diesem immer
unmöglicher werdenden Zustande allein noch Rettung schaffen. —

Kapellmeister Weber, welcher den sehr begreiflichen Wunsch hegte,
den Triumph der „Zauberflöte", wie die neu erworbenen Gesangskräfte
auszunutzen und die Direktion, welche außerdem noch den Grund hatte,
den König zu versöhnen, faßten trotz Kassen=Oede und Oberrechnungs=
kammer den Entschluß, einen erfolgversprechenden weiteren Schritt zu
thun und richteten an den König dieses Gesuch:

„Allerdurchlauchtigster p. p.

„Die Oper Iphigenia in Tauris von Gluck wünschen wir im künftigen
Monath zu geben, es fehlen aber die Ballets. Ew. Königl. Majestät bitten wir
allerunterth. den Eleven aus den Opern zu erlauben, in denen mit dem Stück
verwebten Ballets zu tanzen, weil diese Oper uns sonst zu kostbar wird und
wir wegen derselben besondere Kleidungsstücke nicht gerne anschaffen möchten,
da solche in der Opern=Garderobe vermuthlich vorräthig sein werden. In Er=
wartung allergn. Erhörung und daß Ew. Königl. Majestät auch für die Zukunft
uns ein für allemal die Erlaubniß ertheilen werden, die Eleven aus der Oper
zu den Ballets auf dem teutschen Theater gebrauchen zu dürfen, ersterben wir in
tiefster Submission
Berlin, den 6. November 1794.   Ew. Königl. Majestät
                                    allerunterth. gehorsam.
                                    Ramler. von Warsing. —

Die Bewilligung erfolgte dergestalt:

„Vester Rath, besonders lieber Getreuer, auch Hochgelahrter Professor, Lieber
Getreuer. In Rücksicht der in Euerer Vorstellung vom 6. dieses enthaltenen Mo=
tiven will ich ganz gern gestatten, daß die Eleven aus der Oper zu den Ballets
auf dem teutschen Theater zum Tanz gebraucht und die dazu in der Opern=
Garderobe vorräthigen Kleidungsstücke genommen werden können. Ich habe dem
zufolge die nöthige Ordre an den Balletmeister Lauchery stellen lassen, mit dem
ihr das weitere deshalb zu conferiren habt und bin Ew. gnädiger König
Potsdam, den 8. November 1794.
                                    Fr. Wilhelm." —

Der König ist sichtlich hoch erfreut über das Einstudiren des
Gluck'schen Meisterwerkes und zeigt sich wieder in seiner vollen Gnade.
Ob Warsing und Ramler dieser erneute königliche Sonnenschein plötz=
lich so ermuthigte, oder ob sie der Ansicht waren, daß, wenn sie Engel's

hinterlaffene Schulden erben und feine Sünden büßen müßten, ihnen
doch wenigstens auch fein Gehalt zukäme — fie fchwangen fich zu
folgender Bitte auf:

„Allerburchlauchtigſter p. p.

„Aus Ew. Königl. Majeſtät Hof=Staatskaſſe ſind für die Direktion des National=
Theaters monatlich 52 Thlr. 20 Gr. ausgeſetzt, ſo in quartal ratis bezahlt
worden und nach dem Abgange des Profeſſor Engel uns nicht aſſiguirt worden,
daher wir ſolche nicht erheben können. Da wir unſer ganzes Beſtreben dahin
gerichtet ſeyn laſſen, das Werk zu retabliren und die allgemeine Zufrieden=
heit nach und nach wieder herzuſtellen, ſo hoffen wir auch keine Fehl=
bitte zu thun, wenn wir alleruntertänigſt dahin antragen, daß Ew. Königl. Majeſtät
allergnädigſt geruhen, Dero Hof=Staats Caſſe anzuweiſen, uns das ſeit dem
Abgange des Profeſſor Engel vacante Gehalt fernerhin auszuzahlen. Wir er=
ſterben p. p.

Berlin, den 13. November 1794.   Ramler. Warfing." —

Auf dieſes Geſuch erhielten ſie — keine Antwort!! — Ein anderer
Wunſch, auch die Solotänzer und den Balletmeiſter der großen Oper auf
dem Nationaltheater tanzen zu laſſen, wurde ihnen dagegen unter dem
15. November zugeſtanden. Am 13. November ſtellte man z. 1 Mal
„Die Tochter der Natur", Ländl. Schauſp. i. 3 A. von Lafontaine
dar, welches Stück ungefähr 25 Wiederholungen erlebte. Am 25. des=
ſelben Monats lief folgendes Schreiben ein:

„Einer Königl. Gen. Dir. b. Nationaltheaters

„Habe ich auf Allerhöchſten Befehl anzuzeigen die Ehre haben ſollen, daß Sne.
Königl. Majeſtät dem Kammerſänger Fiſcher die Erlaubniß ertheilt, auf dem
Nationaltheater künftighin zu ſingen. Sr. Königl. Majeſtät überlaſſen jedoch
Einer Königl. Gen. Direktion lediglich, ſich wegen der Gratification mit dem p.
Fiſcher zu vereinigen. Für das mir überſandte Billet zur Loge Nr. 9. danke
ich auf das verbindlichſte und werde davon gegen Einſendung des Betrages
zur Caſſe bankbarlichen Gebrauch machen.

Berlin, den 25. Nov. 1794.   Freih. v. b. Reck." —

Der Opernchef, wie wir wiſſen, ſchon ſeit dem Erfolge der
„Zauberflöte" eiferſüchtig auf das deutſche Theater und durch die
Engagements der Opernſänger beleidigt, iſt, wie aus dem geſpreizten
Ton des Schreibens hervorgeht, ſehr wenig von dem erhaltenen Kgl.
Auftrage erbaut. Auch der Direktion konnte beim Zuſtande ihrer Kaſſe
das ihr angeſonnene Engagement eines neuen Sängers nicht beſonders
wünſchenswerth ſein. Ohne v. b. Reck zu fragen, hatte Fiſcher,
welchem die italieniſche Oper in ihrem jetzigen Zuſtande wenig behagen
mochte und um ſich denſelben Nutzen eines Doppelengagements, wie Mad.

Schick und Kollege Franz zu sichern, direkt dem Könige das Gesuch einer Anstellung unterbreitet. — Ramler und Warsing richten nun an Fischer unterm 26. November eine Anfrage betreffs seiner Forderungen und machen ihm, um nicht an ein festes Gehalt gebunden zu sein, den Vorschlag eines Honorars für jede Vorstellung, in welcher er mitwirkt. Hierauf ging in seiner Antwort vom 28. c. m. Fischer mit dem Bemerken ein, daß es ihm „sehr angenehm sei," sich für jede einzelne Rolle bezahlen zu lassen, und forderte 4 Friedrichsdor. Nur die geringe Kenntniß der damaligen Verhältnisse ließ die Direktion nicht begreifen, daß sie viel schlechter fahre, einem Künstler jede einzelne Leistung zu bezahlen, als ihm eine Jahresgage zu bewilligen, dann aber über ihn, so oft sie wollte, zu verfügen. Am 29. November fassen Warsing und Ramler zuerst den Beschluß, ihm 20 Thlr. in Courant zu bewilligen, da ihnen aber auch diese Summe bedenklich erscheint, erwidern sie Fischer: „da das verlangte Honorarium von der Theaterkasse nicht bestritten werden kann, indem vorherzusehen ist, daß das Publikum Herrn Fischer zu oft wünschen dürfte, bedauert sie: „von seinem Anerbieten keinen Gebrauch machen zu können." Da Fischer dennoch später am Nationaltheater Stellung fand, so hat man sich nachträglich auf andere Weise geeinigt. —

Die Befugniß, sich des Ballets der Königl. Oper zu bedienen, benutzt die Direktion, um am 28. November „Cortez und Thelaire", heroisch-pantomimisches Ballet von Lauchery, Musik von Cannabich, zur ersten Darstellung zu bringen, welchem sie am 29. Dezember „Das Urtheil des Paris", heroisch-pastoralisch-pantomimisches Ballet von demselben, mit Musik von Toeschi, folgen läßt. Es ist also das wirkliche Tanz-Drama, welches auf dem Nationaltheater nunmehr als eine unabhängige, selbstständige Kunstgattung ersteht. Sowohl die früheren Tanz-Divertissements Doebbelin's, wie die Operntänze konnten demselben diesen Rang noch nicht verschaffen und das kleine Ballet Pygmalion, in welchem Barbarina geglänzt hatte, war nur eine vorübergehende Probe gewesen. Von jetzt an erst beginnt eine gewisse Ebenbürtigkeit Terpsychore's auf dem Nationaltheater neben den beiden anderen theatralischen Musengöttinnen. Mit der förmlichen Aufnahme des Ballets an demselben, (eine Angelegenheit, welche schon unter von Beyer ein stets streitiger Punkt gewesen war,) hatte die Direktion jedoch ein wahres Danaergeschenk erhalten, denn so sehr dasselbe anfänglich, wie alles Neue, gefiel, koftete es doch mehr Geld, als es einbrachte. Man that mithin Schritte, sich dieses kostspieligen Vergnügens wieder zu entledigen. — Dies Bestreben hatte einen Schriftwechsel zur Folge, den wir der Charakteristik der Personen wegen wiedergeben, zumal er für die Entwickelung, wie für die Zukunft des Ballets von Belang ist.

„Des Herrn Geheimen Rath von Warsing, Hochwohlgeboren, habe ich die Ehre zu benachrichtigen, daß Er. Königl. Majestät nicht nur befohlen, daß die Solo=Tänzer auf dem National=Theater diesen Winter tanzen sollen, sondern daß auch alle Woche wenigstens Ein Ballet gegeben werde.

Berlin, den 4· Dezember 1794.   Frh. v. d. Reck.
An
des Herrn Geh. Rath
v. Warsing, Hochwohlgeboren." —

„Des Königl. Kammerherrn, Herrn Baron v. b. Reck, Hoch und Wohlgeboren, danken wir ganz gehorsamst für die uns heut ertheilte gütige Nachricht, daß die Solotänzer auf dem Königl. National=Theater tanzen, und alle Woche wenigstens ein Ballet gegeben werden soll. Ohnerachtet wir denen Tänzern nichts bezahlen, auch die Garderobe der Oper gebrauchen dürfen, so wird uns das Ballet doch zu kostbar, um die damit verbundenen Kosten, welche sich für jedes Ballet bis auf 80 Thlr. belaufen, aus unserer Einnahme bestreiten zu können. Um den Etat erfüllen zu können, haben wir schon die Vorstellungen der Freitage zu Hülfe nehmen müssen und stellen Ew. Hoch und Wohlgeboren Dahero ganz ergebenst anheim, wie Dieselben die desfällige Kosten von des Königs Majestät zu erbitten im Stande sind. Es leidet keinen Zweifel, daß die Ballets uns etwas einbringen, unser Einnahme= Journal zeigt aber ganz klar, daß wenn wir die Kosten der Ballets fortlaufend aus unserer Einnahme bestreiten sollten, wir die Gagen der Mitglieder zu bezahlen um so eher außer Stand gesetzt werden dürften, da zu oben benannten Kosten der Ballets, noch die Kosten kommen, welche zu den Dekorationen der Ballets erfordert werden. Die Sachkenntniß, welche Ew. Hoch und Wohlgeb. von der Sache selbst haben, wird uns gewiß von allem Verdachte eines Eigensinns oder eines besondern Benehmens gänzlich befreien.

Berlin, den 4. Dez. 1794.   Gen. Dir. d. National=Theaters.
Ramler. v. Warsing." —

„Auf das von einer geehrten General=Direction des Königl. National=Theaters an mich unterm gestrigen Dato erlassene Schreiben, erwiedere in ergebener Antwort, wie es nur schwer zu begreifen, daß die Kosten des ersten Ballets sich auf 80 Thlr. belaufen können. Wahr ist es, daß hierunter mancherley für die Zukunft zu ersparende Ausgaben begriffen sind, und endlich da die Tänzer und Tänzerinnen 6 mahl mit den nämlichen Schuhen und Strümpfen wie auch Kopfputz tanzen müssen, so können diese Kosten nicht füglich auf das eine Ballet gerechnet werden. Wenn aber dies alles auch nicht wäre, so muß ich dennoch dafür halten, daß die Ausgabe der 80 Thlr. durch den mehreren Zulauf des

Publikums reichlich erſetzt worden, wenigſtens dabey kein Verluſt geweſen. Dieß kann zwar nicht beſtimmt ausgemittelt werden; bey dieſer Lage der Sache aber kann ich nicht anrathen, das Ballet bey Sr. Königl. Majeſtät zu dépréciren, wenigſtens finde ich für meine Perſon um ſo weniger eine Veranlaſſung, Sr. Königl. Majeſtät darüber etwas vorzuſtellen, da ich mich ſchwerlich davon über= zeugen kann, daß gut angeordnete Ballets nicht die Einnahme an der Thüre beynahe verdoppeln ſollten. — Sollte bemohnerachtet die Kaſſe des National= Theaters unter dieſen Umſtänden die Gagen der Mitglieder nicht bezahlen können, ſo würde bey Weglaſſung der Ballets, ihr Untergang, meines Dafürhaltens, um ſo ſchneller ſeyn müſſen. — Jedoch ſtelle ich alles dem beſſeren Ermeſſen Einer geehrten Gen. Dir. anheim. Schließlich muß ich nur noch bemerken, daß für die Zukunft, mancherley unnöthige Ausgaben vermieden werden können. So habe ich zum Beyſpiel vernommen, daß der Ballet=Meiſter ſich beygehen laſſen, auf die Anfertigung von gemahlten Federn auf Charton zu beſtehen, obwohl wollene Federn genug im Opern=Magazin vorräthig ſind. Eben ſo bin ich überzeugt, daß bey Durchſicht der Rubriquen jener Rechnung noch manche andre Ausgaben für die Zukunft erſpart werden können.

Berlin, den 6. Dezember 1794.   Frhr. v. d. Reck.

An
    Eine geehrte Gen. Direction
    des Königl. Nat. Theaters." —

„Die Gnade, welche des Königs Majeſtät uns durch Bewilligung des Ballets zu äußern geruhet haben, verkennen wir keineswegs, und wir wollen auch noch abwarten, ob bei der jetzigen Lage der Sache die künftigen Ballets uns mehr einträglich ſein werden. — Aus der Anlage werden Ew. Hoch und Wohlgeboren zu erſehen belieben, daß die Koſten des erſten Ballets, welches nunmehro vier mal gegeben worden, excl. des Decorateur Verona, jedesmal 77 Thlr. 16 Gr. 11¼ Pf. betragen haben. Wenn nun zwar das Ballet noch zweimal gegeben wird, und alſo die drei erſteren Poſitionen der Rechnung auf jene mit zu ver= theilen ſein dürften, ſo kommen doch noch wenigſtens 116 Thlr. 13 Gr. — Pf. mit zu der Hauptſumme der   310 „ 19 „ 9 „
und koſten alſo die 6 Ballets   427 Thlr. 8 Gr. 9 Pf.
und ein jedes derſelben alſo, genau gerechnet: 71 Thlr. 4 Gr. 5½ Pf.
Wenn wir dieſe letztere Summe von der geſtrigen Einnahme à 89 Thlr. 16 Gr. abrechnen, ſo bleibt unſer baarer Ueberſchuß: 18 Thlr. 10 Gr. 6½ Pf. Vor jetzt kann überhaupt kein beſonderes Ballet gegeben werden, als nur in ſofern ein ſolches zu der Hochzeit des Figaro oder zu der Iphigenia gehört, weil wir wenigſtens bis in die Mitte des Januar zur Beförderung unſerer Einnahme Haupt=Stücke geben, ſo durchgängig durchſpielen, die großen Opern ſelbſt aber durch die Decorationen des Theaters ſo ſehr beengen, daß wir kleinere Stücke zwiſchen durch zu geben außer Stande ſind. Wir glauben zwar, daß die komiſchen Ballets das Publikum mehr amüſiren werden, und wollen daher Ew. Hoch und Wohlgeboren ergebenſt erſuchen, die Verfügung zu treffen, daß dergleichen ein=

ftubirt werden. — Was die Koften der Ballets für die Zukunft betrifft, fo würden wir es als eine Gefälligkeit von Ew. Hoch und Wohlgeb. zu erkennen wiffen, wenn diefelben die Rechnungen, fo zu bezahlen find, gütigft durchzufehen belieben wollten, damit wir auch hierunter von allem Vorwurf, wenn die Sache eben er= wünfchten Erfolg nicht haben follte, befreit bleiben mögen. — Schließlich müffen wir noch bemerken, daß nur die beiden erfteren male, nach einem billigen Durchfchnitt zu rechnen, die Ballets jedesmal 100 Thlr. über unfere gewöhnliche Einnahme eingebracht haben.

Berlin, den 7. Dezember 1794.

Gen. Dir. d. Königl. Nat. Theaters.
v. Warfing." —

„Allerburchlauchtigfter p. p.

„Euer Königl. Majeftät danken wir auf das alleruntertänigfte, daß Allerhöchft diefelben, dem teutfchen National=Theater bero Huld und Gnade wiedergefchenkt. und durch die Allerhöchfte Erlaubniß, daß die Solo=Tänzer der Oper auch auf dem teutfchen Theater tanzen follen, uns einen neuen Beweiß bero Huldreichften Gefinnungen gezeigt haben. Wir möchten gern als gute Haushälter beftehen, und glauben, daß uns die Koften der Ballets dadurch fehr erleichtert werden dürften, wenn Ew. Königl. Majeftät zu befehlen geruhen wollten, daß die Fuhren zu den Proben und zum Ballet felbft, durch Allerhöchft Dero Ober=Marftall be= forgt würden. Unfere tägliche Einnahme wird durch den engen Raum des Amphitheaters zu fehr eingefchränkt, wogegen unfere Ausgaben dadurch, daß wir nach und nach die beften Schaufpieler und Sängerinnen herzuziehen bemühet find, fich beträchtlich vermehren würden.

Euer Königl. Majeftät fortdauernde Allerhöchfte Zufriedenheit ift Belohnung für uns genug, und wird uns ferner aufmuntern, mit aller Thätigkeit und Rechtfchaffenheit unfern Pflichten getreu zu bleiben. Wir erfterben in tieffter Submiffion

Berlin, den 7. Dezember 1794.

Ew. Königl. Majeftät
alleruntertänigft gehorf.
Ramler. v. Warfing." —

„Sne. Königl. Majeftät von Preußen Unfer p. glauben, daß die Direktion des National=Theaters eine hinlängliche gute Einnahme habe, die Fuhren für die Solotänzer nach dem Theater, zu den Proben und zum Ballet, felbft beftreiten zu können, und find daher nicht gemeinet, das unterm 7. d. gethane An= fuchen der Direction diefe Fuhren aus Dero Marrftall beforgen zu laffen, zu bewilligen.

Potsbam, den 9. Dezember 1794.

Friedrich Wilhelm." —

„Allerburchlauchtigfter p. p.

„Ew. Königl. Majeftät haben Allergnädigft befohlen, daß außer benen Eleven auch die Solotänzer aus der großen Oper auf dem teutfchen Theater in Ballets auftreten bürfen, wofür wir unfern allerunth. Dank hiemit abftatten, und ganz gehorsamst anfragen, ob es uns erlaubt sein dürfte, von dem Balletmeister Lauchery diejenigen Ballets zu verlangen, welche wir dem Geschmacke des Publici angemessen und unserer Casse am zuträglichsten finden.

Wir ersterben in tiefster Submission
Berlin, den 23. Dezember 1794.　　Ew. Königl. Majestät
allerunterth. treugehorf.
Ramler, v. Warfing." —

„Sr. Königl. Majestät von Preußen Unser p. p. ertheilen der Direction des National-Theaters auf ihre Anfrage vom 23. b. zur resolution, daß es ihr erlaubt seyn soll, nicht nur von dem Balletmeister Lauchery diejenigen Ballets zu verlangen, welche sie dem Geschmacke des Publikums angemessen hält, sondern auch zur Oper Jphigenia für alle handelnden Personen, sich die Kleider aus der Opern-Garberobe zu erbitten; sie muß aber auch sorgfältig dahin sehen, daß diese Kleider gehörig in Acht genommen werden.

Berlin, den 25. Dezember 1794.　　Fried. Wilhelm." —

„Des Königl. Kammerherrn
Herrn Baron v. d. Reck.
Hoch und Wohlgeb.
„Des Königs Majestät haben bei der Aufführung des Lustspiels „Maske für Maske", am 23. b. M. gegen unsern Regisseur Allerhöchst Dero Befremden darüber geäußert, daß das auf Allerhöchsten Befehl gegebene erste Ballet so wenige Zuschauer nach sich ziehe, und haben den Regisseur Fleck um die Ursache gefragt, auch auf die Anzeige des Regisseurs, daß das Publikum nur komische Ballets liebe, die Direktion aber, außer wenn das Ballet mit dem Stück verwebt sei, dem Balletmeister nicht vorschreiben dürfe, welches Ballet er geben solle, befohlen, daß die Direktion augenblicklich einkommen solle. Dieses ist noch am selbigen Abend geschehen, und haben wir zugleich gebeten, daß uns die Bestimmung der Ballets blos nach dem Geschmack des Publikums anzuordnen überlassen werden möge. Des Königs Majestät haben nach umstehender abschriftlicher Cabinetsordre solches nicht allein zu genehmigen geruhet, sondern auch zugleich erlaubt, daß wir uns die Kleider für die handelnden Personen in der Oper Jphigenia, aus der Operngarberobe erbitten dürfen, daher des Königl. Kammerherrn Herrn B. v. d. Reck Hoch und Wohlgeb. wir ganz ergebenst bitten, hiernach den Theater-Inspektor Gasperini gütigst zu instruiren, damit wir vorläufig mit ihm Rücksprache nehmen können; wir werden aber nicht ermangeln, hiernächst die Specification der erforderlichen Kleidungsstücke zur gefälligen Anweisung zu communiciren.

Berlin, den 26. Dezember 1794.　　Gener. Dir. des Nat. Theaters
Ramler. v. Warfing." —

„In Gemäßheit des Allerh. Königl. Befehls habe ich dem Herrn Inspector Gasperini aufgetragen, diejenigen Kleidungsstücke zur Oper Jphigenia verabfolgen zu lassen, die hierzu erfordert werden. Was die Vorstellung komischer

Ballets betrifft, so werden des Herrn Geh. Rath v. Warsing Hochwohlgeb. sich beliebigst erinnern, daß ich selbst zu Pastoralischen und andern komischen Ballets, welche man du demi caractère nennt, unter anderen mitgerathen. — Nur habe ich zu solchen Ballet, wo Perüquen=Macher sich mit Puder bestreuen, und Bass=Geigen auf dem Kopf zerschlagen werden, nicht rathen können, weil ich immer das gute Zutrauen zum Geschmack des Berliner Publikums hege, daß außer wenigen Dienstbothen auf der Gallerie, keiner hieran Freude finden dürfte; wobey ich nur noch bemerken muß, daß außer dem Ballet ähnlicher Art, welches einst in Charlottenburg gegeben worden, sich dazu keine Kleider im Opern= Magazin befinden.

Berlin, d. 29. Dezember 1794.

Frhr. v. d. Reck.

An Herrn Geh. Rath v. Warsing
Hochwohlgeboren." —

Aus dem ganzen Schriftwechsel geht der Kampf der beiden kon= kurrirenden Institute und der Aerger von der Reck's über die Erfolge des Nationaltheaters deutlich hervor. Wie sehr es ihm auch bisher mißfallen hat, seine Künstler auf dem Nationaltheater Furore und volle Häuser machen zu sehen, so ist er doch, sobald er gewahr wird, daß Warsing und Ramler das Vergnügen der Balletaufführungen zu theuer wird, eifrigst beflissen, ihnen diese Bürde auf dem Nacken zu lassen. Der — fast wie eine Zurechtweisung aussehende Bescheid vom 6. Dezember verbreitet über Reck's Absichten ziemliches Licht. Wenn auch der Schluß seines Schreibens Recht hat, daß Manches erspart werden könnte, so ist doch seine Behauptung, daß die Ballets Einnahmen erzielen müßten, falsch. Einnahmen hat er ja selber niemals gemacht, denn die Hofoper erhielt der König und das Publikum ging umsonst hinein, Reck konnte also über eines anderen Theaters Einnahmen und wodurch solche zu bewerkstelligen seien, gar kein Urtheil haben. — Die Direktion be= weist ihm unter'm 7. Dezember sein Unrecht denn auch durch Zahlen. Wenn die ersten Balletvorstellungen im Nationaltheater 100 Thlr. Ueberschuß gebracht haben, so lag der Grund in dem Reiz der Neuheit. — Da die Direktion sich nicht des Geschenkes des Ballets erwehren konnte, so erreichte sie wenigstens mittelst der Cabinetsordre vom 25. Dezember so viel, daß dem Balletmeister befohlen wurde, die der Direktion als dem Geschmacke ihres Publikums angemessen scheinenden Ballets auf= zuführen. Daß darunter das burleske Ballet gemeint ist, geht aus dem Schreiben an Reck unterm 26. Dezember hervor und dessen fast brutale, jedenfalls stark ausgedrückte Antwort vom 29. Dezember bildet für die

Verhandlungen einen drastischen Schluß. Ueberhaupt muß in diesem Monat wieder eine sehr drohende Wolke über dem Haupte der Direktion geschwebt haben. Ramler wendete sich wegen der Ballets und betreffs des Gehalts Engel's, über welches man ihm die Antwort bisher schuldig war, an Geh. Kämmerer Ritz. Hierauf wird diese recht charakteristische Antwort ertheilt:

„Euer Hochwohlgeb.: Haben mir unterm 5. dieses mit ein Schreiben beehrt wegen Theater-Angelegenheiten, ich habe die Ehre darauf zu erwiedern, daß von Seiten der Direktion bey gelegenheit da Sie den vorschlag machten des Freytags die Bühne zu öffnen gleich hätte wegen das Concert gedacht werden müssen, welches doch schon eingeführt war ehe das Theater eröffnet ward, jetzt hoffe ich aber, ist dieser streit dadurch völlig gehoben, Seitdem Sr. Majestät Befohlen, die Sänger und Sängerinnen der großen Oper sollen in das Concert Singen, ich hoffe auch, daß die Entrepreneurs die Sänger und Sängerinnen vom Deutschen Theater missen können, weill es doch im Concert zu Singen ein ganz ander Genre ist, der eine Liebhaber von dem einen, der andere von dem andern.

Dagegen ist es auffallend wann Dieselben klagen, als könnte die Casse nicht die Fraix*) der Tänzer und Tänzerinnen tragen, da es doch allgemein verlautet, daß der Besuch Beim Ballet sehr ansehnlich ist, es muß freylich die zeit Lehren wie die Continuation seyn wird.

Und wann endlich Ew. Hoch Wohl. Geb.: Bekümmert Sind ob des Königs Majestät vielleicht bey der Direktion eine veränderung vornehmen Mögten, so ist mir davon nichts Bewußt, wann Sie sagen, weill Allerhöchst Dieselben das Directions-gehalt noch nicht Angewiesen haben; das Directions-Gehalt bey der Theater Casse ist Etatsmäßig Angewiesen, dagegen gaben Sr Königl. Majestät den Herrn Prof. Engel vor mehreren jahren eine Zulage aus der Hof-Staats-Casse, und über diese ist bereits Disponirt, ist auch nicht zu gedenken, daß ferner darauf zu dem Behuf ein Groschen angewiesen wird. Mit der vorzüglichsten Hochachtung habe ich die Ehre zu seyn

Potsdam, den 8. Dezember 1794.   Ew. Hoch Wohl. Geb.

                   ganz ergebener Diener

                      Ritz." —

Fast scheint es, als wenn Kämmerer Ritz und v. d. Reck sich das Wort gegeben hätten, gegen die arme Direktion des National-theaters unfreundlich zu sein! Reck ist nur unhöflich, bei Ritz gesellt sich die derbste Grobheit hinzu! Die Einleitung seines Briefes ist ent-

---

*) Unkosten! Er meint hier nicht das Honorar der Tänzer, denn die tanzten dem Nationaltheater umsonst, sondern die sogenannten Fourituren-Gelder, deren von der Reck in dem Schreiben vom 6. Dezember gedenkt.   D. V.

schieden hämisch, wenn er Ramler durch die Blume zu verstehen giebt: es sei denn doch noch etwas Anderes, wenn die Sänger der großen Oper im Conzert sängen und die Direktion brauche deßhalb keine Angst zu haben, daß man auf die Sänger des Nationaltheaters reflektiren werde.

Ueber die Angst Ramler's, seine Stelle zu verlieren, geht er verächtlich hinweg, betreffs der Geldangelegenheit wird er am Schlusse des Briefes unanständig. Bei dieser Gelegenheit deckt Riß aber Etwas auf, von dem bisher noch Niemand gewußt hat! — Durch Engel's Entlassung war dessen etatsmäßiger Gehalt frei geworden und nur diesen Gehalt konnten Ramler und von Warsing in ihrem Gesuch vom 13. November gemeint haben, da sie von anderen Einkünften Engel's nichts wußten. Aus der Antwort des Riß aber geht hervor, daß Engel außer seinem etatmäßigen Gehalte noch einen besonderen — geheimen — Zuschuß aus der Hofstaatskasse empfangen hat. Die Anstandslosigkeit und Niedrigkeit des Riß hatte das Gute, Ramler und somit auch uns diesen besonderen Zuschuß Engel's zu verrathen! Es ist übrigens unverständlich, weßhalb Riß gegen die Direktion so gereizt war, wir müßten denn annehmen, er habe hier einem Grolle Luft machen wollen, welcher einen ganz anderen Ursprung hatte. Die Ursache desselben läßt sich indeß ahnen. — Wir wissen, daß die Kameradschaft Reck - Concialini - Filistri - Riß gegen das Nationaltheater intriguirte und daß sie es mit Hülfe der Mad. Riß auch gewesen war, welche Iffland's Engagement zu Ostern anno 90 verhindert hatte. Seit der König 1793 aber Iffland's Spiel in Mannheim gesehen und 1794 Engel entlassen hatte, war er, bestärkt durch die Unfähigkeit der jetzigen Direktion, auf seine alte Absicht, Iffland zu gewinnen, zurückgekommen und hatte ihm in diesem September wiederum Anträge zur Uebernahme der Direktion gemacht. Zwar verwirklichte sich jetzt dies Engagement noch nicht, aber Riß und seine Freunde mochten wohl einsehen, daß das früher oder später dennoch und um so gewisser geschehen werde, je sichtlicher der Kredit der jetzigen Verwaltung des Nationaltheaters sank. Seinen Unwillen hierüber ließ Herr Riß die Direktoren Ramler und von Warsing in obigem Briefe entgelten! —

Nach dieser Auslassung und da der Geh. Kämmerer kurzweg auf den etatsmäßig angewiesenen „Gehalt" hingezeigt hatte, säumte nun die Direktion auch nicht, sich denselben, also die bisher freigebliebene

Gage Engel's, durch Jakoby mittelst Erlaſſes dergeſtalt auszuzahlen zu laſſen, daß jeder der beiden Direktoren die Hälfte, alſo 400 Thaler er-hielt. Auf dieſe Weiſe gelangte nunmehr Rath von Warſing zu einem angenehmen Jahrgehalte. — Außer dem Engagementsgeſuche des Sängers Elmenreich in Frankfurt a. Main vom 31. Dezember iſt noch bemerkenswerth, daß am 12. Dezember „Die Zauberflöte" als erſtes Benefiz zu der vom Könige genehmigten Stiftung eines Penſionsfonds für die Mitglieder des National-Theaters gegeben wurde. Fleck ſprach vor dem Beginn der Oper eine Rede, die dem Könige den Dank für jene Stiftung ausſprach. — Die weiteren Er-eigniſſe beſtanden in einem zwiſchen beiden Muſikdirektoren ausbrechen-dem Streit, ferner in der Unbotmäßigkeit Unzelmann's. Was die Angelegenheit der beiden Muſikdirektoren betrifft, ſo war es eine der vielen Kurzſichtigkeiten Engel's geweſen, zwei Dirigenten des Orcheſters mit gleichen Machtbefugniſſen zu engagiren. Einen ſo großen Umfang ſchloß die muſikaliſche Thätigkeit am Nationaltheater nicht in ſich ein, um dieſe doppelte Beſetzung zu rechtfertigen. Wäre dieſelbe auch umfangreicher geweſen, ſo genügte der Vorgeiger, oder ein Orcheſterdirigent, welcher unter dem Muſikdirektor ſtand. Ihrer zwei ernennen hieß Nebenbuhlerei hervorrufen und die Disciplin des Orcheſters lockern. Beſonders ge-riethen die Muſikdirektoren Weſſely und Anſelm Weber wegen der Frage aneinander: wer die neuen Opern einſtudiren und dirigiren ſolle. Weſſely, wie wir wiſſen, war nachläſſig in ſeiner Pflicht und dünkel-haft geworden, Anſelm Weber dagegen ein energiſcher Mann und ein rühriges Talent, welcher ſich um die letzten großen Opernerfolge und die Gewinnung des jetzigen trefflichen Enſembles hochverdient ge-macht hatte! Die Wahl zwiſchen beiden war nicht ſchwer, aber bei den ſchwankenden Grundſätzen der Direktoren und ihrer vollendeten Unkenntniß der Muſik ſehen wir ein Zerwürfniß ausbrechen, welches ſich bis in's Jahr 1796 hinzog. — Die Direktion hatte am 6. November beſtimmt, daß Weber ſämmtliche neue Opern einſtudiren, Weſſely dagegen die Direktion der alten behalten ſollte. Dieſe Beſtimmung wurde wieder aufgehoben und durch eine andere, nach welcher ſich beide Direktoren in die Leitung der neuen Opern theilen ſollten, erſetzt. Daß dieſe Verordnung ebenfalls Streitigkeiten zur Folge haben würde, lag klar vor Augen. Die Unordnung im Orcheſter wurde durch Strafgelder und neue Vorſchriften zu verhindern geſucht, blieb aber so lange dieselbe, als sich die Musiker nicht unter der strammen Leitung eines Einzelnen sahen. — Auch die Angelegenheit mit Unzelmann zog sich in's andere Jahr hinüber und nahm eine sehr böse Miene an. Da sie von größerem Belange und für den zweifellos bedeutenden Künstler charakteristisch ist, so gehen wir auf dieselbe näher ein:

„Actum. Berlin d. 17 December 1794.

Nachdem dem Kassendiener Eysig von Direktions wegen der Auftrag geschehen, von dem Schauspieler Herrn Unzelmann die Stimme und Rolle des Thomas im Erndtekranz abzufordern und dem Herrn Kaselitz zu überbringen, weil Herr Unzelmann gegenwärtig mit dem Singen gar nicht fortkommen kann, so referirt der p. Eysig:

„Daß nachdem er diesen Befehl dem Unzelmann bekannt gemacht, derselbe erkläret habe, er gebe die Stimme und Rolle nicht heraus; um Ostern könne die Direktion alles bekommen, denn er gehe ab, er Comparent solle dieses ausdrücklich bestellen, denn er wolle dieserhalb nicht besonders an die Direktion schreiben."

Der Eysig bat zugleich um nähere Verhaltungsbefehle; wobei demselben aber eröffnet wurde, daß der Unzelmann mit einer schriftlichen Resolution von der Direction versehen werden solle.

v. Warsing. Ramler. Ludwig Eysig." —

„Die Direction des Nationaltheaters hat es nicht vermuthet, daß der Herr Unzelmann schon um Ostern k. J. abgehen werde, da aber derselbe durch den vereideten Kassendiener Eysig heute darum bestimmt angetragen hat, so will die Direktion um den Herrn Unzelmann an einem besseren Engagement nicht ferner hinderlich zu sein, hiemit nachgeben, daß er um Ostern k. J. abgehe, wonach auch der Rendant der Haupt=Th.=Casse bereits angewiesen ist. Zugleich wird Herrn Unzelmann für seine Person bekannt gemacht, daß auch die Haupt=Theater=Casse dahin instruirt ist, ihm von jetzt an die wöchentliche Gage nicht anders auszuzahlen, als wenn derselbe durch ein besonderes Attest der Direktion jedesmal nachweist, daß er seiner Schuldigkeit überall ein Genüge geleistet habe, und wird derselbe bei anderweitiger unangenehmer Verfügung hierdurch angewiesen, augenblicklich die Stimme und Rolle des Thomas im Erndtekranz zur anderweitigen Vertheilung herauszugeben.

An   Ramler. von Warsing.
den Schauspieler Herrn Unzelmann." —

„Einer Kgl. hochlöblichen Gen. Direktion!

„Zeige ich hiermit ergebenst an, daß ich's für meine Schuldigkeit achte, Sie zu ersuchen, den letzten Vorfall, mein Engagement betreffend, als nicht geschehen anzusehen. Um so mehr, da ich jetzt überzeugt bin, daß es Einer Königl. General Direction Willen gar nicht gewesen ist, mich nur im mindesten zu kränken, sondern dieses nur Aufhetzereien und Klatschereien zum Grunde gehabt

hat, und man mir vor ganz gewiß in's Ohr raunte: ich möchte machen, was
ich wollte, ich müßte doch springen, man suchte nur eine Gelegenheit.
Meine Treue, Fleiß, Anhänglichkeit und Ergebenheit soll Ihnen in Zukunft
beweisen, daß ich dergleichen Klatschereien nicht mehr achten werde, sondern, vor
wie nach, meine Schuldigkeit, als ein ehrlicher Mann, mit dem besten Willen
thun werde. Ich bin mit der vollkommensten Hochachtung
Berlin d. 22. Dec. 1794.   Einer hochlöb. Gen. Direktion
                     ganz ergebenster Unzelmann." —

Wenn Unzelmann ein in seinem Fache an das Geniale reichen-
der Künstler genannt werden muß, ließ er auch an exentrischer Leidenschaftlichkeit sicher nichts zu wünschen übrig. Sie verbitterte sein
Leben. Ob eben in Folge derselben seine Ehe mit Friederike eine unglückliche geworden war, oder ob durch das häusliche Leid seine stete
Erregtheit, seine Launenhaftigkeit, sein Argwohn und seine Unzufriedenheit hervorgerufen wurde, wissen wir nicht, aber daß sein eheliches
Verhältniß in der That ein unglückliches war, ist durch die Akten deutlich festgestellt. Da die Gatten erst 1803 von einander geschieden
wurden, dauerte dies trübe Verhältniß noch 9 lange Jahre. — Das
Schreiben Unzelmann's, in welchem er seine Kündigung widerrief,
wurde vorerst von der Direktion nicht beantwortet. — — In diesem
Jahre waren am Nationaltheater im Ganzen 21 neue Bühnenwerke
gegeben worden, von denen 13 nach Engel's Entlassung erschienen
sind. Unter diesen 21 Neuigkeiten befanden sich 5 Lustspiele, 7 Schauspiele, 1 Trauerspiel, 6 Opern und zwei große Ballets. Die Opern
erzielten durchweg unverhältnißmäßig größere Erfolge, als das rezitirende
Drama! War dies jedenfalls für das Erblühen der deutschen Oper
ein großes Glück, — die geringe Anzahl der aufgeführten Schauspiele
war es aber für das Gedeihen des Dramas und der Theaterkasse keineswegs.
Dabei lag ein Mangel an dramatischen Dichtungen nicht vor, denn
nach einem Verzeichnisse Rüthling's vom 1. Dezember dieses Jahres
enthielt die Theaterbliothek 53 Stücke, von denen bisher nur 9 aufgeführt waren. Wenn wir sagen: für die Theaterkasse waren die Opern
trotz ihrer Erfolge kein Glück, so leuchtet dies ein, wenn man die bedeutenden Kosten einer Opernaufführung gegen die Kosten abwägt,
welche das rezitirende Drama erfordert. Letzteres wendet sich mittelst
des Wortes an den Geist und durch ihn an das Gemüth des Beschauers und kann Aeußerlichkeiten somit leichter entbehren. Die meisten
Dramen verlangen demnach eine geringe oder doch unerhebliche Aus-

ftattung. Die Oper aber, welche sich mehr an die äußeren Sinne, als direkt an den Geist wendet, bedarf deren fast immer und zwar in einem sehr kostspieligen Maße. Rechnet man die Etatserhöhung durch den Gesangschor, die Fournituringelder des Ballets, die Verwendung zahlreicher künstlerischer Gesangs= oder Orchesterkräfte hinzu, so kann man sagen, daß eine Oper mindestens 4 Mal gegeben werden muß, wenn sie den Kassenüberschuß der einmaligen Aufführung eines Dramas erzielen will. Ein Theater wird, falls es alle Gattungen Bühnenwerke geben muß, deshalb den Kunstzweck wie materiellen Erfolg viel besser und auf einfacherem Wege erreichen, wenn es den Schwerpunkt seiner Thätigkeit in's rezitirende Drama verlegt.

Personal=Verzeichniß vom Jahre 1794.

Fleck, Regisseur. Herr J. F. F.
Wessely, Muf. Dir. Herr B.
Weber, Muf. Dir. Herr B. A.

Ambrosch. Herr J.	
Altfilist. Dem. C. S.	
Bessel. Herr. J. F.	
Bessel. geb. Natus Mad. A. M.	
Bessel. Herr Carl, Friedrich (Sohn) . . . . :	neu
Bessel. I. Dem. Philippine	neu
Bessel. II. Dem. H.	
Bianchi. Herr A.	
Baranius. geb. Husem. Mad. H.	
Benda. Herr. C. C.	
Benda. I. Dem. Ph.	
Benda. II. Dem. C.	
Böhm. Mad. E. gew. Cartellieri.	
Böheim. Herr J. M.	
Böheim. geb. Wulfen. Mad. A. M.	
Böheim. Dem. Ch. Dor. M.	
Berger. Herr J. L.	
Becker. Herr J. L.	
Bethmann. Herr Heinrich, Eduard . . . . . , .	neu
Czechtitzky. Herr C.	
Doebbelin. Dem. C. M.	
Deroche. Mad. Josepha	neu u. abg.
Eigensatz. Dem. Christiane, Dorothee, (spätere Pebrillo) . . .	neu
Fleck. geb. Mühl Mad. S. L.	
Franz. Herr J. Ch.	
Franz, Monf.	abg.

Fuchs. Herr J. G.
Greibe. Herr F. E. W.
Greibe. geb. Engst. Mad. M. Ih.
Gérand. Dem. Henriette . . . . abg.
Gollmick. Herr Carl Friedrich. . . . . . abg.
Garly. Herr . . . . abg.
Herbt. Herr S. G.
Herbt. geb. Rademacher. Mad. D. Eh.
Hellmuth. Mad. Franziska . . . . abg.
Holzbecher. Monf. Carl David . . . . neu
Junker. I. Monf.
Kaselitz Herr. G. E. G.
König. Dem. Caroline, Emilie . . . neu
Labes. Herr Friedr. Wilhelm . . . , abg.
Lanz. Herr E. A.
Lippert. Herr E. F.
Lippert. geb. Werner. Mad. E. S.
Leist. Herr E.
Lcibel. Herr H. J.
Löwe. Herr Friedrich, August, Leopold . . . . neu
Löwe. Dem. Dorothee Friederike, Louise, Amalie . . neu
Müller. geb. Hellmuth. Mad. M.
Mattausch. Herr F.
Reinwald. Herr J. D.
Rüthling. Herr H. F.
Ritzenfeld. Herr D. F. H.
Swab. Herr . . . . abg.
Schick. geb. Hamel. Mad. Louise, Margarethe . . neu
Unzelmann. Herr E. W.
Unzelmann. geb. Flittner. Mad. Fr.
Wiegensdorf. Herr Carl, Ludwig. . . . . abg.
Zützel. Dem. Carol. Friederike. . . . . abg.
Zimmerle. Herr E.
Das Personal=Verzeichniß am Ende des Jahres 1793 zeigt: 52 Mitglieder

Im Laufe des Jahres 1794 { wurden engagirt: 10
———
62
{ schieben aus: 10
Bestand des Personals am Schluffe des Jahres 1794: 52 Mitglieder

1795, Königliche Oper. — Der diesjährige Carneval ging
ohne eine neue Oper vorüber; „Trionfo D'Arianna" wurde deshalb wiederholt. Righini hatte zwar seine neue Oper „Tigranes"

und der für Reichardt engagirte Friedrich Heinrich Himmel*) seine „Semiramis" komponiren sollen. Ersteren ließ aber der Hofpoet Filistri mit dem Libretto im Stich, da er die galantere Aufgabe übernommen hatte, seine Gönnerin und Freundin Madame Ritz auf einer Reise durch Italien zu begleiten. Himmel, welcher die Gunst der Königin genoß, befand sich noch auf seiner Studienreise in Italien, wo er das Patent als Königl. Preuß. Kapellmeister erhielt; er wollte seine Oper nicht eher zur Aufführung gebracht sehen, bis er sie nicht selber einstudiren könne. Im Frühlinge erschien er in Potsdam, wo er sein Amt mit einem großen Konzert für die Abgebrannten antrat. — Für dieses Jahr bot also die große italienische Oper ein um so trauri- geres Bild, als die deutsche Oper neue und noch größere Siege feierte. — Werfen wir einen Blick auf den Personalstand der italienischen Oper, so sehen wir erst, welche Kräfte unthätig geblieben oder ihrer Nebenbuhlerin, der deutschen Oper, zu Gute gekommen sind. Ihre Mit- glieder waren:

Directeurs des Spectacles: Frhr. v. d. Reck, Königl. Kammerherr.

Intendant der Musik: Mrs. Duport

Hofpoet: Sigr. Filistri di Caramondani

Decorateure: Sigr. Verona, Herr Burnat sen. u. jun.

Garderobeinspektor; Mrs. Gasperini

     Sänger und Sängerinnen der großen Oper:

Sgr. Concialini (Sopran)	Sgra. Marchetti-Fantozzi
Sgr. Fantozzi (Tenor)	Mad. Schick
Herr Fischer (Bassist)	Mad. Righini geb. Kneisel
Sgr. Toioni (Altist)	„ Burnat
Sgr. Coli (Sopran)	Dlle. Niclas (wurde pensionirt)
Sgr. Tombolino (Sopran)	
Herr Franz (Bassist)	

     Sänger und Sängerinnen der Opera buffa:

Sgr. Benati	Sgra. Benati
Sgr. Liberati	Sgra. Liberati
Sgr. Lamperi	

---

*) geb. d. 20. Novbr. 1765 zu Treuenbrietzen, stud. in Halle Theologie, widmete sich, von Kg. Fr. Wilh. II. als geschickter Klavierspieler unterstützt, unter Naumann in Dresden, später in Italien der Musik und starb d. 8. Juni 1814.

Sgr. Cosimi
Sgr. Bianchi
Kapellmeister: Die Herren Righini und Himmel.
Konzertmeister: Die Herren Benda und Bachon
Kapelle: 62 Musiker.
Balletmeister: Herr Lauchery
Solotänzer: Die Herren Adriani, Norès und Telle
Solotänzerinnen: Die Dells. Neroni, Redwein und de Castelli.
12 Paar Figuranten und die Eleven der Tanzschule.

Die Künstler, welche unser Druck hervorhebt, widmeten meist ihre
Zeit und Talente dem Nationaltheater, die Uebrigen aber verzehrten
ihre Gage ohne alle Anstrengung. — Zwei Todesfälle, die der Tänzer
Silani und Gobert, des ältesten Figuranten, haben wir zu berichten,
wie, daß Freiherr von der Reck vergeblich für die „unglücklichen
hungernden" Eleven der Tanzschule bat; — sie hungerten weiter! —
Was die politischen Weltverhältnisse betrifft, welche auch Preußen und
damit dessen Hauptstadt mit ihren Wettern bedroht hatten, so war die
Zeit des Wahnwitzes und des Bluts in Frankreich vorüber, der Sieg
der Gemäßigten, welcher mit Einsetzung des bekannten Direktoriums
geendet hatte, wie der Friede zu Basel, der zwischen Preußen und
Frankreich in diesem Jahre zu Stande kam, schien uns endlich dauernde
Ruhe zu versprechen. Die Geburt des ersten Sohnes des Kronprinzen
am 15. Oktober 1795, welcher nachmals als König Friedrich Wilhelm IV
die Krone Preußens trug, wurde aber eine neue fröhliche Bürgschaft
für das Fortblühen der Hohenzollerschen Herrscherfamilie. Damals
ahnte wohl Niemand die schweren Zeiten, denen man entgegen gehe,
Preußen in's Besondere, über welches die Tage der Schmach, der
Noth, der demüthigendsten Prüfungen hereinbrechen sollten. — — —
Das Nationaltheater. Nicht zu leugnen ist, daß die Direktion einzelne bedeutsame und dauernde Erwerbungen an Künstlern gemacht, und
die Leistungskraft des Theaters dadurch ansehnlich gesteigert hatte, aber es
ist ebenso gewiß, daß auch ganz unbrauchbare Leute engagirt worden waren,
und daß die Kräfte, welche dieselbe in diesem Jahre als Ersatz gewann,
großen Theils um nichts besser waren, als die, welche sie entlassen
hatte. — In einem Briefe des Sängers Ellmenreich, den dieser
unterm 6. Januar wegen seines Engagements an Rath Warsing aus
Frankfurt a. M. richtet, ist folgende Nachschrift bemerkenswerth, welche

die augenblickliche politische Lage und Stimmung daselbst wiedergiebt: —
„So eben, heißt es, die Franzosen wollten bey Bingen und zwischen
Manheim und Oppenheim über den Rhein, weßhalb die ganze Preuß.
Armee ausgerückt und hier alles in furcht ist!" —

Das Einstudiren der Jphigenia wurde am Nationaltheater eifrig,
aber unter großen Schwierigkeiten betrieben. Von letzteren giebt den
Beweis die Zuschrift an den König:

Allerdurchlauchtigster pp.

„Ew. Königl. Maj. haben die Gnade gehabt, uns zur Oper Jphigenia für
die handelnden Personen den Gebrauch der Opern-Garderobe allerg. zu erlauben.
Von denen uns vorgezeigten Kleidern aber haben wir nur eine geringe Anzahl brauchbar gefunden, deren Umänderung überdem beträchtliche Kosten verursachen dürfte Wir sind daher nicht im Stande, ohne große Kosten diese Oper
aufzuführen, die unsere Kräfte bei der gegenwärtigen Verfassung des teutschen
Theaters übersteigen. Wenn indessen E. K. M. allergn. erlauben wollten, daß
unsere vaterländische Schauspieler die Oper Jphigenia in dem Opernhause
aufführen dürften, so würden wir durch ein leibliches Entree im Stande gesetzt
werden, sämmtliche Kosten, sowohl der fehlenden Decorationen, als auch der
fehlenden Garderobe für die handelnden Personen, zu bestreiten, nur müssen
wir allerunterth. bitten, daß uns erlaubt werde, von denen im Opernhause befind-
lichen Utensilien ohne Ausnahme Gebrauch machen zu dürfen. Da unsere ganze
Absicht dahin geht, nach dem einstimmigen Wunsch des ganzen Publikums, das
teutsche Talent und den teutschen Geist zu heben, und aufzumuntern, und fremden
Nationen wenigstens gleichzukommen, dieses aber im jetzigen Fall nicht anders geschehen kann, als wenn wir bei Aufführung dieser ersten Oper in jedem einzelnen
Verhältniß die Zufriedenheit des ganzen Publikums zu erreichen suchen, so bitten
Ew. Königl. Maj. wir allerunterth. um gnädige Verzeihung, wenn unsere p. Bitte
nicht sollte Statt finden können. Wir ersterben in tiefster Ehrfurcht Submission.

Berlin
den 10. Januar 1795.

Ew. Königl. Maj.
allerunth. treugehorsamste
Ramler. v. Warsing." —

Der Wunsch, mit dem deutschen Opernpersonal im Opernhause
zu spielen, scheiterte an dem hartnäckigen Widerstreben von der Reck's,
welcher darin eine Entwürdigung der heiligen Räume italienischer
Kunst und eine direkte Eroberung seiner bisherigen Machtsphäre sah;
ebenso deutet der erste Theil des Briefes darauf hin, daß der Garderobe-
Inspektor wegen des Kostüms Hindernisse aller Art machte und sicher
nicht das Beste für die Jphigenia herausgab. Die Direktion war
deshalb auf ihre eigenen Geldmittel angewiesen. — Die Mitglieder
des Orchesters hatten am 9. Januar ein Benefiz erhalten; „Der

Baum der Diana" wurde zu ihrem Besten gegeben. Der Kontrakt der Sängerin Böhm mit ihrem Zimmerle wurde am 12. Januar wieder erneuert. Dem. König aber kündigte am 15. desselben Monats ihr Verhältniß, weil sie vom Theater ganz abzugehen wünschte, und die Direktion erfüllte mit Anerkennung „für ihren im Dienst bewiesenen Fleiß und vorzüglich gute Aufführung" diese Bitte. Am 16. Januar wurde z. 1. Mal „Der Wechsel", Lustsp. in 4 A. v. Jünger, zum Benefiz für das Ehepaar Unzelmann, doch ohne Erfolg aufgeführt. Baurath Itzig, welcher sich, vermuthlich anderer Geschäfte halber, in Frankfurt aufhielt und großer Theaterliebhaber war, empfiehlt am 26. Januar nicht nur den Sänger Ellmenreich, der „zu alten Rollen vortrefflich ist," er schlägt auch eine Madame Bötticher an Stelle der Böheim für Mütterrollen, ferner eine jüngere Sängerin Dem. Therese Schwachhofer aus Mainz, sowie den Tenoristen Eunike und dessen Frau, geb. Schüler, (die nachmals berühmte Hendel=Schütz) zum Engagement vor und wiederholte diese Anträge am 9. März. Sei es ein Unstern, sei es Nothwendigkeit gewesen, welche der Direktion Sparsamkeit auferlegte, es kam nur der Kontrakt mit Ellmenreich, der aber nicht lange Mitglied blieb, am 26. März zu Stande. — Im vorigen Jahr war der junge Heinrich Eduard Bethmann für das Fach der jugendlichen Liebhaber engagirt worden, er war aber noch so sehr Anfänger, daß ihm die Direktion den 23. Januar kündigte. Zum Glück wurde er nicht entlassen und am 1. August sein Vertrag auf zwei Jahre erneuert. Nur dadurch und daß der junge strebsame Mann alsdann in Iffland's Hände kam, ward Berlin und wahrscheinlich der Kunst überhaupt dieses bedeutsame Talent erhalten! — Wir wissen, daß voriges Jahr in einem Anfall übler Laune Unzelmann gekündigt hatte, seine Kündigung angenommen worden und, als er sich beeilt hatte, dieselbe wieder rückgängig zu machen, er ohne Antwort geblieben war. Gleich Anfangs dieses Jahres stellte er, wie seine Gattin Anforderungen, auf welche ihnen folgender Bescheid wurde:

„Die Direction kann zur Zeit weder das Gesuch des Herrn Unzelmann wegen einer Gehalts=Zulage noch den Wunsch der Madame Unzelmann wegen Sepa=ration der Gage Statt finden lassen. Beide Anträge sind gegen den Etat, vorzüglich aber die Separation der Gage, da diese seit einem Jahre auch in Absicht anderer beim Theater engagirten Familien, als den Herrn Fleck und Herrn Lippert, zusammengeworfen sind, und aus der Separation nichts weiter, als ein beständiges Andringen um Zulage veranlaßt werden dürfte. Diese dem

Herrn Unzelmann zu accordiren findet die Direktion um so mehr bedenklich, da nur der Regisseur Fleck und seine Ehefrau in Gage höher steht, als Herr Unzelmann, und welchem gleichgesetzt zu werden, letzterer um so weniger verlangen kann, da der Herr Fleck vorzüglich mit Arbeit überhäuft ist, und als Regisseur besondere, von den Obliegenheiten eines Akteurs separirte Arbeiten zu besorgen hat. Der Antrag wegen einer Zulage befremdet die Direction auch um deswillen, da derselbe noch vor Kurzem seinen Abschied verlangt und erhalten hat, die Direction sein Gesuch aber, ihn zu behalten, zwar nicht abgeschlagen, jedoch auch noch nicht acceptirt hat. Der nähere Entschluß der Direction über diesen Punkt hängt allein davon ab, ob Herr Unzelmann blos den Befehlen der Direction die schuldige Folge leisten wird, indem es von dieser einzig und allein abhängt zu bestimmen, wann, und in welchen einzelnen Rollen Derselbe auftreten soll. Das Benehmen des Herrn Unzelmann bei Gelegenheit der letzten Aufführung des Hieronimus Knicker, stimmte keineswegs mit der nothwendigen Subordination, denn da, wie nachher die Aufführung des Stücks selbst gezeigt, dem Herrn Unzelmann nicht das geringste fehlte, so war sein an den Herrn Regisseur Fleck gerichteter Antrag, daß dieses Stück nicht sein könne, sondern eine andere Vorstellung gegeben werden müsse, unrecht, und ein offenbares Zeichen einer ganz ungegründeten Unzufriedenheit, deren Folgen, wenn man sie hätte stattfinden lassen wollen, dem ganzen nachtheilig werden können.

Berlin, den 31. Januar 1795.   Gen. Dir. d. Nat. Theaters
    An   Ramler. v. Warsing." —
die Unzelmannsche Eheleute

Die Absicht beider Eheleute, so unmotivirt sie erscheint, ist dennoch leicht erklärbar. War Unzelmann völlig überzeugt, daß er Ostern entlassen werde, so hätte er sich doch gewiß gesagt, daß von einer Gehaltszulage gar keine Rede sein könne. In Wahrheit beabsichtigte der Künstler also diese Forderung nicht, sondern wendete sie nur als Fühler an, um die Direktion zu der bisher vergeblich erwarteten Antwort zu veranlassen, ob sie ihn zu behalten wünsche oder nicht. Eine auffallendere Erscheinung ist, daß beide Eheleute in demselben Schreiben Verschiedenes wollen, er Zulage, sie keine Zulage, aber die Trennung ihres Gehaltes von dem ihres Gatten! Weshalb beide Gehalte nicht zusammen ausgezahlt werden sollen, wie bei den anderen Künstlerpaaren, ist nicht einzusehen, man müßte denn annehmen, daß Eheleute kein friedliches und inniges Zusammenleben führen, vielmehr der Eine den Anderen in seinen Rechten beeinträchtigt. In diesem Verlangen Friederike Unzelmann's liegt somit das erste uns zur Kenntniß gebrachte Anzeichen des zwischen beiden Gatten herrschenden Unfriedens, obwohl derselbe noch verheimlicht, wenigstens für uns aktenmäßig noch nicht erwiesen ist. Da-

durch aber, daß die Direktion den Wunsch Friederike Unzelmann's nicht
erfüllte, die Gatten im Geldpunkte, folglich wirthschaftlich an einander
band, brachte sie nicht nur zu Wege, daß dieselbe Forderung sich später
wiederholte, sondern daß auch schließlich der Grund für dieselbe unver=
holen ausgesprochen werden mußte. — —

Aller bisherigen Schwierigkeiten ungeachtet ging am 24. Februar
z. 1 Mal „Iphigenia in Tauris", Große Oper in 4 Akten aus
dem Franz. von Sander,*) Musik von Ritter von Gluck, Ballet von
Lauchery in Scene. Die Partie der Iphigenia sang Madame Schick,
den Orest — Herr Lippert, Pylades — Herr Ambrosch, Thoas —
Herr Franz, Diana — Mad. Baranius, Eine Griechin — Mad.
Müller, Eine Priesterin — Mad. Lippert, Ein Scythe — Herr
Zimmerle, Ein Diener des Tempels — Herr Greibe. Das Haus
war übervoll, das Publikum auf das Alleräußerste gespannt, denn in
allen Gesellschaften Berlins war vorher von der Oper gesprochen und
es vielfach getadelt worden, eine tragische Oper mit deutschen Sängern
darstellen zu wollen. Selbst Prinz Heinrich von Preußen, der diese
Oper auf seinem Theater in Rheinsberg französisch aufführte und nie
das deutsche Theater besucht hatte, erschien in der Vorstellung. Er hatte
gesagt: „Da will ich doch hingehen, um mich einmal recht satt zu
lachen!" — Prinz Heinrich lachte nicht, — er staunte! Wohl blieb
während der ganzen Darstellung das Publikum still wie das Grab,
keinerlei Beifall ward gehört, obwohl Madame Schick, die Herren Ambrosch
und Franz meisterhaft waren. Aber die ruhige Würde und großartige Ein=
fachheit dieses unsterblichen Tonwerkes machten auf Jeglichen einen tiefen,
unauslöschlichen Eindruck. — Anselm Weber's feurige und zähe Ener=
gie hatte gesiegt. Prinz Heinrich ließ ihm zum Erstaunen Aller unmittel=
bar nach der Vorstellung danken und ihn fragen, wie lange er in Paris
gewesen sei; erhielt aber die Antwort: „noch gar nicht! — Die Dar=
stellung selbst war eine würdige gewesen, deren Eindruck nur die Ballette
bei den Opferscenen und am Ende der Oper, wie sie leider damals im

*) J. D. Sander, bedeutender Literator, Schöngeist und Publizist jener Tage,
Freund des Buchhändlers Voß jun., Mitarbeiter der Voß. Zeitung und Bertuch's
Journal d. Luxus u. d. Moden, Stifter der in Berlin sehr einflußreichen „Mittwoch=
gesellschaft", welcher Markus Herz, Zelter, Rambach, Joh. Carl Phil. Spener
und Andere angehörten. Näheres in „Berliner Skizzen v. Jahre 1797 v. C. v.
Beaulieu=Marconnay." (Im neuen Reich 1876 II S. 65.)

Brauche waren, abschwächten. Die folgenden Vorstellungen blieb das Haus schwach besucht, aber Weber's Muth ließ nicht nach, er bewog die Direktion, die Oper weiter zu geben und — siehe da, — sie kam bald in außerordentliche Aufnahme und ist bis Ende 1875 auf der Königl. Bühne 187 Mal gegeben worden. Ihren 100sten Geburtstag feierte sie am 13. Oktober 1826. — Cristoph Wilibald Gluck, geb. am 2. Juli 1714 zu Weidenzwang in der Oberpfalz, hatte in Prag, dann 1738 in Italien Musik studirt und seine erste Oper: „Artaxerxes" in Mailand zur Aufführung gebracht. 1745 ging er nach England, dann nach Wien. In der Kaiserstadt an der Donau hatte er eine neue Richtung eingeschlagen, indem er Dichtung und Musik, Ton und Wort zu einem innigen Ganzen verband und der Schöpfer des musikalischen Dramas im eigentlichen Sinne des Wortes geworden ist. Später in Paris bei Maria Antoinette in hohem Ansehn, trat er mit seiner Iphigenia 1776 auf und erndtete außerordentliche Begeisterung. Iphigenia stürzte völlig die alte französische Opernmusik, für welche Piccini kämpfte und den bekannten Streit der Gluckisten und Piccinisten hervorrief, aus welchem der deutsche Meister siegreich hervorging. Später nach Wien zurückgekehrt starb Gluck am 15. November 1787. Er komponirte die Opern: „Demetrius", „Sturz der Giganten", „Helena", „Paris", „Cythere", „Alceste", „Orpheus", „Armida", „Iphigenia in Aulis", „Iphigenia in Tauris", „Echo" und „Narcissus". Erst durch Anselm Weber's rastlosen Eifer gelang es dem edelsten und ernstesten Tondichter jener Tage dauernd gegen die Italiener in Berlin Fuß zu fassen. Sein Triumph ist der einzige große Erfolg, dessen sich die Direktion Ramler=Warsing zu erfreuen hatte. — — Wie sehr die Balletvorstellungen, welche der Kasse nur Opfer auferlegten, in diesem Jahre im Schwunge waren, beweist, daß allein im Januar „Das Urtheil des Paris", der von der Barbarina her bekannte „Pygmalion" und „Die Lustbarkeiten im Wirthsgarten oder Sommerbelustigungen", kom. pantom. Ballet v. Lauchery, Musik v. Winter, in mehrmaligen Wiederholungen zur Darstellung gelangten.

Das reizende Lustspiel: „Stille Wasser sind tief" in 4 A. v. Schröder wurde am 4. März zum 1. Male aufgeführt und ist bis 1862 gegen 100 Mal wiederholt worden. — Vom 6. März bis 18. April entspann sich mit dem ehemaligen Schauspieler, Bühnenpoeten

und Theaterprinzipal Brandes ein überaus unerquicklicher Schrift=
wechsel. Brandes behauptet unter der Direktion Engel's 8 ver=
schiedene Stücke theils gedichtet, theils bearbeitet, aber keine Bezahlung
empfangen zu haben und macht eine Nachrechnung in seinem und Iff=
land's Namen (betreffs d. Hagestolzen). Es blieb nichts übrig, als
Professor Engel in Schwerin zu einer Erklärung aufzufordern. In
dieser, die unter dem 30. März erfolgte, macht Engel den Einwand,
daß gar kein festes Honorar zwischen ihm und Brandes verabredet
worden, giebt aber die Richtigkeit seiner sonstigen Angaben zu und daß
er einen „Nachschuß" verdiene. Mit anderen Worten, Engel gesteht,
daß die Direktion unter seiner Verwaltung den Brandes eine wohl=
verdiente Vergütigung schuldig geblieben sei! Die Angelegenheit wird
dadurch aus der Welt geschafft, daß dem Brandes 70 Thlr. auf die
Kasse angewiesen worden. Der ganze Briefwechsel liefert von der Un=
ordnung, mit welcher Engel die Geschäfte geleitet hatte, ein wohlge=
lungenes Bild. Am 13. März ging z 1. Mal: „Raoul von Crequi",
Singspiel i. 3 A. n. d. Frz. des Monvel v. Herclots, Mus. v.
d'Alayrac zum Benefiz für Herrn Lippert, über die Bühne.

Ein schwermüthiges Stück Menschenleben spiegelt sich in einem
Schreiben vom 18. März wieder, welches der unglückliche, für die
Unzelmann in Liebeswahnsinn entbrannte Musikant Loede an den
König richtet, welches Letzterer unterm 21. März an die Direktion
sendet. Er ist von seiner „Melancholie". die ihn vor einigen Jahren
befallen hat, geheilt, aber da „seine Krankheit und deren Symp=
tome" gegen ihn ein „ungünstiges Vorurtheil" erweckt hat, sieht er
sein Engagementsgesuch überall zurückgewiesen und sich mit Frau und
Kind im bittersten Elende. — Ob demselben abgeholfen wurde? —
In den Akten steht — nichts darüber!! — Am 23. März erschien z.
1. M. vor den Lampen: „Sucht nach Aufsehen", Lustsp. i. 5 A.
n. d. Engl. von Commeadow, am 30. März „Der ländliche
Morgen, oder Der sorgfältige Pächter", Großes komisch=pantom.
Ballet von Lauchery, Mus. v. Frenzel. I. — Dieses Tanzdrama hat nur
den einen historischen Werth, daß es am 15. August 1808 auf Befehl
der französischen Autoritäten zum Geburtstage Napoleons auch ge=
geben wurde. So erfüllte es denn doch wenigstens den edlen Zweck,
daß in einer Zeit, wo der Mund schweigen mußte, die Sprache der
Beine die Berliner zerstreuen durfte. Es wurde fast 75 Mal aufge=

führt. — Mit Königl. Genehmigung wurde am 18. April dem Theater-
Inspektor Lanz wegen zunehmenden Alters dessen Sohn, zur Unterstützung
im Amte, beigegeben und demselben ein kleines Gehalt bewilligt. In
der Königlichen Ordre, welche diese Genehmigung erst am Schlusse
nebenher ertheilt, wird aber auch gesagt:

„Sr. Königl. Majestät von Preußen Unser allergn. Herr finden es sehr zuträglich und zur Erhaltung der Ordnung angemessen, daß die monatlichen Rechnungen von dem Behufs der Garderobe, Dekorationen, Maschinerien und übrigen
bey dem National-Theater vorkommenden Ausgaben, bevor sie von der Direktion assignirt werden, von dem der Direktion zugeordneten Rechnungsverständigen
vorher nachgesehen, und daß die etwaigen Erinnerungen der Direktion von
demselben bekannt gemacht werden müssen, damit solche deßhalb das weitere
verfügen könne, u. s. w."

Diese Ordre macht die Direktion unterm 19. April dem nunmehrigen Revisor
der Oberrechnungskammer, Geh. Ober = Rechnungsrath Baumgarten
bekannt, indem sie im Eingange dieser ihrer Zuschrift sagt: „Das Verhältniß
worin die General=Direktion des National=Theaters mit dem Herrn Ober=
Rechnungsrath Schmidt gerathen war, war äußerst unangenehm und
veranlaßte uns des Königs Majestät alleruntherth. zu bitten, Ew. Wohlgeb.
der Direktion als Rechnungsverständigen zur Assistanze zuzuordnen. Da
wir aber uns das vorherige Verfahren, welches in eine Art von Curatel
auszuarten schien, nicht gefallen lassen können, so haben wir des Königs
Majestät die Sache näher vorgestellt, wonach näch beiliegender abschriftlicher allerhöchster Cabinetsordre vom 18. April c. festgesetzt worden:
daß" — Hierauf erfolgt die nähere, für uns aber zu weitläufige Erklärung. Der Sinn des ganzen Vorgangs ist es, daß die Direktion den
p. Baumgarten als nur zu ihrer Assistenz, also Hülfe beigegeben,
nicht als ihren Korrektor erachtet und sie von diesem nicht mehr, wie
durch Schmidt, bevormundet werden will. — Diese Zuschrift verletzt
Baumgarten gewaltig und wenn er auch in seiner Antwort vom 6.
Mai sich dagegen verwahrt, demselben Argwohn, wie Schmidt, zu unterliegen und „die beste Einsicht der Direktion zu bezweifeln" oder dieselbe
„zur Verantwortung zu ziehen," so erklärt er ihr doch, daß er dem
Inhalt der Kabinetsordre nicht zu entnehmen vermag: „daß ich derselben (der Direktion nämlich) künftig nur solche Monita, welche der
Rendant für seine Person zu erledigen schuldig und im Stande sei,
kommuniziren solle, also sich dieselben für die Zukunft lediglich auf
die Rechnung des Rendanten einschränken, nicht aber sich auf das Ver-

fahren Einer Hochlöbl. Direktion erstreckten." Kurzum Baumgarten behauptet, daß er das Recht habe, nach den Gründen zu fragen, welche die Direktion zu ihren Ausgaben veranlaßt hatten. Die Direktion be= harrt dagegen auf dem Standpunkte, daß sie hierzu, als eine nur direkt vom Könige abhängige und diesem verantwortliche Behörde nicht verpflichtet sei. Dies führt sie in abermaliger Antwort vom 7. Mai an Baumgarten näher aus, indem sie sagt, daß es ihr außerordent= lich auffallend gewesen: „wenn der G. R. Schmidt sehr häufig seine Monita gegen die Direktion gerichtet hat." Sie erklärt, wenn sie sich einem Dritten subordiniren wollte, würde sie: „in den Augen ihrer untergeordneten Offizianten bald lächerlich werden, wie dieses in vorigen Zeiten wirklich der Fall gewesen ist." — Auf diese Art konnte der Zwiespalt keinen Austrag finden und es war vorauszusehen, daß derselbe sich bei jeder Gelegenheit erneuern müsse. Dieser Kampf welcher jetzt schon klar die Physiognomie eines großen Prinzipien= Streites annimmt, hinderte Warsing weder, seiner Vorliebe für großen Kleiderluxus auf der Bühne zu huldigen, noch die Direktion, auf dem von ihr bisher mit Erfolg betretenen Wege vorwärts zu gehen. Das be= weist diese Zuschrift an den König:

„Allerdurchlauchtigster p. p.

„Ew. Königl. Majestät bezeigte Allerh. Zufriedenheit, mit der auf Dero Nat. Theater aufgeführten Oper Iphigenia, hat bei uns den Gedanken erregt, für den künftigen Winter, die große Oper Alceste von Gluck einstudiren zu lassen, und bringen wir dieses schon gegenwärtig in Antrag, weil wenn Ew. Königl. Majestät solches genehmigen, wir wegen der fortlaufenden Arbeiten beim hiesigen Theater schon nach und nach den Anfang machen müssen. Unsere Einnahme leidet es aber nicht, die Kosten der Decorationen und Kleidungen zu tragen, weil selbige den Verhältnissen der Ausgaben bei weitem nicht gleichkommt. Da in der Opern=Garderobe dergleichen Kleidungen nicht sind, welche uns in der Art zum Gebrauch überlassen werden könnten, daß wir selbige ohne allen Schaden zurückzuliefern uns getrauen, so fragen wir alleruntertänigst an, ob nicht Ew. Königl. Majestät „zum Vergnügen des Publikums und zum Besten Dero teutschen Schaubühne," zu dieser Oper Alceste uns 4000 Thlr. anweisen zu laßen ge= ruhen wollten. In Erwartung Ew. Königl. Majestät allergn. Befehl ersterben wir in tiefster Ehrfurcht

Berlin, den 17. April 1795.   Ew. Königl. Majestät
                                     Ramler. v. Warsing." —

Die Antwort war:

„Ew. Hoch Wohl Geb. Habe die Ehre in ergebenster antwort auf Dero Zu= schrift vom 17. dieses zu erwiedern, daß es allerdings Denenselben zur Ehre ge=

reicht die Deutsche Bühne auf einen grad zu poussiren, wo sie bis jetzo noch nicht war: In Betref der Oper Alceste, so dieselben Sich proponiren zum künftigen Winter zu geben, Sehe ich folgende Schwürigkeiten, 1) ist es nicht der zeitpunkt wo der König für diese Oper die verlangte 4000 Thlr. geben wird, 2) Werden Sie dazu gewiß Sujets aus der großen Oper nöthig haben, und diese werden Ihnen nicht bewilligt werden, weill der König sie Selbst gebraucht. Diese zwey Haupturfachen dünkt mich, werden Sie schwerlich ausweichen können, könnten Sie sich jedoch allein helfen ohne Schulden zu machen, so zweifle nicht, daß es sowohl Sr. Majestät dem König als auch das publicum große Freude machen würde. Was denn Ewr. Hoch Wohl Geb. Selbst Betrifft, so wurde beim Schluß des Etatjahres diese Sache nach befinden der Casse wohl in erwägung zu bringen seyn.

Potsdam, ben 19. April 1795. Nit." —

Damit war die kühne Spekulation auf 4000 Thlr. zu Wasser geworden! „Allein helfen" sollte sich die Direktion „ohne Schulden zu machen!" Das war wirklich bei dem obwaltenden Etat ein Kunststück, welches nur gelingen konnte, wenn derselbe ansehnlich erhöht wurde. Zu dieser Auskunft griff nunmehr die Direktion.

Nach längerer Zeit ging ein neues Stück von Kotzebue „Der Verläumder", Schausp. in 5 A., am 27. April in Scene, ist aber etwa nur 15 Mal im Ganzen gegeben worden. Ihm folgte am 10. Mai als Festvorstellung zur Feier des eben mit Frankreich zu Basel geschlossenen Friedens — „Die Friedensfeier", ein lyr. Vorspiel von Herclots, Musik von Weber; am 18. Mai: „Dienstpflicht", Schauspiel i. 5 A. von Iffland. Besetzung desselben in den Hauptrollen war: Dallner — Herdt, Sein Sohn — Mattausch, Baruch — Fleck. Das Schauspiel gefiel sehr und wurde bis 25. November 1832 an 46 Mal wiederholt. — Wir wissen, daß der König die Kosten der neu von Verona zu fertigenden Dekorationen übernommen hatte; daß trotzdem von Engel mit Verona ein Kontrakt geschlossen worden war, in welchem der Dekorationsmaler für 1000 Thlr. Gehalt die Erneuerung und Instandhaltung des ganzen Dekorationswesens übernommen und sich zur Lieferung einer gewissen Anzahl neuer Dekorationen verpflichtet hatte. Am 26. April c. a. stellte sich nun durch ein Verzeichniß des Theaterinspektor Lanz heraus, daß Engel noch für 2216 Thlr. 12 Gr. gelieferte „außeretatsmäßige" Dekorationen dem Verona schuldig geblieben war, welche die Direktion nun nachzahlen sollte. In ihrer Herzensnoth wendet sie sich an den Ober-Bau-Intendanten Boumann

vom Hofbauamt und legt ihm den Sachverhalt vor. Der Kabinets=
ordre vom 3. September 1787 erwähnend, welche „die Anfertigung der
Dekorationen auf königl. Kosten bewilligt hat, sagt sie: „Warum im
Gefolge dieser allerhöchsten Kabinetsordre Herr Professor Engel des
Königs Majestät den Anschlag der neu anzufertigenden Dekorationen
nicht jedesmal eingereicht, können wir nicht begreifen. Er muß dazu in
der letzten Zeit zu furchtsam gewesen sein, sonst würde er mit Herrn
Verona nicht unterm 1. Juli 1792 einen Vertrag abgeschlossen
haben" u. s. w. — Indem die Direktion erklärt, „es ist eine Unmög=
lichkeit, daß diese Kosten von unserer Theater=Kasse bestritten werden
können," hofft sie, daß der König „diesen Kontrakt des Verona zu über=
nehmen geruhen wolle." — Wahrscheinlich hatte Engel gewähnt, durch
eine größere Anzahl Dekorationen, welche er dem Beutel des Königs
zuzumuthen fürchtete, seinen Opern und Balletten höheren Glanz zu
geben. Da sich unter den noch unbezahlten Dekorationen, welche Lanz
aufführt, auch ein Egyptisches Zimmer, ein Palmenwald und ein antiquer
Vorhof befinden, so ist der Verdacht nicht völlig ausgeschlossen, daß die=
selben zur „Zauberflöte" angefertigt worden sind! Zum Glück über=
nahm und bezahlte die Hofbauamts=Kasse unterm 1. August 900 Thlr.
von besagter Lanz'scher Dekorationsrechnung. Bei der ganzen Ange=
legenheit hatte der „reiche" Verona den Geldvortheil, ohne daß dem
guten Engel seine Liebdienerei Etwas genützt hätte! —

Am 8. Mai bereitet die frankfurter Theater=Direktion den Herren
v. Warsing und Ramler die Ueberraschung: daß der von letzteren
engagirte Sänger Ellmenreich, welcher bereits angelangt war, seinen
dortigen Kontrakt gebrochen und sich heimlich entfernt habe. Warsing
und Ramler, welche, wie so manche spätere Direktion, dies für keine
so große Sünde hielt und ihren Vortheil über den Nachtheil einer
anderen Bühne stellten, erklärten unter dem 28. Mai den Frankfurtern,
in dieser Sache nichts thun zu können und verwiesen sie mit ihrer
Forderung gegen Ellmenreich an die berliner Gerichte. Eine andere
und zugleich romantische Geschichte ereignete sich am Schluß des
Monats. Das Königl. Kammergericht theilt am 28. Mai der Direktion
ein Requisitionsschreiben des Königl. Großbritannischen, zur Churfürstl.
Braunschweig=Lüneburg'schen Justiz=Kanzlei verordneten Direktors nebst
Räthen, unterzeichnet Falcke, mit, welches den vom National=Theater
wieder engagirten Schwabe, der sich sonst den Namen Engel und

neuerlich Burchard gegeben hat, des Verdachts der Bigamie mit seiner jetzigen Frau, geb. Großmann, einer Stiefschwester Friederike Unzelmann's, beschuldigt und ruft der Letzteren Zeugniß in der Sache auf. Die Direktion erklärt am 6. Juni hiergegen, daß sie dieser Re= quisition für jetzt nicht folgen könne, da Mad. Unzelmann „ins Karls= Bad gereist" sei. — Ein weiterer offizieller Verfolg der Sache fand indeß nicht statt und da die Schwadke'schen Eheleute noch im Jahre 1807 engagirt und beim Nationaltheater thätig gewesen sind, so werden sie wohl durch wohlbegründete Zeugnisse der hannoverschen Behörde die Gesetzmäßigkeit ihrer Ehe bewiesen haben. Mit der Reise der Mad. Unzelmann hatte es übrigens seine Richtigkeit. Unterm 9. Mai war vom Könige, auf ein Gesuch der Künstlerin hin, derselben ein Urlaub auf 8 Wochen nach Karlsbad zur Herstellung ihrer Gesundheit und der Direktion ohne Weiteres der Befehl ertheilt worden, Mad. Unzelmann 300 Thlr. Vorschuß gegen geringen Abzug von ihrem Gehalte auszu= zahlen. Die gute Direktion hätte wirklich bei solchen Anforderungen von höchster Stelle verzagen mögen. Am 12. Mai faßt sie denn auch die Resolution an Mad. Unzelmann, daß die Kasse zur Zeit einen solchen Vorschuß nicht leisten könne und hofft ihr höchstens, falls sie die Reise bis Ende des Monats aufschiebt, den Vorschuß einer acht= wöchentlichen Gage anweisen zu können. Auf irgend eine Art mußte indeß Rath geschafft worden sein, da man es mit Sr. Majestät und der Künstlerin nicht verderben wollte und Mad. Unzelmann reiste zur festgesetzten Zeit ab. — Am 12. Juli reichte bei dem Könige die Sängerin Mad. Schick, veranlaßt „durch die Kostbarkeit und die anderen Ungemächlichkeiten, welche das beständige Fahren in Miethswagen zu den Proben und Vorstellungen beym Nationaltheater meinen häuslichen Verhältnissen und meiner Gesundheit verursacht," das Gesuch um Fou= rage für zwei Wagenpferde ein. Der König befiehlt der Direktion am 14. Juli, der Sängerin diese Fourage anzuweisen; die Direktion lehnt es, wegen des steigenden und fallenden Futterpreises, „als nicht etats= mäßig zu machen", ab, bittet aber, daß der König genehmige, Mad. Schick jährlich 48 Thlr. Beihülfsgelder zum Fuhrlohn zahlen zu dürfen. Hierauf resolvirt der König den 18. Juli, daß die Sängerin „um in die Proben zu fahren, einen königlichen Wagen bekommen soll" und ertheilt hierzu dem Oberstallmeister Obrist Grafen von Lindenau Be= fehl. So fuhr nun die deutsche Primadonna fortan in königlicher

Karosse zum Aerger ihrer italienischen Kollegen in's Thea=
ter! — —

Ein schlagender Beweis, welcher Luxus das Ballet für das National=
theater gewesen ist und welche Verluste durch dieses kostspielige Ver=
gnügen die Theaterkasse erlitt, liefert folgender Rechnungsausweis des
Rendanten:

„Designation

„der Kosten für die in dem halben Jahre vom 28. November 1794 bis 28.
May 1795 auf dem Königl. National=Theater gegebenen 34 Ballets, excl. der
Ballets in der Oper Iphigenia:

1. Die Tänzer, Tänzerinnen, Friseurs, Schneider, extraord.
   Musiker p. erhielten . . . . 2,194 Thlr. 10 Gr.
2. Die Beleuchtung kostete . . . . 86 „ 12 „
3. Die Requisiten . . . . 76 „ 5 „
4. Für Abänderung der Kleider . . . . 341 „ 3½ „
5. Für Heizung bey den Proben . . . . 22 „ 2 „
6. Für Maschinerie, Leinewandt, Pappe, Nägel, Bretter,
   Latten Arbeitslohn p. . . . . 250 „ — „
7. Extraordinariis, für Wagen zu Proben, Copirung der
   Musikalien . . . . 460 „ 4½ „

Summa 3,430 Thlr. 13 Gr.

thut auf 1 Ballet = 100 Thlr.

I Balance

„Für obige 34 Ballets u. d. dabey gegebenen 34 Schau=
spiele ist eingekommen . . . . 7356 Thlr. 22 Gr.
Obige Balletkosten ab, mit . . . . 3430 „ 13 „
Ist für die Kasse übrig geblieben 3926 Thlr. 9 Gr.

thut pro Tag = 115 Thlr.

wobey die Casse nicht bestehen kann, da die etatsmäßigen
Ausgaben pro Tag 169 Thlr. 12 Gr. betragen, und diese
dazu nicht einmal zureichen!

II Balance

„Von den 34 Ballets und den dazu gegebenen Schau=
spielen hat die Kasse Vortheil gehabt: . . . . . . 3926 Thlr. 9 Gr.
Auf die 34 vorhergegebenen Vorstellungen. ohne Ballets,
vom 21. September bis 31 Oktober 94. ist eingenommen 6245 „ 16 „
Mithin für die 34 Vorstellungen, ohne Ballets, weniger 2,319 Thlr. 7 Gr.

Wann hiervon die extraord. Kosten bey den letzten 34 Vorstellungen ohne
Ballets abgehen, mit 324 Thlr. 3 Gr., so hat die Kasse durch die 34 Ballet=
Vorstellungen einen Schaden erlitten von:

„1995 Thlr. 4 Gr.

Berlin, den 16. Juni 1795. Jacobi." — ·

Es steht also fest, daß das Theater mit Schauspielen ohne Ballets
mehr einnahm, daß dagegen jede Vorstellung, in der Ballet und Schau=
spiel vereint wurde, ein Kassen=Defizit verursachte. Betrug dasselbe für
ein halbes Jahr die obige Summe, so mußte der Jahresabschluß einen
Kassenverlust von 3,990 Thlrn. erleiden. Daß dies lange ohne
starke Erhöhung des Etats fortgehen könne, war eine Unmöglichkeit! —
An neuen Stücken wurden zur Darstellung gebracht: den 15. Juni „Irr=
thum auf allen Ecken", Lustsp. i. 5 A. n. d. Engl. des Gold=
smith, ein Stück, welches sich bis zum Jahre 1832 auf dem Repertoir
erhielt und über 50 Mal gegeben worden ist; den 26. dess. Monats
„Margot oder Das Mißverständniß", Lustsp. 1 A. von Fr. R.,
am 13. Juli unter großem Mißfallen „Was sein soll, schickt sich
wohl", Originallustsp. i. 3 A. v. Jünger; am 30. Juli „Verjährte
und unverjährte Liebe oder Alte Liebe rostet nicht", Lustsp. i.
5 A. a. d. Engl. unter Zischen und Pochen; am 3. August endlich ging
zum Benefiz für Fleck: „Verwirrung durch Aehnlichkeit", kom.
Singsp. i. 2 A. n. d. Ital. des Mazini, v. Herclots, Musik von
Marco Portogallo in Scene. — Es ist in ihm dasselbe Sujet be=
handelt, welches Lortzing nachmals in seinen „beiden Schützen" kom=
ponirt hat. Iffland bereicherte das Repertoir durch sein Schauspiel in
5 A. „Alte und neue Zeit," welches am 10. d. Mts. zur Aufführung
langte und ungefähr 15 Mal dargestellt wurde. Von älteren Stücken
erzielte, außer einigen klassischen, erwähnenswerthen Erfolg nur: „Die
schöne Arsene", Singsp. in 4 A. aus d. Frz. von André, Mus. von
Monsigny, welches Doebbelin bereits am 5. August 1779 gegeben hatte,
das neu einstudirt am 27. März zum Benefiz für Ambrosch dargestellt
und im Ganzen gegen 40 Mal wiederholt wurde. Diesen Fall aus=
genommen, ergab sich die Idee des guten Prof. Ramler, die alten André=
schen, Weiße=Hiller'schen Singspiele, also das alte Koch'sche Repertoir*)
wieder zum Leben zu erwecken, als unfruchtbar. Am 11. Juni war auf dem
Schloßtheater zu Potsdam Operette und Ballet. Rendant Jacobi er=
hielt am 24. des Monats seinen Sohn als Kassenschreiber mit kleinem
Gehalt zur Assistenz. —

Ein Ruhestörung, welche sich im Juni erhob, nahm für die Direktion
einen sehr gefährlichen Charakter an, und wenn dieselbe auch schließlich

---

*) Siehe Dieses am Anfange der siebziger Jahre im I. Bande.

beigelegt wurde, ging die Verwaltung aus ihr doch mit völlig zertrüm=
mertem Ansehn hervor. Die Person, um welche es sich bei dieser An=
gelegenheit handelte, war — wiederum Unzelmann und die Sache
nahm folgenden Verlauf:

> „Dem Schauspieler Herrn Unzelmann wird es hiermit ernstlich verwiesen,
> daß derselbe den Befehlen der Direction zuwider, die ihm bisher zugetheilt ge=
> wesene Rolle, aus dem Irrwisch, des Fischer Bertholb, zum Behuf einer ander=
> weitigen Vertheilung, herauszugeben sich geweigert. Da die Direktion am besten
> wißen muß, ob und wiefern eine Rolle zweckmäßiger besetzt werden kann, so soll
> der Contract, welcher schon mit Ostern d. J. seine Endschaft erreicht hat, und
> nur aus bloßer Nachsicht der Direktion einstweilen fortgedauert hat, hiermit für
> völlig cessirend geachtet werden und wird der bisherige Schauspieler Unzel=
> mann gemeßenst angewiesen, alle Rollen Angesichts dieses herauszugeben, indem
> derselbe weiter gar nicht auftreten, auch keine Gage ausgezahlt erhalten soll.
>> Berlin, den 28. Juny 1795.   Ramler. v. Warsing.

Zweifellos war die Maßregel zu hart und nicht gerechtfertigt!
Einen Subordinationsfehler bestraft man mit Geldabzügen, mit Ent=
lassung ohne Weiteres nicht, zumal wenn ihn ein allbeliebtes Mit=
glied, ein Künstler von Rang, begeht. Ramler's sonst milder
Denkungsart ist dieser Entschluß nicht zuzutrauen, also dürfte
wohl Warsing beabsichtigt haben, mittelst dieses durchgreifenden Aktes
seiner Amtswürde erhöhteres Ansehen zu verleihen! Der Einwand, daß
Unzelmann's Kontrakt schon zu Ostern beendet gewesen ist und die
Direktion ihn aus bloßer Nachsicht stillschweigend fortdauern ließ, ist
hinfällig. Unzelmann hatte seine Kündigung zurückgenommen, die
Direktion stillgeschwiegen und ihm nach Ostern die Gage gezahlt, folg=
lich ging de jure sein Vertrag weiter. Den Grund zu Unzelmann's
Benehmen gab das Auftreten Elmenreich's, welchen die Direktion an
des Ersteren Stelle als Sänger engagirt hatte, so daß Unzelmann fortan
allein auf das komische Charakterfach im Schauspiel beschränkt blieb.
Er war aber nicht der Mann, sich das gefallen zu lassen. Sein An=
hang im Publikum war sehr bedeutend und von diesem wurde Elmen=
reich, Unzelmann's Nebenbuhler, so oft er auftrat, ausgepocht! Die
alten Theaterexcesse lebten wieder auf! —

Ein Bild derselben geben diese Reihe von Schriftstücken:

> „Hochwohlgeborner
> „Insonders hochzuverehrender Herr!
> „Ein Theil des Publikum, der sich zur Classe der Gebildeten zählen kann, er=
> sucht Sie, bey der bekannten Geschichte des Schauspieler Unzelmann auch

hier den festen und bestimmten Charakter zu zeigen, den man bey Ihrer Direktion des Theaters bemerkt hatt, man bittet Sie, sich von einer Rotte Demo-
craten, falschen Spielern, und undankbaren Frey-Billets, nicht abhalten zu lassen
auf dem Wege mit diesem Menschen zu verfahren, den Sie bereits gegangen
sind, sondern da diese Leute keine andere Absicht haben als Unruhe zu stiften,
ja sogar durch diesen Auftritt Seiner Majestät dem Könige trotzen wollen, weil
höchst Dieselben, den Schauspieler Elmenreich gerne sehen, und dieser, er habe
die Gabe als Schauspieler wenig oder gar nicht, dennoch ein guter Sänger genannt werden kann, die Sache Seiner Majestät vorzustellen, was es für Menschen
sind, die lärmten, und welchen Beweggrund sie hatten. Unzelmann kann nicht
anders als Schauspieler geduldet werden, als Sänger wird er alle Zeit gepocht
werden," u. s. w. —

Unterzeichnet ist das Skriptum: „von einer zahlreichen Gesellschaft;"
das Datum fehlt, doch ist es wahrscheinlich vom Ende Juni oder Anfange
Juli 1795. —

„Da verschiedene junge Leute sich in das Verhältniß der Schauspieler gegen
die Direktion mischen, so sollen einige Departements-Cheffs requirirt werden,
ihre subalternen zur Ordnung gefälligst anzuweisen. —
        Berlin, den 5. Juli 1795.   v. Warsing." —

„Der Geh. Berg-Registrator Webigen wird Ew. Hochwohlgeb. dieses Billet
selbst behändigen, und ich ersuche, ihn über alle mir nach Ihrem Schreiben an-
gegebenen Umstände selbst zu vernehmen und wenn er schuldig ist, nach aller
Stränge seine Bestrafung zu bewirken, mir auch zugleich Nachricht zu geben, ob
er sowohl, als andere Subjekte meines Departements sich des geringsten strafbaren Vergehens schuldig gemacht, damit aller Verdacht gegen die mir untergebenen entweder wegfalle, oder solche gerechtfertigt oder bestraft werden.
        Berlin, den 4. Juli 1795.   (Unterschrift unleserlich). —
An Geh. Rath v. Warsing"

„Des Königl. Geheimen Krieges und Kammergerichtsraths Herrn v. Warsing,
Hochwohlgeboren, nehmen wir keinen Anstand, gantz ergebenst zu vermelden: daß
wir nach Maaßgabe Ihres Requisitions-Schreibens vom 4. Julius, den Schauspielern Czechtitzki, Bettmann und Unzelmann nachdrücklich untersagen
lassen, an den tumultarischen Auftritten im Comödien-Hause, weder mittelbaren
noch unmittelbaren Antheil zu nehmen.
        Berlin, den 5. Julius 1795.
        Königl. Preußisches Polizei-Direktorium hiesiger Residentzien
                                Eißenberg." —

„Des Königl. Geh. Raths Herrn v. Warsing Hochwohlgeb. verfehle ich nicht,
auf dessen geehrtes Schreiben vom 4. b., in gehorsamster Antwort zu erwiebern;
daß ich durch ein erlassenes Circulare die Referendarien bei der kur- p. Kammer

gewarnt habe, an den Streitigkeiten des Parterres mit der Theater-Direktion keinen Antheil zu nehmen.

Berlin, den 7. Juli 1795. Mülheim." —

„Einer Königl. General-Direktion zeige hiermit ergebenst an, daß meine Krankheit mich verhindert, auszugehen. — Ich ersuche dieselbe also, mir doch schriftlich zu communiciren, was dieselbe von mir begehrt. Ich bin mit aller Achtung

Dero

ergebenster Unzelmann."

In dem ersten Schriftstücke nimmt sich die „Rotte von Demokraten, falschen Spielern und undankbaren Frey-Billets" komisch genug aus. Wir vermuthen, daß dieses Schriftstück ohne Datum und Unterschrift von Parteigängern Ellmenreich's, wenn nicht von diesem selbst ausgegangen sei. Ein Hauptskandalmacher scheint übrigens der vom Geh. Ober-Bergamte an Warsing zur Vernehmung gesendete Geh. Berg-Registrator Wedigen gewesen zu sein. Einer mündlichen Vernehmung weicht Unzelmann aber durch — Krankheit aus. Trotz aller Maßregeln der Behörden gegen ihre pfeif- und pochluftigen Subalternen gehen die Excesse indeß immer munter weiter, ja dieselben werden durch das Vorgehen der Direktion bedeutend gesteigert. Dieser bleibt gar nichts mehr übrig, als sich direkt an den König zu wenden.

„Allerdurchlauchtigster p.

„Um das Vergnügen des Publikums zu vermehren, haben wir statt des Schauspieler Unzelmann's zu den Sing-Rollen den Sänger Elmenreich aus Frankfurt a. M. engagirt. — Einige unbedeutende junge Leute aber bestärken den Unzelmann in den Wahn, daß er der erste Sänger sei, und hindern uns durch beständige Unruhe, den Elmenreich in mehreren Opern auftreten zu lassen. Nach denen drei Beilagen, welche wir hierbei allerunterth. originaliter zur allerhöchsten Einsicht überreichen, vorzüglich aber aus den sub no. 1 et 2, werden Ew. Königl. Majestät sich zu überzeugen geruhen, daß wir den Unzelmann mit aller möglichen Schonung und Gelindigkeit behandelt, nach der dritten Beilage aber sind seine Forderungen und Zudringlichkeit von der Beschaffenheit, daß wir uns unmöglich, wenn nicht alle Ordnung und Subordination aufhören soll, darauf einlassen können. Da uns der Unzelmann nun vorsätzlich hinderlich ist, daß wir den Elmenreich nicht in seinen Sing-Rollen auftreten lassen können, das gesittete Publikum aber, und welches Kenner von der Musik ist, den Elmenreich öfterer zu sehen wünscht, der Unzelmann auch sich gegenwärtig allen Vorstellungen entzieht und uns dadurch in eine nicht geringe Verlegenheit setzt, so bitten Ew. Königl. Majestät wir allerunterthänigst, uns durch eine allerhöchste Cabinets-Ordre besonders zu authorisiren, den Unzelmann gleich dimittiren zu können und in denen Sing-Rollen in sofern solche dem Vortrag und dem Spiel des Elmenreich angemessen sind, diesen auftreten zu lassen.

Da dieses der einzige Weg ist, wodurch die Störrer des Vergnügens des Publi=
kums im Theater zur Ruhe gebracht werden können, so bitten Ew. Königl. Ma=
jestät wir alleruntherthänigst unserm Antrag nicht ungnädig aufzunehmen. Wir
ersterben p. p.

Berlin, den 15. Juli 1795.   v. Warsing. Ramler." —

Hierauf erhält —, ein bedenkliches Zeichen, — die Direktion keine
Antwort!! —

Czechtitzky, welcher sich bei diesen Excessen sehr bloßgestellt hatte
und seit dem 30. März bereits pro 1. Oktober gekündigt war, bittet am
23. Juli um seinen Abschied, den er auch sofort erhält, obwohl er ein
Liebling des Publikums und seit acht Jahren Mitglied des Theaters
war. Auch ein Candidatus medicinae Johann, Carl, Heinrich Meyer
war als Excedent von der Polizei festgenommen und ihm der Theater=
besuch verboten worden. Nunmehr greift der Kronprinz mittelst einer
Zuschrift an die Direktion in die Angelegenheit ein:

„Je mehr auch ich dem Talente Gerechtigkeit wiederfahren lassen muß, wodurch
der Schauspieler Unzelmann. als Schauspieler, allgemein die Theilnahme
des Publikums sich erworben hat, desto aufrichtiger bedaure ich die Mißverständ=
nisse, welche zwischen der Königl. Direktion des National=Theaters und dem
Unzelmann obwalten sollen, mit dem eben so aufrichtigen Wunsch, daß der
ganze Handel mögte beygelegt und der Unzelmann als Schauspieler conserviret
werden können. Da ich überdies nun höre, daß des Königs Majestät dies ganz
der Direktion überlassen haben: so ersuche ich die letztere angelegentlich, auf die
Zufriedenheit des Publikums, von der die Aufrechthaltung des Theaters so sehr
doch abhängt, wo irgend möglich eine gefällige und balbige Rücksicht zu nehmen.

Berlin, den 31. Juli 1795.

Friedrich Wilhelm." —

„Durchlauchtigster Prinz
„Gnädigster Kronprinz und Herr!

„Ew. Königl. Hoheit höchstem Befehl zufolge zeige ich unterth. gehorsamst an,
daß der Schauspieler Unzelmann=beim hiesigen Theater bleiben wird. Die
Direktion hat gegen diesen beim Publiko beliebten Schauspieler nie in Absicht
des Dienstes etwas zu erinnern gefunden, nur sind die Capricen sämmtlicher
beim Theater engagirter Personen, von der Beschaffenheit, daß sie sich ohne
Strenge schlechterdings nicht behandeln lassen wollen. Ew. Königl. Hoheit werden
es nicht ungnädig bemerken, wenn ich bei dieser Gelegenheit einen ganz neuen
Vorfall mit dem Schauspieler Kaselitz anzuführen mich erdreiste, welcher heute
seinen Abschied um des Willen gefordert hat, weil des Königs Majestät ihm zu
seiner wöchentlichen Gage von 16 Thlr. im neuen Etat eine Zulage zu accor=
diren nicht geruhet haben. Die Direktion hat gewiß alle Nachsicht mit dem
Benehmen der Mitglieder des Theaters, deren Charakter durch den Dienst selbst

zu schwankend wird, nur ist nothwendig, daß dem daraus entstehenden Eigen=
dünkel und ich kann mich mit gutem Gewissen des Ausdrucks, der „überhand=
nehmenden Verachtung der Neben=Menschen", bedienen, Einhalt gethan wird.
Ew. Königl. Hoheit Befehle zu befolgen ist um so mehr eine erwünschte Pflicht
für uns, da Höchstdieselben unsere Fortschritte mit Dero Höchstem Beifall be=
gnadigen, daher wage ich es auch zu bitten, daß Ew. Königl. Hoheit geruhen,
der teutschen Bühne ferner Dero hohe Protection angedeihen zu lassen.
Berlin, den 1. August 1795.　　　　Ew. Königl. Hoheit p. p.

v. Warsing." —

Die Direktion hatte nicht nur eine Uebereilung begangen, welche
wohl dem Beamtendünkel des Geh. Rath v. Warsing zunächst ange=
rechnet werden muß, sie hatte sich auch betreffs Unzelmann's mit der
öffentlichen Meinung und dem Willen des Hofes in Widerspruch ge=
setzt. Der Kronprinz übernahm es, sie aufzuklären und sie mußte sich der
grenzenlosen Beschämung aussetzen, öffentlich ihre Unbesonnenheit gutzu=
machen. — Die Direktion schickte deßhalb den Theaterinspektor Lanz am 4.
August zu Unzelmann, um ihm die Erneuerung seines Kontraktes zuzu=
sichern und zu erklären, daß bei der heute stattfindenden Vorstellung am
Schlusse: für Morgen „Dienstpflicht" von Iffland angekündigt und ge=
sagt werden solle, daß: „Die Erneuerung des Kontrakts des Herrn Unzel=
mann sogleich nach der Rückkunft seiner Frau geschehen würde, weil
deren Gegenwart dabei unumgänglich nöthig sei." — Lanz kam aber bei
Unzelmann, der seinen Triumph feiern und die Direktion vor der
Oeffentlichkeit die Sache ausbaden lassen wollte, schlecht an. Unzel=
mann erklärte, er träte nicht eher wieder auf, bis er seinen neuen ver=
änderten Kontrakt in Händen habe und die öffentliche Ankündigung
seines Wiederauftretens in der von ihm gewünschten Weise ge=
schehe. Damit die Direktion über diese von ihm gewünschte Weise außer
Zweifel sei, schreibt er ihr an demselben und dem nächsten Tage folgende
beide Billets:

„Hochzuehrender Herr Geheime Rath!

Ich ersuche Sie, doch gefälligst, ehe ich dieses Theater wieder betrete, meine
Sachen in Ordnung zu bringen. Denn ohne einen wirklichen Contract, und
ohne zu wissen, woran ich bin, und wofür ich in der Zukunft seyn soll, kann ich
nicht spielen. — Ich mögte nicht gerne, daß es heute oder morgen heißen
könnte:

„daß mich die General=Direktion einstweilen aus bloßer Nachsicht beibehalten
hätte: wie es in meinem Abschiede vom 28. Juni a. c. lautet.

„Ich hoffe also, Sie werden gefälligst, das Nöthige darüber mit dem Herrn

Professor Ramler arrangiren, auch versprochner maaßen, bei Ankündigung des Stückes, sagen lassen, daß ich mich auf eine ehrenvolle Art mit der Gen.-Dir. arrangirt hätte. Ich bin mit aller Achtung Ew. Hochwohlgeb.

Berlin, den 4. August 1795.   ganz ergebenster

Unzelmann." —

„Mein lieber Herr Geheime-Rath!

„Sie haben mir mündlich und durch den vereideten Cassen-Diener Eisig gesagt und sagen lassen, wie auch durch eine gewisse dritte Person: daß bei Ankündigung des Stücks sollte gesagt werden: „ich hätte mich auf eine ehrenvolle Art mit der Gen.-Dir. verglichen". Wollen Sie das, so ist es gut, und das übrige wird sich finden: wo nicht, so bleibt die Sache wie sie ist, und ich betrete laut des Abschieds die Bühne nicht mehr. — Hätten Sie mir keine Veranlassung gegeben und mich in meiner bisherigen Arbeit ungestört fortwandeln lassen, so würde ich mich nie über die Direktion laut beschwert haben.

Berlin, den 5. August 1795.

Unzelmann." —

Es half also Nichts! Der bittere Kelch mußte geleert werden und die Direktion von der Bühne herunter melden lassen, daß Herr Unzelmann „sich auf eine ehrenvolle Art" mit der Generaldirection verglichen habe. — Unter Jubel, Hallo und Gelächter wurde diese Anzeige vom Publikum aufgenommen! Der letzte Rest des guten Rufes und der Autorität, welche die Direktion noch besessen haben mochte, war vollends dahin! — — —

Eine andere Begebenheit wurde zwar weniger bloßstellend für sie, aber noch empfindlicher. Die Direktion hatte den neuen Etat eingereicht, mit demselben erhielt sie folgende Ordre zurück:

„Sr. Königl. Majestät von Preussen, Unser allergnädigster Herr haben den von der Direktion des Nationaltheaters eingeschickten Etat pro 1795—96 mit dem vorjährigen Etat in keiner Weise übereinstimmend gefunden und sind dahero auch nicht gemeint, den ersteren zu vollziehen. Vielmehr remittiren Allerhöchst Dieselben beyde genannbte Etats und befehlen der Direktion, den Etat, pro 1795—96 dem vorjährigem gleich einzurichten, indem Sr. Königl. Majestät keinen Posten, der ohne Dero Auctorisation zum Ansatz gebracht ist, approbiren wollen.

Potsdam, den 12. Juli 1795.

Friedrich Wilhelm." — —

Die Höhe des neuen Etats pro 1795—96 hatte allerdings 55,320 Thlr. betragen, also fast 25,000 Thlr. mehr als unter Doebelin, aber wie sollte die Direktion die unerhörten Anforderungen sonst bestreiten? Nichts desto weniger mußte sie den Etat verringern. — Das Polizeipräsidium schränkte am 5. August die Vorstellungen des Gym-

naftifers Lion ein, welcher die alten Harlefinaden auf kurze Zeit vergeblich den Berlinern in Erinnerung zu bringen versucht hatte. —
Unterm 12. August fündigte Mad. Lippert geb. Werner mit Genehmigung des Gatten ihren Kontraft für Oftern 1796 um nach Wien
zu gehen und sich als Sängerin dort weiter auszubilden, da ihre berliner
Stellung sie nicht befriedigte; ihrem Wunsche wurde Folge gegeben und
sie ging — nach Petersburg. Am 19. September engagirte man den
jungen Labes, Sohn des alten penfionirten Mitgliedes, welches wir schon
unter Schuch Sohn und Doebbelin kennen gelernt haben. Von
Novitäten erschien in diesem Monat: „Das Vermächtniß", Schausp.
in 5 A. v. Iffland, am 12. zum Besten der abgebrannten Hülfsbe-
dürftigen Einwohner in Potsdam und wurde etwa zwölf Mal gegeben,.
so wie „Der große Kurfürst vor Rathenow", Schausp. i. 5 A.
von Professor Rambach, Musif von Wessely, am 25. September.
Letzteres Stück machte kein besonderes Glück und wurde wenig wiederholt
Bemerkenswerth ist es indessen doch als das erste vaterländisch-
histor. Schauspiel, welches in Berlin gegeben wurde. Professor Rambach war übrigens als Herausgeber des „Berliner Archiv der Zeit"
Genosse Meyer's, welcher sich durch Ludwig Schroeder's Biographie
bekannt gemacht hat. Beide gehörten mit Johann Gottfried Schadow,
Spener, Isaaf Eupel, Alois Hirt, Sander und Marcus Herz der
schon erwähnten humanistisch-literarischen Mittwochsgesellschaft an.

Ein Vorschuß von 100 Thalern, welchen sich der Sänger Franz
am 30. September erbat, mußte ihm abgeschlagen werden, „weil die
Kasse es nicht im Stande ist." Bei solchem Geldmangel war es denn
auch nicht zu verwundern, daß die Direftion sich wenige Tage vorher
genöthigt gesehen hatte, folgenden Erlaß zu ertheilen:

„An sämmtliche Mitglieder des Königl. National-Theaters,
„Mit Ausschluß des Herrn Reg. Fled. —
„Die Benefiz-Comoedien sind der Königl.-Haupt-Theater-Kasse überhaupt nachtheilig. — Wenn aber zum Benefiz ein neues Stück oder eine neue Oper genommen, und davon die erste Einnahme, zum Benefiz gegeben wird: so ist der
Schaden für die Casse noch größer. Tritt aber gar, wie schon mehrmalen geschehen ist, der Fall ein, daß das neue Stück den ersten Tag nicht viel Beifall
findet oder ganz durchfällt; So hat die Casse von solchem Stücke, in Ansehung
der Proben, Requisiten, Garderobe, Maschinerie p. p. ansehnliche Kosten, und
nur eine sehr geringe und im letzteren Falle, gar keine Einnahme. Dies kann
die Königl. Direfton nicht vertreten, und daher wird hierdurch festgesetzt:

daß für die Folge zu einem Benefiz niemalen die Erste, sondern nur die Zweite, dritte Vorstellung eines neuen Stückes oder einer neuen Oper, bewilligt werden wird.

Wobey sich übrigens von selbst verstehet, daß wenn das neue Stück oder die neue Oper das erstemal gar keinen Beifall findet oder ganz durchfällt, alsdann zu dem Benefiz ein anderes neues Stück gewählt werden kann.

Berlin, den 24. September 1795.

General-Direction des Königl. National=Theaters

Ramler. v. Warsing." —

Die Vernunft der Maßregel spricht für sich selbst und es ist schwer begreiflich, weßhalb die Direktion dies nicht schon eher eingesehen hat. Allerdings gehört die Ertheilung eines Benefizes mit zu den wirksamen Mitteln, eines Künstlers Lust und Liebe wie seinen Eifer anzuspornen, und deßhalb möchten wir das Ertheilen von Benefizen nicht unbedingt verwerfen. Wenn sich dieselben aber so, wie nunmehr am National= theater häufen und die besten Novitäten der Verwaltung von den Benefizianten vorweg genommen werden, muß die Theaterkasse um so mehr leiden, als sie bei einem neuen Stücke Kosten und Gefahr über= nimmt, dem Benefizianten aber den ersten, oft größesten Vortheil der= selben überlassen muß.

Am 9. Oktober kündigte Schwadke, blieb aber, da er am anderen Tage schon wieder seinen Schritt bereut hatte. —

Der Streit, welcher sich zwischen dem Geh. Finanzrath Baum= garten und der Direktion über die Grenzen der Kontrolberechtigung entsponnen hatte, setzte sich seitens des Ersteren am 28. September durch ein zehn Seiten langes Aktenstück fort. Der Kern desselben bildete immer wieder die Ansicht: „indem wir in Ansehung unserer gemeinschaft= lichen Dienstgeschäfte nur einerlei Zweck haben und lediglich über die Mittel, solchen zu erreichen, verschiedener Meinung sein können, weßhalb wir uns möglichst zu vereinigen verpflichtet sind, ohne es für eine Be= schwerde erachten zu dürfen, wenn wir, um diese Vereinigung zu be= wirken, genöthigt sind, einander die Gründe unseres Verfahrens mitzu= theilen!" — Die Auseinandersetzung dieser stets wiederholten Forderung Baumgarten's beantwortet die Direktion mit einem Schriftstück, das, weil es das letzte und eigenthümlichste Wort ist, welches in dieser Sache gesprochen wird, hier seinen Platz finden soll:

„Auf Ew. Wohlgeb. gefälliges Schreiben vom 28. September c. a. ermangeln wir nicht in ergebenster Antwort vorläufig zu erwiedern: Daß wir die uns gegen

die Rechnung pro 1792—94 communicirten Monita dem Renbanten zur Erledigung zugefertigt haben. Was indeſſen die Verfaſſungsart bei unſerm Rech-
nungsweſen betrifft, — ſo läßt ſich da, wo uns ein Dritter durch Formirung
einiger Monita gegen unſer Verfahren zur Verantwortung forbern kann,
nichts Anderes als Subordination gebenken. Dazu ſind wir nicht
angewieſen, würden uns ſolches bei ben Theater-Angelegenheiten auch in keinen
Betracht gefallen laſſen und glauben auch nicht, daß bie Sache damit abgemacht ſei, wenn wir die Gründe unſeres jebesmaligen Verfahrens (welches
ein Geheimniß bleiben muß) dem Rechnungsreviſor eröffneten. Soll denn
dieſer allein das Verfahren ber Direktion gutheißen können — ober nicht? —
Wir ſind als Sachverſtändige eingeſetzt, und wir müſſen wiſſen, was geſchehen
kann und muß, wenn aber unſere Gründe dem Rechnungsreviſor nicht ein-
leuchteten, ſollte deßhalb unſer Verfahren zu mißbilligen ſein? — Die Sache
iſt für jetzt in ber Lage, daß unſere Ordres nicht geprüft werben, ſofern
ſolche gegen ben Etat und deſſen Inhalt nicht anläuft, ober Unredlichkeit verrathen. Sollen Ew. Wohlgeb. ſich daher nicht befugt erachten, bie revision ber
Rechnung darauf einzuſchränken, ob unſere Ordres in Einnahme und Ausgabe
gehörig juſtifizirt worden, ſo bitten wir uns eine geneigte nähere Erklärung darüber aus, weil wir alsbann des Königs Majeſtät nochmals zur anberweitigen
Beſtimmung vortragen werben.

Berlin, ben 11 Oktober 1795.   Ramler. v. Warſing.“ —

Außer den ſchon bekannten Einwänden der Direktion, macht ſie
zum erſten Male gegen Rath Baumgarten geltend, daß ſie die
Gründe ihrer Handlungsweiſe als — ein Geheimniß erachtet, welches
ſie vor dem Reviſor nicht bloßſtellen könne! Dem guten Rath Baumgarten mag es zwar ſchwer glaublich geweſen ſein, wieſo eine Theater-
Direktion Geheimniſſe haben könne; daß ſie aber deren hatte und ſich
über dieſelben in keine Erörterungen einlaſſen konnte, wiſſen wir.
Sollte die Direktion dem Herrn Rath etwa die Urſache nennen, weßhalb z. B. die künſtleriſch durchaus bedeutungsloſe Figurantin Dem.
Gèrand (Giran) ihren doppelten Gehalt bezog? Wozu dieſe ober
jene Künſtlerin Zuſchüſſe und Gratifikationen erhielt? Oder ſollte die
Direktion dem Reviſor geſtehen, daß Herr Verona ſeine 1000 Thlr.
Jahresgage eigentlich nur erhalte, damit ſie ſeiner und ſeiner einflußreichen Freunde Gunſt verſichert bleibe??! —

Die Theaterunruhen, welche durch die letzten Zerwürfniſſe Unzelmann's mit der Direktion und die Parteinahme des Publikums für
und wider Ellmenreich erneut worden waren, hatten nicht nur fort-
gebauert, ſondern eine Höhe erreicht, welche aller Beſchreibung ſpottete
und zu ernſteren Maßregeln zwang. Am 24. Oktober erließ die Di-

rektion dieserhalb eine öffentliche Bekanntmachung: daß auf die Ruhestörer fortan scharf vigilirt und ihnen der Eintritt in's Theater verboten werden würde; an das Gouvernement in Berlin erging einen
Tag später aber folgende Ordre:

„Sr. Königl. Majestät von Preussen, Unser allergnädigster Herr haben mit
Mißfallen erfahren, daß unbeschäftigte junge Leute bey der gestrigen Vorstellung
im Schauspielhause aus Muthwillen oder Kabale gegen einen oder anderen Schauspieler, durch ungebührliches pochen und Schreien Ordnung und gute Sitte verletzt und die ruhigen Zuschauer gestört haben. — Um dergleichen Unfug, der
ferner nicht geduldet werden kann, mit Ernst zu steuern und denen nachtheiligen
Folgen vorzubeugen, welche daraus entstehen können, befehlen Sr. Königl.
Majestät dem Gouvernement zu Berlin, sich mit dem dortigen Polizei-Direktorium
und mit Zuziehung der Direktion des Nationaltheaters, die schicklichsten und
wirksamsten Maaßregeln zu Erhaltung der Ruhe und Ordnung im Schauspielhause zu vereinigen und solche zur Ausführung zu bringen. Jeden Frevler und
Stöhrer der öffentlichen Ruhe aber hat das Gouvernement gemeinschaftlich mit
dem Polizey-Direktorio sofort arretiren zu lassen und dafür zu sorgen, daß ein
solcher gehörig zur Untersuchung gezogen werden müsse.
Potsdam, den 25. Oktober 1795.
Friedrich Wilhelm." —

Der Inhalt dieser Ordre wurde noch an demselben Tage durch
Bekanntmachung Warsing's mitgetheilt. Daß trotzdem diese Tu-
multe nicht völlig unterdrückt wurden, bewies eine am 26. Dezember,
also in den Weihnachtsfeiertagen erlassene Bekanntmachung Warsing's,
aus welcher hervorgeht, daß das Publikum das am 25. Dezember für
den 26. angekündigten Stück nicht habe sehen wollen und gegen dessen
Aufführung laut demonstrirte. Warsing erklärt: „daß er sich nach den
Vorschriften des Publikums nicht richten werde; Wem das Stück nicht
gefiele, könne zu Hause bleiben." Die Vorstellung desselben fand statt
und der nunmehrige Gouverneur, General von Braun, stellte durch öffentliche Proklamation für die Ruhestörer die schlimmsten Folgen in Aussicht.
Zweifellos beherrschte ein schlimmer Geist das damalige berliner Publikum,
aber wenn auch einerseits der Hang zu Gesetzlosigkeiten vorhanden war,
können wir andrerseits doch nicht umhin, zu glauben, daß eine tiefe und
nicht unberechtigte Unzufriedenheit mit der Verwaltung des Theaters es
gewesen ist, welcher solche Oppositionslust entsprang. Wenn Polizei-
maßregelungen nun auch ein radikales Mittel sein mögen, so ist es nicht
nur das letzte, sondern auch allergefährlichste, was eine Direktion anwenden kann. Daß unter diesen Umständen noch die Schauspieler und

Sänger genug Kunstfreudigkeit behielten und so viel noch leisteten, wie geschehen ist, verdient große Anerkennung. — Neue Stücke wurden im letzten Vierteljahr gegeben: am 16. Oktober, „Das Sonnenfest der Braminen", Singspiel i. 2 A., Mus. v. W. Müller, mit etwa sechs=maliger Wiederholung; am 2. November unter großem Beifall „Der Zimmermeister oder Die Advokaten", Schausp. i. 5 A. v. Iffland, Besetzung der Hauptrollen war: Wellenberger — Herdt, Advokat Gläser — Berger, Zimmermeister — Fleck; bis zum 23. Oktober 1860 wurde es etwa 25 Mal wiederholt. Am 18. November ging „Der Wildfang", Lustsp. i. 3 A. von Kotzebue, in Scene, welches sehr gefallen hat und bis 1825 gegen 70 Mal zur Darstellung gelangte, während eine andere Novität desselben Autors „Die Wittwe und das Reitpferd oder Das sonderbare Testament", dramat. Anekdote in 1 A., am 4. Dezember total durchfiel und nicht wiederholt wurde. Am 22. Dezember erblickte „Das Gespenst mit der Trommel" Singspiel in 2 A. n. d. Ital. des Goldoni, Musik von Dittersdorf, als Benefiz für Mad. Baranius das Lampenlicht, erlebte indessen nur eine dreimalige Aufführung und ist nicht mit dem von Goldoni aus d. Franz. des Destouches nach d. Engl. des Addisson bearbeiteten, 1772 zum 1. Mal gegebenen Lustspiele zu verwechseln. Am 30. Dezember endlich machte, zum Benefiz für Fleck: „Abälino der große Bandit", Trauersp. i. 5 A. von Zschokke, den Novitäten dieses Jahres unter romantischem Schauder ein blutdürstiges Ende. Es wetteiferte hierin mit dem „Ugolino", welchen noch der seelige Doebbelin herunter=gedonnert hatte. Die Titelrolle gab damals Fleck und ist das Stück bis zum 5. August 1816 gegen 51 Mal gegeben worden, ein Beweis für den hyperromantischen Geschmack der damaligen Generation! —

Wir kennen bereits die Ansicht Ramler's und Warsing's über die eingerissene Sitte der zahlreichen Benefize. Wir wissen, daß die Kassenverhältnisse des Theaters schlecht waren und die Direktion Mühe hatte, den Argusaugen des Revisors der Oberrechnungskammer Dinge zu entziehen, welche jede Erörterung zu scheuen hatten. Zu diesen un=diskutirbaren Angelegenheiten gehörte folgende Ordre auch, mit welcher die Direktion zu ihrem großen Leidwesen beglückt wurde:

„Sr. Königl. Majestät von Preussen p. Unser p. haben der Schauspielerin Baranius eine Benefiz Vorstelluung und zwar mit der Erlaubniß bewilligt, daß Sie die Oper „Das Gespenst mit der Trommel" dazu wählen und den Tag selbst bestimmen dürfe. Auch wollen Allerh. Dieselben, daß selbiger dieses Benefiz etats-mäßig und für jedes Jahr in der Folge zugesichert werde, welches der Direktion des National-Schauspiels zur Besorgung des Weitern bekannt gemacht wird.

Potsdam, den 10. Dezember 1795.   **Friedrich Wilhelm.**" —

Das erste dieser jährlich befohlenen Benefize der Dame fand, wie unsere Novitätenliste bereits besagte, am 22. Dezember statt. — — Wir wollen hier völlig unerörtert lassen, wie sich denn diese jährliche Er= weiterung des Etats mit der oben vollzogenen Verringerung desselben vertrug. Für uns ist nur die Frage noch von Belang, ob es denn nur Kunstinteresse genannt werden kann, welches Mad. Baranius diese, für die Theaterkasse so empfindliche, jährliche Belohnung verschaffte. Jeden= falls gehörte dieselbe zu den Ausgaben, deren Ursache und Berechtigung eine Direktion dem Revisor der Oberrechnungskammer allerdings mit Gründen nicht recht faßlich machen konnte. — Ritz heirathete später die Baranius!!! — — Einen Blick in die Zustände jener Zeit zu thun, er= möglichen Aufzeichnungen, welche der Schauspieler Rehfeldt, der als ein echtes Komödiantenkind damals bereits am Nationaltheater thätig war, dem Geh. Hofrath L. Schneider aus der Erinnerung gemacht hat. Wir lassen Rehfeldt selbst sprechen. "Ungefähr in meinem 8. oder 9. Jahre, also zwischen 1795 und 96, wurde zu Potsdam ein Festspiel einstudirt, dessen Bestimmung ich nicht mehr weiß, wo die Proben Nachts und nicht auf der Bühne, sondern um es wahrscheinlich recht geheim zu halten, oben auf dem Boden unterm Dach des Schau= spielhauses gehalten wurden. Ich habe diesen Saal seitdem nicht wieder gesehen und doch steht er mir noch ganz lebhaft vor Augen. Es waren nur sehr wenige Herren und Damen dort, von denen ich mich aber Keinen mehr erinnere. Ich selbst weiß nur, daß ich eine Fackel in der Hand trug und vor einem Altar stand, eine dicke Dame stand hinter dem Altar und hatte eine Art Trinkschaale, alles weitere ist mir aus dem Gedächtniß entschwunden. So viel ist mir aber geblieben, daß es eine grauenvolle Zeit war! — Wir wurden alle in einem Wagen hinüber geschafft, fuhren im Sande, ich glaube 7 Stunden, und wußten nie, wann wir zurückkehren würden; es ging immer auf 3—4, oder noch mehrere Wochen. Das Wohnhaus war noch nicht und mußte sich jeder selbst einmiethen; ich wohnte mit meinem Vater in der Straße, die auf die stößt, wo unser Theater-Wohnhaus steht und am Schluß

die Katholische Kirche *) jetzt hat. Unser Haus war so, daß wir sehen
konnten, wie die Maurer Nachts bei Laternen an unserm Wohnhause
arbeiteten. Wie es fertig, mußten wir es augenblicklich beziehen und
das Wasser rann so von den Fenstern, daß es in Wahrheit die Stube
lang lief. — Als die Chaussee fertig war, bin ich Nachts mit dem alten
Tänzer Schulz zu verschiedenen Malen zu Fuß nach Berlin gegangen,
der, um am andern Morgen Stunden zu geben und ich, um zum Pre=
diger Mehring zu gehen, ja selbst am Tage meiner Einsegnung wurde
ich über Nacht nach Berlin spedirt, wo ich Morgens anlangte und nur
noch so viel Zeit hatte, mit meiner Mutter einen neuen Hut, den ersten,
zu kaufen; nach der Einsegnung mußte ich gleich wieder nach Potsdam
und es blieb mir immer merkwürdig und ich schien mich immer dar=
über zu freuen, denn ich hatte denselben Abend noch eine Parthie, wo
ich als Affe in einem Brunnen saß und ich mit wahrem Wohlbehagen
Jedermann erzählte, daß ich heut in Berlin eingesegnet. Achtzehn
Groschen sechs Pfennige waren Aller Diäten täglich, da war kein Unter=
schied des Standes; die Hälfte der Kapelle war dort ansäßig und kam
nur zum Karneval nach Berlin. Ich erinnere mich auch sehr wohl, daß uns
Friedrich Wilhelm der Zweite einst einen Ball gegeben zu Potsdam im
Saal, wo sehr brillant gespeist (ich glaube es war der Ritz Geburtstag) und
wo nachdem die Tafel aufgehoben und wir in demselben Saal tanzten, der
König hinter der Thür stand und uns sehr vergnügt zuschaute. Es ist mir
darum besonders erinnerlich, weil er so höchst elegant gekleidet, in seidenen
Strümpfen und Schnallenschuhen, die wir alle noch trugen." — Ist es
auch die Schilderung eines alten Mannes, der sich nur dämmer=
haft seiner Jugend erinnert, so ist Manches, was er erzählt, doch auffällig
genug. Wurden zu den potsdamer Vorstellungen Schauspieler berufen,
welche sämmtlich nur 18½ Groschen Tagesdiäten erhielten, so können
dies nur Mimen geringeren Grades gewesen sein; zu diesen Vorstellungen
dürften also schwerlich größere Schauspiele und Opern, welche erste
Kräfte erforderten, gewählt worden sein. Noch auffälliger sind die
Proben des Nachts auf dem Boden des Theaters! — Selbst der Ge=
burtstag eines Mitgliedes der Königl. Familie rechtfertigt solche Heim=
lichkeit nicht, zumal diese Festtage doch ganz offiziell gefeiert wurden!

---

*) Hierin irrt Rehfeldt, es ist, wie aus seiner Ortbeschreibung hervorgeht, die
ranzösische Kirche gewesen.   D. B.

Es sollen indeß, — so geht die Rede, — damals im „Neuen Palais„ geheime mysteriöse Spiele, oder Schaustellungen, im engsten Hof= kreise stattgefunden haben, bei welchen Wöllner und Bischoff= werder hauptsächlich thätig gewesen sind!! Ist dies keine bloße Fabel, dann lag es nahe, daß man zu diesen Schaustellungen, vielleicht für die Nebenrollen, Künstler dritten Ranges und Kinder nahm, also Personen, die abhängig und unwissend genug waren, um den Mund zu halten! Da, wie später klar wird, Rehfeldt Tänzer war und wir bei diesen Vorstellungen auch den alten Tänzer Schulz betheiligt sehen, so dürften gewisse „mystische„ Spiele pantomimischer Art gewesen sein, welche für die Ausübenden nur um so weniger verständlich, für Reh= feldt's Kinderseele aber desto grauenvoller und interessanter ge= gewesen sein mögen. Derartige Vorstellungen scheinen mit anderen, vielleicht kleinen burlesken Pantomimen abgewechselt zu haben, welche in Potsdam vor den Herrschaften gespielt wurden. Hierauf deutet wenigstens „der Affe im Brunnen„. — Fernere Erinnerungen Rehfeldt's, bei Weitem klarer, beziehen sich auf die Iffland'sche Zeit wie die Person König Friedrich Wilhelm III., welche wir gehörigen Ortes einflechten wollen.

Personal=Verzeichniß vom Jahre 1795:

Fleck, Regisseur. Herr J. F. F.
Wessely, Mus. Dir. Herr B.
Weber, Mus. Dir. Herr B. A.
Ambrosch, Herr J.
Altfilist, Dem. S. C.
Baranius, geb. Husem. Mad. H.
Bessel, Herr J. F.
Bessel, geb. Natus. Mad. A. M.
Bessel, Herr C. F.
Bessel I., Dem. Ph.
Bessel II., Dem. H.
Benda, Herr C. C.
Benda I., Dem. Ph.
Benda II., Dem. C.
Böhm, gesch. Cartellièri. Mad. C.
Böheim, Herr J. M.
Böheim, geb. Wulfen. Mad. A. M.
Böheim, Dem. Ch. D. M.
Berger, Herr J. L.
Becker, Herr Ludwig . . . . abg.
Bianchi, Herr Antonio . . . . abg.
Bethmann, Herr H. C.

Czechtitzky, Herr Carl . . . . abg.
Doebbelin, Dem. C. M.
Ellmenreich, Herr Johann, Babtist . . . . neu
Eigensatz, Dem. Chr. D.
Fleck, geb. Mühl, Mad. S. L.
Franz, Herr J. Chr.
Fuchs, Herr Johann, Gottlieb, ... abg.
Greibe, Herr F. C. W.
Greibe, geb. Engst, Mad. M. Th.
Halbe, Herr . . . . neu u. abg.
Herdt, Herr G. S.
Herdt, geb. Rademacher, Mad. Ch. D.
Holzbecher, D. C. Monf.
Hamel I., Dem. Catharina . . . . neu
Hamel II., Dem. Margarethe (spätere Lanz) . . . . neu
Junker I., Monf. . . . . abg.
Kaselit, Herr G. Ch. G.
König, Dem. Caroline, Emilie . . . . abg.
Lanz, Herr Carl Adolph. . . . . penf.
Labes, Herr Franz, Christian, Wilhelm. . . . . neu
Lippert, Herr C. F.
Lippert, geb. Werner, Mad. C. S.
Löwe, Herr Friedrich, August, Leopold . . . . abg.
Löwe, Dem. Dorothee, Friederike, Louise, Amalie . . . . abg.
Leist, Herr C.
Leibel, Herr H. J.
Müller, geb. Hellmuth, Mad. M.
Mattausch, Herr F.
Reinwald, Herr J. D.
Rüthling, Herr H. F.
Ritzenfeld, Herr D. F. H.
Rose, Herr. neu
Schick, geb. Hamel, Mad. L. M.
Schwadke, Herr Carl Wilhelm (Engel) . . . . neu
Schwadke, Mad. geb. Großmann, Charlotte, Amalie . . . . . neu
Unzelmann, Herr C. W.
Unzelmann, geb. Flittner, Mad. Fr.
Zimmerle, Herr C.

Das Personal=Verzeichniß am Ende des Jahres 1794 ergab 52 Mitglieder

Im Laufe des Jahres 1795 { wurden engagirt: 8
                                               60
                          { schieden aus: 10

Bestand des Personals am Schlusse des Jahres 1795: 50 Mitglieder.

1796. — Königliche Oper. Den König hatten die Feldzüge am Rhein und in Polen gegen seine italienische Oper gleichgültiger als je gemacht, dies beweist der merklich verringerte Etat. Der Carneval brachte also nichts Neues. Zu den politischen Rücksichten, welche eine Ersparniß rechtfertigen mochten, gesellte sich ferner die Einsicht, daß das Nationaltheater, bei besserer Unterstützung, sehr wohl im Stande wäre, allen Anforderungen der großen deutschen Oper dauernd zu genügen und dieserhalb faßte Friedrich Wilhelm II. durchgreifende Beschlüsse. Besonders war es aber seine tiefe Erbitterung gegen das Personal der ital. Oper, namentlich über den Sänger Concialini, welche ihn der italienischen Oper abwendig machte und seine Theilnahme fast ausschließlich dem Nationaltheater widmen ließ. Da mit dieser Thatsache die sogenannte italienische Hofflique gesprengt, deren Einfluß bedeutend geschwächt wird und zwar durch Concialini's eigene Schuld, so müssen wir dessen Benehmen näher beleuchten. — Concialini war entschiedener Liebling des Königs gewesen, welcher ihm ein Haus in Charlottenburg hatte bauen lassen; der Sänger bezog ein Gehalt von 4000 Thlr. und war bei jeder Gelegenheit ausgezeichnet worden. Concialini, der vertraute Hausfreund der, nunmehr zur Gräfin von Lichtenau erhobenen Madame Riß, hatte deren Konzerte, wie die kleinen Opern geleitet, welche sie auf dem Haustheater des sogenannten Lichtenau'schen Palais (jetzt das Niederländische Palais unter den Linden, welches bis zur Behrenstraße, wie schon damals, durchgeht) vor dem Hofe mitunter aufführen ließ. Wir wissen auch bereits, wie sehr sich Concialini's feindlicher Einfluß der deutschen Oper fühlbar gemacht und wesentlich dazu beigetragen hatte, den talentvollen Reichardt zu verdrängen und guten deutschen Sängern, wie Mad. Schick und Franz, die große Oper zu verleiden. Ob er nun damit sein bedeutendes Gehalt rechtfertigen, oder sich in den Geruch der Großmuth bringen wollte, kurz er hatte die Lichtenau, wie den König glauben machen, daß er jährlich seine arme Verwandte in Siena mit 600 Thaler unterstütze. Als die allmächtige Gräfin auf ihrer italienischen Reise mit Filistri an besagten Ort kam, fiel es ihr ein, die Verwandten ihres theuren Freundes aufzusuchen. Sie fand dieselben nicht nur in den drückendsten Umständen, diese erklärten auch, daß sie von Concialini niemals Unterstützung erhalten hätten und ihre bringenden Bitten stets abgewiesen worden wären. Zum Beweise der Wahrheit des Gesagten übergaben sie Concialini's

Briefe, welche ihre Aussagen nicht nur bestätigten, sondern auch Dinge höchst verdächtiger Natur enthielten. Die Entdeckung, daß Concialini den König wie sie belogen habe, berichtete die Gräfin alsbald nach Berlin, die delikaten Briefe jedoch behielt sie sich vor, dem Könige selbst zu überreichen. — Dafür, daß Concialini gelogen hatte, wurde er durch folgende Ordre Friedrich Wilhelms II. bestraft:

„Mein lieber Getreuer! Da Ich mit Vergnügen in Erfahrung gebracht, daß Ihr Euren armen Verwandten in Siena jährlich 600 Thlr. Unterstützung gebet, so will Ich Euch als einen Beweis meines Wohlgefallens künftig die Kosten und die Weitläufigkeiten der Uebersendung ersparen und habe Befehl gegeben, daß Euch von jetzt an diese 600 Thlr. von Eurem Gehalt abgezogen und direkt durch meinen Gesandten dorthin geschickt werden sollen."

Bei dieser ironischen Züchtigung hätte man es sicher bewenden lassen, wenn Concialini's fatale Briefe nicht gewesen wären. Die Lichtenau, in Berlin angekommen, theilte dem Könige dieselben sofort mit. In ihnen hatte der Sänger das Verhältniß seiner Gönnerin zum Könige, wie deren Einfluß schonungslos bloßgestellt und sie mit Titeln beehrt, unter denen sie sich wohl hier zum ersten Male kennen lernte. Der König ent=rüstete sich über diese Falschheit und Undankbarkeit seines Lieblings auf das Aeußerste und am nächsten Tage war — Concialini mit 1200 Thlr. Pension entlassen, von denen ihm aber noch 600 Thlr. jährlich abge=zogen und seinen Verwandten direkt zugeschickt wurden! — Dem verwöhn=ten Künstler blieben demnach nur noch 600 Thlr. zum Lebensunterhalt und er sank zur äußersten Dürftigkeit herab. Natürlich sprachen von der Neck, Righini und seine Collegen nur noch mit größter Verachtung von ihm!! — Mit diesem Vorgange war beim Monarchen jedenfalls der letzte Rest seines Wohlgefallens an der italienischen Oper und ihr Uebergewicht in den Augen der vornehmen Kreise Berlins dahin. Hier=von giebt eine Thatsache Zeugniß, welche zugleich von allgemeinem kunst=geschichtlichem Werthe ist. Bisher hatte man im Opernhause noch nie=mals Mozart's Melodien ertönen hören und Righini, wie seine Ita=liener, sahen anfänglich in stolzer Ueberhebung, dann mit Haß und Groll auf den Sieg des Meisters in Berlin herab. In diesem Jahre aber erschloß sich demselben zum ersten Male und in besonders feier=licher, erhebender Weise das Opernhaus, um wenigstens den Nach=kommen des todten Tondichters den Tribut des Dankes zu entrichten, welchen es dem Lebenden hartnäckig versagt hatte.

„Heute Sonntags, den 28. Februar 1796
wird
durch die besondere Gnade Sr. Majeſtät d. Königs
die Wittwe des verſtorbenen Kapellmſtr. Mozart
auf dem Königl. Opern=Theater,
unterſtützt von den königlichen Sängern und Sängerinnen und der königlichen
Capelle, die Ehre haben aufzuführen:
— das letzte Werk ihres verſtorbenen Mannes:
„La Clemenza di Tito."
Erſter Theil:
Ouvertüre aus der Zauberflöte
Aria, geſungen von Mad. Righini. komponirt von Mozart
Fagott=Konzert, geſetzt und geblaſen von Hr. Ritter
Aria, geſungen von Demoiſelle Schmalz, komponirt von Mozart.
Zweiter Theil:
Der Auszug der weſentlichſten Stücke a. d. Oper: La Clemenza di Tito,
von Mozart; worin Mad. Schick, Madame Righini, Demoiſelle Schmalz, Herr
Fiſcher, Herr Hurka und Mad. Mozart ſingen werden.
Die Texte zur Muſik werden beym Eingange für 4 Groſchen ausgegeben.
Preiſe der Plätze.
Die Perſon zahlet im Erſten Range . . . . 1 Thl. 8 Gr.
Im zweiten Range . . . . 1 „ — „
In den Parterre Logen . . . . — „ 16 „
Im britten Range . . . . — „ 16 „
Parterre . . . . — „ 12 „
Billets auf ganze Logen im Erſten Range ſind bei der Wittwe Mozart in
der neuen Friedrichſtraße, in Schielens Hauſe, neben der Garniſonkirche, die
übrigen Logen und einzelnen Plätze von Morgens um 9 Uhr bis Mittags um
1 Uhr bey dem Kaſtellan des Opernhauſes zu haben.
Der Anfang iſt um halb Sechs Uhr." —

Die Höhe der Preiſe, ſowie der Verkauf der erſten Ranglogen
bei der Wittwe Mozart's belehren uns, daß die vornehme Welt Gele=
genheit erhielt, ihrer „Wohlthätigkeit keine Schranken zu ſetzen," und
der König die Einnahme möglichſt hoch ausfallen zu laſſen wünſchte.
Seit Dittersdorf's Benefiz im Jahre 89, bei dem derſelbe ſein Ora=
torium „Hiob" zur Aufführung gebracht hatte, war das Opernhaus
gegen Entrée nicht mehr geöffnet geweſen. — Um den ernſten und doch

so stolzen Sieg der deutschen Tonkunst durch den dahingeschiedenen Meister recht anschaulich zu machen, sang kein einziger Italiener im Konzert mit, nur deutsche Sänger und Sängerinnen, denn Mad. Righini geborene Kneisel werden wir wohl für keine Tochter des sonnigen Italien ansehen. — — Der Erfolg von Gluck's Iphigenia, vielleicht auch die tiefe Wirkung dieses Konzertes, bestimmten Baron von der Reck, nun auf einmal ein Konkurrent des Nationaltheaters zu werden. Er schlug dem Könige die Aufführung der „Alceste" von Gluck durch italienische Sänger vor, wie wenn er beweisen wolle, diese vermöchten deutsche Musik besser zu singen und der König gestattete es. Da bereits voriges Jahr, wie uns der gepflogene Schriftwechsel belehrte, die Direktion des Nationaltheaters dem Könige zu erkennen gegeben hatte, daß sie die „Alceste" zur Aufführung bringen wollte, nahm Herr v. d. Reck derselben also das Werk weg! Obschon nicht sehr kollegialisch, war dies doch ein ganz kluger Schachzug, um die erkaltete Gnade des Hofes für die Italiener wieder zu gewinnen! Die italienische Uebersetzung von Calziabigi wurde aus Wien verschrieben, und die Oper, in welcher sonderbarer Weise Herkules ganz ausgelassen ist, ging im März in Scene. Besetzt wurde sie mit dem Ehepaar Fantozzi, Signora Mussini, Sgna. Burnat, und den deutschen Sängern Franz, Fischer und Hurka. Der Versuch fiel aber nichts weniger als glänzend aus, denn die Italiener verunglückten gänzlich an der Gluck'schen Musik; v. d. Reck hatte mithin Nichts erlangt, als ein Meisterwerk dem Nationaltheater zu entziehen, und dasselbe auf der Königl. Opern=Bühne zu ruiniren. — In Charlottenburg wurden während des Sommers mehrere komische Opern dargestellt, am 10. Juni „la Principessa d'Amalfi" mit dem Ballet „Apollo und Daphne"; am 3. Juli „Democrito e Eraclito" mit dem Ballet „Pyramo e Thisbe", am 2. Oktober „Il matrimonio secreto" neu einstudirt u. am 9. wiederholt; den 23. endlich: „Giulietta e Pirotto" mit dem Ballet „Die Müller". Darauf ging der Hof nach Potsdam, wo die Schauspieler des deutschen Nationaltheaters eine ganze Reihe von Vorstellungen mit Balletten gaben und wohin zu den Tanzvorbereitungsproben für den Carneval das ganze Balletpersonal vom 1. bis 24. November übersiedeln mußte. Das Tänzerpaar Vigano war angelangt, welches von Marquis Lucchesini in Italien für Berlin mit 5000 Thlr. in Gold engagirt worden. Mit demselben begann eine neue Periode in der Entwickelung des Ballets der italienischen Oper, indem die Vigano's selbstständige große Ballette, ordentliche Tanz-Dramen regelmäßig einführten, welche beim Hofe, wie beim Publikum großen Anklang fanden. Auch die Opera buffa erholte sich dies Jahr wieder außerordentlich und entfaltete große Regsamkeit. Das Personal bestand aus den Herren: Benati, Liberati, Cosmi, dem vom Nationaltheater abgegangenen Bianchi u. den Damen: Benati, Liberati, Rolla, Sirley, Schick und Righini, von Freiherrn v. d. Reck aber waren aus Wien 78 Spielopern und 89 dergleichen von Dresden erworben worden; Werke von Paisiello, Weigl, Süßmayer, Cimarosa, unter ihnen die „Nozze di Figaro" von Mozart. Unter diesen Umständen hatte die deutsche komische Oper am Nationaltheater einen ungemein schweren Stand, andererseits wird durch die Thatsache, daß von der Reck sich zum Konkurrenten des Nationaltheaters machte, bewiesen, daß von der großen Oper der letzte Nimbus gewichen und für sie, trotz vortrefflicher Gesangskräfte, nur dann ein Aufschwung noch zu hoffen war, wenn mit der italienischen Richtung völlig gebrochen, das deutsche klassische Repertoir entschlossen aufgenommen wurde! — — — —

Das Nationaltheater ging in diesem Jahre gleichfalls einer durchgreifenden Umwandlung entgegen, nicht betreffs seines vorzüglichen Personals, sondern in Beziehung auf die Direktion und die ganze Art der ferneren Theaterleitung. Diese große Veränderung kam einer völligen Neugestaltung, einem System-Wechsel gleich, dessen Folgen für die gesammte deutsche Theatergeschichte, wie für die Entwickelung der Schauspielkunst in Berlin von unendlicher Tragweite geworden sind! — — Der Aufschwung, welchen, wie angedeutet, die Opera buffa in diesem Jahre nahm, trübte das Gedeihen der Spieloper am Nationaltheater, ja das der deutschen Oper überhaupt, da man, nachdem von der Reck der Direktion die Alceste weggenommen hatte, kein neues großes seriöses Tonwerk der Iphigenia an die Seite zu setzen hatte. Was das Nationaltheater auch that, um die neuen oder neu-einstudirten Spielopern mit möglichstem Aufwande von Mitteln herauszubringen, die alte, süßlich-naive André-Hiller'sche Richtung, welche so sehr dem patriarchalischen Geschmacke des greisen Ramler entsprach, behagte dem Publikum eben nicht mehr und so sehr man auch die ausübenden Künstler und deren einzelne Leistungen werthschätzte, die Unzufriedenheit mit der Verwaltung und mit dem Repertoire wuchs!! —

Das erste neue Stück dieses Jahres war „Der Graf von Bur= gund", Schausp. in 4 A. v. Kotzebue, welches zum Benefiz für Kaselitz am 15. Januar gegeben und 25 Mal wiederholt wurde. Da dies Schauspiel zum ersten Male und zum Benefiz aufgeführt wird, so scheint die Direktions=Verordnung vom 24. September vorigen Jahres, nach welcher neue Stücke erst nach ein= oder zweimaliger Auf= führung als Benefize bewilligt werden sollten, nicht inne gehalten worden zu sein. — „Die Spiegelritter" Singspiel in 3 A., Musik v. Walter, ebenfalls von Kotzebue verfaßt, folgte am 26. desselben Monats, indeß nur in sechsmaliger Wiederholung. —

Der Streit zwischen den beiden Musikdirektoren Wessely und Weber, wie die durch denselben erzeugte Parteinahme des Orchesters hatte bisher ungeschwächt fortgedauert, ohne daß es der Direktion ge= lingen wollte, denselben zu unterdrücken oder eine Einrichtung zu beider= seitiger Zufriedenheit zu treffen. Jeder der beiden Musikvorstände wollte allein Leiter des Orchesters sein, die Oper regieren und durchkreuzte die Maßnahmen des Anderen. Die getroffene Auskunft, daß die neuen Opern zwischen Beiden getheilt werden sollten, so daß sie abwechselnd dieselben dirigirten, zeigte sich auch nicht als heilsam, denn Weber war der bessere, exaktere, eifrigere Dirigent, während Wessely als Kompo= nist mehr leistete, in der Führung des Orchesters aber keine Energie besaß. Nicht nur unter den Musikern, auch bei Hofe und unter dem Publikum hatten sich Parteien für und wider gebildet. Der König, Prinz Heinrich, seit der Aufführung der Iphigenia zumal, zogen Weber vor, — Wessely, der bekanntlich Jude war, hatte dagegen seine Glaubensgenossen im Publikum für sich. Die Direktion stand, urtheils= los und unschlüssig wie immer, zwischen den Parteien und man konnte sicher sein, sie werde in ihrer Unkenntniß gewiß den schlechtesten Aus= weg wählen. Weber hatte dies fruchtlose Streiten, wie den Aerger satt und da die Direktion nicht einsah, daß sie die bisherigen Erfolge der deutschen Oper wesentlich seinem Eifer allein zu danken habe, bewarb er sich unter der Hand um die freigewordene Musikdirektor= stelle bei der Kapelle des Prinzen Heinrich, welcher bekanntlich in Rheins= berg ein eigenes Theater unterhielt. Natürlich war das Klügste, daß schließlich Einer von beiden Direktoren zurücktrat. — Der König, wel=

cher Nachricht von diesem Stande der Dinge erhielt und dem das Wohl
der deutschen Oper am Herzen lag, griff nunmehr in folgender Weise
ein:

> „Ew. Hoch Wohlgeb. habe die Ehre zu melden wie ich den Herrn Cantzler
> von Hoffmann auf's bringendste gebeten, es dahin zu bringen, daß
> des Prinzen Heinrich Königl. Hoheit uns den Kapellmeister Herrn Weber
> Lassen: Dieses ist auch so weit arrangirt daß der p. Weber Bleibt. Jetzt
> muß ich Ihnen, und deren Herrn Collegen ersuchen dem p. Weber eine ver-
> hältnißmäßige Zulage Bey Sr. Königl. Majestät auszuwürken, welches so billig
> als möglich, u. denke ich, daß wenn er 400 Thlr. Zulage erhält, die Casse es
> füglich tragen kann und muß, nur muß guter Wille von Seiten der Direktion
> Seyn, Sollte dies aber nicht Seyn, so ziehe ich Bey jeder gelegenheit mich aus
> dem Spiel, und Bin ich versichert daß das gantze Ding Schief gehen wird;
> von Ihrer Beiderseitigen Einsicht Bin ich gewiß, daß Sie es nicht auf's Aeußerste
> werden ankommen lassen.
>
> Berlin den 1. Februar 1796.   Ritz."

Es ist selbstverständlich, daß Ritz hier nur mit Vorwissen des
Königs handelt, welcher hinter den getroffenen Maßnahmen steht. Aus
dem Schreiben ist ersichtlich, daß der König Anselm Weber dem
Theater durchaus erhalten will, die Direktion aber Wessely vorzieht
und sich bereits auf ihren Willen so eigensinnig gesteift hat, daß der
Geh. Kämmerer zu direkten, höchst verständlichen Drohungen zu
schreiten für gut findet. Ramler, welcher uns sonst nur durch sein
beredtes Schweigen, oder sein stets dienstbares „Ja" bekannt ist, zeichnet sich jetzt indeß durch besonderen Eifer, große Redseligkeit und die
Abneigung, Wessely zu entlassen, aus. Es ist dies auf die Vorliebe
des alten Professors für Letzteren, der ihm durch das Requiem, welches er zu Mendelssohn's Todtenfeier komponirt hatte, sowie durch
sein Entgegenkommen in der Aufführung alter Hiller-André'scher
Opern werth geworden war, zurückzuführen, während Weber einem
Gluck, Mozart, Salièri und dem heroischen deutschen Opernstyle hul-
digte. Dies geht aus seinen beiden an Warsing gerichteten Memo-
rialen hervor:

> „Theuerster Herr College!
> „Ich verstehe noch nicht alles, was in dieser Sache vorgenommen werden soll.
> Es ist kein Wort von dem zuerst angenommenen Musikdirektor Wessely ge-
> sprochen, und meiner Meynung nach wäre dieser uns wohlfeiler als jener. Dem
> Herrn Weber zu Gefallen ein Tractament von 1000 Thlr. anzusetzen, wäre
> bloße Freundschaft, und die Direktion muß ja nicht auf bloße Freundschaft

sehen. Schlagen Sie also lieber dem Prinzen den Herrn Weber vor, damit wir den Wessely behalten können. Soll Weber ja durchaus reicher gemacht werden, so lassen Sie ihn dem Prinzen! Oder sagen Sie mir, wer ihn in Berlin, auf Kosten der Theaterkasse, nicht missen will. Ich bin p.

Berlin d. 2. Februar 1796.

Ramler."

Unterm 3. Februar 1796 schreibt er weiter:

„Herr Wessely ist unserm Theater, welches Schulden hat, dadurch unent= behrlicher als Weber, weil er unsrer Kasse weniger Kosten machen wird, wenn er auch allein dirigirt. Dieses Amt kann er sehr gut allein verwalten, hat es auch gleich nach dem Tode seines Vorgängers Frischmuth etliche Jahre lang gethan. Auch ist er ein Mann, der nicht so viel kostspielige Proben mit den Sängern vornehmen darf, wie andere Direktoren, weil er die Gabe besitzt, seinen Schülern alles auf die leichteste Weise beyzubringen, welches ich von denen, welche Musik bey ihm gelernt haben, selbst habe rühmen hören. Von seiner Ge= schicklichkeit in der Composition sind viele Proben vorhanden. Für unser Thea= ter hat er die Oper „Psyche" componirt, wo die Musik mehr Beyfall fand, als der Text, welchen man, aus Erbitterung gegen Müchler, auspochen wollte, es aber aus Achtung für den trefflichen Componisten unterließ. Auch hat er für unser Theater zum Geburtstage des Königs, der Königin und des Kron= prinzen große Chöre und Prologe gemacht. Ferner danken wir ihm die Sym= phonien zur Sonnenjungfrau, zum großen Kurfürsten, zum großen Ballet am Geburtstage der Königin. Ferner eine ziemliche Menge einzelner Chöre, Mär= sche, Lieder zu verschiedenen Stücken, wofür er keinen Dreyer erhalten hat. An seiner musikalischen Fähigkeit ist also nicht zu zweifeln. Ginge er nun ab und Weber bliebe, so würden wir wegen der großen Menge von Opern, die Wessely schon einstudirt hat und die Weber erst würde einstudiren müssen, in große Verlegenheit gerathen. Sie sehen, mein theuerster Herr College, daß ich außer der Geschicklichkeit des Wessely, auch zugleich den Vortheil der Kasse vor Augen habe, die ich herzlich wünschte endlich einmahl von ihrer Schulden= last befreyt zu sehen, in welche sie mein ehemaliger College (Engel) dadurch stürzte, daß er zu bequem war (Sie werden sagen zu fett war) viele neue Stücke vergeblich zu lesen und manche davon auszubessern und sich dieses aus Ehrgeiz gern allein vorbehalten wollte, dafür aber lieber den Wessely der Trägheit beschuldigte, weil dieser mit einer einzigen Composition einmahl zurück= geblieben war. Der gute Professor dachte nicht daran, daß er selbst einmahl eine ganze Partitur verliehen hatte, u. als er sie um halb 6 Uhr noch nicht beygetrieben, es dem Wessely zu danken hatte, daß diesen Tag Schauspiel ge= geben werden konnte, indem dieser wegen seines erstaunlichen Gedächtnisses die ganze Oper aus dem Kopfe vorspielte, sodaß weder Sänger noch Spieler irre wurden. Sie sehen also selbst, wie nützlich er uns ist. Auch werden unsre Opernsänger sich nicht über die allzu große Hitze dieses Direktors zu beklagen haben, denn von meiner Sanftmuth nimmt er Ermahnungen an, die ihm mein

Vorfahr mit der äußersten Heftigkeit gab. Leben Sie wohl und fahren fort mich mit der Freundschaft zu beehren, mit welcher ich selbst bis an das Ende meiner Tage seyn werde Ihr

aufrichtig ergebener Freund
Ramler." — —

Der weitere Einblick, welchen dies Schreiben in Engel's Mißwirthschaft gewährt, ist merkwürdig genug. Was wir an diesem als einzige Tugend gerühmt hatten, nämlich, daß er ein guter Dramaturg gewesen sei, hat er also in seinen letzten Direktionsjahren auch noch aus Trägheit verabsäumt! Zweifellos ist es kein Vergnügen, zahllose schlechte Stücke lesen zu müssen und Anderer Dichtungen durch Aenderungen und Streichungen zu bühnenwürdigem Dasein zu verhelfen! Engel's vortreffliche Begabung für die dramatische Flickschneiderei war aber auch sein größtes Verdienst, denn daß er mit seinen Untergebenen nicht umzugehen wußte, leuchtet aus vorstehendem Schreiben wiederum ein. Glaubte der biedere Ramler aber, mit seiner Sanftmuth besser gefahren zu sein, so irrte er sich; mit der „Milch der frommen Denkart" kommt man eben beim Theater nicht durch! Während der greise Professor nun noch über die Frage, ob „Wessely", ob „Weber" debattirte, wurde sie mit einem Schlage durch folgende Königl. Ordre nebst Begleitbrief des Ritz entschieden:

„Nunmehr hatt der Streit mit einmahl ein Ende wegen der Musiq=Direktorgeschichten; Des Königs Majestät haben dem H. Weber 400 Thlr. Zulage gegeben; wem dies nicht ansteht, kan seinen Weg weiter machen.
Berlin den 6. Februar 1796.
Ritz." —

„Bester Rath, lieber Getreuer! Da der Musikdirektor Weber mit einem beträchtlicheren Gehalt, als er bisher erhielt, den Ruf als Kapellmeister nach Rheinsberg bekommen, so finde ich es billig, denselben durch eine verhältnißmäßige Verbesserung von der Annahme dieses Antrages abzuhalten und beym National=Theater zu fixiren. Ich autorisire Euch demnach, aus den fonds der Eurer Casse für die in Potsdam aufgeführten Schauspiele bewilligten Gelder dem p. Weber vom 1. May d. Jahres an eine Zulage von 400 Thlr. auszahlen zu können und bin Euer gnädiger König
Berlin b. 6. Februar 1796
Friedrich Wilhelm.

Der Brief des Geh. Kämmerers hat gewiß den Vorzug, kurz und sehr grob zu sein. Zum ersten Male deutet derselbe mit dem „wem dies nicht ansteht, kann seinen Weg weiter machen", — klar an, daß die Direktion in Gefahr schwebe, — entlassen zu werden!! Ob die Herren Warsing und Ramler den Wink verstanden haben? — — Hätte Ritz, gegen seine Gewohnheit, ganz offen sein wollen, dann hätte er Beiden bereits sagen können, daß ihre Tage gezählt seien und sie beim Könige nur noch dem Namen nach als Direktoren galten. Eigentlich gab es nur noch zwei wirkliche Lenker des Nationaltheaters, den König, welcher das ganze Institut beherrschte, welcher befahl, was zu geschehen hatte und Fleck, welcher Herr auf der Scene war. Ramler und Warsing sind nur noch die gehorsamsten Vollstrecker fremder Entschlüsse! Diese Entschlüsse, welche während des Jahres beim Könige reiften, thun aber mehr als alles Andere dar, wie er es eigentlich gewesen ist, der das Ensemble der deutschen berliner Bühne erhielt und vervollständigte. Was die Direktoren noch auf eigene Hand hin unternahmen, war eben so kurzsichtig, wie unangewendet. Der erste energische Schritt, den Friedrich Wilhelm II. in vorstehender Ordre that, war, den talentvollen Weber dem Nationaltheater zu erhalten, die Orchesterkabalen aber durch Wessely's Entlassung in den Dienst des Prinzen Heinrich zu endigen und für die klassische deutsche Oper eine bessere Zukunft zu gründen. Wessely zeigt am 8. Februar der Direktion seine Ernennung zum Kapellmeister des Prinzen Heinrich an und bittet um Entlassung, welche ihm am 10. ertheilt wird. Am 14. Februar ertheilt der König an v. Warsing die Ordre, daß von des abgegangenen Wessely Gehalt 400 Thlr. dem Musikdirektor Weber etatsmäßig gegeben und die übrigbleibenden 100 Thlr. unter die schlechtbezahltesten Mitglieder des Orchesters vertheilt und in den Etat aufgenommen werden sollen. Damit erwies sich Se. Majestät als der bessere Direktor, denn da das Orchester auf diese Weise durch Wessely's Abgang Zulage gewann, hatte es keinen Grund mehr, denselben zu beklagen! — Am 20. Februar wurden Schwadke und Frau auf weitere zwei Jahre engagirt. Durch zwei Randglossen, welche sich auf dessen Engagementsgesuch und der Bitte um Zulage befinden, erfahren wir, daß Mad. Schwadke, geb. Großmann, beim Publikum nicht sehr beliebt ist und daß dasselbe sie nur als eine Stiefschwester der Unzelmann erträgt. Es ist dies ein Beweis, wie viel Friederike Unzelmann beim Publikum gegolten haben muß.

Wie der Leser sich auch die Frage: „was Zufall im Leben sei", beantworten möge, jeder Kenner wird doch aus seiner eigenen Erfahrung bekräftigen, daß auf dem Theater und im Bühnenleben überhaupt der Zufall eine höchst hervorragende Rolle spielt. Daß kommende Ereignisse schon ihren Schatten, oder auch ihr Licht öfters vorauswerfen, ist gar keine seltene Thatsache! — Die durch Jahre hindurch von uns aufgeführten neuen Bühnendichtungen und deren wechselreicher Erfolg geben uns, wenn wir auf sie zurückblicken, das Resultat, daß von den sämmtlichen Dichtern rezitirender Dramen, wenn wir Shakespeare, Lessing, Schiller und Goethe, als selbstverständlich obenan stehend, ausnehmen, dauernder Erfolge sich nur Iffland und Kotzebue, seltener schon Ludwig Schroeder zu erfreuen hatten; alle Uebrigen kamen nicht über das ephemere Dasein Jünger'scher Bühnenprodukte hinaus. Iffland und Kotzebue waren denn auch in jenen Tagen entschiedene Lieblinge des Publikums und jede neu von ihnen auf der Bühne erscheinende Dichtung wurde ein Ereigniß. Nenne man's nun Zufall oder Bestimmung, sonderbar ist es immer, daß in demselben Jahre, in welchem Iffland Berlin zum ersten Male betrat, Direktor des Nationaltheaters wurde und es blieb, bis der Tod ihn abrief, seine neueste und eine der bedeutendsten Bühnendichtungen ihm gewissermaßen als Herold voraufging! Am 25. Februar wurde z. 1. Male: „Der Spieler", Schauspiel in 5 A. v. Iffland, zur Darstellung gebracht. Es ward mit außerordentlichem Beifall aufgenommen! — Wir kennen kein bürgerliches Drama, durch welches eine Leidenschaft, eine Krankheit der menschlichen Gesellschaft mit wahreren Farben in tiefer ergreifender Art dargestellt und das sittliche Gefühl des Beschauers heftiger erregt worden wäre, als dies Stück, dem wir eine fast geradezu klassische Bedeutung beilegen müssen. Kein Schiller und kein Lessing hätten sich der, in ihrer Gattung einzigen, Figur des „Posert" zu schämen brauchen!! —

Die Besetzung war:

Geheimerath Wallenfeld	Herr Unzelmann.
Wallenfelds Neffe	Herr Mattausch.
Seine Frau	Madame Baranius.
Lieutnant Stern	Herr Herdt.
Posert	Herr Berger.
General von Bildau	Herr Fleck.

Ein Beweis, welche Theilnahme „Der Spieler" seit der ersten Aufführung bis zum Jahre 1875 gefunden hat, zeigt, daß er gegen 80 Male auf der Königl. Bühne wiederholt wurde. Der letzte uns in Berlin bekannte Darsteller des Posert ist Theodor Döring! — Zum Besten der Wittwe Mozart's fand am 27. Februar (also am Abende vor ihrem Benefiz im Opernhause mit „La Clemenza di Tito!") die Aufführung von „Iphigenia in Tauris" statt. — Als Neuigkeit folgte am 4. März: „Die Quälgeister" Lustsp. in 5 A. a. d. Engl. des Shake-speare von Beck. Besetzung war: von Linden — Herr Unzelmann, Isabella — Mad. Unzelmann, Dupperich — Herr Reinwald. Es gefiel sehr und wurde bis 2. März 1835 gegen 55 Mal wiederholt. Wir haben in ihm eine modernisirte Umarbeitung von: „Viel Lärmen um Nichts" vor uns! Am 20. März ward „Der englische Hutmacher", komisch-pantom. Ballet von Lauchery, am 15. April zum Benefiz für Mad. Unzelmann „Der Theaterprinzipal", lyrisches Monodrama in 1 A. v. Herclots, Mus. v. Weber, aufgeführt, nach welchem „Ein seltener Fall" oder „Die Mutter, die Vertraute ihrer Tochter", Lustsp. in 3 A. von Jünger, gegeben wurde. Da es zu jener Zeit — kein „seltener Fall" war, daß Stücke ausgepfiffen wurden, so befand sich der gute Jünger diesmal auch in diesem Falle! — Den „Theater-prinzipal" sehen wir hier mit der Bezeichnung Monodrama aufgeführt. Es war das „Einspiel", wurde also nur von einer Person dargestellt, wie das Duodrama, Zweispiel, von 2 Schauspielern. Wir erwähnen dessen, weil das Ein- und Zwei-Spiel die allerengste, älteste Form der Bühnendichtkunst ist, und wir sie in derselben gewissermaßen in den Win-deln erblicken. Es soll nicht gesagt sein, daß man nicht auch heute noch eine höchst wirksame dramatische Scene durch nur eine oder zwei Personen zu Wege bringen könne, ja, wenn es darauf ankäme, auf der Bühne Experimental-Psychologie zu treiben, zu zeigen, was Er-bärmliches, Lächerliches und Furchtbares in einer einzelnen Menschen-seele oder in zweien Raum hat, dann wäre das Thema leicht genug gefunden, man wäre des Bühneneffekts desselben sogar sicher. Man brauchte z. B. nur — — „Die letzte Nacht eines armen Sünders" zum Thema zu nehmen, den furchtbaren Monolog des Selbstgerichts und der Todesbitterkeit!! — Was wäre damit aber erreicht? Effekt für die Masse, — doch sittliche, erhebende Resultate — nicht, nicht Das, was eigentliche dramatische Wirkung heißt!! — Es lohnt wirklich der Mühe, dem „Warum nicht"? nachzuspüren. — Wir Menschen sind auf die Erde gesetzt, nicht um auf ihr zu bleiben, sondern uns unseres un-endlichen Zweckes bewußt zu werden, uns zu demselben zu erziehen,

uns denselben zu erarbeiten! Diese Thätigkeit, von der Wiege bis
zum Grabe, heißt leben, wer anders zu leben sucht, lebt animalisch. Wir
können diesem Zwecke aber nicht für und durch uns allein ob=
liegen, sondern nur mit und durch Menschen, wir erziehen uns an
einander, wir werden uns durch einander unseres höchsten Erdenzweckes,
des Zweckes Gottes mit uns, erst bewußt! Derjenige Dichter, welcher
also einen Theil der göttlichen Erziehung auf der Bühne vor uns
durch handelnde Personen mit oder ohne deren Willen sich vollziehen
läßt, so daß wir das Ewige im endlichen Leben erkennen, der hat
ein Drama nach unserem Herzen geschrieben, der hat seinen Beruf
erfüllt, der ist ein Dichter aus Gottes Kraft und Gnade! Eine solche,
wirklich dramatische Handlung kann mithin nicht durch die Dar=
stellung eines oder zweier Charaktere bewirkt werden, weil die Ver=
mittelung der eigentlichen Handlung fehlt! Diese liegt immer in der
dritten Person und erst bei drei Figuren auf der Scene ist die
Möglichkeit einer wirklichen Fabel gegeben, welche ihr Ethos und Pathos,
ihre Peripetie und Katharsis hat! Denn da das Leben sich nie ohne
Kampf vollzieht, die sittliche Reinigung und Erziehung nie ohne Irr=
thum und Fall zu denken ist, weil sonst von Wiederaufrichtung
nicht die Rede sein könnte, so setzt die Darstellung desselben Kämpfer
voraus, (also mindestens zwei Menschen) und einen Dritten, der den
Kampf veranlaßt, oder entscheidet und zum Ausgange führt. Eben so
wenig aber, wie nur unter Zweien eine wirkliche Fabel sich ereignen
kann, eben so wenig kann sie sich durch zu Viele, durch Menschen=
massen, vollziehen. Deshalb tritt in allen Volksscenen, falls sie nöthig
werden, das Verhältniß des antiken Chors zu seinem Chorführer ein.
Letzterer ist dann der Repräsentant der Interessen und Leidenschaften
der Menge, welche ihm zustimmt und den Gegner ablehnt. Ein rich=
tiges Personalverhältniß in einer Handlung wird also stets ungleich
sein müssen, sich etwa in der Anzahl von 3, 5, 7 Personen bewegen
und selten 21 Personen übersteigen dürfen. In letzterem Falle zeigt
sich bereits der Uebelstand, daß man einen Theil der Handelnden zu
Anmelderollen oder Episoden verwenden muß, in ihnen also keine
ganzen Charakter=Menschen mehr, sondern nur Chargen zu geben ver=
mag. Die Charge ist aber nichts, als eine Rolle, die den Menschen
von nur einer Seite, in nur einer Lage und nur zu einem ein=
zelnen, untergeordneten Zwecke schildert! — — —

Das folgende Dokument, so wenig es mit theatralischer Kunst selbst gemein hat, ist dennoch aus einer Ursache bemerkenswerth:

„Das General-Direktorium communicirt der Königl. Direktion des hiesigen Nationaltheaters die erhaltene höchste Kabinets-Ordre vom 10. hujus, mittelst welcher des Königs Majestät dem französischen Schauspieler Bolange die Er-laubniß zu ertheilen geruht, einige theatralische Vorstellungen auf dem hiesigen Theater des Chévalier Pinetti de Merci geben zu dürfen, hieneben in Abschrift zur Nachricht.

Berlin den 15. März 1796.

Königl. General-Oberfinanz-, Krieges- u. Domainen-Direktorium." —

(Die 3 Unterschriften sind unleserlich.)

Besagter Bolange ist Monomimiker und Bauchredner, welcher verschiedenartige Physiognomien und Charaktere mittelst rascher Ver-kleidungen und Beleuchtungseffekte darstellt. Das Theater des Che-valier Pinetti de Merci*) war aber kein anderes, als das von Schuch-Sohn erbaute, Behrenstraße 55 belegene, von Koch, dann von Doeb-belin erkaufte alte Schauspielhaus, in welchem „Götz" und „die Räu-ber", wie „Hamlet" mit Brockmann ihre Triumphe gefeiert hatten! Dem Pinetti, einem Taschenspieler, welcher zuerst seine Künste auf dem kleinen Schloßtheater zu Potsdam, dann in Berlin zeigte, schenkte der König das für alte Schulden übernommene ehemalige Doebbelin'sche Theater und zur Ausschmückung desselben 6000 Thaler. Lange blieb Pinetti in Berlin aber nicht, er reiste ab und vermiethete das Haus an reisende Künstler aller Gattungen. Erst spielte Bolange in dem-selben, dann zeigte in ihm der Mechaniker Carl Enslen aus Stutt-gart Automaten, wie magische (laterna magica?) und optische Erschei-nungen. —

Wie wenig Vernünftiges aus dem abhängigen Verhältnisse zwischen Oper und Nationaltheater herauskam, wie von der Reck und die Direktion immer mehr an einander geriethen, macht eine Korrespondenz ersichtlich, welche vom 20. März bis zum 6. April zwischen der Di-rektion, dem Könige, Ritz, namentlich aber seitens von der Reck's in höchst leidenschaftlichem Tone geführt wird. Der Theatermeister Junker vom Nationaltheater war alt und kränklich geworden und ging mit 150 Thlr. Pension ab; für denselben engagirte, — ein nicht sehr kollegialischer Akt, — die Direktion dem Baron von der Reck den

---

*) Siehe Seite 187 Bd. I. unseres Werkes und den Plan.

Theatermeister Meyer von der großen Oper weg; — wir erinnern indeß an Silani und Andere, welche von der Reck dem Nationaltheater auch entführt hatte. Ueber Meyer's Verlust entbrannte nun der Opernchef in lichtem Zorn und der König traf die Veranstaltung, daß Meyer das ganze Jahr die Stellung als Theatermeister am Nationaltheater zwar behalten, aber im Winter der Oper und den Theatern zu Char= lottenburg und Potsdam, falls vor dem Hofe daselbst gespielt werden würde, als Theatermeister gleichfalls Dienst thun solle. Dadurch wurde der Mann für die Nationalbühne aber völlig illusorisch, denn im Win= ter, also gerade in der besten Zeit, hatte sie ihn gar nicht und es brach zwischen beiden Bühnenverwaltungen um denselben immer wieder Streit aus.

Im März lief das hier wiedergegebene Schreiben ein:

„Hochwohlgebohrner Herr

„Hochzuverehrender Herr Geheimrath! —

Mein Wunsch ist: Die Gewogenheit womit Ew. Exellenz mich beehren, zu verdienen, und den guten Ruf, der vor mir her geht, zu bestätigen.

Ihro Exellenz Befehl zufolge, habe ich unser beiderseitiges Rollenverzeichniß hier beigefügt. Unsere Reise hatte ich zwar so eingerichtet, daß wir ohngefähr den 8. oder 9. April in Berlin eintreffen wollten; da aber Ew. Exellenz ge= ruhen, unsere frühere Ankunft selbst zu wünschen, ich auch sehr gerne diesem Wunsch entsprechen mögte, und es doch nicht möglich machen kann, auf den 1. April in Berlin zu seyn, indem mein hiesiges Engagement erst mit dem 31. März sich endigt; so will ich denn doch alles so arrangiren, daß wir spä= testens den 4. April in Berlin seyn können. Wenn Ew. Exellenz geruhen, alsdann zu disponiren, so können wir in dieser Woche immer noch einigemahl spielen.

Meine Frau wünschte — wenn es seyn könnte, — in der Zauberflöte als Kö= nigin der Nacht zuerst zu spielen, insofern Ew. Exellenz geruhen wollten, dies zu genehmigen. Mit der größten Hochachtung, habe ich die Ehre zu seyn

Ew. Exellenz

unterthänigster Diener

J. Beschort

Mitglied des Schröder'schen Theaters.

Hamburg, den 22. März 1796." — —

Den 6. Mai ging als Benefiz für Herrn Unzelmann: „Das neue Sonntagskind", kom. Singspiel in 2 A., Mus. v. Müller, über die Bretter, es gefiel so, daß es im Laufe von 32 Jahren über 100 Male gegeben werden konnte. — Wir erinnern uns, daß das Ge= such der Mad. Unzelmann, ihr Gehalt von dem ihres Gatten zu

trennen, unbewilligt geblieben war, daß ferner, während sie in Karls=
bad gewesen, der zwischen Unzelmann und der Direktion ausge=
brochene Streit dadurch erledigt worden, daß letztere sich gezwungen
sah, mit dem triumphirenden Künstler einen neuen und besseren Kon=
trakt, also ohne Mitwirkung und Unterschrift von dessen Frau, zu schlie=
ßen. War durch letzteren Vorgang Unzelmann's Engagementsver-
hältniß von dem seiner Frau ohne ihr Zuthun getrennt worden, so
findet hier jetzt zum 1. Male ein Benefiz für Herrn Unzelmann
allein statt, während ein solches, ebenfalls allein, bereits am 16. April
Mad. Unzelmann bezogen hatte. — Am 20. Mai folgte als neu „Der
Talisman", kom. Singspiel in 3 A. a. d. Ital. v. Freiherrn von
Knigge, Musik von Salièri, als Benefiz für Ambrosch unter großem
Beifall. Auch Labes erhielt zu seinem 50jährigen Jubelfeste am
3. Juni ein Benefiz und brachte die unter Doebbelin bereits gegebene
Operette: „Der Irrwisch" zur Aufführung. Am 9. Juni wurde zum
1. Mal „La Peyrouse", Schausp. i. 2 A. v. Kotzebue — aber
nur 4 Mal im Ganzen gegeben. Unterm 29. Juni dagegen erließ die
Direktion an ihre Bühnenmitglieder ein warnendes Cirkular, dessen
Anfang so lautet:

„Die freien Urtheile, welche einige Mitglieder der Gesellschaft sich
sowohl über die aufgeführten Stücke und über die Spielenden selbst
erlauben, die Unordnung, mit welcher in den Proben verfahren wird,
und die wenige Rücksicht, welche manche Mitglieder auf die Conserva-
tion der Garderobe nehmen, veranlaßt die Direktion die erneuerten Ge=
setze für das Theater vom 19. März 1790 wieder in Erinnerung zu
bringen" u. s. w.; das Uebrige behandelt rein technische Fragen, Garde=
robe=Rechnungen, Schneider u. s. w. Nach Vorstehendem kann man
auf die Wirthschaft schließen, die damals am Nationaltheater einge=
rissen gewesen sein muß! Allerdings war Fleck Regisseur und that
sicher sein Möglichstes, aber ganz abgesehen, daß ihm, als Kollegen der
Uebrigen, immerhin die Autorität nicht beiwohnen konnte, welche ein
Direktor übt, der seiner Leute Brotherr ist, so war es auch völlig erklärlich, daß ein Mann, der alle erste ernste Charakterrollen und viele
ältere Rollen im Lustspiel inne hatte, außerdem bei Oper, Ballet und
Schauspiel tagtäglich in Proben und Vorstellungen auf dem Theater
gegenwärtig sein mußte, endlich matt und müde wurde, zumal er sich
von seiner Direktion auch in Nichts unterstützt sah! Auf diese Art konnte

nicht nur Fleck seiner Regiepflicht durchgreifend nicht genügen, es mußte auch dahin schließlich kommen, daß er als Schauspieler erlahmte, weil ihm weder zum Studium Muße, noch die dem Körper nöthige Ruhe blieb, ohne welche keine Frische der Darstellung zu erzielen ist. Alles drängte, wie wir somit sehen, auf einen entscheidenden Wechsel der Dinge hin. —

Inzwischen hatte die ganze Welt ihr Auge auf die neu sich gestaltenden Verhältnisse Frankreichs und besonders auf einen Mann gerichtet, der sich über seine Zeitgenossen zu erheben begann und bereits als der erste Feldherr der Republik galt. Das Journal des Luxus und der Moden*) erwähnt seiner zuerst mit der Notiz: „Der siegreiche Bonaparte läßt in Italien von 4 kunstverständigen Kommissären die Galerien von Mailand, Parma und Modena für das pariser National= museum plündern." Natürlich hatten die beiden großen Zeitungen Berlins längst die Fortschritte verfolgt, welche dieser unersättliche Er= oberer in der Gunst seiner Nation machte; der Tag der Säbelherrschaft war nicht mehr fern und Mancher sagte sich besorgt, daß es bei passen= der Gelegenheit Deutschland wohl ähnlich, wie Italien ergehen könne. — —

Den 3. Juli 1796 erstattet Kammersekretär und Rendant Jacoby einen vorläufigen Kassenbericht, indem er constatirt, daß für das jetzige Theaterjahr, also pro August 1795 bis 96 ein Ueberschuß von circa 7500 Thlr. angenommen werden könne. Diese Thatsache wird dem Leser überaus auffällig erscheinen, da bisher immer über schlechte Kassen= verhältnisse und noch zu bezahlende Schulden geklagt worden ist. — Wenn die Ausgaben eines Theaters stets sehr schwankend sind und von wenig berechenbaren Dingen abhängen, so sind die Einnahmen noch viel schwankenderer Natur. Auf deren Fluth und Ebbe selbst ist daher wenig zu bauen, sondern nur, wie bei jedem reellen Geschäft, darauf zu achten, daß die Ausgabe nicht, wie es sich am 1. August 95 beim Nationaltheater herausgestellt hatte, die Einnahme übersteige. Der jetzt überraschende, aber nur scheinbare Ueberschuß ist noch gar kein Beweis für die Tüchtigkeit der Verwaltung. Nach Engel's Abgange und nach= dem sich die deutsche ernste Oper so außerordentlich durch den Erfolg der „Zauberflöte", dann durch Gluck's „Iphigenia" und ebenfalls die Spiel=

---

*) Juliheft 1796 S. 358.

A. E. Brachvogel, Geschichte d. königl. Theater. II.

oper sich, z. B. durch: „Das Kästchen mit der Chiffre“ — u. s. w. —
erhoben hatte, waren die Einnahmen, besonders im letzten Etatsjahre,
gewachsen; die Schulden aber, welche von Doebbelin her noch auf
dem Theater lasteten, hatte man noch immer. Das Wachsen der Ein=
nahme war eines Theils dadurch erzielt worden, daß der Hof im
letzten Jahre, nachdem er der italienischen Oper entfremdet worden,
in den Theatern zu Charlottenburg und Potsdam zahlreiche deutsche
Opernvorstellungen durch das Personal des Nationaltheaters hatte vor=
führen lassen, welche vom Könige mit ganz erheblichen Summen extra
bezahlt worden waren. Diese Summen erwuchsen also aus völlig will=
kürlichen und unberechenbaren Einnahmen, die lediglich von der königs=
lichen Bestimmung abhingen. Ferner war in diesem Etatsjahre der Be=
such des Nationaltheaters ein ganz unverhältnißmäßig größerer, die Ein=
nahme mithin eine wesentlich erhöhtere und zwar aus zwei Gründen
gewesen. Einmal war man von der, seit dem Jahre 1787 drohenden
Kriegsgefahr und der Angst, von dem revolutionären Geiste Frankreichs
verschlungen und in einen neuen siebenjährigen Krieg gestürzt zu werden,
befreit; man fing an, wieder aufzuathmen, sich des Lebens zu freuen.
Daß in einer Residenz hierzu das Theater in erster Linie Gelegenheit
bietet, ist bekannt und je weniger die große italienische Oper dies Be=
dürfniß befriedigte, um so mehr that dies das Nationaltheater; in Folge
dessen mußten auch die Einnahmen sich vergrößern*). Es fragt sich
schließlich nur, wo mit sie erzielt wurden und ob die Mittel, durch
welche man Kasse machte, ehrenvolle und wahrhaft künstlerischer Natur
gewesen sind. Das waren sie nicht!! — Wir sind weit entfernt, die
Oper vor dem Drama etwa zurückgesetzt sehen zu wollen, namentlich
nicht die deutsche. Am Besten gedeiht die rezitirende, wie die musika=
lische Bühnenkunst, wenn sie, wie jetzt bei den königlichen Theatern,
streng getrennt in zwei Häusern gepflegt wird; dann hat jede ihr Feld
allein, da breite sie sich aus, so viel sie mag. Ist aber eine Bühne,
wie damals das Nationaltheater, gezwungen, Oper, Ballet und Drama,
also alle Kunstgattungen geben zu müssen, dann ist ein weises Repertoir
es allein, welches zu einer gerechten Eintheilung verhilft; vom Repertoir=
machen hatten aber Ramler wie Warsing gar keine Ahnung. Ein

---

*) Siehe die nach dem Schlusse dieses Bandes abgedruckte tabellarische Ueber=
sicht der Einnahmen und Ausgaben des Nationaltheaters in dem Zeit=
raume vom 1. August 1787 bis 1. August 1796.   D. V.

weifes Repertoir nennen wir ein folches, das, bei zwei Opern refp. Ballets in der Woche, die übrigen 5 Tage dem rezitirenden Schauspiele überläßt, bei welchem der ernsten Gattung 1 bis 2, der komischen 3 Abende gegönnt fein müffen. Alsdann balanciren alle Gattungen in der richtigen Weise, und das Beste, was erstrebt werden kann und dann erreicht wird, ist — Abwechselung! — Beim Nationaltheater überwucherten aber Oper und Ballet unter Ramler=Warfing total und das Publikum, welches eben erst der deutschen Oper durch Mozart, Gluck und Saliеri Geschmack abgewonnen hatte, wie Anselm Weber's Eifer bestärkten die Direktion in diesem für das rezitirende Drama heillosen Beginnen! Man war — obwohl in edlerer Weise — eben so fanatisch jetzt der Opernmanie in Berlin verfallen, wie unter Koch, der auch dabei genug Einnahmen machte, aber so schlecht als Bühnenleiter wirthschaftete, daß er verschuldet starb. Das Ueberwuchern der Oper hätte sich indeß immer noch erdulden laffen, denn dadurch kam die deutsche Oper wenigstens zu ihrem Rechte und in der Welt „hat Alles seine Zeit!" Aber das zweite, was gerade im Gefolge der Oper und des Ballets wie Unkraut aufwucherte und von Warfing's thörichter Vorliebe bis in's Närrische gepflegt wurde, war das Unedle, das eigentlich künstlerisch Materielle, nämlich die um sich greifende Pracht der Kostüme. Nicht blos, daß die Tagesmoden ohnehin damals übertrieben und geschmacklos bis in's Bizarre geworden, für jedes neue Stück, natürlich vor Allem für Oper und Ballet, schaffte man neue und die kostbarsten Garderoben an, welche oft nur 3 oder 4 Mal getragen wurden. Je weniger man von historischem Kostüm Etwas wußte, desto fantastischer kleidete man sich! Die Damen, anstatt mit der Grazie ihres schönen Körpers, der Lieblichkeit ihres Gesichtes Staat zu machen, wußten nicht mehr, welch' grelle Farben sie auf ihre Person häufen, mit welchen Diademen, Berloques, Ketten, Spangen, Bändern, Agraffen, namentlich Federn und Blumenbüschen sie sich behängen sollten. So schön die Baranius war, so vortrefflich sie spielte, — sie hat, wenn sie aus der Koulisse trat, oft einem Schlittenpferde geglichen. Welche Folgen dies auf die Geldverhältnisse der Künstler, auf die Ausgaben der Theaterkasse, auf die Modesucht des Publikums und auf die Kunst selbst haben mußte, — das zu erwägen überlassen wir dem Leser. Nur eine Dame am Theater verschmähte allen äußeren Schmuck — Friederike Unzelmann!

28*

Schon durch diese eine Thatsache bewährte sie sich als geniale Künstlerin! — Sie wählte mit seltener Berechnung und Feinheit das Einfachste, das für sie Kleidsamste, das zu Charakter und Stimmung der Rolle harmonisch passendste Kostüm und — gefiel immer, berauschte durch ihr Erscheinen den idealeren Theil des berliner Publikums stets! Weil sie eben das Gegentheil von all diesem Modeunsinn that und bewies, daß die menschliche Individualität, nicht Lappenwerk, das Anziehende, Ergreifende, allein Wirksame in der Darstellungskunst sei, fand man das um so genialer, je weniger man selbst Geschmack, Poesie und Vernunft genug besaß, es ihr nachzumachen. Grade diese Modesucht zog, obwohl nur eine gewisse Zeit, die große Masse um so mehr in's Theater, je unvernünftiger Herr von Warsing derselben fröhnte Er setzte sich leichten Herzens über die Ueberschreitung des Garderobe=Etats hinweg, wenn man sich nur herzudrängte, um zu sehen, was Madame X. und Demoiselle N. N. für eine neue Robe angezogen hatten. —

Bei dem erfreulichen Stande der Theaterkasse versäumte der Rath von Warsing aber auch nicht, ein Uebriges für sich selbst zu thun, um seine Verdienste als Bühnenlenker zu belohnen. Unter dem 4. Juli c. a. bittet er den König, ihm als Extraordinarium für die beiden verflossenen Jahre à jedes Jahr 400 Thlr. und als künftigen Gehalt 800 Thlr. zu bewilligen, ohne den Gehalt des Professor Ramler zu schädigen, da: „obgleich für dieses Jahr die Ausgaben in Rücksicht der Garderobe und Dekorationen auch wegen des Engagement mehrerer Schauspieler und Schauspielerinnen den Etat um ein Beträchtliches überstiegen, dennoch ein baarer Ueberschuß von mehr denn 8000 Thlr. erübrigt worden." Am 5. Juli erfolgte die Bewilligung aus Potsdam. — Ob der König eben so falsch kalkulirte wie Rath Warsing, als er diese Gehaltserhöhung bewilligte, wissen wir nicht, glauben es auch nicht. Es ist wenigstens ungerechtfertigt, anzunehmen, daß der König die Aussicht, die diesjährigen Ausgaben würden den Etat „um ein Beträchtliches übersteigen", so besonders wohlgefällig aufgenommen habe, nachdem er den vorjährigen Etat so streng beschnitten hatte. Wir sind vielmehr der Ansicht, die Verhandlungen mit Iffland betreffs Uebernahme des Direktoriums am Nationaltheater seien bereits so weit gediehen gewesen, daß der König dem Rath Warsing die 800 Thlr. Extraordinarium, ebenso wie eine Gehaltserhöhung, als stillschweigende Abfindung

gewährte, welche derselbe ohnehin ja nicht mehr lange zu genießen haben
werde. — Madame Baranius wurde ein unter dem 7. Juli erbetener
Urlaub bewilligt, ebenso wurde dem Sänger Lippert ein vierteljähriger
Urlaub nach Hamburg unter dem 11. Juli gewährt. — .

Folgende zwei Zuschriften Friederike Unzelmann's sind für deren
Stellung und Verhältnisse von Wichtigkeit. — Während das Gehalt
ihres Gatten, wie wir wissen, durch den — der Direktion im August
vorigen Jahres abgerungenen neuen und besseren Kontrakt erhöht worden
war und derselbe augenscheinlich dieses Gehalt, wie das ihm gewährte
Benefiz für sich allein bezog, waren Friederike Unzelmann's Einkünfte die früheren geblieben. — Der Verlust ihrer Singstimme hatte
ihren Wirkungskreis vermindert und das war wohl auch der Grund,
weshalb die Künstlerin bisher keine Gagenerhöhung, wie sie wohl verdiente, gefordert hatte. Der erklärte Liebling des Publikums schrieb
aber nunmehr an die Direktion:

„Hochwohlgebohrner, insonders hochzuehrender Herr Geheimerath!
„Sie waren zwar neulich so gütig mir zu sagen, das ich 2 Thlr. Zulage bekommen würde und vertrösteten mich mit dem übrigen auf die Zukunft. Allein
ich wünschte gern meine Sache gewiß zu haben, indem jetzt ein Zeitpunkt ist, wo
ich mein Glück anderswo machen kann und muß also, obschon ungern Ewr. Hochwohlgeboren bitten, da ich bei den vielen Ausgaben mit denen das hiesige
Theater einmal verknüpft ist, ohnmöglich mit 18 Thlr. auskommen kann. Ohnedem da ich mich schon so lange mit dem kleinen Gehalt beholfen habe, mir auf
den 1. August die verlangten 4 Thlr. zu geben, im fall es aber gar nicht möglich ist, diese Kleinigkeit mir zu bewilligen, so muß ich um meinen Abschied bitten,
den 1. Aprill ist meine Zeit um. Glauben Sie ja nicht, daß ich trotzen will,
sondern empfangen Sie die versicherung das ich den König sowohl als das
Publikum und Sie äuserst ungern verlassen werde, allein Noth und das Verlangen auf meine Alten Tage nicht Mangel leiden zu müssen, zwingen mich zu
diesem Schribt. Ich bin mit der Ausgezeichnetsten Hochachtung

p. S.   Ew. Hochwohlgeboren
Ich bitte recht sehr um baldige   ergebene
Antwort, indem ich meine Maß-
regeln nehmen muß.   Unzelmann." —

Berlin, den 11. Juli 1796.

Auf diesem Briefe findet sich von Warsing's Hand der Vermerk:
„pro 1797—98 soll Madame Unzelmann mit einer Wochen Gage von 20 Thlr.
in Vorschlag gebracht werden, welches ihr bekannt gemacht ist.

Berlin, den 15. Juli 1796.   v. Warsing."

Dieser Vermerk, durch welchen Friederike Unzelmann vom 1. April

1797 ab 1040 Thlr., also dieselbe Gage wie Mad. Müller=Hellmuth und Ambrosch zugesichert erhält, ist augenscheinlich erst nach dem am nächsten Tage von ihr geschriebenen zweiten Briefe erfolgt, dies beweist nicht blos das Datum des Vermerks, es leuchtet auch aus inneren Gründen ein. Vielleicht hat Warsing mit Friederike nach Empfang obigen ersten Briefes (etwa am Vorstellungsabende?) gesprochen, oder es fiel sonst Etwas vor, was die Künstlerin zu einer zweiten näheren Erklärung veranlaßte. Sie schrieb:

„Hochwohlgebohrner inbesonders Hochzuehrender Herr Geheimrath!

„Sie wissen das Verhältniß zwischen mir und meinem Mann wohl besser, als ich es Ihnen sagen kann; ich wundere mich daher sehr, wie Sie mir zu sagen belieben, wir sollen uns um die Zulage verstehn. Ich spreche nur von mir, was Sie über ihn beschließen weiß ich nicht. Ich bat für mich um 4 Thlr. Zulage ohne zu wissen, daß er ihnen den nämlichen Wunsch geäußert hat. Ich kann ohne 20 Thlr. die Woche nicht auskommen, ohne mich gänzlich zu ruiniren, daß ich Berlin ungern verlasse, sage ich Ihnen nochmals, wie ich Ihnen in meinem gestrigen Briefe versicherte, daß ich aber dazu gezwungen bin, wenn Sie meine Bitte nicht erfüllen, ist gewiß. Das übrigens ein kluger Mann sich auf alle Fälle vorsehen muß, weis ich und daß daher meine Stelle sehr bald ersetzt seyn wird, zweifle ich keinen Augenblick, das Sie aber wohlfeiler ersetzt werde, kann ich nicht glauben. Ich bitte Sie, wenn es nöthig ist, meine beiden Briefe den andren Herren zu zeigen, und verharre mit der ausgezeichnetsten Hochachtung des Herrn Geheimrath

Berlin, den 12. Juli 1796. ergebene

Unzelmann." —

Der Bruch zwischen beiden Gatten ist geschehen und zwar so, daß derselbe mindestens Warsing genau genug bekannt ist; nur die äußere Form des Anstandes wird noch gewahrt, die Scheu, ein unglückliches Verhältniß dem öffentlichen Urtheile preiszugeben. In Folge des zweiten Briefes beschloß, wie wir gesehen haben, Warsing die Gehaltserhöhung mittelst des Vermerks vom 15. Juli. Aus diesen Schriftstücken erhellt, daß zu gleicher Zeit mit seiner Frau, Unzelmann eine abermalige Gehaltserhöhung, doch ohne deren Vorwissen verlangt hatte, daß diese ihm abgeschlagen worden ist, während Friederike eine solche bewilligt erhielt. Durch diesen Vorgang erfolgte die thatsächliche Trennung ihrer Gehälter und damit diejenige wirthschaftliche Auseinandersetzung, an welcher der Künstlerin selbst um den Preis des Abschiedes gelegen war! Die Trennung der Ehe Beider de facto stand also in nächster Aussicht, die Trennung de jure erfolgte allerdings erst 1803. — —

Am 12. Juli trat in: „Die Liebe im Narrenhause" Madame
Baranius als engagirtes Mitglied zum letzten Male auf! —
Die Fama jener Tage weiß hierüber folgende merkwürdige Geschichte
zu berichten. Damals soll auf das Herz der aus Italien zurückgekehrten,
nunmehrigen Gräfin von Lichtenau ein schöner Engländer, Sir James
Kespert, (der Name ist nicht genau ermittelt) Eindruck gemacht haben.
Anstatt deren Gefühle zn erwiedern, knüpfte Sir James jedoch mit
Madame Baranius ein interessantes Verhältniß an, welchem die ge-
tränkte Gräfin dadurch ein Ende machte, daß sie die augenblickliche
Pensionirung der Künstlerin durchsetzte! — Sei nun an dieser Erzählung, was da wolle, sonderbar bleibt die Thatsache immer: daß die
schöne, allgeschätzte, wie ausgezeichnete Liebhaberin des Schauspiels und
der Oper, Henriette Baranius, obwohl im vollen Besitze ihrer künstlerischen Kräfte, welche erst noch am 12. Juli in vorbenanntem Stücke
mit allgemeinem Beifall aufgetreten war, schon am 13. früh Morgens
ihre Entlassung mit Pension erhielt, nach einiger Zeit Berlin verließ
und nach Dresden — fast wie in eine Verbannung — ging! — Von
dieser Abwesenheit der Künstlerin und wie höchst beliebt, wie schmerzlich sie vermißt war, giebt folgender an sie gerichtete poetische Brief
von Flecks Hand den Beweis, welcher sich unter den Papieren des
Frl. Ferber, Nichte Henriettens vorfand:

„Am 20. September 1796.

„In lieblicher Pracht stand in einem Garten am Ufer der Spree ein Baum,
dessen Blüthen von wunderschöner Farbe waren. Wer sie erblickte, ward entzückt; man reißte, man wallfahrtete nach dem Garten, und kehrte zurück mit
einem Herzen, erfüllt von den sanftesten Empfindungen, — als plötzlich Baum
und Blüthen verschwanden. — Armer Gärtner! Du hast die Zierde Deines
Gartens verloren. Der Baum, den Du dafür hingepflanzt hast, zieht keine
Bewunderer herbey. Vergebens läßt Du rufen: Seht doch auch auf diesen! —
Wo sind geblieben: Klara, Margarethe p. p. p.? Nicht mehr am Ufer der Spree,
am Ufer der Elbe mußt Du sie suchen, die Dein Auge entzücken, Dein Herz
mit sanften Empfindungen erfüllen. — Schnell ergriff der Pilger den Wander-
stab und kaum betrat sein Fuß jenes Ufer, so stand vor ihm jener Baum in
voller Pracht. — In dem Augenblicke ward er auch dem Auge des Wanderers
entrückt; seinen Platz nahm ein Altar ein, auf den zwey Täubchen sich nieder-
ließen, und lieblich ertönten Wielands Worte:

Von der Freude, die um Engel schweben,
Mahlt die Liebe schon das Morgenroth!" — — — —

Fl.
(Monogramm Flecks.)

Da Fleck mit seiner reizenden, nachmals so beliebten Louise, (geb. Mühl) in einer anerkannt glücklichen Ehe lebte, so ist das Brief=chen, rechnet man die damals süß=galante Ausdrucksweise ab, eine Hul=digung, durch welche Fleck seiner langjährigen Kollegin das allgemeine Bedauern ihres Abganges ausdrückte. — Die Bühne verlor übrigens die Künstlerin nicht völlig, da sie nach 1796 hin und wieder als Gast auftrat, wofür sie ein Gastspielhonorar pro Rolle bezog. Dieses Wiederauftreten hat man sich aber nicht in der Weise heutiger Gast=spiele zu denken, sondern nur als eine Aushülfe. Pensionäre wurden für gewöhnlich nicht aufgefordert, die Bühne neu zu betreten, aber wenn die Direktion ein beliebtes Stück geben wollte und bei Besetzung der Rollen in Verlegenheit gerieth, wurde den pensionirten Mitgliedern, welche die zur Zeit unbesetzbare Rolle früher inne gehabt hatten, dieselbe wieder übertragen, um die Aufführung zu ermöglichen. Solche Fälle traten jedoch seltener ein und das Wiedererscheinen eines früheren Mit=gliedes war deßhalb nur eine von der Noth diktirte Ausnahme. Diese Aus=nahmen fanden auch bei Caroline Doebbelin, Ambrosch und Anderen später an der Königl. Bühne bis in unsre Tage hinein statt, z. B. bei dem uns Allen bekannten Sänger Zschiesche. — —

Eine entscheidende und höchst werthvolle Erwerbung machte die Direktion an dem Engagement des Ehepaars Eunike und der Dem. Schwachhofer. Dasselbe war jedoch nicht deren, sondern Friedrich Wilhelm's II. Verdienst, welcher, obwohl im Bade zu Pyrmont, dennoch sein Auge auf die Vorgänge Berlins und das ihm sehr liebgewordene National=Theater gerichtet hielt. Solches beweisen diese Schriftstücke:

„Sr. Königl. Majestät von Preußen, Unser allergnädigster Herr, haben in Er=fahrung gebracht, daß die Actrice Schwachhofer aus Frankfurt am Mayn und noch eine andre mit ihr sich gegenwärtig in Berlin befindet und wünschen, daß man diese doppelte Acquisition für das Nationaltheater machen könnte. Aller=höchst Dieselben befehlen also der Direktion, sich Mühe zu geben, um beyde be=kannte Künstlerinnen zu engagiren und über den Erfolg ihrer Bemühungen Ihm sodann einzurichten.

Pyrmont, den 29. Juli 1796.   Fr. Wilhelm." —

Das Resultat ihrer Anstrengungen theilt die Direktion dem Könige in einem längeren Bericht vom 1. August mit, in welchem sie angiebt, daß der Sänger Eunike nebst Frau nur eine „Theater=Reise" machen und daß sie dieselben aufgefordert habe, behufs Engagements zu gastiren. Mad. Eunike sei am 30. Juli in „Die Tochter der Natur" aufgetreten und werde heute in den „Hagestolzen" debütiren. Da man aber gerade die Operette „Die neuen Arkadier" einstudire, deren Textbuch man hiermit einsende, so würden der Sänger Eunike und Dem. Schwach=hofer erst künftige Woche in: „Der Baum der Diana", „Zauber=flöte", „rothe Käppchen" und „schöne Müllerin" auftreten können. Unter Versicherung ihrer eifrigsten Bemühungen, das Engagement zu Stande zu bringen, verspricht die Direktion weitere Mittheilung. Die beiden letzteren Künstler traten in den angeführten Stücken demnächst auf, erndteten gleich Madame Eunike großen Beifall und wurden, laut Anzeige vom 16. August an den, wieder in Potsdam eingetroffenen König, mit 936 Thlr. für Jeden von ihnen durch die nachfolgende Kabinetsordre vom 18. August engagirt. In diesem Berichte ist noch die Erklärung der Direktion auffallend, daß sie mehr Ersparnisse würde machen können, müßte sie kein so starkes Personal unterhalten. Letzteres sei aber der vielen Krankheiten wegen unerläßlich und diese entständen dadurch, daß die Mitglieder selbst während der Aufführung in vollem Eschauffement, um sich umzukleiden, durch das ganze Haus hin und zurückgehen müßten. Die häufigen Erkältungen aber machten, daß oft Vorstellungen abgeändert würden, worüber dann das Publikum unzufrieden sei. Durch solche Zustände wurde die Direktion zu der Bitte veranlaßt, der König möge doch durch das Hofbauamt hinter dem Theater einige Garderoben= und Anzieh=Zimmer anbauen lassen. — Diese, bereits beim Bau, wie bei der Uebernahme des Nationaltheaters durch Doebbelin besprochene fehlerhafte Anlage der Garderoben, welche hier zum ersten Male amtlich berührt ist, wurde später auch nicht völlig gehoben und wir werden von den Folgen dieser Unzuträglich=keiten noch Manches zu hören bekommen. Die Engagementsangelegen=heit Eunike's und der Dem. Schwachhofer erhielt durch folgendes Königl. Rescript ihren Abschluß:

„Sr. Königl. Majestät von Preußen Unser p. p. haben mit Vergnügen aus der Anzeige der Direktion des Nationaltheaters ersehn, daß Dero Wunsche ge=mäß der Sänger Eunike mit dessen Frau und die Sängerin Schwachhofer engagirt worden und genehmigen die Bedingungen unbedenklich, worunter solches geschehn.

Potsdam, den 18. August 1796.   Fr. Wilhelm." —

Das in dem vorgenannten Berichte der Direktion vom 1. August an den König erwähnte Stück: „Die neuen Arkadier", heroisch=

komisches Singspiel in 2 Akten, Musik von Süßmeyer, war am 3. August zum 1. Mal als Benefiz für Fleck in Scene gegangen und machte so außerordentliches Glück, daß es nahe an 50 Mal gegeben worden ist. Daß zu solchem Erfolge die Ausstattung, namentlich der verschwenderische Glanz der Kostüme, welcher von Warsing an das Werk gesetzt worden war, beigetragen hat, ist glaublich. — Den 20. August wurde der alte Schauspieler und ehemalige Tänzer Leist zum Kastellan des Nationaltheaters ernannt. Die Nothwendigkeit eines solchen Amtes hatte sich mit jedem Jahre in dem Maße herausgestellt, als das immer zahlreichere und höchst werthvoll gewordene Inventar an Dekorationen, Garderobe, Requisiten und Ameublement einen Beamten nothwendig machte, der Tag und Nacht alle Räume des Hauses unter fortwährende Aufsicht nahm, dessen Instandhaltung besorgte, wie die Hauspolizei über alle dem Theater zugehörigen Personen ausübte. Der Theater-Inspektor war hierzu nicht der Mann, da nur die Bühne und deren Oekonomie, die Beaufsichtigung des technischen Personals bei Proben und Aufführungen und die Beschaffung aller zur Darstellung selbst benöthigten Dinge seine Sorge war, welche seine volle Zeit beanspruchte. — — Das zuletzt am 15. April gegebene Jünger'sche Stück: „Ein seltener Fall" war, wie wir wissen, ausgepfiffen worden und die Direktion hatte dem Verfasser diese Niederlage nebst einigen Andeutungen betreffs des Honorars angezeigt. Am 27. August richtete demgemäß Jünger an die Direktion ein gespreiztes Schreiben, das zu lang und wenig interessant ist, um es vollständig mitzutheilen, da es sich wesentlich um die Geldfrage dreht. Originell aber, und für den nicht ganz schlechten Dünkel des Mannes ist folgender Passus desselben bezeichnend: — „ich schreibe nun einmahl keine Zugstücke, und ich gestehe frey, daß ich lieber alle meine jetzigen und künftigen Stücke auf allen deutschen Theatern ausgepfiffen wissen, als ein einziges Stück von Ziegler oder Kotzebue geschrieben haben wollte!" — „Stolz will ich den Spanier" sagt Schiller! Man muß zugeben, daß es wirklich ein erhabener Autorenstandpunkt ist, lieber als Jünger ausgepfiffen, wie als Kotzebue beklatscht zu werden. Sehr heiter ist auch die lakonische Bemerkung Warsing's, welche als Epilog an den Rand des Jünger'schen Briefes geschrieben ist: „Man ersucht den Herrn Jünger, wenn er ein Stück, wie „der seltene Fall" ist, künftig übersetzt, es auf dem Titel zu sagen, daß das Stück übersetzt ist, damit man

sich in Ansehung des Honorars mit ihm vergleichen kann. Ein über=
setztes Stück wird nicht so theuer bezahlt wie ein Original!‘ — Jünger
hat also unverdrossen seine durchgefallene Uebersetzung für ein Original
verkauft und es sich als solches bezahlen lassen!!

Am 13. September wurde ein neues einaktiges Lustspiel „Die
Erbschaft" ausgepocht. Der Verfasser ist nicht genannt, aber im
September des Jahres 1808 wurde „Die Erbschaft", Schausp. in
1 Akt von Kotzebue, gegeben; — sollte man etwa unter der Firma des
beliebten Autors noch einen Versuch zur Rettung des Stücks gemacht
haben? — Am 25. September gab man zum 1. Mal „Die Ver=
söhnung", Schausp. i. 5 A. v. Kotzebue und dasselbe ist über 40
Mal wiederholt worden. Den 16. Oktober ging: „Die Aufopferung",
Schausp. in 3. A. v. Kotzebue, in Scene, wurde aber nur 2 Mal
wiederholt; an demselben Abend führte man als zweite Novität: „Kind=
liche Liebe", Singsp. i. 1. A. a. d. Frz. des Dumoustier, von
Herclots, Musik von Gavaux, auf, welches mehr als 30 Vorstellungen
erlebte. Am 30. desselben Monats gab Kaselitz seine Entlassung,
welche angenommen wurde, aber, wie sich's zeigen wird, dennoch nicht
erfolgte. — — —

Alle Anzeichen sprechen dafür, daß Ramler und Warsing keine
Ahnung von ihrem nahen Sturze hatten, es ihnen also ganz ähnlich
wie von Beyer und Engel ergangen ist. Doch die Art ihres Abganges
und wie sich Iffland in die Direktion einführte, war eine wesentlich
andere, der Stellung und dem Charakter des Letzteren entsprechend. —
Wären die beiden Direktoren nicht gar so kurzsichtig gewesen, hätte
namentlich Warsing nicht so fest auf die Sicherheit seiner Stellung,
auf seine Freundschaft mit Ritz und dessen Anhänger gepocht, er hätte
noch vor Iffland's Erscheinen eine Vorempfindung der nahen Kata=
strophe haben können. — — Wir tadelten die Einmischung des Königs
in die Angelegenheiten des Nationaltheaters um des bereits als allein
richtig hingestellten Prinzipes Willen, daß das Regiment einer Bühne
nur in einer Hand ruhen müsse. Es ist aber nicht nur anzu=
erkennen, daß bei der unseligen Lage der Dinge eine solche Einmischung
begreiflich, sondern daß sie überaus wohlthätig für das Gedeihen, ja
für die Rettung und Erhaltung des Nationaltheaters entscheidend ge=
wesen ist! Wir müssen durchaus den künstlerischen Scharfblick und das
ideale Wollen Friedrich Wilhelm's II. bewundern, der — trotz aller

ihn umgebenden Einflüsse, — unverrückt sein Ziel im Auge behielt,
die deutsche Bühnen= Dicht= und Darstellungskunst auf den Gipfel
möglichster Vollkommenheit zu erheben! Dieses unbeirrte königliche
Wollen zum Heile unserer vaterländischen Bühne zu würdigen, ist gerade
jetzt von Wichtigkeit, wo dasselbe seine volle Befriedigung und seinen
epochemachenden Abschluß findet. — War die Ernennung der Direktion
das Mittel gewesen, dem Treiben Theophil Doebbelin's und dem
nahen Untergange des deutschen Theaters Halt zu gebieten, so hatte
sich doch der König bereits im Anfang des Jahres 1790 davon über=
zeugt, daß diese ganze Direktoren=Wirthschaft auf die Dauer nicht halt=
bar sei und der ihr gestellten Aufgabe nicht nachzukommen vermöge.
Diese Wahrnehmung wurde ihm bei Engel's Entlassung zur Gewiß=
heit und nicht an Friedrich Wilhelm II. hat es gelegen, daß nicht
schon im September 1794 der Mann die Leitung des deutschen Theaters
erhielt, auf welchen längst sein Auge voll Hoffnung gerichtet ge=
wesen war. — Wenden wir uns zu diesem Manne seiner Wahl, zu
Iffland. — —

Wir sind den Spuren desselben bis nach Mannheim gefolgt, wo=
hin ihn Dalberg, als die Auflösung des gothaer Hoftheaters nach
Eckhoff's Tode erfolgt war, berufen hatte und wissen, daß anfänglich
Seyler technischer Direktor des Nationaltheaters daselbst gewesen ist.
Mannheim und Herrn von Dalberg verdankte August Wilhelm
Iffland seine weitere Entwickelung, seine ganze, nunmehr überall in
Deutschland gepriesene Künstlerschaft, jenem Verhältnisse aber auch die
Bekanntschaft mit Schiller, später mit Goethe und somit die tiefe,
ideale Richtung seines Lebens! Daß ihn also Dankbarkeit wie Liebe
an die Mannheimer Bühne fesselte, ist natürlich und er dachte dieselbe
auch nie zu verlassen. Als Anfang des Jahres 1790 der Krieg am
Rheine bereits einen bedrohlichen Charakter angenommen hatte und es
Iffland wünschenswerth machte, seine Zukunft zu sichern, erhielt er um
Ostern von Friedrich Wilhelm II. den Antrag, das berliner National=
theater zu übernehmen. Er theilte denselben Dalberg mit, nicht um
einen Druck auf ihn zu üben und bessere Bedingungen zu erlangen,
sondern nur allein, um das ihm bereits kontraktlich Zugestandene für
die Zukunft sicher zu stellen. Dalberg wich, wahrscheinlich der Zeit=
verhältnisse wegen, dieser Vorstellung aus. Schon war Iffland im
Begriff, dem Rufe Friedrich Wilhelm's zu folgen, als, wie wir

bereits seiner Zeit angeführt, — „eine Dame in Berlin etwas Anderes vorschlug" und die Unterhandlungen zerfielen. Wir wissen, welcher Dame dies gelang! — Im November des Jahres 1790 erhielt Iffland in Mannheim lebenslängliche Anstellung. Da aber, die Kriegslage, die revolutionäre Erregung, wie das Emigrantentreiben längs des Rheins die Verhältnisse immer unsicherer gestalteten, beantragte er, seine Pension auf die Staats-Kasse anzuweisen; Dalberg lehnte das ab. — Iffland wußte sich zu bescheiden und obwohl 1792 neue, größere Kriegsgefahr drohte, trat er gegen Ostern für den abgehenden Regisseur Rennschüb ein und folgte im Juli dem Antrage, in Frankfurt am Main zur Krönungsfeier des Kaiser Franz als Darsteller mitzuwirken. Ende desselben Jahres wurde Kurfürst Karl Theodor's Regierungs-jubiläum in Mannheim feierlich begangen, von Iffland's Gesuch einer Sicherung seines Lebensloses ist aber keine Rede mehr gewesen. 1793 im August und September sah Friedrich Wilhelm II., wie schon er-wähnt, Iffland's Spiel in Mannheim und die durch eigene Anschauung gewonnene Ueberzeugung von der Vortrefflichkeit des Künstlers, verbunden mit den 1794 an den Direktoren seines Theaters gemachten Erfahrun-gen, bestimmten den König im September, nach Engel's Entlassung, neue Anträge an Iffland zu stellen, welcher aber in seiner An-hänglichkeit an Mannheim sich nicht entschließen konnte, auf dieselben ein-zugehn. Im Mai 1795 verheirathete sich Iffland und dachte seine Künstlerlaufbahn an dem Orte zu beenden, welchem er seinen Ruf verdankte. In diesem Jahre, das über sein ganzes ferneres Leben ent-scheiden sollte, brach jedoch die Kriegsfurie aus Westen mit erneuerter Gewalt los! 1796 mußte Kurfürst Carl Theodor vor der unter Moreau anrückenden französischen Armee nach Dresden entweichen, Dalberg dagegen folgte einer Berufung nach München und die Mannheimer Bühne wurde mehrmals geschlossen! Um der Einäscherung Mannheim's zu entgehen, floh Iffland mit seiner jungen Frau nach Weimar, wo er, von Schiller, Goethe und allen Kunstfreunden herzlich aufgenommen, 14 mal unter außerordentlichstem Beifall gastirte. Von dort folgte er einer Einladung Schröder's zum Gastspiel nach Hamburg und reiste über Hannover, seine Geburtsstadt, wo er sich mit seinem Vater nach 19jähriger Trennung (seit 1777) versöhnte. Wie viel Friedrich Wil-helm II. an Iffland's Gewinnung gelegen und wie sehr ihm die bestehende Direktion zuwider war, beweist, daß er an Iffland nunmehr erneuerte Anträge nach Hamburg richtete. In Folge deren schrieb Iffland an Dalberg: daß Friedrich Wilhelm II. ihn anstellen wolle und er vorläufig das Gastspielangebot des Königs für Berlin abgeschlossen habe. — Nachdem er in Hamburg seinen Rollencyklus unter großem Beifall beendigt, von Dalberg aber noch keine Antwort erhalten hatte, reiste Iffland nach Berlin ab; die Verhandlungen über die Direktionsannahme waren nun so weit gediehen, daß es nur noch seiner Unterschrift bedurfte, um sich für immer an Berlin zu binden. — Was nun folgte, lehren die später mitzutheilenden amtlichen Dokumente, wie die Thatsachen in Berlin selbst. — —

Friederike Unzelmann hatte um ein Benefiz gebeten, die Herren Ramler und Warsing sich für dasselbe verwendet, auch die Kündigung des Schauspielers Kaselitz wurde von ihnen angezeigt. Folgende Antwort traf ein:

„Sr. Königl. Majestät von Preußen Unser p. p. Wollen die Direktion des Nationaltheaters hiermit Bekandt machen wie Allerh. Dieselben nicht abgeneigt Sind der Schauspielerin Unzelmannin eine Vorstellung zu ihrem Benefiz zu Bewilligen, jedoch muß es bei der Bisherigen Observanz verbleiben, daß alle Benefiz-Vorstellungen auf die Freitage gegeben werden. Auch finden Sr. Königl. Majestät nicht sehr gutt, daß das Stück der Graf Egmont einstudirt werde, wie die p. Unzelmannin es in Vorschlag gebracht hat, indem Solches Schon Sehr Bekandt ist, es werden Sich bei der ankunft des Iffland mehrere gute und weniger bekandte Stücke vorfinden, so einstudirt werden können.

Schließlich Befehlen Sr. Königl. Majestät die Direktion hiermit in Gnaden, mit dem Schauspieler Kaselitz ein abkommen zu treffen, daß derselbe nach recht und Billigkeit Befriedigt werde, weil er ein guter Akteur ist und Schwer wieder so gutt zu ersetzen ist.

Potsdam, den 6. Oktober 1796. Friedrich Wilhelm.“

Es ist dies der erste offizielle Wink an die Direktion, daß Iffland kommen werde. Die Art, wie die Königl. Ordre „des Iffland Ankunft“ erwähnt, hätte aber die General-Direktion wohl stutzig machen können, da höchst selten gastirende, sondern nur engagirte Mitglieder die Gefälligkeit zu haben pflegen, beim Benefize ihrer Kollegen mitzuwirken. Die Herren Direktoren scheinen diesen Wink aber nicht in seiner völligen Tragweite gewürdigt, sondern Iffland nur als einen gastspielreisenden Künstler angesehen zu haben, von welchem der König wünsche, daß er in Berlin einige Male auftreten, im Benefiz der beliebten Unzelmann mitwirken und dafür die Wahl des Stückes haben solle. Hätte sie anders gedacht und für sich selbst Befürchtungen gehegt, dann würde

sie sicher unterlassen haben, den König noch mit der Erörterung weit=
sichtiger Vorkehrungen zu belästigen, welche zu treffen eines Anderen
Sache war. — An dem Kabinetsschreiben des Königs ist ferner die
Erwähnung des „stück der Graf Egmont" merkwürdig, zumal „Solches
Schon Sehr Bekandt ist", der König dasselbe also zum Benefiz der Mad.
Unzelmann nicht wünscht. Da der Goethe'sche Egmont erst 1801
am 25. Februar zum 1. Male in Berlin gegeben wurde, obwohl er
1787 bereits beendet und längst im Buchhandel erschienen, ein anderer
„Graf Egmont" aber nicht vorhanden war, der dem Publikum durch
die Bühne hätte bekannt werden können, so will der König mit dem
Ausdruck: „indem Solches Schon Sehr Bekandt ist" nur sagen, daß der
Goethe'sche Egmont durch häufige Lektüre beim Publikum den Reiz
der Neuheit verloren habe und er für das Benefiz der Unzelmann
denselben darum nicht wünsche. Natürlich erwartete das Künstlerpersonal,
welches vom Inhalte des Königlichen Kabinetsschreibens unter der Hand
Kenntniß erhalten hatte und, da die Nachricht sich rasch verbreitete, als=
bald auch das große Publikum, — mit lebhafter Spannung und Neu=
gier das Eintreffen des berühmten Künstlers, welcher, seinem voran=
gehenden Rufe nach, selbst einen Fleck verdunkeln sollte. —

Am 12. Oktober kam Iffland nebst Frau in Berlin an und da
auch hier noch keine Antwort Dalberg's eingelaufen war, schrieb er
nochmals an denselben und verlangte von ihm, daß er bis 10. November
die Erklärung abgeben solle: ob er (Iffland) sich noch als lebens=
länglisches Mitglied des Mannheimer Theaters zu betrachten habe, oder
nicht. Es war gewiß ein Akt der Treue und Loyalität, nach so langer
Unsicherheit noch einen vollen Monat in peinlicher Ungewißheit über
sein Loos zu verharren, bevor er die dargebotene Stellung in Berlin an=
nahm. Iffland machte es demnach Friedrich Wilhelm II. nicht
leicht, ihn zu gewinnen und daß er dies als Künstler und Mann von
Charakter vermochte, gab ihm auch die Festigkeit und Unabhängig=
keit seiner künftigen Stellung in Berlin! — Zu derselben Zeit richtete
die Generaldirektion an den König diese Zuschrift:

„Allerdurchlauchst. p. p.

„Außer denen, dem Regisseur Fleck, der Kammersängerin Schick und der
Schauspielerin Unzelmann ein für allemahl von Ew. Königl. Majestät alljähr=
lich bewilligten Benefiz=Vorstellung sind für dieses Jahr von Allerh. demselben
annoch folgende Akordirt worden, als:

1. Der Schauspielerin Doebbelin. 2. Den Böheim'schen Eheleuten. 3. Dem Schauspieler Greibe. 4. Dem Schauspieler Elmenreich. 5. Der Schauspielerin Fleck. 6. Den Schwadtke'schen Eheleuten. 7. Dem Schauspieler Rüthling. 8. Dem Schauspieler Lippert. 9. Dem Schauspieler Unzelmann. 10. Der Schauspielerin Müller. 11. Dem Schauspieler Herdt und dessen Ehefrau. —

Die Theaterkasse kann in einem Jahre einen Ausfall bei der Einnahme von 14 Tagen nicht ertragen, welches Ew. Königl. Majestät wir pflichtmäßig anzuzeigen nicht ermangeln, und Allerh. Dero Ermessen unterth. gehorsamst anheim stellen:

wie viele außer denen vor angezeigten drei perpetuirliche Benefizien des Reg. Fleck, der p. Schick und der p. Unzelmann, von benen übrigen in bem jetzt laufenden Etatsjahr gegeben werden sollen, damit die andern auf das künftige Jahr verwiesen werden können. Zugleich aber bitten wir allerunterth., daß zur Erhaltung des ganzen Werkes Ew. Königl. Majestät ein für allmahl festzusetzen geruhen wollen:

daß kein Benefiziant auf die erste Aufführung eines neuen Stücks, viel weniger aber auf die Aufführung eines alten, nicht gangbaren Stücks, wenn solches zu viele Kosten erfordert, Anspruch machen könne, sondern daß es der Direktion vorbehalten bleibe, die Stücke zu den Benefizen allein zu bestimmen,

wobei wir aber allerunterth. anzeigen, daß wir denen Verdienten und ruhigen Mitgliedern selbst zu einer guten Einnahme behülflich sein werden. Wir ersterben p.

Berlin, den 13. Oktober 1796.   Ramler. v. Warsing.

Es ist wirklich einzig, was Alles die Direktoren für das künftige Jahr noch anheim zu stellen und vorzuschlagen haben und es ist recht rührend, wenn sie so treuherzig versichern, daß sie den verdienten und ruhigen Mitgliedern zu einer guten Einnahme behülflich sein werden. Sorglosigkeit um ihre eigene Zukunft und seliges Nichtwissen Dessen, was im Werke ist, kann doch allein nur zu diesem Gesuche Veranlassung gegeben haben, sonst würden sie, in Erwartung der kommenden Dinge, sein still gewesen sein. Daß in der Benefizliste des Direktionsgesuches das Benefiz der Baranius nicht aufgeführt wurde, ist nicht zu verwundern, denn, nachdem dieselbe pensionirt worden, fiel selbstverständlich das etatsmäßig bewilligte jährliche Benefiz fort und ist ein solches vom Jahre 1797 bis 1803, wie die Akten erweisen, auch nicht mehr bewilligt worden. Mad. Baranius genoß demnach ihre Pension und, wenn Sie auftrat, wie erwähnt, ein Gastspielhonorar. — —

Iffland, als Mann von Takt, machte natürlich der Direktion nicht eher seinen Besuch, als bis er per Ritz dem Könige sein Eintreffen angezeigt hatte. Dies geschah am 14. Oktober, worauf ihm der Geh. Kämmerer am nächsten Tage Folgendes antwortete:

„Wohl Gebohrner Herr

„Insonders Hoch Zu Verehrender Herr!

„Wenn Zutrauen immer schmeichelhaft ist, so muß es dasselbe in dem Grade mehr seyn, als der Mann, der es uns beweiset, unsre ganze Hochschäzung mehr Besitzt. Folgern Sie daraus, welchen Werth ich auf Dero gütige Zuschrift ge= sezt habe und mit welcher Bereitwilligkeit ich bey Seiner Majestät der Dolmetscher Ihrer Gesinnungen gewesen. Allerhöchst Dieselben Haben Ihre Ankunft in Berlin mit wahren Vergnügen Vernommen, und betrachten sie als ein neues mittel zur Bildung des wahren Geschmacks und zur Vervollkommnung der Kunst daselbst. Sr. Majestät Werden zum Geburtsfeste der Königinn nach Berlin gehen, und bis Montag dort verbleiben. Dies sezt auf einige Tage das Vergnügen aus, welches ich gehabt hätte, Ew. Wohl. Geb. sogleich nach Potsdam zu Bitten; Aber auch diese Tage werden Für Sie nicht verloren seyn, da Sie dadurch Zeit Ge= winnen das Personale der dortigen Bühne kennen zu lernen, und besser zu Be= urtheilen, welches Stück Ihnen zum Debut Vorzüglich Conveniren wird. Wenn Dieselben alsdann kommenden Dienstag Sich Gütigst herüber Bemühen, und mir die Ehre gönnen wollen, Sie bey mir zu Sehen, so werden Sie mich nicht nur sehr verbinden, sondern Wir werden auch über die Wahl des Stücks worin des Königs Majestät zum ersten mahle das Vergnügen haben wird unter Ihren Zufriedensten Zuhörern Sich zu rechnen, ausführlicher uns unterhalten können. In der Hofnung, daß Ew. Wohl. Geb. meine Bitte mir nicht abschlagen werden, freue ich mich im Voraus auf das Vergnügen, Sie mündlich von der wahren Hoch= schätzung zu versichern womit ich bin

Potsdam, den 15. Oktober 1796.

Ew. Wohl. Geb.

ganz Ergebenster Diener
Ritz." —

Dies Schreiben des einflußreichen Geh. Kämmerers, noch mehr das von ihm am 27. Oktober, kurz vor Iffland's erstem Auf= treten an denselben gerichtete, fließt von Servilität und Entzücken über. Bisher haben wir einen solchen Ton Herrn Ritz noch nie anschlagen hören und selbst in Engel's besten Zeiten, wo ihre Interessen sich leb= haft berührten, verstieg sich Ritz wohl zu einer gewissen Kordialität, aber nimmer hat er ihn mit so süßen Tönen und so devot angeredet, wie er sich jetzt vor Iffland verlauten läßt! Die überschwängliche Höf= lichkeit subalterner Kreaturen pflegt niemals — ohne Hintergedanken zu sein und wir können Iffland, einem Manne von vollendeter Lebensklugheit, zutrauen, daß er nicht allein den wahren Gehalt der Betheuerungen eines Ritz zu würdigen gewußt hat, sondern auch das

Parquet des berliner Hofes bereits genug kannte, um seine Schritte mit Sicherheit zu thun. Er wird sich wohl bewußt gewesen sein, daß Madame Ritz, nunmehrige Gräfin Lichtenau und Konsorten es Ostern 1790 gewesen waren, welche des Königs ersten Direktions-Antrag an ihn rückgängig gemacht hatten und daß er in erster Reihe seinem Talente, seinem Charakter, wie des Königs eigener künst-lerischer Einsicht und dessen Vertrauen zu seiner Person seine künftigen Erfolge in Berlin allein zu verdanken haben werde. Selbstverständlich, auch ohne des Geh. Kämmerers Rath, war sein erstes Geschäft „das Personal der dortigen Bühne kennen zu lernen". Da sein Geschick be-treffs der Mannheimer Bühne übrigens noch nicht entschieden, er aus seinem alten Mannheimer Engagement noch nicht entlassen war, ver-stand es sich ganz von selbst, daß er sich vorläufig nur als Gast des Nationaltheaters betrachten konnte. Sein Auftreten, dem Künstlerpersonal gegenüber, war nicht nur von vollendeter Feinheit und Würde, sondern auch von einer Offenheit des Wesens, welches man damals höchst selten beim Theater, in Berlin gewiß aber am allerwenigsten fand. Es hat wohl kaum einen Mann gegeben, der mit den redlichsten, hochherzigsten Absichten die Menschen so zu durchschauen und zu regieren, der mit Biederkeit und strenger Wahrheit so viel am Theater zu erreichen wußte, wie Iffland. Da er in solcher Art sich zu den Mitgliedern des National-theaters von vornherein stellte, ist es nicht zu verwundern, daß man ihm, als einem Manne, von dem so viel erwartet wurde, mit großer Hochachtung und Freundlichkeit entgegen kam. Weil edle Geister sich sofort anziehen, behandelten Iffland und Fleck einander auch wie herzliche Freunde, welche Hochachtung und das gleiche ideale Streben verband. Indem Iffland seine Individualität ruhig walten ließ, durfte er gewiß sein, sich nie Etwas zu vergeben, anzustoßen, oder die Grenze zu überschreiten, wo die Vertraulichkeit aufhört — noch Höflichkeit zu sein! Wir können diese Auffassung von Iffland's Auftreten und Umgangs-weise um so sicherer hinstellen, als der Leser das Wesen desselben durch ihn selbst kennen zu lernen bald reichlich Gelegenheit haben wird. — Nachdem die Vorbereitungen zu Iffland's Gastspiel seitens des Nationaltheaters getroffen worden waren und derselbe an Ritz die bezüglichen Mitthei-lungen für den König hatte ergehen lassen, antwortete ihm der Geh. Kämmerer also:

„Wohl Gebohrner
„Hoch Zu Verehrender Herr!

„Für die Nachrichten die Ew. Wohl. Geb. mir gefälligst mitgetheilt, danke ich Ihnen herzlich. Ihr Eigenes Urtheil geleitet durch die allmählige Erfahrung des Berliner Geschmacks wird die Wahl der Stücke, worinn Sie die Gespannte Erwartung des dortigen Publikums endlich zu befriedigen haben, am allersichersten Bestimmen. Ich eile indeß den Wunsch Sr. Majestät Meines Allergn. Herrn, Morgen über acht Tage die Räuber hier aufführen zu Sehen, Ihnen bekannt zu machen, und entledige mich dieses Auftrags um so freudiger, da mir Selbiger die Aussicht gewährt, auch an dem Tage Sie hier zu Sehen. Die schmeichelhaften Ausdrücke, die Ew. Wohl. Geb. gütiges Schreiben übrigens enthält, Sind Sehr unverdient. Ich bin ein Verehrer Wahrer Kunst, und fühle wie der Charakter des Künstlers ihr einen doppelten Werth Beylegt. Meine aufrichtige Hochschätzung ist daher nur ein Schuldiger Zoll, den Ihnen jeder andre eben so herzlich dargebracht haben würde.

Aus dieser Hochschätzung aber entspringt sehr natürlich der Wunsch, nicht Bey diesem Gefühle zu Bleiben und auch von der Freundschaft Sie überzeugen zu können, womit ich aufrichtig bin

Potsdam, den 25. Oktober 1796.　　　Ew. Wohl. Geb.
　　　　　　　　　　　　　　　　　　Ergebener Diener
　　　　　　　　　　　　　　　　　　Ritz." —

Nicht genug, daß Ritz also versichert, er sei ein Verehrer wahrer Kunst, und daß er Hochschätzung für Iffland empfinde, er drängt sich ihm förmlich als Freund auf, wie wenn Gefahr im Verzuge wäre, ihn ganz für sich zu gewinnen! Wir lassen hierbei gänzlich anheim gestellt, wie viel etwa Ritz von „wahrer" Kunst, ja von Kunst überhaupt verstand, um deren Bewunderer sein zu können. — Aus dem Briefe, welcher nur ein Echo der Stimmung des Hofes ist, liest man die Spannung und Erwartung aber deutlich heraus, mit welcher die höchsten Kreise Iffland's Auftreten entgegenblickten. Aus demselben ersieht man auch, wann sein Gastspielcyklus in Potsdam beginnen soll.

Am 26. Oktober war der merkwürdige, für die Zukunft des Nationaltheaters entscheidende Tag, an welchem Iffland in Potsdam zuerst in „Der Essighändler" als Vater Dominique und in „Die eheliche Probe" als Dr. Treumund auftrat. Wir lassen hier die Reihe seiner Gastspiel-Rollen folgen, da schon aus ihnen selbst die Art seiner Wirksamkeit hervorgeht. —

Am 27. Oktober in Berlin „Der Essighändler" und „Die eheliche Probe" wiederholt.

Am 28. Oktober in Berlin dieselbe Vorstellung.

Am 2. November in Potsdam in „Die Räuber" — als Franz Moor.

Am 5. November in Potsdam „Die Familie" oder „Der deutsche Hausvater" als Graf Wodmar.

Am 7. November in Berlin dieselbe Vorstellung.

Am 9. November in Potsdam in „Die Maler" — als Ebrecht.

Am 10. November in Berlin dieselbe Vorstellung.

An diesem Tage war die Frist abgelaufen, welche Iffland für Dalberg's Erklärung gestellt hatte, doch vorsichtig und gewissenhaft wartete er noch drei Tage, ob ein Brief Dalberg's anlangen werde. Der 14. November erschien, aber keine Antwort! — Iffland hatte in Berlin nur noch 5 Gastrollen zu geben und vermochte sich unmöglich länger in kriegsbewegter Zeit dem Zufalle anheim zu geben; andererseits konnte König Friedrich Wilhelm II. nunmehr mit Recht endlich eine bestimmte Antwort des Künstlers verlangen. Da der ungeheure Beifall der Berliner laut genug zu ihm sprach: „bleibe", ja die öffentliche Stimme ihn ganz deutlich als den einzigen Lenker bezeichnete, welcher das National=theater zu seinem höchsten Kunstziele führen könne, — schrieb Iffland am 14. November an Kämmerer Ritz: „daß er Sr. Majestät Antrag annehme." — Denselben Tag noch, Abends um 10 Uhr, gelangte folgende Kabinets=Ordre in Iffland's Hände:

„Nachdem Sr. Königl. Majestät p. p. den Dichter Iffland, als Direkteur an der Spitze des National=Theaters angestellt haben, so wollen Allerhöchst Dieselben ihm hiermit jährlich „drei Tausend Thaler" Gehalt und eine Benefiz=Vorstellung bewilligen.

Potsdam, den 14. November 1796.   Fr. Wilhelm."

Nach dieser Ordre will es scheinen, als ob Iffland bereits schon angestellt sei und jetzt nur noch seine Gehaltversicherung ertheilt bekäme. Dem war indeß nicht so. Diese Ordre ist nur eine schleunige und vorläufige Zusicherung von Iffland's Anstellung, welcher erst die offizielle folgte, auf die sich der Künstler später beruft. — Gemäß dieser ersten, empfangenen Verfügung erschien Iffland am anderen Tage schon im Theaterbureau und auf der Bühne, um sich als Direktor vorzustellen und als solcher die Leitung des Theaters in die Hand zu nehmen. Sein Gastspiel verwandelte sich nunmehr in ein Debut! —

Am 16. November trat er in Potsdam in „Der Gutherzige"

und „Stille Wasser sind tief" als „Bergheim" und „Glücksritter Wallen" auf. An diesem Tage traf Dalberg's Antwort endlich ein, welche ihm die ehedem vergeblich erstrebte feste Pensionsversicherung beim Mannheimer Theater zusicherte, aber zu Dalberg's Enttäuschung und — — zum Heile Berlins — zu spät!! — Am 17. November wiederholte Iffland in Berlin die potsdamer Vorstellung vom vorigen Tage. Am 19. November trat er wiederholt in „Die Maler" als Ebrecht, am 21. November zu Berlin in „Die Räuber" als Franz Moor auf. Bei dieser Vorstellung — der erste Fall in Berlin, — mußte das Orchester geräumt werden und die Einnahme betrug 500 Thlr. 4 Gr. Am 23. November schlossen in Potsdam seine Gast= und Antritts= Rollen mit dem zum 1. Male aufgeführten und neu von ihm verfaßten Lustspiel in 5 Akten „Der Hausfriede". Die während Iffland's Gastspiels zwischendurch am Nationaltheater gegebenen Neuigkeiten, am 21. Oktober „Er soll sich schlagen", Lustsp. i. 1. A. und „Der Taubstumme", Posse i. 3 A. v. A. Hunnius, fielen durch; selbst das neue Kotzebue'sche Schauspiel in 4 A. am 11. November „Falsche Scham", wurde nur 4 Mal gegeben! — Das Jahr schloß mit den 3 neuen Stücken: „Die Freunde", Schausp. i. 4 A. v. Ziegler (am 30. November), „Die eheliche Vergeltung", Lustsp. i. 1 A. (am 9. Dezember) und „Die Zauberin Sidonia", Schausp. i. 4 A. von dem Verfasser des Abällino (Zschokke) am 27. Dezember als Benefiz für Fleck. — — —

Der Eindruck, welchen Iffland auf das Publikum gemacht hatte, war ein ganz außerordentlicher, wahrhaft überwältigender gewesen. „Er"— so heißt es in einer Kritik jener Tage, — „wie kein Schauspieler vor ihm, und kein besserer nach ihm, verstand es, die verschiedenen Charaktere, insofern sie in dem Aeußeren des Körpers sichtbar werden, durch Gang, Stellung, Bewegung, kurz durch Geberden und passendes Kostüm auszudrücken und zu malen. Daß ihm dies auch in Charakteren, die aus der vornehmen Gesellschaft entnommen sind, vorzüglich gelang und gelingen mußte, wird daraus begreiflich, daß er außer seiner großen, von der Natur empfangenen Darstellungsgabe einen scharfen Beobachtungsgeist besaß und frühzeitig Gelegenheit hatte, in den vornehmen Zirkeln, selbst an fürstlichen Höfen, wohl aufgenommen zu werden, um diesen Beobachtungsgeist immer mehr zu bilden und zu schärfen. Ein solcher Künstler mußte eine ungewöhnliche Sensation hervorbringen und die

Wünsche des ganzen Publikums hatten ihn nicht allein zum theatralischen Mitgliede, sondern auch zum Führer unsrer Bühne berufen, als man freudig vernahm, daß der König ihn wirklich dazu ernannt habe!" —

Daß Iffland's Ernennung allgemeine Freude bei Hofe, beim Publikum, wie bei der Künstlerschaft erregt hatte, geht hieraus sichtlich hervor. Daß dieselbe Ramler und Warsing, welche sich plötzlich aus dem Sattel gehoben sahen, nicht theilten, ist verzeihlich. Ramler wird sich indeß, bereits 71 Jahr alt, in sein Schicksal bald ergeben haben, da ihm für seine langjährigen Dienste als Schulmann, Akademiker und Mitglied der Direktion eine Pension gewiß war. Nicht so Geh. Rath von Warsing, welcher den Gedanken nicht ertragen konnte, das Bühnen=Szepter plötzlich in anderen Händen zu wissen. Nachdem Iffland am 15. Dezember die königliche Bestätigung seiner am 14. Novbr. erfolgten Anstellung erhalten hatte, wurde Prof. Ramler in höchst anerkennender Weise entlassen!

„Besonders lieber Getreuer! Bey Eurem Alter und Gesundheitsumständen mache ich Mir ein Vergnügen Eurem sehr natürlichen Sehnen nach Ruhe zuvorzukommen und Euch gnädigst hiermit zu erkennen zu geben, daß Ihr von jedem Antheil an der Direktion des National=Schauspiels dispensirt, künftighin Eure Zeit lediglich Eurer Gesundheit und Euren Lieblingsgeschäften widmen könnet. Ich lasse Euch aber, zum Beweise meiner Theilnahme und Achtung das ganze bisher bezogene Gehalt und verbleibe Euer gnädiger König

Berlin, den 16. Dezember 1797.　　Friedrich Wilhelm." —

War des todten Lessing alter Freund und literarischer Genosse mithin auf ehrenvolle Art für seine Zukunft gesichert und zog sich derselbe demnach alsbald zurück, so fanden dagegen zwischen Warsing und Iffland Weiterungen statt, denn Ersterer zeigte sich nicht geneigt, seine Stellung, in der er es erst ohnlängst auf 800 Thaler Gehalt gebracht hatte, zu räumen. Iffland war aber nicht der Mann, sich auf große Auseinandersetzungen einzulassen! Durch nachstehenden Brief an Warsing machte er der Sache ein Ende und that bald darauf die Direktionsveränderung den Beamten und dem Personale kund:

„Ew. Hochwohlgebohren

„Mir übersandte Akten habe ich empfangen, und will in kommender Woche den Rest derselben, nebst Bibliothek, cum serie actorum, in Empfang nehmen. Lassen Sie mich bei der Gelegenheit, ehrlich und offen, über unser künftiges Dienst=Verhältniß reden. — Als Freund des Herrn v. Warsing, als der Mann, dem alle Anmaßung fremd und zuwider ist, würde ich wenig oder nicht auf eine genaue Grenzlinie sehen. Als Fremder, als der, auf den der König Vertrauen ſetzt, auf den man ſieht, von dem man Alles, guten und nicht guten Erfolg fordert; der das auf ſich genommen hat, denn die Königliche Ordre ſagt: „Ihr allein ſeid Direktor," — als ſolcher muß ich es nicht nur allein ſein wollen, ſondern auch allein ſeyn! Niemand kann Zahlungen anweiſen, als ich, die Kaſſe Niemandes Unterſchrift als anweiſend anerkennen, als meine. Meine Unter=ſchrift iſt allein konfirmirend. Ich erkenne jede, bei dem Theater angeſtellte Verwaltung, als reſpective der Direktion untergeordnet. Ich erkenne keine Mitdirektion, keine Oekonomie=Direktion noch Direktor! Alle Reſſorts vereinigen ſich in meiner Führung zum ehrlichen Zweck des zu hebenden Ganzen. Ich kann mir von Niemand die Etats entwerfen laſſen, noch eine Rechnungsmonatliche Abnahme einem anderen geſtatten, ohne ein Unvermögen zu bekennen, das ich nicht habe. Im Uebrigen werde ich Niemandes Geſchäfte ſtöhren und Ihnen insbeſondere Herr Geh. Rath, mit derjenigen Rückſicht und Achtung begegnen, woran man einſehen wird, daß die Grundſätze unter uns nicht in Frage ſind, welche ich Ihnen hier, damit ich ganz offen handle — frei=müthig bekenne, daß Sie zum Ganzen, beſonders aber mir, in meiner Lage, durchaus nothwendig ſind. Sie ſtöhren weder ihre Handhabung der Polizei, der Baulichkeit, der Einnahme=Details, welche Ihnen überlaſſen ſind, ſie ſichern bloß meine, von der Direktion, aus jeder Rückſicht, unveräußerlichen Rechte, ohne welche ich, bei mindeſter Theilung oder Einräumung, ein Schatten=Direktor bin, bald das Geſpött und früh bis Verachtung Aller! — Noch einmal — trauen Sie mir Billigkeitsgefühl zu, wovon Sie Beweiſe haben, — mit Delica=teſſe werde ich ſtets unſere Lage behandeln und ſo Ihre Achtung erhalten, — indem ich, — ſo viel an mir iſt, — mein Glück vor Untergrabung in Zeiten durch Wegräumung der Mißverſtändniſſe zu ſichern ſuchen will. Mit jedem guten Willen   Euer Hochwohlgeb.

Berlin, den 18. Dez. 1796.   gehorſamſter Diener
     An   Iffland." — —
Herrn Geh. Rath
v. Warſing. —

„Nachdem Ihro Majeſtät Unſer Allergn. König huldreichſt geruhet haben, unterm 14. November laufenden Jahres, die Generaldirektion des Königl. National=Theaters dem Unterzeichneten ausſchließlich anzuvertrauen, demſelben auch den 15. Dezember, Allerhöchſt Dero Befehle, zu Alleiniger Oberaufſicht und Führung des Ganzen, in einer beſonderen Inſtruktion ertheilt haben, ſo wird die Königl. Haupt=Theaterkaſſe darinn, daß die bisherige General=Direktion, qua Direktion, gnädigſt entlaſſen ſey, dem Herrn Geh. Rath von Warſing die Polizei und Bauaufſicht des Hauſes, ſowie die Details der Einnahmen und deren Detail=Führung zu verſehen aufgetragen, Herr Prof. Ramler aber in Ruhe verſetzt iſt, die höchſte Willensmeinung angezeigt.

Berlin, den 19. Dez. 1796.   Gen. Dir. d. Kgl. Nat. Theaters.
                                              Iffland." —

„Nachdem Ihro Majestät Allergn. geruhet haben, laut Cabinets-Ordre vom 16. Dez. 1796 den Herrn Geh. Rath v. Warsing, seiner, nach des Herrn Prof. Engel Abgang aufgetragenen Mitdirektion des Königl. National=Theaters zu entbinden, demselben jedoch das Amt eines Justitiarii mit jährlichen 150 Thlr. Besoldung zu lassen: so wie, für Aufsicht des Hauses in Bau und Besserung, Handhabung der Polizei auf dem Theater, wie im Amphitheater, detail der Einnahme und deren Details=Führung, der Herr Geh. Rath ferner alljährlich von seiner vormaligen Besoldung, laut höchsten Willens Vierhundert Thaler beziehen soll: so geht der Königl. Haupt=Theater=Casse hiermit die Anweisung zu, demgemäß vom 1. Januar 1797 an Herrn Geh. Rath von Warsing die Zahlung zu verfügen.

Berlin, den 19. Dez. 1796.   Gen. Dir. d. Königl. Nat.=Theaters.

                                Iffland.“ — —

Damit waren alle ferneren Einreden abgeschnitten. Von Warsing hatte nur zu wählen, ob er für 550 Thlr. Gage sich mit dem ihm angewiesenen, von Iffland scharf begrenzten Geschäftsumfange begnügen, oder ganz entlassen sein wollte. Nicht lange ertrug der ebenso hochmüthige, als eitle Mann seine untergeordnete Stellung, was aus der folgenden Kabinets=Ordre an Iffland hervorgeht:

„Lieber Getreuer! Dem Wunsche des Geh. Raths v. Warsing gemäß, der bey der neuen Einrichtung des Theaterwesens ganz davon abzugehen verlangt, will ich denselben von allen Geschäften, die nicht zur Justiz-Consulenten-Stelle gehören, dispensiren, letztere aber, mit dem damit verbundenen Gehalte von 150 Thlr. jährlich ihm belassen, welches ich zu Eurer Direktion Euch hiermit bekannt mache, als Euer gnädiger König

Berlin, den 23. Dez. 1796.   Fr. Wilhelm.“ —

Jetzt nur noch Rechtskonsulent des Theaters für 150 Thlr. zu sein war allerdings ein trübseliges Ende aller ehrgeizigen Hoffnungen Warsing's. Wahrscheinlich ist sein „Wunsch“ vom Theaterwesen ganz abzugehen, nicht Ernst gewesen und er hat bis zum letzten Augenblicke noch gehofft, Freund Ritz und Konsorten würden ihn noch im Sattel halten. Diese indeß waren, bei dem Vertrauen und der Kunstbegeisterung, welche Friedrich Wilhelm II. für Iffland hegte, nun völlig ohnmächtig!! — — —

Die Bedeutung, welche Iffland als Künstler wie Direktor der Nationalbühne hatte, versuchen wir hier nunmehr klar zu legen. —

Wenn Fleck das tragisch=heroische Fach, Unzelmann dagegen das rein komische im höchsten Sinne des Wortes repräsentirten, so füllte Iffland in noch nie gesehener Weise die eine große und empfind-

liche Lücke aus, welche das Ensemble des Nationaltheaters aufwies und
die von keinem Lebenden, selbst Schröder, so auszufüllen war, — das
ernste und komische Charakterfach! — Iffland war der „Charak-
teristiker" vom Scheitel bis zur Sohle. Seinen Franz Moor, Richard
III., Philipp II., Posert und die ganze Gattung bürgerlicher Charakter-
figuren und Intriguants beherrschte er. An ihm erkannte man erst, wie
viel dem rezitirenden Drama bisher noch an Vollkommenheit gefehlt
hatte und daß durch ihn erst das Ensemble:

Fleck,	Iffland,	Unzelmann,
Louise Fleck	Friederike Unzelmann,	Caroline
geb. Mühl		Doebbelin,

zum Abschlusse und zu vollendeter Rundung gebracht ward!! —
    Sein Engagement als Direktor war fast noch wichtiger! Das
Theaterregiment kam durch ihn in eine Hand, die Komitée-Streitig-
keiten, die Rivalitäten in der Verwaltung, der ganze schwerfällige Be-
amten-Mechanismus hörte auf! — Nachdem das Künstlerpersonal neun
Jahre sich der Gewalt einer ihm völlig fremden, unnatürlichen,
für die Darstellungskunst durchaus unfruchtbaren Leitung gegenüber befunden, nachdem es die fortwährenden Direktionskabalen und
Hofeinflüsse durchlebt hatte, ohne in künstlerischer Beziehung irgend
wie geleitet und weiter entwickelt worden zu sein, sich bisher also allein
auf sein eigenes Talent und das glückliche Erfassen einer guten
Stunde angewiesen gesehen hatte, fühlte es sich auf einmal von einem
schöpferischen Geiste, einem Charakter, von einem Manne seines
eigenen Berufes mit sicherer Hand gelenkt, der durch seine gewaltige
theatralische Gestaltungskraft bewies, daß er selbst ein Vorbild
seiner Mitglieder sei! Zugleich stellte sich in Iffland aber das alte
trauliche, sachgemäße und einfache Verhältniß des Prinzipals zu seinen
Kollegen in viel höherer, gereinigterer, idealerer Form wieder her,
damit aber das innere Ensemble der Künstlerschaft, die Harmonie,
aus welcher sich die Disciplin ganz von selbst ergab. Das war das
neue, höhere Entwicklungsstadium, in welches mit Iffland die deutsche
Bühne Berlins trat. Hatte dieselbe bis zu Doebbelin im Jahre 1786
sich noch in den Kinderschuhen befunden und stellt sich uns die ganze
Direktionsepoche bis zum November 1796 in jedem Sinne des Wortes
als die Zeit der — Flegeljahre vor Augen, so beginnt mit Iffland

nun das volle, sprühende, schöpferische Mannesalter der Bühne, die höchste Blüthezeit dramatischer Kunst! Das Schicksal schien in Iffland und seinen Genossen die Werkzeuge erst zu schaffen, vorzubereiten und zu vereinen, schien erst alle die höheren künstlerischen Lebensbedingungen gewähren zu wollen, damit diese Blüthe sich entfalten, die Mannesepoche der dramatischen Darstellung mit ihren glänzenden Thaten anbrechen konnte. Die Direktionszeit Iffland's ist es, in welcher Schiller und Goethe mit ihren letzten höchsten Meisterwerken auftreten, und zugleich ist es die Zeit, wo das Theater, von allen unreinen, unkünstlerischen Einflüssen befreit, unter dem Auge Friedrich Wilhelm's III. und Louisen's sein wirklich klassisches Dasein feiert, eine Spanne Zeit, zu einzig und eigenartig, um je wiederzukehren, und so gewaltig in Allem, was sie schuf, daß Generationen nach ihr an ihrer Herrlichkeit sich noch berauschen und so lange an ihr zehren werden, als es deutsche Hirne, Herzen und Lippen giebt!! —

Ende des zweiten Bandes.

Tabellarische Uebersicht der Einnahmen und Ausgaben des National-Theaters

in dem Zeitraume vom 1. August 1787 bis dahin 1796.

	Jahr 1787 v. 1./8. bis 1./8. 1788 (Rthl. Gr. Pf.)	Jahr 1788/89 (Rthl. Gr. Pf.)	Jahr 1789/90 (Rthl. Gr. Pf.)	Jahr 1790/91 (Rthl. Gr. Pf.)	Jahr 1791/92 (Rthl. Gr. Pf.)	Jahr 1792/93 (Rthl. Gr. Pf.)	Jahr 1793/94 (Rthl. Gr. Pf.)	Jahr 1794/95 (Rthl. Gr. Pf.)	Jahr 1795/96 (Rthl. Gr. Pf.)
Einnahme:	48421 14 —	51858 5 4	63147 21 —	54943 7 —	53999 18 —	52285 10 —	53385 20 —	61043 13 —	66205 8 5
Ausgabe:									
An Gehalt und Pension	29584 20 —	33897 3 7	32717 8 —	34711 8 —	35466 20 —	36645 8 —	37148 20 —	39905 20 —	38500 2 —
Für die Wache	293 18 —	278 — —	287 6 —	281 — —	303 18 —	307 12 —	298 12 —	324 12 —	338 6 —
Für einen Polizisten	26 6 —	25 — —	25 12 —	25 2 —	23 10 —	25 18 —	— 10 —	26 12 —	26 — —
Für den Armenwächter	312 — —	312 — —	312 — —	312 — —	312 — —	312 — —	312 — —	28 2 —	312 — —
Für die Armenkasse	383 8 —	933 13 6	900 — —	915 3 —	940 19 6	943 9 —	913 10 —	1007 13 —	1082 2 —
Für Theaterzettel	3627 2 4	3653 11 3	3764 18 9	3717 1 7	4123 8 —	3890 1 —	4670 11 7	4886 1 7	4356 21 2
Für Beleuchtung			186 16 —	186 16 —	186 16 —	193 — —	196 1 6	312 13 —	70 — —
An Miethe	255 6 —	329 4 —	272 3 6	299 15 9	245 19 9	334 3 —	456 — 6	283 1 9	503 21 6
Für Requisiten	1281 11 9	2212 6 11	4102 3 8	2787 23 3	3455 3 4	2227 7 —	3099 13 10	5521 4 —	7911 13 5
Für Garderobe	882 2 —	226 2 9	278 4 —	928 20 4	14 19 —	122 15 —	449 10 —	161 17 6	28 11 —
Reisegelder	729 4 3	60 16 —	59 3 —	60 13 —	51 7 9	52 20 6	58 17 6	52 13 —	— — —
Corresp.-Materialien	101 23 —	712 14 10	760 21 9	1101 3 9	1145 4 6	941 14 3	1144 20 11	1507 16 9	1670 11 6
K. Schausp. u. Musikal.		163 3 6	113 2 —	110 13 —	167 8 —	146 23 6	115 6 —	266 19 —	134 4 6
Für Heizung	255 6 —	331 9 —	514 23 3	232 — —	593 15 5	1832 15 8	2588 22 6	3152 — —	1892 — 6
Für Decorationen und Maschinerie	2209 8 —	8959 10 8	3100 4 11	1936 3 6	2140 13 7	1675 23 3	2532 20 3	6383 11 5	6539 17 7
Extraordinaria									
Summa:	40444 13 10	51594 2 —	47394 6 10	47608 3 11	49170 15 1	49651 2 2	54018 11 7	64134 14 6	63394 11 4

Die Gesammt-Einnahme in dem Zeitraume vom 1. August 1787 bis 1. August 1796 beträgt . . . . . . 507890 Rthl. 20 Gr. 9 Pf.
Die Gesammt-Ausgabe . . . . 467410 " " "

Hiernach müßte am 1. August 1796 ein Kassen-Bestand vorhanden gewesen sein, von: . . . . 40480 Rthl. 11 Gr. 6 Pf. —

Da von diesen 40,480 Rthl. 11 Gr. 6 Pf. aber ein großer Theil der Schulden Doebbelins getilgt wurde und ihm alsdann „das Surplus" auch noch verblieb; da ferner die Verwaltung für Ueberlassung der Garderobe, Bibliothek u. s. w. 11,000 Rthl. aufnehmen und dieselben an Doebbelin als Abfindung zahlen mußte, anderer im Ausgabe-Etat gar nicht angeführter Posten zu geschweigen, so schmolz der Ueberschuß auf eine Ebbe in der Kasse und Iffland fand bei seinem Antritt — im allergünstigsten Falle, — nachträglich nur einen Kassenbestand des Etats-Jahres vom 1. August 1795 bis dahin 96 im Betrage von 2810 Rthl. 21 Gr. und 1 Pf. vor! —